Karl Haug
Die Amtshaftung des Notars

Die Amtshaftung des Notars

Handbuch der Berufspflichten
unter besonderer Berücksichtigung
der gesamten Haftpflicht-Rechtsprechung
des Bundesgerichtshofes

von

Dr. Karl H. Haug
München

C. H. BECK'SCHE VERLAGSBUCHHANDLUNG
MÜNCHEN 1989

CIP-Titelaufnahme der Deutschen Bibliothek

Haug, Karl H.:
Die Amtshaftung des Notars : Handbuch der Berufspflichten unter besonderer Berücksichtigung der gesamten Haftpflicht-Rechtsprechung des Bundesgerichtshofes / Karl H. Haug. – München : Beck, 1989
 ISBN 3 406 33866 6

ISBN 3 406 33866 6
Satz: Fotosatz Otto Gutfreund, Darmstadt
Druck: C. H. Beck'sche Buchdruckerei, Nördlingen

Vorwort

Jahrzehntelange Arbeit auf dem Gebiet des Notar-Haftpflichtrechts bringt nicht nur eine Fülle von Material, sondern, wie ich hoffe, auch Kenntnisse, die bisher in kleinen Veröffentlichungen und Vorträgen ihren Niederschlag fanden und nunmehr zu diesem Buch herangereift sind.

Die Haftpflicht als Regulativ verletzter Berufspflichten umfaßt das gesamte Spektrum der Notartätigkeit. Der Inhalt der Pflichten ergibt sich weitgehend nur aus Rahmenvorschriften mit unbestimmten Rechtsbegriffen, die in unzähligen Entscheidungen – nahezu 1000 Notar-Haftpflichtprozesse sind jährlich anhängig – für den Einzelfall konkretisiert wurden. Hauptaufgabe war, hieraus systematisch die Haftungsgrundlagen und, orientiert an den Aufgaben des Notariats, die Anforderungen an die Erfüllung der Amtspflichten darzustellen. Eine große Hilfe bietet vor allem die umfangreiche, richtungsweisende BGH-Rechtsprechung, die vollständig erfaßt wurde.

Auf eine Frage nach Tendenzen der durchaus auch kritischen Ausarbeitung kann ich nur sagen: Wer den Notarstand schätzt, wünscht einen guten Standard.

München, 28. März 1989   Karl H. Haug

Inhaltsverzeichnis

I. Allgemeine Haftungsgrundlagen

	Rz
1. Amtshaftung nach § 19 BNotO	
a) Amtspflichten/Amtshaftung	1– 7
b) § 19 BNotO als zentrale Haftungsvorschrift	8– 12
2. Kreis der Personen, denen gegenüber Amtspflichten und Amtshaftung bestehen	
a) Geschützter Personenkreis	13– 15
b) Unmittelbar Beteiligte	16– 23
c) Mittelbare Beteiligte	24– 35
d) „Dritte" als geschützte Personen	36– 54
e) Der Notar als Erfüllungsgehilfe	55– 58
3. Pflichtwidrigkeit	60– 63
4. Verschulden	
a) Bezug auf Amtspflichten	65– 66
b) Fahrlässigkeit	67– 68
c) Rechtskenntnisse	69– 82
d) Der „sicherere Weg"	83– 87
e) Subjektive Anforderungen	88– 90
f) Entschuldigung durch Kollegialgerichtsentscheidungen	91– 97
g) Haftpflichtrechtliche Folgen verschiedener Schuldformen	98–106
5. Haftung des Notars für Sozien, Vertreter, Assessoren und Hilfspersonen	
a) Keine Sozietätshaftung	108–110
b) Haftung für den Vertreter	111–122
c) Haftung für den Assessor	123–126
d) Haftung für Hilfspersonen	127–136
6. Haftung des Notarvertreters, Assessors, Personals und Verwesers	
a) Haftung des Notarvertreters	140–143
b) Haftung des Notarassessors	144–153
c) Haftung des Personals	154–159
d) Haftung des Notariatsverwesers	160–164
7. Subsidiäre Haftung	
a) Grundsätze und Rechtfertigung	170–172
b) Voraussetzungen	173–188
c) Arten und Möglichkeiten	189–199
d) Die subsidiäre Haftung bei Amtsgeschäften nach §§ 23, 24 BNotO	200–205
e) Rechtsfolgen der subsidiären Haftung	206–214
8. Unterlassenes Rechtsmittel gem. § 839 Abs. 3 BGB	
a) Haftungsausschluß	217–218
b) Art der Rechtsmittel	219–223
c) Verschulden des Beteiligten	224–230

	Rz

9. Mitverschulden der Beteiligten 233
   a) § 839 Abs. 3 BGB im Verhältnis zu § 254 BGB. 234–235
   b) Mitverschulden von Beratern bei subsidiärer Notarhaftung 236–238
   c) Zum Verhältnis des mitwirkenden Verschuldens zwischen dem Notar und den Beteiligten 241–251

10. Verjährung
   a) § 852 BGB 255–258
   b) Die Kenntniserlangung 259–267
   c) Verjährung und anderweitige Ersatzmöglichkeit. 268–272
   d) Verjährungseinrede als unzulässige Rechtsausübung 273–276

11. Haftungsbeschränkung........................ 280–289

12. Berufshaftpflichtversicherung
   a) Pflichtversicherung 290–315
   b) Vertrauensschadenversicherung 316–319
   c) Vertrauensschadenfonds..................... 320
   d) Anschlußversicherung...................... 321–324

13. Haftpflichtrechtliche Besonderheiten der Notariatsverfassungen in den Bundesländern
   a) Nurnotariat........................... 340–343
   b) Anwaltsnotariat......................... 344–373
   c) Staatliches Notariat in Baden-Württemberg 374–381

II. Pflichten und Risiken in den Haupttätigkeitsbereichen

1. Prüfungs- und Belehrungspflichten
   a) Bedeutung und Entwicklung 401–406
   b) Grundsätze der Belehrungspflichten................ 407–418
   c) Verhältnis zur Unparteilichkeit 419–433
   d) Verhältnis zur Verschwiegenheitspflicht.............. 434–445
   e) Belehrungsbedürftigkeit..................... 446–462
   f) Belehrungspflicht aus Urkundstätigkeit 465–485
   g) §§ 17–21 BeurkG 488–531
   h) Belehrung aus Betreuungsverpflichtung 533–578
   i) Fälle außerordentlicher Belehrungspflicht 580–585
   j) Belehrungsvermerke 588–595

2. Urkundstätigkeit
   a) Formelle Beurkundungsfehler................... 600–603
   b) Materiell-rechtliche Beurkundungsfehler 604–612

3. Einreichungs- und Vollzugstätigkeit
   a) Übernahme........................... 615–620
   b) Vollzugsreife 621–629
   c) Durchführung und Überwachung................. 632–642
   d) Zeitspannen zur Erledigung 643–653

4. Bescheinigungen und Bestätigungen
   a) Risiken 655–656

	Rz
b) Tatsachenbeurkundungen	657–664
c) Notarbestätigungen	665–677

5. Verwahrungstätigkeit
   a) Haftungsgrundlagen 680–682
   b) Übernahme oder Ablehnung einer Verwahrungstätigkeit 683–686
   c) Hinterlegungsanweisung 687–698
   d) Auszahlungsfehler 699–705
   e) Widerruf der Auszahlungsanweisung 706–721
   f) Pfändung, Zession 722–726
   g) Rückforderungsrechte 727–728

III. Haftpflichtprozeß

1. Die Prozeßsituation 800–802
2. Zuständiges Gericht 803–808
3. Haftpflichtklage/Subsidiäre Haftung 810–814
4. Verschwiegenheitspflicht/Streitverkündung/Rechtskrafterstreckung . . . 817–823
5. Beweisfragen
   a) Pflichtwidrigkeit 825–837
   b) Verschulden 840–843
   c) Kausalität 845–868
   d) Schaden 870–877
   e) Auslegung von Urkunden 880–881
   f) Anderweitige Ersatzmöglichkeit 883

Anhang: Notar-Haftpflichturteile des Bundesgerichtshofes 229
Sachverzeichnis 257

Literaturverzeichnis

Arndt, A., Bundesnotarordnung, 2. Aufl., Köln 1982.
ders., Der von der Notartätigkeit betroffene Dritte, DNotZ 1961, 466.
ders., Beratungspflicht des Notars hinsichtlich einer Auflassungsvormerkung, NJW 1972, 1980.
Baumgärtel, G., Handbuch der Beweislast im Privatrecht, Bd. 2, Köln 1985.
Borgmann/Haug, Anwaltshaftung, 2. Aufl., Frankfurt 1986.
Canaris, C. W., Bankvertragsrecht, 3. Aufl., 1. Teil, Berlin 1988.
ders., Bankvertragsrecht, Großkommentar HGB, 2. Aufl., Berlin 1978.
ders., Schutzgesetze – Verkehrspflichten – Schutzpflichten, Festschrift für Karl Larenz zum 80. Geburtstag, München 1983, 27 ff.
Conrad, H., Die geschichtlichen Grundlagen des modernen Notariats in Deutschland, DNotZ 1960, 3.
Daimer, R., Die Prüfungs- und Belehrungspflicht des Notars, 2. Aufl., Berlin 1955.
ders., Gedanken zur Prüfungs- und Belehrungspflicht des Notars, DNotZ 1955, 621.
Daimer/Reithmann, Die Prüfungs- und Belehrungspflicht des Notars, 3. Aufl., Köln 1971.
ders., Die Prüfungs- und Belehrungspflicht des Notars, 4. Aufl., Köln 1974.
Deutsch, E., Fahrlässigkeit und erforderliche Sorgfalt, Köln 1963.
ders., Haftungsrecht, Bd. 1, Köln 1976.
Enneccerus/Lehmann, Schuldrecht, 15. Aufl., Tübingen 1958.
Esser/Schmidt, E., Schuldrecht, Bd. I, 6. Aufl., Karlsruhe 1984.
Eucken, H., Anwalts- und Notar-Haftpflicht, 2. Aufl., Stuttgart 1932.
Georgii, Die Haftpflichtversicherung der Rchtsanwälte und Notare, JW 1907, 577.
Grunau, M., Die Amtshaftung des Notars, DNotZ 1937, 367, 455, 529, 592.
Haegele, K., Beurkundungsgesetz, Regensburg 1969.
Haegele/Schöner/Stöber, Grundbuchrecht, 8. Aufl., München 1986.
Haftpflichtecken, Die Kenntnis des Notars vom Grundbuchstand (§ 21 BeurkG), DNotZ 1972, 422.
– Haftpflichturteile zur Frage des Nachweises der Erfüllung notarieller Belehrungspflichten, DNotZ 1972, 719.
– Zur Verzinsung des vom Notar verwahrten Geldes, DNotZ 1973, 406.
– Haftpflichtrisiken bei Beurkundung letztwilliger Verfügungen, DNotZ 1974, 18.
– Gefahren der Erbschaftsausschlagung, DNotZ 1974, 597.
– Erinnerung an den Notar als Rechtsmittel i. S. des § 839 Abs. 3 BGB, DNotZ 1974, 600.
– Notarbestätigungen, DNotZ 1975, 537.
– Haftpflichtfragen zum Urkundenvollzug, DNotZ 1976, 479.
– Die Verjährung von Haftpflichtansprüchen gegen Notare, DNotZ 1977, 472.
– Zur Belehrung und Beratung in Steuerfragen, DNotZ 1978, 584.
– Welche Zeitspanne ist dem Notar für die Einreichung zuzubilligen?, DNotZ 1979, 725.
– Zur Subsidiarität der Regreßhaftung des Notars, DNotZ 1981, 102.
– Treuhandtätigkeit nach § 23 BNotO, DNotZ 1982, 475, 539, 592.
– Die Beweislast im Notar-Haftpflichtprozeß, DNotZ 1985, 25.
Hagen, H., Entwicklungstendenzen zur Beurkundungspflicht bei Grundstückskaufverträgen, DNotZ 1984, 267.
Hanau, P., Die Kausalität der Pflichtwidrigkeit, Göttingen 1971.

Haug, K. H., Die notarielle Belehrungspflicht unter Berücksichtigung des Amtsnotariats in Baden-Württemberg, BWNotZ 1971, 97 ff.
ders., Inhalt und Grenzen der notariellen Belehrungspflicht, DNotZ 1972, 388 ff. u. 453 ff.
ders., Fragen des Schadenersatzes in der Notariatspraxis, DNotZ 1978, 514.
ders., Treuhandtätigkeit nach § 23 BNotO – Risiken – Haftpflichturteile – Grundsätze, DNotZ 1982, 475 ff., 539 ff. u. 592 ff.
Hieber, H., Das Berufsbild des deutschen Notars, DNotZ 1952, 258.
Hill, H., Die Rechtsprechung des BGH zur Belehrungspflicht der Notare, WM 1982, 890.
Höfer/Huhn, Allgemeines Urkundenrecht, Berlin 1968.
Hornig, Die Amtshaftung für Amtspflichtverletzungen der Notare, DNotZ 1935, 445.
Huber, U., Normzwecktheorie und Adäquanztheorie, JZ 1969, 677.
Huhn/v. Schuckmann, Beurkundungsgesetz, 2. Aufl., Berlin 1987.
Jansen, P., Gesetz über die Angelegenheiten der freiwilligen Gerichtsbarkeit, 2. Aufl., Bd. III, Beurkundungsgesetz, Berlin 1971.
Jonas, Die Dienstordnung für Notare, DNotZ 1937, 519.
Kanzleiter, R., Die Dienstordnung für Notare – Auswirkungen ihrer Rechtsnatur als Verwaltungsanordnung, DNotZ 1972, 519.
Kegel, G., Die lachenden Doppelerben: Erbfolge beim Versagen von Urkundspersonen, Festschrift für Flume, 1978, 545.
Keidel/Kuntze/Winkler, Freiwillige Gerichtsbarkeit, Teil B, Beurkundungsgesetz, 12. Aufl., München 1986.
Knur, A., Notar- und Steuerrecht, DNotZ 1966, 707.
Köhler, H., Rechtsprechungsprognose als Amtspflicht des Notars, Festschrift 125 Jahre Bayerisches Notariat, S. 197 ff., München 1987.
Korintenberg/Lappe/Bengel/Reimann, Kostenordnung, 11. Aufl., München 1987.
Kuntze/Ertl/Herrmann/Eickmann, Grundbuchrecht, 3. Aufl., Berlin 1985.
Lange, Heinrich, Herrschaft und Verfall der Lehre vom adäquaten Kausalzusammenhang, AcP 156, 115.
Lange, Hermann, Schadenersatz, Tübingen 1979.
Lichtenberger, P., Zum Gesetz zur Neuregelung des internationalen Privatrechts, DNotZ 1986, 644 ff.
Mecke, F., Beurkundungsgesetz, Berlin 1970.
Medicus, D., Zur gerichtlichen Inhaltskontrolle notarieller Verträge, München 1989.
Mertens, H.-J., Berufshaftung, Haftungsprobleme alter Professionen, VersR 1974, 509.
Merz, F., Tatbestände der Notarhaftung nach der Rechtsprechung des BGH, Festschrift: 125 Jahre Bayerisches Notariat, S. 187, München 1987.
Müller, K., Der Anwaltsnotar, verfassungsrechtliche Betrachtung zu § 45 Nr. 4 BRAO, MDR 1967, 970.
Münchener Kommentar – Papier, Bürgerliches Gesetzbuch, Bd. 3/2, Schuldrecht, § 839, 2. Aufl., München 1986.
Pagendarm, Die Haftung des Notars nach der Rechtsprechung des Bundesgerichtshofes, DRiZ 1959, 133.
Palandt, Komm. zum Bürgerlichen Gesetzbuch, 48. Aufl., München 1989.
Peter, M., Das Verwahrungsgeschäft des Notars, BWNotZ 1984, 86.
Pfeiffer, G., Der Notar in unserem Rechtsstaat, DNotZ 1981, 5.
Pikart, H., Die Rechtsprechung des BGH zur Notarhaftung, WM 1961, 1134.
ders., Die neuere Rechtsprechung des BGH zur Notarhaftung, WM 1965, 758.
ders., Die neuere Rechtsprechung des BGH zur Haftung für Ratschläge und Auskünfte, WM 1966, 698.
Prölss/Martin, Versicherungs-Vertragsgesetz, 24. Aufl., München 1988.

Reithmann, Ch., Belehrungspflicht, Beratung und Betreuung von Grundstückskaufverträgen, DNotZ 1969, 70.
ders., Zur Haftung des Notars, DNotZ 1970, 5.
ders., Allgemeines Urkundenrecht, MDR-Schriftenreihe, 1972.
ders., Grundpfandrechte heute – Rechtsentwicklung und Aufgaben des Notars, DNotZ 1982, 67.
Reithmann/Brych/Manhart, Kauf vom Bauträger und Bauherrenmodelle, 5. Aufl., Köln 1983.
Reithmann/Martiny, Internationales Vertragsrecht, 4. Aufl., Köln 1988.
Reithmann/Röll/Geßele, Handbuch der notariellen Vertragsgestaltung, 5. Aufl., Köln 1983.
Riedel/Feil, Beurkundungsgesetz, Wiesbaden 1970.
Riederer v. Paar, Die Beweislast im Notar-Haftpflichtprozeß, DNotZ 1985, 25.
Rinsche, F. J., Die Haftung des Rechtsanwalts und des Notars, 3. Aufl., Köln 1989.
RGR-Komm.-Kreft, Bürgerliches Gesetzbuch, 12. Aufl., § 839 u. § 852, Berlin 1980.
Ritzinger, Das Haftungsprivileg des § 839 Abs. 3 BGB bei Amtspflichtverletzungen des Notars und des Grundbuchamts, BWNotZ 1988, 104.
Rohs, G., Die Abgrenzung von Anwalts- und Notartätigkeit bei Anwaltsnotaren und Notaranwälten, Justiz-Verwaltungsblatt 1965, 49.
ders., Die Geschäftsführung der Notare, 8. Aufl., Heidelberg 1983.
Röll, Die notarielle Pflicht zur Beurkundung und Belehrung im Hinblick auf Konkurs, Vergleich, Anfechtungsgesetz, DNotZ 1976, 453.
Römer, D., Notariatsverfassung und Grundgesetz, München 1963.
Rosenberg, L., Die Beweislast, 5. Aufl., München 1965.
Saage, E., Bundesnotarordnung, Essen 1961.
ders., Die Notariatsverfassungen in der Bundesrepublik, Betrieb 1962, 693.
Scheffler, F., Haftpflichtgefahren, Essen 1958.
ders., Belehrungspflicht des Notars, MittBayNot 1959, 1.
ders., Belehrungspflicht und Urkundsvollzug, MittRhNotK 1967, 429.
Schmid/Maier, Das Württembergische Ausführungsgesetz zum Bürgerlichen Gesetzbuch, Stuttgart 1955.
Schneider, E., Die neuere Beweisrechtsjudikatur in Haftpflichtprozessen, VersR 1977, 593 u. 687.
Schumann, Fehlerquellen in der Notarkanzlei, 1938.
Seybold/Hornig, Bundesnotarordnung, 4. Aufl., Berlin 1962 (wenn diese Auflage nicht eigens angegeben, wird auf die 5. Auflage verwiesen).
ders., Bundesnotarordnung, 5. Aufl., München 1976.
Soergel/Glaser, Komm. zum Bürgerlichen Gesetzbuch, § 839, 11. Aufl., Stuttgart 1985.
Späth, W., Die zivilrechtliche Haftung des Steuerberaters, 3. Aufl., Bonn 1987.
Staudinger/Schäfer, Komm. zum Bürgerlichen Gesetzbuch, Recht der Schuldverhältnisse, §§ 833–853, 12. Aufl., Berlin 1986.
Stoll, H., Haftungsverlagerung durch beweisrechtliche Mittel, AcP 176, 145.
Sturm, F., Kollisionsrecht, Eine terra incognita für den deutschen Notar, Festschrift für Ferid, S. 417 ff., München 1978.
Stürner, R., Der Notar – unabhängiges Organ der Rechtspflege?, JZ 1974, 154.
Thomas/Putzo, Zivilprozeßordnung, 15. Aufl., München 1987.
Weber, O., Gedanken zur Prüfungs- und Belehrungspflicht des Notars, DNotZ 1955, 624.
ders., Die Verantwortung des Notars für die Überwachung der richtigen Erledigung der Grundbuchanträge, DNotZ 1964, 393.
Weingärtner, H., Notarrecht, Köln 1988.
Weingärtner/Schölter, Kommentar zur Dienstordnung für Notare, 4. Aufl., Köln 1987.

Literaturverzeichnis

Weisweiler W., Geschichte des rheinpreußischen Notariates, Essen 1916.
Wolfsteiner, H., Die vollstreckbare Urkunde, München 1978.
Zimmermann, St., Weisungen der Beteiligten bei Verwahrungsgeschäften nach § 23 BNotO, DNotZ 1980, 451.
ders., Erstes Gesetz zur Änderung der Bundesnotarordnung und Staatshaftungsgesetz, DNotZ 1982, 4 ff. u. 90 ff.
ders., Neue Versicherungsbedingungen für die Notar-Haftpflichtversicherung, DNotZ 1983, 10.
ders., Die Neuordnung der Dienstordnung für Notare, DNotZ 1985, 5.
Zöller, R., Zivilprozeßordnung, 15. Aufl., Köln 1987.

I. Allgemeine Haftungsgrundlagen

1. Amtshaftung nach § 19 BNotO

a) Amtspflichten/Amtshaftung

Der Notar handelt in seinem Beruf stets in Ausübung des ihm anvertrauten Amtes; er erfüllt Amtspflichten und unterliegt **ausnahmslos** der **Amtshaftung**[1]. Die früher vereinzelt vertretene Auffassung[2], daß sich die Notartätigkeit in eine amtliche bei Beurkundungen und eine vertragliche bei Betreuung oder Verwahrung aufteile und dementsprechend Amts- oder Vertragshaftung bestehe, hat mit der BGH-Rechtsprechung[3] ihr Ende gefunden.

Dieser einheitlichen Grundlage bei Erfüllung der Amtspflichten und der Haftung bei Pflichtverletzungen sollte sich der Notar – insbesondere wenn er zugleich Anwalt ist – bei der Berufsausübung stets bewußt sein. Viele Amtshaftungsfälle haben ihre Ursache in der Verkennung dieser Basis. Auch nur theoretisch kann z. B. das Rechtsinstitut der positiven Vertragsverletzung nicht als Haftungsgrundlage für den Notar in Betracht gezogen werden[4]. Schon die grundlegenden Gebote der notariellen Unabhängigkeit und Unparteilichkeit sowie der Verantwortung einem weiten Personenkreis gegenüber schließen solche Parallelen aus. Selbst die Rechtsberatung hat bei dem Notar als Amtsperson eine andere Funktion und Bedeutung als diejenige des Anwalts als Parteivertreter. Deshalb ist z. B. die Entwurfstätigkeit, mit der im Rahmen von § 24 Abs. 1 BNotO ein Notar beauftragt wird, auch dann als Amtshandlung zu werten, wenn die Beteiligten von vornherein keine Beurkundung wünschen[5].

Zur richtigen Beurteilung der Notarpflichten sollten in diesem Bereich möglichst die aus dem Vertragsrecht herrührenden Ausdrücke wie „**Auftragserteilung**" und „**Weisung**" vermieden und etwa durch „Ansuchen"[6] ersetzt werden. Ebenso hat der Notar keinen Mandanten, sondern Beteiligte, „Dritte", denen gegenüber er verantwortlich ist. Auch die „Bevollmächtigung" des Notars – sei es bei der Vollzugstätigkeit oder bei Vertretungen im Rahmen von § 24 Abs. 1 S. 2 und Abs. 3 BNotO – ändert nicht die öffentlich-rechtliche Natur seines Vorgehens. Verdeutlichen ließe sich dies durch die Wortwahl „Ermächtigung". Freilich fällt es selbst dem Gesetzgeber schwer, sich immer strikt daran zu halten (s. § 19 Abs. 1 S. 2 BNotO) und auch der BGH gebraucht in manchen Haftpflicht-Urteilen[7] Begriffe aus dem Vertragsrecht. Dies ist sprachlich verständlich. Rechtlich ist jedoch der Notar nicht weisungsgebunden, so sehr er auch von Amts wegen den Willen und das Ansuchen der Beteiligten zu beachten und deren Belange zu wahren hat. Selbst Zivilgerichte können ihn auf Klage eines Beteiligten hin nicht dazu anhalten, eine Amtshandlung vorzunehmen[8]. Ebensowenig darf die

---

[1] Einhellige BGH-Rechtspr.; vgl. Arndt S. 230; Seybold/Hornig, § 19 Rz. 1; Römer S. 12.
[2] Vgl. RGZ 85, 404; RG JW 1930, 753; 1936, 2535; weitere Hinweise bei Grunau S. 468.
[3] S. z. B. DNotZ 1960, 265 (Nr. 32); LM § 19 BNotO Nr. 1 (Nr. 41); NJW 1974, 692; DNotZ 1983, 509 (Nr. 119) u. WM 1987, 1205 (Nr. 141).
[4] So Rinsche Rz II 6: Die „öffentlich-rechtliche Sonderverbindung" zwischen dem Notar und den Beteiligten, die der BGH (Nr. 102) für die entsprechende Anwendung des § 278 BGB herausstellt, kann in bezug auf die notariellen Amtspflichten keine andere Erkenntnis bringen.
[5] BGH VersR 1972, 1049 (Nr. 80); dies wurde noch vom RG verkannt: JW 1936, 2535.
[6] = Rogation, s. Seybold/Hornig, § 14 Rz. 25.
[7] Z. B. spricht der BGH im U. v. 26. 10. 1982 (DNotZ 1983, 450; Nr. 115) von Weisungen des Auftraggebers, die der Notar zu befolgen habe.
[8] BGH DNotZ 1980, 496 (Nr. 98); OLG Hamm DNotZ 1976, 312; OLG Celle DNotZ 1976, 691; OLG Köln DNotZ 1978, 751; OLG Stuttgart DNotZ 1982, 644; OLG Düsseldorf DNotZ 1983, 703; OLG

Dienstaufsichtsbehörde einen Notar mit Rücksicht auf dessen Unabhängigkeit anweisen, eine bestimmte Rechtsansicht zu vertreten[9].

4 **Keine Amtshaftung** tritt bei einer dem Notar nach § 8 Abs. 2 u. 3 BNotO genehmigten oder genehmigungsfreien **Nebentätigkeit** ein. In diesem Rahmen wird der Notar nicht als Amtsperson tätig. Die Haftung richtet sich nach den einschlägigen bürgerlichrechtlichen Bestimmungen[10]. Aber auch im engen Zusammenhang mit der Erfüllung von Amtspflichten stehende Handlungen können privatrechtlicher Art sein, wenn sie etwa die Beschaffung der Mittel zur Durchführung der amtlichen Aufgaben betreffen, z. B. die Begründung des Bankrechtsverhältnisses bei Errichtung eines Notaranderkontos[11].

5 Die Erfüllung der aus einer Amtspflichtverletzung resultierenden **Schadenersatzpflicht** gehört zum persönlichen Bereich des Notars und stellt keine erneute Amtspflicht gegenüber dem Geschädigten dar, sie ist vielmehr privatrechtlicher Natur[12]. Eine Verzögerung oder Nichterfüllung dieser Schadenersatzpflicht hat somit keine Amtspflichtverletzung zum Inhalt, es sei denn, die nachträgliche Schadenverhinderung gehört zugleich zur amtlich übernommenen Tätigkeit, z. B. zum Vollzug[13]. Die Trennung von Amtspflicht und persönlicher Schadenersatzpflicht hat eine besondere Bedeutung für den Verjährungsbeginn bei Haftpflichtansprüchen[14].

6 Die **gesetzliche Anspruchsgrundlage** für die Amtshaftung ist einheitlich in § 19 BNotO statuiert[15]. Sie begründet die persönliche Haftpflicht des Notars anstelle der für sonstige Amtsträger und Beamte nach Art. 34 GG i. V. m. § 839 BGB eintretenden Staatshaftung. Die vornehmlich rechtspolitisch diskutierte Bestimmung in § 19 Abs. 1 S. 4 BNotO „Eine Haftung des Staates anstelle des Notars besteht nicht" bedeutet somit auch eine Haftungsbeschränkung des Staates, wie vom BGH[16] im Verhältnis zu Art. 34 GG von Anfang an anerkannt wurde. Ausnahmen bestehen für die Amtsnotare in Baden-Württemberg, für die als Beamte das Land haftet. Darauf wird u. a. in Abschnitt I, 13 c eingegangen (Rz. 374 ff.). Der Haftpflichtanspruch als solcher gehört in das Deliktsrecht und ist privatrechtlicher Natur, auch wenn er durch eine öffentlich-rechtliche Pflichtverletzung ausgelöst wird[17].

7 Die **persönliche Haftung** des Notars hat nicht nur geschichtliche Gründe, sie ist vielmehr auch sachlich zu rechtfertigen. Im Rahmen dieses Buches soll nur kurz auf die substantielle Bedeutung der Verantwortung des Notars als Korrelat zu seiner persönlichen Amtspflicht aufmerksam gemacht werden. Diese Amtspflichten gegenüber dem rechtsuchenden Publikum gehen weit über die bloße Beurkundungstätigkeit hinaus. Sie verlangen eine individuelle Beratung, rechtsgestalterische Mitarbeit und vor allem Vertrauen. Der Notar in seiner Sonderstellung[18] erfüllt zwar öffentlich-rechtliche Aufgaben auf dem Gebiet der freiwilligen Ge-

---

Hamburg U. v. 21. 2. 1980 – 14 W 6/80. Ein anderer Weg ist die Beschwerde nach § 15 Abs. 1 S. 2 BNotO (s. Rz. 219, 494 u. 718).
[9] BGH DRiZ 1972, 134 = MittBayNot 1972, 79.
[10] Zur Haftung im Bereich der genehmigungsfreien Nebentätigkeiten: Testamentsvollstrecker, Konkursverwalter oder Vormund s. Borgmann/Haug, § 6, 5.
[11] OLG Düsseldorf DNotZ 1986, 431/432; vgl. Seybold/Hornig § 23 Rz. 31.
[12] Römer S. 31 f.; Soergel/Glaser mit Hinweis auf abweichende Meinungen § 839 Rz. 41.
[13] BGH VersR 1964, 282/283 (Nr. 50) u. DNotZ 1968, 318/319 (Nr. 63); OLG Hamm U. v. 22. 10. 1969 – 11 U 120/69.
[14] S. Rz. 255 f.
[15] Zur geschichtlichen Entwicklung s. Grunau S. 367 u. Arndt S. 229.
[16] U. v. 23. 4. 1953 zu § 1 RNotO, DNotZ 1953, 498 (Nr. 2).
[17] S. Fn. I 12.
[18] Vgl. BVerfGE 7, 377/397 u. 17, 371/377; Römer S. 43: „Im Sinne des staatlichen Organisationsrechts ist der Beruf des Notars weder ein freier noch ein staatlich gebundener Beruf". Vgl. Pfeiffer, DNotZ 1981, 5.

richtsbarkeit. Seine Amtstätigkeit kann aber ihrem Wesen nach nicht mit einer Ausübung öffentlicher Gewalt gekennzeichnet werden. Die Staatshaftung, eine Verbeamtung des Notariats[19] mit der damit einhergehenden Anonymität, verträgt sich im Grunde schlecht mit den individuellen Betreuungsaufgaben, der Pflicht zur Verschwiegenheit und Unabhängigkeit auch im Verhältnis zum Staat[20]. So ließ selbst das vom Bundesverfassungsgericht mit Urteil vom 19. 10. 1982 für nichtig erklärte **Staatshaftungsgesetz**[21] die persönliche Haftung des Notars in dem – recht unglücklich – neu gefaßten § 19 BNotO[22] bestehen. Der Schutz des Publikums zur Gewährleistung einer Realisierung von Haftpflichtansprüchen gegen Notare wurde mit der ab 1. 1. 1983 eingeführten Pflichtversicherung der Notare[23] weitgehend sichergestellt.

b) § 19 BNotO als zentrale Haftungsvorschrift

§ 19 BNotO ist die **ausschließliche Grundlage** für die Notarhaftung, wenn man von der Regelung der Gesamtschuldnerschaft des Notars und seines Vertreters sowie des Notariatsverwesers und der Notarkammer absieht (§§ 46, 61 BNotO; s. Rz. 140, 160). Weiterer Haftungsgrundlagen bedarf es nicht, da die deliktische Verantwortung ohne die Einschränkungen nach § 823 BGB alle durch Amtspflichtverletzungen entstehenden Schäden umfaßt. So scheidet, wie schon dargelegt, jede Vertragshaftung, auch aus einer etwaigen – nach § 14 Abs. 4 S. 1 BNotO unzulässigen – Garantie aus. Das OLG Frankfurt sah zwar einen im Wege des Schriftwechsels dem Notar erteilten Treuhandauftrag als „Garantievertrag" an. Der BGH[24] stellte demgegenüber zutreffend fest, daß lediglich Ansprüche aus Amtspflichtverletzung erhoben werden können und im übrigen der Notar mit dem Wort „Garantie" offensichtlich nur „die Erfüllung der übernommenen Pflichten besonders bekräftigen wollte". Die auf manchen Auftragsvordrucken der Banken verwendete Formulierung „unter Übernahme der Haftung des Notars für die Richtigkeit" kann ebenso wie die angebliche „Garantie" lediglich zu einer Haftung im Rahmen des § 19 BNotO führen. Dessen ungeachtet sollten derart formulierte Ansuchen abgelehnt werden[25]. 8

Auch die sogen. **Prospekthaftung**[26] kommt für den Notar nicht in Betracht. Sollte er unter Verstoß gegen elementare Grundpflichten zulassen, daß er in einem Prospekt als Garant erscheint, können alle Personen, die im Vertrauen darauf geschädigt werden, als „Dritte" im Sinne von § 19 Abs. 1 S. 1 BNotO in Betracht kommen (s. Rz. 36 ff.). In einem vom LG Köln mit Urteil vom 23. 11. 1982[27] entschiedenen Fall wurden gegen den Notar Schadenersatzansprüche geltend gemacht, weil im Prospekt einer Publikums-Abschreibungsgesellschaft angeführt 9

---

[19] Selbst der dem freien Notariat kritisch gegenüberstehende Stürner schreibt in seinem Aufsatz „Der Notar – unabhängiges Organ der Rechtspflege?" JZ 1974, 154/159: „Die völlige Verbeamtung der Notare könnte allerdings zu einer Einbuße an Aktivität führen. Es darf – bei aller Kritik am bestehenden freiberuflichen System – nicht verkannt werden, daß der Kampf um den Klienten Mobilität und Findigkeit der Notare weckte und daß die Notare deshalb häufig bei der rechtlichen Durchformung und Gestaltung neuer wirtschaftlicher Entwicklung rechtliche Pionierleistungen vollbrachten".
[20] Maunz/Dürig GG-Kommentar, Art. 34 (Papier) Rz. 259: Der Geschädigte kann sich den Amtsträger aussuchen und ist „damit der staatlichen Organisation nicht in vergleichbarer Weise ausgeliefert...".
[21] BGBl. 1981 I, 553.
[22] Zimmermann „Erstes Gesetz zur Änderung der Bundesnotarordnung und Staatshaftungsgesetz", DNotZ 1982, 4.
[23] BGBl. 1982 I S. 803 (s. Rz. 290 ff.).
[24] VersR 1983, 81 (Nr. 116).
[25] Vgl. die Schreiben der Bundesnotarkammer v. 6. 8. 1974 (DNotZ 1974, 643) u. 5. 11. 1986 (DNotZ 1987, 2).
[26] Vgl. zur Rechtsanwaltshaftung Borgmann/Haug, § 32, 4.
[27] AZ 5 O 223/82.

war, daß „zum Schutz" der Einzahler ausschließlich auf ein Notaranderkonto überwiesen werden sollte. Das Gericht lehnte eine Prospekthaftung schon deshalb ab, weil der Notar nicht namentlich genannt war und weder an der Erstellung noch an der Verbreitung des Prospekts mitgewirkt hatte. Es verweist weiterhin auf die Maßgeblichkeit einer Amtshaftung.

10   Der Notar kann bei einer **Verwahrungstätigkeit** auch nicht nach § 700 BGB zur Zahlung aus seinem Privatvermögen verpflichtet werden, wenn er nach den Behauptungen eines Beteiligten Beträge vom Anderkonto an einen nicht berechtigten Empfänger gezahlt haben soll. Das OLG Düsseldorf vertrat diese Ansicht zwar in zwei Urteilen[28] und umging damit die Haftpflichtfrage mit allen ihren Voraussetzungen. Die Verwahrung auf Notaranderkonto ist jedoch kein depositum irregulare, für das nach § 700 BGB die Darlehensvorschriften Anwendung finden könnten. Diese schuldrechtliche Regelung paßt ebensowenig auf das Amtsgeschäft nach § 23 BNotO wie auf die öffentlich-rechtliche Hinterlegung bei den Amtsgerichten[29]. Das vom Notar treuhänderisch verwahrte Geld bildet vielmehr ein nach der BNotO und den Bankbedingungen für Anderkonten offenkundig abgesondertes Fremdvermögen, das zwar vom Notar verwaltet, aber nicht wirtschaftlich seinem Vermögen zugerechnet wird. Canaris[30] nennt dies eine teilweise „Verdinglichung" der Stellung des Treugebers, die rechtlich die Hinterlegungssumme gegenüber Forderungen Dritter gegen den Notar persönlich – Pfändung, Konkurseröffnung oder Aufrechnung – schützt. Folgerichtig haftet der Notar bei Konkurs der Hinterlegungsbank nicht in Anwendung von § 700 BGB auf Erfüllung. So entschied schon im Jahre 1933 das Kammergericht[31] bezüglich eines Anwalts-Anderkontos.

11   Über den **Inhalt der notariellen Amtspflichten** sagt § 19 BNotO nichts. Allgemeine Grundpflichten sind in der BNotO vor allem in den §§ 1, 14, 15 und 18 aufgeführt, auf die in Kapitel II im Zusammenhang mit den Pflichten in den notariellen Haupttätigkeitsbereichen eingegangen wird. Das Beurkundungsgesetz und die Dienstordnung für Notare bringen eine Fülle von Einzelregelungen. Im Mittelpunkt stehen mit § 17 BeurkG die Belehrungspflichten (s. Rz. 401 ff.). Ausschlaggebend für die Feststellung der Notarpflichten ist jedoch die höchstrichterliche Rechtsprechung, die freilich in den letzten vier Jahrzehnten gewisse Schwankungen aufweist und deren kasuistische Einzelentscheidungen nicht immer die Aufstellung von festen Grundsätzen erleichtert.

12   **§ 19 BNotO bestimmt** im wesentlichen
– wem gegenüber der Notar haftet, den „Kreis Dritter" (Abs. 1 S. 2; s. Rz. 13–58),
– die subsidiäre Haftung (Abs. 1 S. 2; s. Rz. 170–214),
– die Anwendbarkeit der BGB-Vorschriften über die Schadenersatzpflicht bei Amtspflichtverletzungen von Beamten (Abs. 1 S. 3): „Unterlassenes Rechtsmittel" gem. § 839 Abs. 3 BGB (Rz. 217–230) und die Verjährung nach § 852 BGB (Rz. 255–276),
– die Haftungsbeschränkung des Staates (Abs. 1 S. 4; s. Rz. 6),
– die Haftung des Notarassessors (Abs. II; s. Rz. 144 ff.) und
– die ausschließliche Zuständigkeit des Landgerichts für Haftpflichtklagen (Abs. 3; s. Rz. 803).

---

[28] S. DNotZ 1987, 562 f. m. Anm. Haug.
[29] Vgl. Palandt, § 700 BGB Anm. 5; OLG Köln, DNotZ 1980, 503.
[30] Bankvertragsrecht, 3. Aufl., Rz. 279 u. Festschrift für Flume, 1978, 406 u. 441.
[31] JW 1933, 527.

2. Kreis der Personen, denen gegenüber Amtspflichten und Amtshaftung bestehen

a) Geschützter Personenkreis

Der Notar hat nach § 19 Abs. 1 S. 1 BNotO bei einer schuldhaften Verletzung 13 der **„ihm einem anderen gegenüber obliegenden Amtspflicht"** Schadenersatz zu leisten. Es hängt von der Art und dem Inhalt der Amtspflicht ab, wer zu diesem geschützten Personenkreis gehört[32]. Belehrungspflichten bestehen z. B. nur gegenüber Personen, die mit dem Notar in Verbindung getreten sind, während die Pflicht, wirksame Urkunden zu errichten, gegenüber einem weiten dem Notar unbekannten Personenkreis bestehen kann.

Da Haftpflichten aus verletzten Berufspflichten resultieren, müßten zur **Be-** 14 **schreibung des Personenkreises** die mannigfaltigen Notarpflichten in bezug auf die „Dritten" dargestellt werden. Dies ergäbe ein zur Orientierung über die in Betracht zu ziehenden „Anderen" unüberschaubares Bild. Auch die allgemeinen von der Literatur und Rechtsprechung geprägten Formeln, die in den Kommentaren zu § 839 Abs. 1 S. 1 BGB und Art. 34 Abs. 1 S. 1 GG zu finden sind, geben einen so weiten Interpretationsspielraum, daß sie wiederum substanzlos wirken. Diese möglichst alle Pflichten und alle Dritten umfassende Formel kann wie folgt wiedergegeben werden:

> Der Geschädigte gehört dann zu dem anspruchsberechtigten Personenkreis, wenn seine Belange nach der besonderen Natur und dem **Zweck der konkreten Amtspflicht** geschützt werden sollen. Ausgenommen von diesem Schutzzweck sind demnach die Personen, die nur „zufällig", „nebenbei" durch die objektive Amtspflichtverletzung geschädigt werden.

Neben dieser Zwecktheorie wurde speziell auf die Notartätigkeit ausgerichtet 15 die Vertrauens- und Bezeugungstheorie aufgestellt[33]. Auf diese Grundlagen, die nur einen wichtigen Sektor der Notartätigkeit betreffen, wird unten (Rz. 37) näher eingegangen. Hier soll versucht werden, von dem Personenkreis her, dem gegenüber bestimmte notarielle Pflichten bestehen, das weite Gebiet systematisch und konkretisierend zu erfassen. Danach werden **3 Gruppen** unterschieden:
- **Unmittelbare Beteiligte,** das sind Personen, die in eigener Sache mit Ansuchen an den Notar herantreten: Urkunds-, Verwahrungsbeteiligte und Ratsuchende (s. Rz. 16–23).
- **Mittelbar Beteiligte,** die zwar nicht selbst um eine Amtstätigkeit nachsuchen, aber anläßlich des Amtsgeschäfts eines anderen im eigenen Interesse mit dem Notar Verbindung aufnehmen (s. Rz. 24–35).
- **Dritte,** die weder unmittelbare noch mittelbare Beteiligte sind, aber nach der Zweckrichtung des Amtsgeschäfts in ihren Belangen geschützt werden sollen.

b) Unmittelbare Beteiligte

Die Personen, die selbst mit **Ansuchen in eigener Sache** an den Notar 16 herantreten, gehören zum engen eigentlichen Schutzbereich des § 19 Abs. 1 S. 1 BNotO. Es sind die Urkundsbeteiligten sowie diejenigen Personen, die eine Verwahrung (§ 23 BNotO) oder sonstige Betreuung (§ 24 BNotO) wünschen. Ihnen gegenüber kommen in der Regel alle notariellen Pflichten zum Zuge. Die Abgrenzung dieses Personenkreises ist rechtlich meist unproblematisch. Auf das

---

[32] So schon deutlich BGH DNotZ 1964, 178 (Nr. 49).
[33] Vgl. RGZ 78, 241/246 u. zur weiteren RG-Rspr. Grunau, DNotZ 1937, 472; Reithmann/Röll/ Geßele Rz. 71; Haug, DNotZ 1972, 459, Fn. 232.

Entstehen und den Inhalt der einzelnen Pflichten wird in den einschlägigen Kapiteln eingegangen. Es ist jedoch nochmals zu betonen, daß die konkrete Pflicht, deren Verletzung behauptet wird, auch gegenüber dem anspruchstellenden Beteiligten bestanden haben muß. Belehrt z. B. der Notar anläßlich der Beurkundung eines Grundstückskaufvertrags nicht über die Möglichkeit der Eintragung einer Auflassungsvormerkung, so haftet er nur gegenüber dem Käufer, zu dessen Sicherung die Belehrung hätte erfolgen müssen. Dagegen kann der Verkäufer, der sich wegen Zwischeneintragungen Ansprüchen des Käufers ausgesetzt sieht, keine Haftpflichtansprüche daraus herleiten. Dem Verkäufer gegenüber bestand keine diesbezügliche Belehrungspflicht[34].

17 Urkundsbeteiligte im Sinne der Ausschließungsbestimmung in § 6 Abs. 2 BeurkG sind die Erschienenen, deren in eigenem oder fremdem Namen abgegebene Erklärungen beurkundet werden sollen. Es werden also nicht die formell Beteiligten von materiell Beteiligten unterschieden[35]. Hinsichtlich der Art der Pflichten und damit der Bestimmung der geschützten „Dritten" ist aber eine Unterscheidung notwendig. Personen, in deren Namen Vertreter rechtsgeschäftliche Erklärungen abgeben, sind die materiell unmittelbaren Urkundsbeteiligten, auch wenn sie nicht erschienen sind[36]. Dagegen ist der **Vertreter** oder **Bevollmächtigte** grundsätzlich nicht Dritter im Sinne von § 19 BNotO. Verletzt der Notar z. B. Aufklärungs- oder Belehrungspflichten anläßlich der Beurkundung, so kommen als Anspruchsberechtigte die vertretenen materiell Beteiligten – als regelmäßig auch Geschädigte – in Betracht. Daran ändert nichts, daß der Notar pflichtgemäß die erschienenen Vertreter anstelle der Vertretenen zu belehren hat und diese die Belehrung gegen sich gelten zu lassen haben[37]. So führt der BGH im Urteil vom 21. 1. 1988[38] zutreffend aus, daß der im Beurkundungstermin vertretene Kläger zwar nicht formell Beteiligter im Sinne von § 6 Abs. 2 BeurkG war, die ihm materiell gegenüber bestehenden (Belehrungs-) Pflichten aber gegenüber dem Vertreter zu erfüllen waren. Die Vertreter selbst sind keine materiell Beteiligten, denen gegenüber Pflichten bestehen, es sei denn, sie verfolgen mit dem Urkundsgeschäft erkennbar eigene Interessen (s. Rz. 20) oder sie sind in bezug auf die formelle Vertretungsmacht aufzuklären (s. Rz. 21). Der Notar hat also nicht zu prüfen, ob der Vertreter etwa im Sinne des Vertretenen handelt. Der Bevollmächtigte könnte sich, wie das OLG Celle[39] ausführt, sogar dagegen verwahren, daß der Notar das Innenverhältnis nachprüft.

18 Der **BGH** glaubte im **Urteil vom 23. 3. 1971**[40] aus Billigkeitsgründen von diesem auch in der Literatur[41] vertretenen Grundsatz abgehen zu müssen. Eine Genossenschaft, vertreten durch ihre Vorstandsmitglieder, verkaufte ein Grundstück an die Ehefrau des Bürovorstehers des Urkundsnotars. Dieser verletzte nach Ansicht des Senats seine Belehrungspflicht, indem er nicht eine Sicherung des erst später zu zahlenden Kaufpreises empfahl. Die geschädigte Genossenschaft machte mit Erfolg die primär haftenden Vorstandsmitglieder schadenersatzpflichtig und diese konnten wiederum sich aufgrund des vorgenannten Urteils unter Anrechnung eines Mitverschuldens bei dem Notar schadlos halten. Der VI. Senat war

---

[34] OLG Frankfurt, Zivilsenat Kassel, U. v. 18. 3. 1976 – 15 U 189/75.
[35] Vgl. Huhn/v. Schuckmann, § 6 Rz. 6.
[36] Es bedarf deshalb an sich keiner Zweck- oder Interessentheorien, um diese Personen, die sich selbst rechtsgeschäftlich binden, als „Dritte" einzustufen (vgl. BGH WM 1988, 545/547 (Nr. 146).
[37] OLG Frankfurt DNotZ 1951, 460/462. Eine andere Frage ist, ob der Notar auch in Fällen, in denen nicht die persönliche Anwesenheit der materiell Urkundsbeteiligten vorgeschrieben wird, zur Erfüllung seiner Belehrungspflichten auf dem persönlichen Erscheinen besteht.
[38] WM 1988, 545/547 (Nr. 146).
[39] DNotZ 1973, 503.
[40] DNotZ 1971, 591 (Nr. 74).
[41] Daimer, § 33 II 2; Staudinger/Schäfer BGB 10./11. Auf., § 839 Rz. 519 u. 12. Aufl. Rz. 527.

2. Von Amtspflichten und Amtshaftung erfaßter Personenkreis

sich des Rechtsproblems bewußt, das er in einem früheren Urteil[42] noch hatte dahingestellt sein lassen. Die ausführliche Begründung, mit der die Vertreter in den geschützten Personenkreis einbezogen werden, weil der Notar über das Risiko der Haftung aus dem Schuldverhältnis mit der Genossenschaft als Urkundsbeteiligte hätte belehren müssen, überzeugt jedoch nicht. Im Ergebnis wurde schlicht die subsidiäre Notarhaftung beseitigt. Die geschädigte juristische Person erhielt wegen der primären Haftung der Vorstandsmitglieder „anderweitig" vollen Ersatz. Wenn der Senat es als einen unbilligen Zufall ansieht, daß der Notar bei Belehrungspflichtverletzungen in bezug auf juristische Personen haftungsfrei sein kann, während er gegenüber natürlichen Personen haften würde, so verkennt er den Sinn und Zweck der subsidiären Haftung. Abgesehen davon, daß auch natürliche Personen vertreten werden können, hat der gesetzliche Vertreter gegenüber der juristischen Person ein besonderes Verantwortungsverhältnis, das in ähnlicher Weise die primäre Alleinhaftung rechtfertigen kann wie das des Anwalts gegenüber seinem Mandanten als Urkundsbeteiligtem (s. Rz. 193 f.). In bezug auf die Notarhaftung ist es jedenfalls kein „Zufall", daß die subsidiäre Haftung eingreifen soll, wenn der Geschädigte anderweitig Ersatz erlangen kann. Eine analoge Anwendung des § 19 BNotO auf Vorstände, Geschäftsführer etc. kann auch nicht unter Hinweis auf die gesetzliche Vertretung im Bereich der elterlichen Gewalt oder der Vormundschaft überzeugend begründet werden[43]. Hier sind die pflichtgemäßen Grenzen der Vertretungsmacht zum Wohle des Kindes oder Mündels auch für den Notar ersichtlich. Ein Vergleich mit dem privatrechtlichen kaufmännischen Geschäftsverkehr erscheint nicht angebracht. In diesem Bereich haben Organe, Geschäftsführer oder Vertreter eigenverantwortlich das ihnen übertragene Vertrauen zu gewährleisten[44].

Das Urteil vom 23. 3. 1971[45] gibt ein in der Notarhaftpflicht-Rechtsprechung **19** nicht seltenes Beispiel dafür, daß ein nicht zu billigendes, schädigendes Notarverhalten damit sanktioniert werden soll, daß neue verschärfte Haftungsgrundsätze aufgestellt werden, die in dieser Allgemeinheit keine Anerkennung finden können. Der Notar hatte im entschiedenen Fall seine Pflicht zur Unparteilichkeit und Unabhängigkeit verletzt, indem er ohne jede Belehrung einen Kaufvertrag beurkundete, der von seinem Bürovorsteher ganz eindeutig zugunsten von dessen Ehefrau als Käuferin vorformuliert worden war. Aufgrund der Mißachtung der Grundpflichten in § 14 Abs. 1 u. 2 BNotO hätte hier ausnahmsweise die Haftung auch gegenüber den Vertretern gerechtfertigt werden können. Zu dieser besonderen Haftungsgrundlage wird in den Ausführungen zu Rz. 415 u. 580 ff. mit weiteren Rechtsprechungsbeispielen näher eingegangen.

Vertreter, die ersichtlich auch **im eigenen Interesse** vor dem Notar erscheinen, sind in den Schutz des § 19 Abs. 1 BNotO einbezogen. Diese Rechtsfolge, die **20** natürlich vom Inhalt der konkreten Pflichten getragen sein muß, wird in ständiger Rechtsprechung vertreten. An sich gehören diese Vertreter mit eigenen Interessen nicht zu den materiellen Urkundsbeteiligten, sondern zu den sogen. Kontaktpersonen (s. Rz. 24 ff.). Da sie aber formelle Urkundsbeteiligte sind, werden die Rechtsfragen zur Abgrenzung hier behandelt. Exemplarisch ist die Entscheidung des BGH vom 9. 7. 1963[46]. Die Grundstücksverkäufer waren von einem Generalbevollmächtigten vertreten. Nach dem Gesamtplan sollten die Erschließungsko-

---
[42] DNotZ 1964, 178 (Nr. 49).
[43] S. Arndt, S. 241.
[44] Reithmann unterscheidet in seiner Urt.-Anm. DNotZ 1971, 595 nicht genau die bestehende Belehrungspflicht über die Vorleistung von dem Kreis der „Dritten" i. S. v. § 19 BNotO.
[45] S. o. Fn. I 40; vgl. zu den erhöhten Pflichten einer Bank, deren Angestellter über sein Privatkonto Effektengeschäfte des Bankkunden abwickelt: BGH WM 1988, 895.
[46] DNotZ 1964, 178 (Nr. 49).

sten von den Käufern getragen werden. Durch einen in den ursprünglichen Vertragsentwurf eingefügten Absatz ergab sich eine unbeabsichtigte Beschränkung dieser Übernahmepflicht, die in einer für den Notar ersichtlichen Weise dazu führte, daß der Generalbevollmächtigte die Fehlbeträge selbst zahlen mußte. Er war deshalb „Dritter" im Sinne von § 19 Abs. 1 S. 1 BNotO. Das OLG Celle entschied mit Urteil vom 25. 11. 1981[47] gleichermaßen zugunsten eines Maklers. Dieser erhob Haftpflichtansprüche, weil ihm aufgrund der vom Notar zu vertretenden Nichtigkeit des Kaufvertrags Provisionsansprüche verloren gingen. Da im Vertrag die Provision ausdrücklich versprochen worden war, konnte dem Notar das Eigeninteresse nicht verborgen geblieben sein.

21 Eine besondere Gruppe der Erschienenen, die in fremdem Namen rechtsgeschäftliche Erklärungen abgeben, sind **vollmachtlose Vertreter.** Wegen des bedeutenden Unterschieds, ob sie nach der Niederschrift „handelnd als vollmachtlose Vertreter" oder „die Vollmacht nachzureichen versprechend" auftreten, wird der Notar grundsätzlich Aufklärungs- und Formulierungspflichten im Interesse des Vertreters haben[48]. Diese beziehen sich auf die Frage der formellen Vertretungsberechtigung, nicht auf das zugrundeliegende Auftragsverhältnis. Behauptet der Erschienene eindeutig bevollmächtigt zu sein, so besteht natürlich keine Nachforschungspflicht[49]. Hat er fälschlich die Vollmachtserteilung behauptet und wird deshalb als falsus procurator schadenersatzpflichtig[50], so hat er keinen Regreßanspruch gegen den Notar. Bekennt sich der Erschienene zu seiner Vollmachtslosigkeit, so macht er sich nicht nach § 179 BGB schadenersatzpflichtig, es sei denn aus c. i. c., wenn er zu stark beteuert, daß der Vertretene gewiß genehmigen wird[51]. Dies konnte in einem vom OLG Stuttgart[52] entschiedenen Fall nicht angenommen werden, in dem ein Rechtsanwalt einen Konkursverwalter als Verkäufer vollmachtslos vertrat. Als die Vollmachtserteilung ausblieb, nahm ihn der Käufer wegen der angefallenen Kosten in Anspruch. Diese sollte nach dem vorgesehenen Vertrag der Verkäufer erstatten, wenn die „erforderlichen Genehmigungen nicht erteilt werden". Hier hätte es einer Aufklärung und genaueren Formulierung bedurft, denn der Verkäufer war nicht verpflichtet, das vollmachtslose Vorgehen des Anwalts zu genehmigen und diesem wiederum war die fehlerhafte Gestaltung der Klausel über die Kostenerstattung nicht anzulasten. Andernfalls wären wohl auch ihm gegenüber Amtspflichten verletzt worden.

22 Der Kreis der unmittelbar Beteiligten bezieht sich, wie schon ausgeführt, nicht nur auf Urkundsbeteiligte. Die Pflichten gegenüber den gemäß **§§ 23, 24 BNotO zu Betreuenden,** soweit diese mit eigenem Ansuchen direkt an den Notar herantreten, unterscheiden sich grundsätzlich nicht von denen gegenüber Urkundsbeteiligten. Dies zeigt der Haftpflichtfall des BGH-Urteils vom 27. 6. 1972[53]. Der Notar sollte lediglich den Entwurf eines Sozietätsvertrags für zwei Tierärzte entwerfen. Dieser wurde später ohne weitere Hinzuziehung des Notars privatrechtlich geschlossen. Als unerwartet der jüngere Arzt zuerst verstarb und der ältere die damit eintretende Verpflichtung, die Witwe zu versorgen, als eine unangemessene Regelung ansah, bestand die Haftpflicht des Notars aus der behaupteten Amtspflichtverletzung bei der Entwurfsarbeit.

23 Die Stellung als unmittelbarer Beteiligter bleibt hinsichtlich der notariellen Pflichten auch dann bestehen, wenn später durch ein neues Ereignis oder Amtsge-

---

[47] 3 U 102/81.
[48] Vgl. Haug, Fragen des Schadensersatzes in der Notariatspraxis, DNotZ 1978, 514/516 f.
[49] S. Rz. 470.
[50] Vgl. OLG Celle, DNotZ 1977, 33.
[51] OLG Köln, JMBlNRW 1971, 270.
[52] BWNotZ 1987, 19 m. Anm. Pöschl.
[53] VersR 1972, 1049 (Nr. 79).

schäft, an dem der „Dritte" an sich nicht mehr beteiligt ist, das frühere Amtsgeschäft in einer den damaligen Beteiligten gefährdenden Weise berührt wird. Es kommen hier insbesondere **nachträgliche Informationspflichten** in Betracht. Sind z. B. an einer Hinterlegungsvereinbarung mehrere Personen beteiligt und widerruft einer die Abmachung, so hat der Notar grundsätzlich alle anderen zu unterrichten. Ein weiteres Beispiel gibt das BGH-Urteil vom 2. 4. 1959[54]. Es wurde das Ausscheiden eines GmbH-Gesellschafters auch in seiner Eigenschaft als Geschäftsführer und die Bestellung neuer Geschäftsführer beurkundet. Der Notar hatte die Registeranmeldung der neuen Geschäftsführer vorzunehmen. Diese veranlaßten die Rücknahme der Anmeldung. Wie der III. Senat zutreffend ausführt, war der ausgeschiedene Gesellschafter als Beteiligter und Betroffener von der Rücknahme zu unterrichten. Allgemein führt hierzu der Senat aus:

„Wenn ... mehrere Rechtsuchende einen Notar ... amtlich um Rat fragen und diese Beratung dazu führt, daß nur die Erklärung einer einzigen Person beurkundet wird, dann bestehen trotzdem Amtspflichten auch gegenüber den übrigen Personen, für die der Notar amtlich tätig geworden ist".[55]

c) Mittelbare Beteiligte

Die zweite Gruppe von Personen, denen gegenüber Amtspflichten und bei deren Verletzung Haftpflichten nach § 19 Abs. 1 S. 1 BNotO bestehen, umfaßt die mittelbaren Beteiligten, die zwar selbst um keine Amtstätigkeit nachsuchen, aber anläßlich des Geschäfts eines anderen mit dem Notar im eigenen Interesse in Verbindung getreten sind. Auch bei der Beschreibung dieser Gruppe wird an dieser Stelle der Inhalt der konkreten Pflichten vernachlässigt. Hauptsächlich handelt es sich um Belehrungspflichten, da dieser Personenkreis nicht zu den Urkundsbeteiligten gehört.

Das Reichsgericht konnte sich zunächst nur mit Hilfskonstruktionen[56] über die damalige Auffassung hinwegsetzen, daß Belehrungspflichten nur gegenüber den Urkundsbeteiligten bestehen. Mit Urteil vom 18. 12. 1936[57] stellte es aber den für die notariellen Amtspflichten angemessenen und vom BGH[58] übernommenen Grundsatz auf:

„Der Notar ist kraft seines Amtes eine Person des öffentlichen Vertrauens. An ihn wenden sich in seiner amtlichen Eigenschaft nicht nur die, deren rechtsgeschäftliche Erklärungen nach der Rechtslage schließlich der förmlichen Beurkundung bedürfen, sondern auch und gerade die, welche aufgrund solcher Erklärungen und der von ihnen erhofften Sicherheit weitere Rechtsgeschäfte ... vornehmen wollen. Auch ihnen gegenüber begründet das Amt des Notars eine Verantwortlichkeit dafür, daß der beabsichtigte Zweck, soweit dies von den beurkundeten Erklärungen abhängt, erreicht wird."

Erste Voraussetzung für die Amts- und ggf. Haftpflicht ist, daß diese „Dritten" mit dem Notar Verbindung aufnehmen; sie können deshalb auch **Kontaktpersonen** genannt werden. Die Kontaktaufnahme erfolgt meist auf die Weise, daß der Schuldner, der allein zu beurkundende Erklärungen abgibt, mit seinem zu sichernden Gläubiger auf dem Notariat erscheint. Als Beispiel folgender Fall aus der Praxis: Ein Holzagent wollte Forderungen seines Gläubigers aus einem Holzverkauf durch die Bestellung einer Hypothek sichern. Er erschien mit dem Gläubiger auf dem Notariat, bewilligte die Hypothek und stellte den Eintragungsantrag, der vom Notar eingereicht wurde (§ 15 GBO). Der Gläubiger brachte im Beisein des

---

[54] WM 1959, 743 (Nr. 24).
[55] Es wird weiter auf RGZ 153, 153 u. BGHZ 19, 5 (Nr. 9) verwiesen.
[56] RGZ 78, 241; 122, 80; JW 1933, 1715; weitere Hinweise bei Haug, DNotZ 1972, 454 f.
[57] RGZ 153, 153 = DNotZ 1937, 255.
[58] Z. B. fast wörtlich DNotZ 1969, 769/771 (Nr. 71).

Notars zum Ausdruck, daß er nunmehr gesichert sei. Er ließ die Holzabfuhr zu, konnte aber seine Forderung gegen den Agenten nicht realisieren, denn dieser hatte den noch nicht erledigten Eintragungsantrag beim Grundbuchamt zurückgenommen. Der Notar hätte angesichts der Äußerung des Gläubigers dessen Irrtum ausräumen und z. B. empfehlen müssen, daß dieser ebenfalls den Eintragungsantrag stellt.

27   In der **Haftpflicht-Rechtsprechung** gibt es viele Beispiele ähnlicher Art. Das Reichsgericht[59] sprach dem auf dem Notariat mit dem Schuldner erschienenen Kreditgeber einen Amtshaftungsanspruch zu, weil der Notar nicht vorgeschlagen hatte, zur Erlangung der gewünschten ersten Rangstelle eine Löschungsvormerkung in bezug auf ein Vorrecht einzutragen (§ 1179 BGB). Ein anderer Kreditgeber war nach dem BGH-Urteil vom 3. 11. 1955[60] als Kontaktperson darüber zu belehren, daß die Genehmigung des Vormundschaftsgerichts für die Eintragung der Sicherungshypothek erst wirksam wird, wenn sie ihm vom Vormund mitgeteilt wird. In zwei weiteren ziemlich gleichgelagerten Fällen hatten einmal das Reichsgericht[61] und zum anderen der BGH[62] Amtspflichten gegenüber den Kreditgebern bejaht, weil der Notar bei der Hypothekenbestellung durch den Schuldner die Gläubiger nur auf Belastungen in Abt. III, aber nicht auf diejenigen in Abt. II des Grundbuchs hingewiesen hatte.

28   In der zuletzt angeführten BGH-Entscheidung erfolgte die Kontaktaufnahme der kreditgebenden Bank mit dem Notar durch einen **Telefonanruf.** Diese Art der Verbindungsaufnahme mag zwar in ihrer Zuverlässigkeit zweifelhaft sein; sie kann aber den Notar meist nicht entlasten, denn solche zweifelhaften Kontaktaufnahmen sollten für die Erteilung wesentlicher Informationen von vornherein abgelehnt werden. Nicht wenige Notarhaftpflichtfälle haben ihre Ursache in dubiosen Ferngesprächen. Dem Bestreben von Kreditinstituten, auf dem schnellen fernmündlichen Weg vom Notar Auskunft zu erlangen, ist bei den hohen Anforderungen, die die Rechtsprechung an die Zuverlässigkeit des Amtsträgers stellt, entgegenzutreten. Ebensowenig sollte eine fernmündliche Bestätigung seitens der Bank für die Vornahme einer Amtshandlung genügen. Schon durch den Druck der Regreßgefahr für die betreffenden Bankangestellten[63] kann es dann im Haftpflichtprozeß Beweisschwierigkeiten geben.

29   Die Kontaktaufnahme kann auch im **Zusammenhang mit einem anderen Amtsgeschäft** stehen. Im vom BGH mit Urteil vom 22. 2. 1973[64] entschiedenen Fall hatte eine Bank dem Notar einen Treuhandauftrag nach § 24 BNotO gegeben. Mit der Anderkontensumme sollte der Grundstückskaufpreis finanziert werden. Der Grundstückskaufvertrag war schon zuvor ohne Beteiligung der Bank beurkundet worden. Aufgrund einer nachträglich beurkundeten Kaufpreisherabsetzung hätte der Notar im Hinblick auf den weit übersteigenden Hinterlegungsbetrag mißtrauisch werden und der Treugeberin eine Überprüfung der Sicherheiten empfehlen müssen. „Diese Offenbarungspflicht des Beklagten aus Anlaß der Urkundstätigkeit für die zugunsten der Klägerin bestellten Grundschulden ist daher als eine eigenständige Amtspflicht anzusehen".[65]

---

[59] DNotZ 1934, 39 = JW 1933, 1715. Das RG nahm damals allerdings noch eine Belehrungspflichtverletzung gegenüber dem Kreditnehmer zugunsten des Kreditgebers an.
[60] DNotZ 1956, 319 (Nr. 9).
[61] DNotZ 1934, 30; vgl. RG DNotZ 1935, 42; JW 1936, 2215.
[62] DNotZ 1969, 507 (Nr. 70).
[63] In den beiden Haftpflichturteilen (s. Fn. I 61 u. 62) spielte so auch die anderweitige Ersatzmöglichkeit bei dem Vorstand und dem Kreditsachbearbeiter der Banken eine entscheidende Rolle. Vgl. Greiner, DNotZ 1969, 241 u. BGH WM 1970, 710; NJW 1970, 34; BAG BB 1971, 40.
[64] DNotZ 1973, 494 (Nr. 80).
[65] DNotZ 1973, 498 (Nr. 80).

2. Von Amtspflichten und Amtshaftung erfaßter Personenkreis

Das vorgenannte BGH-Urteil ist weiterhin für das Verhältnis der Belehrungspflicht zum Geheimhaltungsgebot (s. Rz. 434 ff.) sowie zur **allgemeinen Pflicht, dem Unrecht zu wehren** (§ 14 Abs. 2 BNotO) von Bedeutung. Kommt die zuletzt genannte Pflicht zum Zuge, so kann selbst eine flüchtige Kontaktaufnahme genügen, den Dritten über die naheliegende Gefährdung nicht im Unklaren zu lassen. Nur unter diesen Voraussetzungen ist im Ergebnis das in der vorstehenden Rz. genannte BGH-Urteil zu verstehen. Ebenso hätten die in den BGH-Urteilen vom 23. 9. 1980[66] und 29. 9. 1981[67] angeführten Kontakte keine notariellen Belehrungspflichten gegenüber den Kreditgebern auslösen müssen, wenn die Anwaltsnotare nicht aus den Mandaten mit den Darlehnsnehmern gewußt hätten, daß diese schon völlig überschuldet waren. Zu den Voraussetzungen für diese außerordentliche Belehrungspflicht wird auf die Ausführungen in Rz. 580 ff. verwiesen.   30

Für eine eventuelle Amtspflicht und Amtshaftung gegenüber den mittelbar Beteiligten ist stets eine Verbindungsaufnahme mit dem Notar – sei dies persönlich, fernmündlich oder schriftlich – erforderlich. Der Notar hat hier oft die Möglichkeit, die **Übernahme einer Amtspflicht gegenüber den Kontaktpersonen abzulehnen.** Er muß hierzu nicht wie in § 15 Abs. 1 S. 2 BNotO einen besonderen Grund haben. Er kann z. B. telefonische Auskünfte über Rangverhältnisse verweigern oder Kontaktpersonen empfehlen, sich wegen erhoffter Sicherheit rechtlich und wirtschaftlich von einem Anwalt beraten zu lassen. Auch die Übernahme von Amtspflichten gegenüber Zessionaren kann der Notar bei Verwahrungsgeschäften[68] ablehnen. Er muß es nur deutlich tun. Tritt z. B. ein Verkäufer den nicht zur Ablösung von Grundpfandrechten auf dem Notaranderkonto verbliebenen Restkaufpreis ab und wendet sich deshalb der Zessionar an den Notar, so kann sich je nach Lage des Falles die Antwort empfehlen, daß ihm gegenüber keine Amtspflicht übernommen werde und insbesondere nicht gesagt werden könne, daß ein abzuführender Restbetrag verbleibe.   31

Die Kontaktaufnahme ist ein persönlicher Vorgang tatsächlicher Art. **Kein Kontakt** besteht deshalb gegenüber Personen, die selbst mit dem Notar keine Verbindung aufnehmen[69]. Sind z. B. im Grundstückskaufvertrag nicht alle den Vertragsparteien bekannten **Belastungen des Grundstücks** aufgeführt worden, so kann sich die kreditgebende Bank nicht auf eine Irreführung berufen, wenn sie nicht selbst mit Fragen an den Notar herangetreten war. Die Aufnahme der Grundstücksbelastungen ist zwar zweckmäßig, sie begründet aber selbst den aufgeklärten Urkundsbeteiligten gegenüber keine Pflicht. Weiterhin darf der Notar davon ausgehen, daß ein Kreditnehmer seiner Bank wahre Auskünfte gibt und diese selbst vor Gewährung des Darlehens, das durch ein Grundpfandrecht gesichert werden soll, das Grundbuch einsieht[70]. Auch die Einreichung eines Antrags auf Eintragung einer Grundschuld begründet gegenüber der zu sichernden Bank keine Amtspflicht, den Vollzug zu überwachen. Dies könnte nur sein, wenn sie mit dem Notar in dieser Beziehung in Verbindung getreten wäre[71]. Auch die gegenüber dem Zedenten erklärte Bereitschaft, den auf Anderkonto hinterlegten Kaufpreis an eine bestimmte Person abzuführen, reicht für eine Kontaktaufnahme mit dieser nicht aus[72].   32

---

[66] DNotZ 1981, 311 (Nr. 101).
[67] DNotZ 1982, 384 (Nr. 107).
[68] Vgl. KG DNotZ 1978, 182; s. Rz. 683 ff.
[69] Std. Rspr.: BGH DNotZ 1966, 183 (Nr. 56); DNotZ 1969, 317 (Nr. 68); DNotZ 1981, 773 (Nr. 106).
[70] BGH DNotZ 1969, 317/320 (Nr. 68).
[71] BGH DNotZ 1958, 557/560 (Nr. 21).
[72] So BGH DNotZ 1969, 317 (Nr. 68); vgl. KG DNotZ 1978, 182: hier hatte der Notar eine Betreuungspflicht ausdrücklich abgelehnt.

33 Beurkundet der Notar lediglich ein **Angebot gegenüber genannten oder ungenannten Adressaten,** so wären diese nur dann mittelbare Beteiligte, wenn sie sich mit dem Notar in Verbindung gesetzt hätten. Das bezieht sich auf etwaige Belehrungspflichten, nicht jedoch auf die Amtspflicht, wahr und wirksam zu beurkunden[73]. So bestehen z. B. keine Belehrungspflichten des Notars gegenüber demjenigen, der ein von ihm beurkundetes Angebot annimmt[74]. Ebenso verneint der BGH im Urteil vom 26. 10. 1965[75] eine Belehrungspflicht gegenüber dem nicht erschienenen Kreditgeber über die Fragwürdigkeit der im Darlehens-Vertragsangebot aufgeführten Sicherheiten. Kritisch wurde in diesem Fall jedoch die Haftpflicht, weil der Notar die dem Kreditgeber angebotenen Sicherheiten auch für diesen in Verwahrung nahm. Der BGH verwies deshalb die Sache zur weiteren Klärung an das Berufungsgericht zurück.

34 In Fällen der vorgenannten Art kann der Notar aber vor die Frage gestellt sein, ob er nicht das **Amtsgeschäft ablehnen** soll, weil damit zu rechnen ist, daß seine Mitwirkung für unredliche Zwecke verlangt wird (§ 14 Abs. 2 BNotO)[76]. Auch ohne eine solche Vermutung hat die Landesnotarkammer Bayern an ihre Mitglieder die vom BayObLG mit Beschluß vom 6. 12. 1983[77] gebilligte Forderung gestellt, im Rahmen von Bauherrenmodellen die Beurkundung von Angeboten der Treuhänder an die Bauherren zu verweigern. Zur Gewährleistung der notariellen Belehrung sollen vielmehr die Angebote seitens der Bauherren erklärt werden[78]. Ein Verstoß dagegen wird jedoch ohne Vorliegen der Voraussetzungen des § 14 Abs. 2 BNotO keine Amtspflicht gegenüber den Angebotsempfängern begründen können. Ebenso kann die Amtsverweigerung ein Angebot oder, wie vom BGH mit Urteil vom 24. 2. 1970[79] entschieden, eine Abtretungserklärung zu beurkunden, grundsätzlich nicht als Verletzung einer dem Angebotsempfänger oder Zessionar gegenüber bestehenden Pflicht angesehen werden. Eine Benachrichtigung des Adressaten wäre in Übereinstimmung mit dem BGH im Hinblick auf die Verschwiegenheitspflicht sogar bedenklich (§ 18 BNotO).

35 Gläubiger oder andere Personen, die durch einseitige Rechtsgeschäfte unter Mitwirkung des Notars den Erwerb von Rechten erwarten, werden deshalb gut daran tun, mit dem Notar Verbindung aufzunehmen, so daß die in solchen Fällen zu erwartende Belehrung gewährleistet ist. Will der Notar eine solche Pflicht nicht übernehmen (s. Rz. 31), so besteht für den Interessenten Anlaß genug, sich anderweitig beraten zu lassen. Grundsätzlich empfiehlt es sich im übrigen, mehrere miteinander verknüpfte Rechtsgeschäfte möglichst in der Hand *eines* Notars zu lassen, damit die Pflichten nicht gespalten sind und Mißverständnisse vermieden werden. Es könnten dann viele sowohl für die Beteiligten als auch für den Notar immer wieder auftauchende Risiken vermieden werden. Einen Beispielfall bildet das BGH-Urteil vom 11. 2. 1983[80], in dem in einer Grundstückskauf- und Weiterverkaufsache drei Notare eingeschaltet waren. Der Erstverkäufer erhielt nicht den Kaufpreis und verlor sein Grundstück, weil der Notar, bei dem der Weiterverkaufspreis hinterlegt war, ihm gegenüber keine Amtspflichten hatte. Er war für diesen Notar weder unmittelbarer noch mittelbarer Beteiligter. Die

---

[73] Vgl. Rz. 657 ff.
[74] BGH DNotZ 1981, 773 (Nr. 106); vgl. Weber, Materiell- und beurkundungsrechtliche Probleme bei sukzessiver Beurkundung von Angebot und Annahme, MittRhNotK 1987, 37.
[75] DNotZ 1966, 183 (Nr. 56).
[76] Vgl. Rz. 494.
[77] DNotZ 1984, 250.
[78] Vgl. Reithmann/Röll/Geßele, Rz. 187 f.: dort wird empfohlen, daß der Zentralnotar die Belange der Bauherren als Angebotsempfänger mitberücksichtigt; so auch Rinsche II 101.
[79] DNotZ 1970, 444 (Nr. 72).
[80] DNotZ 1983, 509 (Nr. 119).

Abweisung der Klage gegen den Notar entsprach der Haftpflichtlage. Gleichwohl sollte, wenn die Amtsvornahme schon nicht in einer Hand ermöglicht werden kann, wenigstens eine Verknüpfung oder Mitbeteiligung der Parteien hergestellt werden[81].

d) „Dritte" als geschützte Personen

Über den beschriebenen Kreis der Beteiligten hinaus können Amtspflichten des Notars im Sinne von § 19 Abs. 1 S. 1 BNotO **gegenüber Dritten** bestehen, **die in keiner Weise mit dem Notar in Verbindung** getreten sind, die er sogar meist nicht kennt. Zur Feststellung und Abgrenzung dieses weiten Personenkreises sind verschiedene Theorien aufgestellt worden. Sie zeigen, wie schwierig eine rechtssystematische Erfassung dieser Fallgruppe ist, was auch aus dem einschlägigen Schrifttum[82] und der kasuistischen Rechtsprechung hervorgeht. **36**

Das Reichsgericht[83] hatte die **Vertrauenstheorie** aufgestellt, nach der die notarielle Amtspflicht „überhaupt alle diejenigen Personen umfaßt, welche im Vertrauen auf die Rechtsgültigkeit der Beurkundung und auf die durch das beurkundete Rechtsgeschäft geschaffene Lage in Beziehung auf diese Rechtslage im Rechtsverkehr tätig werden". Diesem Grundsatz folgend, kam das Reichsgericht im Urteil vom 7. 4. 1937[84] zum Ergebnis, daß der Notar allen Gläubigern einer Aktiengesellschaft haftet, weil er, getäuscht durch einen Beteiligten, fahrlässig eine unwirksame Vollmacht zur Errichtung und Anmeldung dieser AG öffentlich beglaubigt hatte. **37**

„Auf diesem Gebiet ist ‚Dritter' jeder, dessen Belange durch die fehlerhafte Amtshandlung nachträglich irgendwie berührt werden, auch wenn der Erfolg nur mittelbar und unbeabsichtigt herbeigeführt wird. Die weite Grenzziehung rechtfertigt sich hier daraus, daß jede öffentliche Beurkundung oder Beglaubigung ihrer Natur nach in eine ungewisse Zukunft hinaus wirkt und die Belange eines zunächst ganz unbestimmten Kreises auch solcher Personen, die an dem beurkundeten oder beglaubigten Privatrechtsgeschäft nicht beteiligt waren, zu beeinflussen geeignet und bestimmt ist"[85].

Eine gleichartige Grundlage wie die Vertrauenstheorie hat die **Bezeugungstheorie.** Sie wird vor allem von Reithmann[86] vertreten. Danach tritt bei Beurkundungen neben die Beweissicherung für die Vertragsteile die **„Kundbarmachung"** gegenüber Dritten. Der Kreis dieser Personen kann, je nachdem für wen die Kundbarmachung von Bedeutung ist, klein oder unabsehbar sein. Bei Beurkundung der Gründung einer AG oder GmbH soll die Satzung und ihr Inhalt gegen jedermann kundbar gemacht werden[87]. **38**

Der BGH hat eine **„Funktions- oder Zwecktheorie"** aufgestellt. Begrifflich und systematisch klar wird sie im Urteil vom 28. 9. 1959[88] vertreten. Die Frage, ob eine Amtspflicht gegenüber Dritten besteht, soll durch die Beziehung der konkreten Amtspflicht(-verletzung) zum anspruchserhebenden Dritten geklärt werden. **39**

„Die Beziehung besteht, wenn sie den Schutz des Dritten bezweckt oder mitbezweckt. Dabei ist... ‚Dritter' nicht jeder, dessen Belange durch die Amtshandlung beeinträchtigt werden,

---

[81] Reithmann gibt in der Urt. Anm. Beispiele (DNotZ 1983, 513).
[82] Grunau, DNotZ 1937, 472/473; Arndt, DNotZ 1961, 466; Reithmann, DNotZ 1970, 5; Haug, DNotZ 1972, 458 ff.
[83] Grundlegend RGZ 78, 241/246; zur weiteren RG-Rspr. s. Grunau, DNotZ 1937, 472.
[84] RGZ 154, 276.
[85] RGZ 154, 276/288.
[86] Reithmann/Röll/Geßele, Rz. 179 ff.; vgl. auch Seybold/Hornig, § 19 Rz. 15 ff.
[87] Reithmann/Röll/Geßele, Rz. 180 m. w. Hinw.
[88] DNotZ 1960, 157 (Nr. 30).

sondern nur derjenige, dessen Interessen nach der besonderen Natur des Amtsgeschäfts gerade durch die statuierte Amtspflicht gegen Beeinträchtigungen geschützt werden sollen. Im letzten Fall ist Dritter auch der, der durch die Amtshandlung nur mittelbar und unbeabsichtigt betroffen wird."

Abgrenzend fügt der damals für die Notarhaftpflicht zuständige III. Senat hinzu, daß der Notar nicht allgemein gegenüber jedem beliebigen Dritten, dessen Interesse durch die Amtshandlung nur tatsächlich berührt wird, haftet.

40 Die „Zwecktheorie" erscheint zur Bestimmung der zu schützenden Personen, die am Amtsgeschäft weder unmittelbar noch mittelbar beteiligt waren, am besten geeignet. Sie geht gem. § 19 Abs. 1 S. 1 BNotO von der konkreten Amtspflicht aus und bezieht sich nach deren Zweck auf die Personen, deren Interessen gewahrt werden sollen. Demgegenüber erscheint die „Vertrauenstheorie" schon vom Begriff her zu subjektiviert. Zur Herbeiführung der Notarhaftpflicht wird oft das „Vertrauen" als Handlungsmotiv behauptet, während ganz andere Beweggründe für später mißglückte Geschäfte ausschlaggebend waren. Losgelöst von der besonderen Natur und Zweckrichtung des Amtsgeschäfts würde das bloße Vertrauen ohnehin nicht zu brauchbaren Lösungen führen. Dagegen wird durch die „Bezeugungs- oder Kundbarmachungstheorie" der Kreis der Dritten objektiviert. Hier müßten jedoch wieder der Grund und Zweck der bestimmten Amtspflicht als maßgebend festgestellt werden. Beide Theorien passen weiterhin – anders als der auf den Zweck des Amtsgeschäfts abgestellte Grundsatz – nicht auf die in der Praxis häufigen Fallgruppen, in denen Dritte unabhängig vom „Vertrauen" auf ein Amtsgeschäft und losgelöst von der „Bezeugungsfunktion" einer Urkunde geschädigt werden. Dazu gehören z. B. im Erbfall nicht zum Zuge kommende Personen oder an dem Amtsgeschäft nicht beteiligte Dritte, die als Begünstigte oder Betroffene bei Verletzung von Beratungs- oder Vollzugspflichten gegenüber den Beteiligten Schäden erleiden. Nach der Zwecktheorie sind diese Personen aber anspruchsberechtigt, wenn das betreffende Amtsgeschäft seiner Natur nach gerade den Schutz dieser Personen bezweckt.

41 Die Vertrauenstheorie hat als besondere Haftungsgrundlage insofern Bedeutung, als – ausgehend von der besonderen Natur der Amtspflichten – alle Personen in den Schutzbereich einzubeziehen sind, die durch die **Verletzung notarieller Grundpflichten** oder **Amtsmißbrauch** geschädigt werden. Hier ist vor allem an die Verletzung des in § 14 Abs. 2 BNotO u. § 4 BeurkG bestehenden Gebots zu denken, nicht „bei Handlungen mitzuwirken, mit denen erkennbar unerlaubte oder unredliche Zwecke verfolgt werden". Die gebotene aber nicht unterlassene Amtsverweigerung oder die Amtsvornahme, ohne diese an bestimmte Bedingungen zu knüpfen, kann gegenüber dem geschädigten Dritten eine Amtshaftung begründen. Die in Rz. 30 und 580 ff. genannten BGH-Urteile können als Beispielfälle dienen.

42 Nach der „Zweck- und Bezeugungstheorie" werden grundsätzlich auch Personen als „Dritte" anzusehen sein, die wegen fahrlässiger **Falschbeurkundung der Satzung** einer AG (§ 23 AktG) oder GmbH (§ 2 GmbHG) Schäden erleiden[89]. In dieser Hinsicht gewinnt auch der die Haftpflicht sehr ausweitende Fall Bedeutung, in dem ein Notar fahrlässig eine unwirksame Vollmacht zur Errichtung und Anmeldung einer AG öffentlich beglaubigt hatte und deshalb einem später geschädigten Gläubiger der „Schwindel-AG" haftete (s. Rz. 37). In solchen Fällen wird allerdings die Kausalfrage genau zu prüfen sein. Kein Anspruchsrecht können demgegenüber solche Dritte haben, die zwar ebenfalls durch eine betrügerische Gesellschaft geschädigt wurden, der Notar aber anläßlich der Gründungs-

---

[89] Reithmann/Röll/Geßele, Rz. 180.

beurkundung keinen ausreichenden Grund zur Amtsverweigerung hatte (§ 15 Abs. 1 BNotO)[90].

Über einen **Grenzfall** hatte das LG Münster[91] zu entscheiden. In der vom Notar beurkundeten Anmeldung der Erhöhung des Stammkapitals waren nicht alle Erklärungen der §§ 55 und 57 GmbHG enthalten. Das Registergericht trug gleichwohl ein. Die Gesellschafter unterließen die Einzahlung auf das Stammkapital, so daß ein Bauunternehmer keine Befriedigung erlangen konnte. Er klagte gegen den Notar und das Land, weil der Schaden hätte vermieden werden können, wenn die angebliche Kapitalerhöhung nicht eingetragen worden wäre. Das Landgericht wies die Klage gegen den Notar ab, weil im Verhältnis zum Kläger keine Pflicht bestand, richtige oder vollständige Anträge an Gerichte oder Behörden zu stellen. Diese Pflicht habe nur gegenüber der GmbH und den Gesellschaftern bestanden. Dieser Ansicht ist zu folgen, weil die gesetzliche Kundmachungspflicht gegenüber der Allgemeinheit nicht dem Notar, sondern dem Registergericht oblag. Das Land wurde so auch als „Dritter" angesehen. Die Klage konnte aber auch in dieser Richtung insofern keinen Erfolg haben, weil nicht ersichtlich war, daß der Kläger vor Vertragsabschluß die Registereintragung überhaupt zur Kenntnis genommen hatte. Eine unterschiedliche Beurteilung gegenüber dem vom Reichsgericht entschiedenen Registeranmeldefall ist angebracht, weil die Vollmachtsurkunde die vom Gericht nicht mehr nachzuprüfende Voraussetzung für die Eintragung war[92]. 43

Bei unwirksam beurkundeten **Vollmachten** kann gegenüber jedem, der aufgrund der Vollmachtsvorlage Geschäfte einging und geschädigt wurde, die Amtshaftung bestehen. Zweck der Vollmachtsbeurkundung soll gerade die Bezeugung nach außen sein. Hängt die Wirksamkeit der Vollmachtserteilung von derjenigen des zu überprüfenden Grundgeschäfts ab, können, wie der Beispielfall des BGH im Urteil vom 8. 11. 1984[93] zeigt, Serien von Haftpflichtansprüchen entstehen. Es ging darum, daß Baubetreuungsverträge trotz einer Ankaufsverpflichtung von Grundstücken nur privatrechtlich abgeschlossen worden waren. Gleichwohl beurkundeten Notare aus dem gesamten Bundesgebiet Vollmachten der Bauherren für die Bautreuhänder, ohne über die Rechtslage aufzuklären. Zwar ließ der BGH die aufgrund dieser Vollmachten mit den Banken abgeschlossenen Kreditverträge nach §§ 171, 173 BGB bestehen, so daß nicht die Finanzierungsinstitute, sondern die Bauherren als Urkundsbeteiligte zu Anspruchstellern wurden. 44

Nicht nur Vollmachtsurkunden, sondern auch fehlerhafte **Tatsachenbeurkundungen, Notarbestätigungen** oder sonstige **notarielle Bescheinigungen** können gegenüber denjenigen, denen sie vorgelegt werden, eine Haftung begründen. Auf die besonderen Risiken aus diesem Tätigkeitsbereich wird in Abschnitt II,4 (Rz. 655 ff.) näher eingegangen. Hier soll nur der Kreis der geschützten Dritten dargestellt werden. Ein Beispiel dafür bietet der vom BGH mit Urteil v. 30. 5. 1972[94] entschiedene Fall, in dem der Notar Bescheinigungen über den Abschluß von Ausfallversicherungen zum Schutze von Anteilserwerbern an Autowaschanlagen in Urkundsform ausgestellt hatte. Als die Geldanlage- und die Versicherungsgesellschaft in Konkurs fielen, erhoben eine Vielzahl von Anteilserwerbern gegen den Notar Haftpflichtansprüche. Sie waren „Dritte" im Sinne von § 19 Abs. 1 S. 1 BNotO: „Die Funktion der ausgestellten Bescheinigungen zeigt, daß sie gerade für die bestimmt sein sollten, die sich wie der Kläger für den Abschluß 45

---
[90] OLG Frankfurt, DNotZ 1986, 426/428.
[91] Urt. v. 11. 9. 1986 – 15 O 434/86 (rkr.).
[92] Insoweit hält der Verfasser die hierzu in DNotZ 1972, 461 vertretene Auffassung nicht aufrecht.
[93] NJW 1985, 730.
[94] DNotZ 1973, 245 (Nr. 78).

eines Beteiligungsantrags interessierten"[95]. Die Haftpflicht hing deshalb davon ab, ob die Urkunden irreführend waren.

46 Hätte der Notar statt der „Tatsachenbescheinigungen" des von ihm wahrgenommenen Textes der Versicherungspolice lediglich eine Abschrift anfertigen lassen und diese beglaubigt (§ 20 Abs. 1 S. 1 BNotO, § 39 BeurkG), so wäre die Schutzwirkung gegenüber beliebigen Dritten entfallen. Bei der **Beglaubigung einer Abschrift** wird der Text amtspflichtrechtlich nicht gewertet; es gilt auch nicht die Beweisvermutung der §§ 415, 418 ZPO[96]. Auch bei Beglaubigungen ist jedoch Vorsicht geboten, um bei Empfängern des Schriftstücks keinen falschen Anschein zu erwecken. So wurde die Haftpflichtklage einer Bank, die sich auf einen veralteten Grundbuchauszug mit irreführendem Beglaubigungsdatum verließ, nur abgewiesen[97], weil das Mitverschulden des Sachbearbeiters der klagenden Bank nach § 19 Abs. 1 S. 2 BNotO die Schadensersatzpflicht ausschloß. Pflichten gegenüber außenstehenden Dritten kann der Notar – oft unbeabsichtigt – auch damit entstehen lassen, daß er z. B. bei einer Geldhinterlegung durch den Schuldner (§ 23 BNotO) dessen Vereinbarung mit den Gläubigern in amtlicher Eigenschaft mitunterzeichnet. Damit können die Gläubiger „Dritte" werden[98].

47 Das vom BGH im Urteil v. 30. 5. 1972[99] dem Notar so streng auferlegte Gebot, jeden falschen Anschein zu vermeiden, darf nicht zu Verwechslungen bei der Einordnung der Amtspflichten gegenüber Dritten führen. Das genannte Gebot bezieht sich auf notarielle Bescheinigungen, die nach der Funktion der Amtspflicht zur Vorlage an beliebige, dem Notar meist unbekannte Personen gefertigt werden. Es gilt aber nicht einem solchen weiten Kreis von Personen gegenüber, wenn das Amtsgeschäft nicht für diese, sondern nur für unmittelbare Beteiligte bestimmt ist. In solchen Fällen wären bei Unrichtigkeiten nur diese Beteiligten in den Schutzbereich einbezogen. Es wird auf die Beispiele in den Rz. 655 ff. verwiesen. Diese Grenze könnte nur bei Amtsmißbrauch, bei grober oder vorsätzlicher Verletzung allgemeiner Grundpflichten durchbrochen werden (s. Rz. 41, 415 u. 580).

48 Die nach dem Zweck der Amtsgeschäfte ausdrücklich **begünstigten Personen** können ebenfalls geschützte Dritte sein, z. B. im Treuhandauftrag genannte Zahlungsempfänger (§ 23 BNotO) oder Personen, die als Annahmeempfänger in dem beurkundeten Vertragsangebot bezeichnet sind[100]. Ein weit gezogener Personenkreis von Begünstigten kommt bei Amtspflichtverletzung im Zusammenhang mit **Erbeinsetzungen** in Betracht. Es handelt sich in der Regel um in ihren Rechten verletzte oder nicht zum Zuge kommende Erben sowie Vermächtnisnehmer. Diese Personen sind nach der Funktion der Amtspflichten bei der Errichtung oder Beachtung von letztwilligen Verfügungen geschützte Dritte[101]. Bei unwirksamer Erbeinsetzung im notariellen Testament erhält der gesetzliche Erbe den Nachlaß und der nicht zum Zuge kommende Testamentserbe den Haftpflichtanspruch: der Nachlaß wird „verdoppelt".

49 Geschützte Person ist aber nicht nur der im notariellen Testament unwirksam eingesetzte Erbe. Geschützter Dritter kann auch sein, wer nicht gesetzlicher oder

---

[95] S. Fn. I 94 S. 246.
[96] Reithmann, Allgemeines Urkundenrecht, S. 59; LG München, Rpfl. 1972, 255 m. Anm. Winkler.
[97] OLG Koblenz, DNotZ 1974, 764.
[98] Vgl. OLG Frankfurt, DNotZ 1971, 438.
[99] S. Fn. I 94.
[100] S. BGH WM 1960, 883/884 (Nr. 34). Problematisch ist die Frage der Drittschadenliquidation. Ist der unbekannte „Dritte" nach § 19 Abs. 1 S. 1 BNotO geschützt? BGH (NJW 1967, 930/931, Nr. 59) sah den Kläger als anspruchsberechtigt an; OLG Hamm (NJW 1970, 1793) lehnt im Bereich des § 19 BNotO eine Liquidation des Drittschadens ab.
[101] Std. Rspr.: BGH im Anhang Nr. 20, 31, 76, 80, 110, 140.

Testaments-Erbe wurde, weil der Notar nicht für den wirksamen Widerruf einer wechselbezüglichen letztwilligen Verfügung sorgte. So entschied der BGH im Urteil vom 28. 9. 1959[102]: „Aus der Natur und dem Zweck des Widerrufs... ergibt sich, daß das Rechtsgeschäft nicht allein dem Interesse des Erblassers dient, vielmehr die Interessen derjenigen berührt, denen er seinen Nachlaß... zuwenden oder die er sonst bedenken will." Das Reichsgericht[103] hatte im gleichen Sinne im Falle eines fehlerhaft beurkundeten Erbverzichts entschieden. Gleichermaßen urteilte der BGH am 26. 3. 1982[104]. Der Notar hatte eine Vereinbarung über die Aufhebung eines Erbvertrags nicht bei gleichzeitiger Anwesenheit beider Vertragsteile beurkundet (§§ 2290, 2279 BGB). Die scheinbar nicht mehr gebundene Erblasserin verfügte neu zugunsten eines Dritten. Wegen der unwirksamen Aufhebung des Erbvertrags wurde seine Erbeinsetzung bestritten. Er obsiegte zwar im FGG-Verfahren, weil die Aufhebung in einen Rücktritt umgedeutet wurde, erlitt aber wegen des vierjährigen Streits einen Schaden. Zutreffend führt der V. Senat aus: „Will ein Erblasser ein gemeinschaftliches Testament widerrufen, um die Freiheit der letztwilligen Verfügung wiederzugewinnen, so ergibt sich aus der Natur und dem Zweck des Widerrufs, daß das Rechtsgeschäft... auch die Interessen derjenigen berührt, denen er (der Erblasser) seinen Nachlaß... zuwenden... will."

Komplizierter war die Haftpflichtlage in einem Adoptionsfall, in dem sowohl der Notar, der die Annahme an Kindes Statt als auch derjenige, der in diesem Zusammenhang ein Testament beurkundete, nicht über das nach der damaligen gesetzlichen Regelung bestehenbleibende Erbrecht der natürlichen Verwandten des adoptierten Kindes belehrte. Das Kind starb frühzeitig und wurde von seinem leiblichen Vater beerbt. Die Haftpflichtkläger sahen sich in ihren Erbrechten beeinträchtigt, da die eingetretene Erbfolge nicht dem Willen der Adoptionseltern entsprochen habe. Der BGH entschied mit Urteil vom 2. 5. 1972[105], daß aufgrund der notariellen Belehrungspflichtverletzung das Erbrecht des natürlichen Vaters nicht ausgeschlossen worden war. Die deshalb in ihrem Erbrecht beeinträchtigten Kläger waren geschützte „Dritte", denn eine richtige notarielle Beratung anläßlich der Adoption und der Testamentserrichtung hätte gerade auch in deren Interesse gelegen.

Ein weiteres BGH-Urteil[106] dreht sich um die Frage, ob die Schlußerbin aufgrund eines früheren notariellen Testaments durch eine vom beklagten Notar später errichtete letztwillige Verfügung beeinträchtigt wurde und deshalb geschützte Dritte war. Das von einem anderen Notar beurkundete erste Testament kannte der Beklagte. Er hatte auch über die Zweifel belehrt (§ 17 Abs. 2 BeurkG)[107]. Die Entscheidung ist insoweit unbefriedigend, als offen blieb, ob überhaupt die zweite Verfügung unwirksam war. Dies wäre nach dem Grundsatz der subsidiären Haftung zunächst zwischen der Haftpflichtklägerin und den im zweiten Testament Bedachten zu klären gewesen. So wurde aber die geschützte Drittstellung unterstellt und die Klage mangels Verschuldens zurückgewiesen. Hätte jedoch eine Auseinandersetzung zwischen den Erben ergeben, daß das Zweittestament unwirksam war, und wäre dadurch der Schlußerbin des ersten Testaments ein Schaden entstanden, der nicht anderweitig ersetzt werden konnte, so wäre als Anspruchsvoraussetzung die Verletzung der allgemeinen Amtspflicht,

---

[102] DNotZ 1960, 260/263 (Nr. 31).
[103] JW 1909, 139.
[104] WM 1982, 615 (Nr. 111).
[105] DNotZ 1973, 240 (Nr. 77).
[106] V. 13. 11. 1973, DNotZ 1974, 296 (Nr. 81).
[107] S. Rz. 491 ff.

I. Allgemeine Haftungsgrundlagen

keine gesetzwidrigen Rechtsgeschäfte zu beurkunden, in Betracht zu ziehen gewesen. Nach der hier vertretenen Funktionstheorie kann jedoch nicht festgestellt werden, daß das zweite Testament nach Sinn und Zweck im Interesse der Erbin des ersten Testaments errichtet wurde[108].

52 In seinem Urteil vom 11.6. 1987[109] verläßt der BGH die Grundlage für die Feststellung der Anspruchslegitimation, nämlich den Bezug zur besonderen Natur der Amtspflicht. Der beklagte Notar hatte für die nicht befreite Vorerbin einen *richtigen* Antrag auf Erbscheinserteilung gestellt. Das Nachlaßgericht stellte ihn falsch auf eine „befreite Vorerbin" aus. Der Notar übersandte den von ihm nicht weiter überprüften Erbschein an die Vorerbin. Die – noch unbekannten durch einen Pfleger vertretenen – Nacherben erlitten wegen Verfügungen der Vorerbin einen Schaden. Der BGH sah diese entgegen den Vorentscheidungen als Dritte im Sinne von § 19 Abs. 1 BNotO an. Er will die nach § 24 BNotO „in der Regel" auf die Belange der Auftraggeber beschränkte Beratungspflicht[110] als allgemeine Pflicht gegenüber jedermann ausweiten, wenn die Grundpflicht des § 14 Abs. 2 BNotO verletzt wird. Darin liegt ein nicht überzeugender Sprung in der Gedankenführung. Die Pflicht des Notars bestand darin, auf Ansuchen und im Interesse der Vorerbin einen richtigen Erbschein zu beantragen und ihn – unterstellt – nach Aushändigung durch das Nachlaßgericht zu überprüfen. Auch die zuletzt genannte versäumte Pflicht bestand nur gegenüber der Vorerbin. Eine weitere allgemeine Pflicht nach § 14 Abs. 2 BNotO wäre erst verletzt worden, wenn er bei einer Überprüfung den Fehler des Nachlaßgerichts nicht richtiggestellt hätte[111]. Zu einer solchen Pflichtverletzung kam es aber nicht, so daß kein Bezug zu den Nacherben bestand. Diesen gegenüber hatte das Nachlaßgericht die allgemeine und konkrete Amtspflicht. Nach der Schlußbemerkung im BGH-Urteil[112] hatten die Nacherben so auch ein obsiegendes Urteil gegen das Land. Für eine Gesamtschuldnerschaft des Notars bestand deshalb auch unter dem Gesichtspunkt *„einer muß für den Schaden haften"* keine Veranlassung.

53 Eine **Haftung des Notars gegenüber dem Staat** als Drittem im Sinne von § 19 BNotO – z. B. wegen Verletzung der Anzeigepflicht in § 18 GrEStG – wird in der Literatur[113] abgelehnt. Das Hauptargument, es gelte für § 19 BNotO als lex specialis dasselbe wie für § 839 BGB, der nicht für das Innenverhältnis zwischen Staat und Beamten anwendbar sei, überzeugt kaum. Die zu betonende Unabhängigkeit des freiberuflichen Notars (s. Rz. 7) unterscheidet ihn grundlegend vom Beamten in seiner Abhängigkeit vom Dienstherrn. Dieser haftet so auch für ihn, während für den Notar – mit der Ausnahme der beamteten Notare – die Staatshaftung ausgeschlossen ist. Weiterhin ist der Beamte bei grob fahrlässiger oder vorsätzlicher Pflichtverletzung durchaus seinem Dienstherrn gegenüber schadensersatzpflichtig[114]. Für den Notar entstände haftpflichtrechtlich ein Freiraum. In der Rechtsprechung entschied der BGH[115] lediglich, daß die Anzeigepflicht nach dem GrEStG nicht dem Schutz des Steuerschuldners dient, dieser also kein „Dritter" im Sinne von § 19 Abs. 1 S. 1 BNotO ist. Der Notar hat danach nur

---

[108] S. d. Urt.-Anm. v. Haug (Fn. I 106) S. 301.
[109] DNotZ 1988, 372 (Nr. 141).
[110] So auch Seybold/Hornig, § 14 Rz. 45.
[111] Bernhard in seiner überzeugend ablehnenden Urt.-Anm. (DNotZ 1988, 375) nimmt nicht eindeutig dazu Stellung, ob der Notar bei Kenntnis des falsch ausgestellten Erbscheins nicht auch eine allgemeine Pflicht aus § 14 Abs. 2 BNotO gegenüber den Nacherben gehabt hätte.
[112] In der DNotZ nicht abgedruckt.
[113] Reithmann, DNotZ 1970, 5/9; Seybold/Hornig, § 19 Rz. 4.
[114] S. § 78 BBG und die Landesbeamtengesetze im Rahmen des § 46 BRRG; für Richter §§ 46, 71 DRiG.
[115] DNotZ 1979, 228 (Nr. 96).

eine „Beistandspflicht" gegenüber der Finanzbehörde. Das LG Hanau[116] folgte der oben genannten Literatur. Im Urteil v. 4. 6. 1982[117] konnte der BGH die Frage dahingestellt sein lassen, da die Verletzung der Anzeigepflicht für die Verjährung der Steuerforderung nicht kausal war. Bei Steuereinbußen bestehen jedoch für den Notar als Amtsträger gem. § 7 Nr. 2 AO die Haftungsbeschränkungen des § 32 AO. Er kann demnach nur in Anspruch genommen werden, wenn die Amtspflichtverletzung mit einer Strafe bedroht ist.

Nachfolgend wird an weiteren Rechtsprechungsbeispielen ergänzend dargestellt, welche Personen **keine nach § 19 Abs. 1 BNotO geschützten „Dritten"** sind: Gläubiger oder Zessionare, die keine Befriedigung erlangen, weil der Schuldner aufgrund eines unwirksam beurkundeten Testaments nicht Erbe wurde[118]. Makler, die wegen Nichtigkeit des Grundstückskaufvertrags keine Provision erhalten, es sei denn, sie sollten nach der Zweckrichtung des Vertrags ebenfalls begünstigt werden[119]. Der nicht an der Beurkundung des Verkaufsangebots beteiligte Käufer in bezug auf den „Angebots-Notar" wegen Risiken aus der Vertragsgestaltung[120]. Ebenso nicht der präsumptive Darlehensnehmer gegenüber dem Notar, der lediglich das Angebot auf Abschluß des Darlehensvertrags beurkundet hat[121]. Gleichermaßen nicht der Zessionar einer Grundschuld, der sich nicht darum kümmert, ob der Übergang des bereits früher ohne seine Beteiligung abgetretenen Rechts sichergestellt ist. Der ursprünglich die Bestellung der Briefgrundschuld beurkundende Notar hat ihm gegenüber keine Amtspflicht[122]. Ähnlich liegt der vom BGH[123] entschiedene in Rz. 35 dargestellte Fall, in dem unkoordiniert mehrere Notare das Rechtsgeschäft abwickeln. Auch dem am Vertragsabschluß nicht beteiligten Kreditgeber des Käufers gegenüber hat der Notar keine Amtspflicht, die den Vertragsparteien bekannten Belastungen in die Urkunde aufzunehmen.

e) Der Notar als Erfüllungsgehilfe

Im Zusammenhang mit den nicht in den Schutzbereich des § 19 BNotO einbezogenen „Dritten" ist haftpflichtrechtlich darauf einzugehen, ob der Notar Erfüllungsgehilfe für einen Beteiligten im Sinne von **§ 278 BGB** sein kann. Ist diese Rechtsfrage zu bejahen, so wird die Notarhaftung wesentlich ausgeweitet. Zwei Beispiele können dies verdeutlichen:

E bestellt für B eine Grundschuld. Der einseitig von ihm eingeschaltete Notar reicht den Antrag nicht unverzüglich beim Grundbuchamt ein. E wird von B aus dem zugrundeliegenden Schuldverhältnis haftbar gemacht. Hat er nach § 278 BGB für den Notar einzustehen, so muß er Ersatz leisten. Den nunmehr von ihm zu leistenden Schadenersatzbetrag wird er nach § 19 BNotO geltend machen, während der dem Notar unbekannte B kein geschützter „Dritter" für Amtshaftungsansprüche gewesen wäre.

oder:

E verpflichtet sich dem B gegenüber, ihm zur Durchführung geschäftlicher Vorhaben eine notarielle Urkunde über Tatsachenfeststellungen fristgerecht zu-

---

[116] U. v. 18. 2. 1981 – 4 O 499/80.
[117] WM 1982, 851 (Nr. 113).
[118] S. Arndt, § 19 II, 2 m. Hinw. auf BGH MDR 1959, 281 = VersR 1959, 194 (unrichtige Aufenthaltsbescheinigung einer Gemeinde); BGHZ 31, 388 (unrichtiges Rechtskraftzeugnis eines Urkundsbeamten).
[119] Vgl. Rz. 20.
[120] BGH DNotZ 1981, 773 (Nr. 106); vgl. Rz. 32.
[121] BGH DNotZ 1966, 183 (Nr. 56); bzgl. Scheckaussteller s. BGH DNotZ 1960, 157 (Nr. 30).
[122] LG München, DNotZ 1972, 188.
[123] DNotZ 1983, 509 (Nr. 119).

kommen zu lassen. Der von E eingeschaltete Notar verweigert zu Unrecht die Beurkundung. Haftet E gegenüber B nach § 278 BGB für den Notar als Gehilfen, so wird er in Höhe seiner Schadenersatzleistung den Notar in Anspruch nehmen, während B kein geschützter „Dritter" gewesen wäre.

56 Das Reichsgericht[124], der III. BGH-Senat in einem unveröffentlichten Urteil vom 20. 10. 1958[125] und zuvor im Jahre 1941 das OLG Düsseldorf[126] hatten mit der damals h. M. den Standpunkt vertreten, der Notar als Träger eines öffentlichen Amtes werde nicht als Gehilfe einer Partei tätig. Erstmals im Jahre 1974 wich der V. BGH-Senat von dieser Auffassung[127] ab. Eine Vertragspartei hatte deshalb nach § 278 BGB dafür einzustehen, daß der von ihr einseitig eingesetzte Notar eine rechtzeitige Mitteilung von der Annahmebeurkundung eines Grundstücksverkaufsangebots unterließ. Derselbe Senat bestätigte diesen Standpunkt mit Urteil vom 13. 1. 1984[128] – „jedenfalls im Rahmen betreuender Tätigkeit". Er konnte sich inzwischen auf eine überwiegend zustimmende Literatur berufen. Das beklagte Land kam deshalb von der Haftung frei, weil bei dem Einwand nach § 839 Abs. 3 BGB dem Kläger gem. § 278 BGB das Verschulden des Notars wegen ungenügender Überprüfung einer Benachrichtigung des Grundbuchamtes angerechnet wurde.

57 Von einer gefestigten BGH-Rechtsprechung kann gleichwohl noch nicht gesprochen werden. Der III. BGH-Senat hatte 1974 auf Anfrage seine Auffassung aufrecht erhalten. Der V. BGH-Senat legte damals die Rechtsfrage nicht dem Großen Senat vor, weil der unvergleichbare Sachverhalt unterschiedliche Ansichten zulasse. Der Entscheidung von 1984 lag aber ein gleicher Sachverhalt zugrunde. Eigenartigerweise sah der V. Senat trotzdem von einer Vorlage ab. Lüderitz[129] und Zimmermann[130] stimmen nur zögernd und mit großen Einschränkungen der Rechtsprechung des V. Senats zu. Die Stellung des Notars als zur Unabhängigkeit und Unparteilichkeit verpflichteter Amtsträger (§§ 1, 14 BNotO) steht offensichtlich im Widerspruch zu einer Hilfsperson, dessen sich der Schuldner bedient. Auch eine Einschränkung auf die betreuende Tätigkeit nach § 24 BNotO befriedigt nicht, da der Notar auch in diesem Bereich ausschließlich hoheitlich behandelt und die Pflichten zur unabhängigen und unparteiischen Amtsausübung bestehen bleiben. Dies wird vom V. Senat auch nicht in Zweifel gestellt. Gerade in dem von ihm 1984 entschiedenen Fall kann es aber nicht überzeugen, daß ein Amtsträger – das Land für das Grundbuchamt – nach § 839 Abs. 3 BGB nicht dem Geschädigten haften soll, weil dieser einen anderen Amtsträger – Notar – als Hilfsperson eingeschaltet hatte. Der V. Senat geht damit weit über die noch 10 Jahre zuvor vertretene Auffassung hinaus, daß nämlich die Anrechnung des Notars als Erfüllungsgehilfen ein schuldrechtliches Verhältnis zwischen den Parteien voraussetze[131].

58 Zur Minderung von Unbilligkeiten nach beiden Seiten kann die Anwendung des § 278 BGB auf den Notar unter zwei Voraussetzungen Verständnis gewinnen: einmal, wenn die Einschaltung der Durchführung gegenseitiger schuldrechtlicher Verpflichtungen der Parteien dient, und zum anderen, wenn die anzurechnende Notartätigkeit auch durch eine Privatperson – z. B. durch einen Anwalt – vorge-

---

[124] RGZ 104, 283.
[125] III ZR 26/57.
[126] HRR 1942, Nr. 139.
[127] DNotZ 1974, 482 = NJW 1974, 692 = BGHZ 62, 119.
[128] DNotZ 1984, 511 = NJW 1984, 1748.
[129] „Sind Amtsträger Erfüllungsgehilfen?" NJW 1975, 1.
[130] Urt.-Anm. DNotZ 1984, 515.
[131] BGHZ 62, 119/125 = NJW 1974, 692/693.

2. Von Amtspflichten und Amtshaftung erfaßter Personenkreis

nommen werden könnte. Mit Larenz[132] würde der Schuldner nur dann *seinen* Tätigkeitsbereich erweitern und mit Esser/Schmidt[133] würde dann nicht in ein Gebiet übergetreten, in dem sich der Schuldner zwingend der Amtsperson bedienen muß. In dem zuerst gebrachten Beispiel (Rz. 55) würde demnach § 278 BGB eingreifen, während im zweiten Beispielsfall wegen der erforderlichen Urkundstätigkeit für eine solche Anwendung kein Raum wäre. Konsequenterweise wird auch bei dieser eingeschränkten Stellung des Notars als Erfüllungsgehilfe seine Haftung ausgeweitet. Zimmermann[134] sieht dies richtig. Rechtlich nicht einsehbar wäre jedoch, wenn der Beteiligte, der für ein Verschulden „seines" Notars einzustehen hat, nicht nach § 19 BNotO Ersatz des dadurch eingetretenen Regreßschadens verlangen könnte.

---

[132] Lehrbuch des Schuldrechts, Bd. I, Allgem. Teil, 13. Aufl., § 20 VIII.
[133] Schuldrecht Bd. I, Allgem. Teil, 6. Aufl., § 27 I, folgend Lüderitz, NJW 1975, 1.
[134] Seine vielseitigen Einschränkungen der Anwendung des § 278 BGB sowie der Haftung nach § 19 BNotO führen aber zu einer praktisch kaum noch nachvollziehbaren Differenzierung.

3. Pflichtwidrigkeit

60 Ein Handbuch für die Praxis ist an sich nicht der richtige Platz für rechtstheoretische Ausführungen über Rechts- oder Pflichtwidrigkeit. Allgemein könnte wie in Staudinger (Schäfer)[140] auf den **Amtseid in § 13 BNotO** verwiesen werden, wonach der Notar schwört, „die verfassungsmäßige Ordnung zu wahren und die Pflichten eines Notars gewissenhaft und unparteiisch zu erfüllen". Mehr sagt schon, daß sich der Inhalt und Umfang der Pflichten aus den Gesetzen und den Dienstanweisungen, die die Länder bundeseinheitlich in der Dienstordnung für Notare erlassen haben[141], und oft jedoch erst aus der für die Haftpflicht wesentlichen Rechtsprechung ergeben. Die Notarpflichten sind nämlich in weiten Bereichen nicht eindeutig präzisiert und präzisierbar. Es sei nur auf die **unbestimmten Rechtsbegriffe,** wie „unabhängig" (§ 1 BNotO), „unparteiisch" (§ 14 Abs. 1 BNotO), „ausreichender Grund" für Amtsverweigerung (§ 15 Abs. 1 S. 1 BNotO) und „Pflicht zur Verschwiegenheit" (§ 18 BNotO) im Verhältnis zu den Belehrungspflichten (§ 17 BeurkG) verwiesen. Zwar gibt es auch einzelne relativ klar umrissene Pflichten wie in § 53 BeurkG zum Widerspruch eines Beteiligten gegen die Einreichung oder in § 2296 BGB zur Form des Rücktritts vom Erbvertrag. Die Probleme der Pflichtwidrigkeit ergeben sich aber gerade bei den nur pauschal bestimmten Rechtspflichten. Die Rechtswidrigkeit kann erst festgestellt werden, wenn „die nichterfüllte Rechtspflicht klar herausgestellt ist: die Rechtswidrigkeit ist ihr Spiegelbild. Gerade die Rechtswidrigkeit erscheint so zum einen selbstverständlich, zum anderen inhaltslos"[142]

61 Praktisch kommt man deshalb nicht um die Feststellung herum, daß in den Grenzbereichen die dem Notar obliegende Pflicht erst durch die Haftpflichtrechtsprechung bestimmt wird. Da dies nachträglich und oft kasuistisch geschieht, wird die zu objektivierende Notarpflicht in breiten Randgebieten immer schillernd und haftpflichtmäßig risikoreich sein. Nimmt man hinzu, daß der Notar nach der höchstrichterlichen Rechtsprechung den „sichereren" oder gar „sichersten" Weg[143] zu gehen hat, so kann man ermessen, wie schwierig der Pflichtenumfang und das Haftpflichtrisiko einzuschätzen sind. Über die Hälfte der Haftpflichturteile der Berufungsinstanz wurden im Revisionsverfahren aufgehoben.

62 Es kommt bei der Feststellung der Pflicht nicht nur auf **die konkrete Fallgestaltung,** sondern natürlich auch auf **die Einstellung des** jeweils mit dem Fall befaßten **Gerichts** an. Entschied z. B. zur betreuenden Belehrungspflicht der VI. BGH-Senat mit Urteil vom 12. 7. 1968[144], daß der Notar nicht nur vor Vorleistungen warnen, sondern zur Risikovermeidung Gestaltungsregelungen anregen müsse, so war der IX. BGH-Senat im Urteil vom 3. 7. 1986[145] der Auffassung, daß solche im Widerspruch zum erkennbaren Willen der Vertragsparteien stehende Ratschläge die Pflicht zur Unparteilichkeit verletzen würden. Heißt es im BGH-Urteil vom 7. 11. 1978[146], die Pflicht zur „unverzüglichen Einreichung" beim

---

[140] § 839 BGB Rz. 227.
[141] Die Beachtung der Vorschriften der DONot ist Amtspflicht (Seybold/Hornig Anh. I Vorbem. Anm. 3). Die Frage, inwieweit die Länder ausreichend für den Erlaß legitimiert sind, bleibt hier dahingestellt.
[142] So Borgmann in Borgmann/Haug, § 26, 2b m. Hinw. auf Merz, Zf. des Bernischen Juristenvereins 1955, 301/306.
[143] S. Rz. 83 ff.
[144] DNotZ 1969, 173/175 (Nr. 65).
[145] DNotZ 1987, 157/159 (Nr. 137).
[146] DNotZ 1979, 311 (Nr. 95).

3. Pflichtwidrigkeit

Grundbuchamt bedeutet, daß die Urkundsvorlage „sofort zu erfolgen habe", bei Dringlichkeit noch am Beurkundungstag, so kann dies in bezug auf die dem Notar andererseits zuzubilligende Bearbeitungszeit in der Praxis nicht erfüllt werden[147]. Die Anforderung, die diese Entscheidung stellt, kann deshalb nicht in den allgemeinen Pflichtenkanon aufgenommen werden.

Die genannten Schwierigkeiten erlauben deshalb erst in den einzelnen Aufgabenbereichen die Pflichten einigermaßen fest zu umreißen. Dies wird in den Kapiteln über die Prüfungs-, Belehrungs-, Urkunds- und Vollzugspflichten sowie bei den Notarbestätigungen, der Verwahrung und der sonstigen Betreuung anhand typischer Haftpflichtbeispiele versucht. Der Notar sieht sich in Grenzbereichen gleichwohl in der heiklen Lage, jedesmal prüfen zu müssen, welche Pflichten wohl die Gerichte bei eventuellen Auseinandersetzungen über das notarielle Vorgehen aufstellen werden. Das setzt die Kenntnis der aktuellen Rechtsprechung und Literatur voraus[148]. Soweit keine gefestigte Rechtsprechung vorhanden ist und sich auch in der Literatur keine klare Linie abzeichnet, hat der Notar die nach seiner Überzeugung „wahre" Rechtslage[149] zu ermitteln. Wird diese später von den Gerichten nicht geteilt, so stellt sich die Frage des Verschuldens. Gleichwohl muß auch in dem gesetzlich nicht eindeutig umrissenen Pflichtenkreis dem Notar ein Ermessensspielraum zugebilligt werden: ein pflichtgemäßes Ermessen. Dies ist vor allem im Belehrungsbereich zu fordern (s. dazu Rz. 433).

63

---

[147] S. die kritischen Anmerkungen von Kanzleiter, DNotZ 1979, 314 u. Schippel MittBayNot 1979, 35 sowie Haug „Welche Zeitspanne ist dem Notar für die Einreichung zuzubilligen?", DNotZ 1979, 725; vgl. Rz. 643 f.

[148] S. Rz. 76 f.

[149] Köhler (S. 198) geht für solche Fälle mit der Forderung zu weit, daß das „Ziel der Prüfung ... nicht die Ermittlung der wahren Rechtslage, sondern die Ermittlung dessen, was die Gerichte für rechtens halten" sei. Auch der BGH, DNotZ 1958, 554/556 (Nr. 20) billigt dem Notar eine eigene Überzeugung zu.

4. Verschulden

a) Bezug auf Amtspflichten

65 Wird eine Pflichtwidrigkeit festgestellt, so fehlt es nach der Haftpflichtrechtsprechung äußerst selten an einem Schuldvorwurf. **Anforderungen an die Sorgfaltspflicht** des Notars werden so hoch angesetzt, daß der objektiv typisierte Fahrlässigkeitsgrad (s. Rz. 67) meist erfüllt wird und auch das Verhalten des Notars billigende Kollegialgerichtsentscheidungen nur in Ausnahmefällen entschuldigen (s. Rz. 91 ff.).

66 Das Verschulden des Notars muß sich im Rahmen des § 19 BNotO ebenso wie bei den anderen Amtsträgern nach § 839 BGB stets auf die Verletzung der Amtspflicht beziehen. Es ist also nicht das Voraussehen einer Schadenszufügung erforderlich[155]. Es genügt, daß die Amtspflicht schuldhaft verkannt wird, z. B. die Pflicht, dem Irrtum des Grundbuchamts entgegenzutreten, um beantragte Eintragungen zu erreichen[156]. Erst die vorsätzliche Amtspflichtverletzung setzt das Bewußtsein von der Pflichtwidrigkeit voraus (s. Rz. 101 ff.).

b) Fahrlässigkeit

67 Nach der Rechtsprechung und Lehre liegt Fahrlässigkeit vor, wenn der Amtsträger bei gehöriger Aufmerksamkeit hätte erkennen müssen, daß eine Pflicht zu einem bestimmten Handeln oder Unterlassen bestand. Die Voraussehbarkeit eines bestimmten Schadens ist nicht erforderlich[157]. Bei diesem Fahrlässigkeitsbegriff darf nicht von einem „ideal vollkommenen Musterexemplar"[158], sondern muß objektiviert von einem pflichtbewußten Durchschnittsnotar[159] ausgegangen werden. Mit Deutsch[160] kann man diesen Maßstab auch so umschreiben, daß ein Können verlangt wird, das in dem Verkehrskreis, in den der Handelnde sich gestellt hat, Standard ist. Das OLG Braunschweig[161] umschreibt den Fahrlässigkeitsbegriff in der Weise, daß der Notar die Verletzung einer Amtspflicht bei gehöriger Aufmerksamkeit und Beachtung der für einen pflichtgemäß handelnden Notar im Geschäftsverkehr erforderlichen Sorgfalt hätte erkennen können. Dabei ist der Maßstab eines erfahrenen, pflichtbewußten und gewissenhaften Durchschnittsnotars anzulegen.

68 Angesichts der Amtsstellung des Notars hat das Maß der Anforderungen an die Pflichterfüllung des Notars sicher hoch zu sein. Andererseits kann sein Verhalten nicht daran gemessen werden, wie ein übergewissenhafter oder überaus risikoängstlicher Notar handeln würde, der z. B. die Finanzkraft des Käufers prüft oder in die Niederschrift gesetzlich nicht vorgeschriebene Belehrungsvermerke aufnimmt. Weiterhin hat sich die Beurteilung der Verschuldensfrage stets auf die **konkrete Situation** zu beziehen, in der sich der Notar zur Zeit der behaupteten Pflichtverletzung befand. Der Beurteiler darf sich zu keiner ex-post-Betrachtung verleiten lassen. Auch die **Berufshaftpflichtversicherung** als Pflichtversicherung (s. Rz. 290 ff.) darf den Verschuldensmaßstab nicht verzerren. Ein solcher sachfremder Einfluß hätte ungünstige Auswirkungen auf das Pflichtbewußtsein

---

[155] Std. Rspr. s. RGR-Komm., § 839 Rz. 287 u. Staudinger/Schäfer, § 839 Rz. 294.
[156] BGH DNotZ 1969, 499/502 (Nr. 69).
[157] BGH WM 1959, 743/744 (Nr. 24); DNotZ 1969, 173/178 (Nr. 65) u. 499/502 (Nr. 69).
[158] Staudinger/Schäfer, § 839 Rz. 289.
[159] S. BGH WM 1983, 343/345 (Nr. 118).
[160] In Urt.-Anm. JZ 1968, 103/104.
[161] DNotZ 1977, 491.

und die Arbeitsweise des – vielleicht nicht finanziell aber doch stets persönlich betroffenen – Amtsträgers.

c) Rechtskenntnisse

Die Anforderungen an die Sorgfaltspflicht werden sich in erster Linie auf die **juristischen Kenntnisse** und die **beruflichen Fähigkeiten** eines Durchschnittsnotars richten. Dieser muß sich zur Erfüllung seiner Aufgaben rechtlich genau informieren und kann sich nicht darauf berufen, in seiner Praxis – bisher – nicht vorgekommene entlegene Rechtsgebiete nicht im Detail kennen zu müssen. Befaßt er sich mit einer solchen Rechtsmaterie, so muß er sich die erforderlichen Rechtskenntnisse aneignen[162]. Eine längere Krankheit kann z. B. Rechtsunkenntnisse nicht entschuldigen[163]. Das gilt auch für Auslandsrecht dann, wenn er sich auf eine juristische Beratung einläßt und nicht von der Beschränkung seiner Pflicht nach § 17 Abs. 3 BeurkG Gebrauch macht (s. Rz. 496 ff.). 69

Gesetzeskenntnis wird selbst dann erwartet, wenn es sich nur um Auswirkungen des Amtsgeschäfts handelt, über deren Tragweite eine Belehrungsbedürftigkeit der Beteiligten besteht. So hat der Notar nach einem Urteil des OLG Hamm[164] zu bedenken, daß § 17 GBO im Zwangsversteigerungsverfahren nicht den Rang einer Auflassungsvormerkung wahrt, wenn vor der Eintragung der Beitritt eines weiteren Gläubigers dem Schuldner zugestellt wird. „All das hätte" – nach Ansicht des Senats – „der Beklagte als erfahrener Notar überschauen und den Umständen entsprechend Vorsorge treffen müssen". Die Vorsorge hätte darin bestanden, den Käufer auf die Zweckmäßigkeit einer umgehenden Zahlung der Eintragungskosten aufmerksam zu machen. Auch noch nicht in Kraft getretene Gesetze oder Gesetzesänderungen hat der Notar jedenfalls dann bei seiner Amtstätigkeit zu berücksichtigen, wenn das neue Recht bereits im BGBl. veröffentlicht oder in der Fachliteratur behandelt wurde. So verlangt das OLG Hamm im Urteil vom 1. 3. 1984[165], daß der Notar beim Vollzug eines im Oktober 1975 beurkundeten Hofübergabevertrags das am 1. 7. 1976 in Kraft tretende, ein Vierteljahr zuvor veröffentlichte 2. Gesetz zur Änderung der Höfe-Ordnung vom 29. 3. 1976 (BGBl. I, 881) hätte berücksichtigen müssen. 70

Die **Kenntnis der veröffentlichten Rechtsprechung** wird höchstrichterlich in einem Ausmaß verlangt, das an die Grenzen der praktischen Ermittlungsmöglichkeiten stößt. Forderte das Reichsgericht in der Regel nur die Kenntnis der in der amtlichen Sammlung veröffentlichten Entscheidungen[166] und mutete es einem Notar nicht zu, die OLG-Rechtsprechung zu überprüfen[167], so verlangt der BGH[168] in Anwaltshaftpflichtsachen allgemein die Beachtung der „in den zur Verfügung stehenden Fachzeitschriften" veröffentlichten Entscheidungen. Für den Notar werden die Anforderungen nicht geringer sein. Bedenkt man, daß allein in der NJW Jahr für Jahr rund 1500 Entscheidungen veröffentlicht werden und die NJW-Fundhefte in den letzten Jahrgängen jeweils mehr als 20 000 Entscheidungsleitsätze sowie Nachweise von Aufsätzen bringen, so liegt nahe, daß die Sorgfaltspflicht des Notars nicht so hoch angesetzt werden kann, alle diese Entscheidungen, soweit es sich jedenfalls um solche unterer Gerichte handelt, zu kennen[169]. 71

---

[162] Arndt, § 19 II 2. 4.3 m. Rspr.-Hinw.; Borgmann/Haug, § 19 m. Hinw. zur Anwaltshaftpflicht-Rspr.
[163] BGH FamRZ 1972, 632 = VersR 1972, 1024 (Nichtehelichengesetz).
[164] VersR 1987, 1019.
[165] 28 U 231/83.
[166] RG JW 1910, 294; 1916, 34; RGZ 125, 299/306.
[167] RG DNotZ 1937, 752/754.
[168] Vgl. NJW 1952, 425; 1957, 750/751; 1958, 825; MDR 1958, 496; VersR 1960, 209.
[169] So auch Köhler S. 199 u. Arndt, § 19 II 2. 3.4.

72 Durch **EDV-Dokumentationen** wird der Zugriff auf Judikatur und Rechtsliteratur quantitativ in einem kaum überschaubaren Maß gesteigert. JURIS dürfte bald 1 Million veröffentlichter und anderweitig nicht veröffentlichter Entscheidungen gespeichert haben. Diese Möglichkeiten dürfen nicht die ohnehin schon hohen Anforderungen an die Sucharbeit des Notars noch weiter ausdehnen. Die nahezu gesamte Judikatur auszuwerten, würde jedenfalls den Praktiker – aber selbst den Theoretiker – zeitlich und geistig überfordern. Das Rechtsdenken würde zugunsten quantitativer Sortierarbeit verarmen. Die erweiterten Zugriffsmöglichkeiten sollten deshalb primär der Entlastung bei der Sucharbeit dienen, aber nicht zu Forderungen führen, alle erreichbaren Veröffentlichungen bei der Amtstätigkeit zu kennen oder gar zu berücksichtigen.

73 Der Notar kann bei seiner in die Zukunft gerichteten Arbeit nicht der Pflicht enthoben werden, in Verfolgung der BGH-Rechtsprechung auch ein **obiter dictum** zu beachten. Die von ihm beurkundeten Rechtsgeschäfte sollen einer eventuellen späteren richterlichen Überprüfung standhalten, so daß bei nicht gefestigter Judikatur im Rahmen des § 17 Abs. 2 BeurkG[170] eine **Rechtsprechungsprognose**[171] zu stellen ist. Die im Schrifttum manchmal beargwöhnten[172] obiter dicta stellen für den Notar oft ein nützliches Instrument zur Beobachtung der Rechtsentwicklung dar. Die Entscheidungsgründe einschlägiger höchstrichterlicher Urteile sind deshalb sorgfältig auch daraufhin zu lesen, ob sich Tendenzen einer Rechtsprechungsänderung anzeigen. Diese Anforderung hat sich aber vernünftigerweise auf die höchstrichterliche Judikatur zu beschränken.

74 Auf eine gefestigte **höchstrichterliche Rechtsprechung** kann der Notar vertrauen. Dazu seien die für den Kautelarjuristen „goldenen Worte"[173] aus dem BGH-Urteil vom 25. 3. 1983[174] zur Beibehaltung der falsa-demonstratia-Regel wiedergegeben:

> „Im Falle einer durch gefestigte höchstrichterliche Rechtsprechung gefundenen Gesetzesauslegung" treten „die Rechtswerte der Rechtssicherheit und des Vertrauensschutzes in den Vordergrund und verlangen im allgemeinen ein Festhalten an der einmal eingeschlagenen Rechtsentwicklung. Ein Abgehen von der Kontinuität der Rechtsprechung kann nur ausnahmsweise hingenommen werden, wenn... schlechthin zwingende Gründe dafür sprechen".

Im Haftpflichturteil vom 21. 10. 1980[175] wurde der Notar entschuldigt, weil er sich mit der einseitigen Motivangabe des Käufers, das Grundstück zur Bebauung zu kaufen, auf die bisherige Rechtsprechung des Bundesverwaltungsgerichts verließ. Er brauchte nicht damit zu rechnen, daß die Verwaltungsgerichte später als Geschäftsgrundlage forderten, daß sich auch der Verkäufer auf den Bebauungszweck festlegt. In Aufrechterhaltung dieses Vertrauensgrundsatzes wies das OLG Oldenburg[176] in einer anderen Haftpflichtsache die Klage ab, weil der Notar aufgrund der bisherigen BGH-Rechtsprechung bis zum Urteil vom 23. 9. 1977[177] nicht damit rechnen mußte, daß ein Grundstückskaufvertrag ohne Mitbeurkundung der Baubeschreibung nichtig sei.

---

[170] S. Rz. 491 ff.
[171] S. Köhler, a. a. O. (Fn. I 169).
[172] Schlüter, Das obiter dictum (die Grenzen höchstrichterlicher Entscheidungsbegründung, dargestellt an Beispielen aus der Rechtsprechung des Bundesarbeitsgerichts), München 1973.
[173] Köbel in der Urt.-Anm. DNotZ 1983, 598/603.
[174] DNotZ 1983, 618 = NJW 1983, 1610.
[175] DNotZ 1981, 515 (Nr. 103).
[176] U. v. 11. 11. 1983 – 6 U 91/83.
[177] NJW 1978, 102; s. dazu die kritischen Stimmen: Brambring, DNotZ 1979, 479; Winkler, DNotZ 1979, 410; Volhard NJW 1979, 1488; Lichtenberger, NJW 1979, 1857; Hitzelberger, BB 1979, 1263; Blomeyer, JW 1979, 592.

4. Verschulden

Dem BGH fiel es in einer haftpflichtrechtlichen Parallelentscheidung[178] nicht so **75** leicht, den Notar zu exkulpieren. Angesichts der „objektiven Anforderungen an einen pflichtbewußten Durchschnittsnotar" ließ er aber folgende Gründe für eine Entschuldigung gelten:

„Die Gemengelage von Gesetzes- und (zeitweilig schwankendem) Richterrecht schuf vor dem Hintergrund – wirklicher oder vermeintlicher – praktischer Bedürfnisse eine unklare Rechtslage, die zwar in erster Linie die Frage der Formwirksamkeit betraf, letztlich aber auch Zweifel hinsichtlich noch amtspflichtgemäßer Vereinfachungen durch den Notar bei der Beurkundung von ihm abgegebener Erklärungen der Beteiligten begründen konnte."

Diese zurückhaltende Rechtsprechung hatte der BGH schon in einem Urteil vom 21. 12. 1972[179] bei der Frage gezeigt, ob das Vertrauen des Anwalts auf die höchstrichterliche Rechtsprechung die Hemmung der nach einem späteren Urteil nur noch zweijährigen Verjährungsfrist für Architekten-Honoraransprüche rechtfertige. Der Senat verneinte den Vertrauensschutz, weil die Frage bereits vor dem abändernden BGH-Urteil in Rechtsprechung und Schrifttum umstritten gewesen wäre. Bei einer näheren Untersuchung[180] kann diese Begründung aber nicht überzeugen. Es sollte schlicht bei dem auch im BGH-Urteil vom 7. 3. 1972[181] vertretenen Vertrauensgrundsatz solange bleiben, bis – mit BFH-Urt. v. 23. 9. 1979[182] – deutliche Anzeichen für eine Änderung der Rechtsprechung erkennbar sind. Das LG Trier[183] entschuldigte einen Notar, der 1975 die unentgeltliche Nießbrauchbestellung der Eltern für die minderjährigen Kinder ohne Mitwirkung eines Ergänzungspflegers beurkundete. Der BGH hatte zwar mit Beschluß vom 9. 7. 1980[184] in solchen Fällen eine Pflegerbestellung für notwendig befunden. Er wich damit aber von seiner im Urteil vom 10. 9. 1954[185] vertretenen Rechtsauffassung ab.

Über die **neueste Rechtsprechung** hat sich der Notar alsbald nach der **76** Veröffentlichung zu informieren. Dies gilt vor allem für höchstrichterliche Entscheidungen, die für ein Amtsgeschäft von Bedeutung sein könnten. Feste Zeitspannen können natürlich nicht allgemein angesetzt werden. Es wird ganz auf die Umstände des Einzelfalles ankommen wie: Zugang der Fachzeitschrift, besondere Arbeitsbelastung, Feiertage usw. Die Gerichte haben für Anwälte[186] strenge Anforderungen an die baldige Kenntnisnahme aufgestellt. Der BGH billigt nach seinem Beschluß vom 20. 12. 1978[187] in der Regel offenbar höchstens eine Zeit von 2 Wochen zu, denn nur aus besonderen Gründen konzediert er zusätzlich ein paar Tage. Die Lektüre darf sich bei wesentlichen Entscheidungen nicht auf die mehr oder weniger aussagekräftigen Leitsätze beschränken, vielmehr sind die tragenden Entscheidungsgründe ebenfalls zu beachten[188].

Welche juristischen Fachzeitschriften der Notar zu lesen hat – es erscheinen **77** über 150 Periodika! – wird weitgehend vom Zuschnitt seiner Praxis und seiner persönlichen Auswahl abhängen. Die DNotZ und die Mitteilungsblätter seiner Kammer gehören schon pflichtgemäß dazu. Angesichts der nur so knapp zugebilligten Zeitspanne werden sicherlich auch noch weitere Zeitschriften – wie z. B. die

---

[178] WM 1983, 343 (Nr. 118).
[179] NJW 1973, 364.
[180] Borgmann/Haug, § 19, 2d.
[181] NJW 1972, 1048.
[182] BStBl. 1979 II, 455.
[183] U. v. 20. 9. 1984 – 6 O 49/84.
[184] BGHZ 78, 28 = NJW 1981, 109.
[185] BGHZ 15, 168 = NJW 1955, 1353.
[186] S. Borgmann/Haug, § 19, 2c (S. 94f.).
[187] NJW 1979, 877 = VersR 1979, 232.
[188] Vgl. OLG Düsseldorf, VersR 1980, 359 (Anwaltshaftpflichtfall in Familienrechtssache).

NJW und der Rechtspfleger – zu lesen sein. Zur Lektüre der FamRZ meinte der BGH in der oben genannten Entscheidung (Fn. I 187), daß „von einem Rechtsanwalt mit einer allgemeinen Beratungs- und Prozeßpraxis grundsätzlich nicht verlangt werden" kann, „daß er diese juristische Spezialzeitschrift jeweils alsbald nach Erscheinen darauf durcharbeitet, welche neuen höchstrichterlichen Entscheidungen auf den genannten Gebieten ergangen sind".

78 Die **Fachliteratur** und **anerkannte Lehrmeinungen** hat der Notar bei seiner Rechtsprüfung mit heranzuziehen, wenn keine eindeutige höchstrichterliche Rechtsprechung und keine einheitliche Judikatur der Obergerichte festzustellen ist[189]. Exemplarisch für die vom BGH gestellten Anforderungen ist das Urteil vom 14. 7. 1970[190]. Im Jahre 1959 hielt ein badischer Notar den Verzicht auf Bergschadenersatz grundbuchrechtlich nicht für eintragungsfähig. Erst in den 60er Jahren trat hier eine Meinungsänderung ein. Da zuvor die Rechtsprechung der Meinung des Notars nicht entgegenstand, prüfte der BGH das wohl gesamte zur maßgebenden Zeit veröffentlichte Schrifttum: sechs Kommentare sowie mehrere Monographien und Aufsätze. Da lediglich in zwei Aufsätzen – davon der eine in einer schwer auffindbaren Spezialzeitschrift – eine abweichende Auffassung vertreten worden war, verneinte der BGH eine Belehrungspflichtverletzung. Dem Urteil kann einerseits gewiß nicht entnommen werden, daß der Notar das gesamte vom BGH überprüfte Schrifttum hätte heranziehen müssen. Andererseits wird jedoch erhellt, daß er sich bei einer für die Beteiligten bedeutsamen Rechtsfrage nicht etwa mit der Einsicht in den Palandt begnügen darf.

79 Der heutige Notar kann sich grundsätzlich nicht mehr an der RG-Rechtsprechung orientieren, wonach z. B. laut einem Urteil[191] der Notar seine Prüfungspflicht erfüllt hat, wenn er zu dem Problem in zwei Großkommentaren nichts findet. Je nach Bedeutung der Sache hat er der Rechtsfrage weiter nachzugehen[192]. Dabei sind Kommentare letzter Auflage, keine veraltete Literatur, heranzuziehen, allein schon um sich auch auf diese Weise über die aktuelle Rechtsprechung Kenntnis zu verschaffen[193]. Bei der Fülle der neu veröffentlichten Literatur – zu der auch dieses Buch noch beiträgt – und der bei Juristen bestehenden Neigung, eine eigene, d. h. abweichende Meinung zu vertreten, muß die Sorgfaltspflicht auf die Praxis eines pflichtbewußten Durchschnittsnotars abgestellt werden, der sich nicht entlegene Fachliteratur beschaffen und nicht wie ein Dozent tiefgründig Rechtsfragen nachgehen kann.

80 Er muß z. B. nicht ohne weiteres wissen, was ein Bundesrichter auf der Fortbildungsveranstaltung einer Notarkammer über die voraussichtliche Rechtsprechung zum Gewährleistungsrecht gesagt hat, selbst wenn das Referat in einer „Zeitschrift für deutsches und internationales Baurecht"[194] veröffentlicht wird. Für die bei der ex post-Betrachtung nicht seltene Überforderung an die Sorgfaltspflicht bietet das OLG Hamm[195] ein Beispiel: Im Palandt, in einem großen AGBG-Kommentar, im Schrifttum und in einem Schreiben des Bundesjustizministeriums war in der Rechtsfrage die Meinung vertreten worden, die mit der des Notars zur Zeit der Beurkundung übereinstimmte. Nur zwei Autoren hatten eine

---

[189] Zur Zukunftsschau des Notars vor Erlaß des Lastenausgleichsgesetzes: BGH DNotZ 1958, 23 (Nr. 15) mit abl. Anm. v. Seybold.
[190] LM § 839 (Ff) BGB Nr. 14 (Nr. 73).
[191] DNotZ 1937, 752; Reithmann/Röll/Geßele vertritt vernünftigerweise unter Rz. 157 noch diesen Standpunkt.
[192] LM § 19 BNotO Nr. 1 (Nr. 41).
[193] Dies wurde schon vom RG gefordert: DNotZ 1935, 740; (die abl. Urt.-Anm. von Seybold wäre gegenwärtig nicht mehr denkbar).
[194] 1982, 189/193; vgl. nachfolgend Schmidt, DNotZ 1983, 462 u. BGH DNotZ 1986, 17.
[195] NJW-RR 1987, 1234; vgl. die abl. Anm. v. Kanzleiter, DNotZ 1987, 696; Rinsche II 61 u. Rz. 490.

abweichende Ansicht vertreten. Dieser folgte das OLG Hamm und hielt den Notar für schuldig.

Seiner **eigenen Rechtsauffassung** kann der Notar noch seltener als ein Rechts- 81 anwalt folgen. Letzterer darf zwar nur auf Weisung seines Mandanten vorgehen, aber dann auch zweifelhafte von der Rechtsprechung bisher nicht anerkannte Rechtsansichten vertreten, wenn sie nur – gerade noch – vertretbar sind[196]. Dem Notar sind hier engere Grenzen gesetzt. Als Amtsträger ist er nicht weisungsgebunden, hat in Zweifelsfällen streng zu belehren (§ 17 Abs. 2 BeurkG)[197] und muß die Vornahme von Amtsgeschäften, die *seiner* Ansicht nach unwirksam sind, ablehnen (§ 14 Abs. 2, § 15 Abs. 1 BNotO). Das heißt, er hat zwar eine eingehende „Rechtsprechungsprognose" (s. Rz. 73) unter Heranziehung des Schrifttums vorzunehmen, muß aber keineswegs rechtsprechungshörig sein, wenn einmal seiner vertretbar zu begründenden Überzeugung nach die Amtstätigkeit zulässig erscheint und zum anderen dem erklärten Willen des belehrten Beteiligten entspricht.

Ein **Beispiel** bietet das BGH-Urteil v. 13. 11. 1973[198]. Die Rechtsfrage der 82 Bindungswirkung eines Testaments in bezug auf die Beteiligung von Miterben am Gewinn einer KG war höchstrichterlich nicht geklärt. Die vom Notar nach Prüfung der Rechtsprechung und des Schrifttums vorgeschlagene Lösung bei der Testamentserrichtung war zwar nicht unbedenklich. Die Unsicherheit, ob das Testament von den Gerichten anerkannt werden würde, mußte ihn aber von der Beurkundung nicht abhalten, wenn der belehrte Testator einverstanden war. Bei einer „sichereren" Lösungsmöglichkeit hätte er allerdings diese vorschlagen müssen. Es bestand jedoch keine Wahl.

d) Der „sicherere Weg"

Die Forderung, daß der Notar grundsätzlich den „sicheren Weg" zu gehen 83 hat, stellt einen brauchbaren Maßstab zur Prüfung der Verschuldensfrage dar. Voraussetzung hat zu sein, daß **mehrere gangbare Wege vorhanden** sind; dann hat der Notar den gefahrloseren zu gehen bzw. vorzuschlagen. Dieser Grundsatz findet sich besonders ausgeprägt im Bereich der Urkundstätigkeit. Das Reichsgericht[199] stellte ihn im Jahre 1935 unter Hinweis auf eine frühere Entscheidung in einem Anwaltshaftpflichtfall[200] auch für Notare auf. Danach hat der Notar „von mehreren in Betracht kommenden Maßnahmen diejenige anzuraten, welche die sicherere und gefahrlosere ist, und handelt schuldhaft, wenn er eine andere wählt, obwohl er sie bei Anwendung der im Verkehr erforderlichen Sorgfalt als die gefährlichere erkennen muß". Der BGH lehnt im Urteil vom 19. 5. 1958[201] die Anwendung dieses Grundsatzes folgerichtig dann ab, wenn dem Notar nicht mehrere Wege nebeneinander zur Verfügung stehen. Der Notar stand bei der Wahl seines Vorgehens vor der Frage, ob der Testator eigenhändig unterschreiben kann oder nicht. Dies mußte er prüfen und dann nach seiner Überzeugung handeln. Es gab insoweit keine Wahl des „sichereren Wegs", denn „niemand kann gleichzeitig zu derselben Frage verschiedene Überzeugungen haben, mag es oft auch schwierig sein, in Zweifelsfällen sich zu einer bestimmten Überzeugung durchzuringen"[202].

Der BGH hat in der Folge den Grundsatz des „sichereren" Wegs in den 84

---

[196] S. Borgmann/Haug, § 19, 2f. u. § 20, 3.
[197] S. Rz. 491 ff.
[198] DNotZ 1974, 296 (Nr. 81).
[199] RGZ 148, 321/325; s. aber auch die sehr strengen Urteile in DNotZ 1935, 740 u. 1936, 42.
[200] Zu der aus diesem Grundsatz resultierenden Anwaltshaftpflicht s. Borgmann/Haug, § 21.
[201] DNotZ 1958, 554 (Nr. 20).
[202] S. Fn. I 201, S. 556.

„sichersten und gefahrlosesten" übersteigert[203]. Mit der Klimax vom Komparativ zum Superlativ wird die Basis der Relation verlassen und schon im Ansatz die Bestimmbarkeit des Fahrlässigkeitsbegriffs verfehlt[204]. Bei einer Steigerung zum Besten, Höchsten, Letzten läßt sich – besonders bei einer ex-post-Betrachtung – ein Verschulden leicht finden. Dies kann sich für den Notar besonders bei Vertragsgestaltungen im Hinblick auf die Unsicherheiten des AGB-Gesetzes äußerst risikohaft auswirken[205]. Ist es nicht am sichersten, dem Gerichtsvollzieher bei seiner Zustellungstätigkeit, dem Grundbuchbeamten bei der Führung des Grundbuchs und dem BGH in bezug auf den Bestand seiner Rechtsprechung stets zu mißtrauen? Hätte der Notar in dem oben genannten vom BGH entschiedenen Fall[206] nicht am „sichersten" gehandelt, wenn er das Testament in zwei Formen beurkundet hätte: einmal mit der eigenhändigen Unterschrift des Testators und einmal unter Hinzuziehung von Zeugen? Diese Fragen sind natürlich zu verneinen.

85 Der BGH meint es wohl im Grunde mit dieser schon routinemäßig gebrachten Anforderung, den „sichersten" Weg zu gehen, nicht ernst. Er merkt so im Haftpflichturteil v. 12. 7. 1977[207] an: „Was aber der sicherste Weg in diesem Sinne ist, läßt sich schon nicht allgemein bestimmen". Heißt es dann anschließend, der Notar sei „ohnehin nur verpflichtet", den „sichersten und gefahrlosesten Weg zu wählen", so irritiert zwar die Art der Relativierung, sie führt dann aber doch am ehesten zum Normbegriff der Fahrlässigkeit zurück und nicht zu dem „Supernotar", so sehr ein solcher zu respektieren wäre.

86 Geht es um Fragen der formellen oder materiell-rechtlichen **Wirksamkeit des Rechtsgeschäfts,** so sind in der Regel strengere Anforderungen an die „Sicherheit" zu stellen, als wenn es sich um die Erwartung des Eintritts von **Umständen tatsächlicher Art** handelt. Ein Beispiel bietet ein Urteil des OLG Saarbrücken[208]: Um den doppelten Anfall von Grunderwerbsteuer zu ersparen, schlug der Notar eine Durchführung vor, die rechtlich kein besonderes Risiko barg, aber später am tatsächlichen Verhalten der Beteiligten scheiterte. In den Entscheidungsgründen heißt es:

„Hat der Rat eines Notars dazu geführt, daß zur Erreichung eines bestimmten Zieles ein bestimmter (Um-)Weg gewählt wurde und liegen die Bedenken gegen diesen Weg nicht im rechtlichen Bereich, sondern in dem allgemein zugänglichen Feld menschlichen Wissens und Erfahrung, dann kann derjenige, der an diesen Erfahrungen teilhat, aber dennoch dem Rat des Notars folgt, letzteren nicht wegen Amtspflichtverletzung mit Erfolg in Anspruch nehmen."

87 Oft geht es im Grunde nicht um den „sichereren" oder „sichersten" Weg, sondern um den richtigen und zumutbaren, z. B. um eine Vertragsgestaltung ohne schadensträchtige Vorleistung[209] oder eine noch rechtlich vertretbare, dem Willen der Beteiligten entsprechende Testamentserrichtung[210]. Die **Grenze einer** überhaupt noch vorstellbaren **Wahlmöglichkeit** wird schon in einem vom BGH entschiedenen Haftpflichtfall[211] zumindest berührt, ob nämlich eine Bürgschaftsübernahme als Bedingung für den Abschluß eines Grundstückskaufvertrags privatrechtlich oder in der Form des § 313 BGB zu erklären ist.

---

[203] S. z. B. VersR 1966, 361 (Nr. 57); DNotZ 1974, 296 (Nr. 81); 1976, 629 (Nr. 88); 1978, 177 (Nr. 91); ebenso für die Sorgfaltspflicht des Anwalts s. Borgmann/Haug, § 21.
[204] Vgl. Lang MDR 1984, 458/459.
[205] S. das Haftpflichtbeispiel Rz. 80.
[206] S. Fn. I 201.
[207] DNotZ 1978, 177/179 (Nr. 91) m. Hinw. auf Anwaltshaftpflicht-Urt. v. 20. 2. 1975, AnwBl. 1975, 359 = VersR 1975, 540.
[208] DNotZ 1986, 246.
[209] BGH DNotZ 1976, 629 (Nr. 88).
[210] BGH DNotZ 1974, 296 m. Anm. Haug (Nr. 81).
[211] LM § 19 BNotO Nr. 1 (Nr. 41).

4. Verschulden

e) Subjektive Anforderungen

Die zu stellenden Anforderungen können sich nicht nur auf das juristische 88
Können eines Durchschnittsnotars, sondern auch auf andere **subjektive Zumutbarkeitskriterien** beziehen. Wenn der BGH[212] das Verhalten eines Beamten des Wohnungsamts entschuldigte, der unter einem besonderen Druck des Kriegsausgangs rechtswidrig handelte, so hätte der gleiche Senat[213] wohl ebenso den Notar entlasten können, der bei der Testamentserrichtung durch Fliegeralarm unterbrochen wurde und nach der Rückkehr aus dem Luftschutzkeller in seiner seelischen Erregung das Fehlen seiner Unterschrift übersah. Die beiden Vorinstanzen hatten den Notar entschuldigt. Es fällt Juristen schon schwer, zu übereinstimmenden Meinungen zu kommen; die entschuldigende Wirkung von Kollegialgerichtsentscheidungen konnte nicht eintreten, da die objektive Rechtswidrigkeit feststand[214].

Dagegen kann das **Alter** des Notars nicht zur Entschuldigung herangezogen 89
werden. Ob jung, ob alt, der Notar muß in seiner Leistungsfähigkeit dem Standard entsprechen[215]. Ebensowenig können in der Regel **Ermüdungserscheinungen**, Überarbeitung, längere Ausfallzeiten zur Entschuldigung gereichen. Hierauf hat sich der Notar bei seiner Arbeitseinteilung und in der Vorsorgepflicht für Vertretungen einzustellen[216]. Plötzliche **Erkrankungen** oder andere unvorhergesehene Notsituationen müßten hingegen den Notar in der gleichen Weise entschuldigen, wie es in der Rechtsprechung zu den Sorgfaltspflichten der Rechtsanwälte[217] – allerdings in sehr engen Grenzen – geschieht.

Auch das **Gedächtnis** eines Notars muß im Vergleich zum normalen Menschen 90
nicht überentwickelt sein. So müßte auch ohne Beleg durch Gerichtsurteile[218] einsehbar sein, daß von einem Notar nicht erwartet werden kann, daß er sich ohne konkreten Anlaß an vor längerer Zeit von ihm beurkundete Verträge erinnert[219]. Das wird zuletzt bestätigt im BGH-Urteil v. 10. 11. 1988[220], wonach sich der Notar nicht daran erinnern muß, daß er den Kauf des Grundstücks, das nunmehr weiterverkauft werden soll, 5 Monate zuvor beurkundet hatte.

f) Entschuldigung durch Kollegialgerichtsentscheidungen

Der vom Reichsgericht[221] für Beamte und vom BGH aufgenommene **Grund-** 91
satz der entschuldigenden Wirkung von Kollegialgerichtsentscheidungen wird auch zugunsten des Notars angewandt. Er lautet:

> Ein Verschulden des Amtsträgers ist zu verneinen, wenn letztinstanzlich zwar sein Verhalten als amtspflichtwidrig erachtet wird, aber ein von mehreren Rechtskundigen besetztes Kollegialgericht dieses Verhalten nach mündlicher Verhandlung und eingehender Prüfung als objektiv gerechtfertigt gebilligt hat[222].

---

[212] Urteile v. 25. 2. 1954 (III ZR 292/52) u. 7. 3. 1957 (III ZR 72/55) in RGR-Komm. (Kreft) § 839 Rz. 286.
[213] NJW 1955, 788 (Nr. 5).
[214] S. Rz. 91 ff.
[215] Deutsch JZ 1968, 103 u. „Fahrlässigkeit und die erforderliche Sorgfalt" S. 305.
[216] Vgl. BayObLG DNotV 1929, 425, Arndt § 19 II 2. 4.3 u. Höfer/Huhn S. 252 mit dem Vorschlag einer Haftungsbeschränkung, s. Rz. 283 f.
[217] BGH VersR 1981, 839 (unglückliche Familienereignisse); BGH VersR 1985, 47 (Nierenkolik des Schwagers); s. weiter Borgmann, AnwBl. 1985, 30; Borgmann/Haug, § 26, 4b u. § 56, 2a.
[218] S. gleichwohl RG DNotV 1931, 304/305; LG Bremen, Urt. v. 4. 8. 1977 – 2 O 989/77; LG Hagen, Urt. v. 26. 3. 1987 – 16 O 459/86.
[219] So auch Sternberg JW 1931, 2466 a. E.
[220] NJW 1989, 586 (Nr. 153).
[221] S. grundlegend RGZ 106, 406/410.
[222] S. Staudinger/Schäfer, § 839 Rz. 316; RGRK-Kreft, § 839 Rz. 296.

Betrachtet man die Rechtsprechung, so bleibt bei den geforderten Voraussetzungen für die Anwendung nur ein schmaler Bereich. Dies ist verständlich. Das mindestens so hoch zu wertende Recht auf eine Überprüfung im Instanzenweg würde andernfalls empfindlich eingeschränkt und eine Umkehrung zugunsten des geschädigten Klägers würde kein Verständnis finden. Die ursprünglich für den Grundsatz gebrachte Motivierung, daß die Tätigkeit des Beamten „eine schnelle Entschließung fordert" und „die Entschlossenheit und Tatkraft des Verwaltungsbeamten... nicht durch die Sorge vor leichthin erhobenen Schadenersatzansprüchen gelähmt"[223] werden soll, wird zwar der Notar noch eher für sich in Anspruch nehmen wollen. Die Verhältnisse und Ansichten haben sich jedoch in einem halben Jahrhundert recht geändert. Mit ihren Einschränkungen ist die Richtlinie gerade im Hinblick auf die in die Zukunft gerichtete Amtstätigkeit des Notars voll gerechtfertigt: sowohl künftige Geschehnisse tatsächlicher Art als auch richterliche Erkenntnisse bei einer Inhaltskontrolle sind für ihn oft kaum voraussehbar.

92 In **Notarhaftpflichtprozessen** hat sich der BGH relativ häufig mit der Frage der entschuldigenden Wirkung von Kollegialgerichtsentscheidungen befaßt, denn in etwa einem Drittel der Revisionsverfahren wurden die Berufungsurteile zuungunsten des beklagten Notars aufgehoben. Hauptgrund für die Nichtanwendung des Grundsatzes war, daß das Kollegialgericht – LG oder OLG – entweder den Sachverhalt nicht richtig oder unvollständig festgestellt oder ihn rechtlich nicht erschöpfend ausgewertet hätte[224]. Hier eröffnet sich natürlich ein weites Feld. Betrachtet man aber die einzelnen BGH-Urteile, so ergeben sich selten Gründe für eine ablehnende Kritik.

93 Als **Beispiele** sollen folgende Entscheidungen dienen. BGH Urt. v. 2. 4. 1959[225]: Das OLG hatte die Beteiligtenstellung des Geschäftsführers einer GmbH verkannt. Der Geschäftsführer wäre von der Rücknahme einer Registeranmeldung zu unterrichten gewesen. Insoweit hätten die notariellen Amtspflichten „unter Berücksichtigung der insgesamt übernommenen Geschäfte" voll geprüft werden müssen. Auch im Urteil vom 25. 6. 1974[226] lehnte der BGH die Anwendung des Grundsatzes wegen „ungenügender Erfassung des Streitstoffes" ab. Die Kollegialrichter der Vorinstanzen hatten nicht berücksichtigt, daß der Wortlaut einer Abtretungsurkunde mißverständlich und irreführend war, so daß schon deshalb eine notarielle Belehrungspflicht bestand. Das OLG Bremen entschuldigte im Urteil vom 3. 1. 1985[227] den Notar nicht, weil sich das LG bei der Beurteilung einer „Rechtsfrage handgreiflich geirrt" und aus diesem Grund die notarielle Belehrungspflicht über die rechtliche Tragweite eines Aufhebungsvertrags nicht geprüft hatte[228]. In einem Haftpflichtfall über die Frage der notariellen Hinweispflicht auf die zu zahlende Grunderwerbsteuer kam die entschuldigende Wirkung der vorausgehenden Entscheidungen nicht zum Zuge, da der BGH im Urteil vom 22. 4. 1980[229] die Pflichtverletzung in einer anderen Handlung des Notars, einer unklaren Vertragsformulierung, sah. Auch im vom BGH mit Urteil vom 2. 5. 1972[230] entschiedenen Haftpflichtfall berief sich die Revision vergeblich auf den Rechtsprechungsgrundsatz. Das LG hatte nämlich die Klage nicht wegen Fehlens einer *objektiven* Pflichtverletzung abgewiesen. Diese Voraussetzung für die Anwendung des Grundsatzes wird oft übersehen.

---

[223] RGZ 106, 406/410.
[224] RGRK-Kreft, § 839 Rz. 298; Staudinger/Schäfer, § 839 Rz. 323.
[225] WM 1959, 743/745 (Nr. 24).
[226] VI ZR 151/72 (Nr. 84).
[227] DNotZ 1985, 769.
[228] Der abl. Urt.-Anm. v. Rinsche (DNotZ 1985, 772) wird nicht gefolgt (s. Rz. 552).
[229] DNotZ 1980, 563 (Nr. 100).
[230] DNotZ 1973, 240 (Nr. 77).

4. Verschulden

Die sehr **zurückhaltende Einstellung des BGH** kommt in fünf Urteilen der achtziger Jahre zum Ausdruck. In dem am 14. 5. 1985[231] entschiedenen Fall hatte das OLG die Kaufpreisfälligkeitsmitteilung des Notars mit einer ausführlichen Begründung als pflichtgemäß gewertet. Dazu führt der Senat lediglich allgemein aus: 94

> „Die nur eine allgemeine Richtlinie darstellende Regel, daß ein Verschulden des Notars ausscheidet, wenn ein mit mehreren Rechtskundigen besetztes Kollegialgericht das Verhalten des Notars als rechtmäßig gebilligt hat, greift beim gegenwärtigen Verfahrensstande nicht ein, weil das Berufungsgericht Art und Ausmaß einer möglichen Pflichtverletzung nicht erkannt und den dafür erheblichen Sachverhalt nicht vollständig und zutreffend gewürdigt hat."

In einer anderen Entscheidung[232] wird die Frage, ob der Entschuldigungsgrundsatz auch für Rechtsanwälte[233] Anwendung finden könne, damit unbeantwortet gelassen, „daß dies selbst bei der Beamten- und Notarhaftung nicht als fester Grundsatz sondern nur als allgemeine Richtlinie für die rechtliche Würdigung des einzelnen Sachverhalts anerkannt ist ... und diese Richtlinie ... auch zugunsten von Beamten und Notaren nur" gilt, „wenn diese eine wirklich zweifelhafte und nicht einfach zu lösende Rechtsfrage unrichtig beantwortet haben"[234]. Im dritten Urteil vom 11. 6. 1987[235] schreibt der BGH dazu, daß die Vorinstanzen die Kläger nicht als „Dritte" im Sinne von § 19 Abs. 1 BNotO angesehen haben: der Grundsatz „ist unanwendbar, wenn das Kollegialgericht in entscheidenden Punkten von einem unrichtigen Sachverhalt ausgegangen oder den Sachverhalt nicht erschöpfend gewürdigt hat ... Beide Gerichte haben es übersehen, den Sachverhalt auch unter Berücksichtigung der sich aus § 14 Abs. 2 BNotO für den Beklagten ergebenden allgemeinen Amtspflicht rechtlich zu würdigen". Aus den in Rz. 52 angegebenen Gründen trat die allgemeine Pflicht aus § 14 Abs. 2 BNotO jedoch nicht ein. In ähnlicher Weise wird im Urteil vom 16. 6. 1988[236] darüber hinweggegangen, daß das LG den Notar entschuldigt hat, weil er entsprechend dem Willen des Klägers die Rechtslage eindeutig beurkundet habe. Es heißt im BGH-Urteil: „Hier ist das LG zu seiner Ansicht gelangt, ohne ... ausreichend zu prüfen, was der Kläger und die" Verkäuferin „über die Bezahlung des Kaufpreises vereinbart hatten". In der letzten Entscheidung vom 10. 11. 1988[237] heißt es nur noch lakonisch, daß „das Berufungsgericht den Sachverhalt nicht erschöpfend gewürdigt hat".

Den fünf genannten BGH-Urteilen scheint eine **allgemeine Mißbilligung** des traditionellen Grundsatzes anzuhaften. Wenn auch der Verfasser eher eine zurückhaltende Auffassung vertritt, wäre zu wünschen, daß weiterhin diese Richtlinie ernst genommen wird. Bedenkt man nur, daß drei oder gar mehr Richter stundenlang über die von den Prozeßbevollmächtigten seitenlang ausgebreitete Frage der Pflichtwidrigkeit verhandeln und nachdenken – mit dem Ergebnis, der Notar habe sich richtig verhalten. Gleichwohl soll dann der Notar nach der Erkenntnis der höheren Instanz *schuldhaft* verkannt haben, was seine Pflicht gewesen war. 95

In folgenden Entscheidungen wurde der Notar aufgrund **sein Verhalten billigender Kollegialgerichtsentscheidungen entschuldigt**. Knapp und treffend 96

---

[231] WM 1985, 1109/1112 (Nr. 131).
[232] NJW 1985, 42/43.
[233] S. in dieser Hinsicht Borgmann/Haug, § 26, 5.
[234] Rinsche sagt hierzu in seiner Anm. (Fn. I 228) zu Recht, daß „der Notar sich in Zukunft sicherlich nicht darauf verlassen kann, daß drei Richter klüger sein müßten als er selbst".
[235] DNotZ 1988, 372 (Nr. 141).
[236] WM 1988, 1639 (Nr. 149).
[237] WM 1988, 1853 (Nr. 153).

heißt es im BGH-Urteil vom 19. 5. 1958[238]: die Frage der Formgültigkeit des beurkundeten Testaments, die im Vorprozeß streitig war, „bedarf hier keiner weiteren Erörterung, da insoweit auf jeden Fall ein Verschulden des Notars verneint werden muß, nachdem zwei Kollegialgerichte nach mündlicher Verhandlung das Verhalten des Notars als gesetzmäßig bezeichnet haben". 25 Jahre später fiel es dem BGH[239] ersichtlich schwerer, der Richtlinie zu folgen. Der Notar hatte 1975 entsprechend der damaligen von den Gerichten nicht beanstandeten Praxis die Baubeschreibung zum Kaufvertrag einer Eigentumswohnung nicht mitbeurkundet. Der BGH hatte im Jahr 1979 – für die meisten Notare überraschend – Grundstückskaufverträge mit privatschriftlichen Baubeschreibungen für nichtig angesehen. Da damit tausende nicht durch Eintragung im Grundbuch geheilte Verträge unwirksam wurden und dies die Parteien, statt einfach die Beurkundung nachzuholen, ausnutzten, um finanzielle Vorteile zu erlangen, griff der Gesetzgeber mit dem Beurkundungsänderungsgesetz vom 20. 2. 1980 ein (BGBl. I S. 157). Es kam zu vielen Notarhaftpflichtprozessen. In dem vom BGH entschiedenen Fall war das Berufungsgericht, OLG Frankfurt, nach wie vor davon überzeugt, daß der Notar amtspflichtmäßig gehandelt habe. Die in der Revisionsentscheidung apostrophierte besondere „Gemengelage von Gesetzes- und zeitweilig schwankendem Richterrecht" ließ der V. Senat *ausnahmsweise* als Entschuldigung zu. Er führt abschließend an: „Nach alledem liegt für die Beurteilung des Verschuldens des Beklagten keine Ausnahme von der Regel vor, daß ein Verschulden zu verneinen ist, wenn ... ein Kollegialgericht das beanstandete Verhalten als pflichtgemäß und objektiv rechtmäßig bewertet hat". Kurioserweise sei noch angeführt, daß der BGH in einem Beschluß vom 27. 5. 1986[240] die Nichtannahme der Revision damit begründete, daß das Rechtsmittel „nachdem zwei Tatsacheninstanzen die Amtspflichtverletzung des Notars verneint haben, auch im Ergebnis keinen Erfolg" verspricht.

97 In Steuerfragen entschied das OLG Koblenz mit Urteil vom 12. 3. 1986[241], daß dem Notar kein Schuldvorwurf gemacht werden kann, wenn er bei der Prüfung der Rechtsprechung des Bundesfinanzhofes zum gleichen Ergebnis wie das Landgericht kam. Er hatte vorgeschlagen, mit einem Vorvertrag die Spekulationssteuer zu vermeiden.

g) Haftpflichtrechtliche Folgen verschiedener Schuldformen.

98 Bei **einfacher oder grober Fahrlässigkeit** haftet der Notar nach § 19 Abs. 1 S. 2 BNotO nur subsidiär mit der Ausnahme, daß bei Amtsgeschäften der in §§ 23, 24 BNotO bezeichneten Art der Subsidiaritätseinwand nicht dem „Auftraggeber" gegenüber erhoben werden kann (s. Rz. 200 ff.). Bei fahrlässigen Pflichtverletzungen – nicht bei Vorsatz (s. Rz. 101 ff.) – tritt die Berufshaftpflichtversicherung im Rahmen der Pflichtversicherung des Notars nach § 19a BNotO (s. Rz. 290 ff.) sowie der Notarkammer zugunsten der Notare nach § 67 Abs. 2 Nr. 3 BNotO ein (s. Rz. 292).

99 Die Schuldform der **groben Fahrlässigkeit** hat Bedeutung für die **beamteten Notare** in Baden-Württemberg. Haftet der Staat, so kann er bei grob fahrlässigem Verschulden des Notars Rückgriff nehmen. Bei dieser Regreßhaftung kommt es erwartungsgemäß nicht selten zu Meinungsverschiedenheiten zwischen dem das Land vertretenden Generalstaatsanwalt einerseits und dem Notar sowie seinem Berufs-Haftpflichtversicherer andererseits. Es kam bisher nur zu wenigen Rück-

---

[238] DNotZ 1958, 554/555 (Nr. 20).
[239] Urt. v. 4. 2. 1983, WM 1983, 343 (Nr.118).
[240] IX ZR 157/85.
[241] 1 U 1393/84.

griffprozessen. Das OLG Stuttgart sah im Urteil vom 20. 10. 1982[242] die Sorgfaltspflicht eines Bezirksnotars als grob fahrlässig verletzt an, weil er es im Vertrauen auf Treu und Glauben der Urkundsbeteiligten unterließ, eine wegzumessende Fläche exakt zu beschreiben. Das Schuldmaß wurde nach Ansicht des Senats nicht dadurch gemindert, daß der Grundstückstausch schon vollzogen und das Aufgeld bezahlt worden war. Der Notar müsse stets damit rechnen, daß vor der grundbuchmäßigen Vollziehung eine der Vertragsparteien ausscheidet und sich dann der Rechtsnachfolger den vertraglichen Pflichten zu entziehen sucht.

Das OLG Karlsruhe wies mit Urteil vom 1. 12. 1983[243] die Berufung des Landes zurück, weil den **Badischen Amtsnotar** nicht der Vorwurf einer groben Fahrlässigkeit treffe. Der Notar hatte nach der Unterschriftsbeglaubigung am 11. 12. 1972 die Anmeldung zum Handelsregister seiner Geschäftsstelle zur Weiterleitung übergeben, ohne besonders darauf hinzuweisen, daß die Anmeldung noch vor Jahresende beim Registergericht eingehen solle. Sie traf dort erst am 13. 1. 1973 ein. Die schuldhafte Pflichtwidrigkeit stufte der Senat hauptsächlich deshalb nicht als grob fahrlässig ein, weil der Notar arbeitsmäßig überfordert und dies der Justizverwaltung bekannt gewesen war. Beide Urteile geben den Eindruck, daß recht strenge Anforderungen an die Sorgfaltspflichten der Notare im Landesdienst gestellt werden. 100

Vorsätzliches Handeln ist bei einem Amtsträger nach einhelliger Meinung[244] dann gegeben, wenn er weiß, daß er pflichtwidrig handelt, sich also bewußt über gesetzliche Bestimmungen oder sonstige ihm bekannte Amtspflichten hinwegsetzt. Zumindest muß er mit der Möglichkeit eines Verstoßes gegen seine Amtspflichten rechnen und dies in Kauf nehmen[245]. Bei vorsätzlichen Amtspflichtverletzungen ist nicht zusätzlich das Bewußtsein oder der Wille erforderlich, einem Dritten einen Schaden zuzufügen. 101

Bei vorsätzlichen Pflichtverletzungen entfällt die subsidiäre Haftung mit den Auswirkungen auf den Beginn der Verjährungsfrist (s. Rz. 272). Es ist insoweit auch die gesamtschuldnerische Haftung mit anderen Beteiligten möglich. Weiterhin tritt die Berufs-Haftpflichtversicherung für den Notar nicht ein. Geschädigte sind, wenn vom Notar selbst kein Ersatz zu erlangen ist, auf Leistungen aus der Vertrauensschadenversicherung der Notarkammer oder aus dem von den Notarkammern gebildeten Entschädigungsfonds angewiesen (s. Rz. 316 u. 320). 102

Der **versicherungsvertragliche Deckungsausschluß** wegen „wissentlicher Pflichtverletzungen" nach § 4 Nr. 5 der Allgemeinen Versicherungsbedingungen der Berufs-Haftpflichtversicherung umfaßt bei Amtspflichtverletzungen den Vorsatzbegriff, da dieser sich auf das Wissen, eine Pflicht zu verletzen, bezieht, ohne daß ein „Erfolgswille" hinzukommen muß. Eindeutige Verstöße gegen durch Gesetz oder sonstige Verhaltensvorschriften – z. B. Bedingungen der Beteiligten bei Treuhandaufträgen – können einen Anscheinsbeweis für bewußt pflichtwidriges Handeln oder Unterlassen begründen[246]. Unterschreibt der Notar einen vom Bürovorsteher mit unwahren Angaben verfaßten Brief, so ist nach dem BGH-Urteil vom 7. 10. 1980 zwar Vorsatz zu vermuten. Der Indizbeweis kann aber mit der Darlegung besonderer Umstände, die gegen ein Durchlesen des Schreibens sprechen, widerlegt werden[247]. 103

---

[242] 1 U 70/82.
[243] 4 U 183/82.
[244] RGR-Komm. (Kreft), § 839 Rz. 288; Staudinger (Schäfer), § 839 Rz. 294 f., jeweils mit Rspr.-Nachweisen.
[245] BGH RPfleger 1988, 353 (in dem entschiedenen Fall war sich der Rechtspfleger in der Sache zwar nicht sicher, löschte dennoch ohne Zustimmung der Berechtigten eine Grunddienstbarkeit).
[246] Vgl. BGH DNotZ 1984, 427; OLG Hamm, VersR 1978, 52 u. weitere Beispiele zu Rz. 106.
[247] MittRhNotK 1981, 48 (Nr. 102).

104 Für eine **Umkehr der Beweislast** sollen nach dem BGH-Urteil vom 22. 2. 1973[248] Schwierigkeiten eines Nachweises solcher „innerer Tatsachen" nicht ausreichen. Es werden aber die Anforderungen an die Darlegungs- und Beweislast gemildert. Nach einem weiteren BGH-Urteil vom 5. 3. 1986[249] gibt es keine Lebenserfahrung dafür, daß ein juristisch Vorgebildeter bei einem offensichtlich rechtswidrigen Vorgehen das Bewußtsein eines Pflichtverstoßes habe. Im konkreten Fall war dazu die Einlassung des Anwaltsnotars wenn nicht zweifelhaft, so doch erstaunlich, indem er sich, wie es in den Entscheidungsgründen heißt, „auf nahezu totale Unkenntnis in den Bereichen beruft, in denen er als Notar und Treuhänder... tätig wurde". Schon zuvor hatte der BGH in einer Haftpflichtsache entschieden[250], daß „zum Vorsatz einer Amtspflichtverletzung nicht nur die Kenntnis derjenigen Tatsachen" gehört, „die die Pflichtverletzung objektiv ergeben, sondern auch das Bewußtsein der Pflichtwidrigkeit (RG HRR 1934, 1109; BGH VersR 1956, 96)"[251].

105 Haftpflichtrechtlich beeinflußt der Vorsatz auch die Verursachungsabwägung[252] und entscheidend die Frage der **Anrechnung des Mitverschuldens** anderer nur fahrlässig handelnder Beteiligter[253]. Hätte der BGH in der am 22. 11. 1977[254] entschiedenen Haftpflichtsache Vorsatz angenommen, was bei den auch strafrechtlich relevanten Vorgängen nicht ferne lag, so wäre das Gewicht des Mitverschuldens der Bank geschwunden. Umgekehrt führt auch das vorsätzliche Handeln von Beteiligten zur Entlastung des fahrlässig seine Pflichten verletzenden Notars. Erst auf diesem Hintergrund wird das für den Notar günstige BGH-Haftpflichturteil vom 20. 4. 1971[255] verständlich, denn an sich hätte er die gesetzwidrige Umsatzsteuerregelung nicht beurkunden dürfen. Ebenso entschied das OLG Celle am 13. 3. 1985[256], daß derjenige, der selbst den Notar über den wirtschaftlichen Geschäftshintergrund täuscht, von ihm keine Belehrungspflicht über wirtschaftliche Risiken erwarten kann.

106 **Weitere Beispiele** zu vorsätzlichen Amtspflichtverletzungen gibt die Rechtsprechung. Das Reichsgericht[257] hielt das Verhalten des Notars, der dem Bürovorsteher völlig die Erkundung der Willensrichtung der Beteiligten überließ, nicht mehr nur für eine fahrlässige, sondern für eine vorsätzliche Pflichtverletzung. Der BGH[258] nimmt in seinem Urteil vom 13. 6. 1983 schon Vorsatz an, wenn der Notar mit Bescheinigungen bewußt das Entstehen eines falschen Anscheins in Kauf nimmt und einen Vertrauenstatbestand schafft, der keine Grundlage in eigenen amtlichen Wahrnehmungen, in eigenen Überprüfungen und Ermittlungen hat. Zur Annahme des vorsätzlichen Vorgehens reicht aus, wenn es „für das Vorgehen des Notars... keine andere Erklärung als die" gibt, „daß er sich über die nach seinem Einsichtsvermögen und nach seiner Erfahrung unvermeidlichen Zweifel bewußt hinweggesetzt hat". Vorsatz ist ebenso mit einem Urteil des OLG Oldenburg vom 10. 1. 1986[259] anzunehmen, wenn der Notar eigenmächtig eine

---

[248] DNotZ 1973, 494/498 (Nr. 80).
[249] VersR 1986, 647; vgl. BGH VersR 1987, 174.
[250] VersR 1963, 339/341 (Nr. 44).
[251] Wenn das OLG Hamm (VersR 1987, 802/804 = AnwBl. 1986, 347/348) in einem Deckungsprozeß ausführt, „wissentlich" i. S. v. § 4 Nr. 5 AVB sei gleichbedeutend mit „vorsätzlich", so ist dies nur in bezug auf Amtspflichtverletzungen richtig, nicht aber z. B. bei positiven Vertragsverletzungen in der Anwaltshaftpflicht (s. Rz. 101).
[252] Vgl. Dunz NJW 1964, 2133.
[253] S. Borgmann/Haug, § 30.
[254] DNotZ 1978, 373 (Nr. 93).
[255] VersR 1971, 740 (Nr. 75).
[256] 3 U 109/84.
[257] JW 1914, 354.
[258] DNotZ 1984, 427.
[259] 6 O 67/85.

später bestellte Grundschuld im Rang vor der früher vereinbarten, für den ersten Rang vorgesehene Leibrente eintragen läßt. Bei Falschbeurkundungen wird allerdings nach einem Beschluß des BGH vom 14. 8. 1986[260] dann der Straftatbestand des § 348 StGB nicht erfüllt, wenn die Beteiligten tatsächlich solche Erklärungen abgegeben hatten, sei es auch aus für den Notar erkennbar unerlaubten Zwecken.

---

[260] DNotZ 1987, 441 = BB 1986, 2017 (vgl. OLG Frankfurt, NJW 1986, 1360).

5. Haftung des Notars für Sozien, Vertreter, Assessoren und Hilfspersonen

a) Keine Sozietätshaftung

108 Die hoheitliche Funktion des Notars als unabhängiger Amtsträger und seine Pflicht zur persönlichen, selbständigen Amtsausübung verbieten eine gesamtschuldnerische Haftung von mit ihm in Bürogemeinschaft oder Sozietät verbundenen Notaren[270]. Das Ansuchen des Beteiligten richtet sich an den einzelnen Notar, an den er sich persönlich wendet oder bei einer Gemeinschaft von (Anwalts-)Notaren mit gemeinsamem Briefkopf an einen von diesen, der dann die Amtstätigkeit für ihn ausübt. Diese **Einzelhaftung** steht im Gegensatz zu der fast ausnahmslosen gesamtschuldnerischen Haftung einer Anwaltssozietät. Die durch Gesellschaftsvertrag oder in Bürogemeinschaft mit gemeinsamem Briefkopf verbundenen Anwälte treten nach der seit 1971 ständigen BGH-Rechtsprechung insgesamt mit dem Mandanten in Vertragsbeziehungen und können so auch die Durchführung des Auftrags innerhalb der Sozietät aufteilen[271]. Die Haftung der Sozietät für eine notarielle Pflichtverletzung tritt auch dann nicht ein, wenn die Gebühreneinnahmen in die Sozietätskasse fließen. So entschied richtig das LG Osnabrück[272] in einem Fall, in dem der Anwaltsnotar Notar-Anderkontengeld für sich verwendet hatte. Es kämen hier nur Ansprüche aus ungerechtfertigter Bereicherung in Betracht.

109 Der Ausschluß einer Sozietätshaftung hindert nicht die Verbindung in der Form der Bürogemeinschaft oder Sozietät von Anwaltsnotaren sowie von Nur-Notaren. Es wird hierzu auf § 9 BNotO und die Anmerkungen in Seybold/Hornig mit den nicht nur standesrechtlichen Bedenken bei derartigen partnerschaftlichen Vereinbarungen hingewiesen. Es muß jedenfalls bei solchen Zusammenschlüssen die persönliche, selbständige und eigenverantwortliche Amtsausübung gewahrt bleiben. Dies ist nicht nur im Sozietätsvertrag, sondern vor allem auch in der Büroorganisation zu gewährleisten. Es kommt nicht selten zu Haftpflichtfällen, weil die Zuständigkeit des *einen* ursprünglich mit dem Amtsgeschäft betrauten Notars nicht gewahrt bleibt. Der andere partnerschaftlich verbundene Notar kann oft nicht wissen, was schon mit den Beteiligten besprochen worden war.

110 Eine **gesamtschuldnerische Haftung von Notaren** ist allerdings auch ohne Sozietätshaftung möglich und nicht ungewöhnlich. Waren mehrere Notare in derselben Sache – z. B. der eine bei der Beurkundung, der andere beim Vollzug – tätig und haben beide einen Mangel übersehen, so können sie sowohl einzeln als auch als Gesamtschuldner in Anspruch genommen werden. Der Einwand der subsidiären Haftung im Verhältnis zu einem anderen Notar oder Amtsträger kann in der Regel nicht erhoben werden (s. Rz. 182 f.). Es bleibt je nach dem Grad der Verantwortlichkeit der interne Ausgleich nach § 426 BGB. Eine Gesamtschuldnerschaft mit der Ausgleichungspflicht wird von der Rechtsprechung schon bei einer Zweckgemeinschaft von verschiedenen Beteiligten, die den Schaden verantwortlich mitverursacht haben, bejaht[273]. Zieht der Anwaltsnotar bei der Erledigung des Amtsgeschäfts aber einen „Nur"-Rechtsanwaltssozius mit heran, so ist dieser

---

[270] BayObLG DNotZ 1981, 317; Seybold/Hornig, § 9 Rz. 2. Im BGH-Urt. v. 4. 2. 1987 (MittBayNot 1987, 154) wird so mit Recht der „Notarsozius" als Testamentsvollstrecker nicht nach § 27 BeurkG i. V. m. § 7 BeurkG dem das Testament beurkundenden Notar gleichgesetzt.
[271] S. ausführlich Borgmann/Haug, § 36.
[272] U. v. 23. 1. 1974 – 4 O 354/73.
[273] S. Palandt, § 421 Anm. 2a mit Hinweisen auf die Rechtsprechung.

im Verhältnis zum Notar lediglich eine Hilfsperson[274], die den Beteiligten gegenüber nicht persönlich, also auch nicht gesamtschuldnerisch haftet (s. Rz. 154 f.). Gesetzlich geregelt ist die gesamtschuldnerische Haftung zwischen dem Notar und dem Notarassessor in § 19 Abs. 2 S. 2 BNotO und im Verhältnis zu seinem Vertreter in § 46 BNotO (s. Rz. 111). Weiterhin besteht gemäß § 61 Abs. 1 S. 2 BNotO eine Gesamtschuldnerschaft zwischen der Notarkammer und dem Notariatsverweser, der seine Amtspflicht verletzt hat (s. Rz. 160).

b) Haftung für Pflichtverletzungen des Vertreters

Der Notar haftet bei Amtspflichtverletzungen seines Vertreters mit ihm als **Gesamtschuldner** (§ 46 S. 1 BNotO). Es steht dem Geschädigten frei, ob er gegen den Vertreter oder den vertretenen Notar oder gegen beide Haftpflichtklage erheben will. Auch für die Klage gegen den Vertreter ist das Landgericht ausschließlich zuständig (§ 39 Abs. 4 i. V. m. § 19 Abs. 3 BNotO)[275]. In der Praxis wird meist der – wohl solventer erscheinende – Notar allein verklagt. Der Haftpflichtprozeß spielt sich dann auf seinem Rücken ab[276] und ggf. muß er dann bei seinem Vertreter Rückgriff nehmen[277]. Bei der Vertretung durch einen Notarassessor verweist § 19 Abs. 2 S. 3 auf § 46 BNotO. **111**

Die Gesamtschuldnerschaft tritt nur für den Vertreter ein, der in dem Zeitraum, in dem er seine Pflichten verletzt haben soll, vom LG- oder OLG-Präsidenten wirksam bestellt worden ist (§ 40 BNotO)[278]. Wird der Vertreter ohne öffentliche Bestellung bzw. davor oder noch danach tätig, so hat er keine wirksamen Amtshandlungen vollzogen und kann daher auch mangels einer Amtspflichtverletzung nicht nach § 46 S. 1 BNotO haften[279]. Mit Recht lehnt der BGH[280] im Bereich der Amtstätigkeit eine Haftung aus Rechtsschein ab, da diese Theorie ihre Grundlage im privatrechtlichen Geschäftsverkehr hat. **112**

Für eine **Haftung des Vertreters ohne öffentlich-rechtliche Bestellung** wird grundsätzlich keine Anspruchsgrundlage gegeben sein, denn er steht als vermeintlicher Notarvertreter nicht in einem Vertragsverhältnis zu den Beteiligten. Nur bei Vorsatz würde er nach § 826 BGB oder nach § 823 Abs. 2 BGB i. V. m. strafrechtlichen Schutzgesetzen haften. So entschied zutreffend das Reichsgericht[281], daß der vor Beginn seiner Bestellung als Notarvertreter tätig gewordene Rechtsanwalt nicht für die Falschbeurkundung nach Amtshaftungsgrundsätzen haftet. Er war jedoch noch anschließend in der Zeit seiner wirksamen Bestellung eingeschaltet gewesen. Hier hätte er nach Ansicht des Reichsgerichts als Amtsperson die Unwirksamkeit seiner vorzeitigen Beurkundung erkennen und den Beteiligten die Nachholung vorschlagen müssen. Aufgrund dieses zweiten Fehlers kam es doch zu einer gesamtschuldnerischen Haftung mit dem vertretenen Notar. **113**

Da bei Beurkundungen durch nicht amtlich bestellte Notarvertreter das Fehlen eines Ersatzanspruches der geschädigten Beteiligten unerträglich erscheint, werden Haftungsgrundlagen gesucht und durch eine Verschärfung der Sorgfaltspflichten bei dem Notar, der vertreten werden sollte, meist auch gefunden. Im vom BGH mit Urteil vom 4. 10. 1956[282] entschiedenen Haftpflichtfall hatte der **114**

---

[274] OLG Celle, U. v. 10. 2. 1982 – 3 U 151/81.
[275] S. Rz. 803 f.
[276] S. die Haftpflichtprozesse: BGH DNotZ 1985, 231 (Nr. 123) u. WM 1985, 1109 (Nr. 131).
[277] Dies dürfte dann ausscheiden, wenn der Vertreter bei demselben Versicherer Deckung hat.
[278] Zur Zuständigkeit für die Bestellung s. Seybold/Hornig, § 40 Rz. 1.
[279] BGH DNotZ 1958, 33 (Nr. 13).
[280] S. Fn. I 279 S. 35.
[281] DNotZ 1934, 38.
[282] DNotZ 1958, 33 (Nr. 13).

beklagte Notar am Dienstag nach Pfingsten einen Amtsgerichtsrat a. D. wirksam als Vertreter bestellen lassen. Schon am Pfingstsamstag, als der Notar bereits abwesend war, beurkundete der Amtsgerichtsrat ein Testament. Er war evtl. dadurch irritiert, daß er schon vier Tage zuvor als Vertreter vereidigt worden war (§ 40 Abs. 1 S. 2 BNotO)[283]. Der BGH ist der Auffassung:

„Es bedeutet keine Verletzung der einem gewissenhaften Notar obliegenden Sorgfaltspflichten, wenn er sich für kurze Zeit von seinem Amtssitz ohne einen Vertreter entfernt, hierbei aber davon ausgehen kann, daß bei einer eilbedürftigen Sache andere Urkundsbeamte zur Verfügung stehen würden."

Das war örtlich der Fall. Gleichwohl weist der BGH an das Berufungsgericht zur Prüfung die Frage zurück, ob der Beklagte es etwa geduldet habe, daß sein Bürovorsteher oder der Amtsgerichtsrat schon vor Beginn der amtlichen Vertreterbestellung Anträge entgegennehmen oder Ratschläge erteilen würde. Eine Haftung nach § 278 BGB für den Bürovorsteher kam rechtlich nicht in Betracht (s. Rz. 127).

115 War die beantragte Vertreterbestellung vom LG- oder OLG-Präsidenten nicht oder erst nach dem vorgesehenen Beginn **schriftlich verfügt** worden und der Vertreter gleichwohl schon tätig geworden, so wird in der Regel die Haftung des Notars zu bejahen sein. Er hat sich nämlich grundsätzlich davon zu überzeugen, daß die Vertretung amtlich verfügt worden ist[284]. Wenn es auch einer Zustellung der Verfügung nicht bedarf, so muß sie jedoch schriftlich ausgefertigt und unterschrieben sein. Eine rückwirkende Einsetzung als Amtsträger, damit von Privatpersonen aufgenommene Niederschriften nachträglich zu wirksamen notariellen Urkunden werden, wird von den Gerichtspräsidenten abgelehnt. Der Notar wird aber seiner Sorgfaltspflicht genügen, wenn er sich von der Geschäftsstelle telefonisch bestätigen läßt, daß der Präsident die Bestellung verfügt hat. Er muß mit dem Urlaubsantritt oder der Einlieferung ins Krankenhaus nicht warten, bis die Verfügung eintrifft. Stellt sich später die telefonische Bestätigung als unrichtig heraus, tritt die Staatshaftung ein. Eine Mithaftung des Landes als Gesamtschuldner bzw. ein Ausgleichsanspruch des haftenden Notars ist auch dann in Betracht zu ziehen, wenn ordnungsgemäß gestellte Anträge auf Vertreterbestellung schuldhaft nicht bearbeitet werden[285].

116 Zur **Gewährleistung der persönlichen Amtsausübung des Notars** können seine hoheitlichen Befugnisse nur ausnahmsweise unter den Voraussetzungen des § 39 BNotO auf den Vertreter übertragen werden[286]. Dies bedingt, nicht nur den Beginn, sondern auch **das Ende der Amtsbefugnis** des Vertreters zu regeln. Für den „ständigen Vertreter" endigt die Vertretungsbefugnis spätestens mit Ablauf des Kalenderjahres der Bestellung (§ 39 Abs. 1 BNotO). Da aber nach derselben Vorschrift die Bestellung des ständigen Vertreters ebenso wie die des nicht ständigen nur für die Zeit der Abwesenheit oder Verhinderung des Notars ausgesprochen wird, ist in § 44 Abs. 1 S. 1 BNotO bestimmt, daß nach Wegfall der Verhinderung, nämlich „mit der Übergabe des Amtes an den Notar" durch den Vertreter dessen Amtsbefugnis endet. Normalerweise tritt somit für den Urlaubs- oder Krankheitsvertreter die Beendigung ein, wenn der Notar aus dem Urlaub zurückkommt oder wieder gesund ist und das Amt übernimmt.

---

[283] War dieser schon einmal als Notarvertreter vereidigt worden, so ist eine Wiederholung nicht erforderlich (§ 40 Abs. 1 S. 3 BNotO).

[284] Der Vertreter eines beim OLG zugelassenen Anwalts ist verpflichtet, die amtliche Bestellung zu überprüfen (BGH NJW 1982, 1878). Eine unterlassene Überprüfung durch den Notarvertreter gibt aber in der Regel ihm gegenüber keine Anspruchsgrundlage (s. Rz. 112).

[285] In zwei dem Verfasser bekannten Fällen hatten Landgerichtspräsidenten Anträge verschiedener Notare auf Vertreterbestellung wochenlang unerledigt liegen gelassen.

[286] S. BGH DNotZ 1977, 429 = MDR 1977, 399; (vgl. Rz. 1 f.).

5. Haftung des Notars für Sozien/Vertreter/Hilfspersonal

Ein Problem wurde darin gesehen, ob die Amtsbefugnis des Vertreters auch **117** dann entfällt, wenn der Notar während seines Urlaubs – er unterbricht ihn kurz – eine Amtshandlung vornimmt. Da er damit das Amt, wenn auch etwa nur für *eine* Beurkundung übernommen hat, ist in der älteren Literatur[287] ein vorzeitiges Erlöschen der Vertretungsmacht angenommen worden. Es wäre demnach, wenn der Notar seinen unterbrochenen Urlaub fortsetzt oder ins Krankenhaus zurückkehrt, eine erneute Vertreterbestellung erforderlich. Diese Folge müßte aber als ein gesetzlich nicht zwingend vorgeschriebener Formalismus angesehen werden. Für „die Übergabe des Amtes an den Notar" ist in § 44 BNotO keine Form vorgeschrieben. Wenn der Notar kurzfristig, etwa für ein von ihm vorbereitetes Amtsgeschäft, trotz seines Urlaubs tätig wird, so entfällt damit nicht die amtliche Vertreterbestellung für die gesamte Urlaubszeit; dem Notar wird nur für ein Einzelgeschäft das Amt wieder „übergeben". Dafür spricht weiterhin § 44 Abs. 1 S. 3 BNotO. Der Notar *soll* sich danach während der Vertretungszeit der Ausübung seines Amtes enthalten. Seine eigene Amtsbefugnis ist nicht suspendiert, er kann nach wie vor rechtswirksam beurkunden[288]. Würde mit der kurzfristigen Aufnahme der Amtstätigkeit stets die Vertretungsbefugnis enden, so wäre die Klarstellung im vorgenannten Satz 3 nicht verständlich[289].

Bei einem **ständigen Vertreter** stellt sich das vorstehend behandelte Problem **118** nicht, da er für alle während des Kalenderjahres eintretenden Behinderungsfälle bestellt ist (§ 39 Abs. 1, 2. Halbs. BNotO). Ebenso wie nach § 44 Abs. 2 BNotO die Amtshandlungen des Vertreters nicht deshalb ungültig sind, weil die für seine Bestellung nach § 39 BNotO erforderlichen Voraussetzungen fehlen, ist analog für den ständigen Vertreter davon auszugehen, daß er während des Zeitraums der amtlichen Bestellung wirksam die hoheitlichen Befugnisse ausübt[290]. Im Zweifel wird er nur im gesetzlich zulässigen Rahmen, nämlich in Behinderungsfällen des Notars als Vertreter tätig werden. Duldet der Notar, daß sein ständiger oder nicht ständiger Vertreter ohne Vorliegen eines Behinderungsfalles beurkundet, und ist deshalb die Wirksamkeit von Amtsgeschäften zweifelhaft, so kann seine Amtshaftung nach § 19 BNotO eintreten.

Haftpflichtfälle aufgrund einer fehlenden amtlichen Vertreterbestellung haben **119** oft ein großes Ausmaß. Je nach Dauer der unwirksamen Vertretertätigkeit und des Umfangs des Notariats kommt es bis zu Hunderten von nichtigen Urkunden. Eine wirksame Neubeurkundung wird zum Teil wegen des Zeitablaufes nicht mehr möglich sein oder muß zur Vermeidung größerer Nachteile mit Zahlungen „erkauft" werden. Formnichtige Grundstückskaufverträge werden dann nicht nach § 313 S. 2 BGB durch Eintragung im Grundbuch geheilt, wenn es an einer wirksamen Auflassung mangelt. Diese kann zwar formlos, muß aber vor einem Notar erklärt werden (§ 925 Abs. 1 BGB)[291]. Der unwirksam bestellte Vertreter wird oft kein Notar sein. In diesem Zusammenhang ist im Einklang mit der ausführlichen Darlegung von Alexander-Katz[292] anzumerken, daß Beurkundungen eines *Notars*, auch wenn er vermeintlich als bestellter Vertreter die Niederschrift aufnimmt, unabhängig von der Gültigkeit der Vertreterbestellung als wirksam anzusehen sind.

---

[287] Saage, § 44 Anm. 3; Seybold/Hornig, BNotO, 4. Aufl. 1962, § 44 Rz. 7; Alexander-Katz, Der Notarvertreter ohne Vertretungsmacht, DNotV 1930, 125/126.
[288] Seybold/Hornig, § 44 Rz. 6.
[289] Seybold/Hornig rückt in der 5. Aufl. (§ 44 Rz. 5) von der Kommentierung in der 4. Aufl. (s. Fn. I 287) etwas ab.
[290] Seybold/Hornig, § 44 Rz. 7.
[291] S. BGHZ 29, 6/9 = NJW 1959, 626. Zu den weiteren Voraussetzungen für eine Heilung s. MünchKomm. (Kanzleiter), § 313 Rz. 60 ff.
[292] „Der Notarvertreter ohne Vertretungsmacht", DNotV 1930, 128.

I. Allgemeine Haftungsgrundlagen

120 Der als Gesamtschuldner haftende Notar kann gegen seinen Vertreter **Rückgriff** nehmen. In § 46 S. 2 BNotO heißt es: „Im Verhältnis zwischen dem Notar und dem Vertreter ist der Vertreter allein verpflichtet". Zu Recht wird diese Bestimmung nicht strikt angewendet. Nur wenn den Notar keine Mitverantwortung für die Amtspflichtverletzung trifft, ist der Vertreter voll ausgleichspflichtig. Hat der vertretene Notar aber selbst zu der Amtspflichtverletzung des Vertreters mit beigetragen, so sind die Schadenaufwendungen im Innenverhältnis nach dem Maß des jeweiligen Mitverschuldens aufzuteilen[293]. Instruktiv in diesem Sinne ist das Urteil des OLG Celle vom 31. 10. 1984[294]. Der Notarvertreter, ein „Nur-Anwaltssozius", hatte nicht für die rechtzeitige Eintragung einer Sicherungshypothek gesorgt. Der für den Schaden als Gesamtschuldner haftende Notar nahm voll Rückgriff. Die Klage hatte nur zu einem Drittel Erfolg, da der Notar die Sache nicht einwandfrei vorbereitet und den Vertreter nicht ausreichend eingewiesen hatte. Zu der für den Vertreter günstigen Abwägung kam das OLG hauptsächlich, weil der Kläger „als älterer und erfahrener Notar" aufgrund der gegenseitigen Verbindung in der Sozietät für den Beklagten als jüngeren Rechtsanwalt eine betreuende Mitverantwortung trage.

121 Eine Verallgemeinerung verträgt das vorstehend genannte OLG-Urteil nicht. Sicher kann der Notar im Hinblick auf eine bevorstehende Vertretung, mit der er rechnen konnte, u. U. verpflichtet sein, durch Vermerke in den Nebenakten oder, falls sich eine Möglichkeit ergibt, durch persönliche Hinweise dafür zu sorgen, daß sein Vertreter bei der Amtsausübung nicht in verdeckte Fallen tritt. Andererseits kann dem Vertreter, wenn er zur Übernahme des Notaramts bereit ist, nicht die Verantwortung für eine ordnungsgemäße Ausübung geschmälert werden. So ist z. B. der Auffassung des OLG Hamm[295] zuzustimmen, daß einem Notar, der nur für kürzere Zeit – eine Woche – abwesend ist, nicht zugemutet werden kann, seinen Vertreter mit allen Einzelheiten seines umfangreichen Notariats vertraut zu machen. Gleichwohl gibt es verständliche Gründe dafür, wenn ein Notar von vornherein gegenüber seinem Vertreter auf einen Rückgriff ganz oder eingeschränkt verzichtet[296]. Ein nachträglicher Verzicht könnte freilich den **Versicherungsschutz** gefährden[297]. Eine Rückgriffshaftung von als Vertreter bestellten Notarassessoren ist in den Bereichen des Nur-Notariats regelmäßig auf vorsätzliche oder grob fahrlässige Pflichtverletzungen eingeschränkt. Sie ist eine Voraussetzung für die Zuteilung oder Bestellung[298]. Unabhängig vom grundsätzlichen Versicherungsschutz des Vertreters im Rahmen des Versicherungsvertrags des Notars[299] auch für grob fahrlässige Verstöße sollte sich der Vertreter rechtzeitig danach erkundigen, ob und in welcher Höhe eine Anschlußversicherung über die Pflichtversicherungssumme von insgesamt 1 Mio. DM hinaus besteht (s. Rz. 321 f.).

122 Unberührt und uneinschränkbar (s. Rz. 280 f.) bleibt die gesamtschuldnerische Haftung nach außen. Für eine Rückgriffsklage des Notars gegen den Vertreter ist wieder das Landgericht ohne Rücksicht auf den Streitwert zuständig (§ 42 BNotO).

---

[293] So auch Seybold/Hornig, § 46 BNotO, Rz. 8.
[294] DNotZ 1985, 246.
[295] U. v. 10. 11. 1977 – 10 U 8/77; insoweit nicht in VersR 1978, 829 abgedruckt.
[296] Vgl. Seybold/Hornig, § 46 BNotO, Rz. 6.
[297] Insbesondere wenn der Vertreter nicht bei demselben Versicherer Deckung hat (s. § 7 Nr. 4 Abs. 3 der Allgemeinen Versicherungsbedingungen – HV 31).
[298] Vgl. dazu die Hinweise in Seybold/Hornig, § 46 Rz. 9 ff.
[299] Es bliebe dann für den Rückgriff nur der versicherungsvertragliche Selbstbehalt des Notars (s. Rz. 305).

c) Haftung für den Assessor

In § 19 Abs. 2 S. 2 BNotO ist die **gesamtschuldnerische Haftung** des Notars bei Pflichtverletzungen seines Assessors für den Fall bestimmt, daß er diesem Amtsgeschäfte der Verwahrung, Betreuung und Vertretung (§§ 23, 24 BNotO) zur selbständigen Erledigung überlassen hat. Nach § 19 Abs. 2 S. 1 BNotO hat der Notarassessor in diesem notariellen Tätigkeitsbereich Amtsbefugnisse. Diese eigenartige Sondervorschrift für Assessoren konstituiert zwar nur die persönliche Haftung des Assessors[300] bei Pflichtverletzungen, setzt aber damit das Recht zur „selbständigen Erledigung" dieser Betreuungsgeschäfte voraus. Weiter bereitet das Verhältnis zwischen S. 1 und S. 2 Verständnisschwierigkeiten. Nach dem Wortlaut haftet der Notar nur dann neben dem Assessor, wenn er ihm die Geschäfte nach §§ 23, 24 BNotO ausdrücklich zur selbständigen Erledigung überlassen hat, d. h. wenn der Assessor nach dem Willen des Notars ohne Überwachung die Abwicklung vornehmen soll[301]. Nimmt der Assessor aber solche Geschäfte ohne eine solche Delegation selbständig wahr, so würde er alleine haften. Die Kommentierung in Seybold/Hornig[302] geht über diese fragwürdige Regelung in einer Weise hinweg, die den Eindruck gibt, daß stets entweder die Mithaftung des Notars aufgrund der Delegation oder dessen alleinige Haftung mangels einer genügenden Überwachung gegeben sei. Das wird in der Praxis auch meist der Fall sein, wenn ein Einweisungs- oder Überwachungsverschulden des Notars festgestellt werden kann. Hierauf wird näher in den Abschnitten über die Notarhaftung für Hilfspersonen und zur Haftung des Assessors eingegangen.

123

Die Gesamtschuldnerschaft des Notars mit dem Assessor hat eine weitere Grundlage in **§ 7 BNotO**. Anders als das Hilfspersonal des Notars – Bürovorsteher, sonstige Kanzleiangestellte, wie z. B. auch juristische Mitarbeiter[303] – steht der Notarassessor in einem öffentlich-rechtlichen Dienstverhältnis zum Staat und hat dieselben *allgemeinen* Amtspflichten – nicht Befugnisse – wie der Notar (§ 7 Abs. 3 BNotO)[304]. Der Assessor ist bei der im Rahmen des § 19 Abs. 2 S. 1 BNotO erlaubten Amtsausübung auch kein Notarvertreter, so daß § 46 BNotO keine Anwendung findet[305]. Er wird aus eigener gesetzlicher Amtsbefugnis tätig. Im Innenverhältnis zum Notar soll er deshalb nach § 19 Abs. 2 S. 2 2. Halbs. BNotO bei Pflichtverletzungen allein haften. Dies kann jedoch nur unter erschwerten Voraussetzungen der Fall sein (s. Rz. 120). Letztlich wird die Berufs-Haftpflichtversicherung den Notar freizustellen haben und ihn auf diese Weise von dem zusätzlichen Assessorenrisiko entlasten.

124

Die gesamtschuldnerische Notarhaftung nach § 19 Abs. 2 S. 2 BNotO bezieht sich aber nur auf die im vorangehenden Satz genannte Betreuungstätigkeit. Auch der Ausbildungsnotar kann den Assessor nicht etwa zu selbständigen Beurkundungen (§§ 20–22 BNotO) ermächtigen[306]. Diese hoheitlichen Befugnisse erhält der Assessor nur, soweit er zum Notarvertreter oder Notariatsverweser bestellt ist. Wirkt der Assessor bei der Erledigung von Urkundsgeschäften mit, hat er zwar nach § 7 Abs. 3 BNotO die allgemeinen Amtspflichten zu beachten, haftet aber nicht nach § 19 BNotO. Gibt er z. B. bei den Vorbereitungsgesprächen eine falsche Auskunft, so stellt dies keine selbständige Tätigkeit nach § 24 BNotO dar,

125

---

[300] Auch für ihn haftet nicht der Staat: § 19 Abs. 2 S. 3 BNotO.
[301] So auch Seybold/Hornig, 4. Aufl., § 19 Rz. 66.
[302] § 19 Rz. 101 u. § 39 Rz. 2; 4. Aufl.: § 19 Rz. 66.
[303] Vgl. Rz. 130, 150 u. 151.
[304] Seybold/Hornig, § 7 Anm. IV.
[305] Seybold/Hornig, § 46 Rz. 3.
[306] Seybold/Hornig, § 7 Rz. 47.

sondern ist Teil des Urkundsgeschäfts (s. Rz. 177). Der Notar würde hier nur bei Verletzung eigener Pflichten haften[307].

126 Auch für Pflichtverletzungen des Assessors, die nicht im Betreuungsbereich des § 19 Abs. 2 S. 1 BNotO liegen, kann die Haftung des Notars wegen Verletzung seiner **Einweisungs- und Überwachungspflichten** eintreten. Haftet der Notar schon nicht für Fehler des angestellten Personals nach §§ 278, 831 BGB (s. Rz. 127), so entfällt erst recht eine solche Haftung für Fehler von öffentlich-rechtlich zugewiesenen Assessoren. Für seine Haftung müßte eine *eigene* schuldhafte Pflichtverletzung vorliegen. Es werden deshalb von der Rechtsprechung an seine Organisations- und Überwachungspflichten höchste, an die Gefährdungshaftung heranreichende Anforderungen gestellt. Im einzelnen wird hierzu auf den nachfolgenden Abschnitt über die Haftung für Hilfspersonen verwiesen.

d) Haftung für Hilfspersonen

127 Der Notar haftet nicht nach **§§ 278, 831 BGB** für Pflichtverletzungen seiner Hilfspersonen. Diese Vorschriften finden nach einhelliger Auffassung in der Rechtsprechung[308] und im Schrifttum[309] für die notarielle Amtstätigkeit keine Anwendung. Die dadurch entstehende Haftungslücke wird durch die Rechtsprechung jedoch damit geschlossen, daß dem Notar selbst ausgedehnte Pflichten in bezug auf die Organisation und Überwachung seines Büros zugewiesen werden, deren Verletzung zu seiner persönlichen Haftung führt.

128 Der Notar hat durch **Organisation** des Büros, **Auswahl, Instruktion** und ständige **Überwachung seines Personals** sicherzustellen, daß dieses keine dem Notar vorbehaltene Tätigkeiten übernimmt und die zulässigen Hilfsarbeiten ordnungsgemäß erledigt. In der einschlägigen Rechtsprechung wird zwar eine gute Büroorganisation gefordert, aber anders als in der Anwaltshaftpflicht-Rechtsprechung bei Fristversäumungen[310] keine konkrete Forderung für die Organisationsmittel aufgestellt. Der Notar ist somit nach seinem eigenen Ermessen und dem Zuschnitt seiner Kanzlei gehalten, sein Büro zu organisieren[311]. Die hierzu grundlegend zu treffenden Anordnungen sollten in einer schriftlichen Büroordnung fixiert und deren Kenntnisnahme vom Personal – ähnlich wie die Verpflichtung nach § 6 DONot – durch Unterschrift bestätigt werden. Darüber hinaus sind gelegentliche Ermahnungen angebracht und zu vermerken. Dies würde in erster Linie der Vorbeugung von Haftpflichtfällen und bei Pflichtverletzung durch das Personal evtl. auch zur Exkulpation des Notars dienen.

129 Der Notar darf von ihm **persönlich wahrzunehmende Amtspflichten** nicht seinem Personal überlassen. Eine Delegation von Aufgaben ist damit schon nur in eng begrenztem Ausmaß möglich[312]. Stimmt z. B. die beglaubigte Ausfertigung nicht mit der Urkunde überein, so kann sich der Notar laut dem BGH-Urteil vom 25. 6. 1963[313] nicht unter Berufung auf ein Übersehen seiner Hilfskräfte entlasten, denn die Beglaubigung gehört nicht zu den übertragbaren Amtsgeschäften.

---

[307] Vgl. Seybold/Hornig, 4. Aufl., § 19 Rz. 66 Abs. 6 u. Rz. 128.
[308] BGH DNotZ 1958, 33 (Nr. 13); 1976, 506 (Nr. 87); WM 1988, 1853 (Nr. 153); OLG Köln, DNotZ 1975, 369; RGZ 49, 26/28; 162, 24/28; RG JW 1933, 1766; 1936, 2535; DNotZ 1940, 79.
[309] Seybold/Hornig, § 19 Rz. 96–98; Arndt, § 19 Anm. 1.2; Rinsche II 111; Grunau, DNotZ 1937, 466; noch mit Bedenken wegen Gesetzeslücke: Carl, JW 1933, 1756.
[310] Zu den strengen Anforderungen, die die Rechtsprechung an die Organisation des Anwaltsbüros stellt, s. Borgmann/Haug, § 58.
[311] In einem Sonderheft der MittBayNot wurde 1974 nach dem damaligen Stand der Technik der hervorragend gelungene Versuch unternommen, Vorschläge für „Die Organisation im Notariatsbüro" zu unterbreiten.
[312] Vgl. Höfer/Huhn, Allgemeines Urkundenrecht, § 5; Seybold/Hornig, § 19 Rz. 93.
[313] DNotZ 1964, 434 (Nr. 47), allerdings mit fälschlicher Heranziehung des § 831 BGB.

Ebenso entschied bereits das Reichsgericht[314], daß nämlich der Notar persönlich die Übereinstimmung mit der Urschrift überprüfen muß und sich insoweit nicht auf Angestellte verlassen darf. Delegiert der Notar eine persönlich wahrzunehmende Hauptpflicht – Feststellung des Vertragswillens – an den Bürovorsteher, so ist nach einem Reichsgerichtsurteil sogar Vorsatz gegeben (JW 1914, 354).

Auch für die Erteilung von **Rechtsauskünften**[315] und allgemein für Belehrungen ist der Notar persönlich zuständig. Er haftet deshalb für falsche Rechtsauskünfte seines Personals, es sei denn, er hat durch geeignete Maßnahmen (s. Rz. 128) ein solches Vorgehen zu verhindern versucht[316]. Die ausdrückliche Anordnung eines solchen Verbots hielt das BayObLG[317] für um so notwendiger, als der Notar wissen mußte, daß die Bevölkerung sich oft mit Auskünften des Personals begnügt. Ebenso entschied das OLG Köln[318] in einem Haftpflichtfall, in dem der Bürovorsteher über die Frage der Ablösung von Grundpfandrechten einen nicht risikolosen Rat gab. Der Notar haftete nicht nur, weil er solche Beratungsgespräche zuließ, sondern auch wegen fehlender Kontrolle über den Inhalt der Beratung. In einem anderen Fall gab der Bürovorsteher unrichtige Auskünfte über Vorbelastungen im Grundbuch. Da der Notar dies nicht unterbunden oder nicht wenigstens die Auskunft überprüft hatte, mußte er lt. Urteil des OLG Frankfurt vom 25. 4. 1974[319] „wegen eigenen Verschuldens dafür einstehen, wenn dieser (Bürovorsteher) die von ihm wahrgenommenen Aufgaben des Notars nicht ordnungsgemäß erledigte". Die Haftung kann selbst für Verstöße eines Anwaltssozius eintreten, wenn dieser in Notariatssachen, auch wenn er in diesen früher als amtlicher Vertreter tätig gewesen war, falsche Belehrungen erteilt. Der Anwaltsnotar hätte seinem Anwaltssozius die strikte Anweisung geben müssen, die Beteiligten an ihn zu verweisen[320]. 130

Die persönlichen Pflichten des Notars im Verhältnis zu den zulässigen Vorbereitungsarbeiten durch das Büropersonal hat der BGH mit Urteil vom 10. 11. 1988[321] bedeutend verschärft. Danach darf der Notar dem Bürovorsteher nicht die Entscheidung überlassen, welche Unterlagen ihm für die Beurkundung vorzulegen seien; er, der Notar, müsse von allen eingereichten Unterlagen persönlich Kenntnis nehmen. Abgesehen davon, daß dies eine Überforderung und ein Abbau des Einsatzes zuverlässiger Hilfskräfte wäre, wurde im konkreten Fall alles vorgelegt, was für die konkrete Beurkundung gebraucht wurde. Um die Einhaltung der Zweijahresfrist für den Nichtanfall der Spekulationssteuer hat sich der Notar nach ständiger Rechtsprechung nicht zu sorgen[322]. Er hat in dieser Beziehung nicht das Grundbuch einzusehen oder sonstige Nachforschungen anzustellen. Der Bürovorsteher hatte somit dem vorausgehenden Kaufvertrag auch nur die für die Bezeichnung des Grundstücks maßgeblichen Daten zu entnehmen. 131

In der Notariatspraxis sind aber durchaus Fälle nicht nur denkbar sondern auch entschieden worden, in denen falsche oder unterlassene Belehrungen durch das Personal dem Notar haftpflichtrechtlich nicht angelastet werden. Der Notar muß z. B. nicht damit rechnen, daß sein Bürovorsteher, der bereits 30 Jahre anstandslos 132

---

[314] JW 1930, 3307; JW 1914, 354.
[315] S. Fn. I 257; ebenso wie der Anwalt grundsätzlich haftet, wenn von ihm persönlich wahrzunehmende Aufgaben durch sein Personal wahrgenommen werden (Borgmann/Haug, § 38).
[316] RG DNotZ 1940, 79: falsche Auskunft des Bürovorstehers über einen Sicherungswert einer Grundschuld; vgl. Pagendarm, DRiZ 1959, 134.
[317] JW 1932, 178.
[318] U. v. 12. 2. 1981 – 7 U 32/79.
[319] 16 U 152/73.
[320] So OLG Celle, U. v. 10. 2. 1982 – 3 U 151/81.
[321] WM 1988, 1853 (Nr. 153).
[322] S. Rz. 561.

diesen Beruf ausübt, bei der Vorbereitung der Beurkundung eines Güterrechtsvertrags einen falschen steuerlichen Hinweis gibt. Entlastend kommt lt. dem Urteil des OLG Frankfurt vom 21. 2. 1986[323] hinzu, daß der Notar persönlich ohne besondere Umstände nicht zur Belehrung über Steuerfragen verpflichtet ist (s. Rz. 559 ff.).

133 In einem vom Reichsgericht[324] entschiedenen Fall erlitt ein Beteiligter einen Schaden, weil der Bürovorsteher ein Ansuchen während einer **kurzen Abwesenheit des Notars** entgegengenommen hatte, ohne aufzuklären, ob es sich um eine eilbedürftige Sache handelte. Das Reichsgericht war in richtiger Einschätzung der Lage der Auffassung, daß eine solche Prüfung dem Büropersonal nicht zukommt und der Notar deshalb auch nicht verpflichtet sein konnte, seine Angestellten anzuweisen, eine solche Vorprüfung vorzunehmen und ggf. den Beteiligten an einen anderen Notar zu verweisen. Der Ansuchende habe vielmehr selbst zu prüfen, ob die Sache dringlich ist. Wenn der Notar bei dessen Vorsprache nicht zu erreichen sei, wäre der Rechtsuchende nicht gehindert, einen anderen Notar aufzusuchen. „Die Bureaubeamten des Notars sind nicht dazu berufen, Rechtsauskünfte zu erteilen. Das Publikum ist nicht berechtigt, sich auf die Richtigkeit einer solchen Auskunft zu verlassen." Die Folgerung aus diesem Verbot ist insoweit zwingend, als die Beteiligten Haftpflichtansprüche nicht auf Verletzung solcher angeblichen Pflichten stützen können.

134 Einem Anfragenden kann jedoch nicht generell jedes **Vertrauen auf unbefugte Auskünfte** abgesprochen werden. Es kommt jeweils auf die konkrete Fallgestaltung an. Erteilt der Anwaltssozius oder der in seiner Stellung im Notariat herausgehobene Bürovorsteher unzulässig Rechtsauskünfte, so wird der Anfragende in der Regel nicht mißtrauisch sein müssen. Gibt der Auskunfterteilende aber zu verstehen, daß er nur unverbindlich etwas sagen könne, weil die Beratung dem Notar persönlich obliege, so kann der Anfragende aus einem solchen Rat grundsätzlich keine Ansprüche gegen den Notar herleiten. Dasselbe muß gelten, wenn sich der Rechtsratsuchende an einen offensichtlich untergeordneten Angestellten im Notariat wendet. Die Einsichtsfähigkeit des Publikums darf nicht einseitig zu Lasten des Notars zu gering gewichtet werden. Ein Mitverschulden der Anfragenden wird daher oft anzunehmen sein[325].

135 Zur **Vorbereitung der Beurkundung** und **allgemeinen Unterstützung des Notars** ist ein fachkundiger Mitarbeiter nicht nur berechtigt, sondern arbeitsvertraglich auch verpflichtet. Es darf nur die Grenze zur selbständigen unkontrollierten Tätigkeit im Amtsbereich nicht überschritten werden. Der BGH konzediert im Urteil vom 14. 3. 1963[326] nur dann eine Vorbereitung von Urkunden durch den Bürovorsteher, wenn dieser bewährt ist, der Notar sich überzeugt hat, daß es sich um einfache und übliche Geschäfte handelt oder er dem Bürovorsteher die erforderlichen Weisungen für die Behandlung der Sache erteilt hat. Dies sind äußerst strenge Anforderungen, die jedenfalls nicht noch eine Erweiterung erfahren dürften, wie es nach dem zur Rz. 131 gebrachten Urteil des BGH vom 10. 11. 1988 erscheint.

136 Abschließend seien **weitere Rechtsprechungsbeispiele** zur Notarhaftung für Büroversehen angeführt. Schon das Reichsgericht[327] forderte, daß die Erfüllung der Aufgaben durch ein „gut geschultes und erprobtes Büro" mit „allgemeinen Einrichtungen" und einer wirksamen Überwachung sichergestellt sein muß. In

---

[323] 24 U 83/85 (Revision wurde nicht angenommen).
[324] JW 1910, 1004.
[325] Vgl. RGZ 162, 24/29 = DNotZ 1940, 79.
[326] WM 1963, 754 (Nr. 46).
[327] JW 1933, 1766.

einem weiteren Reichsgerichts-Urteil[328] wird zwar dem Notar die Vorbereitung von Amtsgeschäften durch Büropersonal nicht verwehrt. Es folgt das „aber" mit dem Satz: „Für die gehörige Erledigung des Amtsgeschäfts ist er aber allein verantwortlich." Der BGH[329] wies eine Haftpflichtsache an das Berufungsgericht zur Überprüfung zurück, ob der Notar etwa geduldet hätte, daß sein Bürovorsteher den amtlich bestellten Vertreter einen Tag vor Beginn der Vertretungszeit beurkunden läßt. In einem anderen Urteil[330] stellt er die Forderung auf: „Bedient sich der Notar für die bürotechnische Erledigung von Amtsgeschäften... der Mitwirkung von Bürogehilfen..., so muß er durch wirksame Einrichtungen und eine wirksame Überwachung die reibungslose Ausführung sicherstellen." Das OLG Köln[331] ließ das zeitweilige Nichtauffinden von Unterlagen in der Kanzlei dafür sprechen, daß „die bürotechnische Organisation strengen Anforderungen nicht genügte", und kam zu folgendem Schluß: „Die interne Unaufklärbarkeit muß zu Lasten des Beklagten gehen, da anders das untragbare Ergebnis nicht zu vermeiden wäre, daß weder der Notar noch eine seiner Hilfspersonen für den Fehler herangezogen werden könnte." In einem anderen Fall begegnete das Kammergericht[332] der Einlassung des Notars, daß sein Bürovorsteher entsprechend den Weisungen bisher nie selbständig beraten habe und deshalb mit einer solchen unbefugten Handlung nicht zu rechnen gewesen wäre, dies zeige gerade, daß er den Pflichten zur Organisation und Überwachung des Büros nicht mit hinreichender Sorgfalt nachgekommen sei. Im gleichen Jahre entschied das Kammergericht[333], daß angesichts der hohen Anforderungen, die bei der bürotechnischen Organisation und dem Einsatz von Hilfspersonen zu stellen sind, dem Notar die Beweislast dafür aufzuerlegen sei, daß er die erforderlichen Vorkehrungen zum Ausschluß von Fehlern getroffen hat. Inwieweit der Notar die Grundbucheinsicht und eine Vollzugstätigkeit Hilfskräften überlassen darf, wird an einschlägiger Stelle ausgeführt (s. Rz. 523 u. 617).

---

[328] JW 1936, 2535.
[329] DNotZ 1958, 33 (Nr. 13).
[330] DNotZ 1960, 260/263 (Nr. 31).
[331] DNotZ 1975, 369.
[332] U. v. 9. 4. 1981 – 12 U 3885/80.
[333] U. v. 13. 7. 1981 – 16 U 3782/80.

6. Haftung des Notarvertreters, Assessors, Personals und Verwesers

a) Haftung des Notarvertreters

140 **Der Notarvertreter haftet persönlich** neben dem vertretenen Notar[340] als Gesamtschuldner (§ 46 S. 1 BNotO). Der Geschädigte kann wählen, ob er den Vertreter oder den Notar jeweils allein oder zugleich beide in Anspruch nehmen will. Die Haftungsgrundlagen sind für den Vertreter dieselben wie für den Notar (§ 39 Abs. 4 BNotO). Die Mitwirkungsverbote des § 3 BeurkG beziehen sich auf ihn als Amtsvertreter[341]. Für eine Haftpflichtklage ist wieder das Landgericht ausschließlich zuständig (§ 39 Abs. 4 i. V. m. § 19 Abs. 3 BNotO).

141 Nach **§ 46 S. 2 BNotO** soll der Vertreter in Beziehung auf den gesamtschuldnerisch mithaftenden Notar allein verpflichtet sein. Wie schon oben zur Haftung des Notars für seinen Vertreter unter Hinweis auf die Rechtsprechung ausgeführt wurde (Rz. 120 f.), kann diese Haftungszuordnung nur als Regel angesehen werden. Sie tritt nur ein, wenn der Vertreter die Amtstätigkeit selbständig ausgeführt hat, ohne daß den vertretenen Notar eine Mitverantwortung trifft. Die Mithaftung kann auch darin liegen, daß durch ein schlecht organisiertes Büro die Fehlleistung mit bedingt war (s. Rz. 128). Da der Vertreter grundsätzlich auf Vorschlag des Notars bestellt wird (§ 39 Abs. 2 S. 3 BNotO), könnte dessen Mithaftung auch dann begründet sein, wenn entgegen § 39 Abs. 3 S. 1 u. 2 BNotO ein offensichtlich für die Amtsübernahme unfähiger oder unerfahrener Volljurist vorgeschlagen wird. Freilich entfällt deshalb nicht dessen Eigenverantwortung im Verhältnis zum vorschlagenden Notar, denn er muß sich zur Übernahme des Amtes bereit erklären (§ 39 Abs. 3 S. 3 BNotO), d. h. auch eine Übernahme ablehnen, wenn er sich nicht befähigt fühlt. Kann der zu vertretende Notar davon ausgehen, daß der zu bestellende Vertreter bei der an sich vorauszusetzenden Gewissenhaftigkeit auch fachlich der Aufgabe gewachsen ist, so hat er grundsätzlich keine allgemeinen Einweisungspflichten[342]. Sollte der Vertreter vom Geschädigten allein zur Schadenersatzleistung herangezogen werden, was in der Praxis selten ist, so steht ihm bei einer Mitverantwortung des Vertretenen ein Ausgleichsanspruch im Sinne von § 426 BGB zu. Die Regelung in § 46 S. 2 BNotO darf im Grundsatz ebensowenig einen Ausgleich mindern wie im Verhältnis des Notars zu seinem Vertreter.

142 Im **Außenverhältnis**, also in bezug auf den Geschädigten, kann der Vertreter keine Minderung der Anforderungen an die Notarpflichten für sich in Anspruch nehmen. Gegenüber dem Publikum muß bei der öffentlich-rechtlichen Stellung des Notars gewährleistet sein, daß auch ein Vertreter den objektiven Standard eines guten pflichtbewußten Durchschnittsnotars hält (s. Rz. 67). Dies entspricht auch den gesetzlichen Anforderungen in § 39 Abs. 3 BNotO. Es empfiehlt sich deshalb für noch unerfahrene Kandidaten, zunächst gewissenhaft zu prüfen, ob überhaupt die persönlichen Voraussetzungen für eine Amtsübernahme – schon – vorliegen, und sich jedenfalls mit der Materie und den Gegebenheiten des Büros des zu vertretenden Notars gut vertraut zu machen. Da Versicherungsschutz gegen Haftpflichtansprüche über die Pflichtversicherungssumme von 1 Mio. DM hinaus für den Vertreter nur insoweit besteht, als er selbst oder der Notar

---

[340] S. Rz. 111 ff.
[341] BGH DNotZ 1985, 231 (Nr. 123).
[342] S. o. Rz. 121 m. Urteil des OLG Hamm v. 10. 11. 1977.

zusätzlich versichert ist, kann auch die Überprüfung der Frage nach einer angemessenen Anschlußversicherung angeraten werden (s. Rz. 321). Die Bedingungen, unter denen ein Notarvertreter arbeitet, bringen nach den Erfahrungen aus der Praxis ein bedeutend höheres Haftpflichtrisiko.

Die Vertreterhaftung setzt nach § 40 BNotO eine **wirksame schriftliche** 143 **Bestellung** durch den Landgerichts- oder Oberlandesgerichtspräsidenten voraus[343]. Bei einem Tätigwerden ohne eine solche Bestellung besteht für den Geschädigten gegenüber dem Vertreter keine Anspruchsgrundlage. Zutreffend wird vom BGH[344] auch eine Vertreterhaftung aus Rechtsschein abgelehnt. Allerdings kann wegen Verletzung einer nachträglichen Amtspflicht zur Überprüfung der Unwirksamkeit früher vorgenommener Handlungen die Haftung des Vertreters eintreten, wenn er nämlich zunächst vor Beginn der Bestellung tätig war und dann während der wirksamen Bestellung anläßlich weiterer Handlungen in der Sache den früheren Fehler hätte heilen können. Im einzelnen wird hierzu auf die Ausführungen zur gesamtschuldnerischen Haftung des Notars verwiesen (s. Rz. 113 f.). Wegen der außerordentlich schädlichen Folgen bei Scheinbeurkundungen ohne öffentliche Bestellung sollte sich der Vertreter vor Beginn seiner Tätigkeit über das Bestehen und den Zeitraum der verfügten Bestellung vergewissern. Soweit der Notar zur Haftung herangezogen werden kann, käme u. U. ein privatrechtlicher Rückgriff gegen den Pseudovertreter aus dem Sozietäts- oder einem Anstellungsvertrag in Betracht.

b) Haftung des Notarassessors

Die persönliche direkte **Haftung des Notarassessors gegenüber den Beteiligten** ist in § 19 Abs. 2 BNotO bestimmt. Diese Amtshaftung ist beschränkt auf eine selbständige Abwicklung von Betreuungsgeschäften der in §§ 23, 24 BNotO bezeichneten Art. Zugleich liegt in dieser Haftungsvorschrift für den Assessor die Befugnis, solche Amtsgeschäfte selbständig auszuüben. Für eine darüber hinausgehende Tätigkeit kommt § 19 BNotO als Haftungsgrundlage nicht in Betracht, auch wenn der Assessor während des Anwärterdienstes nach § 7 Abs. 3 S. 2 BNotO „dieselben allgemeinen Amtspflichten wie der Notar" hat. 144

Folgt man dem Wortlaut des § 19 Abs. 2 S. 1 im Verhältnis zu S. 2 BNotO, kann 145 theoretisch die Ansicht vertreten werden, daß der **Notarassessor allein ohne Gesamtschuldnerschaft** mit dem Notar **haftet**, wenn er Betreuungsgeschäfte selbständig *ohne* eine Übertragung durch den Notar abwickelt. In der Praxis würde in einem solchen Fall wohl meist der Ausbildungsnotar wegen Überwachungsverschulden neben dem Assessor haften. Es wird hierzu im einzelnen auf die Ausführungen zur Gesamtschuldnerschaft des Notars mit dem Assessor verwiesen (s. Rz. 123 ff.).

Die Haftung des Assessors nach § 19 Abs. 2 BNotO unterscheidet sich durch die 146 Verweisung auf Abs. 1 nicht von derjenigen des Notars. Auch in der **Beurteilung der Verschuldensfrage** darf kein Unterschied gemacht werden, da bei einer selbständigen Übernahme der Betreuungsgeschäfte im Verhältnis zu den Beteiligten keine Minderleistung anerkannt werden kann. In Beziehung zu dem gesamtschuldnerisch haftenden Ausbildungsnotar kann diese Frage aber von wesentlicher Bedeutung sein (s. Rz. 148).

Das **Dienstverhältnis des Assessors zum Staat** (§ 7 Abs. 3 BNotO) begründet nicht dessen Haftung (§ 19 Abs. 2 S. 3 BNotO). Bei der Gesamtschuldnerschaft des Assessors mit dem Notar können beide zugleich oder jeder für sich vor dem ausschließlich zuständigen Landgericht verklagt werden (§ 19 Abs. 2 S. 2 u. 147

---

[343] Zur Zuständigkeit s. Seybold/Hornig, § 39 Rz. 5 u. 7.
[344] DNotZ 1958, 33/35 (Nr. 13).

Abs. 3 BNotO). In der Praxis werden die Haftpflichtklagen aber meist gegen den Notar allein erhoben.

148 Im Verhältnis zwischen den nach außen hin haftenden Gesamtschuldnern soll nach § 19 Abs. 2 S. 2 BNotO der Assessor allein verpflichtet sein, d. h. er hätte ggf. den Notar von der Haftpflichtschuld voll zu entlasten. Abgesehen von der Eintrittspflicht der Berufs-Haftpflichtversicherung (Rz. 155) entspricht diese Bestimmung nicht der Rechtswirklichkeit. Zunächst ist entsprechend den obigen Ausführungen zur Ausgleichspflicht zwischen Notar und seinem Vertreter (§ 46 S. 2 BNotO)[345] mit der Rechtsprechung davon auszugehen, daß trotz der strikten gesetzlichen Zuweisung die Anrechnung einer Mitverantwortung des Notars zulässig ist[346]. Das gilt in besonderem Maße für den zur Ausbildung des Assessors verpflichteten Notar (§ 7 Abs. 4 BNotO)[347]. Die Zuweisung eines Notarassessors erfolgt ausschließlich zum Zwecke der Ausbildung[348]. Der Ausbilder trägt also gerade die Verantwortung dafür, daß der Assessor richtig eingewiesen und überwacht wird. Wenn er ihm Betreuungsgeschäfte zur selbständigen Erledigung überläßt (§ 19 Abs. 2 S. 2 BNotO), so hat er sich zuvor davon zu überzeugen, daß die erforderliche Befähigung vorhanden ist. Die Eigenverantwortung des Ausbildungsnotars wird grundsätzlich überwiegen[349]. Bei Vorsatz des Assessors kommt jedoch im Innenverhältnis ein Haftungsanteil des Notars kaum einmal in Betracht[350].

149 Die Notarkammern im Bereich des Nur-Notariats haben dieser Situation Rechnung getragen, indem Voraussetzung für die Zuweisung eines Notarassessors die Verpflichtung des Notars ist, gegen den Assessor keinen Rückgriff zu nehmen und ihn von jeder unmittelbaren Inanspruchnahme durch den Geschädigten freizustellen[351]. Ausgenommen von dieser Verpflichtung sind auf grober Fahrlässigkeit oder Vorsatz beruhende Amtspflichtverletzungen. Aber selbst bei grob fahrlässigem Verhalten kann aus den zu Rz. 148 genannten Gründen eine Einschränkung des Rückgriffs gerechtfertigt sein. Bei einer direkten Außenhaftung des Assessors nützt allerdings die Freistellungspflicht des Ausbildungsnotars wenig, wenn dieser bei einer unzureichenden Berufs-Haftpflichtversicherungssumme nicht leistungsfähig ist. Übersteigt z. B. die Haftpflichtschuld die Pflichtversicherungssumme und hat der Notar keine ausreichende Anschlußversicherung abgeschlossen, so bleibt der Assessor im alleinigen Risiko.

150 Eine **persönliche Haftung des Notarassessors entfällt,** soweit die Voraussetzungen des § 19 Abs. 2 BNotO nicht gegeben sind. Insbesondere im Bereich der Mitwirkung in Form der Vorbereitung von Beurkundungen oder von anderen Hilfsarbeiten ist der Assessor im Ergebnis anderen Bürokräften haftungsmäßig gleichzusetzen (s. Rz. 154 f.). Diese unselbständigen Tätigkeiten gehören haftpflichtrechtlich grundsätzlich zum persönlichen Verantwortungsbereich des Notars. Zu Bedenken gibt jedoch die BGH-Rechtsprechung Anlaß, die im Zusammenhang mit Fragen der subsidiären Haftung dazu neigt, Betreuungstätigkeiten im unmittelbaren Zusammenhang mit Beurkundungen zu verselbständigen. Dies

---

[345] S. o. Rz. 120 u. 141.
[346] S. insbesondere das gut instruierende Urteil des OLG Celle in DNotZ 1985, 246 (Rz. 120).
[347] S. die im Schönfelder in der Fn. zu § 7 BNotO abgedruckten Rechtsverordnungen der Länder und Seybold/Hornig, § 7 BNotO, Rz. 23 u. 42 ff. sowie die dort im Anhang III wiedergegebenen Rechtsverordnungen der Länder über die Assessorenausbildung.
[348] Beschl. d. OLG München u. BGH DNotZ 1975, 496; Arndt, § 7 II, 6.
[349] LAG München, NJW-RR 1988, 542: keine Rückgriffshaftung des angestellten Anwalts, wenn sein Arbeitgeber (Rechtsanwalt) die Art der – unzulänglichen – Erledigung gekannt hat.
[350] S. die Rspr. bei Borgmann/Haug, § 30, 1.
[351] Vgl. z. B. den Beschluß des Vorstandes der Landesnotarkammer Bayern v. 13. 2. 1970 (amtl. Mitteilungsblatt Nr. 3/1970).

6. Haftung des Notarvertreters, Assessors, Personals und Verwesers

könnte zu einer Haftung des Assessors nach § 19 Abs. 2 S. 1 BNotO führen. Es wird hierzu auf die Ausführungen zu Rz. 145 verwiesen.

Auch die Bestimmung in **§ 7 Abs. 3 S. 2 BNotO,** daß der Assessor dieselben allgemeinen Pflichten wie der Notar hat, kann nicht als zusätzliche allgemeine Grundlage für eine persönliche Haftung des Assessors gegenüber den Beteiligten angesehen werden. Für ihn bestehen, wie in Seybold/Hornig[352] ausführlich dargelegt, nur öffentlich-rechtliche Beziehungen zum Staat, zur Notarkammer und zum Ausbildungsnotar. Im Rahmen dieser Dienstverhältnisse hat er wie der Notar dieselben allgemeinen Amtspflichten zu beachten. Ihm ist damit nicht die Wahrnehmung von Hoheitsrechten oder die Ausübung eines öffentlichen Amtes anvertraut[353]. Er hat damit keine selbständigen Amtspflichten gegenüber den Beteiligten[354]. Dies ergibt sich auch aus der Spezialregelung in § 19 Abs. 2 S. 1 BNotO. Andernfalls würde z. B. bei Nichtbeachtung der Amtspflichten nach § 14 Abs. 2 u. 3 oder § 18 BNotO eine Haftungserweiterung mit Ansprüchen nach § 839 BGB eintreten. **151**

Die **Rückgriffshaftung des Assessors** gegenüber dem für ihn ersatzpflichtigen Notar aus dem öffentlich-rechtlichen Ausbildungsverhältnis besteht nur sehr eingeschränkt in dem oben genannten Umfang (Rz. 148 u. 149). Sie ist danach durch den Versicherungsschutz im Rahmen der Berufs-Haftpflichtversicherung des Notars und den Rückgriffsverzicht des Ausbildungsnotars bei leicht fahrlässigem Handeln weitgehend entschärft. **152**

Ist der Assessor zum **Notarvertreter** oder zum **Notariatsverweser** bestellt, so haftet er ohne Einschränkung wie diese (vgl. zum Notarvertreter: § 39 Abs. 3 S. 2 u. Abs. 4, § 46 BNotO; zum Notariatsverweser §§ 56, 57, 61 u. 63 BNotO). Es wird auf die Ausführungen zu den Rz. 140–143 u. Rz. 160 verwiesen. **153**

c) Haftung des Personals

Für die Notariatsangestellten besteht bei Pflichtverletzungen in ihrem Arbeitsbereich **keine Haftung gegenüber den Beteiligten.** Sie haben diesen gegenüber weder Amts- noch Vertragspflichten. Unberührt davon bleibt eine Deliktshaftung insbesondere bei Verletzung der Geheimhaltungspflicht (§ 823 Abs. 2 BGB, § 353b Abs. 2 StGB i. V. m. § 6 DONot) oder im Zusammenhang mit Urkundenfälschungen (§ 267 ff. StGB). **154**

Eine **Rückgriffshaftung** gegenüber dem Notar, der aufgrund von Pflichtverletzungen seines Personals in Anspruch genommen wird, kommt praktisch kaum in Betracht, da die Angestellten in den Schutz der Berufs-Haftpflichtversicherung eingeschlossen sind und vom Versicherer nur bei Vorsatz Rückgriff genommen wird[355]. Ein Rückgriff bezieht sich deshalb in der Regel allenfalls auf den versicherungsvertraglichen Selbstbehalt des Notars oder auf den Teil der Haftpflichtsumme, der die Versicherungssumme übersteigt. Es wird hierzu auf die Ausführungen über die Berufs-Haftpflichtversicherung verwiesen. (Rz. 290 ff.). Im übrigen wird aus arbeitsrechtlichen Gründen der Rückgriff in der Regel nur bei grob fahrlässigen oder vorsätzlichen Pflichtverletzungen möglich sein. Das Eigenverschulden des Notars ist anzurechnen[356]. **155**

Dagegen kann die Haftung der Büroangestellten in ihrer Eigenschaft als sogen. **Auflassungs- oder Vollzugsbevollmächtigte** gefährlich sein. Von einem sol- **156**

---
[352] § 7 Anm. IV.
[353] Vgl. RGR-Komm., § 839 Rz. 73.
[354] Arndt, § 7 Anm. II, 6.
[355] S. § 7 Nr. 4 der vereinbarten Allgemeinen Versicherungsbedingungen.
[356] Vgl. dazu die Ausführungen zur Haftung des Notars für Mitarbeiter und deren Eigenhaftung zu Rz. 124, 128–132, 148 f. u. 152.

chen Einsatz des Personals wird in der Notariatspraxis in weitem – nicht selten zu weitem – Umfang Gebrauch gemacht. Notarkammern warnen deshalb vor einer generellen und dem Inhalt nach zu weitgehenden Vollmachtserteilung, einmal aus der Fürsorgepflicht gegenüber den Angestellten und weiterhin wegen der Risikoerhöhung der bei Vertretungen nicht mehr unmittelbar betreuten Beteiligten[357]. Die bevollmächtigten Notariatsangestellten haften privatrechtlich aus positiver Vertragsverletzung, wenn die Durchführung des Auftrags nicht oder nicht mehr den Belangen oder dem Willen ihrer Auftraggeber entspricht. In Vertretungsfällen bei Beurkundungen haften sie gem. § 19 Abs. 1 S. 2 BNotO im Verhältnis zum Notar sogar primär[358].

157 Folgende Fälle der Haftung von „Vollzugsbevollmächtigten" sind bekannt: Rangrücktrittserklärungen im vermeintlichen Interesse der Beteiligten; Auflassung aufgrund einer Vollmacht von Eheleuten, die zur Zeit der Erklärung schon geschieden waren[359]. Übernahme einer nach dem ursprünglichen Kaufvertrag zu löschenden Grundschuld in Höhe von 2,5 Mio. DM durch den Käufer; Einsetzung eines anderen Zahlungsempfängers in die Hinterlegungsvereinbarung; Grundschuldbestellung durch Bürovorsteher nach Erlöschen der befristeten Vollmacht[360]; Aufhebung eines Kaufvertrags und Weiterverkauf an einen Dritten (!). In einem vom OLG Celle[361] entschiedenen Fall bewilligte der von den Grundstückseigentümern bevollmächtigte Bürovorsteher anläßlich der Beurkundung von mehreren Erbbaurechtsbestellungen den Vorrang von Grundpfandrechten vor dem Erbbauzins, so daß die Eigentümer bei der Zwangsversteigerung der Erbbaurechte teilweise ausfielen.

158 Meist wird zwar der Notar nach § 19 BNotO neben dem Bevollmächtigten haften. Der letztere bleibt aber allein zahlungspflichtig, soweit der Notar einen unzureichenden Versicherungsschutz hat und selbst illiquid oder unbekannten Aufenthalts ist. Hinzu kommt, daß die Haftung aus der privatrechtlichen Geschäftsbesorgung des Vollzugsbevollmächtigten nicht im Rahmen der Notarversicherungspolice gedeckt ist, es sei denn, es wurde die Möglichkeit einer Zusatzdeckung[362] wahrgenommen.

159 Zur zuverlässigen Betreuung der Beteiligten, der Minderung des Schadensrisikos und im Interesse des Büropersonals sollten deshalb nach Erörterung mit den Beteiligten nur im konkret eingeschränkten Maß solche Vollmachten beurkundet werden. Ist es z. B. mit Schwierigkeiten verbunden, daß die Kaufvertragsparteien eigens zur Erklärung der Auflassung in die Kanzlei kommen, ist eine darauf beschränkte Vollmacht vertretbar. Das gleiche kann gelten zur Entgegennahme der vormundschaftlichen Genehmigung und Weiterleitung an den anderen Vertragspartner. Soweit jedoch die von den Bevollmächtigten abzugebenden Erklärungen nicht formeller Natur sind, sondern eine sachliche Prüfung und Entschließung erfordern, sind die Beteiligten selbst heranzuziehen. Dies betrifft z. B. Löschungen, Rangrücktrittserklärungen, Messungsanerkennungen, Änderungen der Zahlungsmodalitäten oder der Teilungserklärung. Weiter empfiehlt es sich, bei Bevollmächtigung zur Abgabe risikohaft erscheinender Erklärungen zuvor beim Vollmachtgeber rückzufragen, wenn die Vollmachtserteilung schon längere Zeit zurückliegt.

---

[357] Vgl. Rz. 17.
[358] S. Rz. 197.
[359] Urteil v. 3.7. 1975 gegen den bevollmächtigten Bürovorsteher, LG Itzehoe – 2 O 231/74.
[360] OLG Hamm, U. v. 14.2. 1985 – 5 U 83/84.
[361] DNotZ 1973, 503/504.
[362] Es wird die Haftpflicht des Notariatsangestellten – einschließlich des Büroleiters – durch Einschluß in die Notarpolice versichert. Die für das Notarrisiko vereinbarte Versicherungssumme wird für das Haftpflichtrisiko des Angestellten gesondert zur Verfügung gestellt.

6. Haftung des Notarvertreters, Assessors, Personals und Verwesers

d) Haftung des Notariatsverwesers

Der **Notariatsverweser haftet** bei Amtspflichtverletzungen **neben der Notarkammer als Gesamtschuldner** (§ 61 Abs. 1 1. Halbs. BNotO). Es steht dem Geschädigten also frei, ob er beide zugleich oder jeweils nur die Kammer oder den Verweser in Anspruch nehmen will[363]. Im Innenverhältnis soll der Verweser allein verpflichtet sein (§ 61 Abs. 1 S. 1 2. Halbs. BNotO). Dies entspricht wieder den gesetzlichen Bestimmungen im Verhältnis zwischen dem Notar und seinem Vertreter (§ 46 S. 2 BNotO)[364] oder Assessor (§ 19 Abs. 2 S. 2 2. Halbs. BNotO)[365]. 160

Auch bei der **Ausgleichspflicht** zwischen Notarkammer und Notariatsverweser ist nicht auszuschließen, daß die Kammer den Haftpflichtschaden ganz oder zum Teil übernimmt. Einen zum Verweser bestellten Notarassessor wird sie aus den oben zu § 19 Abs. 2 BNotO genannten Gründen[366] bei einer nur leicht fahrlässigen Pflichtverletzung voll von der Haftung freistellen, zumal der Assessor seine Bestellung nicht ablehnen darf (§ 56 Abs. 4 BNotO). Ob die Kammer im Hinblick auf die Abführung der Einnahmen aus der Verweserschaft (§ 59 BNotO) auch bei anderen Verwesern entsprechend den für Beamte geltenden Grundsätzen (§ 46 BRRG) von einer Inanspruchnahme absehen will, wird in ihrem pflichtgemäßen Ermessen liegen[367]. Zwingend ist dies nicht, denn die Rechtsstellung und insbesondere die Amtspflichten des Verwesers unterscheiden sich nicht von denjenigen eines unbefristet bestellten Notars[368]. Es werden – jedenfalls nach außen hin – an seine Pflichterfüllung keine geringeren Anforderungen gestellt. Im Innenverhältnis wird jedoch eine zumindest teilweise Freistellung durch die Kammer zu fordern sein, wenn der bestellte Verweser für das Amt nicht hinreichend befähigt war (§ 56 Abs. 1 BNotO; vgl. auch die Aufsichtspflichten nach § 67 BNotO). Die Kammer ist zwar nach § 61 Abs. 2 BNotO verpflichtet, den Verweser entsprechend §§ 19a u. 67 Abs. 2 Nr. 3 BNotO gegen Haftpflichtansprüche zu versichern; bei über die Pflichtversicherung hinausgehenden Regreßforderungen kann aber, abgesehen von der versicherungsvertraglichen Selbstbeteiligung, die persönliche finanzielle Belastung des Verwesers in Betracht kommen. 161

Die Pflicht zur **Fortführung von begonnenen Amtsgeschäften** (§ 58 Abs. 2 S. 1 BNotO) muß nicht zur Haftung des Verwesers für solche Fehler führen, die ihre Ursache in Pflichtverletzungen des nicht mehr amtierenden Notars haben. Es ist hier z. B. an mangelhafte Einrichtung des übernommenen Notariats oder an unterlassene Hinweise in den notariellen Nebenakten zu denken. Für solche Pflichtwidrigkeiten haftet der nicht mehr amtierende Notar oder seine Erben. Daneben kann allerdings auch die Haftung des Verwesers in Betracht kommen, weil er z. B. schuldhaft Mängel seines Vorgängers nicht beseitigt oder nicht erkannt hat. Der Ausgleich zwischen den Gesamtschuldnern ist nach § 426 BGB durchzuführen. 162

Übernimmt der Verweser **neue Amtsgeschäfte,** so wird er sich nur ausnahmsweise auf Mängel des Notariats berufen und zum Ausgleich den nicht mehr amtierenden Notar oder seine Erben heranziehen können. Dies trifft vor allem für den Verweser eines Anwaltsnotariats zu, der nicht verpflichtet, sondern nur berechtigt ist, innerhalb der ersten drei Monate seiner Bestellung neue Notariats- 163

---

[363] Zur Gesamtschuldnerschaft vgl. Rz. 110.
[364] Rz. 141.
[365] Rz. 148.
[366] Rz. 148.
[367] In der Rückgriffsfrage: mild Seybold/Hornig, § 61 BNotO, Rz. 2; streng Arndt, § 61 BNotO Anm. II, 2.
[368] Seybold/Hornig, § 56 BNotO, Rz. 4 u. § 59 BNotO, Rz. 2.

geschäfte vorzunehmen (§ 56 Abs. 2 S. 2 BNotO)[369]. Überschreitet er diesen Zeitraum, so sind die Amtsgeschäfte keineswegs unwirksam, denn bis zum Ablauf seiner Verweserbestellung ist er Träger des öffentlichen Amtes, das inhaltlich dem Notaramt gleichsteht (§ 57 BNotO)[370]. Abgesehen von disziplinarrechtlichen Maßnahmen ist der Verweser für nach Ablauf der Dreimonatsfrist neu vorgenommene Amtsgeschäfte haftpflichtrechtlich nur nach den allgemeinen Anforderungen verantwortlich. Eine Ausnahme könnte gegeben sein, wenn gerade wegen des Ablaufs der Berechtigung für Beteiligte Schwierigkeiten mit Schadenfolgen eintreten.

164 Im übrigen gilt für Notariatsverweser gleichermaßen wie für den Notar: keine Staatshaftung (§ 61 Abs. 3 BNotO) und gesamtschuldnerische Haftung für Amtspflichtverletzungen seines Vertreters oder Notarassessors (§ 61 Abs. 1 S. 2 i. V. m. § 46 u. § 19 Abs. 2 BNotO). Nicht nur für Haftpflichtansprüche der Beteiligten gegen den Verweser, sondern auch bei vermögensrechtlichen Streitigkeiten zwischen ihm und der Notarkammer über die Haftung oder einen Ausgleichsanspruch sind die Landgerichte ausschließlich zuständig (§ 62 BNotO; vgl. § 57 Abs. 1 i. V. m. § 19 Abs. 3 BNotO).

---

[369] Vgl. Seybold/Hornig, § 58 BNotO, Rz. 6.
[370] Vgl. Seybold/Hornig, § 57 BNotO, Rz. 1; Arndt, § 56 BNotO Anm. 3.

7. Subsidiäre Haftung

a) Grundsätze und Rechtfertigung

Verletzt der Notar **fahrlässig** seine Amtspflichten bei der **Urkundstätigkeit**, so kann er gemäß **§ 19 Abs. 1 S. 2 BNotO** nur in Anspruch genommen werden, wenn der Geschädigte nicht auf andere Weise Ersatz zu erlangen vermag. Dies entspricht nach § 839 Abs. 1 S. 2 BGB allgemein der Regelung bei Ansprüchen aus Amtspflichtverletzungen. Sie ist im Hinblick auf die besondere Art der notariellen Amtstätigkeit gerechtfertigt. Der Notar wird meist bei Vertragsabschlüssen eingeschaltet. Hätte bei Störungen des Vertragsverhältnisses, die der Notar (mit-) verursacht hat, der Beteiligte die Wahl, ob er den gleichwohl zur Erfüllung oder zum Schadensersatz verpflichteten Vertragspartner oder den Notar in Anspruch nehmen will, so würde er sich im Zweifel an den pflichtversicherten Notar halten. Dieser hätte dann vielfach Leistungspflichten des eigentlichen Schuldners, wie ein Bürge ohne die Einrede der Vorausklage, zu übernehmen und aus abgetretenem Recht den Vertragspartner seines Regreßnehmers in Anspruch zu nehmen. Ggf. müßte er einen Rückgriffsprozeß führen. Das OLG Düsseldorf führt in einem Haftpflichturteil vom 7. 3. 1973[390] zu dieser Frage an, es wäre „auch nicht zu erkennen, aus welchem Grund der Prozeß gegen die Verkäuferin wesentlich komplizierter und langwieriger sein sollte, als der gegen den Beklagten" (Notar).

Diese Situation wäre nicht nur unbillig, sondern würde auch die Stellung des Notars in seiner Pflicht zur Unabhängigkeit und Unparteilichkeit beeinträchtigen. Ist z. B. im Grundstückskaufvertrag die ungesicherte Vorleistung einer Partei vorgesehen, was nach der Rechtsprechung bei einer entsprechenden Behauptung des Geschädigten grundsätzlich auf eine Amtspflichtverletzung des Notars zurückgeführt wird, so hat die ungesicherte Partei sich jedenfalls zunächst an ihrem Partner schadlos zu halten. Tritt ein falsus procurator auf, was der Notar evtl. hätte aufdecken können, so kommen mit Recht die Ansprüche nach § 179 Abs. 1 BGB in Frage[391]. Das von der BGH-Rechtsprechung betonte Treue- und Vertrauensverhältnis zwischen den Vertragspartnern mit den gegenseitigen Informations- und Aufklärungspflichten[392] sowie ggf. Schadenersatzansprüchen hat Vorrang gegenüber eventuellen Haftpflichtforderungen gegen den in der Regel aus formellen Gründen eingeschalteten Notar. So stellt der BGH in einem Urteil vom 17. 5. 1974[393] heraus, daß der mit der Formvorschrift des § 313 BGB verfolgte Zweck die Vertragspartner keineswegs vom Vertrauensschutz aus den Vorverhandlungen entbinde.

Ebenso ist der in der Praxis häufige Fall der im Verhältnis zum Notar bestehenden **primären Haftung von Beratern** der geschädigten Beteiligten einsehbar und gerechtfertigt. Der Beteiligte hat vertraglich den Fachmann – Rechtsanwalt, Steuerberater, Wirtschaftsprüfer, Makler u. a. – beauftragt, damit er persönlich und parteiisch zur Realisierung seiner Interessen beraten wird. Demgegenüber steht für den Notar die Beurkundung im Vordergrund, während die begleitende Beratung gerade unparteiisch zu sein hat. Hinzu kommt, daß der vom Beteiligten privat beauftragte Berater in der Annahme des Mandates frei ist, während der Notar im Bereich der Beurkundungstätigkeit die Amtsübernahme grundsätzlich nicht ablehnen kann (§ 15 Abs. 1 S. 1 BNotO). Das Haftungsprivileg des § 19

170

171

172

---
[390] 18 U 118/73.
[391] Vgl. OLG Celle, DNotZ 1977, 33.
[392] S. Haug, DNotZ 1978, 516 ff.; zu den gegenseitigen Pflichten der Vertragspartner s. auch Rz. 191.
[393] LM Nr. 4 zu § 276 Fc BGB = MDR 1974, 918.

b) Voraussetzungen

173   Die Voraussetzungen für den Einwand nach § 19 Abs. 1 S. 2 BNotO sind:
— Es darf sich nicht um Ansprüche eines „Auftraggebers" im Bereich der Verwahrungs- oder Betreuungstätigkeit nach §§ 23, 24 BNotO handeln (s. Rz. 200 ff.).
— Die Pflichtverletzung darf nur fahrlässig, also nicht vorsätzlich sein (s. Rz. 101 u. 181).
— Dem primär Ersatzpflichtigen darf nicht ebenfalls der Einwand der subsidiären Haftung zustehen (s. Rz. 182).
— Die Verfolgung der anderweitigen Ersatzmöglichkeit muß für den Geschädigten zumutbar sein (s. Rz. 184).
— Die vorstehend genannten Voraussetzungen müssen zur Zeit der Anspruchserhebung bzw. der „letzten mündlichen Verhandlung" über den Anspruch vorliegen (s. Rz. 212).

Dagegen ist keine Voraussetzung, daß der Notar darüber belehrt, daß er nur in Anspruch genommen werden kann, wenn keine anderweitige Ersatzmöglichkeit besteht. Der Notar ist nicht der allgemeine Rechtsberater der Parteien. Im Bereich der haftpflichtrechtlichen Auseinandersetzungen bestehen für ihn keine Amtspflichten gegenüber dem Anspruchsteller[395]. Dieser hat sich – wie grundsätzlich jeder Rechtsuchende – über die Rechtslage zu orientieren oder sich durch einen Rechtsanwalt beraten zu lassen. Übersieht sein Berater eine anderweitige Ersatzmöglichkeit, so ist diese dem Anspruchsteller auch dann zuzurechnen, wenn der Notar selbst keine Schadenminderungsmöglichkeit sah[396].

175   Der Ausschluß des Einwands gegenüber „Auftraggebern aus Verwahrungs- und Betreuungsgeschäften der in §§ 23, 24 BNotO bezeichneten Art" ergibt positiv, daß in bezug auf jede andere notarielle Tätigkeit der Einwand erhoben werden kann, also z. B. auch gegenüber Ansprüchen wegen Verletzung von Pflichten zur Urkundsverwahrung (§ 25 BNotO)[397]. Es kommt nicht darauf an, ob diese Verwahrung noch der Beurkundungstätigkeit zuzurechnen ist.

176   **Unselbständige Betreuungspflichten,** die im unmittelbaren Zusammenhang mit der Urkundstätigkeit stehen, fallen nicht unter die Einschränkung der subsidiären Haftung, sie sind vielmehr der Beurkundung zuzurechnen. Dies kann als einheitliche Rechtsauffassung[398] bezeichnet werden. In der Rechtsprechung besteht freilich nicht immer eine ganz einheitliche Meinung darüber, was als unselbständige und was schon als selbständige Betreuungstätigkeit anzusehen ist. Eine Richtschnur gibt die Kostenordnung über die gebührenfreien Nebengeschäfte. Ist die Tätigkeit in bezug auf das amtliche Hauptgeschäft nur vorbereitender, ausfüllender oder fördernder Natur, so ist sie als Nebengeschäft gebührenfrei (§ 147 Abs. 3 u. 4 KostO). Das gilt z. B. für die Einreichung von Anträgen zum Grundbuchamt oder Registergericht[399]. Maßgeblich für die im Haftpflichtfall nachträglich zu prüfende Frage, ob es eine Nebentätigkeit war, kann freilich nicht

---

[394] So BGH DNotZ 1971, 591/595 (Nr. 74) m. Hinw. auf BGH, GSZ 13, 88/100.
[395] S. Rz. 5.
[396] OLG Bremen, DNotZ 1965, 566: die vom Anspruchsteller beauftragten Anwälte hätten den Schaden durch Bestellung eines Grundpfandrechts verhüten können.
[397] Z. B. wenn pflichtwidrig ein in amtlicher Verwahrung genommener Erbvertrag aufgrund der Behauptung, er sei inzwischen durch ein privatschriftliches Testament aufgehoben worden, herausgegeben wird (s. LG Aachen, MDR 1988, 506).
[398] S. im Schrifttum Arndt, § 19 Anm. 2.5.1; Seybold/Hornig, § 19 Rz. 73 f.; Rinsche II 157 f.
[399] Korintenberg/Reimann, § 147 Rz. 35 ff.

7. Subsidiäre Haftung

die tatsächlich gestellte Kostenrechnung, sondern nur die zu überprüfende kostenrechtliche Lage sein[400].

Belehrungen im Zusammenhang mit Beurkundungen, auch wenn es sich 177 um Beglaubigungen handelt, sind unselbständig und bilden mit der Urkundstätigkeit *ein* Amtsgeschäft[401]. So stellt z. B. die steuerliche Beratung des Notars anläßlich einer Beurkundung nach BGH-Urteil vom 2. 6. 1981[402] keine selbständige notarielle Rechtsbetreuung dar, „was zu einer primären Haftung des Notars führen könnte". Die maßgeblichen Belehrungsvorschriften stehen so auch folgerichtig im Beurkundungsgesetz. Auch wenn die im Zusammenhang mit einer Beurkundung (Grundschuldbestellung) stehende Belehrungspflicht nicht dem unmittelbaren Urkundsbeteiligten, sondern einem mittelbaren Beteiligten gegenüber zu erfüllen war, ist nach BGH-Urteil vom 22. 2. 1973[403] die Einrede der subsidiären Haftung gegeben.

Die unselbständige Belehrungspflicht kann wieder mit einer ebenso unselbständigen 178 **Einreichungspflicht** im Zusammenhang stehen. Reicht der Notar z. B. einen Antrag zum Handelsregister nach Beglaubigung der Unterschriften der Gesellschafter nicht ein, weil ein Gesellschafter widerrief, so bilden nach BGH-Urteil vom 18. 11. 1957[404] die – unterlassene – Einreichung und Belehrung der anderen Beteiligten eine Einheit mit der Beurkundung. Unter Hinweis auf das BGH-Urteil vom 3. 11. 1955[405] zur Pflicht des Notars, die Genehmigung des Vormundschaftsgerichts dem Antragsteller mitzuteilen, heißt es weiter:

„Übernimmt der Notar es, derartige Urkunden weiterzureichen, dann ist auch das Inhalt seiner übernommenen Amtspflichten und nicht etwa Gegenstand eines besonderen Geschäftsbesorgungsvertrages ... In derartigen Fällen sind alle diese Maßnahmen als ein einheitliches Geschäft des Notars aufzufassen ..."

Im Haftpflichturteil vom 12. 7. 1977[406] führt der BGH zu dieser Einheit aus: „Denn die Einreichung eines Eintragungsantrags beim Grundbuchamt ist eine Tätigkeit, die der Notar in Erfüllung bestehender Amtspflichten aus Anlaß der Urkundstätigkeit entfaltet. Sie ist ... keine sonstige Betreuung ... im Sinne des § 24 BNotO". So entschied der BGH schon zuvor mit den Urteilen vom 9. 7. 1958[407] und 9. 1. 1961[408] zur Einreichung von Grundschuldbestellungen. Nur wenn die Tätigkeit über den reinen Vollzug hinausgeht und der Notar aufgrund eines besonderen Ansuchens tätig wird, handelt es sich um eine selbständige Rechtsbetreuung. Ein Beispiel bringt das BGH-Urteil vom 14. 11. 1967[409]. Eine Sicherungshypothek erhielt nicht den bei der Beurkundung vorgesehenen Rang. Um eine Rangänderung zu erreichen, mußten die Eigentümer und eine andere Gläubigerin zustimmen. Der mit der Durchführung beauftragte Notar übernahm damit eine eigenständige Rechtsbetreuung.

Ebenso handelt es sich um eine einheitliche Urkundstätigkeit, wenn der Notar 179 zunächst einen **Entwurf** fertigt, den er später beglaubigt bzw. beurkundet (BGH

---

[400] Rinsche II 158; Seybold/Hornig, § 19 Rz. 73–75.
[401] BGH VersR 1963, 339/340 (Nr. 44).
[402] WM 1981, 942/944 (Nr. 105). Die im BGH-Urt. v. 5. 11. 1982 (WM 1983, 123; Nr. 117) aufgeworfene Frage, ob die dort bei der Beurkundung erfolgte steuerrechtliche Belehrung durch den Notar etwa die Übernahme eines selbständigen Betreuungsgeschäfts war, hätte sich an sich nicht stellen sollen.
[403] DNotZ 1973, 494/495 (Nr. 80).
[404] WM 1958, 258 (Nr. 18).
[405] DNotZ 1956, 319 (Nr. 9).
[406] DNotZ 1978, 177/180 (Nr. 91).
[407] DNotZ 1958, 557/559 (Nr. 21).
[408] VersR 1961, 368 (Nr. 38); so auch BGH VersR 1962, 1177/1181 (Nr. 42).
[409] DNotZ 1968, 318/320 f. (Nr. 63).

I. Allgemeine Haftungsgrundlagen

U. v. 3. 11. 1955⁴¹⁰). Dies gilt nach dem BGH-Urteil vom 23. 6. 1964⁴¹¹ auch noch dann, wenn die Beteiligten sich zunächst nur über den Inhalt eines nicht formbedürftigen Rechtsgeschäfts beraten lassen und sich erst später zu einer Beurkundung entschließen. Nur wenn sich das Ansuchen ausschließlich auf die Entwurfsarbeit ohne die Absicht einer späteren Beurkundung bezieht, liegt ein selbständiges Betreuungsgeschäft im Sinne von § 24 Abs. 1 BNotO vor.

180 Der gleiche Grundsatz besteht bei notariellen **Bestätigungen**, die im unmittelbaren Zusammenhang mit Beurkundungen ohne selbständige Überwachungspflichten erteilt werden. Gibt z. B. der Notar anläßlich einer Grundschuldabtretung eine – falsche – Bestätigung ab, „so handelt es sich im Zweifel nur um eine Nebentätigkeit der Beurkundung" (BGH U. v. 10. 6. 1983⁴¹²). Auch die Bestätigung der Kaufpreisfälligkeit gehört grundsätzlich noch zur vorangegangenen Beurkundung und ist dann kein selbständiges Betreuungsgeschäft im Sinne von § 24 Abs. 1 BNotO, wenn keine besonderen Überwachungspflichten bestehen⁴¹³. Entgegen dem BGH-Urteil vom 4. 5. 1984⁴¹⁴ gehört die Aufforderung zur Zahlung des Kaufpreises auf Notaranderkonto noch nicht zur Verwahrungstätigkeit nach § 23 BNotO. Diese Amtstätigkeit beginnt erst mit dem Eingang des Geldes auf dem Notaranderkonto und endet mit der Auszahlung⁴¹⁵. Eine Ausnahme kann dann gegeben sein, wenn die Fälligkeitsmitteilung eigene rechtliche Prüfungen erfordert, die über die gewöhnlichen Durchführungsaufgaben hinausgehen⁴¹⁶.

181 Bei einer **vorsätzlichen Amtspflichtverletzung**⁴¹⁷ entfällt der Subsidiaritätseinwand. Rechtsprobleme können sich hier besonders im Zusammenhang mit dem Verjährungsbeginn und -ablauf ergeben, solange unklar ist, ob der Notar nur fahrlässig oder vorsätzlich gehandelt hat. Der BGH hat hierzu im Urteil vom 10. 6. 1983⁴¹⁸ eine gute Lösung geboten, auf die unten im Zusammenhang mit der Verjährung von Haftpflichtansprüchen näher eingegangen wird (Rz. 272).

182 Kann derjenige, auf den nach § 19 Abs. 1 S. 2 BNotO als anderweitig Haftenden verwiesen wird, ebenfalls den Einwand der subsidiären Haftung erheben, so ist die **gegenseitige Verweisung unstatthaft.** Der BGH hat dies im Notarhaftpflichturteil vom 28. 9. 1959⁴¹⁹ unter Fortführung der Reichsgerichts-Rechtsprechung in bezug auf die Staatshaftung für das Versehen eines Gerichtsvollziehers ausführlich dargelegt. Es würde für den Geschädigten eine unträgbare Pattsituation entstehen, wenn jeder seiner Schädiger auf den anderen verweisen könnte. Diese Lage entsteht im Bereich der Notarhaftpflicht nicht selten im Verhältnis zur Staatshaftung (§ 839 Abs. 1 BGB) – z. B. für Versehen von Grundbuchbeamten – und zu einem anderen Notar, der in derselben Sache den Schaden mitverursacht hat. Nach der BGH-Rechtsprechung⁴²⁰ tritt die gesamtschuldnerische Haftung mit der Unzulässigkeit einer Verweisung auf die Haftpflicht des anderen auch dann ein, wenn der Notar eine übernommene Betreuungspflicht (§§ 23, 24 BNotO) verletzt hat. Er kann sich in diesem Bereich gegenüber dem Auftraggeber ohnehin nicht auf die subsidiäre Haftung berufen. Dies schmälert jedoch nicht seine Rechtsstel-

---

⁴¹⁰ VersR 1956, 45 (Nr. 8); vgl. BGH WM 1963, 754/758 (Nr. 46); 1982, 1437/1438 (Nr. 115); OLG Celle, DNotZ 1973, 503.
⁴¹¹ DNotZ 1964, 699 (Nr. 53); vgl. § 145 Abs. 1 KostO.
⁴¹² WM 1983, 964 (Nr. 120).
⁴¹³ OLG Düsseldorf, VersR 1976, 1069.
⁴¹⁴ DNotZ 1985, 48 (Nr. 122).
⁴¹⁵ Vgl. § 149 KostO.
⁴¹⁶ BGH DNotZ 1986, 406 (Nr. 133).
⁴¹⁷ S. Rz. 101 f.
⁴¹⁸ WM 1983, 964 (Nr. 120).
⁴¹⁹ DNotZ 1960, 260/265 (Nr. 31).
⁴²⁰ BGH WM 1964, 226 (Nr. 51) u. 1984, 364/365.

lung zu Dritten. Der Fortfall der Verweisungsmöglichkeit begünstigt lediglich den Auftraggeber. Sein Recht, sich wahlweise an den Notar oder den anderen Amtsträger bzw. den Staat zu halten, wird durch § 19 Abs. 1 BNotO nicht beschränkt. § 839 Abs. 1 S. 2 BGB steht daher der Schlüssigkeit nicht entgegen.

Die **Ausgleichsbestimmung in § 426 Abs. 1 S. 1 BGB,** wonach die Gesamtschuldner im Verhältnis zueinander in der Regel zu gleichen Teilen verpflichtet sein sollen, ist als bloße Hilfsregel zu verstehen[421]. Folgend dem grundlegenden Urteil des Reichsgerichts vom 18. 1. 1935[422] ist zunächst der Kausalzusammenhang zwischen der Pflichtverletzung und der Schadensentstehung zu prüfen. Ist der Eintritt des Schadens ohne das Versehen des anderen nicht denkbar, so besteht die Mithaftung. Die Quote des Ausgleichs ist dann nach der Primärursache und dem Gewicht des jeweiligen Verschuldens (§ 254 BGB) zu finden. Trägt z. B. der Grundbuchbeamte nicht entsprechend dem vom Notar richtig gestellten Antrag ein und kann letzterem nur die mangelhafte Überprüfung der Eintragungsnachricht zum Vorwurf gemacht werden, so überwiegt die Verantwortlichkeit des Beamten. Übersieht dagegen der Grundbuchbeamte die Formunwirksamkeit des notariellen Kaufvertrags, so wird in der Regel der Notar überwiegend haften[423]. Das Spruchrichterprivileg des § 839 Abs. 2 S. 1 BGB steht manchmal einem sachlich begründeten Ausgleichsanspruch im Wege[424]; es gilt aber nicht für Beschlüsse im nichtstreitigen FGG-Verfahren[425]. 183

Der Einwand nach § 19 Abs. 1 S. 2 BNotO kann weiterhin nicht gebracht werden, wenn die **Verfolgung der anderweitigen Ersatzmöglichkeit unzumutbar** erscheint. Die Frage der Unzumutbarkeit sollte sowohl im Interesse des Geschädigten als auch in demjenigen des Notars nicht zu eng beurteilt werden. Bleiben bei Unsicherheiten oder Schwierigkeiten rechtlicher oder tatsächlicher Art die Versuche einer anderweitigen Ersatznahme erfolglos, so fallen die Kosten und Verzugsschäden nicht allein dem ohnehin schon getroffenen Beteiligten, sondern letztlich dem haftpflichtigen Notar zusätzlich zur Last. 184

Das kann auf der anderen Seite wiederum nicht heißen, daß schon **allgemeine Schwierigkeiten** bei der Verfolgung von Ansprüchen den Einwand nach § 19 Abs. 1 S. 2 BNotO versagen. Wie das OLG Düsseldorf in dem bereits genannten Urteil (Rz. 170, Fn. 390) ausführt, müßte der Geschädigte schließlich auch gegen den Notar prozessieren. Prozesse gegen andere Ersatzpflichtige – etwa gegen den Vertragspartner – müssen nicht wesentlich komplizierter oder langwieriger sein. Unter Umständen kann sogar ein Prozeß im Ausland zumutbar sein[426], wenn die Rechtsverfolgung und Vollstreckungsmöglichkeit gesichert sind. Auch die Einlegung eines Rechtsmittels gegen eine zunächst negative Entscheidung muß nicht als unzumutbar angesehen werden, wenn die Prozeßaussichten bei objektiver Rechtsprüfung nicht ungünstig sind[427]. Diese Prüfung hat der Anwalt, der Prozeßbevollmächtigte des Klägers, eigenverantwortlich vorzunehmen[428]. Die Streitverkündung gegenüber dem Notar als sekundär Haftendem kann den Anspruchsteller, der sich eine Fehlbeurteilung seines Anwalts zurechnen lassen muß 185

---

[421] Palandt/Heinrichs, § 426 Anm. 3 a.
[422] DNotZ 1935, 735 mit zustimmender Anm. v. Cammerer S. 737; vgl. auch zur sogen. Gesamt- oder Doppelkausalität: BGH WM 1988, 905 (Verhältnis der Schadensverursachung durch Notar und Anwalt).
[423] So im Fall des Reichsgerichts s. Fn. I 422.
[424] Vgl. z. B. BGH DNotZ 1982, 498 (Nr. 108) m. Anm. Hanau.
[425] Keidel/Kuntze/Winkler, § 12 Rz. 109 ff.; zur Amtspflicht von Grundbuch-, Nachlaß-, Register- u. Vormundschaftsrichtern s. RGR-Komm. § 839 Rz. 259 ff.
[426] Vgl. BGH NJW 1976, 2074 = VersR 1976, 1034.
[427] Z. B. gegen einen Steuerbescheid: OLG Hamm, U. v. 24. 10. 1985 – 28 U 114/85.
[428] S. Borgmann/Haug, § 20 S. 102 ff.

(§ 278 BGB), nicht entlasten, selbst ein aussichtsvolles Rechtsmittel einzulegen. Andernfalls würde gerade der Sinn und Zweck des Subsidiaritätseinwands ausgehöhlt.

186 Die Auffassung des Notars oder seines Berufshaftpflichtversicherers über die Zumutbarkeit – sei es in positivem oder negativem Sinne – kann für die Entschließung des Anspruchstellers grundsätzlich nicht ausschlaggebend sein. In seiner Eigenschaft als Notar – auch wenn er Anwaltsnotar sein sollte – ist er nicht der allgemeine Rechtsberater in Streitsachen, abgesehen davon, daß dem Nur-Notar dieses Gebiet oft zunehmend fremd geworden ist.

187 Freilich wird es auch hier sehr auf die Umstände des Einzelfalles ankommen. Das **Verhalten des Notars** kann daher **nach Treu und Glauben** nicht völlig unbeachtlich bleiben[429], so z. B. nach dem Reichsgerichts-Urteil vom 14. 11. 1940[430], wenn der Notar den ihm bekannten Versuchen des Geschädigten, anderweitig Ersatz zu erlangen, gleichgültig gegenübersteht. Dies schließt jedoch nach derselben Entscheidung ein Mitverschulden des Geschädigten nicht aus, wenn er den Notar nicht *vor* Abschluß eines – ungünstigen – Vergleichs mit dem Dritten unterrichtet. Die eigenverantwortliche Prüfungspflicht des Anspruchstellers und seines Beraters hat stets Ausgangspunkt zu sein. So hat nach dem wohlbegründeten BGH-Urteil vom 28. 4. 1964[431] der Geschädigte diese Pflicht gerade auch in der Richtung, ob überhaupt eine aussichtsreiche und zumutbare andere Ersatzmöglichkeit besteht. Es liegt nicht in seinem subjektiven Ermessen, einer Ersatzmöglichkeit nachzugehen oder auf eine bestehende zu verzichten[432]. Hält er z. B. eine anderweitige Ersatzmöglichkeit nur deshalb für möglich, weil er und sein Anwalt sich nicht alsbald über die Rechtslage vergewissern, so wird damit der Verjährungsbeginn nicht hinausgeschoben[433].

188 **Rechtsprechungsbeispiele zur Unzumutbarkeit** gibt es in Fülle. Die Ersatzmöglichkeit muß in absehbarer Zeit mit einer gewissen Wahrscheinlichkeit zu realisieren sein. Das ist regelmäßig nicht der Fall, wenn über das Vermögen des anderen Ersatzpflichtigen der Konkurs[434] eröffnet worden ist. Der Geschädigte braucht nicht das Ergebnis des Konkursverfahrens abzuwarten[435]. Die zulässige Feststellungsklage gegen den Notar ist im Urteil insoweit einzuschränken, daß dem Kläger ein anderweitiger Ersatz anzurechnen ist[436]. Auch andere Hindernisse, alsbald Ersatz zu erlangen, können den Einwand des Notars versagen. So nach dem BGH-Urteil vom 20. 12. 1962[437], wenn der Geschädigte erst längere, im Ausgang ungewisse Prozesse führen müßte oder nach BGH-Urteil vom 25. 6. 1959[438] damit zu rechnen ist, daß ein Prozeß gegen den „anderen" wegen Beweisschwierigkeiten scheitern wird oder gem. BGH-Urteil vom 22. 11. 1966[439] der eigentliche Schuldner offensichtlich außerstande ist, seinen Zahlungspflichten in absehbarer Zeit nachzukommen. Das gleiche hat zu gelten, wenn die Realisierung der bestehenden Ersatzmöglichkeit hohe eigene Aufwendungen erforderlich machen[440] oder die Verfolgung der Ersatzansprüche dem Geschädigten selbst

---

[429] Vgl. RGZ 51, 186/192 u. zur Verjährung Rz. 275.
[430] DNotZ 1942, 264.
[431] VersR 1964, 751/752 (Nr. 52).
[432] BGH DNotZ 1964, 505/506 (Nr. 50) u. BGH WM 1965, 290/291.
[433] OLG Hamm, U. v. 14. 1. 1974 – 10 U 85/73 (notwendige Einsicht in die Allgemeinen Geschäftsbedingungen).
[434] RG DNotZ 1940, 40.
[435] BGH VersR 1966, 361/363 (Nr. 57).
[436] BGH DNotZ 1969, 496/499 (Nr. 67).
[437] VersR 1963, 339 (Nr. 44).
[438] VersR 1959, 997/998 (Nr. 27).
[439] NJW 1967, 930 (Nr. 59).
[440] RG DNotZ 1940, 40 Nr. 2.

wirtschaftliche Verluste[441] bringen würde. Auch eine Vollstreckung im Ausland (Spanien) kann jedenfalls dann dem Geschädigten nicht zugemutet werden, wenn dort keine Vermögenswerte der Schuldnerin ermittelt werden konnten (BGH, U. v. 29. 10. 1987[442]).

c) Arten und Möglichkeiten

Jede rechtliche oder auch rein tatsächliche[443] **Möglichkeit**, anderweitig Ersatz zu erlangen, schließt als negative Anspruchsvoraussetzung eine Haftpflicht des Notars aus. Die Ersatzmöglichkeit muß lediglich demselben Tatsachenkreis entsprungen sein, zu dem auch die Pflichtverletzung des Notars gehört[444]. 189

Oft richten sich die Ersatzansprüche gegen den durch die Amtspflichtverletzung vermeintlich begünstigten **Vertragspartner**. So kommen Bereicherungsansprüche des Käufers gegen den Verkäufer in Betracht, wenn aufgrund einer vorzeitigen Kaufpreisfälligkeitsmitteilung zu früh gezahlt wird[445]. Es kann sich auch, wie der BGH im Urteil vom 7. 11. 1957[446] entschied, um Aufwendungsansprüche gem. §§ 994 ff. BGB handeln, wenn das unwirksam erworbene Haus vom Besitzer instand gesetzt wurde. Weiterhin kommen nach derselben BGH-Entscheidung auch Ansprüche nach § 419 BGB als anderweitiger Ersatz in Betracht. Dieser wird nicht dadurch ausgeschlossen, wenn er sich gegen nahe Verwandte richtet. Entfällt z. B. für eine Grundstücksübertragung die steuerrechtlich vorgestellte Geschäftsgrundlage, so ist nach § 19 Abs. 1 S. 2 BNotO die Rückübertragungspflicht des Sohnes an den Vater zu berücksichtigen[447]. In einem ähnlich gelagerten Fall wies das OLG Hamm[448] die Haftpflichtklage gegen den Notar ab, weil die Klägerin, die ihren Grundbesitz mit unbedachten steuerlichen Folgen ihren Kindern schenkte, von diesen entweder die Rückübertragung oder einen Zahlungsausgleich aufgrund der Steuerbelastung verlangen konnte. 190

Der Geschädigte ist auch verpflichtet, eine gegenüber seinem Partner mögliche **Anfechtung des Rechtsgeschäfts** (§§ 119, 121 BGB) vorzunehmen[449]. Zur Schadensverhütung hat er von dem Anfechtungsrecht schon dann Gebrauch zu machen, bevor er unwiedereinbringliche Aufwendungen und Investitionen vornimmt[450]. Ebenso schließt ein Anspruch gegen den Verkäufer auf Beseitigung von Eintragungshindernissen eine Haftpflichtklage gegen den Notar aus[451]. Überhaupt stellen **Mitwirkungspflichten der Vertragspartner** zur Erfüllung des Vertrags anderweitige Ersatzmöglichkeiten dar, wie z. B. auf Vertragsänderung, wenn daraufhin der Vertrag durchgeführt werden kann[452]. Stehen dem Grund- 191

---

[441] RG DNotZ 1934, 677 (Mithaftung für Wechselverbindlichkeiten).
[442] NJW 1988, 1143 (Nr. 143).
[443] Seybold/Hornig, § 19 Rz. 63; Arndt, § 19 II 2.5.2; BGH VersR 1964, 751/752 (Nr. 52).
[444] DNotZ 1969, 496/498 (Nr. 67); s. auch BGH Fn. I 443.
[445] OLG Düsseldorf, U. v. 13. 3. 1975 – 18 U 137/74; ebenso OLG Schleswig, U. v. 22. 12. 1978 – 3 U 128/77 (auszugsweise veröffentlicht in Haftpflichtecke DNotZ 1981, 108).
[446] BGH VersR 1958, 47 (Nr. 16).
[447] BGH NJW 1986, 1329 (Nr. 130).
[448] U. v. 24. 10. 1985 – 28 U 114/85 (Revision wurde nicht angenommen).
[449] BGH WM 1960, 1012/1014 (Nr. 35).
[450] OLG Hamm, U. v. 13. 1. 1971 – 11 U 133/70.
[451] LG Bremen, U. v. 6. 7. 1970 – 10 O 377/70.
[452] S. Rz. 170; Haug, DNotZ 1978, 516 ff. u. BGH DNotZ 1971, 773 (Bestellung einer Dienstbarkeit); BGH NJW 1973, 1498 (zur Änderung einer genehmigungsfähigen Wertsicherungsklausel); BGH DNotZ 1974, 161 (Pflicht des Verkäufers, dem Notar zur Kreditsicherung für den Käufer eine Löschungsbewilligung zu treuen Händen zu geben); BGH DNotZ 1977, 31 (Änderung einer genehmigungsbedürftigen Vertragsbestimmung); BGH WM 1971, 1096 (Aufklärungspflicht des Verkäufers über zeitweilige Unkündbarkeit von Hypotheken).

stückskäufer zwei Verkäufer gegenüber, so hat er sich bei Konkurs des einen Verkäufers rechtzeitig zur Schadloshaltung an den anderen zu halten[453].

192 Behauptet ein Erbvertragspartner die **Nichtigkeit des beurkundeten Vertrags,** während der in Anspruch genommene Notar die Wirksamkeit behauptet, so ist an sich zunächst der Vertragspartner im Wege der anderen Ersatzmöglichkeit zu belangen. Gehen jedoch die Gerichte in den ersten beiden Rechtszügen des Haftpflichtprozesses ebenso wie die Klägerin von der Nichtigkeit aus und verneinen damit den Einwand des Notars, so ist es – jedenfalls für die Revisionsinstanz – verständlich, wenn der BGH[454] aufgrund seiner Auffassung von der Wirksamkeit des Erbvertrags nicht nach § 19 Abs. 1 S. 2 BNotO die Klage als z. Zt. unbegründet, sondern abschließend abweist. Auf diese Zuständigkeitserwägungen geht der IVa-Senat in dem ansonsten überzeugend begründeten Urteil nicht ein.

193 Hat der Geschädigte zur Wahrung seiner Interessen **Berater** herangezogen, denen ebenfalls eine Pflichtverletzung vorgeworfen werden kann, so ist es recht (§ 19 Abs. 1 S. 2 BNotO) und billig (s. Rz. 172), daß er zunächst diese Ersatzmöglichkeit wahrnimmt. Hat z. B. ein Rechtsanwalt für einen Beteiligten bei der Vorbereitung der später beanstandeten Verträge mitgewirkt oder diese geprüft, so stellt dies eine anderweitige Ersatzmöglichkeit dar (BGH U. v. 25. 5. 1984[455]). Dies trifft im Verhältnis zum Notar auch auf die Pflicht des Anwalts zu, seinem Mandanten zu raten, vom Verkäufer Schadenersatz wegen Nichterfüllung zu verlangen statt vom Vertrag zurückzutreten (BGH U. v. 22. 10. 1987[456]). Für die Kosten eines aussichtslosen Vorprozesses, auch wenn er zur vermeintlichen Schadensminderung geführt wurde, haftet im Verhältnis zum Notar der Prozeßbevollmächtigte primär[457].

194 Entstanden vermeidbare Steuern, so haftet in erster Linie der vom Geschädigten eingeschaltete **Steuerberater,** zumal der Notar grundsätzlich nicht zur Belehrung über Steuerfragen verpflichtet ist (s. Rz. 559). Gibt der Notar z. B. über den Anfall einer Spekulationssteuer eine falsche Auskunft, so haftet er nach BGH-Urteil vom 2. 6. 1981[458] auch dann im Verhältnis zum Steuerberater subsidiär, wenn dieser erst nach der Beurkundung des steuerschädlichen Vertrags davon Kenntnis erhielt, es aber unterließ, auf die noch bestehende Möglichkeit, den Steueranfall zu vermeiden, hinzuweisen.

195 Bei Abschluß von Grundstücksverträgen kommt nicht selten ein Mitverschulden von **Maklern** in Betracht, das nach § 19 Abs. 1 S. 1 BNotO zu deren primärer Haftung führt. Auch der Makler hat als der vertragliche Berater des Verkäufers oder Käufers Betreuungspflichten, die z. B. auf eine Warnung vor ungesicherten Vorleistungen gehen können[459]. Dies gilt erst recht, wenn er den Vertrag entwirft, was nicht gegen das Rechtsberatungsgesetz verstößt[460]. Befaßt sich der Makler mit der Vermittlung ausländischer Grundstücke und wirkt bei der Gestaltung mit, so hat er aus dem Treueverhältnis zum Auftraggeber alle Umstände, die für die Verkauf- oder Kaufentscheidung von Bedeutung sein könnten, offenzulegen[461]. Ihn kann auch eine Aufklärungspflicht über die Bebaubarkeit des vermittelten

---

[453] OLG Frankfurt, U. v. 11. 7. 1978 – 4 U 100/77 (auszugsweise wiedergegeben in Haftpflichtecke DNotZ 1981, 107).
[454] U. v. 11. 5. 1988 – IV a ZR 325/86 (Nr. 148).
[455] DNotZ 1985, 231 (Nr. 123); so auch BGH WM 1963, 754 (Nr. 46).
[456] WM 1987, 1516 (Nr. 142).
[457] Vgl. OLG Hamm, DNotZ 1987, 167.
[458] WM 1981, 942/944 (Nr. 105).
[459] OLG Düsseldorf, VersR 1977, 1108. Er (Finanzmakler) war „der den Klägern vertraglich Verpflichtete und zudem als sachkundiger Fachmann zuständig": OLG Hamm U. v. 19. 10. 1987 – 18 U 282/86.
[460] BGH Betrieb 1974, 1476.
[461] So OLG Düsseldorf, U. v. 9. 5. 1986 – 7 U 227/85 (Verkauf eines spanischen Grundstücks).

Grundstücks treffen⁴⁶². Kennt er die Illiquidität der Gegenpartei, so muß er seinen Auftraggeber aufklären⁴⁶³.

In einem anderen Fall kann dem OLG Düsseldorf⁴⁶⁴ zwar insofern zugestimmt **196** werden, daß sich der Notar nicht auf eine Äußerung des Maklers über die Frage einer Grundsteuerbefreiung ohne weiteres verlassen darf; dies schließt jedoch dessen primäre Haftung nicht aus, da eine solche Steuerrechtsfrage zu seinem Metier gehört (s. Rz. 195). Soll ein Grundstück lastenfrei übertragen werden, was wegen einer unterirdisch verlegten Stromleitung, für die eine Dienstbarkeit im Grundbuch eingetragen ist, nicht ermöglicht werden kann, so ist nach BGH-Urteil vom 11. 3. 1980⁴⁶⁵ die Maklerin im Verhältnis zum Notar, der eine Belehrung unterließ, keine primär Haftende, weil sie zwar den tatsächlichen Verlauf kannte, aber keine Veranlassung gehabt haben soll, den Auftraggeber in bezug auf die Lastenfreiheit darauf aufmerksam zu machen. Dies wäre hier „allein" Sache des beklagten Notars gewesen – eine nicht überzeugende Entscheidung.

Auch **Vertreter** oder **Bevollmächtigte** der Beteiligten können nach Auftrags- **197** recht primär Haftende sein⁴⁶⁶. Dies trifft ebenso auf gesetzliche oder gesellschaftsrechtliche Vertreter zu wie Vormünder, Pfleger oder Vorstandsmitglieder, Geschäftsführer und Prokuristen. Die Haftung von Vorstandsmitgliedern gegenüber einer Genossenschaft, die sie bei einem Grundstücksverkauf vertreten hatten, liegt dem BGH-Haftpflichturteil vom 23. 3. 1971⁴⁶⁷ zugrunde. Es geht in diesem Urteil jedoch um den Rückgriff der Vorstandsmitglieder gegen den Notar wegen ihrer Schadenersatzpflicht gegenüber der Genossenschaft. Inwieweit der Notar auch Amtspflichten gegenüber Vertretern wegen deren Pflichtverletzungen zum Nachteil des Dienstherrn haben kann, wurde oben zu Rz. 18 eingehend behandelt.

Die primär Haftenden müssen nicht nach außen hin als Bevollmächtigte der **198** Geschädigten – etwa bei Beurkundungen – aufgetreten sein; es genügen auftrags- oder gesellschaftsrechtliche Regreßansprüche des Geschädigten wegen eines Fehlverhaltens des Organs, Beauftragten oder Angestellten im Zusammenhang mit der pflichtwidrigen Amtshandlung. Das Fehlverhalten kann z. B. darin liegen, daß **Bankangestellte** fälschlich einen Rangrücktritt oder eine Löschung bewilligen oder – in dem vom BGH mit Urteil v. 25. 2. 1969⁴⁶⁸ entschiedenen Fall – eine unvollständige Auskunft des Notars für die Kreditauszahlung genügen lassen. In gleicher Weise entschied bereits das Reichsgericht⁴⁶⁹. Aufgrund einer unklaren und unvollständigen Auskunft des Notars über Sicherheiten gewährte die Bank einen Kredit, mit dem sie ausfiel. Das Reichsgericht betonte, daß das Vertrauen in die Zuverlässigkeit des Notars die zuständigen leitenden Bankangestellten nicht jeder eigenen verkehrsgebotenen Sorgfalt überhebt und deren dienstvertragwidriges Verhalten eine anderweitige Ersatzmöglichkeit darstellt, die die Notarhaftung ausschließt. In einem anderen Fall hatten bei einer Grundschuldbestellung sowohl der Kreditabteilungsleiter der geschädigten Bank als auch der Notar die Einschränkung einer Vollmacht übersehen. Es haftete primär der Abteilungsleiter⁴⁷⁰. In diesem Zusammenhang wird dem Notar zur Verhütung von Amtshaftungsfäl-

---

⁴⁶² BGH WM 1978, 1069.
⁴⁶³ BGH MDR 1970, 28.
⁴⁶⁴ MDR 1976, 1029.
⁴⁶⁵ VersR 1980, 649 (Nr. 97).
⁴⁶⁶ S. Seybold/Hornig, § 19 BNotO, Rz. 64; zu den Notarangestellten als sogen. Vollzugsbevollmächtigte s. Rz. 156.
⁴⁶⁷ DNotZ 1971, 591 (Nr. 74).
⁴⁶⁸ DNotZ 1969, 769 (Nr. 70).
⁴⁶⁹ DNotZ 1939, 190 = JW 1938, 2667.
⁴⁷⁰ OLG Düsseldorf, U. v. 14. 4. 1983 – 18 U 208/82.

len empfohlen, sorgfältig die Vertretungsbefugnis, Legitimation von Angestellten zu prüfen und sich grundsätzlich nicht mit (fern-)mündlich erteilten rechtsgeschäftlichen Zustimmungen zu begnügen. Nicht zuletzt wegen der Regreßpflichtgefahr der Angestellten gegenüber ihrem Arbeitgeber kommt es bei späteren haftpflichtrechtlichen Auseinandersetzungen oft zu widersprüchlichen Angaben.

199 Da **jede Art eines anderweitigen Ersatzes** den Einwand aus § 19 Abs. 1 S. 2 BNotO begründet, können nicht alle Möglichkeiten aufgezählt werden. Auf die Einlegung von **Rechtsbehelfen** wurde bereits oben im Zusammenhang mit der Zumutbarkeit hingewiesen (Rz. 185). Als Beispiel wird noch der Ersatzanspruch gegen eine Bank genannt, die einen überwiesenen Betrag einem für sie erkennbar nicht zutreffenden Konto gutgeschrieben hatte. Die Bank trifft auch im Giroverkehr aus dem Vertragsverhältnis zur überweisenden Bank **Schutzpflichten zugunsten** des an sie leistenden **Bankkunden**[471]. Der Bank gegenüber kann der Geschädigte u. U. auch im Wege des sogen. Einwendungsdurchgriffs die Abbuchung zugunsten eines Vertragspartners untersagen[472]. Auch ein Anspruch des Geschädigten auf eine **Versicherungsleistung** ist eine andere Ersatzmöglichkeit. Der Übergang von Ersatzansprüchen auf den Versicherer (§ 67 VVG) steht nicht entgegen, denn dieser könnte erst nach Zahlung der Versicherungsleistung erfolgen. Diese Zahlung stellt aber gerade den Amtsträger als nur sekundär Haftenden frei. Eigene Amtspflichten gegenüber dem Versicherer bestehen in der Regel nicht[473].

d) Die subsidiäre Haftung bei Amtsgeschäften nach §§ 23, 24 BNotO

200 Die subsidiäre Haftung des Notars entfällt nach § 19 Abs. 1 S. 2 letzter Halbs. BNotO bei Amtsgeschäften der in §§ 23, 24 BNotO bezeichneten Art im **Verhältnis zum Auftraggeber**[474]. Diese Bestimmung darf nicht in der Weise verstanden werden, daß überhaupt nur Amtspflichten gegenüber den Auftraggebern bestehen würden. Insofern könnte der zweite Leitsatz des KG-Urteils vom 9. 7. 1976 in DNotZ 1978, 182 zum „Kreis der geschützten Personen" mißverstanden werden. Aus den Entscheidungsgründen ergibt sich aber, daß der Notar ausdrücklich gegenüber einem angeblichen Zessionar keine Amtspflichten übernommen hatte. Dies konnte er tun, denn die Pflicht zur Übernahme eines Amtsgeschäfts bezieht sich nach § 15 Abs. 1 S. 1 BNotO nur auf die Urkundstätigkeit. Deshalb kann der Notar bei *selbständigen* Betreuungsgeschäften[475] auch „ohne ausreichenden Grund" die Übernahme des Amtsgeschäfts verweigern.

201 Das **freigestellte Ablehnungsrecht** ist ein Motiv dafür, daß in bezug auf den „Auftraggeber" der Subsidiaritätseinwand nicht erhoben werden kann. Der tiefere Grund liegt aber darin, daß vor der Reichsnotarordnung und noch während deren Geltung bis in die dreißiger Jahre hinein die Auffassung vertreten wurde, Betreuungsgeschäfte des Notars seien dem privaten Auftragsrecht zuzuordnen[476]. Die für Amtsgeschäfte an sich unpassende Bezeichnung „Auftraggeber" in § 21 RNotO wurde in die BNotO übernommen. Gleichwohl bleibt die Versagung des Einwands gegenüber dem „Auftraggeber" im Betreuungsbereich gerechtfertigt, da der Notar aufgrund seines Verweigerungsrechts die Amtsübernahme von Bedingungen abhängig machen kann, z. B. hinsichtlich der Gestaltung der Hinterlegungsvereinbarung (vgl. Rz. 683 ff.).

---

[471] OLG München, DNotZ 1987, 694.
[472] BGH, U. v. 28. 4. 1984, MittBayNot 1985, 13.
[473] Vgl. RG DNotZ 1934, 849.
[474] BGH VersR 1964, 320 (Nr. 51); VersR 1977, 162/163 (Nr. 60); DNotZ 1978, 177/181 (Nr. 91) u. 1978, 373/376 (Nr. 93).
[475] Vgl. Rz. 176 ff.
[476] Vgl. RGZ 85, 404; RG JW 1930, 753; Daimer, 2. Aufl., § 31 Rz. 7; vgl. Seybold/Hornig, § 14 Rz. 24.

7. Subsidiäre Haftung

Der „Auftraggeber" ist meist der **Treugeber** oder **Einzahler**. Bei einem 202
einseitigen Treuhandauftrag – z. B. der Anweisung der Bank, unter bestimmten
Voraussetzungen über den Anderkontenbetrag zu verfügen – ist grundsätzlich
allein der Treugeber der „Auftraggeber". Der Notar kann bei der Betreuungstätigkeit aber auch mehrere Auftraggeber haben. Der typische Fall ist die mehrseitige
Treuhand bei Hinterlegungsvereinbarungen. Hier weisen z. B. Käufer und Verkäufer gemeinsam den Notar an, den hinterlegten Betrag zur gegenseitigen
Sicherung zu verwahren und zu verwenden.

Das Ansuchen zur Ausübung eines Verwahrungsgeschäfts kann auch in der 203
Weise erfolgen, daß von anderen dem Notar persönlich unbekannten Personen auf
ein zu errichtendes Notaranderkonto Einzahlungen erfolgen, über die der Notar
unter bestimmten Bedingungen verfügen soll. Bei solchen – oft bedenklichen[477] –
Betreuungsgeschäften ist nicht nur der Ansuchende als „Auftraggeber" anzusehen. Dieselbe Stellung haben auch die Einzahler, selbst wenn sie der Notar nur aus
den Überweisungsabschnitten kennen sollte. Das OLG Frankfurt führt im Urteil
vom 27. 2. 1980[478] zu einem solchen Fall zutreffend aus:

> „Die Kläger haben als Einzahler auf das Anderkonto den Beklagten mit der Verwahrung ihrer
> Gelder betraut. Auch wenn der Beklagte den Auftrag zur Errichtung des Notar-Anderkontos von
> einem Dritten, der Firma L., erhalten hat, so bestand die Besonderheit des Auftrags doch darin,
> daß von dieser Auftraggeberin keine Zahlungen erfolgten, vielmehr diese Firma letztlich Empfängerin der von dritter Seite erfolgten Zahlungen auf das Anderkonto sein sollte. Eigentliche
> Treugeber waren die jeweiligen Einzahler.... Durch die Annahme und Verwahrung der Gelder
> nahm der Beklagte diesen Treuhandauftrag den Einzahlern gegenüber an."

Schon ein halbes Jahrhundert zuvor hatte das Reichsgericht[479] ein solches
Rechtsverhältnis bejaht.

Zum „Auftraggeber" kann auch ein Dritter werden, wenn der Notar ihm 204
gegenüber selbständig und ausdrücklich Amtspflichten übernimmt. Legt z. B. ein
Zessionar, der grundsätzlich nicht zum engen Kreis der „Auftraggeber" gehört,
(vgl. Rz. 205), Wert darauf, daß der Notar nicht abgeleitet von einer Weisung des
Zedenten, sondern ihm persönlich gegenüber das Amt ausübt, so kann darin ein
eigenständiges Amtsgeschäft gesehen werden. Bei einem besonderen Sicherungsbedürfnis des Zessionars ist in der Praxis eine solche Gestaltung nicht selten.

Keine „Auftraggeber" sind Dritte, denen gegenüber nur im Zusammenhang 205
mit einem für einen anderen Beteiligten ausgeübten Betreuungsgeschäft unselbständige Amtspflichten bestehen können. Diesen gegenüber erfährt der Einwand
der subsidiären Haftung keine Einschränkung. Weist z. B. der Treugeber den
Notar an, einen Anderkontenbetrag an einen Dritten auszuzahlen und bestätigt
der Notar dieses Ansuchen dem Dritten, so werden diesem gegenüber neue
Amtspflichten begründet[480] – allerdings mit dem Subsidiaritätseinwand bei Haftpflichtansprüchen. Ohne eine solche Bestätigung des Notars gegenüber dem
Dritten bleibt die Anweisung des Treugebers ein interner Vorgang und begründet
keine Amtspflicht gegenüber dem Zessionar[481]. Dasselbe gilt, wenn der Notar –
wie in dem vom KG[482] entschiedenen Fall – ausdrücklich eine solche Amtspflicht
ablehnt. Eine Klarstellung ist aber empfehlenswert, damit nicht eine stillschweigende Übernahme durch schlüssiges Verhalten vermutet werden kann[483].

---

[477] S. Rz. 683 f.
[478] 19 U 98/79.
[479] DNotV 1932, 253.
[480] OLG Frankfurt, U. v. 11. 9. 1980 – 9 U 54/70.
[481] S. Rz. 32 f. u. 54 m. Fn. I 121.
[482] S. Rz. 200.
[483] Vgl. BGH DNotZ 1976, 506/509 (Nr. 87) u. Haug, DNotZ 1982, 478 f. m. weiterer Rspr.

I. Allgemeine Haftungsgrundlagen

e) Rechtsfolgen der subsidiären Haftung

206 Die Behauptung und ggf. der Nachweis des Fehlens einer anderen Ersatzmöglichkeit ist **Voraussetzung für den Haftpflichtanspruch** gegen einen Notar. „Solange möglicherweise ein anderer haftet, ist der Notar, der fahrlässig gehandelt hat, überhaupt nicht schadensersatzpflichtig"[484]. Das Bestehen einer Möglichkeit und der Zumutbarkeit (s. Rz. 184 f.) ist objektiv festzustellen. Die Wahrnehmung liegt nicht im Ermessen des Anspruchstellers[485]. Sie ist vielmehr seine eigene Pflicht, so daß er z. B. vom Notar haftpflichtrechtlich nicht die Vorlage der Kosten für die Verfolgung verlangen kann[486].

207 **Schuldhaft versäumte anderweitige Ersatzmöglichkeiten** sind dem Anspruchserhebenden in der Weise anzurechnen, als wenn sie bestanden hätten. Dasselbe gilt für Ansprüche, auf die verzichtet wurde[487]. Das Reichsgericht führt im Urteil vom 29. 6. 1934[488] zutreffend an, daß ein untätiges Zuwarten des Geschädigten nicht zu Lasten der Amtshaftung ausschlagen kann.

208 An **Beispielen aus der Rechtsprechung** zur Notarhaftpflicht ist zu nennen: Die schuldhaft versäumte unverzügliche Anfechtung eines Rechtsgeschäfts nach §§ 119, 121 BGB[489]; die in unverjährter Zeit unterlassene Inanspruchnahme des Anwalts, der den Geschädigten beraten hatte[490]; der Rücktritt des Geschädigten vom Vertrag statt nach § 326 Abs. 1 S. 2 BGB Schadenersatz zu fordern[491]; das – erfolglose – Vorgehen gegen den einen Gesamtschuldner, während eine unverzügliche Inanspruchnahme des anderen zum Ausgleich des Schadens geführt hätte[492]. Der Geschädigte hat also einer anderen Ersatzmöglichkeit ohne Verzögerung nachzugehen und darf z. B. nicht abwarten, bis die Höhe des Schadens feststeht[493]. Andererseits ist ihm nicht der Nachweis verwehrt, daß die Ersatzmöglichkeit nicht schuldhaft versäumt worden wäre oder keinen Erfolg gehabt hätte. Die durch die Versäumung eingetretenen Schwierigkeiten einer Klärung dürfen aber nicht zu Lasten des Notars gehen[494].

209 Die Möglichkeit einer anderweitigen Schadloshaltung steht im festen Zusammenhang mit der **Schlüssigkeit der Haftpflichtklage** gegen den Notar und dem **Beginn der Verjährungsfrist** für Amtshaftungsansprüche (s. Rz. 268 ff.). Bei Bestehen einer anderen Ersatzmöglichkeit ist die Amtshaftungsklage wegen Fehlens einer Anspruchsvoraussetzung abzuweisen und die Verjährungsfrist des § 852 BGB ist gehemmt. Könnte eine Klage erst erhoben werden und würde die Verjährungsfrist erst zu laufen beginnen, wenn feststeht, daß der Höhe nach ein – noch so geringer – Ausfall verbleibt, so würde dies in vielen Schadenfällen zu zeitlich starken Verzögerungen für die Klärung der Notarhaftpflicht führen, was auch nicht im Interesse des Notars oder seiner Erben liegen dürfte.

210 Der IX. BGH-Senat hat mit Urteil vom 26. 11. 1987[495] im Zusammenhang mit der Regreßverjährung entschieden: einer **Klage auf Feststellung der Notarhaftung** steht dann nicht mehr der Einwand aus § 19 Abs. 1 S. 2 BNotO entgegen,

---

[484] BGH DNotZ 1964, 61/62 (Nr. 48).
[485] BGH VersR 1964, 751/752 (Nr. 52) u. DNotZ 1969, 496/498 (Nr. 67).
[486] BGH DNotZ 1964, 61/62 (Nr. 48).
[487] BGH WM 1965, 290/291.
[488] DNotZ 1934, 849/852.
[489] BGH WM 1960, 1012/1014 (Nr. 35).
[490] BGH DNotZ 1964, 505/506 (Nr. 50).
[491] BGH WM 1987, 1516/1518 (Nr. 142)
[492] OLG Frankfurt, U. v. 11. 7. 1978 – 4 U 100/77 (auszugsweise wiedergegeben in Haftpflichtecke DNotZ 1981, 107).
[493] BGH VersR 1961, 368/369 (Nr. 38).
[494] Vgl. RG DNotZ 1934, 849/852.
[495] DNotZ 1988, 388 (Nr. 144).

wenn der Geschädigte weiß und darlegen kann, daß die anderweitige Ersatzmöglichkeit den Schaden mindestens teilweise nicht deckt[496]. Die Entscheidung ist allgemein zu begrüßen. Sie nimmt ausdrücklich Abstand von der früheren Rechtsprechung des VI. Senats[497], der darauf abstellte, daß die Höhe des Ausfalls und damit auch die Höhe der Amtshaftung feststehen müsse. In seinem Urteil vom 21. 9. 1976[498] löste er deshalb die rechtliche und zeitliche Verknüpfung des Subsidiaritätseinwands mit dem Verjährungsbeginn und der Klagevoraussetzung, weil anderenfalls entgegen der im Urteil genannten Rechtsprechung des III. Senats die Erhebung einer Klage gegen den Notar ebenfalls erst mit dem Feststehen der Ausfallshöhe möglich wäre.

Nach dem vorgenannten Urteil des IX. Senats ist der Einwand der subsidiären Haftung jedenfalls solange gegeben, bis der Geschädigte weiß, daß die dem Grunde nach bestehende anderweitige Ersatzmöglichkeit den Schaden teilweise nicht deckt. Das Quantum des voraussichtlichen Ausfalls sollte allerdings nicht unerheblich sein, da sonst auch schwerlich das „Wissen" des Anspruchserhebenden von einem teilweisen Ausfall angenommen werden kann. Es geht bei diesem Wissen in der Regel um eine Vorausschau, ein Abschätzen der Chancen der Ersatzmöglichkeit. Kennt dagegen der Geschädigte – z. B. nach dem Prozeßausgang gegen den Dritten[499] – den Ausfall genau, so kommt es auf die Quantität nicht mehr an. **211**

Prozeßrechtlich fordert die subsidiäre Notarhaftung zur Schlüssigkeit der Haftpflichtklage den Vortrag, daß keine andere Ersatzmöglichkeit besteht. Ohne ein solches Vorbringen kann der Klage, auch einer Feststellungsklage[500], nicht stattgegeben werden, selbst wenn der bekl. Notar den Einwand nicht ausdrücklich bringt. Die Abweisung wegen Unschlüssigkeit darf jedoch erst dann erfolgen, wenn der Kläger die vom Gericht nach §§ 139, 278 Abs. 3 ZPO geäußerten Bedenken nicht ausräumt[501]. Die Klage ist dann als „zur Zeit unbegründet" abzuweisen[502]. Der Kläger kann, wenn sich später – z. B. aufgrund eines mißlungenen Versuchs der Ersatzerlangung oder aufgrund neuer Ermittlungen – herausstellt, daß die negative Anspruchsvoraussetzung gegeben war, eine zweite Amtshaftungsklage erheben, ohne daß die Rechtskraft des Urteils im vorangegangenen Verfahren entgegensteht[503]. Die Abweisung als „zur Zeit unbegründet" hat auch dann noch zu erfolgen, wenn sich erst im Laufe des Amtshaftungsprozesses ergibt, daß anderweitig ein Ersatz möglich ist[504]. Der Zeitpunkt der letzten mündlichen Verhandlung vor dem Tatrichter hat maßgeblich zu sein[505]. **212**

An die **Beweisführung** des Klägers, daß keine andere Ersatzmöglichkeit besteht bzw. mit einem Teilausfall gewiß zu rechnen ist, sollten keine allzu strengen Anforderungen gestellt werden. Zunächst kommen nur solche Ersatzmöglichkeiten in Betracht, die demselben Tatsachenkreis entsprungen sind, aus dem sich eine Amtshaftung des Notars ergeben kann[506]. Sind solche offensichtlich gegeben, so hat der Kläger die Unmöglichkeit oder Unzumutbarkeit darzulegen und Beweis anzutreten. Sind sie jedoch von vornherein ungewiß (Rz. 184 f.), so **213**

---

[496] S. Rz. 268.
[497] NJW 1977, 198 (Nr. 90); so auch der III. Senat, WM 1960, 883/886 (Nr. 34), u. V. Senat, WM 1982, 615 (Nr. 111).
[498] S. Fn. I 497.
[499] Vgl. BGH DNotZ 1964, 61/62 (Nr. 48).
[500] Vgl. BGH WM 1988, 420 (Nr. 144).
[501] Vgl. Zöller/Stephan vor § 253 Rz. 23.
[502] BGH DNotZ 1964, 61/62 (Nr. 48).
[503] RGRK-Kreft, § 839 Rz. 511.
[504] RG DNotZ 1934, 853/854.
[505] Rinsche II 140.
[506] BGH DNotZ 1969, 496/498 (Nr. 67).

hat der bekl. Notar darzutun, daß dennoch eine Ersatzmöglichkeit besteht. Kann er dies schlüssig darlegen, so ist es wiederum Sache des Klägers, das Gegenteil nachzuweisen[507].

214 In Notarhaftpflichtsachen hat die subsidiäre Haftung, wie schon die Anzahl der angeführten Entscheidungen zeigt, eine große Bedeutung. Es wäre aber vordergründig gedacht, wenn von diesem grundsätzlich gerechtfertigten Haftpflichtprivileg als Abwehrmittel unter allen Umständen Gebrauch gemacht würde. Der in Anspruch genommene Notar und sein Berufs-Haftpflichtversicherer sollten stets in Erwägung ziehen, daß die Verfolgung der bloßen Möglichkeit eines Ersatzanspruchs gegen einen Dritten bei einem Mißlingen den Haftpflichtschaden erheblich erhöhen und zudem den in der Regel ohnehin späten Verjährungsbeginn noch weiter hinausziehen kann. Rechtzeitge möglichst gründliche Recherchen über die rechtliche und vor allem auch reale Durchsetzbarkeit des „anderen" Anspruchs sind deshalb angebracht.

---

[507] S. RG DNotZ 1935, 745; vgl. auch RGZ 51, 186/192.

8. Unterlassenes Rechtsmittel gem. § 839 Abs. 3 BGB

a) Haftungsausschluß

Der Notar hat nach § 19 Abs. 1 S. 3 BNotO das **Haftungsprivileg** des Beamten gem. § 839 Abs. 3 BGB. Danach tritt die Ersatzpflicht nicht ein, wenn der Geschädigte schuldhaft unterlassen hat, den Schaden durch Gebrauch eines Rechtsmittels abzuwenden. Es gibt keinen Grund, diese Vorschrift für den Notar als persönlich haftenden Amtsträger enger als für den Beamten, den nur die erschwerte Rücktrittshaftung trifft[510], auszulegen. Wird der Schaden durch das bestehende „Rechtsmittel" schuldhaft nicht abgewendet, so kommt ein Haftpflichtanspruch gegen den Notar nicht zur Entstehung[511]. 217

Der Geschädigte hat im Verhältnis zum Notar eine schuldrechtliche Verpflichtung zur Schadensabwendung, bei deren Erfüllung er sich ein Verschulden seiner Erfüllungsgehilfen – z. B. seines Anwalts – anrechnen lassen muß[512]. Eine Abwägung der Schuldformen oder Mitverursachung auf seiten des Verletzten oder Notars im Sinne des § 254 BGB findet nicht statt; ebensowenig eine Unterscheidung, ob es sich um eine notarielle Betreuungs- oder Beurkundungstätigkeit gehandelt hat[513]. Deshalb schließt auch ein geringes (Mit-)Verschulden des Geschädigten die Notarhaftpflicht völlig aus, was auf die Rechtsprechung nicht ganz ohne Einfluß sein konnte (s. Rz. 227ff.). 218

b) Art der Rechtsmittel

Unter „Rechtsmittel" im Sinne von § 839 Abs. 3 BGB sind nach h. M. nicht nur verfahrensrechtliche Rechtsbehelfe im Instanzenweg zu verstehen. In dieser Beziehung kommt für die Notartätigkeit nur die Beschwerde zur Zivilkammer des Landgerichts nach **§ 15 Abs. 1 S. 2 BNotO** in Betracht. Die Amtsverweigerung, gegen die sich das Rechtsmittel richtet, kann nicht nur in einem Unterlassen, sondern auch in einem unerwünschten Handeln bestehen[514]. Weiterhin hat der BGH mit Urteil vom 20. 11. 1979[515] diesen Rechtsweg auch für die notarielle Betreuungstätigkeit eröffnet. Wird die Beschwerde nicht eingelegt, so findet § 839 Abs. 3 BGB Anwendung. 219

Nach ständiger Rechtsprechung zur Notarhaftpflicht kommen in weiterer **Auslegung des Begriffs „Rechtsmittel"** alle Rechtsbehelfe in Betracht, die geeignet sind, die schädigende Amtshandlung oder Unterlassung zu berichten oder zu beseitigen. Dazu gehören vor allem Gegenvorstellungen, Erinnerungen, Mahnungen und Dienstaufsichtsbeschwerden[516]. Sie bedürfen in der Regel keiner besonderen Form. Erinnerungen, Mahnungen und Gegenvorstellungen können deshalb auch mündlich erfolgen und müssen sich lediglich auf die vermißte oder unerwünschte Amtshandlung beziehen. Nach dem unveröffentlichten BGH-Haftpflichturteil vom 2. 12. 1980[517] kann eine mündliche Vorhaltung auf der Kanzlei „bereits" als „Erinnerung" angesehen werden. Hierzu ist es nicht unbedingt 220

---

[510] Vgl. Arndt, § 19 II 13.
[511] BGH DNotZ 1974, 374 (Nr. 82).
[512] RGRK-Kreft, § 839 Rz. 536; Ritzinger, BWNotZ 1988, 113.
[513] Seybold/Hornig, § 19 Rz. 84.
[514] S. Haug, Urt.-Anm. DNotZ 1987, 564.
[515] NJW 1980, 1106 = BGHZ 76, 9.
[516] BGH DNotZ 1958, 557/558 (Nr. 21), 1974, 374/375 (Nr. 82), 1976, 506/510 (Nr. 87), 1983, 129/131 (Nr. 114).
[517] VI ZR 56/79 (Nr. 104).

I. Allgemeine Haftungsgrundlagen

erforderlich..., „daß der Kläger ausdrücklich auf der Vollziehung des Kaufvertrags bestand".

> Es „kann zwar gem. § 839 Abs. 3 BGB von einer an einem notariellen Amtsgeschäft beteiligten Person verlangt werden, daß sie sich nach ihren Kräften dafür interessiert, ob die Eintragungen entsprechend den in der Urkunde gestellten Anträgen unverzüglich vorgenommen wurden, daß sie sich deshalb nach einiger Zeit bei dem Notar erkundigt, ob die Eintragung erfolgt ist, und ihn ggf. an die Erledigung erinnert, ihn u. U. sogar dazu auffordert.... Mehr kann jedoch von einer nicht rechtskundigen Person nicht verlangt werden. ... Die Revision des Klägers macht mit Recht geltend, dieser sei, nachdem der Beklagte ihm die unrichtige Auskunft erteilt hatte, wegen der Zwangshypothek sei eine Umschreibung nicht möglich, weder verpflichtet gewesen, den Notar zu belehren, noch sich bei einem anderen Rechtskundigen Rat zu holen, ob die Auffassung des Notars richtig war."

Da nach Ansicht des Senats eine ausreichende Erinnerung erfolgt war, konnte § 839 Abs. 3 BGB dem Anspruch nicht entgegengesetzt werden.

221 Das „Rechtsmittel" muß sich **unmittelbar gegen die schädigende Amtshandlung** des Notars richten und ihre Beseitigung bezwecken[518]. Es genügen also nicht allgemeine Maßnahmen zur Schadensabwendung oder anderweitigen Ersatzerlangung. Wurden z. B. vom Grundbuchamt Grundschulden in unrichtiger Rangfolge eingetragen, so scheitert ein Amtshaftungsanspruch gegen den Notar nicht daran, daß der Geschädigte kein „Rechtsmittel" gegen die Pflichtverletzung des Grundbuchbeamten eingelegt hatte. In bezug auf die Haftung des Notars hätte er gegen dessen Amtspflichtverletzung vorgehen müssen[519].

222 Ebensowenig kann der Haftungsausschluß des § 839 Abs. 3 BGB zum Zuge kommen, solange der Notar noch keine Amtspflichtverletzung begangen hat. Nur gegen eine **bereits begangene Pflichtverletzung** in Form einer Handlung oder Unterlassung kann sich das „Rechtsmittel" richten. War vom Beteiligten z. B. lediglich zu befürchten, daß evtl. amtspflichtwidrig Löschungsunterlagen zu früh beim Grundbuchamt eingereicht werden, so ist das Unterlassen einer Mahnung nur nach § 254 BGB zu beurteilen[520]. Das bedeutet nicht, daß aufgrund der Pflichtwidrigkeit der Schaden bereits eingetreten sein muß; er soll gerade durch das „Rechtsmittel" abgewendet werden[521]. Wird den Beteiligten z. B. bekannt, daß der Notar pflichtwidrig den festgelegten Zeitpunkt für die Einreichung eines Registerantrages versäumt hat, so muß er die schwebende Gefahr eines Schadenseintritts mit einer Erinnerung abwenden. Mahnt er den Notar nicht und tritt dann der Schaden ein, so greift der Einwand aus § 839 Abs. 3 BGB durch.

223 Damit ist bereits die **Kausalität** als weitere Voraussetzung für den Haftungsausschluß angeführt. Das unterlassene Rechtsmittel muß geeignet gewesen sein, den Schaden ganz oder zum Teil abzuwenden. Dies hat im Haftpflichtprozeß der Notar zu beweisen[522]. Hätte das Rechtsmittel den Schaden nur teilweise abwenden können, so läßt die schuldhafte Nichteinlegung den Amtshaftungsanspruch nur zu diesem Teil entfallen[523].

c) Verschulden des Beteiligten

224 Der Anspruch erhebende muß das Rechtsmittel **schuldhaft** nicht eingelegt haben. Die Rechtsprechung legt hier zu Recht einen subjektiven Maßstab an, d. h.

---

[518] RGRK-Kreft, § 839 Rz. 529 u. 531.
[519] BGH DNotZ 1960, 663, 666 f. (Nr. 33); vgl. BGH VersR 1980, 649/650 (Nr. 99). Die „Unmittelbarkeit" wird vom BGH im Urteil vom 9. 7. 1958 (Nr. 21) verkannt; dies war jedoch für die Entscheidung unerheblich.
[520] BGH DNotZ 1983, 129/131 (Nr. 114).
[521] Vgl. Seybold/Hornig, § 19 Rz. 80.
[522] Ritzinger BWNotZ 1988, 107; Palandt/Thomas, § 839 Anm. 9c.
[523] BGH NJW 1986, 1924 = VersR 1986, 575.

8. Unterlassenes Rechtsmittel gem. § 839 Abs. 3 BGB

die Anforderungen an die Sorgfaltspflicht richten sich konkret nach den Fähigkeiten des Geschädigten, seiner Rechtskundigkeit, Geschäftserfahrenheit und seinem Bildungsgrad[524]. Im Grundsatz besteht zwar einerseits keine Pflicht des Beteiligten, die Notartätigkeit mißtrauisch zu überwachen; andererseits kann ihn aber nicht etwa ein zu hohes Vertrauen in die Amtsausübung davon entbinden, im eigenem Interesse die Gestaltung und Abwicklung seiner Rechtsgeschäfte zu verfolgen und bei einem genügenden Anhaltspunkt für eine Amtspflichtverletzung Gegenvorstellungen beim Notar zu erheben[525]. Auch einem Laien kann nicht verborgen sein, daß bei der Berufsausübung nicht nur Beamte und Richter, sondern auch Notare menschlich fehlsam sein können. Es erscheint deshalb im Einklang mit dem BGH-Urteil vom 5. 2. 1974[526] „keineswegs unsozial, wenn die Personen, die einen notariellen Vertrag geschlossen haben, gehalten sind, ihr Bestes zu tun, um einen Schaden abzuwenden, der durch ein normales Versagen des Notars entstehen kann".

Anlaß und Pflicht, von einem Rechtsmittel Gebrauch zu machen, setzen voraus, **225** daß die Amtspflichtverletzung vom Geschädigten erkannt wird oder hätte vermutet werden müssen. Ein Kreditgeber kann sich z. B. darauf verlassen, daß der vom Notar zum Grundbuchamt eingereichte Antrag auf Eintragung einer Grundschuld dort ordnungsgemäß bearbeitet wird. Erfährt er nicht, daß der Antrag unerledigt abgeheftet wurde, so muß er nach BGH-Urteil vom 9. 7. 1958[527] nicht „dringlich" eine Amtspflichtverletzung des Grundbuchbeamten vermuten. Die Sache ist jedoch als ein Grenzfall anzusehen. In einem anderen Haftpflichturteil vom 18. 11. 1957[528] nimmt der BGH an, daß dem Kläger die Verspätung von fast zwei Jahren, mit der der Notar einen Löschungsantrag beim Handelsregister eingereicht hatte, deshalb keinen Anlaß für eine Erinnerung gab, weil er nicht zu wissen brauchte, daß die Registergerichte nach vollzogener Löschung eine Nachricht versenden. Der Geschädigte war im entschiedenen Fall rechtsunkundig. Dies durfte ihn nach § 839 Abs. 3 BGB nicht benachteiligen, zumal auch kein Anlaß bestand, einen Rechtsberater hinzuzuziehen[529]. Hätte es sich aber um eine im Geschäftsverkehr oder in Handelssachen erfahrene Person gehandelt, so wäre die Notarhaftpflicht entfallen.

Im Bereich der **Einreichungstätigkeit** des Notars führt der BGH in seinem **226** Urteil vom 5. 2. 1974[530] einleuchtend aus:

„Jedoch muß sich jeder an einem Notariatsgeschäft Beteiligte nach seinen Kräften dafür interessieren, ob die Eintragungen entsprechend den in der Urkunde gestellten Anträgen unverzüglich vorgenommen werden. Es kann deshalb von ihm verlangt werden, sich bei dem Notar nach einiger Zeit zu erkundigen, ob die Eintragung erfolgt ist, und ihn ggf. an die Erledigung zu erinnern, ihn u. U. sogar dazu aufzufordern."

Da diese Erkundigungspflicht im entschiedenen Fall schuldhaft verletzt wurde, stand dem Haftungsausschluß das Fehlen einer positiven Kenntnis nicht entgegen.

In einer weiteren BGH-Entscheidung vom 3. 2. 1976[531] werden zwar dieselben **227** Anforderungen vorangestellt, dann aber die unterlassene Erinnerung seitens des Klägers entschuldigt, weil er aufgrund von zwei zuvor eingegangenen Löschungsnachrichten schuldlos hätte davon ausgehen können, daß der Notar auch noch die

---

[524] RG DNotZ 1936, 547/551 = JW 1936, 1891 m. Anm. Recke; BGH DNotZ 1974, 374/375 (Nr. 82); RGRK-Kreft, § 839 Rz. 35; vgl. Thieme, Anm. zum BGH-Urt. v. 9. 7. 1958, MDR 1958, 912.
[525] In diesem Sinne; BGH DNotZ 1974, 374/375 (Nr. 82) u. 1976, 505/510 (Nr. 87).
[526] DNotZ 1974, 374/375 (Nr. 82); vgl. Weber, DNotZ 1964, 393/399.
[527] DNotZ 1958, 557/558 (Nr. 21).
[528] WM 1958, 258/259 (Nr. 18).
[529] Vgl. Rz. 230.
[530] DNotZ 1974, 374/375 (Nr. 82).
[531] DNotZ 1976, 506/510 (Nr. 87).

vorgesehene Löschung der weiteren Grundschuld bewirken würde. Die Auffassung erscheint bedenklich, da der Kläger doch nach einiger Zeit hätte bemerken müssen, daß die dritte Löschungsnachricht ausblieb. Ausführungen dazu und zur Kausalität ab dem Zeitpunkt, in dem eine „Erinnerung" gefordert werden konnte, sind zu vermissen. Anders dagegen ist der Fall zu beurteilen, in dem das Grundbuchamt pflichtwidrig überhaupt keine Eintragungsnachricht übersandt hatte und dem Geschädigten, wie vom BGH im Urteil vom 9. 7. 1958[532] entschieden, nicht bekannt sein mußte, daß solche Benachrichtigungen üblich sind. In ähnlicher Weise war schon im BGH-Urteil vom 31. 3. 1960[533] angenommen worden, daß der Haftpflichtklägerin ein pflichtwidriges Unterlassen des Notars deshalb ohne Verschulden unbekannt sein konnte, weil sie nach Zugang der Nachricht des Grundbuchamts mit der offensichtlich unrichtigen Rangeintragung annehmen durfte, daß der mit dem Vollzug beauftragte Notar von sich aus eine Richtigstellung herbeiführen würde. Sollte die Klägerin über die erforderliche Berichtigung innerhalb weniger Wochen keine Nachricht erhalten haben und die dann von ihr zu fordernde „Erinnerung" geeignet gewesen sein, den Schaden abzuwenden, so könnte der Entscheidung nicht zugestimmt werden.

228 Der im vorgenannten Urteil vom 31. 3. 1960 als „entscheidend" für die Entschuldigung der Klägerin hervorgehobene Grund, daß dem Beklagten für den Vollzug der Eintragungsanträge ein besonderer **Treuhandauftrag** erteilt worden sei, kann – jedenfalls mit diesem Gewicht – nicht anerkannt werden. Jedes Amtsgeschäft, ob es im Urkundsbereich grundsätzlich übernommen werden muß (§ 15 Abs. 1 S. 1 BNotO) oder ob es im Betreuungsbereich übernommen werden kann, ist vom Notar mit der gleichen Gewissenhaftigkeit auszuführen. Auch die eigene Sorgfaltspflicht der Beteiligten ist bei Anwendung des § 839 Abs. 3 BGB nicht unterschiedlich in diesen beiden Bereichen zu beurteilen. Es liegt nahe, daß die Richter das in dieser Vorschrift liegende „alles-oder-nichts-Prinzip" störte.

229 Zum Schuldvorwurf, das „Rechtsmittel" nicht ergriffen zu haben, ist nach ständiger Rechtsprechung nicht erforderlich, daß dem Beteiligten die **Amtspflichtverletzung positiv bekannt** ist. Es genügt vielmehr, daß er je nach Bildungsstand und Fähigkeiten damit rechnen kann, daß der Notar fehlerhaft handelt oder etwas versäumt. Er hat sich in diesem Rahmen für seine Belange zu interessieren und bei offensichtlichen Verzögerungen Erkundigungen einzuziehen[534]. Wenn er sich in der Regel auch auf eine ordnungsgemäße Amtsausübung verlassen darf[535], so muß er doch Anzeichen, die eine Amtspflichtverletzung nahelegen[536], nachgehen. So hätte sich laut einem Urteil des OLG Düsseldorf[537] dem Verkäufer, einem Kaufmann, aufdrängen müssen, den Notar darauf anzusprechen, warum nach der Eintragungsnachricht des Grundbuchamts zwar die Eigentumsumschreibung erfolgt, aber nicht seine Restkaufpreishypothek eingetragen worden war. Nach einem Haftpflichturteil des OLG Köln[538] wurde das Rechtsmittel im Sinne des § 839 Abs. 3 BGB ebenfalls schuldhaft nicht wahrgenommen, denn es hätte der Klägerin auffallen müssen, daß die erwartete Nachricht des Grundbuchamts über die Vollziehung des Grundstücksgeschäfts ohne ersichtlichen Grund ausblieb.

230 Der Beteiligte kann bei besonderen Fallgestaltungen zur Wahrung seiner Pflicht

---

[532] DNotZ 1958, 557 f. (Nr. 21).
[533] DNotZ 1960, 663/667 (Nr. 33).
[534] BGH DNotZ 1974, 374 (Nr. 82).
[535] BGH DNotZ 1960, 663 (Nr. 33).
[536] BGH DNotZ 1958, 557/558 (Nr. 21).
[537] MDR 1977, 588.
[538] v. 17. 2. 1986 – 7 U 75/85.

nach § 839 Abs. 3 BGB sogar gehalten sein, **rechtskundigen Rat** einzuholen. Hat er z. B. den Notar nicht mit dem Vollzug und der Überprüfung der Eintragungsnachrichten betraut und ist ihm eine zugegangene Benachrichtigung unverständlich, so kann sein Verschulden darin liegen, keine rechtskundige Person mit der Prüfung beauftragt zu haben[539]. Das OLG Köln[540] entlastete in einer Beschwerdesache den Geschädigten nicht vom Vorwurf aus § 839 Abs. 3 BGB, weil er den ihm zugegangenen Grundbuchauszug nicht gelesen hatte. „Wer am Rechtsleben teilnimmt, muß dafür Sorge tragen, daß er sich aus der Rechtsordnung ergebenden Pflichten nachkommt; sollte dies ihm selbst – etwa aus gesundheitlichen Gründen – nicht möglich sein, so muß er sich grundsätzlich der Hilfe anderer Personen versichern."

---

[539] BGH DNotZ 1976, 506/510 (Nr. 87). Die Einschaltung eines Rechtsberaters kann sogar zur Erfüllung von Verpflichtungen gegenüber dem Vertragspartner erforderlich sein: BGH DNotZ 1984, 511 = NJW 1984, 1748 = LM, § 278 BGB Nr. 89 (Notar als Erfüllungsgehilfe).
[540] Beschl. v. 27. 5. 1986 – 7 W 25/86.

9. Mitverschulden der Beteiligten

233 Die Berücksichtigung des mitwirkenden Verschuldens der Beteiligten weist in der Notarhaftpflicht drei Besonderheiten auf. Einmal findet bei Anwendung des § 839 Abs. 3 BGB (s. Rz. 217 ff.) keine Abwägung oder Quotelung nach § 254 BGB statt, da schon ein geringes Mitverschulden die Notarhaftpflicht ausschließt (s. Rz. 234 f.). Zum zweiten entfällt bei Bestehen des Subsidiaritätseinwands (Rz. 170 ff.) ebenfalls voll die Notarhaftung, wenn der Geschädigte von seinem Erfüllungsgehilfen wegen eines Mitverschuldens Schadenersatz verlangen kann (s. Rz. 236). Die dritte Besonderheit steht im Zusammenhang mit der Eigenart des Notaramts, das einmal von manchen Beteiligten nicht selten zu unredlichen Zwecken mißbraucht und zum anderen von den Gerichten im Verhältnis zur Eigenverantwortung der Beteiligten manchmal zu hoch gewichtet wird (s. Rz. 244 f.).

a) § 839 Abs. 3 BGB im Verhältnis zu § 254 BGB

234 Besteht im Normbereich des § 839 Abs. 3 BGB ein Mitverschulden des Beteiligten, so greift § 254 BGB nicht ein. Diese ausgleichende Regelung wird im Verhältnis zur Sonderbestimmung in § 839 Abs. 3 BGB verdrängt[550]. Das BayObLG sagte schon im Urteil vom 1. 12. 1913[551] deutlich:

> „Für die Anwendung des § 254 BGB, und zwar zunächst seines Absatz 2, ist daher in den Fällen des § 839 BGB nur soweit Raum, als die dem Verletzten zur Last fallende schuldhafte Unterlassung der Abwendung des Schadens nicht gerade in der Verabsäumung des Gebrauchs eines Rechtsmittels i. S. d. § 839 Abs. 3 BGB zu suchen ist."

Wie in Abschnitt I, 8 näher ausgeführt, ist der Anwendungsbereich des § 839 Abs. 3 BGB schmal und stellt in der Regel keine hohen Anforderungen an die Sorgfaltspflicht der Betroffenen (s. Rz. 224 ff.). Die vom BGH im Urteil vom 5. 2. 1974[552] zunächst vorangestellten Grundsätze zur Eigenverantwortlichkeit sind zwar einleuchtend und klar: jeder Beteiligte muß sich nach Kräften dafür interessieren, daß Amtsgeschäfte unverzüglich vorgenommen werden; sie sind damit nicht überfordert und es ist „keineswegs unsozial, wenn die Personen, die einen notariellen Vertrag geschlossen haben, gehalten sind, ihr Bestes zu tun, um einen Schaden abzuwenden, der durch ein normales menschliches Versagen des Notars entstehen kann." Die Subsumtion unter diese Grundsätze erscheint dann aber nicht schlüssig, wenn wie in den vom BGH am 31. 3. 1960[553] und 3. 2. 1976[554] entschiedenen Haftpflichtfällen die Beteiligten bei Kenntnis von Grundbuchnachrichten über unrichtige Eintragungen nicht gehalten sein sollen, den Notar darauf aufmerksam zu machen.

235 Voraussetzung für eine „Erinnerung" ist allerdings, daß der Beteiligte zumindest mit einer Pflichtverletzung des Notars rechnen muß (s. Rz. 229). Besteht dazu kein Anlaß, so kann § 254 BGB wieder eingreifen. Der BGH hat dies in den beiden vorgenannten Entscheidungen (Fn. I 553 u. 554) zu wenig berücksichtigt, vielleicht weil dem Einwand aus § 839 Abs. 3 BGB mit der Schuldlosigkeit des Beteiligten zu begegnen war. Das OLG München gibt im Urteil vom 16. 10. 1986[555] für eine solche Fallgestaltung ein Lösungsbeispiel. Der bekl. Notar hatte

---
[550] S. Rz. 217 ff.; Ritzinger, BWNotZ 1988, S. 114.
[551] BayObLGZ 14, 649/665.
[552] DNotZ 1974, 374/375 (Nr. 82); vgl. Weber, DNotZ 1964, 393/399.
[553] DNotZ 1960, 663/667 (Nr. 33).
[554] DNotZ 1976, 505/510 (Nr. 87).
[555] 1 U 3181/86.

ein befristetes Ablösungsangebot einer Bank dem Kläger (Verkäufer) erst nach 3½ Wochen zugeleitet, so daß es nicht mehr rechtzeitig angenommen werden konnte. Der Kläger mußte zwar nicht von vornherein mit dieser Pflichtverletzung rechnen; er hätte aber nach den konkreten Umständen des Falles nachfragen sollen. Dieses Unterlassen wurde zur Hälfte als Mitschuld angerechnet.

b) Mitverschulden von Beratern bei subsidiärer Notarhaftung

Das Mitverschulden von Beratern oder Vertretern des Geschädigten führt bei einer subsidiären Haftung des Notars zu dessen **völligem Haftungsausschluß.** Daß die primäre Haftung des persönlichen Beraters des Beteiligten durchaus zu rechtfertigen ist, wurde bereits ausgeführt (Rz. 172). Es ist auch unbestritten, daß trotz des öffentlich-rechtlichen Verhältnisses zwischen Notar und Beteiligten für deren Erfüllungsgehilfen § 278 BGB Anwendung findet[556]. Beispiele für die primäre Haftung von Beratern und Vertretern finden sich im Abschnitt zur subsidiären Haftung (Rz. 193–198). **236**

Eine Quotelung bei der Übernahme des Schadens nach dem Grad des mitwirkenden Verschuldens des Notars einerseits und des Beraters andererseits kann nur zum Zuge kommen, wenn die Wahrung der eigenen Interessen des Beraters mit oder neben denjenigen der eigentlichen Beteiligten zum Schutzzweck der notariellen Amtstätigkeit gehören sollte (vgl. Rz. 17). Beispielfälle sind zu Rz. 20 aufgeführt. Dem entgegenstehenden BGH-Urteil vom 23.3.1971[557] könnte nur dann gefolgt werden, wenn aufgrund der groben Verletzung der notariellen Pflicht zur Unparteilichkeit ausnahmsweise auch die Vertreter der Genossenschaft in den Schutzbereich einzubeziehen wären (s. Rz. 19 u. 580). Wollte man aber allgemein der Ansicht des BGH im vorgenannten Urteil folgen, würde in einem wesentlichen Sektor das Rechtsinstitut der subsidiären Notarhaftung beseitigt bzw. ausgehöhlt. **237**

Es kann rechtlich kein Unterschied gemacht werden, ob die persönlich verantwortlichen Berater selbst als Vertreter der von ihnen betreuten natürlichen oder juristischen Personen vor dem Notar aufgetreten waren oder nicht. Wie schon das Reichsgericht[558] zum dienstvertragswidrigen Verhalten von Direktoren oder leitenden Angestellten einer Bank ausführte, ist deren Haftung auf der Grundlage der anderweitigen Ersatzmöglichkeit zu prüfen, die unter diesem rechtlichen Gesichtspunkt *jede* Haftung des Notars ausschließt. Der Satz, „solange möglicherweise ein anderer haftet, ist der Notar, der fahrlässig gehandelt hat, überhaupt nicht schadenersatzpflichtig"[559], würde hinfällig oder führte zu der eigenartigen Konsequenz, daß zwei Verfahren durchzuführen wären, zuerst die Verfolgung des Schadenersatzanspruches gegen den primär Haftenden und nachfolgend das Regreßverfahren des Primarius gegen den Subsidiarius. **238**

c) Zum Verhältnis des mitwirkenden Verschuldens zwischen dem Notar und den Beteiligten

Im **Grundsatz** kommt es nach der h. M.[560] bei der Abwägung der Zurechnung des Anteils der Schadenersatzpflicht in erster Linie auf das Maß der jeweiligen Mitverursachung und erst in zweiter Linie auf das Maß des jeweiligen Verschul- **241**

---

[556] BGH WM 1981, 942/943 (Nr. 105) m. weiteren Rspr.-Hinweisen; Arndt, § 19 Anm. II 2.8.; Rinsche II 173.
[557] DNotZ 1971, 591 (Nr. 74).
[558] DNotZ 1939, 191.
[559] BGH DNotZ 1964, 61/62 (Nr. 48); vgl. Rz. 206.
[560] S. Palandt/Heinrichs, § 254 Anm. 4.

dens an. Dies gilt natürlich auch in Notar-Haftpflichtsachen, wie der BGH im Urteil vom 2. 4. 1959[561] ausführt.

242 Abweichend von diesem Grundsatz kann allerdings die Schwere des Verschuldens bereits die Verursachungsabwägung beeinflussen[562]. So entfällt in der Regel eine Schadensersatzpflicht des Notars, wenn der Geschädigte den Schaden **vorsätzlich** mitverursachte[563]. In Haftpflichtsachen kommt diese Regel nicht allzu selten zur Anwendung, wenn Geschäftemacher, Betrüger die Unerfahrenheit oder den Leichtsinn von Notaren ausnutzen, um mit deren Amtstätigkeit unlauteren Geschäftsaktionen den Anschein der Seriosität zu geben – und es ihnen letztlich doch nicht gelingt. Manche versuchen dann, sich wenigstens am Notar schadlos zu halten.

243 Schon das **Reichsgericht**[564] entschied, daß es den Grundsätzen von Treu und Glauben widerspricht, die Folgen eines eigenen sittenwidrigen Handelns auf einen Notar abzuwälzen, der den vorsätzlich Handelnden aus fahrlässiger Vernachlässigung einer Amtspflicht nicht gewarnt hat. Es handelte sich um ein Umgehungsgeschäft, dessen Gesetzwidrigkeit der Notar fahrlässig nicht erkannt hatte. In einer weiteren Entscheidung[565] läßt es das Reichsgericht nicht mehr darauf ankommen, ob „der Kläger bei richtiger Belehrung das sittenwidrige Geschäft unterlassen hätte und dadurch vor Schaden bewahrt worden wäre; sein vorsätzliches Verschulden der Rechtsunwirksamkeit des Geschäfts wäre vielmehr so überwiegend, daß es gegen Treu und Glauben verstoßen würde, ihm für den Ersatz des Schadens gegen den Notar Rechtsschutz zu gewähren, der ihn infolge einer irrigen Rechtsmeinung in nur fahrlässiger Mitschuld von dem sittenwidrigen Geschäft nicht abgehalten hat".

244 Der **Bundesgerichtshof** hat diese Schuldabwägung bei fahrlässigem Notarverstoß und vorsätzlicher Ausnutzung der notariellen Tätigkeit durch den Geschädigten übernommen. Im Beschluß vom 3. 6. 1954[566] führt er aus, daß es bereits gegen Treu und Glauben verstoßen würde, wenn derjenige, der vorsätzlich über Wettbewerbsverbote hinweggeht, die Folgen seines Verhaltens auf den höchstens fahrlässig handelnden Notar abwälzen könne. Jedenfalls würde aber nach § 254 Abs. 1 BGB der Vorsatz eines Geschädigten, „weil so überwiegend", allgemein die Verantwortlichkeit des nur fahrlässig seine Pflicht verletzenden Notars ausschließen. Der Vorsatz des geschädigten Klägers war auch im BGH-Urteil vom 7. 10. 1980[567] der Grund, daß die Haftpflichtklage in vollem Umfange abgewiesen wurde. Im Zusammenwirken mit dem Bürovorsteher des wahrscheinlich unwissenden, allenfalls fahrlässig handelnden bekl. Notars erhielt der Kläger durch Täuschungshandlungen die behördliche Genehmigung zum Bau eines Hauses, das er später wieder abreißen mußte. Er klagte schon nur die Hälfte seines Schadens ein; in den Vorinstanzen wurden ihm 30 % zugesprochen, während der BGH nach Treu und Glauben ihm jedes Schadenersatzrecht absprach, denn „im Grundsatz hat ein Komplize keinen Anspruch gegen den anderen, von verbotenem und daher schadensträchtigem Tun abgehalten zu werden". Der BGH hält aber eine Einschränkung dieses Grundsatzes für denkbar, wenn etwa ein noch sehr junger und unerfahrener Mann von einem Notar bei seinem unredlichen Vorhaben bewußt bestärkt wird.

245 Gleichwohl hat für die Anwendung des § 254 BGB noch ein **adäquater**

---

[561] WM 1959, 743/745 (Nr. 24).
[562] S. Borgmann/Haug, § 30, 1.
[563] Lange, § 10 XII 5b; Enneccerus/Lehmann, § 16 vor I, S. 76.
[564] DNotZ 1935, 573; zuvor schon gleichermaßen: JW 1930, 3543 = DNotV 1931, 51.
[565] DNotZ 1935, 674/676.
[566] DNotZ 1954, 551.
[567] MittRhNotK 1981, 48 (Nr. 102).

9. Mitverschulden der Beteiligten

Zusammenhang zwischen dem vorsätzlichen Verhalten und dem eingetretenen Schaden zu bestehen. Ein solcher war im vom BGH mit Urteil vom 11. 6. 1959[568] entschiedenen Fall zu verneinen, weil der rechtswidrig vereinbarte Schwarzkaufpreis nur sehr entfernt mit der später geltend gemachten Unwirksamkeit der ungenehmigten Wertsicherungsklausel zusammenhing. Ein Kausalverlauf ist nach dieser Entscheidung „dann nicht adäquat, wenn die Handlung oder Unterlassung nur unter besonders eigenartigen, ganz unwahrscheinlichen... Umständen zur Herbeiführung des Erfolgs geeignet war". Der Grad des adäquat ursächlichen Mitverschuldens kann somit auch bei einem vorsätzlich handelnden Geschädigten ausnahmsweise zu einer teilweisen Schadenersatzpflicht des Notars führen. In einem vom OLG Köln entschiedenen Haftpflichtfall[569] wurde zwar eine schuldhafte Pflichtwidrigkeit des Notars festgestellt, weil er verkannte, daß eine Kartellvereinbarung gegen § 1 des Gesetzes gegen Wettbewerbsbeschränkung verstieß; bei der Abwägung des mitwirkenden eigenen Verschuldens der geschäftsgewandten Kläger vertrat der Senat aber die Auffassung, daß sie, wenn nicht vorsätzlich, so doch in einer solchen groben Weise schuldhaft gehandelt hätten, daß sie die Bußgeldzahlung nicht auf den Notar abwälzen könnten[570].

Das Notaramt und sein Amtsträger persönlich werden von der Rechtsprechung **246** oft in solch elitäre Höhen gehoben, daß bei den Beteiligten in den dunklen Tiefen kaum noch eine **Eigenverantwortlichkeit** für die Anwendung von § 254 BGB gesehen werden kann. Der BGH hat im Urteil vom 24. 10. 1985[571] angesichts des Vertrauens, „das die Beteiligten in die Zuverlässigkeit und Unparteilichkeit des Notars als amtlich bestellte Urkundsperson setzen", sogar irreale Kausalzusammenhänge geknüpft und die Bereicherung der Klägerin in Kauf genommen, um offenbar den Notar, wie Hanau in der Urt.-Anm.[572] ausführt, schadenersatzrechtlich büßen zu lassen. Wollte man bei Amtsträgern im beamteten Bereich ähnliche Maßstäbe anlegen, so müßte der Standesbeamte wohl letztlich noch für den Irrtum der Eheleute bei Scheitern des Ehebündnisses haften.

Demgegenüber ist an der vom Reichsgericht[573] vertretenen, nach wie vor **247** einleuchtenden Ansicht festzuhalten, daß das Vertrauen auf die Zuverlässigkeit des Notars die Beteiligten nicht schlechthin jeder Notwendigkeit entbindet, die verkehrsübliche Sorgfalt bei Wahrnehmung der eigenen Belange walten zu lassen. Die praktische Erfahrung aus Notarhaftpflichtfällen zeigt, daß die Richter dazu neigen, Geschädigten fast jede geistige oder geschäftliche Fähigkeit abzusprechen, was von diesen freilich provoziert wird (vgl. Rz. 456).

Die Fälle, in denen Anspruchsteller der Intelligenz und Aufgeklärtheit überführt **248** werden können, kommen nicht vor die Gerichte. Zum Beispiel der Fall, in dem, ähnlich wie in der vom OLG Stuttgart[574] entschiedenen Ehevertragssache, ein Ehepartner nach der Scheidung detailliert behauptete, er habe nicht gewußt, was er sich selbst mit dem vom Notar beurkundeten Vertrag angetan hatte; „mangelndes Urteilsvermögen" wird dies vom OLG Stuttgart genannt. Hier konnte aber, anders als offenbar in dem Stuttgarter Prozeß, mit einem jahrelang vom Notar aufbewahrten Schriftwechsel ebenso detailliert nachgewiesen werden, daß die Kenntnis voll vorhanden gewesen war. Den Nachweis hätte aber der Anspruchstellende zu führen (Rz. 825) und es entspricht in der Regel nicht der Lebenserfah-

---

[568] WM 1959, 1112 (Nr. 25).
[569] U. v. 28. 11. 1977 – 7 U 102/77.
[570] Zumal sie die durch die Preisabsprachen erzielten Gewinne behielten, was freilich im Urteil nicht berücksichtigt wurde.
[571] DNotZ 1986, 406/412 (Nr. 133).
[572] DNotZ 1986, 412/416.
[573] DNotV 1931, 183/187; DNotZ 1939, 190/192; so auch noch OLG Köln, MittBayNot 1977, 76.
[574] DNotZ 1983, 693 m. abl. Anm. v. Kanzleiter.

rung, daß bei Einschaltung eines Notars für ein „Verschulden gegen sich selbst" i. S. v. § 254 BGB kein Raum mehr sei.

249 Bei **Kreditgeschäften mit Banken** ist in der Rechtsprechung – anders als im Verhältnis zu natürlichen Personen – eine Ausgewogenheit bei der Anrechnung des jeweiligen mitwirkenden Verschuldens festzustellen. Dies bezieht sich z. B. darauf, wenn Kreditsachbearbeiter keine zuverlässigen, eigenen Ermittlungen über den Wert des zu beleihenden Objekts anstellen[575] oder den übersandten Grundschuldbrief[576] oder Grundbuchauszug[577] nicht sorgfältig überprüfen oder einen Kredit auszahlen, ohne daß ein zuverlässiger Nachweis über die Eintragung der zur Sicherheit bestellten Grundschuld vorliegt[578].

250 Ein nach § 254 BGB anzurechnendes Mitverschulden des Geschädigten kann sich auch auf **Prozeßkosten** beziehen, die durch eine unzweckmäßige Prozeßführung im Zusammenhang mit einem fehlerhaften Amtsgeschäft entstanden sind. Bei der Frage, ob die Kosten eines verloren gegangenen Vorprozesses dem Fehlverhalten des Notars oder einem Mitverschulden des Geschädigten zuzurechnen sind, ist darauf abzustellen, wie das Gericht des Vorprozesses – vom Standpunkt des Gerichts im Haftpflichtprozeß – hätte richtig entscheiden müssen[579]. Die Minderung des Haftpflichtschadens gem. § 254 Abs. 2 BGB hat der Notar zu beweisen[580]. Macht sich der Beteiligte eine durch den Notar verschuldete unklare Rechtslage für andere Zwecke zunutze, so können die dadurch erwachsenen Prozeßkosten dem Notar überhaupt nicht zugerechnet werden[581].

251 Die Pflicht des Geschädigten gem. § 254 Abs. 2 S. 1 BGB, **den Schädiger auf die Gefahr der Entstehung eines hohen Schadens hinzuweisen,** besteht natürlich auch im Bereich der Notarhaftpflicht. Aus diesem Grund wurde in einem vom Reichsgericht[582] entschiedenen Fall der Schaden zwischen den Parteien im gleichen Verhältnis aufgeteilt. Der Kläger hatte nämlich unterlassen, den Notar rechtzeitig auf das Fehlen einer Grundbucheintragung hinzuweisen und sich stattdessen mit einem „Schuldschein" des Verkäufers begnügt. In einem anderen Fall wies der BGH[583] die Sache an das Berufungsgericht zur Prüfung zurück, ob es bei einer frühzeitigen Unterrichtung des Notars diesem nicht gelungen wäre, doch noch die vertraglich zugesicherte Lastenfreiheit des Grundstücks herbeizuführen.

---

[575] BGH DNotZ 1978, 373/376 f. (Nr. 93).
[576] OLG Köln, VersR 1977, 574.
[577] OLG Koblenz, DNotZ 1974, 764.
[578] OLG Schleswig, s. Rz. 676.
[579] BGH DNotZ 1963, 308/312 (Nr. 43); vgl. Rz. 868.
[580] BGH VersR 1988, 607/608.
[581] BGH DNotZ 1978, 503/505 (Nr. 94).
[582] JW 1930, 3307.
[583] VersR 1980, 649/650 (Nr. 99).

10. Verjährung

a) § 852 BGB

Nach § 19 Abs. 1 S. 3 BNotO ist § 852 BGB die für die Verjährung von 255 Amtshaftungsansprüchen gegen Notare **maßgebende Vorschrift.** Sie verkürzt die sogen. regelmäßige Verjährungsfrist des § 195 BGB von 30 Jahren auf 3 Jahre. Die kurze Frist beginnt jedoch erst von dem Zeitpunkt an zu laufen, in welchem der Verletzte von dem Schaden und der Person des Ersatzpflichtigen Kenntnis erlangt. Ohne eine solche Kenntnis tritt die Verjährung spätestens nach Ablauf von 30 Jahren ein. Diese Frist beginnt allerdings nicht mit der Entstehung des Regreßanspruchs (§ 198 BGB), sondern objektiv im Zeitpunkt der Amtspflichtverletzung[590].

Notarhaftpflichtschäden sind ausgesprochene **Spätschäden**, d. h. die Kenntnis 256 vom Schaden und Schädiger tritt durchschnittlich spät nach dem Zeitpunkt des Verstoßes ein. Etwa die Hälfte der Haftpflichtansprüche werden erst 3 Jahre nach der Pflichtverletzung bekannt und geltend gemacht, so daß der Zeitraum vom Verstoß bis zum Verjährungseintritt durchschnittlich schon 6 Jahre beträgt. Da aber auch ab Kenntniserlangung die Dreijahresfrist des § 852 BGB bei Bestehen einer anderweitigen Ersatzmöglichkeit (§ 19 Abs. 1 S. 2 BNotO) und während schwebender Verhandlungen über den Regreßanspruch (§ 852 Abs. 2 BGB) gehemmt ist, kann der Notar nur äußerst selten mit Erfolg die Verjährungseinrede erheben.

Dagegen ist nicht selten, daß die Kenntnis erst 10 Jahre nach der Pflichtverlet- 257 zung erlangt wird – in ca. 7 % der Haftpflichtfälle –, so daß erst dann die dreijährige Frist zu laufen beginnt. Der Verfasser kennt einige Fälle, in denen sogar erst im letzten Jahr vor Ablauf der 30jährigen Frist die Pflichtverletzung bekannt und noch rechtzeitig – meist gegenüber den ersatzpflichtigen Erben des Notars – die Verjährung unterbrochen wurde. Typische Beispiele sind die Kenntniserlangung erst bei Testamentseröffnung oder Grundbucheinsicht aus Anlaß neuer Grundstücksgeschäfte. Belastend sind bei solchen Spätschäden vor allem die schwierige Aufklärung und Beweisführung sowie angesichts der in den letzten Jahrzehnten erfolgten Wertsteigerung von Grundstücken die schadenersatzrechtliche Situation, daß sich die Höhe des Haftpflichtanspruchs nach dem Vermögenswert zur Zeit der Ersatzleistung richtet.

Besonderheiten in der Notarhaftpflicht ergeben sich bezüglich **des Laufs der** 258 **Verjährungsfrist** dadurch, daß bei Durchführung eines Amtsgeschäfts mehrere Pflichtverletzungen mit unterschiedlichem Fristablauf in Frage kommen können und in Regreßfällen gegen Anwaltsnotare manchmal fraglich ist, ob § 852 BGB oder § 51 BRAO die maßgebende Verjährungsvorschrift ist. Geht z. B. mit einer Beurkundung ein selbständiges Betreuungsgeschäft einher, so kann die Verjährungsfrist der Ansprüche aufgrund eines Beurkundungsfehlers längst abgelaufen, diejenige wegen Pflichtverletzung bei Betreuung aber noch offen sein[591]. In der Rechtsfrage, ob die Verjährungsvorschrift des § 852 BGB oder des § 51 BRAO eingreift, kann es zu Überraschungen[592] kommen, wenn z. B. im Haftpflichtprozeß erst in der Revisionsinstanz festgestellt wird, daß nicht, wie in den Vorinstanzen entschieden, die Klageforderung nach § 51 BRAO verjährt, sondern wegen

---

[590] BGH NJW 1973, 1077; RGRK-Kreft, § 852 Rz. 1.
[591] Vgl. BGH DNotZ 1968, 318 (Nr. 63).
[592] S. BGH DNotZ 1978, 312 (Nr. 90).

einer Notartätigkeit gem. § 852 BGB noch nicht abgelaufen ist. Im allgemeinen wirkt sich die für Rechtsanwälte geltende Verjährungsvorschrift günstiger aus, da dann jedenfalls 3 Jahre nach Mandatsende die Verjährung von Regreßansprüchen eintritt[593].

b) Die Kenntniserlangung

259   Für den Beginn der dreijährigen Frist des § 852 BGB gilt die durch die Rechtsprechung gefestigte Regel, daß der Geschädigte die Tatsachen kennen muß, die bei verständiger Würdigung ausreichen, um gegen eine als Schädiger bekannte Person Haftpflichtklage, sei es auch nur eine Feststellungsklage zu erheben. Dabei kommt es nicht darauf an, ob der Geschädigte die ihm bekannten Tatsachen rechtlich zutreffend beurteilt oder ob der zu führende Prozeß mehr oder weniger risikolos erscheint[594]. Wurde z. B. im Vorprozeß mit dem erstinstanzlichen Urteil die Klage zu Unrecht abgewiesen, so konnte dies nach dem Notarhaftpflichturteil des OLG Düsseldorf vom 1. 7. 1976[595] der Kenntnis im Sinne von § 852 BGB nicht entgegenstehen. „Denn dieses Urteil beruhte auf einer unzutreffenden rechtlichen Würdigung der den Klägern bekannten, den Schaden begründenden Tatsachen". Es kommt aber nur auf die Kenntnis der Tatumstände „und nicht auch darauf an, daß die Kläger diese rechtlich zutreffend würdigen". Es kann in Bezug auf den Verjährungsbeginn also nicht der Ausgang des Vorprozesses abgewartet werden. Dessen Rechtskraft wirkt nur deklaratorisch. Die Hoffnung des Geschädigten, das Rechtsmittelverfahren werde zum Erfolg führen, ändert nichts an der Schadenskenntnis im Sinne von § 852 Abs. 1 BGB[596]. Rechtsunkenntnisse des Geschädigten schließen die für den Verjährungsbeginn erforderliche Kenntnis nur bei verwickelten oder ganz zweifelhaften Rechtslagen aus[597].

260   Der mit der Kenntnis eintretende Verjährungsbeginn läßt sich auch in Notarhaftpflichtfällen vielfach nicht sicher fixieren, da die Grundlage auf einem subjektiven nach außen hin oft nicht manifesten Wahrnehmungsvorgang beruht. Eine Vermutung oder ein Kennenmüssen im Sinne einer fahrlässig verschuldeten Unkenntnis genügt nämlich nicht[598]. Der bloße Verdacht, daß z. B. ein Vormundschaftsrichter „möglicherweise" schuldhaft seine Amtspflicht verletzt hat, reicht dem BGH[599] nicht aus. Selbst eine fahrlässig verschuldete Nichtkenntnis läßt keinen fiktiven Verjährungsbeginn zu; es müßte schon eine „mißbräuchliche Nichtkenntnis" gegeben sein[600]. Gleichwohl setzt der Fristbeginn nicht voraus, daß der Geschädigte alle Einzelheiten für eine Klagebegründung bereits kennt. Trotz des Grundsatzes des positiven Bekanntseins „kann es der Kenntnis etwa noch fehlender Tatsachen gleichgeachtet werden, wenn sich der Verletzte diese Kenntnis in zumutbarer Weise mühelos ohne Kostenaufwand hätte verschaffen können"[601].

261   Die erforderliche **Kenntnis** muß grundsätzlich **der Verletzte persönlich** erlangen. Bei einer Schadensliquidation im Drittinteresse kommt es deshalb nicht auf die (Un-)Kenntnis des Dritten, sondern auf diejenige des Verletzten, dem gegenüber Amtspflichten betanden, an[602]. Ausnahmen bestehen bei gesetzlicher

---

[593] S. Borgmann/Haug, S. 260ff.
[594] BGH NJW-RR 1988, 867; RGRK-Kreft, § 852 Rz. 25 f. u. 58 f.; Palandt/Thomas, § 852 Anm. 2.
[595] 18 U 4/76.
[596] OLG Köln, U. v. 14. 12. 1987 – 7 U 119/87.
[597] BGH NJW 1952, 1090 = BGHZ 6, 195; NJW 1960, 380; 1980, 189 = BGHZ 75, 1.
[598] RGZ 162, 202/208; BGH VersR 1956, 507; 1973, 371/372; NJW 1977, 198.
[599] DRiZ 1976, 215.
[600] BGH NJW 1985, 2022.
[601] BGH s. Fn. I 599; s. weiter RGRK-Kreft, § 852 Rz. 25.
[602] BGH WM 1966, 1329/1331 (Nr. 59); zur Fraglichkeit, ob mit Amtshaftungsansprüchen überhaupt eine Drittschadensliquidation vorgenommen werden kann: OLG Hamm NJW 1970, 1793.

10. Verjährung

Vertretung von natürlichen oder juristischen Personen[603]. Die Kenntnis eines rechtsgeschäftlichen Vertreters ist dagegen in der Regel unerheblich. Dieser Grundsatz wirkt dann grob unbillig, wenn der Geschädigte aufgrund seiner Vermutung, daß eine Notarhaftpflicht besteht, einen Rechtsanwalt zur Aufklärung und ggf. Durchsetzung der Ansprüche beauftragt. Die von solchen „**Wissensvertretern**" gewonnenen Kenntnisse hat der Verletzte gegen sich gelten zu lassen, auch wenn sie ihm noch nicht übermittelt worden sind[604]. Drängt sich z. B. dem Prozeßbevollmächtigten des Geschädigten im Vorprozeß auf, daß bei einem ungünstigen Ausgang ein Notar als Ersatzpflichtiger in Frage kommt, so wäre es unbillig, wenn sich der Geschädigte diese Kenntnis nicht anrechnen lassen müßte[605]. Das Korrelat ist die Vertragspflicht des Anwalts, den Mandanten umfassend aufzuklären und zu beraten[606], und bei einer positiven Vertragsverletzung die eigene Haftpflicht.

In Notarhaftpflichtfällen spielt für den Beginn der Verjährungsfrist des § 852 BGB oft eine entscheidende Rolle, ab welchem Zeitpunkt der Verletzte eine ausreichende **Kenntnis vom Schaden** hat, die ihm erlaubt, eine Haftpflichtklage, sei es auch zunächst eine Feststellungsklage, zu erheben. Insbesondere stellt sich nicht selten die Frage, ob schon die Kenntnis einer gefährdeten Rechtsposition genügt. Allgemein heißt es in der Rechtsprechung und Literatur[607], daß es, was die Schadensentstehung betrifft, genügt, wenn die Vermögensbeeinträchtigung und ihre Verursachung bekannt ist, während der Umfang und die Höhe der Schädigung sowie der weitere Schadenverlauf zur Erhebung einer Feststellungsklage nicht bekannt zu sein braucht. **262**

Der gesamte aus einer Amtspflichtverletzung entspringende Schaden stellt eine **Einheit** dar. Es reicht für die Kenntnis und den Verjährungsbeginn des Gesamtanspruchs aus, daß zunächst die Schädigung bekannt ist, ohne daß der Umfang oder die im Zusammenhang stehenden Folgeschäden schon überblickt werden können[608]. Stellt z. B. in einem Vorprozeß das Berufungsgericht die Formnichtigkeit eines Kaufvertrags fest, so ist mit der Kenntnis des damit eintretenden Kostenschadens der unterlegenen Partei schon die Schädigung als solche bekannt und die Verjährungsfrist beginnt zu laufen[609]. **263**

An **konkreten Beispielen aus der BGH-Rechtsprechung** ist anzuführen, daß der aufgrund einer unrichtigen Zeugenaussage Verletzte schon dann die nach § 852 BGB erforderliche Kenntnis erlangt, wenn er von der strafrechtlichen Verurteilung des Zeugen erfährt und gezwungen ist, gegen das auf der falschen Aussage basierende Urteil vorzugehen. Die Vermögensbeeinträchtigung war damit nach einem in einem Anwalts-Haftpflichtprozeß ergangenen BGH-Urteil vom 20. 6. 1960[610] bekannt. Nach einem anderen BGH-Urteil vom 7. 3. 1963[611] ist die Kenntnis vom Schadenseintritt bei einer verspätet erteilten Baugenehmigung dann eingetreten, wenn der Verletzte weiß, daß dadurch Mietausfälle entstehen. **264**

„Im besonderen genügt für das Wissen um den Schaden die Kenntnis von der Vermögensbeeinträchtigung in ihrer wesentlichen Gestaltung; das Schadensbild braucht hinsichtlich des Umfangs und der Höhe der Schädigung dem Geschädigten noch nicht bekannt zu sein."

---

[603] RGRK-Kreft, § 852 Rz. 35.
[604] BGH NJW 1968, 988; OLG Hamburg, MDR 1968, 583; OLG Köln, VersR 1974, 1089; OLG Köln, U. v. 14. 12. 1987 – 7 U 119/87 (mit Kenntnis des Revisionsanwalts, der im Vorprozeß den nunmehrigen Haftpflichtkläger vertreten hatte).
[605] OLG Düsseldorf, U. v. 1. 7. 1976 – 18 U 4/76.
[606] Borgmann/Haug, S. 83 u. 89 ff.
[607] RGRK-Kreft, § 852 BGB Rz. 43.
[608] BGH NJW 1977, 532 = BGHZ 67, 372; RGRK-Kreft, § 852 Rz. 43 f.
[609] So OLG Köln, U. v. 1. 4. 1971 – 7 U 146/70 u. U. v. 14. 12. 1987 – 7 U 119/87.
[610] VersR 1960, 991/992.
[611] VersR 1963, 631/632.

I. Allgemeine Haftungsgrundlagen

Nach einem weiteren BGH-Urteil vom 14. 3. 1963[612] ist die Kenntnis erlangt, wenn der Verletzte vom Eigentumsverlust seiner Fahrzeuge aufgrund einer Amtspflichtverletzung der Kfz-Zulassungsstelle erfährt. „In welchem Umfang der Schaden sich schließlich auswirkt oder ob er möglicherweise beseitigt wird, ist für die Frage der Kenntnis vom Schaden ohne Bedeutung". Nur ausnahmsweise kann nach dem BGH-Urteil vom 23. 3. 1987[613] noch nicht von einem Schadenseintritt ausgegangen werden, wenn völlig offen ist, ob das mit einem Risiko behaftete Verhalten eines Vorstandsmitglieds überhaupt zu einem Schaden führt.

265 Die Rechtsgrundsätze zur Entstehung des Schadens und des Anspruchs und damit zugleich zum Verjährungsbeginn sind vorstehend so eingehend dargestellt, weil in der **Rechtsprechung zur Notarhaftpflicht** doch eine gewisse Unsicherheit festzustellen ist. Bei den folgenden Beispielen ist vorauszusetzen, daß der Verjährungsbeginn des § 852 BGB nicht aufgrund einer anderweitigen Ersatzmöglichkeit beeinträchtigt ist (vgl. Rz. 268 ff.). Mit Urteil vom 11. 4. 1960[614] entschied der BGH, daß die Verjährungsfrist des § 852 BGB für Haftpflichtansprüche gegen den Notar in dem Zeitpunkt begann, als die Klägerin mit Zugang des Bescheids der Bank der Deutschen Länder davon Kenntnis erhielt, daß die beantragte Genehmigung einer Wertsicherungsklausel versagt wurde. Schon zuvor war mit dem Erlaß des Bescheids der Schaden eingetreten. Ebenso stellt der BGH im Urteil vom 26. 10. 1982[615] zutreffend fest, daß die durch den Notar entgegen dem Treuhandauftrag veranlaßte Löschung von Grundschulden schon den Schaden in Form der gefährdeten Rechtsposition bezüglich der Sicherung der restlichen Kaufpreissumme entstehen ließ. Die Verjährung begann mit der Kenntnis davon und nicht erst bei einem Zahlungsverzug des Käufers zu laufen. Wurde, folgend einem Haftpflichturteil des OLG Frankfurt vom 21. 10. 1986[616], 1974 ein Ehevertrag zur Begründung der Gütergemeinschaft geschlossen und 1978 wieder der gesetzliche Güterstand der Zugewinngemeinschaft vereinbart, weil sich die Gütergemeinschaft steuerlich ungünstig auswirken konnte, so ist der Schaden 1974 entstanden und die für den Verjährungsbeginn erforderliche Kenntnis spätestens 1978 erlangt worden, auch wenn erst aufgrund einer Betriebsprüfung im Jahre 1982 hohe Steuern nachgezahlt werden mußten.

266 Dagegen stehen folgende Entscheidungen nicht im Einklang mit den oben dargestellten Rechtsgrundsätzen über die Anspruchsentstehung. Nach dem Tatbestand des BGH-Haftpflichturteils vom 13. 7. 1959[617] beurkundete der Notar 1952 einen Erbauseinandersetzungsvertrag. Auf die Klage von zwei Miterben wurde dieser Vertrag vom LG und OLG für nichtig erklärt. Im Haftpflichtprozeß setzte der BGH den Verjährungsbeginn auf den Tag der Rechtskraft des OLG-Urteils an. Der Schaden war jedoch schon 1952 entstanden und spätestens mit der Kenntnis von der geltend gemachten Nichtigkeit wäre eine Feststellungsklage oder die Verjährungsunterbrechung mit einer Streitverkündung an den Notar im Vorprozeß möglich gewesen. In einem weiteren vom BGH mit Urteil vom 2. 2. 1982[618] entschiedenen Fall wurde der Notar haftpflichtig gemacht, weil er nicht für eine sichere Einlösungsgarantie für den Kaufpreisscheck gesorgt hätte. Der BGH sah die Schadensentstehung erst darin, als sich herausstellte, daß die Käufer nicht zur Zahlung des Kaufpreises in der Lage waren und nach dem Rücktritt vom Kaufvertrag zu ungünstigen Bedingungen verkauft werden mußte. Die Kenntnis

---

[612] VersR 1963, 923.
[613] NJW 1987, 1847.
[614] WM 1960, 883/885 (Nr. 34).
[615] VersR 1983, 81/82 (Nr. 116).
[616] 24 U 83/85.
[617] BGH VersR 1959, 835/836 (Nr. 28).
[618] WM 1982, 452/454 (Nr. 110).

10. Verjährung

von der Verschlechterung der Rechtsposition wegen der Wertlosigkeit der Garantie und damit der Verjährungsbeginn waren aber schon weit früher eingetreten. Auch in einem Haftpflichturteil vom 22. 10. 1969[619] glaubte das OLG Hamm den Verjährungsbeginn erst dann ansetzen zu können, als der Kläger davon ausgehen mußte, daß aus seiner Grundschuld wegen der vom Notar zu vertretenden Rangverschlechterung keine Befriedigung erlangt werden konnte. Die Kenntnis der schlechteren Rechtsposition hätte aber genügt (s. Rz. 262 f.).

Für die **Kenntnis der Pflichtverletzung** des Notars genügt noch nicht ein Verdacht (s. Rz. 260). Kann der Geschädigte zunächst nur vermuten, daß der Notar über Anderkontenbeträge pflichtwidrig verfügt hat, so genügt dies noch nicht für eine Kenntnis i. S. v. § 852 BGB. Erst die Feststellung anhand der angeforderten Abrechnung reicht dafür aus[620]. Verschleiert gar ein Anwaltsnotar seine eigene Amtspflichtverletzung und läßt sich als Prozeßbevollmächtigter beauftragen, gegen eine angeblich ersatzpflichtige Bank zu klagen, so erlangt der Geschädigte erst dann die für den Verjährungsbeginn erforderliche Kenntnis, wenn sich im Laufe des Prozesses gegen die Bank manifestiert, daß der Schaden durch die notarielle Pflichtverletzung eingetreten ist[621]. Auf der anderen Seite genügt für eine positive Kenntnis von der Pflichtwidrigkeit, wenn die Geschädigten erfahren, daß sie als Erben eines Komplementärs in Anspruch genommen werden, weil ihre Eintragung im Handelsregister als Kommanditisten durch den Notar unterblieben war[622]. Deutliche Anhaltspunkte für eine konkrete Pflichtverletzung des Notars reichen aus[623]. 267

c) Verjährung und anderweitige Ersatzmöglichkeit

Die dreijährige Verjährungsfrist läuft im Grundsatz nicht, solange eine anderweitige Ersatzmöglichkeit vorhanden ist (s. Rz. 209). Diese besteht in der Regel schon im Zeitpunkt des Verjährungsbeginns, so daß die Frist erst mit Wegfall der anderweitigen Ersatzmöglichkeit in Lauf gesetzt wird. Nach der früheren BGH-Rechtsprechung[624] entfiel diese Voraussetzung für eine Haftpflichtklage gegen den Notar erst dann, wenn die Ersatzmöglichkeit auch der Höhe nach ausgeschöpft war. Der IX. Senat hat diese auch in rechtssystematischer Hinsicht bedenkliche Rechtsprechung[625] mit Urteil vom 26. 11. 1987[626] aufgegeben. Der Leitsatz lautet: 268

Bei Schadensersatzansprüche aus § 839 Abs. 1 S. 1 BGB und § 19 Abs. 1 S. 2 BNotO beginnt die Verjährungsfrist bereits dann zu laufen, wenn der Geschädigte **weiß**, daß die anderweitige Ersatzmöglichkeit den Schaden **mindestens teilweise** nicht deckt und ihm daher die Erhebung einer Feststellungsklage zuzumuten ist.

Der Verjährungsbeginn und -ablauf wird in solchen Fällen vorverlegt, was nicht nur im Interesse des Notars, sondern auch in demjenigen des Geschädigten, der nicht mehr der Höhe nach den letzten Möglichkeiten nachgehen muß, zu begrüßen ist[627].

Der BGH setzt für den Wegfall die **positive Kenntnis** des Geschädigten 269

---

[619] 11 U 120/69.
[620] So BGH VersR 1967, 162/164 (Nr. 60).
[621] BGH VersR 1964, 320 (Nr. 51).
[622] So OLG Düsseldorf, U. v. 1. 7. 1976 – 18 U 4/76.
[623] So BGH NJW-RR 1988, 411/412 (vorsätzliche Pflichtverletzung eines Prokuristen).
[624] S. WM 1960, 883/886 (Nr. 34); NJW 1977, 198 (Nr. 89) u. WM 1982, 53 (Nr. 111).
[625] S. Haug, DNotZ 1977, 479.
[626] DNotZ 1988, 388 (Nr. 144).
[627] Allerdings kann diese Rechtsprechungsänderung für Anwälte zu einer Haftpflichtgefahr werden (s. Rinsche II, 189).

voraus, daß sein Schaden mindestens teilweise nicht anderweitig gedeckt wird[628]. Die Frage, wann diese Kenntnis vorhanden ist, wird in der gleichen Weise wie die nach der Kenntnis der Schadensentstehung zu beantworten sein (s. Rz. 262). Willkürlich kann der Geschädigte die Kenntnis jedoch nicht hinausschieben. Er muß sich die Kenntnis der tatsächlichen Umstände anrechnen lassen. Er kann z. B., wenn er wenig aussichtsreiche Rechtsmittel einlegt, nicht damit gehört werden, daß er erst mit der letztinstanzlichen Entscheidung die Kenntnis erlangt habe[629]. Rechtsunkenntnisse können den Fristbeginn nur bei verwickelten oder ganz zweifelhaften Rechtslagen hinauszögern[630]. Das OLG Hamm sah im Urteil vom 15. 1. 1974[631] die Kenntnis vom Wegfall der anderweitigen Ersatzmöglichkeit schon dann als gegeben an, als der Geschädigte im Vorprozeß gegen den Dritten den Klageerwiderungsschriftsatz mit Rechtsprechungshinweisen erhielt, aus dem die Aussichtslosigkeit der Klage hervorging. Die Verjährungsfrist begann danach schon vor Erlaß des klageabweisenden Urteils zu laufen.

270 Die Zumutbarkeit und damit **Schlüssigkeit einer Feststellungs- oder Leistungsklage** gegen den Notar sind mit der Unzumutbarkeit[632], den Anspruch gegen den „anderen" geltend zu machen oder weiterzuverfolgen, gegeben. Der BGH führt im Urteil vom 28. 4. 1964[633] aus: Die Kenntnis, daß auf andere Weise kein Ersatz zu erlangen ist, „bedeutet aber nicht, daß der Verletzte durch die Vorstellung einer in Wirklichkeit nicht vorhandenen Ersatzmöglichkeit den Beginn der Verjährung immer schon hinausschieben könnte und die Verjährung erst zu laufen beginne, wenn er sich in seinen Vorstellungen endgültig widerlegt sieht". Er hat dazu die Rechtslage zu prüfen. Wird von ihm oder seinem Anwalt z. B. ein anderweitiger Ersatz nur für möglich gehalten, weil die Allgemeinen Geschäftsbedingungen nicht eingesehen wurden, so wird damit der Verjährungsbeginn nicht hinausgeschoben[634]. Das Quantum des teilweisen Ausfalles sollte nicht zu gering bewertet werden, es sei denn, der Geschädigte kennt – z. B. aufgrund des Ausgangs des Vorprozesses – die Summe ziemlich genau[635].

271 Die Möglichkeit einer anderweitigen Ersatzerlangung bewirkt eine **Hemmung aus Rechtsgründen** im Sinne von § 202 Abs. 1 BGB. Diese Gründe liegen darin, daß eine Haftpflichtklage wegen Unschlüssigkeit als z. Zt. unbegründet abzuweisen wäre[636]. Normalerweise wird in Fällen der anderweitigen Ersatzmöglichkeit die Verjährung von vornherein gehemmt sein. Es gibt aber auch Fallgestaltungen, in denen sich die Möglichkeit einer anderweitigen Ersatzerlangung erst später ergibt und sich dann wieder zerschlägt[637]. Der Zeitraum des Bestehens dieser Möglichkeit ist dann in die Dreijahresfrist nicht einzurechnen (§ 205 BGB). Der Geschädigte muß freilich versuchen, die Möglichkeit zu realisieren. Ungenutzte Möglichkeiten sind bei der Hemmung nur insoweit zu berücksichtigen, als betragsgemäß das schuldhaft versäumte Vorgehen[638] keine Befriedigung gebracht hätte und temporär bis zum Zeitpunkt, in dem dies zu erkennen gewesen wäre. Ergibt sich erst im Verlauf des Amtshaftungsprozesses, daß eine bisher nicht

---

[628] Die Frage, ob die Verjährungsfrist bereits dann zu laufen beginnt, wenn der Geschädigte nur mit der Möglichkeit eines teilweisen Ausfalls rechnet, läßt der IX. Senat ausdrücklich offen (WM 1988, 420/422; Nr. 144).
[629] Vgl. Rz. 184 f.
[630] Vgl. BGH NJW 1952, 1090; 1960, 381; 1980, 189 u. Rz. 259.
[631] 10 U 85/73.
[632] S. die Beispiele Rz. 188.
[633] VersR 1964, 751/752 (Nr. 52); vgl. weiter BGH WM 1966, 1329/1331 (Nr. 59).
[634] OLG Hamm, U. v. 15. 1. 1974 – 10 U 85/73.
[635] Vgl. Rz. 211.
[636] S. Rz. 212.
[637] S. z. B. BGH DNotZ 1964, 505 (Nr. 50).
[638] Vgl. Rz. 207.

erkannte Ersatzmöglichkeit besteht, so hat die Abweisung der Klage als „z. Zt. unbegründet" wieder die Hemmungsfolge[639].

Eine Verjährungshemmung kann auch dann eintreten, wenn der Geschädigte **272** schuldlos verkennt, daß die Voraussetzungen für die subsidiäre Haftung nach § 19 Abs. 1 S. 2 BNotO *nicht* vorliegen. Geht z. B. der Anspruchsteller ohne Verschulden davon aus, daß er bei dem Amtsgeschäft nach § 23 oder § 24 BNotO kein „Auftraggeber" war, spricht ihm aber dann das Gericht im Haftpflichtprozeß diese Stellung zu, so kann eine Hemmung für den Zeitraum der Unkenntnis angenommen werden. Voraussetzung ist natürlich, daß eine anderweitige Ersatzmöglichkeit wahrgenommen worden war. Der BGH[640] entschied in diesem Sinne in einer Haftpflichtsache, in der der Kläger von einer fahrlässigen Pflichtverletzung des Notars mit der Folge der subsidiären Haftung ausging, während sich später ein vorsätzlicher Verstoß herausstellte, der diese Haftungserleichterung nicht gewährt. Es ergab sich die Rechtslage, daß der Notar bei einer nur fahrlässigen Schadenszufügung die Verjährungseinrede nicht hätte erheben können; da er aber vorsätzlich gehandelt hatte, wäre die Verjährung eingetreten. In den Entscheidungsgründen heißt es zur Hemmung:

„Solange daher der Geschädigte nicht weiß, ob Vorsatz oder bloß Fahrlässigkeit vorliegt, kann er keine hinreichend erfolgversprechende Klage erheben, es sei denn, daß eine anderweitige Ersatzmöglichkeit nicht besteht und der Geschädigte dies weiß, weil er dann – unabhängig von dem Verschuldensgrad – nicht eine Verweisung auf die Subsidiarität der Haftung zu befürchten braucht."

d) Verjährungseinrede als unzulässige Rechtsausübung

Der Notar ist nicht verpflichtet, **über die Verjährung** gegen ihn etwa beste- **273** hender Haftpflichtansprüche **zu belehren**. Diese von der Rechtsprechung den Rechtsanwälten[641] und Steuerberatern[642] auferlegte Pflicht hat ihren Grund darin, daß nach § 51 BRAO (1. Alternative) und § 68 StBerG die dreijährige Verjährungsfrist von dem Zeitpunkt an zu laufen beginnt, in dem der Anspruch entstanden ist (§ 198 BGB). Es kommt für den Fristbeginn also nicht auf die Kenntnis des Verletzten vom Schaden und der Person des Ersatzpflichtigen an (§ 852 Abs. 1 S. 1 BGB). Mit der Belehrungspflicht des Anwalts und Steuerberaters gegen sich selbst sollen in erster Linie die sich daraus ergebenden Unbilligkeiten teilweise ausgeglichen werden. Bei der Verjährungsregelung in § 852 BGB besteht kein solches Bedürfnis. Wie der BGH im Anwalts-Haftpflichturteil vom 8. 5. 1984[643] in der Gegenüberstellung der Verjährung nach § 51 BRAO und § 852 BGB ausführt, bedarf der Geschädigte bei Kenntnis der Schadensentstehung und des Ersatzpflichtigen keines besonderen Schutzes mehr „durch eine gegen den Wortlaut des § 51 BRAO von der Rechtsprechung geschaffene Belehrungspflicht", da im Rechtsleben stehende Personen mit einer Verjährung von 3 Jahren rechnen und sich selbst um eine Unterbrechung kümmern müssen.

Zur Frage einer Belehrungspflicht des Notars über Ansprüche gegen andere **274** oder gegen sich selbst ist weiterhin seine Stellung als unparteiische Amtsperson zu beachten. Der Rechtsanwalt vertritt einseitig die Interessen seiner Partei in jeder Richtung und steht ihr deshalb näher als der Notar, der zur Neutralität verpflichtet ist[644]. Im Notar-Haftpflichturteil vom 23. 3. 1971[645] geht der BGH unter dem

---

[639] RG DNotZ 1934, 853/854.
[640] WM 1983, 964/965 (Nr. 120).
[641] Borgmann/Haug, S. 260 ff.
[642] Späth, S. 298 ff.
[643] NJW 1984, 2204 f.
[644] So OLG Braunschweig, MDR 1972, 324.
[645] VersR 1971, 669/671 (Nr. 74).

Gesichtspunkt des Arglisteinwandes gegenüber der Verjährungseinrede kurz auf die Belehrungsfrage ein. Er verneint aber den Einwand schon deshalb, weil der Kläger bereits vor dem Verjährungseintritt anwaltlich beraten war. Die Auffassung des OLG Hamm im unveröffentlichten Urteil vom 22.10.1969[646] gibt die wesentlichen Motive wieder:

> „Die Aufklärungspflicht beruht beim Anwaltsvertrag auf der Erwägung, daß der mit der Wahrnehmung der Interessen des Geschädigten beauftragte Rechtsanwalt alle rechtlichen Möglichkeiten ausschöpfen muß und dabei auch vor seiner eigenen Person nicht Halt machen darf. Dagegen beschränken sich die Verpflichtungen des Notars auf den in der BNotO gelegenen Pflichtkreis. Hat ein Notar jemanden dadurch geschädigt, daß er eine Amtspflicht, die ihm gegenüber dem Geschädigten oblag, schuldhaft verletzte, trifft ihn die Verpflichtung, den Schaden zu ersetzen, allein als gesetzliche Folge des verwirklichten Deliktstatbestands. Diese Verpflichtung steht außerhalb seines Amtes und ist keine durch die vorausgegangene Amtspflichtverletzung erzeugte neue Amtspflicht gegenüber dem Geschädigten. Daher stellt es auch keine neue Amtspflichtverletzung dar, wenn der Notar seiner Schadensersatzpflicht nicht oder nicht rechtzeitig nachkommt (BGH, LM Nr. 19 zu § 21 RNotO) oder auch auf die drohende Verjährung der gegen ihn gerichteten Ansprüche nicht hinweist."

275   Nach **Treu und Glauben** kann die **Verjährungsreinrede unzulässig** sein, wenn der Notar schuldhaft den Geschädigten von der Verjährungsunterbrechung abgehalten hat. Das kann z. B. dadurch geschehen, daß er auf eine anderweitige Ersatzmöglichkeit drängt, die nicht besteht oder deren Wahrnehmung unzumutbar ist. Bloße Meinungsäußerungen oder Anregungen des Notars reichen jedoch nicht für einen durchgreifenden Einwand gegen die Verjährungseinrede aus. Das gilt insbesondere, wenn der Notar von vornherein und ohne Einschränkung seine Haftpflicht bestreitet[647]. Der Geschädigte hat sich in erster Linie selbst zu orientieren oder rechtlich beraten zu lassen[648]. Der Notar ist dazu nicht befugt und ein Anwaltsnotar müßte eine Beratung wegen Interessenkollision und Verstoßes gegen § 45 BRAO ablehnen. Ein etwaiges Mandat hätte er niederzulegen.

276   Ein mit dem Anwaltsnotar zur gemeinschaftlichen Berufsausübung verbundener Rechtsanwalt könnte nach § 45 Nr. 4 BRAO die Beratung ebenfalls nicht übernehmen[649]. Würde entgegen dem Verbot ein Sozius – z. B. um eine anderweitige Ersatzmöglichkeit zu verfolgen – anwaltlich tätig, so käme seine Haftpflicht zum Zuge, wenn er nicht für die Unterbrechung der Verjährungsfrist des § 852 Abs. 1 S. 1 BGB sorgt. In dem vom BGH am 24.1.1952[650] entschiedenen Anwalts-Haftpflichtfall, auf den Arndt[651] verweist, war der Anwalt auch zuvor in dieser Eigenschaft und nicht als Notar tätig geworden.

---

[646] 11 U 120/69.
[647] So OLG Hamm, U. v. 15.1.1974 – 10 U 85/73.
[648] S. Rz. 186 f.
[649] Borgmann/Haug, § 7, 3 u. § 12, 3c.
[650] BGHZ 5, 12; insoweit in NJW 1952, 700 nicht wiedergegeben.
[651] § 19 II 1.4.d.

11. Haftungsbeschränkung

Der immer wieder aufkommende Wunsch nach einer **Beschränkung der persönlichen Haftung** des Notars ist verständlich. Das Haftpflichtrisiko ist nach der Frequenz und besonders auch der Höhe nach schwer. Selbst bei einer gewissenhaften und kenntnisreichen Berufsarbeit lassen sich Haftpflichtfälle nicht völlig vermeiden. Bei der Gestaltung von Rechtsgeschäften, die sich in der Zukunft bewähren sollen, kann der Notar, um nur ein Beispiel zu nennen, unmöglich voraussehen, wie die Gerichte im Wege der richterlichen Inhaltskontrolle einmal den Inhalt seiner Urkunde auslegen werden, und er kann zur Risikoabwendung ebensowenig pauschal Zweifelsvermerke in die Niederschrift aufnehmen (vgl. Rz. 490).

Die persönliche finanzielle Belastung des Notars in Haftpflichtfällen ist für Verstöße ab dem 1. 1. 1983 durch die **Pflichtversicherung** entscheidend gemildert worden[660]. Bis zu einer Haftpflichtsumme von 1 Mio. DM ist jeder Notar versichert (s. Rz. 290). Insofern hat sich das Verlangen nach Haftungsbeschränkungen entschärft. Aber gerade die immer wieder auftretenden Fälle mit Ansprüchen und auch eingetretenen Haftpflichtschäden von mehreren Millionen DM zeigen die existenzgefährdende Situation.

Nach der ganz herrschenden Meinung[661] ist eine **Haftungsbeschränkung bei Amtspflichtverletzungen unzulässig**[662]. Die Haftung ist nach Grund und Umfang in § 19 BNotO bestimmt. Gewisse Haftungserleichterungen – subsidiäre Haftung, Wegfall der Ersatzpflicht bei Nichtgebrauch eines Rechtsmittels – sind den Amtsträgern gewährt. Darüber hinaus können nicht durch privatrechtliche Vereinbarungen die öffentlich-rechtliche Amtspflicht und Amtshaftung eingeschränkt werden[663]. Dies folgt auch mittelbar aus dem Verbot der Amtsverweigerung bei der Urkundstätigkeit (§ 15 Abs. 1 S. 1 BNotO). Mit einer Haftungsbeschränkung würde für die Amtsausübung eine Bedingung gesetzt.

Im Schrifttum[664] wird vereinzelt darauf hingedeutet, daß gewisse Haftungsbeschränkungen im „dispositiven" Bereich der notariellen Amtstätigkeit möglich sein sollten, also bei den Amtspflichten im Betreuungsbereich, denn die Pflicht zu beurkunden kann grundsätzlich nicht ausgeschlossen werden. Zunächst ist aber zu beachten, daß die mit der Urkundstätigkeit verbundenen Belehrungs- und Einreichungspflichten nicht als selbständige Betreuungsgeschäfte[665] anzusehen sind. Das gilt insbesondere für die Belehrungspflicht nach § 17 BeurkG, die eine wesentliche Funktion der Beurkundung darstellt. Wenn auch in diesem Bereich

280

281

282

283

---

[660] Es darf jedoch die entsprechend höhere Belastung aller Notare mit Versicherungsprämien nicht vergessen werden.
[661] RG JW 1913, 1152; Münchener Kommentar (Papier), § 839 Rz. 220; Soergel/Glaser, § 839 Rz. 36 u. 41; Richter, Der Ausschluß der Staatshaftung nach Art. 34 GG, Diss. München, 1968, 237 ff.; Schneider, Zur Haftung der Gemeinden für ihre öffentlichen Angestellten, NJW 1962, 709; Tiemann, Grundfragen der Staats- und Benutzerhaftung in öffentlich-rechtlichen Benutzungsverhältnissen, Verw.-Arch. 1974, 381/398; Römer, S. 27; Rinsche II, 212; Haug, DNotZ 1982, 477; Hönle, Der Wirtschaftsprüfer – ein Organ der Rechtspflege, BB 1981, 466; mit kleinen Einschränkungen: Höfer/Huhn, S. 252; Daimer/Reithmann, 4. Aufl. Rz. 256; Seybold/Hornig, § 19 Rz. 61.
[662] Als Ausnahme könnte § 18 Abs. 2 S. 2 BNotO angesehen werden.
[663] Münchener Kommentar (Papier), § 839 Rz. 220 f. Die Frage, ob der Haftpflichtanspruch als solcher öffentlich- oder privatrechtlicher Natur ist, kann außer acht bleiben, da die Amtshaftung zum öffentlichen Bereich gehört (vgl. Soergel/Glaser, § 839 Rz. 41).
[664] Vor allem Rossak, Darf der Notar seine Haftung ausschließen oder einschränken?, VersR 1985, 1121; vgl. Seybold/Hornig, § 19 Rz. 61; Daimer/Reithmann, 4. Aufl., Rz. 256; Höfer/Huhn, S. 252.
[665] S. Rz. 176 ff.

die Belehrungspflicht nach § 17 Abs. 3 BeurkG über ausländisches Recht[666] und nach ständiger Rechtsprechung über Steuerfragen[667] eingeschränkt ist, so bleibt die Natur der Amtstätigkeit bestehen.

284 Belehrt der Notar z. B. in Steuerfragen, so müssen seine Angaben zutreffen; er kann sich dann nicht auf eine „Unverbindlichkeit" berufen. Auch bei den **selbständigen Betreuungsgeschäften** (§§ 23, 24 BNotO) steht es dem Notar zwar frei, ob oder in welchem Umfang er sie übernehmen will. Übernimmt er sie aber, so übt er voll Amtspflichten aus, die er im Rahmen der Übernahme aus denselben Gründen wie bei der Urkundstätigkeit nicht haftungsmäßig mindern kann. Im Grunde kommt mit der Differenzierung zwischen der Urkunds- und Betreuungstätigkeit wieder die überholte Ansicht zum Vorschein, daß die letztgenannte keine „eigentliche" Amtstätigkeit sei[668].

285 Im sogen. **dispositiven Tätigkeitsbereich**, der letztlich allein für Haftungsvereinbarungen in Betracht zu ziehen wäre, besteht im übrigen kein dringendes Bedürfnis für eine Einschränkung, es sei denn im Gebühreninteresse. Statt die Haftung zu beschränken, kann der Inhalt, das Ausmaß der Amtspflicht beschränkt werden. Damit wird auf eine rechtlich mögliche Weise zugleich das Haftungsrisiko begrenzt. Gibt z. B. der Notar seiner Amtstätigkeit bei Verwahrungsgeschäften einen solchen Zuschnitt[669], daß möglichst geringe Risiken für die Beteiligten entstehen, so mindert dies auch sein eigenes Risiko; oder belehrt er eingehend darüber, daß ausländisches Recht zur Anwendung kommen könne und er deshalb nicht weiß, ob das Rechtsgeschäft davon in seiner Wirksamkeit berührt wird, so haftet er grundsätzlich nicht, wenn die Beteiligten gleichwohl auf der Vornahme bestehen[670]; oder erklärt er ausdrücklich, daß er nicht über steuerliche Fragen belehren wird und enthält er sich so auch in dieser Hinsicht jeder Äußerung, so kann er nicht wegen einer Pflichtverletzung haften. Ein solches Verhalten erscheint unbedenklicher als eine steuerliche Beratung, für deren Richtigkeit die Verantwortung abgelehnt wird.

286 Wenn im Kommentar Seybold/Hornig[671] für Beratungen über steuerliche Fragen oder über ausländisches Recht eine Haftungsbeschränkung erwogen wird, vorausgesetzt, daß „der Notar seine Amtspflichten nach bestem Wissen und Gewissen erfüllt", so dürfte dies abgesehen von der Frage der Zulässigkeit keine besondere Entlastung sein. **Nach bestem Wissen und Gewissen** hat der Notar ohnehin seinen Beruf auszuüben. Es bliebe die Frage der Haftung letztlich doch an derjenigen des Verschuldens hängen. Auch der überlastete, in vorgerückter Stunde ermüdete Notar, den Höfer/Huhn[672] als Beispiel für eine Haftungsbeschränkung bringt, würde besser aus diesen berechtigten Gründen die Amtsübernahme ablehnen als sich bei einer Fehlleistung über die Wirksamkeit einer Haftungsbeschränkung und zusätzlich über die Verschuldensfrage auseinandersetzen zu müssen. Subjektive Beeinträchtigungen entschuldigen nämlich nach dem objektivierten Fahrlässigkeitsbegriff des § 276 BGB selten[673]. Entschließt sich der Notar gleichwohl zu einer Amtsübernahme, so muß er auch das erhöhte Risiko in Kauf nehmen.

287 Die Relation zwischen der **Gebührenhöhe** und dem **Haftpflichtrisiko** als Grund für Haftungsbeschränkungen zu nehmen, wie Reithmann[674] bei Rangbe-

---

[666] S. Rz. 496 ff.
[667] S. Rz. 559 ff.
[668] S. Rossak (Fn. I 664), S. 1121.
[669] Zimmermann, DNotZ 1980, 557 f. u. Haug, DNotZ 1982, 477 f.; vgl. Rz. 683–686.
[670] S. Rz. 498.
[671] § 19 Rz. 61.
[672] S. 252.
[673] S. Rz. 88 f.
[674] Daimer/Reithmann, 4. Aufl., Rz. 256.

stätigungen einmal anführte, dürfte mit hoher Wahrscheinlichkeit vergeblich sein. Selbst Rechtsanwälte, die privatrechtlich tätig werden und grundsätzlich ihre Haftung begrenzen können, dürften hier in rechtliche Schwierigkeiten geraten[675].

Eine rechtsgeschäftliche Haftungsbeschränkung müßte weiterhin an dem **288** „**Kreis der Dritten**" scheitern, dem gegenüber nach § 19 Abs. 1 S. 1 BNotO Amtspflichten obliegen. Zu diesem weit gezogenen Personenkreis gehören nicht nur Beteiligte, die mit dem Notar in Verbindung standen, sondern auch fernstehende Dritte (s. Rz. 36), die nach dem Sinn und Zweck des Amtsgeschäfts in den Schutzbereich einbezogen sind. Würde man die Zulässigkeit einer rechtsgeschäftlichen Haftungsbeschränkung bejahen, könnte die Situation entstehen, daß der Notar fremden Dritten gegenüber haftet, während unmittelbar Beteiligte keinen Schadenersatz erhalten. Wird ein Amtsgeschäft übernommen, so wird es nicht möglich sein, aus dem Schutzbereich des § 19 Abs. 1 S. 1 BNotO willkürlich einzelne Personen auszuschließen.

Zusammenfassend ist zu sagen, daß Beschränkungen der Haftpflicht für **289** Amtspflichtverletzungen als rechtlich unzulässig anzusehen sind und für sie praktisch kein dringendes Bedürfnis insoweit besteht, als die Übernahme von Amtspflichten abgelehnt oder eingeschränkt (Rz. 285) und für einen ausreichenden Versicherungsschutz gesorgt werden kann. Eine gesetzliche Einschränkung wäre möglich. Ob dies im Hinblick auf eine Staatshaftung für den freien Notarstand rechtspolitisch erstrebenswert wäre, erscheint jedoch mehr als fraglich.

---

[675] S. Borgmann/Haug, § 39 ff., insbes. § 41.

12. Berufshaftpflichtversicherung

a) Pflichtversicherung

290   Nach §§ 19a, 67 Abs. 2 BNotO ist für fahrlässige Amtspflichtverletzungen von Notaren eine Pflichtversicherung in Höhe einer derzeitigen **Mindestversicherungssumme von insgesamt 1 Million DM** vorgeschrieben. Sie besteht durch das Erste Gesetz zur Änderung der Bundesnotarordnung vom 7. 8. 1981 (BGBl. I 803) mit Wirkung vom 1. 1. 1983. Das heißt, alle Pflichtverletzungen (Verstöße)[680], die ab dem 1. 1. 1983 begangen sind, fallen bis zur genannten Versicherungssumme unter die Pflichtversicherung[681].

291   Die Einführung der Versicherungspflicht stand eng im Zusammenhang mit der Behandlung des **Staatshaftungsgesetzes**, das zwar die nichtbeamteten Notare nicht in die Staatshaftung einbezog, sie aber persönlich mit einer in einigen Punkten erhöhten „Unrechtshaftung" belasten wollte[682]. Von der Nichtigkeit des Staatshaftungsgesetzes lt. Urteil des Bundesverfassungsgerichts vom 19. 12. 1982[683] wurde das selbständige Änderungsgesetz zur BNotO nicht betroffen, so daß ein ansehnlicher Versicherungsschutz für die persönlich haftenden Notare und vor allem im öffentlichen Interesse eine Haftungsgewähr für Geschädigte geschaffen wurde. Zuvor waren die Notare zwar schon standesrechtlich zum Abschluß einer Berufs-Haftpflichtversicherung verpflichtet; die gewählten Versicherungssummen von oft nur 100 000 DM reichten aber bei weitem nicht aus.

292   Die Pflichtversicherung über 1 Mio. DM für fahrlässig verursachte Haftpflichtschäden besteht der Höhe nach aus zwei gleichen Teilen. Einmal aus der individuellen **Basisversicherung**, die nach § 19a Abs. 1 S. 1 BNotO der einzelne Notar abzuschließen und während der Dauer seiner Bestellung aufrecht zu erhalten hat. Die zweite Hälfte der Million hat nach § 67 Abs. 2 Nr. 3 BNotO die Notarkammer für jeden Notar des Bezirks versicherungsvertraglich in Deckung zu geben. Diese ergänzende **Gruppenanschluß-Versicherung** soll zunächst Risiken aus solchen Pflichtverletzungen decken, die der Höhe nach gem. § 19a BNotO nicht gedeckt sind. Sie stockt insofern die Basisversicherung der Notare auf.

293   Weiterhin sind aber nach § 67 Abs. 2 Nr. 3 BNotO die von der Basisversicherung nicht gedeckten Schäden wegen vorsätzlicher Pflichtverletzungen zu versichern. Dieser Pflichtversicherungsbereich wird von der Kammer durch Abschluß der sogen. **Vertrauensschadenversicherung** abgedeckt (s. Rz. 316 ff.).

294   Im Bereich der Basisversicherung steht nach § 19a Abs. 1 S. 4 BNotO dem Notar die Höchstversicherungssumme für alle während eines Versicherungsjahres verursachten Schäden zweimal zur Verfügung **(Maximierung)**. Hat ein Notar z. B. 3 Versicherungsfälle in demselben Versicherungsjahr mit Haftpflichtsummen von 600 000 DM, 400 000 DM und 300 000 DM, so beträgt die Versicherungsleistung – hier ohne Berücksichtigung der versicherungsvertraglichen Selbstbeteiligung –: 1 Mio. DM aus der Basisversicherung (500 000 DM + 400 000 DM +

---

[680] § 5 Nr. 1 der Allgemeinen Versicherungsbedingungen (AVB) zur Haftpflichtversicherung lautet: „Versicherungsfall im Sinne des Vertrages ist der Verstoß, der Haftpflichtansprüche gegen den Versicherer zur Folge haben könnte". Der Begriff „Pflichtverletzung" in § 19a Abs. 1 S. 2 BNotO ist dem „Verstoß" gleichzusetzen (Ziff. I der Besonderen Bedingungen für die Vermögensschaden-Haftpflichtversicherung von Notaren).

[681] Mit OLG Hamm (VersR 1987, 802 = AnwBl. 1986, 347) ist davon auszugehen, daß die Vorschriften über die Pflichtversicherung (§§ 158b ff. VVG) auch auf Versicherungsverträge, die zum 1. 1. 1983 noch nicht umgestellt waren, anzuwenden sind.

[682] Dazu ausführlich Zimmermann, DNotZ 1982, 4 ff. u. 90 ff.

[683] BVerfG 61, 149 = NJW 1983, 25.

100 000 DM); der übersteigende Teil fällt in die Gruppenanschluß-Versicherung. Diese bietet eine Versicherungssumme von 500 000 DM pro Fall mit der nach § 67 Abs. 2 Nr. 3 BNotO zulässigen Leistungsgrenze von 2 Mio. DM für alle innerhalb eines Versicherungsjahres von einem Notar verursachten Schäden. Hat z. B. ein Notar im Versicherungsjahr 2 Schadensfälle, einen mit einer Haftpflichtsumme von 1,2 Mio. DM und den anderen mit 800 000 DM, so beträgt die Versicherungsleistung (ohne Berücksichtigung der Selbstbeteiligung): 1,8 Mio. DM (aus der Basisversicherung 500 000 DM + 500 000 DM; aus der Anschlußversicherung 500 000 DM + 300 000 DM).

Zugunsten der Notare in Bayern und im Regierungsbezirk Pfalz hat die **Bayerische Notarkasse** als Versicherungsnehmerin auch die Basisversicherung abgeschlossen (vgl. § 113 Abs. 2 Nr. 5 BNotO). Über die Gruppenanschluß-Versicherung (§ 67 Abs. 2 Nr. 3 BNotO) hinaus wurde von ihr noch eine zusätzliche Anschlußversicherung für jeden Notar genommen. **295**

Für die Berechnung der Versicherungsleistung kann es bei hohen Haftpflichtsummen darauf ankommen, was unter *einem* **Versicherungsfall** zu verstehen ist. Die dazu maßgeblichen Allgemeinen Versicherungsbedingungen zur Haftpflichtversicherung für Vermögensschäden (§ 3 II Nr. 2 AVB) wurden für den Pflichtversicherungsbereich dem § 19a Abs. 1 S. 6 BNotO in Ziff. V der Besonderen Bedingungen für die Vermögensschaden-Haftpflichtversicherung von Notaren (einschließlich des Notarrisikos von Anwaltsnotaren) angepaßt[684]. Ziff. V. der Besonderen Bedingungen lautet: **296**

„Die Versicherungssumme stellt den Höchstbetrag der dem Versicherer – abgesehen vom Kostenpunkte (s. Ziff. 7) – in jedem einzelnen Schadenfall obliegenden Leistung dar, und zwar mit der Maßgabe, daß nur eine einmalige Leistung der Versicherungssumme in Frage kommt bezüglich sämtlicher Folgen eines Verstoßes. Dabei gelten sämtliche Pflichtverletzungen bei der Erledigung eines einheitlichen Amtsgeschäfts, mögen diese auf dem Verhalten des Notars, seines amtlich bestellten Vertreters oder einer von ihnen herangezogenen Hilfsperson beruhen, als ein Versicherungsfall (einheitlicher Verstoß)."

Ein **einheitlicher Verstoß** liegt z. B. vor, wenn dem Notar bei der Beurkundung *eines* Vertrags sowohl Form- als auch Belehrungsfehler unterlaufen. Die Verletzung unselbständiger Betreuungspflichten, die eine Einheit mit der Urkundstätigkeit bilden[685] sind auch in Beziehung auf die Versicherungsleistung nicht zu trennen. Die nach § 3 II Nr. 2 AVB bestehende **„Serienklausel"** ist aber durch die zitierten Besonderen Bedingungen im Pflichtversicherungsbereich insofern entschärft, als z. B. gleiche Verstöße in gleichartigen Verträgen aber mit verschiedenen Beteiligten auch dann nicht mehr in bezug auf die Höchstversicherungssumme eine Einheit darstellen, wenn die Verträge im rechtlichen oder wirtschaftlichen Zusammenhang stehen. Ist z. B. die gleichlautende Gewährleistungsregel in einer Reihe von Verträgen über den Verkauf von Eigentumswohnungen an verschiedene Käufer nichtig, so liegen in der Regel mehrere Verstöße im Sinne der Besonderen Bedingungen vor. Das heißt nicht, daß Haftpflichtfälle, die auf *einem* Verstoß beruhen, und durch die verschiedene Beteiligte geschädigt werden, immer verschiedene Versicherungsfälle sein müßten[686]. Liegt *ein* Verstoß vor – also nicht mehrere auf gleicher Fehlerquelle beruhende Verstöße –, so steht nach den vorstehend genannten Besonderen Bedingungen (Nr. V S. 1) die Versicherungssumme auch nur einmal zur Verfügung, z. B. bei *einer* fehlerhaften Notarbescheinigung, der verschiedene Personen vertrauen, oder *eine* gleichzeitig gegenüber verschiedenen Beteiligten anläßlich einer Sammelbeurkundung erteilten fal- **297**

---

[684] Diese besonderen Versicherungsbedingungen sind in DNotZ 1983, 7 ff. veröffentlicht.
[685] S. Rz. 176–180.
[686] So offenbar Zimmermann, DNotZ 1983, 14 f.

schen Belehrung über steuerrechtliche Folgen oder bei einer Schädigung des Käufers als auch des Verkäufers, weil der Kaufvertrag unwirksam beurkundet wurde, oder bei einem Diebstahl von Wertpapieren verschiedener Personen, weil im Notariat vergessen wurde, den Tresor abzuschließen.

298   Mit der Pflichtversicherung wird zum Schutze der Geschädigten praktisch die gesamte Haftpflicht des Notars aus seiner Amtstätigkeit abgedeckt[687]. Die genannten **Besonderen Versicherungsbedingungen** (Rz. 296) bringen deshalb verschiedene Änderungen und Ergänzungen der Allgemeinen Versicherungsbedingungen (AVB). Sie beziehen sich mit Ausnahme der Sozietäts- und Mitarbeiterklausel (Ziff. XII der Besonderen Versicherungsbedingungen i. V. m. § 12 AVB)[688] nicht nur auf den Pflichtversicherungsbereich, sondern auch auf die Anschlußversicherung. Die nachstehende Erläuterung soll nur einen Überblick geben und Einzelprobleme aufzeigen.

299   **Amtlich bestellte Vertreter** sind nach Ziff. II. der Besonderen Bedingungen wie bisher in den Versicherungsschutz einbezogen, soweit sie nicht durch eigene Verträge Versicherungsschutz haben. Innerhalb der Berufs-Haftpflichtversicherung von Rechtsanwälten sind in der Regel Haftpflichtansprüche aus der Tätigkeit als Notarvertreter für die Dauer von 60 Tagen während eines Versicherungsjahres eingeschlossen. Soweit zur Zeit des Verstoßes dieser Vertretungszeitraum nicht überschritten und die Versicherungssumme aus der Anwaltspolice ausreichend war, tritt der Berufs-Haftpflichtversicherer des Vertreters ein. Anderenfalls wird dem Vertreter Versicherungsschutz aus der Police des vertretenen Notars gewährt.

300   Der **Notariatsverweser** wird nach § 61 Abs. 2 S. 1 BNotO von der Notarkammer nach Maßgabe der §§ 19a und 67 Abs. 2 Nr. 3 BNotO pflichtversichert. Die Kammer ist dementsprechend schon im Bereich der Basisversicherung Versicherungsnehmer. Der Notariatsverweser kann aber selbst die Ansprüche aus der Haftpflichtversicherung geltend machen (§ 61 Abs. 2 S. 2 BNotO).

301   Haftpflichtansprüche aus **Nebentätigkeiten** des Notars sind nach den Besonderen Bedingungen nicht mehr in den Versicherungsschutz einbezogen. Es handelt sich um die Berufsausübung als Konkursverwalter, Vergleichsverwalter, Vormund, Pfleger, Nachlaßverwalter, Testamentsvollstrecker u. a. Anwaltsnotare haben diesen Einschluß meist im Anwalts-Versicherungsvertrag. Nur-Notare müßten für Nebentätigkeiten – ob sie nach § 8 BNotO genehmigungsbedürftig oder -frei sind – gesondert eine Haftpflichtversicherung abschließen.

302   Bei **Verwahrungsgeschäften** und **Sachschäden** sind die Einschränkungen in den Allgemeinen Versicherungsbedingungen durch Ziff. III. und IV. der Besonderen Bedingungen aufgehoben. Weiterhin werden entgegen § 4 Ziff. 4 AVB Schäden durch **Veruntreuung des Personals** insoweit gedeckt, als der Notar wegen fahrlässiger Verletzung seiner Amtspflicht zur Überwachung des Personals in Anspruch genommen wird. Hier gehen natürlich Rückgriffsansprüche gegen die Veruntreuer auf den Versicherer über.

303   Der in § 4 Nr. 1 AVB bestimmte Ausschluß des Versicherungsschutzes bei Haftpflichtansprüchen, die vor ausländischen Gerichten, wegen Verletzung ausländischen Rechts oder einer **Auslandstätigkeit** geltend gemacht werden, ist nach Ziff. VIII. der Besonderen Bedingungen dahin eingeschränkt, daß Schadenersatzansprüche wegen Verletzung oder Nichtbeachtung ausländischen Rechts dann in den Versicherungsschutz einbezogen sind, wenn die Amtspflichtverletzung darin besteht, daß die Möglichkeit der Anwendbarkeit ausländischen Rechts nicht erkannt wurde. Da die Amtsbefugnisse des Notars sich auf die Bundesrepublik Deutschland beschränken, das IPR, das EGBGB und das EG-Recht inländi-

---

[687] S. aber auch die Vertrauensschaden-Versicherung Rz. 316f.
[688] S. Rz. 307.

sches Recht sind, bleibt die kleine Deckungslücke[689] bei falscher Anwendung ausländischen Rechts. Der Notar hat hier nach § 17 Abs. 3 BeurkG die Möglichkeit, das Risiko auszuschließen, so daß die in dieser Beziehung nicht vollkommene Deckung in Kauf genommen wird[690].

Nach § 3 Abs. 2 Nr. 4 AVB ist in der Berufs-Haftpflichtversicherung der Haftpflichtanspruch nicht in Höhe der **eigenen Gebühren** des Versicherungsnehmers in der Verstoßsache gedeckt. Diese Einschränkung wurde mit Ziff. IX. der Besonderen Bedingungen beseitigt. Die Versicherungsleistung wird dem Geschädigten insoweit ungekürzt zugute kommen. Im Innenverhältnis bleibt jedoch der versicherte Notar verpflichtet, den in der Verstoßsache vereinnahmten Gebührenbetrag dem Versicherer zu erstatten. **304**

Den versicherungsvertraglich vereinbarten **Selbstbehalt** des Notars, um den nach § 3 II Nr. 3 AVB die Haftpflichtsumme gekürzt wird, kann der Anspruchsteller nicht vom Versicherer verlangen. Es handelt sich um eine Risikobeschränkung[691]. In dieser Beziehung bleibt der Versicherungsnehmer Schuldner. Im übrigen ist nach § 19a Abs. 2 BNotO die Selbstbeteiligung des Notars nur bis zu 1 % der Mindestversicherungssumme zulässig, bei der derzeitigen Versicherungssumme der Basisversicherung also bis 5000 DM. An der Versicherungsleistung aus der Gruppenanschluß-Versicherung trifft den Notar keine Beteiligung. Die Staffelung der Selbstbeteiligung (Ziff. VII. der Besonderen Bedingungen) ist gegenüber der schon vor Inkrafttreten der Pflichtversicherung bestehenden besonderen Vereinbarungen gleich geblieben. Sie beträgt bis 10000 DM der Haftpflichtsumme 20 % und vom Mehrbetrag bis 40000 DM 10 %. Der Mindestselbstbehalt beträgt nach wie vor 100 DM. **305**

Mit Ziff. XI. der Besonderen Bedingungen wurde die sogen. **Angehörigenklausel** des § 4 Nr. 6 AVB bezüglich der Beteiligung an juristischen Personen oder sonstigen Gesellschaften dem heutigen Wirtschaftsleben angepaßt[692]. Während nach den Allgemeinen Versicherungsbedingungen Haftpflichtansprüche gegen den Notar schon dann vom Versicherungsschutz ausgeschlossen waren, wenn ihm oder seinem Angehörigen oder Sozius ein Anteil an der anspruchserhebenden Gesellschaft gehörte, so ist nach den Besonderen Bedingungen der Besitz der „Majorität der Anteile" Voraussetzung. Die sonstigen Ausschlüsse bei Haftpflichtansprüchen von Sozien, Angehörigen und in häuslicher Gemeinschaft mit dem Notar lebenden Personen entsprechen zum Teil den §§ 3, 7 BeurkG und dienen im übrigen dem allgemeinen Interesse an einer objektiven, zuverlässigen Aufklärung von Haftpflichtsachen. **306**

Für Notare besteht grundsätzlich keine Sozietätshaftung[693], so daß die **Sozietätsklausel** des § 12 AVB versicherungsvertraglich fiktiven Charakter hat. § 12 AVB und die parallele Regelung für Mitarbeiter in § 13 AVB werden in Ziff. XII. der Besonderen Bedingungen aufgehoben. Die Aufhebung soll nach Satz 2 der sprachlich schwer verständlichen Bestimmung aber dann nicht gelten, wenn bei einem einheitlichen Amtsgeschäft mehrere „Notarsozien" einen Schaden herbeiführen. Sind diese Notare pflichtgemäß mit der Mindestversicherungssumme versichert, so bringt die Anwendung des § 12 AVB keine Minderung der Versicherungsleistung. Ziff. XII. S. 2 betrifft deshalb nur den im Bereich der Pflichtversicherung außergewöhnlichen Fall, daß ein beteiligter Notar nicht oder unter der **307**

---

[689] Diese Lücke kann zudem durch eine Zusatzversicherung geschlossen werden; s. auch Zimmermann, DNotZ 1983, 12.
[690] S. Zimmermann, DNotZ 1983, 17 ff.
[691] S. Rz. 311.
[692] Zimmermann, DNotZ 1983, 19 f.
[693] S. Rz. 108.

Höhe der Mindestversicherungssumme versichert ist[694]. Beträgt z. B. der Schaden, der in einem einheitlichen Amtsgeschäft von zwei „Notarsozien" herbeigeführt wurde, 600 000 DM und besteht für einen der beiden Notare aus irgendeinem Grund keine Basisversicherung, so würde bei Anwendung von § 12 AVB die Versicherungsleistung 300 000 DM[695] betragen. Da sie damit die Mindestversicherungssumme unterschreiten würde, kommt nach Ziff. XII. S. 2 der Besonderen Bedingungen die Sozietätsklausel nicht zur Anwendung; es ist aus der Basisversicherung die Mindestversicherungssumme von derzeit 500 000 DM zu leisten. § 12 AVB findet jedoch im Haftpflichtbereich, der die Mindestversicherungssummen der §§ 19a, 67 Abs. 2 Nr. 3 BNotO überschreitet, uneingeschränkt Anwendung (vgl. Rz. 322).

308   Ziff. XIII. der Besonderen Bedingungen bestimmt **Anzeigepflichten**. Die erste trifft den Versicherer. Er hat zur Gewährleistung der Pflichtversicherung im Interesse von Geschädigten der Landesjustizverwaltung (§ 19 Abs. 3 BNotO) die Beendigung oder eine Beeinträchtigung des Versicherungsschutzes unverzüglich mitzuteilen. Die Leistungsfreiheit des Versicherers beginnt nach § 158c Abs. 2 VVG frühestens mit Ablauf einer Monatsfrist nach der Anzeige. Sie beginnt nicht vor der Beendigung des Versicherungsverhältnisses zu laufen. Der BGH entschied mit Beschluß vom 13. 10. 1986[696], daß die Leistungspflicht gegenüber den Geschädigten noch nicht mit der Mahnung und dem Ablauf der gesetzten Zahlungsfrist endigt (§ 39 VVG), sondern erst mit dem Ende des Versicherungsverhältnisses aufgrund einer Kündigung *und* dem Ablauf der Monatsfrist des § 158c Abs. 2 VVG.

309   Die zweite Anzeigepflicht der Ziff. XIII der Besonderen Bedingungen trifft den Versicherungsnehmer. Er hat den Versicherer der Gruppenanschluß-Versicherung oder die Notarkammer unverzüglich zu informieren, wenn Anzeichen dafür bestehen, daß die Versicherungssumme des Basisvertrages überschritten wird. Der Basisversicherer ist in diesem Falle zur Information des Gruppenanschluß-Versicherers berechtigt. Bestehen die Basis- und Gruppenanschluß-Versicherung bei demselben Versicherer, so liegt die Regulierung in einer Hand und der Versicherer wird von sich aus mit der zuständigen Notarkammer in Verbindung treten. Die Kammer hat nicht nur in der Stellung als Vertragspartner des Berufs-Haftpflichtversicherers, sondern auch aufgrund ihrer Aufgabe, über Ehre und Ansehen ihrer Mitglieder zu wachen (§ 67 Abs. 1 S. 2 BNotO)[697], ein eigenes Interesse über Haftpflichtfälle dieser Größenordnung unterrichtet zu werden. Dies entspricht weiterhin dem der Berufs-Haftpflichtversicherung zukommenden Vertrauensverhältnis, das eine ständige Zusammenarbeit erfordert, ohne daß damit die Vertragsrechte der Partner geschmälert werden.

310   Die Pflichtversicherung soll dem Geschädigten die Realisierung seines Schadenersatzanspruchs sichern. Sie gibt ihm deshalb nach den **Vorschriften für die Pflichtversicherung** im Versicherungs-Vertragsgesetz (§§ 158b ff. VVG) besondere Rechte und schränkt diejenigen des Versicherers ein. Anders als in der Kraftfahrzeug-Haftpflichtversicherung besteht jedoch in der Berufs-Haftpflichtversicherung der Notare kein eigener unmittelbarer Anspruch des Geschädigten gegen den Versicherer (§ 158c Abs. 6 VVG). Zahlt dieser nicht entsprechend § 156 Abs. 2 VVG die Versicherungsleistung an ihn aus, so kann der Geschädigte aufgrund eines Haftpflichturteils gegen den Notar den Versicherungsanspruch pfänden und sich zur Einziehung überweisen lassen.

---

[694] S. Zimmermann, DNotZ 1983, 20.
[695] Ohne Berücksichtigung der Selbstbeteiligung.
[696] DNotZ 1987, 442.
[697] BGH DNotZ 1959, 637/640.

12. Berufshaftpflichtversicherung

Einwendungen aus dem Versicherungsvertragsverhältnis kann der Versicherer im Bereich der Pflichtversicherung nur „im Rahmen der amtlich festgesetzten Mindestversicherungssumme und der von ihm übernommenen Gefahr" geltend machen (§ 158c Abs. 3 VVG). Die Haftung des Versicherers auf den Umfang der „übernommenen Gefahr" bedeutet, daß das versicherungsvertraglich übernommene Risiko durch die Pflichtversicherung nicht erweitert wird. Dies gilt auch für **objektive Risikobeschränkungen**[698], wie z.B. den Selbstbehalt des Versicherungsnehmers (s. Rz. 305), den Deckungsausschluß nach § 4 Nr. 5 AVB bei Schadensstiftung durch wissentliche oder vorsätzliche Pflichtverletzung[699] oder die weiteren Ausschlüsse in § 4 AVB, soweit sie nicht durch die Besonderen Bedingungen zur Pflichtversicherung aufgehoben oder eingeschränkt wurden (Rz. 296 ff.). Soweit die Haftpflichtforderung über die Mindestversicherungssumme der Pflichtversicherung hinausgeht und insoweit eine Anschlußversicherung (Rz. 321) besteht, kommen wieder die vollen Vertragsrechte des Versicherers zum Zuge[700]. 311

Obliegenheitsverletzungen des Versicherungsnehmers[701] schließen die Verpflichtung des Versicherers gegenüber dem Geschädigten nicht aus. Die Obliegenheiten des Versicherungsnehmers bestehen in der Berufs-Haftpflichtversicherung vor allem in der Pflicht zur unverzüglichen Schadensanzeige (§ 5 Nr. 2 AVB), zur ausführlichen und wahrheitsgemäßen Unterrichtung des Versicherers, in der Befolgung der Weisung des Versicherers zur Abwendung oder Minderung des Schadens und in der Verpflichtung, kein Haftpflichtanerkenntnis ohne Einwilligung des Versicherers abzugeben (§ 5 Nr. 3 AVB). Der bei Obliegenheitsverletzungen nach § 6 AVB bestimmte Rechtsverlust des Versicherungsnehmers kann im Rahmen der Pflichtversicherung dem Geschädigten gegenüber nicht geltend gemacht werden. Es macht dabei keinen Unterschied, ob die Obliegenheit fahrlässig oder vorsätzlich verletzt wurde. 312

Die **Anspruchstellerseite** hat im Rahmen der Pflichtversicherung ebenfalls Obliegenheiten gegenüber dem Berufs-Haftpflichtversicherer. Nach § 158d VVG hat der Geschädigte, wenn er Haftpflichtansprüche gegen den Notar erhebt, dies dem Versicherer innerhalb von 2 Wochen schriftlich anzuzeigen. Macht er den Anspruch gerichtlich geltend, so hat er ebenfalls unverzüglich dem Versicherer Anzeige zu erstatten. Dieser soll damit in die Lage versetzt werden, den Fall aufzuklären, haftpflicht- und deckungsrechtlich zu beurteilen und evtl. in direkte Verhandlungen mit dem Anspruchsteller einzutreten. Dieser hat auf Verlangen des Versicherers Informationen zu erteilen, soweit sie zur Feststellung der Haftpflichtsache dem Grunde und der Höhe nach erforderlich sind. Belege zum Nachweis des Anspruchs hat er ebenfalls vorzulegen, soweit „ihm die Beschaffung billigerweise zugemutet werden kann" (§ 158d Abs. 3 VVG). Erklärt sich die Versicherung bereit, entstehende Kosten zu übernehmen, wird die Beschaffung meist keine unbillige Zumutung sein. 313

Die Mithilfe des Anspruchstellers ist vor allem dann notwendig, wenn der Versicherungsnehmer die Schadensanzeige an den Versicherer unterläßt und gar ohne dessen Kenntnis einen Haftpflichtprozeß führt. Der Notar verletzt damit zwar vorsätzlich seine versicherungsvertraglichen Obliegenheiten (§§ 5, 6 AVB); dies kann der Versicherer jedoch gegenüber dem Anspruchsteller nicht einwenden 314

---

[698] Prölß/Martin, § 158c, Anm. 6d.
[699] S. Rz. 101 ff. u. zur Vertrauensschaden-Versicherung Rz. 316.
[700] § 158k VVG steht dem nicht entgegen; § 158c Abs. 3 VVG ist demgegenüber eine Sondervorschrift (Prölß, § 158k Anm. 2).
[701] Obliegenheiten sind versicherungsvertragliche Anforderungen an das Verhalten des Versicherungsnehmers, deren Nichteinhaltung den Versicherungsschutz gefährden oder ausschließen (BGH VersR 1988, 267/269).

(§ 158c VVG). Hier schafft § 158e VVG einen Ausgleich. Zeigt der Anspruchsteller dem Versicherer die Erhebung der Haftpflichtansprüche nicht an, so beschränkt sich dessen Haftung auf den Betrag, den er bei Erfüllung der Anzeigeverpflichtung zu leisten gehabt hätte (§ 158e Abs. 1 S. 1 VVG). Die Beweislast, daß auch ohne Anzeige die zu erbringende Versicherungsleistung nicht geringer gewesen wäre, hat der Anspruchsteller[702]. Praktisch wird dann im Deckungsprozeß trotz des Vorliegens eines Titels, evtl. eines Versäumnisurteils aus dem Haftpflichtprozeß, die Haftpflichtfrage neu aufgerollt[703].

315   Die gleiche Lage tritt ein, wenn der Versicherungsnehmer mit dem Anspruchsteller ohne Einwilligung des Versicherers einen Vergleich schließt oder den Haftpflichtanspruch anerkennt (§ 158e Abs. 2 VVG). Die Erfüllung der Anzeigepflicht und die Erteilung der erforderlichen Informationen liegt also auch im Interesse der Anspruchstellerseite. Die Verletzung dieser „Obliegenheiten im eigenen Interessen" wirkt sich nach § 158e Abs. 1 S. 2 VVG allerdings nur dann für den Geschädigten nachteilig aus, wenn der Versicherer ihn rechtzeitig auf die Rechtsfolgen aufmerksam gemacht hat[704]. Erfüllt der Geschädigte seine Pflichten nach § 158d VVG, ohne daß die Versicherung reagiert, so kann diese später nicht mehr mit Einwendungen gegen das Ergebnis des Haftpflichtprozesses gehört werden.

b) Vertrauensschadenversicherung

316   Die Notarkammern sind nach § 67 Abs. 2 Nr. 3 BNotO verpflichtet, Versicherungsverträge zur Ergänzung der Haftpflichtversicherung nach § 19a BNotO abzuschließen, um auch Schäden durch solche Pflichtverletzungen abzudecken, die „als **vorsätzliche Handlungen** durch die Allgemeinen Versicherungsbedingungen vom Versicherungsschutz ausgenommen sind". Diese Pflichtversicherung bezweckt den Schutz der Geschädigten, denn der vorsätzlich pflichtwidrig handelnde Notar ist nicht schutzwürdig. Eine Entschädigung von vorsätzlich zugefügten Nachteilen liegt auch im Interesse des Notarstands. Die Notare waren daher schon vor Inkrafttreten der Pflichtversicherung gehalten, die von den Notarkammern geforderten Umlagen für die Vertrauensschaden-Versicherung oder den „Vertrauensschadenfonds" zu zahlen. Der Abschluß der Vertrauensschaden-Versicherung liegt nach dem Beschluß des OLG Bremen vom 10. 11. 1981[705] im Rahmen der Aufgabe der Notarkammer, „über Ehre und Ansehen ihrer Mitglieder zu wachen" (§ 67 Abs. 1 S. 2 BNotO) und lt. BGH-Beschluß vom 25. 10. 1982[706] bzgl. des Vertrauensschadenfonds, den „Berufsstand der Notare und das ihnen anvertraute Amt im Ansehen der Öffentlichkeit" zu schützen.

317   Die Vertrauensschaden-Versicherung schließt die Deckungslücke in der Berufs-Haftpflichtversicherung hinsichtlich der Risikobeschränkung bei wissentlichen oder vorsätzlichen Pflichtverletzungen[707]. Die von den Notarkammern abgeschlossenen Versicherungsverträge gehen im Deckungsumfang aber nicht kongruent mit der Haftpflicht bzw. Schadenersatzpflicht des Notars. Unter Hinweis auf die Darstellung von Zimmermann[708] wird nur auf folgende gravierende Deckungsausschlüsse hingewiesen: Schäden, die später als 4 Jahre nach ihrer Verursa-

---

[702] Prölß/Martin, § 158e Anm. 1.
[703] Ansonsten sind Haftpflichtprozeß-Urteile grundsätzlich für die Deckung bindend (BGH VersR 1963, 421/422; OLG Hamm, VersR 1981, 178/179; 1987, 802/806).
[704] Da die Gerichte die Einhaltung solcher Formalitäten streng prüfen, wird auf den Formulierungsvorschlag in Prölß/Martin, § 158e Anm. 2, verwiesen.
[705] DNotZ 1982, 510/511; vgl. BGH DNotZ 1969, 637/640.
[706] DNotZ 1983, 119/122.
[707] Zur wissentlichen Pflichtverletzung und zum Vorsatz bei Amtspflichtverletzungen s. Rz. 101 f.
[708] DNotZ 1982, 90 ff.

chung dem Vertrauensschaden-Versicherer gemeldet werden, unterliegen nicht dem Versicherungsschutz und mittelbare Schäden, wie entgangener Gewinn und Zinsverlust werden nicht ersetzt.

Vorsätzliche Pflichtverletzungen von **Notarvertretern** und **Notariatsverwesern** sind im vorgenannten Umfang in den Versicherungsschutz einbezogen. Neben dem Vertreter haftet nach § 46 BNotO der vertretene Notar als Gesamtschuldner. Da in der Regel bei einem Vorsatztäter kaum Ersatz zu erlangen ist, wird haftpflichtrechtlich der vertretene Notar das Schadenersatzrisiko tragen. Seine Berufs-Haftpflichtversicherung ist für ihn nicht eintrittspflichtig, da die Verstoßart „vorsätzlich" objektiv nicht zum Risikobereich dieser Haftpflichtversicherungsart gehört (§ 152 VVG, § 4 Nr. 5 AVB). Der Vertretene persönlich hat keinen Verstoß i. S. v. § 1 Abs. 1 AVB begangen; er haftet aus dem gesetzlichen Schuldverhältnis für die vorsätzliche Pflichtverletzung des anderen. Soweit der Vertrauensschaden-Versicherer gemäß dem Versicherungsvertrag mit der Notarkammer keinen Ersatz leistet, bleibt der vertretene Notar der finanziell Belastete. Gleichgelagert ist die gesamtschuldnerische Haftung der Notarkammer mit dem seine Pflichten vorsätzlich verletzenden Notariatsverweser (§ 61 BNotO). 318

Soweit die Notarkammern nach § 67 Abs. 2 Nr. 3 BNotO verpflichtet sind, auch Vorsatzschäden versicherungsvertraglich mit einer Mindestversicherungssumme abzudecken, ist davon auszugehen, daß sie diese gesetzliche Schutzpflicht ohne gravierende Einschränkung gegenüber den Geschädigten zu erfüllen haben. Für eine Leistung nach billigem Ermessen dürfte im gesetzlich bestimmten Rahmen kein Raum sein[709]. Direkte Ansprüche gegen den Vertrauensschaden-Versicherer werden dadurch für den Geschädigten aber nicht begründet (vgl. § 158c Abs. 6 VVG). Die Vertrauensschaden-Versicherung ist insofern nur dem Grundgedanken nach eine Versicherung für fremde Rechnung (§ 74–80 VVG). 319

c) „Vertrauensschadenfonds"

Alle Notarkammern des Bundesgebiets haben satzungsgemäß die Bildung eines Vertrauensschadenfonds vereinbart[710]. Der Fonds wird durch relativ hohe Sonderbeiträge der Notare gebildet und auf dem vereinbarten Niveau gehalten[711]. Er hat nach § 1 Abs. 1 seiner Satzung u. a. die Aufgabe, „bei Schäden aus vorsätzlichen Handlungen von Notaren ... ohne rechtliche Verpflichtung Leistungen zu ermöglichen, wenn ein auf andere Weise insbesondere durch Versicherungen nicht gedeckter Vertrauensschaden vorliegt und dem Fonds nach seiner Zweckbestimmung eine Leistung im Einzelfall angezeigt erscheint." Die Art dieser freiwillig geschaffenen Institution kann keinen Rechtsanspruch auf Entschädigungsleistungen gestatten; andernfalls würde der gute Zweck zunichte gemacht. 320

d) Anschlußversicherung

Der Notar kann über das durch die Pflichtversicherung mit derzeit insgesamt 1 Mio. DM abgedeckte Haftpflichtrisiko hinaus eine **Anschlußversicherung mit höherer Versicherungssumme** abschließen. Versichert er sich z. B. individuell in Höhe von 1 Mio. DM, so hat er einen Versicherungsschutz von insgesamt 1,5 Mio. DM: 500 000 DM Basisversicherungssumme + 500 000 DM Gruppenanschluß-Versicherung + 500 000 DM persönliche Anschlußversicherung. 321

Im Bereich der Anschlußversicherung findet § 12 der Allgemeinen Versicherungsbedingungen wieder Anwendung (s. Ziff. XII. S. 1 der Besonderen Bedin- 322

---

[709] A. A. Zimmermann, DNotZ 1982, 91.
[710] S. dazu ausführlich Zimmermann, DNotZ 1982, 95 ff.
[711] S. Tätigkeitsbericht der Bundes-Notarkammer, DNotZ 1988, 405.

gungen[712]). (Anwalts-) Notare, die nach außen hin durch Briefkopf, Notarschild etc. gemeinschaftlich in Erscheinung treten (§ 12 Nr. 1 AVB), müssen bei Abschluß einer Anschlußversicherung darauf achten, daß auch ihre „Sozien" eine möglichst gleich hohe Anschlußversicherung nehmen[713]. Anderenfalls kann sich der Versicherungsschutz der Höhe nach mit der sogen. durchschnittlichen Versicherungsleistung spürbar mindern. Ist z. B. ein Haftpflichtschaden von 1,8 Mio. DM versicherungsvertraglich zu regulieren und hat nur einer von drei „Notarsozien" eine Anschlußversicherung bis 2 Mio. DM einschließlich der Pflichtversicherung abgeschlossen, so errechnet sich die nach § 12 AVB zu zahlende Versicherungsleistung[714]: 1 Mio. DM aus der Pflichtversicherung; zusätzlich 800 000 DM für den anschlußversicherten Notar; keine Versicherungsleistung für die beiden Sozien. Das bedeutet versicherungsvertraglich, daß die Anschlußleistung von 800 000 DM durch drei (Sozien) zu teilen ist; es verbleibt ein Betrag von 266 666 DM und es fehlen also mehr als eine halbe Million zur Befriedigung des Haftpflichtgläubigers.

323 Eine **Empfehlung zur Höhe einer ausreichenden Versicherungssumme** läßt sich schwer geben. Für die Höhe des Haftpflichtrisikos kommt es weniger auf den Umfang des Notariats als auf den Geschäftswert der Einzelobjekte sowie auf die konkrete Rechtsmaterie und nicht zuletzt auf die Verläßlichkeit der Beteiligten an. Die Versicherer sind grundsätzlich bereit, Einzelobjekte gesondert zu versichern. Gleichwohl wäre für mittlere Notariate ein genereller Versicherungsschutz in Höhe von etwa 3 Mio. DM (einschließlich Pflichtversicherung) anzuraten. Große Notariate haben zum Teil zweistellige Millionenbeträge als Versicherungssumme.

324 Da sich die versicherungsvertragliche Deckung nach dem sogen. Verstoßzeitpunkt richtet[715], sollte von Zeit zu Zeit die Frage einer **Rückwärtsversicherung** geprüft werden. Das Verstoßprinzip hat den wichtigen Vorteil, daß der Notar z. Zt. des Verstoßes, also zur Zeit seines aktiven Berufslebens, jedoch nicht mehr nach Berufsaufgabe versichert sein muß. Die Regulierung richtet sich aber nach der z. Zt. des Verstoßes vereinbarten Höhe der Versicherungssumme. Bei einer Geldentwertung oder Wertsteigerung von Grundstücken kann die in zurückliegender Zeit vereinbarte Versicherungssumme im Zeitpunkt der Schadenersatzleistung unzureichend geworden sein. Durch eine rückwirkende Aufstockung für unbekannte Verstöße besteht die Möglichkeit, dieses Spätschadenrisiko abzudecken.

---

[712] S. Fn. I 684 u. Rz. 307.
[713] Unter bestimmten Voraussetzungen kann § 12 AVB im Anschlußbereich abbedungen werden.
[714] Ohne Berücksichtigung der Selbstbeteiligung.
[715] S. Fn. I 680.

13. Haftpflichtrechtliche Besonderheiten nach den Notariatsverfassungen der Bundesländer

a) Das Nur-Notariat

Das nichtbeamtete Nur-Notariat ist die **Haupt- und Leitform** der schon von der Reichsnotarordnung und nachfolgend der Bundesnotarordnung herausgestellten Notariatsverfassung[740]. Dies ergibt sich insbesondere aus § 3 Abs. 1 BNotO: „Die Notare werden zur hauptberuflichen Amtsausübung auf Lebenszeit bestellt" und § 7 BNotO zum notariellen Anwärterdienst des Notarassessors. Das Nur-Notariat bildet eine feste Basis für die Hauptsäulen der Amtstätigkeit: die Unabhängigkeit (§ 1 BNotO), Unparteilichkeit (§ 14 Abs. 1 BNotO) und Vertrauenswürdigkeit nicht nur dem Einzelnen, sondern der Öffentlichkeit gegenüber (§ 14 Abs. 2, 3 u. 4 BNotO).

340

Gebietsmäßig nimmt das nichtbeamtete Nur-Notariat mit fast 1000 Amtsträgern etwa die Hälfte der Bundesrepublik ein. Gemäß § 4 Abs. 1 BNotO sind nur so viele Notare zu bestellen, wie es den Erfordernissen einer geordneten Rechtspflege entspricht. Das „Nur" hat durchaus insofern eine haftpflichtrechtliche Komponente, als erfahrungsgemäß die ständige Berufspraxis nicht nur für den Notar, sondern auch für die Büroorganisation die beste Grundlage für eine solide Notariatsarbeit gibt[741].

341

Das Nur-Notariat besteht:

342

— In **Bayern** mit den in § 113 BNotO genannten Besonderheiten der Notarkasse. Diese ist u. a. die Versicherungsnehmerin der einheitlich für die bayerischen und pfälzischen[742] Notare abgeschlossenen Berufs-Haftpflichtversicherung (§ 113 Abs. 3 Nr. 5 BNotO)[743] und verantwortlich für die Förderung der wissenschaftlichen und praktischen Fortbildung der Notare und Assessoren (§ 113 Abs. 3 Nr. 6 BNotO).

— In **Baden-Württemberg** in sehr beschränktem Umfang. Die knapp 30 Nur-Notare amtieren im Oberlandesgerichtsbezirk Stuttgart und werden vornehmlich aus den Reihen der Bezirksnotare und Anwälte bestellt (§ 114 Abs. 3 BNotO). Sie unterstehen voll der Bundesnotarkammer. Auch andere Juristen mit der Befähigung zum Richteramt können – bzw. könnten – im OLG-Bezirk Stuttgart zum Nur-Notar bestellt werden. § 3 Abs. 2 und §§ 115, 116 BNotO betreffen nicht diesen OLG-Bezirk. Praktisch werden jedoch für das Bezirksnotariat ausgebildete Bewerber genommen, weil die Einrichtung des Anwärterdienstes als Notarassessor fehlt[744].

— In **Nordrhein-Westfalen** im Gebiet des früheren rheinischen Rechts, das die OLG-Bezirke Köln und Düsseldorf mit Ausnahme des LG-Bezirks Duisburg und AG-Bezirks Emmerich umfaßt.

— In **Rheinland-Pfalz**. Das Anwaltsnotariat ist dort nach § 16 Abs. 2 BNotO ausdrücklich ausgeschlossen. Nur Anwaltsnotare, die am 1. 4. 1961 zugelassen und bestellt waren, konnten den Doppelberuf weiter ausüben.

---

[740] Römer, S. 30 u. 60 f. Zur Geschichte und den Bestrebungen nach einem einheitlichen Nur-Notariat s. zusammenfassend mit Hinweisen auf die Literatur: Huhn/v. Schuckmann, Einl. Rz. 16–21, Seybold/Hornig, S. XIX u. § 3 Rz. 1 f.
[741] S. Seybold/Hornig, § 4 Rz. 1; Römer, S. 73 ff.
[742] Regierungsbezirk Pfalz des Landes Rheinland-Pfalz.
[743] S. Rz. 295.
[744] Dies fand auch die Billigung des BGH (DNotZ 1965, 239).

– In **Hamburg.** Es gilt hier wie für Rheinland-Pfalz das Verbot des Anwaltsnotariats (§ 116 Abs. 2 BNotO).
– Im **Saarland.**

343   Für die Berufsausübung der Nur-Notare gelten, abgesehen von den Ausführungsverordnungen der Justizministerien der Länder[745], die Bundesnotarordnung und das Beurkundungsgesetz. Weiterhin ist die Dienstordnung für Notare (DONot) als einheitlich von den Ländern erlassene Verwaltungsanordnung zu beachten. Sie ist neben den genannten Gesetzen die wichtigste Vorschrift für die Ausübung des Notaramtes, deren Beachtung zu den Amtspflichten gehört[746]. Sie kann auch – jedenfalls im negativen Sinne der Haftpflicht – nach außen gegenüber den Beteiligten Rechtspflichten entfalten[747]. Die Ordnungsvorschriften sind nicht als Selbstzweck, sondern im öffentlichen Interesse geschaffen. Hat ein Beteiligter durch eine Amtspflichtverletzung einen Schaden erlitten, so kann er sich zur Begründung des Anspruches nach § 19 BNotO auch auf die Verletzung von Vorschriften der DONot berufen. Es kommt nur darauf an, daß die Verletzung der DONot zugleich eine Verletzung der Amtspflicht gegenüber einem Dritten ist[748]. Eine von § 19 BNotO losgelöste Klage gegen den Notar auf Einhaltung der DONot ist allerdings ebenso unzulässig wie eine Klage auf Vornahme einer Amtshandlung[749].

b) Das Anwaltsnotariat

344   Das Anwaltsnotariat bildet nach der BNotO neben dem Nur-Notariat eine gleichberechtigte Notariatsform. Es betreut mit z. Zt. etwa 8000 Anwaltsnotaren räumlich ebenfalls rd. die Hälfte des Bundesgebiets. § 3 Abs. 2 BNotO bestimmt, daß in den Gerichtsbezirken, in denen am 1. 4. 1961 das Amt des Notars nur in der Nebenform ausgeübt worden ist, weiterhin ausschließlich Rechtsanwälte als Notare zur gleichzeitigen Amtsausübung neben dem Anwaltsberuf bestellt werden. Neben dem Vorhandensein eines Bedürfnisses für eine Notarstelle kann nach den Anordnungen der Landesjustizverwaltung auch der Ablauf einer Wartezeit für die Bestellung zum Anwaltsnotar genügen (§ 4 Abs. 2 BNotO). Die gegenwärtige Regelung wirft angesichts der überaus hohen Anzahl von Anwälten, die in das Anwaltsnotariat streben, schwierige Probleme bei der dringend erforderlichen Neuregelung der Zulassungsvoraussetzungen auf. Es geht nicht nur um die Wahrung einer geordneten Rechtspflege, sondern zugleich um soziologische und ökonomische Fragen. Die Leistungsfähigkeit des Notariats sollte bei der bevorstehenden Reform aber erstes Ziel sein[750].

345   Reine **Anwaltsnotariats-Gebiete** sind Berlin, Bremen, Hessen, Niedersachsen und Schleswig-Holstein. In Nordrhein-Westfalen gehören bis auf das Gebiet des früheren rheinischen Rechts, in dem der Nur-Notar amtiert (Rz. 342), alle Bezirke zum Anwaltsnotariat. In Baden-Württemberg können in den Gerichtsbezirken der früheren württembergischen und hohenzollerischen Teile des Landes

---

[745] Wiedergegeben in Anh. III v. Seybold/Hornig.
[746] BGH DNotZ 1972, 551; MDR 1980, 397; s. Kanzleiter, DNotZ 1972, 519 u. Arndt, § 14 II A 4 mit weiteren Hinweisen. Von einer Beteiligung an der Diskussion aufgrund der Entscheidungen des BVerfG zum anwaltlichen Standesrecht (NJW 1988, 191 ff.) wird hier abgesehen (s. Tätigkeitsbericht der Bundes-Notarkammer, DNotZ 1988, 403). Die in der DONot aufgestellten Pflichten können auch „ungeschrieben" weitgehend als Amtspflichten angesehen werden (vgl. OLG Celle, DNotZ 1989, 55/56).
[747] A. A. Huhn/v. Schuckmann, D Vorb. Rz. 5.
[748] S. auch Kanzleiter, DNotZ 1972, S. 521; vgl. Rz. 13 f.
[749] S. Rz. 3.
[750] S. Tätigkeitsbericht der Bundes-Notarkammer, DNotZ 1988, 402; Römer S. 95: „Der Unwissenheit, der Unerfahrenheit und Ungeschicklichkeit der allzuvielen Notare zu wehren, war in vergangener Zeit Hauptzweck der Reformen des Notariatswesens."

ebenfalls Rechtsanwälte zur nebenberuflichen Amtsausübung als Notar bestellt werden (§ 116 Abs. 1 BNotO). § 3 Abs. 2 BNotO gilt insofern nicht, als im OLG-Bezirk Stuttgart auch das Bezirksnotariat und Nur-Notariat besteht. Durch Art. 138 GG sind die verschiedenen Notariatsformen in Baden-Württemberg besonders geschützt.

Die Bestellung zum Anwaltsnotar ist fest mit der Zulassung als Rechtsanwalt 346 verbunden. Fällt diese weg, so erlischt damit auch das Amt (§ 3 Nr. 2 i. V. m. § 47 Nr. 3 u. 4 BNotO)[751].

Für die Amtstätigkeit der Anwaltsnotare gelten neben den Verordnungen des 347 Landesjustizministeriums[752] ebenfalls die Bundesnotarordnung, das Beurkundungsgesetz sowie die Dienstordnung. Folgende Vorschriften sind für das Anwaltsnotariat in haftpflichtrechtlicher Beziehung von besonderer Bedeutung: § 24 Abs. 2 BNotO über die Abgrenzung der Tätigkeitsbereiche als Anwalt und Notar (s. Rz. 349–360), § 3 Abs. 1 Nr. 5 und Abs. 2 BeurkG sowie § 45 Nr. 4 BRAO über Mitwirkungsverbote (s. Rz. 361 ff.). Diese Bestimmungen sollen Konflikte bei der Ausübung des Doppelberufs[753] des Anwaltsnotars vermeiden helfen, Konflikte, die in haftpflichtrechtlicher Beziehung meist in der Weise auftauchen, daß der Anwaltsnotar auf der einen Seite als Anwalt seinen Mandanten pflichtgemäß im einseitigen Parteiinteresse zu vertreten und auf der anderen Seite als Notar bei mehrseitigen Rechtsgeschäften alle Beteiligten unparteiisch zu betreuen hat.

Zwei BGH-Haftpflichturteile aus den achtziger Jahren zeigen dies beispielhaft. 348
Urteil vom 25. 5. 1984[754]: Ein Anwalt vermittelte den Verkauf von Grundstücken und beurkundete später als Notarvertreter die Kaufverträge. Die auf Notaranderkonto überwiesenen Kaufpreissummen reichten für die bedingungsgemäße Lastenfreistellung nicht aus. In der Berufungsinstanz wurde der vertretene Notar verurteilt, weil sein Vertreter die Mitwirkungsverbote des § 3 Abs. 1 Nr. 1 u. 5 BeurkG mißachtet hatte. Der BGH wies zur Überprüfung der Kausalfrage zurück.

Urteil vom 22. 10. 1987[755]: Der Beklagte hatte in seiner Eigenschaft als Anwalt dem Kläger empfohlen, aus steuerlichen Gründen eine Eigentumswohnung des V. zu kaufen, dessen Interessen er ebenfalls vertreten hatte. Anschließend beurkundete er als Notar den Vertrag, der wegen Rechtshindernissen nicht vollzogen werden konnte. Seiner Verurteilung als Notar hätte eine durch den Kläger versäumte anderweitige Ersatzmöglichkeit im Wege gestanden. Der BGH ließ den Beklagten schließlich in seiner Eigenschaft als Anwalt wegen fehlerhafter Steuerberatung haften.

§ 24 Abs. 2 BNotO gibt für den Anwaltsnotar eine feste Richtlinie, in welcher 349 Eigenschaft – als Anwalt oder Notar – er tätig werden kann oder, wenn er die Betreuung übernimmt, nur tätig werden darf. Dies ist von vornherein, d. h. vor der Aufnahme der Tätigkeit zu prüfen und im Zweifelsfalle mit den Beteiligten bzw. Mandanten zu erörtern. Bei Sozietäten zwischen Nur-Anwälten und Anwaltsnotaren ist der Klient, dessen Ansuchen ein Geschäft im Sinne von § 24 Abs. 1 BNotO betrifft, an den (Anwalts-) Notar zu verweisen. Es besteht grundsätzlich keine Alternative. Sonst wäre es z. B. dem Zufall überlassen, welche Gebühren der die Praxis Aufsuchende zu zahlen hat[756].

Der Anwaltsnotar hat bei **Gebührenstreitigkeiten** zu beweisen[757], daß er z. B. 350

---

[751] S. Seybold/Hornig, § 47 Rz. 4 u. 5.
[752] S. Anh. III in Seybold/Hornig.
[753] BVerfGE 54, 247; Conrad, S. 13; Römer, S. 62.
[754] DNotZ 1985, 231 (Nr. 123).
[755] DNotZ 1988, 379 (Nr. 142).
[756] LG Duisburg, U. v. 15. 6. 1973 – 9 O 111/73.
[757] OLG Hamm, DNotZ 1968, 625.

als Anwalt tätig geworden ist. Ihm obliegt es so auch nach der Rechtsprechung, den Auftraggeber darüber aufzuklären bzw. zu befragen, ob er im Zweifelsfall als Notar oder zur Wahrung von Parteiinteressen als Anwalt auftreten soll[758]. Dies hat nicht nur zur Klarstellung der Honorarforderung zu erfolgen, die bezüglich der Notarkosten im einzelnen ausgewiesen werden muß (§ 140 KostO)[759], sondern vor allem auch zur eigenen Orientierung über die Art und Weise, die Möglichkeiten und Grenzen der konkreten Berufsausübung[760]. Der Anwaltsnotar muß sich bewußt sein, in welcher Eigenschaft er tätig ist. Bei haftpflichtrechtlichen Auseinandersetzungen – sei es zu Fragen der Anspruchslegitimation, der Belehrungspflichten oder sei es in der Verjährungsfrage – wird er daran gemessen.

351 Nach **§ 24 Abs. 1 BNotO** gehört zum Amt des Notars auch die sonstige Betreuung der Beteiligten auf dem Gebiet der vorsorgenden Rechtspflege. Beispielsweise werden „in diesem Umfange" die Anfertigung von Urkundsentwürfen, die Beratung und Vertretung der Beteiligten genannt. Wird ein Anwaltsnotar in diesem dem Notar zugewiesenen Amtsbereich tätig, so entfaltet er nach der Richtlinie in § 24 Abs. 2 BNotO eine Notartätigkeit, wenn diese dazu bestimmt ist, Amtsgeschäfte der in den §§ 20 bis 23 BNotO bezeichneten Art vorzubereiten oder auszuführen. Nach ständiger Rechtsprechung ist diese Zuteilung „unwiderlegbar" und nach objektiven Merkmalen zu bestimmen[761]. Die subjektive Einstellung des Auftraggebers kann nur im Zweifelsfall des § 24 Abs. 2 S. 2 BNotO zur Frage der einseitigen Wahrung von Parteiinteressen ein Merkmal sein.

352 **Beispiele aus der Rechtsprechung** zeigen, daß die Einordnung in eine Notartätigkeit nach § 24 Abs. 2 S. 1 BNotO streng gehandhabt wird. Laut BGH-Urteil vom 26. 10. 1982[762] wird die Treuhandtätigkeit des Kaufvertragsnotars, der für den Verkäufer die Lastenfreistellung herbeizuführen hatte, zu Recht als Tätigkeit im Sinne von § 24 Abs. 1 u. Abs. 2 S. 1 BNotO eingestuft, obwohl streitig war, ob er in dieser Beziehung nicht als Anwalt für den Verkäufer mandatiert war. Auf die subjektive Vorstellung des Klägers kam es nicht an. Die Rechtsfolge im Regreßprozeß war, daß eine Haftung aus Garantievertrag ausschied und der Verjährungseinrede stattgegeben wurde.

353 Ähnlich unproblematisch erscheint ein vom OLG Frankfurt[763] entschiedener Fall. Der Anwaltsnotar hatte verschiedene Verträge beurkundet, mit denen ein Wohnungsunternehmen Grundstücke verkaufte. Auf diesen sollten Eigenheime errichtet werden. Die zu diesem Zwecke zwischen dem Wohnungsunternehmen und den Handwerkern geschlossenen Verträge unterschrieb der Anwaltsnotar mit. Die Kaufpreissummen sollten auf sein Anderkonto gezahlt und nach Vorlage der Rechnungen abgeführt werden. Ein Empfänger war nicht genannt. Da der Anwaltsnotar auf ein „Bausammelkonto" des später illiquid gewordenen Wohnungsunternehmens überwiesen hatte, fielen die Handwerker mit ihren Forderungen aus. Der Anwaltsnotar konnte mit dem Einwand, er sei insoweit nur als Anwalt für das Wohnungsunternehmen tätig gewesen, nicht gehört werden. Der Senat verwies auf § 24 Abs. 2 S. 1 BNotO. Die Handwerker waren somit Dritte im Sinne von § 19 BNotO. Zu dieser Auslegung kam es allerdings nur wegen der vom Anwaltsnotar nicht von vornherein klargestellten Rechtsverhältnisse. Berät dagegen ein Anwaltsnotar den Verkäufer über die Anlage des auf seinem Notaran-

---

[758] OLG Hamm, DNotZ 1985, 182; Petersen, DNotZ 1974, 57/58.
[759] BGH DB 1986, 1389.
[760] S. OLG Hamm, DNotZ 1956, 154/155.
[761] BGH LM Nr. 1 zu § 24 BNotO; OLG Frankfurt, DNotZ 1979, 119; OLG Hamm, DNotZ 1956, 154/156; Rpfl. 1975, 449/450; DNotZ 1977, 49 = MDR 1976, 152.
[762] VersR 1983, 81 (Nr. 116).
[763] DNotZ 1971, 438.

derkonto verwahrten Kaufpreises und die Abfassung des Darlehnsvertrages, so ist dies gegenüber der vorher entfalteten Urkunds- und notariellen Verwahrungstätigkeit eine selbständige anwaltliche Berufsausübung[764].

In einem Urteil des OLG Hamm[765] wird klargestellt, daß die Teilnahme des Anwaltsnotars im **Anhörungstermin des Erbscheinverfahrens** im Zusammenhang mit der Aufnahme des Erbscheinsantrags steht (§ 2356 Abs. 2 BGB i. V. m. §§ 20, 22 BNotO) und damit zur notariellen Tätigkeit gehört (§ 24 Abs. 1 S. 1 BNotO). Zur Frage, ob dies nicht schon einer einseitigen Interessenvertretung gleichzusetzen sei, vertritt der Senat überzeugend die Ansicht, daß diese Möglichkeit im Anfangsstadium des Verfahrens den Notar nicht nach § 14 BNotO hindert, seine eigene Rechtsmeinung im Anhörungsverfahren zu vertreten und alle rechtlichen Gesichtspunkte zur Überprüfung einzubringen. Auf die subjektive Vorstellung des Anwalts über seine Tätigkeit kommt es nicht an. 354

Instruierend für den Umfang der Vertretungstätigkeit ist ein BGH-Beschluß vom 20. 1. 1969[766] in der Beschwerdesache eines württembergischen Nur-Notars. Dieser vertrat in einer Erbschaftssache eine Witwe bis in die Beschwerdeinstanzen hinein. Der BGH ist der Auffassung, daß der Notar einen Erben auch dann noch beraten darf, wenn dies erkennbar der Durchsetzung von dessen Interessen gegenüber einem anderen Beteiligten dient. So wie er nach pflichtgemäßer Beurteilung und unter Wahrung seiner Unparteilichkeit letztwillige Verfügungen auszulegen und Anträge zu stellen hat, so darf er seine Rechtsauffassung auch dann vertreten, wenn sie von der Ansicht anderer beteiligter Personen abweicht. Gleichermaßen unbedenklich ist eine Vertretung, wenn das Gericht oder eine Verwaltungsbehörde Zweifel äußert und es deshalb zu einem „Streit" zwischen den betreuten Vertretenen und dem Gericht oder der Behörde kommt. Die Pflicht zur Unparteilichkeit hindert erst dann die Fortführung der Vertretung, wenn in dem Verfahren eine andere Partei als „Gegner" auftritt. 355

In Übereinstimmung mit dem vorgenannten BGH-Beschluß steht auch das OLG Hamm[767]; es hält die Teilnahme des Anwaltsnotars im **Planprüfungstermin** eines Enteignungsverfahrens nach dem Landbeschaffungsgesetz für eine notarielle Vertretungstätigkeit, da nach Abschluß eine Beurkundung zu erwarten war. Dem entspricht auch ein Beschluß des OLG Oldenburg[768]. Der Anwaltsnotar, der einen Hofübergabevertrag beurkundet hatte, war im Genehmigungsverfahren vor dem Landwirtschaftsgericht in seiner Eigenschaft als Notar für den Antragsteller aufgetreten. In der Beschwerdeinstanz hätte er ihn aber zur Wahrung seiner Unparteilichkeit nicht mehr vertreten dürfen[769]. 356

Ergibt sich nach § 24 Abs. 2 S. 1 BNotO keine zwingende Zuordnung, so ist nach **§ 24 Abs. 2 S. 2 BNotO** zu prüfen, ob auch ohne eine vorzubereitende oder zu vollziehende Urkundstätigkeit die Handlung des Anwaltsnotars im Rahmen vorsorgender Rechtspflege liegt oder in der Vertretung einseitiger Interessen. Erst wenn die erste Möglichkeit auszuschließen ist, greift nach der Rechtsprechung die Auslegungsregel des Satz 2 ein, daß „im Zweifel" eine Anwaltstätigkeit vorliegt. Diese Möglichkeit wird damit sehr eingeengt. Das ist unter dem Gesichtspunkt zu rechtfertigen, daß eine feste Zuordnung angestrebt wird. Ein Schwanken zwischen einer anwaltlichen oder notariellen Berufsausübung oder gar ein Wechsel bei der Vertretung in einer Sache wäre für beide Berufsstände schädlich. 357

Das OLG Hamm vertritt in zwei Beschlüssen den vorstehend wiedergegebenen 358

---

[764] BGH VersR 1968, 792.
[765] DNotZ 1985, 182.
[766] LM § 24 BNotO Nr. 2.
[767] DNotZ 1968, 625.
[768] DNotZ 1974, 53.
[769] So Petersen in der Urt.-Anm.; zum Konflikt mit § 45 Nr. 4 BRAO s. Rz. 370 f.

I. Allgemeine Haftungsgrundlagen

Grundsatz. In der am 14. 8. 1975[770] entschiedenen Kostensache hatte der Anwaltsnotar einen Gesellschaftsvertrag, der von vornherein nicht beurkundet werden sollte, entworfen. Im Streit, ob eine Anwalts- oder Notartätigkeit ausgeübt wurde, vertritt der Senat die Ansicht, daß zu ermitteln sei, ob die betreffende Tätigkeit im Bereich der vorsorgenden Rechtspflege oder der einseitigen Vertretung bei umstrittenen Interessen lag. Diese Auslegung hat nach objektiven Gesichtspunkten zu erfolgen. Die Beantwortung der Zuordnungsfrage im konkreten Fall hing davon ab, ob sämtliche Beteiligte den Auftrag gegeben hatten, dem Gesellschaftsvertrag eine juristisch einwandfreie Fassung zu geben, oder ob *ein* Beteiligter wünschte, daß dem Vertrag eine seinen persönlichen Interessen gerecht werdende Fassung gegeben werden sollte. Im ersteren Falle wäre eine Notartätigkeit und im zweiten Falle eine Anwaltstätigkeit zu entfalten gewesen. Der andere Beschluß vom 19. 2. 1979[771] befaßt sich zunächst damit, daß der Anwaltsnotar verpflichtet gewesen wäre, darüber zu belehren, daß die abgeschlossenen Pacht- und Betriebsüberlassungsverträge nicht unbedingt beurkundet werden mußten. Für die Gebührenberechnung ging der Senat entsprechend der vorgenannten Entscheidung davon aus, daß der Anwaltsnotar notariell tätig geworden war, denn er sollte die Verträge „im Auftrage aller Vertragsbeteiligten im Rahmen der vorsorgenden Rechtspflege prüfen und einwandfrei fassen".

359 Eine **einseitige Interessenwahrung** einer Erbengemeinschaft und damit eine Anwaltstätigkeit liegen nach einem anderen Beschluß des OLG Hamm[772] vor, wenn der Anwaltsnotar zu dem Vertragsentwurf des Pächters eines Nachlaßgrundstückes einen „Gegenentwurf" fertigt. Hier kamen konträre Interessen zutage. Das OLG Frankfurt ist in einem Beschluß vom 31. 10. 1978[773] anscheinend eher als das OLG Hamm geneigt, beim Fehlen der Voraussetzungen der §§ 24 Abs. 1 S. 1 BNotO eine Anwaltstätigkeit zu vermuten. Der Senat meint: Macht ein Anwaltsnotar Gebühren nach § 145 Abs. 1 S. 1 KostO für einen nicht zu beurkundenden Entwurf geltend, so sei nach § 24 Abs. 2 S. 2 BNotO der Zweifelsfall mit der Folge gegeben, daß er als Rechtsanwalt tätig geworden sei. Das kann nach der zugrundeliegenden Gebührenrechnung und ohne genaue Prüfung der Art der vorgenommenen Tätigkeit nicht richtig sein. Zum Schluß der Entscheidung wird jedoch eine objektive Betrachtungsweise gefordert. Einengend zugunsten einer Anwaltstätigkeit ist der Senat der Auffassung, daß eine notarielle Amtstätigkeit nur dann zu bejahen sei, „wenn der Notar trotz seiner Stellung als Sachwalter der Interessen seiner Auftraggeber seiner Verpflichtung, unparteiischer Betreuer anderer Beteiligter zu sein, gerecht wird". Bei dem Ansuchen *eines* Beteiligten um eine Entwurfsfertigung kann dies nach § 24 Abs. 1 BNotO nicht so eingeschränkt gesehen werden[774].

360 **Grenzfälle im Bereich des § 24 Abs. 2 BNotO** können entscheidende Auswirkungen auf die Haftung des Notars haben. Dies zeigen zwei Regreßsachen. In dem einen Fall wäre der Haftpflichtklage eines Gläubigers, der sich durch ein Rundschreiben des den Schuldner vertretenden Anwaltsnotars getäuscht fühlte, nach § 19 BNotO – jedenfalls dem Grunde nach – stattgegeben worden, wenn eine Notartätigkeit ausgeübt worden wäre. Dies lag nahe, weil das Rundschreiben im Zusammenhang mit der Beurkundung des Geschäftsveräußerungsvertrages stand. Das OLG Schleswig[775] verneinte aber eine Notartätigkeit im Sinne von § 24 Abs. 2 S. 1 BNotO, da die Schuldenregulierung eine Anwaltstätigkeit gewesen

---

[770] DNotZ 1977, 49 = Rpfl. 1975, 449 = MDR 1976, 152.
[771] MittRhNotK 1979, 181.
[772] DNotZ 1956, 134.
[773] DNotZ 1979, 119.
[774] S. Rz. 354 f.
[775] VersR 1978, 554.

sei. Dies mag zutreffen. Der Anwaltsnotar hätte das bestehende Risiko vermeiden können, wenn er das Beurkundungsverbot (§ 3 Abs. 1 Nr. 5 BeurkG) beachtet und zudem die Rundschreiben an die Gläubiger nicht mit dem Zusatz „Notar" unterschrieben hätte. Der BGH kam dagegen im Haftpflichturteil vom 22. 10. 1987[776] zur Verurteilung eines Anwaltsnotars, indem er eine Anwaltstätigkeit bejahte. Der Beklagte hatte dem Kläger geraten, aus steuerlichen Gründen eine Eigentumswohnung zu kaufen. Mit dem Verkäufer war er eng verbunden. Er beurkundete in diesem Zusammenhang auch den Kaufvertrag, der aus ihm bekannten rechtlichen Hindernissen nicht ohne weiteres vollziehbar war. Seine Haftung als Notar scheiterte wegen einer vom Kläger versäumten anderweitigen Ersatzmöglichkeit. Der BGH ließ ihn als Anwalt wegen einer selbständigen steuerrechtlichen Beratung vor der Beurkundung haften. Sowenig die Auslegung des § 24 Abs. 2 S. 1 BNotO überzeugt, sosehr erscheint bei der Besonderheit des Falles die Verurteilung gerechtfertigt. Der Beklagte hatte in seiner Notareigenschaft zumindest grob fahrlässig verschiedene Pflichten verletzt (§ 14 Abs. 1, 2 und 4 BNotO, § 3 Abs. 1 Nr. 4 u. § 17 BeurkG).

Die **Mitwirkungsverbote** für Notare nach **§ 3 BeurkG** sind zusätzlicher **361** Ausdruck des gesetzgeberischen Willens, „die Unabhängigkeit und Unparteilichkeit des Notars zu wahren und jeder nur denkbaren Gefährdung von vornherein entgegenzutreten"[777]. Für Anwaltsnotare sind die Bestimmungen des § 3 Abs. 1 Nr. 5 BeurkG – Bevollmächtigung in derselben Angelegenheit – und § 3 Abs. 2 BeurkG – frühere Bevollmächtigung – von besonderer Bedeutung. Die Verletzung der Verbote hat zwar nicht die Unwirksamkeit der Amtshandlungen zur Folge, was mit dem „soll... nicht mitwirken" zum Ausdruck kommt. Nichtsdestoweniger sind es Amtspflichtverletzungen[778], die haftpflichtrechtliche Folgen haben können. Wie die Rechtsprechungsbeispiele zu § 24 Abs. 2 BNotO zeigen (s. Rz. 360), führt das bewußte oder oft auch nur unbewußte Hinweggehen über die zu trennenden beiden Berufstätigkeiten zu Situationen, die eine unparteiische Amtstätigkeit nicht mehr gewährleisten können. Für die haftpflichtrechtliche Beurteilung kommt hinzu, daß bei Verletzung der Mitwirkungsverbote die Vermutung einer korrekten Amtsführung nicht mehr gegeben ist. Das OLG Frankfurt[779] vertrat hierzu die Auffassung: Die Pflichtverletzung führt dazu, „daß er (Anwaltsnotar) die von ihm nicht als Rechtsanwalt vertretenen Beteiligten besonders sorgfältig und vollständig hätte aufklären und belehren müssen und daß sich die Anforderungen an die ihm obliegende Beweispflicht, daß er diesen Verpflichtungen allen Beteiligten gegenüber nachgekommen ist, erhöhen".

Die Geltung der Mitwirkungsverbote wird nach § 16 BNotO über die reine **362** Beurkundungstätigkeit hinaus auf **alle Amtshandlungen im Rahmen der §§ 20 bis 22a BNotO** ausgedehnt. Dies erstreckt sich z. B. auf notarielle Bescheinigungen, die nicht den Charakter einer Zeugnisurkunde haben und auf notarielle Bestätigungen[780].

Auf der anderen Seite ist aus § 3 BeurkG mit § 16 BNotO davon auszugehen, **363** daß für **Geschäfte der notariellen Betreuung** diese Mitwirkungsverbote nicht bestehen. Nach Sinn und Zweck der Ausschließungsgründe wird man aber die Belehrungstätigkeit mit einbeziehen müssen, soweit sie im Zusammenhang mit Beurkundungen steht, wie z. B. Vorbereitungshandlungen, Anderkontenführung, Vollzugstätigkeiten und Beratungen. Dies hat jedenfalls für eine unselbständige

---

[776] WM 1987, 1516 (Nr. 142).
[777] BVerfG 56, 237/248.
[778] BGH DNotZ 1985, 231/233 (Nr. 123) mit Hinw. auf die einh. Meinung im Schrifttum.
[779] Beschl. v. 31. 10. 1985 – 20 W 244/84.
[780] S. im einzelnen Seybold/Hornig, § 16 Rz. 6–10; vgl. u. Rz. 665 ff.

Betreuungstätigkeit zu gelten[781]. Im Zweifel kann sich der Notar der Amtsausübung wegen **Befangenheit** enthalten (§ 16 Abs. 2 BNotO), zumal er außerhalb der Urkundstätigkeit in der Übernahme eines Amtsgeschäfts frei ist (s. § 15 Abs. 1 S. 1 BNotO).

364 Das Mitwirkungsverbot des **§ 3 Abs. 1 Nr. 5 BeurkG** ist nach der allgemeinen Auffassung weit auszulegen[782]. Bei der **Bevollmächtigung** genügt als Hinderungsgrund für eine Urkundstätigkeit die bloße Berechtigung, ohne daß von ihr Gebrauch gemacht wird[783]. Weiterhin kommt es nicht darauf an, ob der Vollmachtgeber selbst oder durch einen anderen (Unter-) Bevollmächtigten handelt[784]. Eine früher erteilte Vollmacht darf z. Zt. des Amtsgeschäfts nicht mehr bestehen. Umgehungen, daß z. B. ein Miterbe die erteilte Vollmacht nur für den Zeitraum der Beurkundung der Erbschaftsauseinandersetzung zurückzieht, um später wieder die persönlichen Interessen durch den Anwaltsnotar weiterverfolgen zu lassen, wären unbeachtlich und würden auch gegen § 45 Nr. 4 BRAO verstoßen[785]. Im übrigen reicht für das Verbot bereits ein Mandat, d. h. ein Auftrag in derselben Angelegenheit aus, denn damit tritt schon die berufliche Bindung des Anwalts ein.

365 Gehört der Anwaltsnotar einer **Sozietät** an, so wirkt sich das Verbot einer Amtstätigkeit auch dann aus, wenn die Sozietät in der Angelegenheit ein Mandat hat[786]. Dabei kommt es auf das äußere Erscheinungsbild der Anwaltsgemeinschaft und nicht auf einen gesellschaftsrechtlichen Zusammenschluß an[787]. Der Anwaltsvertrag wird grundsätzlich mit der Sozietät geschlossen, auch wenn nur einer der Sozien den Fall bearbeiten sollte. Nur wenn an *einen* Sozius ein Einzelmandat erteilt wurde, was bestimmte, bei der Durchführung einzuhaltende Voraussetzungen hat[788], würde § 3 Abs. 2 Nr. 5 BeurkG nicht entgegenstehen. Sollte z. B. ein Anwaltsnotar die Scheidungsfolgenvereinbarung im Ehescheidungsverfahren beurkunden, in dem sein in Bürogemeinschaft tätiger Kollege eine der beiden Vertragsparteien vertritt, hat er die Beurkundung abzulehnen[789]. Bei größeren Sozietäten wird man nicht umhinkommen, bei einem Beurkundungsansuchen die Mandantenliste nach dem gegenwärtigen Stand einzusehen.

366 **Der Umfang derselben Angelegenheit,** in der eine anwaltliche Vertretungstätigkeit ausgeübt wird, darf ebenfalls nicht so eng gesehen werden. Der BGH hat in ständiger Rechtsprechung folgenden Grundsatz zum Umfang der anwaltlichen Vertragspflichten aufgestellt[790]:

„Nach fester Rechtsprechung ist der Rechtsanwalt, soweit sein Auftraggeber nicht unzweideutig zu erkennen gibt, daß er des Rates nur in einer bestimmten Richtung bedarf, zur allgemeinen umfassenden und möglichst erschöpfenden Belehrung des Auftraggebers verpflichtet. Es ist Sache des Anwalts, dem Mandanten diejenigen Schritte anzuraten, die zu dem erstrebten Ziel zu führen geeignet sind. Er hat Nachteile für den Auftraggeber zu verhindern, soweit solche voraussehbar und vermeidbar sind. ... Der Anwalt muß den Mandanten auch – anders als der Notar[791] – über mögliche wirtschaftliche Gefahren des beabsichtigten Geschäfts belehren."

Dieser weite Umfang wird bei der Bestimmung „derselben Angelegenheit" zugrundezulegen sein. Dies kann nicht als eine Identität im konkreten Sinne

---

[781] S. Rz. 176.
[782] S. Tätigkeitsbericht der Bundes-Notarkammer, DNotZ 1981, 338/344.
[783] Jansen, § 3 Rz. 38.
[784] OLG Hamm, DNotZ 1956, 103 m. Anm. Keidel; Rohs S. 155 ff.
[785] S. Rz. 370.
[786] Keidel/Kuntze/Winkler, § 3 Rz. 50 m. Fn. 93.
[787] Borgmann/Haug, § 36, 1.
[788] Borgmann/Haug, § 36, 2.
[789] Stellungnahme der Bundes-Notarkammer, DNotZ 1981, 344; s. weiter Rohs, S. 156 f.
[790] DNotZ 1970, 48; s. Borgmann/Haug, § 16, 2.
[791] Dies steht z. T. im Widerspruch zur BGH-Notarhaftpflicht-Rspr., s. Rz. 534 ff.

13. Haftpflichtrechtliche Besonderheiten der Bundesländer

verstanden werden. Nach Jansen[792] kommt es, „auf die Identität des Lebenssachverhalts, des historischen Vorgangs an, aus dem Ansprüche, Gegenansprüche oder Rückgriffsansprüche der vertretenen Beteiligten erwachsen können". Bei dieser Ausdehnung wird es aber im Einzelfall zulässig sein, trennbare Anwaltstätigkeiten auszuklammern, z. B. das Mandat auf die Strafverteidigung zu beschränken. Wird dies ausdrücklich vereinbart[793] und besteht sachlich keine Interessenkollision, so steht das Mandat zur Strafverteidigung einer Urkundstätigkeit nicht entgegen, auch wenn das zu beurkundende Rechtsgeschäft in einem mittelbaren, wirtschaftlichen Zusammenhang mit der Straftat – z. B. Verlust des Arbeitsplatzes – stehen sollte[794]. Die Feststellung, daß es sich um eine „andere Angelegenheit" handelt, muß aber objektiv möglich sein, denn das Verbot nach § 3 Abs. 1 Nr. 5 BeurkG kann nicht mit einer Zustimmung des Beteiligten aufgehoben werden[795].

367 Das Mitwirkungsverbot bezieht sich nicht auf Amtstätigkeiten, zu denen der Notar für die **Vorbereitung und Durchführung des Urkundsgeschäfts** ermächtigt oder bevollmächtigt wird. Dies gilt z. B. für die Berichtigung von Grundbuchanträgen, die Empfangnahme von Genehmigungen des Vormundschaftsgerichts und Mitteilungen an den Vormund (§ 1829 Abs. 1 BGB) oder bei Vertretung der Beteiligten im Rahmen des § 24 Abs. 1 S. 2 BNotO)[796].

368 **§ 3 Abs. 2 BeurkG** enthält ein **bedingtes Mitwirkungsverbot:** Lehnt einer der zu belehrenden Beteiligten die Beurkundung durch den Notar ab, so darf er nicht beurkunden. Daß der Notar nur hinweisen und fragen „soll", gibt der Wahrung der Amtspflichten keinen Ermessensspielraum, sondern bringt nur zum Ausdruck, daß durch ein Unterlassen die Wirksamkeit der Beurkundung nicht berührt wird[797]. Dasselbe gilt, wenn der Notar den nach § 3 Abs. 2 S. 2 BeurkG vorgeschriebenen Belehrungsvermerk, daß nämlich die Beteiligten gleichwohl die Beurkundung durch ihn wünschten, in der Niederschrift unterläßt. Ein solches Unterlassen hat aber zur Folge, daß der Notar die Beweislast für die erfolgte Belehrung hat, wenn sie bei späteren Auseinandersetzungen bestritten wird[798]. Hat er nicht belehrt oder gelingt ihm nicht der Beweis, daß er trotz Fehlens des Vermerks belehrt hat, kann die Basis für Haftpflichtansprüche darin bestehen, daß bei einer ordnungsgemäßen Amtsführung es nicht zu dem beurkundeten Rechtsgeschäft gekommen wäre. Im übrigen ist der Notar nicht an den Willen der Beteiligten, daß er beurkunden soll, gebunden, wenn er sich selbst befangen fühlt (§ 16 Abs. 2 BNotO). Die Beteiligten haben dann die Möglichkeit der Beschwerde zur Zivilkammer des Landgerichts (§ 15 Abs. 1 S. 2 BNotO).

369 Die Einwilligung der Beteiligten in die Urkundstätigkeit ist nach § 3 Abs. 2 BeurkG erforderlich, wenn es sich um eine Beurkundungssache **mehrerer Personen** handelt und der Anwaltsnotar entweder früher in derselben Angelegenheit bevollmächtigt war oder zur Zeit der beabsichtigten Beurkundung in einer anderen Angelegenheit als Bevollmächtigter für eine dieser Personen tätig ist[799]. Die z. Zt. der Beurkundung erloschene Bevollmächtigung (Mandatierung) muß sich also auf dieselbe Angelegenheit beziehen, sei es daß der Anwaltsnotar damals Vertreter der Beteiligten oder von deren Gegner war. Ist es bei Sozietäten von Anwälten und Anwaltsnotaren schon nicht immer einfach festzustellen, ob ein

---

[792] § 3 BeurkG, Rz. 40.
[793] Borgmann/Haug, § 36, 2.
[794] Bei einem rechtlichen Zusammenhang mit dem Amtsgeschäft ist auch eine Strafverteidigung unzulässig: Rohs, S. 165.
[795] BGH DNotZ 1985, 231/233 (Nr. 123); Keidel/Kuntze/Winkler, § 3, Rz. 50 m. w. Hinw.
[796] S. Keidel/Kuntze/Winkler, § 3 BeurkG, Rz. 53; Rohs, S. 156; Jansen, § 3 Rz. 37.
[797] S. BGH DNotZ 1985, 231/233 (Nr. 123).
[798] S. Rz. 590 u. 835.
[799] Auch wenn es sich um eine Steuerberatung handelt, s. BGH DNotZ 1970, 252/254.

I. Allgemeine Haftungsgrundlagen

Sozius zur Zeit der Beurkundung ein Mandat eines von mehreren am Urkundsgeschäft Beteiligten innehat (2. Fallgruppe), so ist es noch schwieriger festzustellen, ob ein Anwaltssozius früher in derselben Sache nicht etwa nur einen Urkundsbeteiligten, sondern dessen Gegner vertreten hatte (1. Fallgruppe). Es wird deshalb unerläßlich sein, ein Gegnerregister zu führen und dies vor der Beurkundung eines Rechtsgeschäfts mit mehreren Beteiligten zur Prüfung der Zulässigkeit einzusehen.

370 Übernimmt ein Anwaltsnotar in einer Sache, in der er als Notar tätig gewesen war, ein Anwaltsmandat, so hat er nach zwei Seiten die Frage der Zulässigkeit zu prüfen: einmal in bezug auf seine Notarpflichten und zum anderen auf Einhaltung seiner Anwaltspflichten. Für den Anwalt gilt das Verbot nach **§ 45 Nr. 4 BRAO**. Er darf nicht tätig werden, wenn es um den Rechtsbestand oder um die Auslegung einer Urkunde geht, die er oder ein mit ihm zur gemeinschaftlichen Berufsausübung verbundener Rechtsanwalt als Notar aufgenommen hat. Die Grenzen, jenseits derer der Anwalt wieder frei walten darf, scheinen damit klar bestimmt. Dies war auch der Standpunkt eines Anwaltsnotars im Disziplinarverfahren: eine Beschränkung seiner Berufsausübung als Anwalt über das Verbot des § 45 Nr. 4 BRAO hinaus sei eine Beschränkung der Berufsfreiheit und verstoße gegen den Gleichheitssatz. Das OLG Köln [800] sah dagegen die Berufspflicht nicht so einseitig, sondern auch von der vorangegangenen Amtstätigkeit her:

> „Die BRAO regelt ausschließlich das Berufsrecht der Rechtsanwälte; das Notarrecht wird durch sie ... nicht betroffen. Der Anwaltsnotar steht in zwei ihrem Wesen nach grundverschiedenen Pflichtkreisen ... Während die Pflicht des Anwalts dahin geht, in derselben Sache seine Dienste nur dem einen oder mehreren Auftraggebern zu leisten und nie widerstreitenden Interessen zu vertreten, ist umgekehrt die Amtspflicht des Notars gerade durch die Unparteilichkeit gekennzeichnet, mit der er allen Beteiligten begegnen muß. Auf diese wesensgemäß zu unterscheidenden Aufgabenbereiche sind die Rechtsordnungen, die je für sich das Berufsrecht der Notare und der Anwälte regeln, abgestellt. Die Grenzen, die die Berufsordnung des Anwalts seiner Tätigkeit setzt, sind daher für den Notar nicht maßgebend, auch wenn dieser zugleich Anwalt ist."

Der Anwaltsnotar hat also beide „Seelen in der einen Brust"[801] zu wahren.

371 Diese Verknüpfung führt dazu, daß nach allgemeiner Auffassung § 45 Nr. 4 BRAO im Hinblick auf das Berufsbild des Notars nicht zu eng ausgelegt werden darf. Das Verbot greift z. B. auch ein, wenn es um reine Folgerungen aus einer Vertragsbestimmung[802], die Anfechtbarkeit[803] oder Genehmigungsfähigkeit[804] eines beurkundeten Rechtsgeschäfts geht. Ebenso ist dem Anwalt verwehrt, Ansprüche eines Miterben aus einem von ihm errichteten Testament gegen den anderen Miterben zu verfolgen[805]. Der mit der Neutralitätspflicht des Notars geschützte Personenkreis kann auch nicht auf die unmittelbaren Urkundsbeteiligten beschränkt werden; sie muß sich notwendig auch auf die sachlich Beteiligten[806] erstrecken, d. h. auf solche Personen, deren Rechte durch das Amtsgeschäft berührt werden, z. B. Testamentserben, Zessionare oder Schuldner, gegen die aus einer vollstreckbaren Urkunde vorgegangen werden soll[807].

---

[800] DNotZ 1963, 631.
[801] S. Borgmann/Haug, § 7, 3. a.
[802] BGH DNotZ 1968, 639 = NJW 1968, 2204 = BGHZ 50, 226.
[803] OLG Frankfurt, NJW 1960, 1163.
[804] OLG Oldenburg, DNotZ 1974, 55; a. A. Petersen in der Urt.-Anm. (S. 57); mit Rohs (S. 169) erscheint es jedoch mit dem Berufsbild des Notars nicht vereinbar, wenn der im Genehmigungsverfahren tätige Notar sich in der Beschwerdeinstanz zum Anwalt verwandelt.
[805] OLG Frankfurt, DNotZ 1964, 636 = NJW 1964, 1033.
[806] Rohs, S. 164f.; OLG Köln, DNotZ 1963, 631/633.
[807] LG Hannover, DNotZ 1963, 251; Jansen, § 3 Rz. 43; Keidel/Kuntze/Winkler, § 3 Rz. 64.

Vom Anwaltsnotar ist vor Übernahme eines Mandats auch allgemein an die **372** Einhaltung der notariellen Grundpflichten zu denken, die bei **Nachwirkungen** aus an sich erledigten Amtsgeschäften auftreten können. Das OLG Hamm[808] führt dazu einleuchtend aus:

> „Der Anwaltsnotar hat jedoch, mögen auch die in § 45 Nr. 4 BRAO genannten Berufspflichten als Anwalt erschöpfend geregelt sein, weiterhin die Amtspflichten zu beachten, die ihm als Notar obliegen, und zwar außerhalb der Ausübung des Notarberufes. Gem. § 14 Abs. 3 S. 1 BNotO muß der Notar bei einer anwaltlichen Tätigkeit alles vermeiden, was sich mit seiner Stellung als unabhängiger Träger eines öffentlichen Amtes und als unparteiischer Betreuer der Beteiligten... nicht verträgt und was geeignet ist, das in seine strengste Unparteilichkeit gesetzte Vertrauen der Rechtsuchenden zu erschüttern. Die Vertrauensstellung des Notarberufs in der Rechtspflege wird in der Regel angetastet, wenn ein Anwaltsnotar..., der mit einer Angelegenheit als Notar für mehrere Beteiligte amtlich befaßt ist oder gewesen ist, in einer hieraus zwischen den Beteiligten entstandenen Streitigkeit für eine Seite Partei ergreift und sie gegen die andere berät und vertritt. Hierbei macht es keinen Unterschied, ob formalrechtliche oder materiell-rechtliche Einwände gegen das beurkundete Geschäft erhoben werden oder Einwände aufgrund nachträglich aufgetretener Umstände wie Erlaß, Aufrechnung, Stundung usw., geltend gemacht werden. Im übrigen läßt es sich nur selten voraussehen, wie ein Rechtsstreit verlaufen wird. Nur ganz besondere Umstände rechtfertigen die Annahme, daß die frühere notarielle Tätigkeit aus der Streitsphäre völlig herausbleiben wird."

Das OLG bejaht in dem entschiedenen Fall solche rechtfertigenden Umstände, denn es war zur Beurkundung des vom Eigentümer gewünschten und vom Anwaltsnotar lediglich entworfenen Grundstückskaufvertrags nicht gekommen, so daß die einseitig für den Verkäufer mit einer Finanzierungsbank geführte Korrespondenz nicht zu einer Interessenkollision mit dem ursprünglich vorgesehenen Käufer führen konnte. Im Zusammenhang mit den Nachwirkungen sind noch evtl. nachträglich entstehende Belehrungs- oder Betreuungspflichten[809] zu nennen, die unparteiisch allen Beteiligten gegenüber zu erfüllen sind. Ein inzwischen übernommenes Mandat kann hier zu Pflichtenkollisionen führen.

Ein nur **im mittelbaren Zusammenhang** mit einer Beurkundungstätigkeit **373** stehendes Anwaltsmandat kann jedoch durchaus – jenseits des Verbots gem. § 45 Nr. 4 BRAO – zulässig sein. Der BGH bringt im Urteil vom 20. 2. 1968[810] ein Beispiel: Der Anwaltsnotar verwahrte auf seinem Notaranderkonto den Kaufpreis aus einem von ihm beurkundeten Grundstückskaufvertrag. Er beriet dann den Verkäufer über die Anlage des Geldes und bei dem Abschluß eines Darlehensvertrags. Dies war eine eigenständige Anwaltstätigkeit, die sachlich nicht in Kollision mit der vorangegangenen Beurkundung und Verwahrung stand. Der BGH weist im übrigen gegenüber den Bedenken, es habe sich um eine notarielle Tätigkeit gehandelt, darauf hin, daß Vertragsformulierungen im Zusammenhang mit einer „treuhänderischen Verwahrung" zu den typischen anwaltlichen Aufgaben gehören. Dagegen kann der Meinung des LG Bielefeld[811] nicht gefolgt werden, daß der Anwaltsnotar eine Anwaltstätigkeit entfalte, wenn ein früherer Urkundsbeteiligter sich an ihn mit dem Ansuchen wendet, die in der Urkunde falsch bezeichnete Parzelle richtigzustellen.

c) Das staatliche Notariat in Baden-Württemberg

In Baden-Württemberg besteht neben dem Nur-Notariat (s. Rz. 342), dem **374** Anwaltsnotariat (s. Rz. 345) das staatliche Notariat, und zwar im OLG-Bezirk

---

[808] DNotZ 1977, 441/443.
[809] S. Rz. 443.
[810] VersR 1968, 792.
[811] MDR 1951, 304.

Stuttgart in Form des Bezirksnotariats (§ 114 BNotO)[815] und im OLG-Bezirk Karlsruhe in Form des „Richternotariats" (vgl. § 115 BNotO). Im württembergischen Rechtsgebiet kann zum Notar ernannt werden, wer die Befähigung zum Amt des Bezirksnotars erworben hat, im badischen Rechtsgebiet ist die Befähigung zum Richteramt erforderlich[816]. Die Sammelbezeichnung für die Amtsnotare in den beiden Landesteilen ist **„Notare im Landesdienst".** Der Bestand der Sonderform dieser Notariate wird in Art. 138 GG garantiert. Der dort noch genannte Landesteil Hohenzollern ist auf dem Gebiet des Notarrechts und der freiwilligen Gerichtsbarkeit einschließlich des Grundbuchrechts dem in Württemberg geltenden Landes- und Bundesrecht unterstellt[817].

375 Für die Ausübung der Amtstätigkeit der Notare im Landesdienst ist das **Landesgesetz über die freiwillige Gerichtsbarkeit** (LFGG)[818] maßgebend. Es trat in seinen wesentlichen Teilen am 1. 7. 1975 in Kraft (§ 55 LFGG). Nach § 1 Abs. 2 LFGG sind die Notariate auch für Nachlaß- und Teilungssachen, die amtliche Verwahrung von letztwilligen Verfügungen und im württembergischen Rechtsgebiet für Vormundschaftssachen zuständig. Die Notare sind damit zugleich Vormundschafts- und Nachlaßrichter (§§ 36–38 LFGG). Weiterhin sind sie nach § 29 LFGG Grundbuchbeamte. Die Beurkundungszuständigkeit besteht im Umfang der Bundesnotarordnung (§ 3 LFGG)[819]. Weiterhin findet die Bundesnotarordnung mit den §§ 14, 15, 16, 18 u. 21–25 entsprechend Anwendung (§ 20 LFGG). Das Beurkundungsgesetz gilt ebenfalls für die Notare im Landesdienst (§ 64 S. 1 BeurkG)[820]. Auch Teile der Dienstordnung der Notare sind mit denjenigen der anderen Bundesländer einheitlich[821].

376 Bei Amtspflichtverletzungen der Notare im Landesdienst tritt nach Art. 34 GG i. V. m. § 839 BGB ausschließlich **Staatshaftung** ein. Ab 26. 11. 1985, dem Inkrafttreten des Gesetzes zur Änderung des Baden-Württembergischen Ausführungsgesetzes zum BGB[822] wurde § 18 Ba.-Wü.AGBGB in der Fassung vom 8. 12. 1981[823] ersatzlos aufgehoben. Nach dieser Bestimmung fand noch § 19 Abs. 1–3 BNotO auf die Staatshaftung entsprechend Anwendung. Für Amtspflichtverletzungen nach dem 25. 11. 1985 kann nunmehr das Land uneingeschränkt den **Subsidiaritätseinwand** nach § 839 Abs. 1 S. 2 BGB für sich in Anspruch nehmen.

377 Die Notare haften nach § 96 Abs. 2 LandesbeamtenG gegenüber dem Land im Rückgriffswege, soweit ihnen Vorsatz oder grobe Fahrlässigkeit zur Last fällt. Die Rückgriffsansprüche verjähren in 3 Jahren von dem Zeitpunkt an, in dem das Land
– dem Dritten gegenüber den Schadensersatzanspruch anerkannt hat oder
– rechtskräftig zum Schadensersatz verurteilt ist und
– den regreßpflichtigen Notar kennt (§ 96 Abs. 3 LandesbeamtenG).

378 Gegen diese Rückgriffsansprüche haben sich die Notare individuell **versichert.** Mit Einführung des § 19a BNotO wurden auch für die beamteten Notare die

---

[815] Im OLG-Bez. Stuttgart gibt es 235 staatliche Notariate mit ca. 470 Notaren und 180 Vertretern.
[816] § 17 Abs. 2 Ba.-Wü.LFGG (s. Rz. 375); s. Seybold/Hornig, §§ 114, 115 Rz. 2f. u. 11.
[817] § 50 LFGG Ba.-Wü.GBl. 1975, 116.
[818] Ba.-Wü.GBl. 1975, 116; s. die erläuterte Textausgabe von Rinter/Hammel, 2. Aufl., Stuttgart 1982.
[819] Im eingeschränkten Umfange hat der Ratsschreiber immer noch Beurkundungsbefugnisse (§§ 31f. LFGG).
[820] Das Mitwirkungsverbot in § 3 Abs. 1 Nr. 5 BeurkG mußte allerdings bezüglich des Dienstverhältnisses des Notars zum Land aufgehoben werden (§ 64 S. 2 BeurkG).
[821] S. AV d. Justizministeriums, Justiz 1975; 201 u. 1981, 433.
[822] Ba.-Wü.GBl. 1985, 383/386.
[823] Ba.-Wü.GBl. 1981, 591.

Versicherungsbedingungen angepaßt[824]. Das Land nimmt sein Rückgriffsrecht voll wahr – und über die Frage einer nur leichten oder groben Fahrlässigkeit läßt sich streiten und wird oft auch wacker gestritten.

Die **Haftungsbestimmungen vor dem 26. 11. 1985** (s. Rz. 376 f.) erfuhren oft Änderungen[825]. Ab dem 1. 1. 1982 bestand im Zusammenhang mit der Einführung des Staatshaftungsgesetzes erstmals für Amtspflichtverletzungen der württembergischen Bezirksnotare[826] die volle Staatshaftung. Wegen der zutreffend vermuteten Nichtigkeit des Staatshaftungsgesetzes[827] wurde die Staatshaftung in Baden-Württemberg eigens mit dem Gesetz zur Änderung des Ba.-Wü. AGBGB vom 8. 12. 1981[828] festgeschrieben. Der bisher für die Haftung geltende § 20 Ba.-Wü. AGBGB wurde aufgehoben und durch einen neu gefaßten § 18 ersetzt. Dieser bestimmte die Staatshaftung bei Pflichtverletzungen der Notare und Notarvertreter im Landesdienst mit entsprechender Anwendung des § 19 Abs. 1–3 BNotO. 379

Zuvor war **nach dem am 1. 1. 1975** in Kraft getretenen Ba.-Wü. AGBGB vom 26. 11. 1974[829] die Haftung der Notare in § 20 geregelt. Nach § 20 Abs. 1 AGBGB fanden bei Amtspflichtverletzungen der Notare grundsätzlich die entsprechenden Vorschriften für Beamte Anwendung. § 20 Abs. 2 AGBGB hatte für die Bezirksnotare eine gespaltene Haftungsregelung je nachdem, ob der Notar selbst oder der Staat Gebührengläubiger war. War der Notar oder sein Vertreter Gläubiger, so trat die persönliche Haftung ein. Für den Notarvertreter haftete aber das Land, wenn der Notarvertreter nicht selbst Gebührengläubiger war (Abs. 3 S. 1). „Der Notar oder Notarvertreter, der Gläubiger der Gebühren aus der Tätigkeit des Notarvertreters" war, hatte aber das Land gegen Verluste aus dieser Tätigkeit durch Abschluß einer Haftpflichtversicherung zu sichern. Die uneinheitliche Regelung hatte ihre Grundlage darin, daß schon nach dem Württembergischen AGBGB vom 29. 12. 1931 (RegBl. S. 545) die Bezirksnotare einen sogen. amtlichen Wirkungskreis im Grundbuchamt, Nachlaß- und Vormundschaftsgericht (Art. 12 Abs. 1 Wü. AGBGB) und ein Tätigkeitsfeld als öffentliche Notare (Art. 12 Abs. Wü. AGBGB) hatten. Für Geschäfte des amtlichen Tätigkeitsbereiches und denjenigen des öffentlichen Notariats, die mit dem amtlichen Bezirk zusammenhingen – z. B. Beurkundungen von Rechtsgeschäften bzgl. im eigenen Bezirk gelegener Grundstücke –, flossen die Gebühren ausschließlich dem Staat zu. Für die sonstigen Geschäfte im öffentlichen Notariat war der Notar Gebührengläubiger (Art. 96 Wü. AGBGB); er hatte aber einen Anteil an den Staat abzuführen[830]. Bei Haftpflichtfällen mit Verstößen vor dem 1. 1. 1982 ist nach wie vor zu prüfen, wer haftet – der Staat oder der Bezirksnotar persönlich – bzw. wer Gebührengläubiger war[831]. 380

Vor dem am **1. 1. 1975** in Kraft getretenen Ba.-Wü. AGBGB war neben Art. 34 GG i. V. m. § 839 BGB das Wü. AGBGB vom 29. 12. 1931 (RegBl. S. 545) und § 3 381

---

[824] S. Rz. 298 ff.
[825] Zur Entwicklung der Notariatsverfassung in Baden-Württemberg s. Hänle, Vereinheitlichung der Notariatsverfassung in Baden-Württemberg, BWNotZ 1974, 21; Richter, Rechtsbereinigung in Baden-Württemberg, Rpfl. 1975, 417; Vogt, Das Amtsnotariat, BWNotZ 1975, 86; Henssler, Notariatsrecht in Baden-Württemberg, DRiZ 1976, 75; Henssler/Rebmann, 150 Jahre Amtsnotariat in Württemberg, Sonderheft der BWNotZ 1976, 6; Henssler, Das Notariat in Baden-Württemberg, in „Tradition und Gegenwart", Festschrift zum 175jährigen Bestehen eines badischen Notariats, Karlsruhe 1981; Altenstetter, Über die Wurzeln des badischen Notariats, BWNotZ 1983, 1.
[826] Die badischen Amtsnotare hafteten schon bisher nicht unmittelbar dem Geschädigten.
[827] BVerfG NJW 1983, 25.
[828] Ba.-Wü.GBl. 1981, 591.
[829] Ba.-Wü.GBl. 1974, 498.
[830] Vgl. Hornig, DNotZ 1935, 445/447.
[831] S. die Gebührenanteilregelung in §§ 10–14 des Landesjustizkostengesetzes (Ba.-Wü.GBl. 1975, 261, 580).

der Verordnung über die Haftung des Reiches für Justizbeamte vom 3. 5. 1935 (RGBl. S. 587) für die Haftung der Bezirksnotare maßgebend. Nach der VO haftete der Staat für Amtspflichtverletzungen der Bezirksnotare nur dann, wenn für die Amtsgeschäfte die Gebühren zur Staatskasse vereinnahmt wurden. Da von der Fortgeltung dieser VO allgemein ausgegangen wurde[832], mußte bei Haftpflichtansprüchen wiederum die Frage der Gebührengläubigerschaft eruiert werden. Darüber gab Art. 96 AGBGB vom 29. 12. 1931 Auskunft (s. Rz. 380). Da angesichts der dreißigjährigen Regelverjährung immer noch mit der Regulierung von Haftpflichtansprüchen wegen Amtspflichtverletzungen, die vor dem 1. 1. 1975 begangen wurden, zu rechnen ist, und sich z. B. bei einer Pflichtverletzung von Notarvertretern oder Gehilfen Rechtsprobleme hinsichtlich der Passivlegitimation ergeben, wird zur weiteren Orientierung auf den Kurzkommentar von Schmid/Maier[833] zum Wü.AGBGB vom 29. 12. 1931 verwiesen.

---

[832] Schmid/Maier, Das Württembergische Ausführungsgesetz zum Bürgerlichen Gesetzbuch, Stuttgart 1955, Art. 11 Anm. 4; LG Ravensburg, BWNotZ 1986, 42.
[833] S. vorstehende Fn.

II. Pflichten und Risiken in den Haupttätigkeitsbereichen

Die unzähligen Amtspflichten in den verschiedenen notariellen Geschäftsbereichen ergeben bei einer Verletzung ebenso unaufzählbare Möglichkeiten von Haftpflichten. Es können deshalb sowohl in einem Werk, das positiv die notariellen Pflichten beschreiben will, als auch in diesem Buch, das die Haftpflichtrisiken aufzeigt, nur – in möglichst systematischer Form – Grundsätze, Schwerpunkte der Regreßgefahren anhand der Rechtsprechung dargestellt werden. Die Haftpflicht wird – psychologisch verständlich – oft verdrängt, und daß etwa Notarpflichten aus Haftpflichtfällen hergeleitet werden, erscheint unpassend[1]. Dabei wird das Verhältnis verkannt: vor der Konstatierung einer Haftpflicht ist das Bestehen einer Amtspflicht festzustellen. Die Haftpflichtrechtsprechung befaßt sich primär mit der Konkretisierung der Berufspflichten und erst sekundär mit den haftpflichtrechtlichen Folgen einer Pflichtverletzung. 400

1. Prüfungs- und Belehrungspflichten

a) Bedeutung und Entwicklung

Auf die Verletzung von Belehrungspflichten werden etwa ⅓ der Regreßansprüche gegen Notare gestützt. Eine noch höhere Quote der BGH-Haftpflichtrechtsprechung befaßt sich mit diesem Pflichtenkreis. Das Haftpflichtrisiko hat sich in diesem Bereich seit der Jahrhundertwende im Wandel der Auffassung über die eigentlichen Aufgaben des Notars außerordentlich verschärft. Der Verständniswandel reicht vom Notar als Urkundsperson ohne Belehrungspflichten bis zum Betreuer mit Beurkundungsberechtigung. Standen früher ganz die Formulierungs-, Klarstellungspflichten sowie die Bezeugungsfunktion im Vordergrund, so liegt seit den 50er Jahren das Hauptgewicht auf der notariellen Belehrungs-, Betreuungs-, Warn- und Schadensverhütungspflicht[2]. 401

Die Haftpflichtrechtsprechung war für die Entwicklung ausschlaggebend. Das Reichsgericht entschied 1911[3] in Übereinstimmung mit der herrschenden Auffassung, „daß der Notar, sofern er lediglich als solcher, als Urkundsbeamter in Anspruch genommen ist, zu einer weiteren Belehrung, als sie für das Zustandekommen einer rechtswirksamen Beurkundung ... geboten ist, nicht verpflichtet ist." Der BGH vertritt demgegenüber seit 1953[4] die Auffassung, daß zu den Amtspflichten nicht lediglich die Herstellung rechtswirksamer Urkunden gehöre, „sondern allgemein jede sonstige Betreuung der Beteiligten auf dem Gebiet der vorsorgenden Rechtspflege". Damit wurde die Belehrungspflicht nicht nur auf rechtliche, sondern – und dies ist die schwerwiegendste Wandlung – auf wirtschaftliche Auswirkungen der beurkundeten Erklärung erstreckt. Die Betreuung soll einsetzen, „wenn nach den besonderen Umständen des Einzelfalles die Vermutung naheliegt, daß ein Beteiligter aus seiner Erklärung Schaden erleiden werde, sich aber nicht mit Sicherheit ergibt, daß er diese Gefahr erkannt hat". Der 402

---

[1] Vgl. Huhn/v. Schuckmann, § 17 Rz. 3.
[2] Huhn/v. Schuckmann, § 17 Rz. 17.
[3] U. v. 21. 2. 1911, Zentralblatt für freiwillige Gerichtsbarkeit und Zwangsversteigerung (ZBlFG 12, 23); vgl. RG JW 1915, 513.
[4] DNotZ 1954, 329 (Nr. 3), seitdem std. Rspr. des III., VI. u. V. Zivilsenats. Der IX. Senat scheint wieder stärker die Neutralitätsverpflichtung des Notars zu betonen (s. Rz. 403, 420).

VI. Zivilsenat des BGH steigerte in den 70er Jahren noch diese Anforderung, indem es z. B. im Urteil vom 23. 3. 1971[5] heißt: „Auch wenn es nicht nur wegen einer möglichen Gefährdung des einen Teils geboten, sondern wenn es nur zweckmäßig ist, zu seinen Gunsten Sicherungen in den Vertrag einzubauen", hat der Notar „auf das Fehlen einer solchen Sicherung hinzuweisen und die Beteiligten zu belehren".

403 Die damit geforderte Beratungs- und Warnpflicht zugunsten eines Beteiligten geriet in Konflikt mit der Pflicht zur Unparteilichkeit[6], die der VI. Senat in dem vorstehend zitierten Urteil ausdrücklich einschränkte. Der seit 1984 für Notar-Haftpflichtsachen zuständige IX. Senat betont in der jüngsten Rechtsprechung[7] das Gebot zur Unparteilichkeit wieder stärker. Nach seinem Urteil vom 3. 7. 1986[8] darf der Notar „nicht von sich aus zugunsten eines Beteiligten Sicherungen vorschlagen, die im Widerspruch zu dem erkennbaren Willen eines anderen Beteiligten stehen; damit würde er die Pflicht zur Unparteilichkeit (§ 14 Abs. 1 S. 2 BNotO) verletzen".

404 Der vorstehend kurz beleuchtete Wandel der Rechtsprechung ist an sich nur Ausdruck der im Laufe der Jahrzehnte geänderten Sozialauffassung. Gegenüber der Vorkriegszeit brachte die Soziale Marktwirtschaft immer breiteren Volksschichten Einkommenssteigerungen und Vermögen; sie ließ damit Bürger am Geschäfts- und Wirtschaftsleben teilnehmen, dem sie aus Unerfahrenheit vielfach nicht gewachsen waren. Vor allem beim Erwerb von Haus- und Wohnungseigentum waren sie in der Zeit des Wirtschaftsbooms gewieften Geschäftspartnern und Spekulanten ausgesetzt und blieben bei Fehlschlagen des Geschäfts die Geschädigten. Viele Tausende von Käufern verloren ihre Ersparnisse und blieben Schuldner hoher Kredite. Dem Notar wurde auf diesem Hintergrund im Bereich der zu beurkundenden Rechtsgeschäfte mehr und mehr eine soziale Schutzfunktion auferlegt, die der Stand trotz aller damit verbundenen Belastungen als ideelle rechtliche Aufgabe auch akzeptierte[9]. Die BGH-Rechtsprechung und damit die Judikatur der unteren Instanzen ließen jedoch in Einzelfällen den Notar zum Wirtschaftsberater und Bürgen mißglückter Geschäftsvorhaben werden, von Geschäften, die laut den nachträglichen Behauptungen der Kläger bei einer nachdrücklichen Belehrung des beklagten Notars nicht eingegangen worden wären[10]. Dieser Ausuferung könnte mit der neueren Rechtsprechung in Besinnung auf die korrespondierende Notarpflicht zur Unparteilichkeit begegnet werden.

405 Die **gesetzlichen Grundlagen für die Belehrungspflichten** konnten die genannten Tendenzen der Rechtsprechung kaum beeinflussen. FGG und BGB enthielten nur formelle Beurkundungsvorschriften[11]. Grundlegend für den heutigen Stand waren die §§ 30–35 der Dienstordnung für Notare vom 5. 6. 1937[12]. Sie brachten in Ergänzung der Reichsnotarordnung Grundsätze zur Belehrungspflicht, wie sie damals in Ansätzen die Haftpflichtrechtsprechung herausgebildet hatte[13]. Diese Grundsätze wurden in die §§ 26–31 der BNotO vom 1. 4. 1961[14]

---

[5] DNotZ 1971, 591 (Nr. 74).
[6] S. Rz. 419 ff.
[7] DNotZ 1987, 157 (Nr. 137) u. 450 (Nr. 139); 1989, 45 (Nr. 147).
[8] DNotZ 1987, 157/159 (Nr. 137).
[9] Vgl. Feyock, Wesen und Wandel der Aufgaben des Notars in rechtsstaatlicher Betrachtung, DNotZ, Sonderheft Deutscher Notartag 1956, 45; Reithmann, Die Beratung bei Beurkundung, DNotZ, Sonderheft Deutscher Notartag 1965, 86; Schollen, Die Mitwirkung des Notars bei Bildung des rechtsgeschäftlichen Willens, DNotZ, Sonderheft Deutscher Notartag 1969, 51.
[10] S. die kritische Darstellung von Haug, DNotZ 1972, 412 ff.
[11] S. die Hinweise in Jansen, § 17 Rz. 1; Arndt, § 17 BeurkG, Anm. I, Haug, BWNotZ 1971, 97 ff.
[12] Dt. Just. 1937, 874.
[13] S. die Erläuterungen von Jonas, Die Dienstordnung für Notare, DNotZ 1937, 519 u. in Seybold/Hornig/Lemmens, RNotO, 3. Aufl., § 26 Rz. 1–3; Arndt, § 17 BeurkG, Anm. I.
[14] BGBl. I S. 77.

übernommen und finden sich in sprachlich gestraffter Form in § 17 Abs. 1 u. 2 des am 1. 1. 1970 in Kraft getretenen Beurkundungsgesetzes wieder. Neu ist lediglich § 17 Abs. 3 BeurkG mit der Hinweispflicht auf die Möglichkeit der Anwendung ausländischen Rechts.

Die somit vor mehr als 50 Jahren geprägten Vorschriften haben auch heute noch **406** durchaus ihre Rechtfertigung. Sie geben jedoch nur **allgemeine Richtlinien mit unbestimmten Rechtsbegriffen,** die, wie aufgezeigt, je nach subjektiver oder zeitkonformer Einstellung einengend oder extensiv ausgelegt werden können. Wenn Weber[15] schreibt: „Es möchte als ein unmögliches Unterfangen erscheinen, die Prüfungs-, Belehrungs- und Beratungstätigkeit des Notars in strengen Rechtssätzen festzulegen und mit juristischen Methoden darzustellen", so liegt dies gewiß primär an der Materie. Andererseits wurde bei der Einführung der BNotO und des Beurkundungsgesetzes die gesetzgeberische Gelegenheit versäumt, die alten, auf der Haftpflichtrechtsprechung des Reichsgerichts beruhenden Grundsätze der Dienstordnung für Notare methodisch zu überdenken und in eine auf die unterschiedliche Notartätigkeit ausgerichtete, besser faßbare Form zu bringen. Nach wie vor bleibt deshalb dieses die notarielle Amtstätigkeit beherrschende Gebiet weitgehend der richterlichen Rechtsauffassung überlassen.

b) Grundsätze der Belehrungspflichten

Die vorstehend skizzierten gesetzlichen Grundlagen und die uneinheitliche **407** Rechtsprechung zeigen die **Notwendigkeit einer systematischen Erfassung** nach den Voraussetzungen, dem Inhalt und den Grenzen der notariellen Belehrungspflicht. Gerade weil dieser Kardinalpflicht unbestimmte Rechtsbegriffe zugrunde liegen, sind möglichst objektiv erfaßbare Kriterien als Richtlinien für die Arbeit in der Notariatspraxis und für eine spätere Beurteilung der Frage der Pflichterfüllung aufzustellen. Es ist zwar richtig, daß sich der Umfang der Belehrungspflicht „nicht ein für allemal fest umgrenzen" läßt, sondern „sich nach den Gegebenheiten des Einzelfalles" richtet[16], dies schließt aber nicht aus, daß möglichst feste Maßstäbe dafür gesetzt und eingehalten werden, ob und in welchem Umfang im konkreten Fall eine Belehrungspflicht für den Notar besteht ... oder bei der haftpflichtrechtlichen Beurteilung bestanden hätte.

Der BGH selbst hatte in einer seiner ersten Entscheidungen[17] zur Notarhaft- **408** pflicht brauchbare Beurteilungsgrundlagen aufgestellt, denen er dann allerdings nicht immer konsequent folgte. In der Literatur[18] wurde die frühe BGH-Rechtsprechung im wesentlichen aufgenommen und die gewonnenen Grundsätze mit unterschiedlichen Akzenten näher umrissen. Von einer an sich wünschenswerten konformen Meinungsbildung kann freilich nicht gesprochen werden. Den Anforderungen der zentralen Belehrungsvorschrift in § 17 BeurkG muß natürlich entsprochen werden. Es geht jedoch darum, sie fester zu umreißen und nach Tätigkeitsbereichen aufzugliedern. Der Verfasser hatte dies mit seinem Aufsatz in DNotZ 1972, S. 388–422 und S. 453–484 auf der Grundlage des oben genannten BGH-Urteils aus dem Jahre 1953 und den Vorarbeiten von Scheffler[19] versucht.

Die nach den Voraussetzungen und dem Inhalt vorgenommene Unterscheidung **409** der Belehrungspflichten aus Urkundstätigkeit und Betreuungsverpflichtung er-

---

[15] Besprechung der 2. Aufl. von Daimer über „Die Prüfungs- und Belehrungspflicht des Notars", DNotZ 1955, 624.
[16] So BGH DNotZ 1963, 308, 309 (Nr. 43)
[17] U. v. 29. 10. 1953, DNotZ 1954, 329 (Nr. 3).
[18] S. dazu die Nachweise bei Haug, DNotZ 1972, 396 ff. u. weiter Mecke, § 17 Rz. 12 u. 16; Huhn/v. Schuckmann, § 17 Rz. 19 ff.; Arndt, § 17 BeurkG Anm. 3; Keidel/Kuntze/Winkler, § 17 Rz. 12 ff.; Jansen, § 17 Rz. 7 ff., Reithmann/Röll/Geßele (5. Aufl.), Rz. 130 ff.
[19] MittRhNotK 1959, 1 u. 1967, 429.

scheint nach wie vor sachgerecht. Aufgrund der Erfahrungen aus der Haftpflichtrechtsprechung bei besonders gravierenden Haftpflichtfällen wird hier noch eine **dritte Kategorie von Belehrungsverpflichtungen** hinzugefügt, die unabhängig von der Beurkundungstätigkeit und § 17 BeurkG dem Notar Hinweispflichten auferlegt, wenn er erkennen kann, daß unter Ausnutzung seiner Vertrauensstellung einem Dritten ein Schaden zugefügt werden könnte. Solche meist grob fahrlässigen, nicht unbedingt vorsätzlichen Verstöße gegen notarielle Grundpflichten verlangen einen anderen Beurteilungsmaßstab. Mit dieser über den Rahmen der normalen Betreuungspflicht hinausgehenden Belehrungsverpflichtung könnte vorgebeugt werden, daß die Rechtsprechung den Belehrungsgrundsatz aus Betreuungsverpflichtung überdehnt, um offenkundige Unbilligkeiten auszugleichen.

410 Die **erste** der Beurkundungsaufgabe angepaßte **Kategorie der Belehrungspflicht** kann wie folgt beschrieben werden:

> Aufgrund der **regelmäßigen Belehrungspflicht aus Urkundstätigkeit** hat der Notar die Beteiligten insoweit zu befragen und belehren, als es notwendig ist, eine ihrem wahren Willen entsprechende rechtswirksame Urkunde zu errichten. In diesem Rahmen sind die Beteiligten erforderlichenfalls über die rechtliche Bedeutung ihrer Erklärungen und die unmittelbaren rechtlichen Bedingungen für den Eintritt des beabsichtigten Erfolgs aufzuklären.

411 Diese Definition folgt in den Grundsätzen der BGH-Judikatur[20], die sich freilich – insbesondere der VI. Zivilsenat – nicht immer daran hielt, Grundsätze, die aber wieder ausdrücklich vom IX. Zivilsenat bestätigt wurden. Diese Belehrungspflicht aus Urkundstätigkeit entspricht damit auch § 17 Abs. 1 BeurkG. Der IX. Zivilsenat hat sie in seinem Urteil vom 11. 2. 1988[21] wie folgt definiert:

> „Nach § 17 Abs. 1 BeurkG soll der Notar den Willen der Beteiligten erforschen, den Sachverhalt klären, die Beteiligten über die rechtliche Tragweite des Geschäfts belehren und ihre Erklärungen klar und unzweideutig in der Niederschrift wiedergeben. Die Vorschrift soll gewährleisten, daß der Notar eine rechtswirksame Urkunde über den wahren Willen der Beteiligten errichtet. Aus diesem Zweck folgt die inhaltliche Begrenzung der Pflicht zur Rechtsbelehrung: sie geht nur so weit, wie eine Belehrung für das Zustandekommen einer formgültigen Urkunde erforderlich ist, die den wahren Willen der Beteiligten vollständig und unzweideutig in der für das beabsichtigte Rechtsgeschäft richtigen Form rechtswirksam wiedergibt. Dabei soll der Notar darauf achten, daß unerfahrene und ungewandte Beteiligte nicht benachteiligt werden".

Auch die Literatur[22] folgt ganz überwiegend, wenn auch mit unterschiedlicher Gewichtung, diesen Leitsätzen. Zur Ausfüllung und Abgrenzung wird darauf besonders in Abschnitt f (Rz. 465 ff.) mit Rechtsprechungsbeispielen näher eingegangen.

412 Eine über die regelmäßige Belehrungspflicht aus Urkundstätigkeit hinausgehende Betreuungspflicht besteht nur unter besonderen Voraussetzungen. Die Grundlage liegt in der Vertrauensstellung des Notars als unparteiische Amtsperson auf dem Gebiet der vorsorgenden Rechtspflege (§§ 1, 14 BNotO)[23]. Diese – als **zweite Kategorie** zu nennende – **erweiterte Belehrungspflicht** aus Betreuungsverpflichtung tritt ein, wenn nach den besonderen Umständen des Einzelfalles für den Notar die Vermutung naheliegt, daß ein Beteiligter[24] mangels Kenntnis

---

[20] DNotZ 1954, 329 (Nr. 3); MDR 1957, 605 (Nr. 14); DNotZ 1958, 23 (Nr. 15); VersR 1958, 124 (Nr. 19) u. 1959, 28 (Nr. 22); WM 1960, 980 (Nr. 36); DNotZ 1961, 430 (Nr. 39); 1965, 115 (Nr. 54); 1966, 183 (Nr. 56) u. 1967, 446 (Nr. 61); MDR 1968, 1002 (Nr. 64); DNotZ 1973, 174 (NotSt); NJW 1975, 216 (Nr. 86); DNotZ 1981, 515 (Nr. 103); 1987, 157 (Nr. 137) u. 450 (Nr. 139), 1988, 383 (Nr. 143); AnwBl. 1988, 585 (Nr. 149).
[21] DNotZ 1989, 45 (Nr. 147).
[22] S. die Nachweise Fn. II, 18.
[23] Vgl. Huhn/v. Schuckmann, § 17 Rz. 15.
[24] Soweit den Beteiligten gegenüber eine Amtspflicht i. S. v. § 19 BNotO besteht (s. Rz. 13 ff.).

der Rechtslage einen nicht bedachten Schaden erleiden wird. Die Pflicht erstreckt sich unter diesen Voraussetzungen auch auf naheliegende wirtschaftliche Gefahren, die sich aus der rechtlichen Anlage des Geschäfts ergeben.

Die erweiterte Belehrungspflicht steht nicht im Gegensatz[25] zur regelmäßigen Belehrungspflicht aus Urkundstätigkeit, sondern schließt sich dieser als zweite Stufe an, wenn besondere Umstände zu einer belehrenden Betreuung Anlaß geben. Die Notwendigkeit dieser besonderen Belehrungspflicht wurde schon vom Reichsgericht[26] erkannt und vom Bundesgerichtshof[27] mit oft sehr strengen Anforderungen betont. Darauf und auf die Literatur wird besonders im nachfolgenden Abschnitt eingegangen (Rz. 533–578). **413**

Die Definition des IX. Zivilsenats[28] zur betreuenden Belehrungspflicht lautet: **414**

„Der Notar hat aufgrund der allgemeinen Betreuungspflicht, die ihn als Amtsträger der vorsorgenden Rechtspflege trifft, dem Beteiligten, der ihn im Vertrauen darauf angegangen hat, vor nicht bedachten Folgen seiner Erklärungen bewahrt zu bleiben, die nötige Aufklärung zu geben. Er darf es nicht geschehen lassen, daß Beteiligte, die über die rechtlichen Folgen ihrer Erklärung falsche Vorstellungen haben, durch die Abgabe ihrer Erklärung ihre Vermögensinteressen vermeidbar gefährden. Die betreuende Belehrungspflicht besteht, wenn der Notar aufgrund besonderer Umstände des Falles Anlaß zu der Vermutung haben muß, einem Beteiligten drohe ein Schaden vor allem deshalb, weil er sich wegen mangelnder Kenntnis der Rechtslage der Gefahr nicht bewußt ist."

Eine in der Rechtsprechung und Literatur nicht ausgeformte **dritte Kategorie** von notarieller Belehrungspflicht wird hier aufgestellt. Sie soll außerhalb des Belehrungsbereichs aus Urkundstätigkeit und Betreuung eintreten, wenn anderenfalls die Vertrauensstellung des Notars mit der Verpflichtung zur unparteiischen Rechtswahrung erschüttert und Dritte bei der Amtsausübung offensichtlich in ihren Belangen gefährdet würden. Sie ist Ausdruck der hoch anzusetzenden allgemeinen Notarpflicht, „dem Unrecht zu wehren"[29]. Diese außerordentliche Belehrungspflicht kann wie folgt definiert werden: **415**

Erhält der Notar von Umständen Kenntnis, die vermuten lassen, daß unter Ausnutzung seiner Vertrauensstellung Dritte in gesetzwidriger oder unredlicher Weise geschädigt werden können, so hat er schadensverhütende Hinweispflichten.

Die Herausstellung dieser besonderen Pflicht erscheint erforderlich, damit Fälle dieser Art nicht unter die allgemeine Betreuungsverpflichtung subsumiert werden. Der Charakter der betreuenden Belehrungspflicht würde damit verfälscht und generell ausgeweitet. Dies zeigen einige BGH-Entscheidungen, auf die weiter unten näher eingegangen wird (s. Rz. 580 ff.).

Die in den Grundsätzen aufgezeigten Belehrungspflichten bestehen auch, soweit nach den §§ 13a, 14 BeurkG eine eingeschränkte Vorlesungspflicht[30] zugelassen ist. Bei **Beglaubigungen** hat der Notar gleichermaßen zu belehren, wenn er den Entwurf fertigt oder zum Inhalt des Schriftstückes Stellung nimmt[31]. Klärt z. B. **416**

---

[25] So Pagendarm, DRiZ 1959, 135 u. Arndt, § 17 BeurkG Anm. II 3.4.3. Diese Meinung beruht auf einer zu engen Begrenzung der Belehrungspflicht aus Urkundstätigkeit.
[26] S. die Rspr.-Übersicht bei Grunau, DNotZ 1937, 455.
[27] S. die Rspr.-Hinweise in Fn. II, 20.
[28] Gleichlautend DNotZ 1987, 157 (Nr. 137) u. 1989, 45 (Nr. 147).
[29] So im Zusammenhang mit der Verschwiegenheitspflicht: BGH DNotZ 1978, 373/375 (Nr. 93); vgl. § 14 Abs. 2 BNotO u. § 4 BeurkG.
[30] Zu § 13a BeurkG: Arnold, DNotZ 1980, 262/278; zu § 14 BeurkG: Zimmermann, Rpfleg. 1970, 190.
[31] BGH DNotZ 1955, 396 (Nr. 6): Entwurf eines Sicherungsübereignungsvertrags; DNotZ 1956, 54 (Nr. 8): fehlerhafte Belehrung über Widerruflichkeit; DNotZ 1958, 101 (Nr. 18): Belehrung über Einreichungshindernisse; WM 1963, 754 (Nr. 46): falsche Belehrung zum Zwangsversteigerungsrecht; VersR 1984, 946 (Nr. 125): zur Formbedürftigkeit; vgl. weiter Haug, DNotZ 1972, 420 f.

der Notar bei einer Grundschuldbestellung durch den Schuldner den miterschienenen Gläubiger auf dessen Frage nicht darüber auf, daß die Bestellung und der einseitige Eintragungsantrag noch keine feste Sicherheit für das versprochene Darlehen geben, so haftet er, wenn der Schuldner später den Antrag beim Grundbuchamt zurücknimmt. Die Belehrungspflicht bei einer bloßen Unterschriftsbeglaubigung besteht auch dann, wenn der Notar den Text in zurückliegender Zeit in seiner Eigenschaft als Anwalt aufgesetzt hatte[32]. Hat der Notar jedoch früher eine Grundschuldabtretung, die Eintragungshindernisse aufwies, lediglich beglaubigt, so kann er für diese Beglaubigung nicht nachträglich als belehrungspflichtig angesehen werden, wenn er später im Interesse der Beteiligten die Eintragungshindernisse beseitigt[33]. Im übrigen beschränken sich Belehrungspflichten bei Beglaubigungen auf den Inhalt der Urkunde selbst; sie beziehen sich nicht auf Hintergründe und Rechtsfolgen aus vorangegangenen Verträgen, an deren Fertigung der Notar nicht beteiligt war[34]. Andererseits sind etwa früher vernachlässigte eigene Belehrungspflichten bei sich bietender Gelegenheit nachzuholen[35]. Gerade bei Beglaubigungen kann eine nachträgliche Belehrungspflicht in Frage kommen, da es sich oft um Eintragungsanträge zum Grundbuchamt oder Registergericht handelt. Übernimmt der Notar die Einreichung, so ist diese Aufgabe als ein mit der Beglaubigung verbundenes einheitliches Amtsgeschäft[36] zu werten. Es verpflichtet ihn nicht nur zur unverzüglichen Einreichung[37], sondern zusätzlich zu belehrenden Hinweisen gegenüber den Beteiligten, wenn später bei der Durchführung – sei es aufgrund des Widerrufs eines Beteiligten, sei es wegen Zurückweisung des Grundbuchamts oder Registergerichts – Eintragungshindernisse auftreten[38]. Beglaubigt dagegen der Notar ohne sonstige Aufgabe lediglich die Unterschrift, so bestehen keine Belehrungspflichten. Davon zu unterscheiden wären etwaige Ablehnungspflichten, wenn der Inhalt der Schrift gegen ein gesetzliches Verbot oder gegen die guten Sitten verstößt, oder wenn ein Mitwirkungsverbot in Betracht kommt[39].

417 Bei bloßen **Entwurfsarbeiten** bestehen ebenfalls die vollen Aufklärungs- und Belehrungspflichten. Das Haftpflichtrisiko ist dann besonders gefährlich, wenn die Beteiligten den Entwurf ohne weitere Erörterung entgegennehmen und später zur Grundlage eines – zulässigen – privatschriftlichen Vertrags machen, der sich in der Durchführung als unausgewogen erweist. Dies ergibt sich beispielhaft aus dem Fall des BGH-Haftpflichturteils vom 27. 6. 1972[40] mit überaus strengen Anforderungen an die Belehrungspflicht über die Tragweite[41] einer Bestimmung im vom Notar entworfenen Sozietätsvertrag von Tierärzten.

418 Bei den oft diffizilen Belehrungspflichten ist eine **persönliche Erfüllung durch den Notar** unerläßlich. Dies wird zwar in den einschlägigen Bestimmungen des Beurkundungsgesetzes nicht ausdrücklich vorgeschrieben, gilt aber als eine Selbstverständlichkeit[42]. Der Notar kann sich zwar für vorbereitende Arbeiten seines bewährten Büropersonals bedienen, wenn er sich – folgend dem BGH-Urteil vom 14. 3. 1963[43] – davon überzeugt hat, daß es sich um ein einfaches

---

[32] RG JW 1938, 889.
[33] OLG Celle, DNotZ 1959, 666.
[34] OLG Celle, U. v. 21. 9. 1988; 3 U 195/87.
[35] RG JW 1922, 805/806; 1935, 1688; vgl. Haug, DNotZ 1972, 483.
[36] Vgl. Rz. 176 ff.
[37] S. Rz. 621 ff.
[38] Vgl. RG DNotZ 1937, 757; BGH DNotZ 1958, 101 (Nr. 18) u. 557 (Nr. 21); Haftpflichtecke DNotZ 1964, 719; Weber, DNotZ 1964, 953.
[39] Winkler, Rpfl. 1972, 256.
[40] VersR 1972, 1049 (Nr. 79); s. weiter BGH VersR 1984, 946 (Nr. 125).
[41] S. Rz. 473.
[42] Keidel/Kuntze/Winkler, § 17 Rz. 1 u. 4; Jansen, § 17 Rz. 5; Mecke, § 17 Rz. 17.
[43] WM 1963, 754 (Nr. 46).

Geschäft handelt, oder er die erforderlichen Weisungen für die Sachbehandlung erteilt. Er muß sich dann aber bei der Beurkundung vergewissern, daß die Erklärungen dem wahren Willen der Beteiligten entsprechen und er muß persönlich die erforderlichen Belehrungen erteilen. Diesen Grundsatz hat schon das Reichsgericht in einem Urteil aus dem Jahre 1913[44] aufgestellt, und ihm folgte die spätere Rechtsprechung[45]. Einen Verstoß gegen dieses Gebot wertete das Reichsgericht sogar nicht mehr als eine nur fahrlässige, sondern als bewußte, also vorsätzliche Pflichtverletzung[46].

Für Fehler seines Büropersonals in diesem Bereich wird sich der Notar nur in Ausnahmefällen entlasten können. Es wird hierzu auf die Ausführungen in Abschnitt I 5 d „Haftung des Notars für Hilfspersonen" verwiesen (Rz. 127–136). Konsequenterweise ist deshalb zu empfehlen, daß sich der Notar möglichst auch an den Entwurfsarbeiten beteiligt. An der Quelle kann am besten gewährleistet werden, daß er von den Absichten, Willensäußerungen und etwaigen Zweifeln sichere Kenntnis erhält. Vor allem wird er erst durch das Zuhören, was die Beteiligten selbst – nicht durch einen Mittelsmann – sagen, das Ausmaß einer erforderlichen Belehrung einschätzen können.

c) Verhältnis zur Unparteilichkeit

Die **grundlegende Pflicht** für die Amtsausübung überhaupt und Leitlinie für die Belehrungsaufgaben ist die Unparteilichkeit. Der Notar schwört bei seiner Bestallung, „die Pflichten eines Notars gewissenhaft und unparteiisch zu erfüllen" (§ 13 Abs. 1 BNotO). Zu seinen wichtigsten Berufspflichten gehört, daß er „nicht Vertreter einer Partei, sondern unparteiischer Betreuer der Beteiligten" zu sein hat (§ 14 Abs. 1 S. 2 BNotO). In den Allgemeinen Richtlinien für die Berufsausübung der Notare[47] heißt es darüber hinaus, daß er als unabhängiger Betreuer der Beteiligten die Pflicht hat, „schon den Anschein der Parteilichkeit zu vermeiden". 419

In bezug auf die Belehrungspflicht wird das Gebot zur Unparteilichkeit oft geradezu kontrovers apostrophiert: einmal als Verpflichtung für eine Belehrung und dann wieder als Belehrungsverbot. Der BGH hält im Urteil vom 12. 7. 1968[48] den Notar für haftpflichtig, weil er trotz des bereits vor der Beurkundung bezahlten Kaufpreises nicht „Regelungen" angeregt hat, um die Gefährdung des Käufers durch die Vorleistung zu verhüten, und im Urteil vom 3. 7. 1986[49] sieht er eine Verletzung der Pflicht zur Unparteilichkeit darin, wenn der Notar von sich aus zugunsten eines Beteiligten Sicherungen vorschlägt. Verlangt der BGH mit Urteil vom 23. 3. 1971[50] unter Berufung auf die unparteiische Betreuung vom Notar, nicht nur bei „einer möglichen Gefährdung des einen Teils", sondern grundsätzlich Sicherungen zur Vermeidung von Vorleistungen vorzuschlagen, so meint er in seinem Haftpflichturteil vom 18. 5. 1982[51], daß selbst bei einer vollen Kaufpreisvorauszahlung ohne jede Sicherung aufgrund eines schwebend unwirksamen Kaufvertrags keine Belehrung angebracht gewesen sei; die Vorauszahlung habe möglicherweise sogar den Genehmigungsvorgang beschleunigt. Sagt der 420

---

[44] RG JW 1914, 354.
[45] RG DNotZ 1933, 793; JW 1936, 2535; DNotZ 1940, 79; BGH WM 1963, 754 (Nr. 46); DNotZ 1964, 434 (Nr. 47); OLG Bremen, DNotZ 1965, 566.
[46] S. dazu Rz. 106.
[47] Wiedergegeben bei Seybold/Hornig, S. 815; diese Richtlinien füllen lediglich die Amtspflichten des Notars konkreter aus (vgl. Fn. I 746).
[48] DNotZ 1969, 173/175 (Nr. 65).
[49] DNotZ 1987, 157/159 (Nr. 137).
[50] DNotZ 1971, 591 (Nr. 74).
[51] DNotZ 1983, 53 (Nr. 112).

BGH in seinen Haftpflichtentscheidungen vom 25. 6. 1959[52] und 13. 12. 1966[53], daß der Notar bei Vorleistungen Sicherungsmaßnahmen für die benachteiligten Vertragspartner anregen „muß" und in seinem späteren Urteil vom 23. 3. 1971[54], daß dies „dem anderen Teil ohne weiteres angesonnen werden kann",so würde nach den BGH-Urteilen vom 3. 7. 1986[55] und 11. 2. 1988[56] eine solche Beratung parteiisch und damit pflichtwidrig sein, da sie in Widerspruch zu dem Geschäftswillen des anderen Beteiligten steht. Diese Rechtsprechungsbeispiele, die sich fortsetzen ließen, sind in ihrer Widersprüchlichkeit um so gravierender, als schon jeweils in den Vorinstanzen die Ansichten der Richter auseinandergingen.

421 In der **Literatur** wird die Pflicht zur Unparteilichkeit zu Recht hoch, manchmal im idealen Sinn über die menschlichen Möglichkeiten hinaus angesetzt. Hieber[57] stellt als Grundsatz die „Gerechtigkeit" in den Mittelpunkt: „Keine Bindung irgendwelcher Art, sei sie nun freundschaftlicher, ideeller oder materieller Art, darf den Notar dazu bewegen, vom Weg der Gerechtigkeit abzuweichen, irgendjemand zu bevorzugen oder ihm Vorteile zukommen zu lassen, auf die er nach der Rechtslage oder den Wünschen und Absichten der Beteiligten keinen Anspruch hat. ... Arm und Reich, Hoch und Nieder müssen von ihm gleich zuvorkommend behandelt werden". Auch in Seybold/Hornig[58] wird von dem Gebot ausgegangen, „gerecht zu sein", und gefordert, daß der Notar über den Interessen der Beteiligten zu stehen hat, „indem er hilft, einen gerechten Ausgleich ihrer gegensätzlichen Bestrebungen zu finden". Er kann allerdings, wie weiter ausgeführt wird, „nur insoweit auf den Willen der Beteiligten einwirken, als diese seinen belehrenden, beratenden oder ermahnenden Worten zugänglich sind und ihm Einfluß auf die Gestaltung des Rechtsvorgangs einräumen". Arndt[59] macht noch auf einen anderen, wichtigen Aspekt zur unparteilichen Amtsführung aufmerksam, „daß der Notar die Beziehungen der Beteiligten nicht mit grundlosen Nachforschungen über ihre persönlichen und wirtschaftlichen Verhältnisse belasten darf, die einem Beteiligten zwar nützen, dem anderen aber schaden können". Als Beispiel für diese Aussage kann der vom BGH[60] entschiedene Haftpflichtfall dienen, daß der Notar mit einer nachforschenden Belehrung über den eventuellen Anfall von Spekulationssteuer wirtschaftliche Interessen verletzen und das Zustandekommen des Vertrags gefährden kann.

422 Reithmann[61] sieht als Praktiker zutreffend die Schwierigkeiten, unter dem Grundsatz der Unparteilichkeit die Grenze zwischen einer pflichtgemäßen Belehrung und einer pflichtwidrig aufgedrängten Beratung zu ziehen. Eher zurückhaltend räumt er ein, daß im Rahmen dieses Grundsatzes der Notar zu einer Einflußnahme auf die individuelle Gestaltung des Rechtsgeschäfts insbesondere zur Verbesserung der Chancengleichheit der Beteiligten berechtigt und verpflichtet sein kann. Er betont auf der anderen Seite aber auch zum Schutz der amtlichen Vertrauensstellung die **Distanzierungspflicht** des Notars, wenn die Beteiligten auf der gewünschten unausgewogenen Regelung beharren.

423 Hoch angesetzte Oberbegriffe wie Unabhängigkeit, Unparteilichkeit und Gerechtigkeit als selbstverständliche Maximen der Amtsausübung helfen in konkre-

---

[52] VersR 1959, 743 (Nr. 26).
[53] DNotZ 1967, 446 (Nr. 61).
[54] S. Fn. II, 50.
[55] DNotZ 1987, 157 (Nr. 137).
[56] DNotZ 1989, 45 (Nr. 147); vgl. die Bedenken von Geimer in der Urt. Anm. EWiR 1/88, § 17 BeurkG.
[57] DNotZ 1952, 258.
[58] § 14 Rz. 36.
[59] § 14 BNotO II B 2.3.
[60] DNotZ 1985, 635/636 (Nr. 129).
[61] 5. Aufl., Rz. 17 m. Hinw. auf Dumoulin, DNotZ 1971, 504 u. Kanzleiter, DNotZ 1973, 521.

1. Prüfungs- und Belehrungspflichten

ten Fällen zur Lösung der Frage, ob eine Belehrungs- oder Beratungspflicht auszuüben ist oder nicht, wenig. Möglichst sichere Beurteilungskriterien sind jedoch auch in der Beziehung wichtig, als die Haftpflichtrichter in einer ihrer Ansicht nach zu weit gehenden Beratung wiederum eine Verletzung der Pflicht zur Unparteilichkeit sehen[62]. Die Problemzone liegt im **Grenzbereich**, in dem die **Belehrung** in eine **gestalterische Beratung**, die nicht der ursprünglichen Willensrichtung, dem Geschäftszweck eines Beteiligten entspricht, übergeht. Der Notar hat nicht seinen Willen an die Stelle des Willens der Vertragsteile zu setzen[63]. Das heißt, er hat zunächst den für die Beurkundung des Rechtsgeschäfts maßgebenden Sachverhalt und die Willensrichtung der Beteiligten sorgfältig aufzuklären. Die Wahrung der Unparteilichkeit wäre hier nur gefährdet, wenn die Aufklärung in eine Ausforschung der objektiv für die Beurkundung nicht erforderlichen Hintergründe übergehen würde. Aber auch hier ist im Hinblick auf die notarielle Wahrheits- und Belehrungspflicht je nach Lage des Falles und der beteiligten Personen die Grenze fließend. Ein „gesundes Mißtrauen" darf nicht schon als Pflichtverletzung gewertet werden. Die Pflicht zur klaren Formulierung der Erklärungen wird grundsätzlich ebensowenig wie die nach § 17 Abs. 1 S. 1 BeurkG vorgeschriebene Aufklärung über die rechtliche Tragweite (Rz. 473 ff.) Probleme zur Parteilichkeit aufwerfen. Eine Grenze wird allerdings auch in dieser Beziehung erreicht, wenn Beteiligte mit konträren Interessen noch unschlüssig über das Eingehen von Rechtsgeschäften sind und der parteiischen Beratung bedürfen. Daimer[64] formuliert diese Situation ebenso temperamentvoll wie zutreffend:

„Obliegenheit der Beteiligten ist es, daß sie sich darüber klar sind, was sie eigentlich wollen. Wer nicht weiß, was er will, oder was er alles wollen soll, muß in die Kanzlei eines Rechtsanwalts oder Wirtschaftsberaters gehen, einen Beistand zuziehen oder einen Freund aufsuchen. ... Es ist nicht an dem, daß die Beteiligten, welche zum Notar gehen, damit jeder Denkarbeit enthoben werden, und daß der Notar diese für die Beteiligten allein zu leisten hätte."

Mit über die Aufklärungspflicht hinausgehenden Belehrungen wird eine **Beeinflussung des Willens der Beteiligten** meist herbeigeführt und sogar bezweckt. Besteht somit nach den oben gebrachten Grundsätzen (Rz. 407–415) Anlaß zu einer Belehrung, so wird mit einer solchen Willensbeeinflussung – „Dann will ich dies besser doch nicht in Kauf nehmen" – die notarielle Unparteilichkeit nicht berührt. Belehrung wird hier als eine reine Aufklärung über die rechtliche Tragweite oder die durch die Rechtsgestaltung herbeigeführte wirtschaftliche Lage oder Folge verstanden: „Sie erbringen mit dieser Zusage eine Vorleistung, ohne Gewähr, daß Sie auch die Gegenleistung erhalten" oder „Wenn Sie damit als Gesellschafter der GmbH ein Darlehen geben, so können Sie evtl. bei einem Konkurs oder Vergleichsverfahren der Gesellschaft Ihren Rückgewähranspruch nicht geltend machen" (§ 32a GmbHG). Mit der Neutralitätsverpflichtung verträglich kann noch der zusätzliche Hinweis gesehen werden, daß auf Wunsch auch über eine andere Gestaltung beraten wird. 424

Die **Beratung** setzt erst ein, wenn der Notar konkrete Vorschläge zur Ausgestaltung des Rechtsgeschäfts unterbreitet: „Die Eintragung einer Auflassungsvormerkung würde ich Ihnen dringend anraten" oder „Sie können vereinbaren, daß mit der Zahlung auf Anderkonto Ihre Leistungspflicht bereits erfüllt ist". Mit diesen Beispielen soll noch nichts zur Frage der Pflicht zur Unparteilichkeit ausgesagt werden (s. Rz. 426 f.); es geht um die Unterscheidung zur Belehrung. 425

---

[62] S. die BGH-Urteile Fn. II, 55, 56.
[63] BGH VersR 1956, 448 (Nr. 11), 1959, 28/29 (Nr. 22) u. 1971, 740 (Nr. 75); RG JW 1930, 3306.
[64] 2. Aufl., § 12 Rz. 3.

Entgegen Huhn/v. Schuckmann[65] wird die Meinung aufrechterhalten[66], daß diese Differenzierung nicht nur theoretisch, sondern auch in der Praxis möglich ist.

426 Eine **Warnung** kann – je nach Intensität – im Grenzbereich zwischen Belehrung und Beratung liegen. Meist wird sie aber ein „Abraten" zum Inhalt haben und damit die Frage der Unparteilichkeit berühren. Sicher wird sie in manchen Fällen eine Notarpflicht sein, vor allem dann, wenn unerfahrene Beteiligte offensichtlich übervorteilt werden sollen. Die schon genannte Distanzierungspflicht (Rz. 422), die praktisch eine Mißbilligung zum Ausdruck bringt, gehört zu diesem Bereich.

427 Der notariellen Beratung kommt in der aufgezeigten Entwicklung eine verstärkte Bedeutung zu. Sie kann zwar nicht von § 17 BeurkG her als „der Zweck des Notariats"[67] angesehen werden. Sie ist eingebettet in die anderen Funktionen, wie die der Formulierung und Bezeugung. Im Verhältnis zur Neutralitätspflicht wird die von einer erforderlichen Belehrung zur Beratung übergehende Tätigkeit aber problematisch. Zulässig und eine Pflicht ist sie dann, wenn ein Beteiligter Beratung wünscht. Diesem Ansuchen ist auch dann – unvoreingenommen und objektiv – zu folgen, wenn die Ratschläge nicht dem Geschäftswillen der Partner des Fragenden entsprechen. Ein Anliegen, beraten zu werden, kann im Grenzfall auch dann angenommen werden, wenn die Beteiligten ihren Willen nur in allgemeiner Art kundtun, ohne eine bestimmte Vereinbarung vorzuschlagen[69]. Bei den oft widerstreitenden Interessen soll der Notar bei seinen Gestaltungsvorschlägen zwar eine eigene Interessenabwägung vornehmen, er darf[70] aber nicht parteilich seine Tendenzen den Beteiligten aufdrängen. Eine Leitlinie kann sein, daß das dispositive Recht im Grundsatz nicht gewillkürt zum Nachteil einer Partei geändert und einer Schadensentstehung möglichst vorgebeugt wird[71]. Die Anregung einer Änderung des Erfüllungseintritts (s. Rz. 425) oder Fälligkeitszeitpunkts[72] kann die Neutralitätspflicht des Notars verletzen. So wird der Notar in der Regel davon absehen, von sich aus vorzuschlagen, daß bei Eintritt eines Ereignisses der Kaufpreis sofort in verzugsbegründender Weise fällig wird[73]. Im pflichtgemäßen Grenzbereich dürfte liegen, ob je nach Vertragsgestaltung die Aufnahme einer Unterwerfungsklausel vorgeschlagen wird[74].

428 Auch bei dem **Ansuchen nur einer Person** um Beratung ist der Notar zur Unparteilichkeit im Sinne der Wahrung der Gerechtigkeit, der Wahrhaftigkeit und Redlichkeit verpflichtet[75]. Es kann „nicht Amtspflicht des Notars sein..., einen rechtlichen Hinweis darauf zu geben, wie sie (die Beteiligten) die bessere Berechtigung eines Dritten beseitigen können"[76]. Die Beratungspflicht des Notars unter-

---

[65] § 17 Rz. 10.
[66] Haug, DNotZ 1972, 401 f u. 415; ähnlich Reithmann, DNotZ 1969, 75 u. 1970, 13; 5. Aufl., Rz. 17–19; MittBayNot 1987, 240/241; im Grundsatz ebenso die Rspr. des IX. Zivilsenats (Nr. 137 u. 147).
[67] So Huhn/v. Schuckmann, § 17 Rz. 2.
[68] Vgl. Jansen, § 17 Rz. 1; Reithmann, 5. Aufl., Rz. 68 ff.; Keidel/Kuntze/Winkler, Einl. BeurkG IV.
[69] Vgl. Mecke, § 17 Rz. 8, der allerdings die Beratungspflicht eher einsetzen läßt (vgl. dazu näher Haug, DNotZ 1972, 401 f.).
[70] Reithmann, 5. Aufl. Rz. 20.
[71] Haug, DNotZ 1978, 516 ff.
[72] KG DNotZ 1987, 32; OLG Düsseldorf, DNotZ 1985, 767 mit kritischer Anmerkung von Reithmann.
[73] Die auf eine solche Forderung gestützte Haftpflichtklage wies das OLG Celle mit U. v. 19. 6. 1987 ab (3 U 241/86).
[74] Im vom OLG Düsseldorf entschiedenen Haftpflichtfall (VersR 1977, 1108) wäre ein solcher Rat angebracht gewesen. Vgl. die Auseinandersetzung von Wolfsteiner (§ 5) mit der Kritik an der Institution der vollstreckbaren Urkunde.
[75] Jonas, DNotZ 1937, 520; Reithmann, 5. Aufl. Rz. 16; BGH (NotSt.) DNotZ 1973, 174/178. Dies steht nicht im Widerspruch zur Kritik des BGH-Urt. v. 11. 6. 1987 (s. Rz. 52). Dort hatte Notar nur Prüfungspflichten gegenüber dem Ansuchenden. Hätte er sie wahrgenommen, so wären weitere Pflichten gegenüber Dritten entstanden.
[76] BGH NJW 1987, 1266/¹267 (Nr. 139).

scheidet sich damit grundlegend von derjenigen des Rechtsanwalts, der als Berater „in allen Rechtsangelegenheiten" (§ 3 BRAO) parteiisch seinen Mandanten umfassend zu beraten und zu unterstützen hat[77].

Ein **Pflichtenkonflikt** kann entstehen, wenn die Gefahr der Benachteiligung 429 oder gar Schädigung unerfahrener Beteiligter besteht (§ 17 Abs. 1 S. 2 BeurkG). Ein Beispiel gibt der Sachverhalt des BGH-Urteils vom 24. 6. 1975[78]: Der Notar hatte den, wie die Entwicklung zeigte, richtigen Eindruck, daß zwei clevere Geschäftsleute in wahrscheinlich unredlicher Weise ein bejahrtes Ehepaar dazu bewegt hatten, ihnen ein völlig ungesichertes Darlehen zu gewähren. Der Notar warnte und schlug beratend zur Absicherung eine Bürgschaft vor. Die Haftpflichtklägerin, die in engen Beziehungen zu den Darlehnsnehmern stand und die Bürgschaft übernahm, erlitt durch die Inanspruchnahme einen Schaden. Ihre Klage wurde schließlich vom BGH abgewiesen. In bezug auf die Unparteilichkeit geht es aber um die – im BGH-Urteil nicht maßgebliche – Frage: Durfte der Notar von sich aus zur Stellung einer Bürgschaft raten? Im Zweifelsfalle, der hier vorlag, ist dies zu bejahen; der Notar mußte allerdings nicht. Auf diesen Ermessensspielraum des Notars in Konfliktzonen wird unten noch eingegangen(Rz. 431).

Gesteigerte Anforderungen an die Wahrung der Unparteilichkeit sind zu 430 stellen, wenn der Notar zu einem der Beteiligten in einem andauernden „Auftragsverhältnis" steht oder der Anwaltsnotar einen Beteiligten ständig anwaltschaftlich vertritt. In solchen Fällen der Amtsausübung muß, wie die Standesrichtlinien[79] in § 1 allgemein fordern, schon der Anschein der Parteilichkeit vermieden werden. Die Zweifel Stürners in seinem Aufsatz „Der Notar – unabhängiges Organ der Rechtspflege?"[80] sind ernstzunehmen und werden auch von den maßgebenden Organen ernst genommen. Vor allem der Anwaltsnotar sieht sich der Gefahr der Parteilichkeit ausgesetzt[81]. Was dem Rechtsanwalt verboten, ist gerade notarielle Amtspflicht[82]. Die Mitwirkungsverbote des § 3 BeurkG[83] sind deshalb strikt zu beachten. Der Notar hat auch das Recht, die Übernahme des Amtsgeschäfts wegen Befangenheit abzulehnen (§ 16 Abs. 2 BNotO). Übt er das Amt gleichwohl aus, so kann zugunsten des dem Notar nicht Nahestehenden eine gesteigerte Belehrungspflicht in Betracht kommen, die über die grundsätzliche Pflicht aus Betreuung hinausgeht[84]. Die BGH-Urteile vom 23. 9. 1980[85], 2. 12. 1980[86] und 29. 9. 1981[87] sind typische Beispiele dafür. Weiterhin kann eine schwer abzuwendende Kollision mit der Verschwiegenheitspflicht eintreten (s. Rz. 441).

Bei der Abwägung des Notars, ob er im konkreten Fall zur Wahrung seiner 431 Unparteilichkeit eine Belehrung vornehmen oder unterlassen muß, ist ihm ein **Ermessensspielraum** einzuräumen. Dies müßte sich schon allein aus den divergierenden Auffassungen der BGH-Richter in den eingangs aufgeführten Urteilen ergeben (s. Rz. 420). In 60% der bis zum BGH geführten Haftpflichtprozesse waren die Instanzgerichte über die notarielle Belehrungspflicht im konkreten Amtsgeschäft unterschiedlicher Auffassung! Hinzu kommt, daß die richterliche Rechtsfindung über das Ausmaß der erforderlichen Belehrungspflicht Jahre, nicht selten über ein Jahrzehnt nach der verurteilten oder gebilligten Amtshandlung

---

[77] Borgmann/Haug, § 20.
[78] WM 1975, 926 (Nr. 86).
[79] S. Fn. I 746.
[80] JZ 1974, 154.
[81] Stürner, S. 155.
[82] § 45 Nr. 2 BRAO; s. Seybold/Hornig, § 14 BNotO Rz. 44 u. Borgmann/Haug, § 12, 3 b.
[83] S. Rz. 361 ff.
[84] Rz. 412, 425 u. 580 ff.
[85] DNotZ 1981, 311 (Nr. 101).
[86] VI ZR 56/79 (Nr. 104).
[87] DNotZ 1982, 384 (Nr. 107).

erfolgt[88]. Was der VI. Zivilsenat in den 60er und 70er Jahren noch an Belehrung forderte, kann nach der Rechtsprechung des IX. Senats ab Mitte der 80er Jahre schon eine Verletzung der Neutralitätspflicht sein. Gerade das offenbar fugenlose „entweder Belehrungspflichtverletzung oder Verstoß gegen das Gebot der Unparteilichkeit" wird der Amtsausübung des Notars auf dem Gebiet der Betreuung nicht gerecht. Dieses Postulat des IX. Senats[89] läßt den praktizierenden Notar zwischen Skylla und Charibdis[90].

432 Es lassen sich keine scharfen Grenzen im Bereich der Belehrungspflicht ziehen. Dies belegt eine Analyse der einschlägigen Rechtsprechung, z. B. zum Spannungsfeld zwischen Belehrungsgebot und Unparteilichkeit, folgender Satz aus dem BGH-Urteil vom 23. 3. 1971[91]:

> „Auch wenn es nicht nur wegen einer möglichen Gefährdung des einen Teils geboten, sondern wenn es nur zweckmäßig ist, zu seinen Gunsten Sicherungen in den Vertrag einzubauen und wenn es dem anderen Teil ohne weiteres angesonnen werden kann, sich mit einer normalen und üblichen Sicherung einverstanden zu erklären, hat die Rechtsprechung von dem Notar verlangt (und ihm, der an sich unparteiisch sein muß, auch gestattet), auf das Fehlen einer solchen Sicherung hinzuweisen und die Beteiligten zu belehren".

433 Allein auf einer DNotZ-Seite[92] werden aus einem BGH-Urteil folgende Voraussetzungen oder Maßstäbe für die Belehrungspflicht genannt: „aus gegebenem Anlaß", „in aller Regel", „vorzugsweise", „zweckmäßige Gestaltung", „Absichten und Interessen der Beteiligten", der Notar „kein Wirtschaftsberater und kein Vormund", „Interessenkonflikt gegenüber anderen Beteiligten", „Vertrauenswürdigkeit" usf. Die damit geforderte Einordnung und Abwägung nach unbestimmten Begriffen benötigen als Korrelat Raum für pflichtgemäßes Ermessen. Das **Recht zu Ermessensentscheidungen** von Amtsträgern ist so auch in der Rechtsprechung und Literatur allgemein anerkannt[93]. Es ist mithin auch dann eine fehlerfreie, pflichtgemäße Amtsausübung im Bereich der notariellen Betreuung möglich, wenn andere Notare oder Gerichte – z. B. im Haftpflichtprozeß – bei der Beurteilung eine abweichende Ansicht vertreten. Statt des apodiktischen „nur so" hat jedenfalls im notariellen Belehrungs- und Betreuungsbereich neben dem „muß" ein „kann" oder ein „darf – muß aber nicht" seinen berechtigten Platz.

d) Verhältnis zur Verschwiegenheitspflicht

434 Die **Belehrungspflicht geht der Schweigepflicht vor,** wenn der Notar anderenfalls nicht der erforderlichen Belehrungstätigkeit bei der Beurkundung oder seiner sonstigen Betreuungsverpflichtung nachkommen kann. Es ist also darauf abzustellen, welche Belehrungspflicht der Notar im konkreten Fall hat und ob in Abwägung aller Umstände aufgrund der Verschwiegenheitspflicht die Belehrung unterlassen oder eingeschränkt werden darf. Dies wird grundsätzlich nicht der Fall sein, denn die Belehrungspflicht aus Urkundstätigkeit ist, falls eine Belehrungsbedürftigkeit besteht, „unverzichtbar" (s. Rz. 447) und die Belehrung aus Betreuungsverpflichtung soll in der Regel die Beteiligten vor Schäden schützen. Würde der Notar wegen der Schweigepflicht die unbelehrten Beteiligten schutzlos lassen, so wäre nicht nur die Amtspflicht zur Belehrung, sondern u. U. auch das Gebot in § 14 Abs. 2 BNotO verletzt. Kommt der Notar in eine solche

---

[88] Huhn/v. Schuckmann, § 17 Rz. 11: „Nachher wird man klüger".
[89] BGH DNotZ 1987, 157/159 (Nr. 137) u. DNotZ 1989, 45 (Nr. 147).
[90] So auch Geimer, EWiR 1988, 539; in seinem U. v. 21. 3. 1989 fordert der IX. Senat (Nr. 154) auf einmal neben der Belehrung über Risiken eine gestalterische Beratung!
[91] DNotZ 1971, 591/592 (Nr. 74).
[92] 1967, 324 (Nr. 58).
[93] RGRK-Kreft, § 839 Rz. 177 m. Hinw. auf die Rspr.

Konfliktsituation, so hat er einen ausreichenden, meist zwingenden Grund, die Amtsausübung zu verweigern (§ 15 Abs. 1 S. 1 u. § 16 Abs. 2 BNotO)[100].

Statt einer Amtsverweigerung kann sich der Notar von dem Beteiligten, dessen **435** Belange durch eine Offenlegung berührt werden könnten, zum Zweck der Erfüllung der Belehrungsaufgabe von der **Schweigepflicht befreien** lassen (§ 18 Abs. 1 S. 2 BNotO). Dies kann in Frage kommen, wenn der Notar aus anderen Geschäftsvorfällen oder der Anwaltsnotar aus laufenden oder früheren Mandaten z. B. weiß[101], daß ein Beteiligter seinem Leistungsversprechen aus dem Rechtsgeschäft schwerlich nachkommen und den anderen Beteiligten dadurch ein nicht wieder gutzumachender Schaden entstehen kann. Die Einwilligung zu einer solchen Offenbarung wäre ohnehin nicht unbillig, als den Vertragsparteien schon nach der Rechtsprechung weitgehende gegenseitige Aufklärungspflichten obliegen[102]. Wird die Zustimmung versagt, so ist dies meist ein Indiz für ein unlauteres Vorhaben.

Dem Verfasser ist kein Fall bekannt, in dem ein Notar im Zusammenhang mit **436** Belehrungen wegen Verletzung der Verschwiegenheitspflicht zivilrechtlich[103] haftbar gemacht worden wäre. Auf der anderen Seite zeigen viele Haftpflichtfälle (s. Rz. 439 f.), wie eine evtl. falsch verstandene Schweigepflicht als eine pflichtwidrige Verheimlichung gewertet wird. Meist wird zugleich auch eine Verletzung der Pflicht zur Unparteilichkeit vorliegen (s. Rz. 430).

Geht es um **Belehrungspflichten aus Urkundstätigkeit** – z. B. in bezug auf **437** die rechtliche Tragweite – erübrigt sich in der Regel eine vorsorgliche Anfrage auf Befreiung, denn diese Pflichten sind unbeschadet der Parteiinteressen auszuüben. Auch nach dem Sinn und Zweck des Rechtsgeschäfts und der Einschaltung des Notars ergibt sich meist, ob überhaupt eine Schweigepflicht in Frage steht. Unter das Verbot fallen von vornherein nicht solche Angelegenheiten, die der Geschützte selbst nicht geheimhalten wollte, deren Offenbarung vielmehr gerade seinem wirklichen oder mutmaßlichen Willen entspricht[104]. Bestellt ein Darlehnsnehmer eine Grundschuld, so steht einer Auskunftserteilung gegenüber dem bei der Bewilligung benannten Kreditgeber das Schweigegebot grundsätzlich nicht entgegen[105]. Andererseits sind Mitteilungen über Amtsgeschäfte gegenüber nicht beteiligten Dritten im Hinblick auf § 18 BNotO zu unterlassen. So in einem vom BGH mit Urteil vom 24. 2. 1970[106] entschiedenen Fall, in dem der Notar aus zu rechtfertigenden Gründen die Beurkundung der Abtretung einer Grundschuld abgelehnt hatte. Die im Haftpflichtprozeß behauptete Pflicht, davon den vorgesehenen Zessionar in Kenntnis zu setzen, sieht der BGH im Hinblick auf die Verschwiegenheitspflicht als bedenklich an. Erlaubt und sogar Pflicht wäre aber eine Offenbarung gewesen, wenn der Notar ausreichend Anlaß zur Annahme gehabt hätte, daß der Dritte geprellt werden sollte[107] (s. Rz. 439 u. 581).

Umstritten ist die Frage, ob sich das Notargeheimnis auch auf den **Inhalt der** **438** **vom Notar erteilten Belehrungen** erstreckt. Das OLG München geht in seinem Beschluß vom 12. 5. 1981[108] ausführlich auf dieses Problem ein. Mit Bedenken kann der verneinenden Auffassung des OLG dann gefolgt werden,

---

[100] Vgl. Seybold/Hornig, § 18 Rz. 47.
[101] Zur Herkunft der Kenntnis s. Rz. 441.
[102] S. Haug, DNotZ 1978, 516 ff.
[103] Straf- u. disziplinarrechtlich s. §§ 203 Abs. 1 Nr. 3 u. 204 StGB sowie § 95 BNotO.
[104] OLG Köln, DNotZ 1981, 713. Dies hat nicht nur für die dort gewollte Klarstellung des wirklichen Willens des Testators zu gelten.
[105] Vgl. BGH DNotZ 1969, 507 (Nr. 70).
[106] DNotZ 1970, 444/445 (Nr. 72).
[107] BGH DNotZ 1967, 323 (Nr. 58).
[108] DNotZ 1981, 709.

wenn die Gefahr ausscheidet, daß mit der Bekanntgabe der vom Notar gegebenen Erklärungen keine Rückschlüsse auf anvertraute Sachen gezogen werden können. Es wird dazu weiter auf die Ausführungen zum Zeugnisverweigerungsrecht verwiesen (s. Rz. 817ff).

439 **Die Rechtsprechung** zum Verhältnis dieser Pflichten ist eindeutig. Der BGH führt im Urteil vom 22. 2. 1973[109] aus, daß ein Vorrang der Verschwiegenheitspflicht gegenüber einer erforderlichen Aufklärung besonderer Gründe bedarf. Der Schweigepflicht sind „u. a. durch die Belehrungspflicht... Grenzen gesetzt, die den Notar dazu verpflichten, bei der Beurkundung von Rechtsgeschäften darauf Bedacht zu nehmen, daß die Beteiligten über die rechtliche Tragweite nicht im unklaren gelassen werden". Der Notar unterrichtete bei der Bestellung von Grundschulden den anwesenden Gläubiger nicht darüber, daß der Schuldner am Vormittag desselben Tages für einen anderen Gläubiger im Rang vorgehende Grundschulden, die den Wert des Grundstücks erreichen, bestellt hatte.

440 Die Entscheidungsgründe des vorgenannten Urteils befassen sich so auch mit der Frage einer **vorsätzlichen Amtspflichtverletzung.** Eine solche wurde in einer Disziplinarsache vom BGH mit Urteil vom 13. 12. 1971[110] angenommen, weil der Notar zugunsten eines Dritten bewußt parallel laufende rechtsgeschäftliche Vorgänge verschwieg, die zur Schädigung eines Urkundsbeteiligten führen mußten. Ein anderer vom BGH mit Urteil vom 22. 11. 1977[111] entschiedener Haftpflichtfall bewegt sich ebenfalls an der Grenze des Vorsatzes. Der Notar hatte zur Finanzierung des Kaufpreises eines von ihm beurkundeten Grundstückskaufvertrags von einer Bank die Darlehnsvaluta auf Anderkonto erhalten und hätte vor der Auszahlung an die Verkäufer aufgrund zwischenzeitlicher Vorgänge – Halbierung des Kaufpreises – erkennen müssen, daß es sich wahrscheinlich um ein betrügerisches Geschäft handelte. Er berief sich zur Abwehr der Haftpflichtansprüche auf seine Verschwiegenheitspflicht, zumal die Bank nicht Urkundsbeteiligte war. Demgegenüber führt der BGH aus, daß das Verschwiegenheitsgebot nicht ohne Rücksicht auf die betroffenen Interessen gilt. „Ein Notar muß ein unter seine Schweigepflicht fallendes Wissen sogar voll preisgeben, wenn er damit strafbare Handlungen verhindern kann. Denn die Pflicht, dem Unrecht zu wehren, geht dem Schutz des Notargeheimnisses vor."

441 Der BGH weist in der vorgenannten Entscheidung darauf hin, daß die Aufklärungspflicht im Verhältnis zum Schweigegebot nicht dadurch entfällt, daß die Kenntnis des Notars auf Wahrnehmungen aus anderen Amtsgeschäften beruht. Allgemein kann die **Herkunft der Kenntnis** angesichts der im öffentlichen Interesse liegenden Amtsstellung des Notars[112] bei der Abwägung der Pflichten nur eine Rolle in bezug auf die Zuverlässigkeit der Angaben spielen. Bloßen Gerüchten ohne Wahrscheinlichkeitsgrad muß der Notar nicht nachgehen. Es müssen vielmehr ausreichende Gründe für die Annahme vorliegen, daß Beteiligte in unredlicher Weise finanziell geschädigt werden, besonders, wenn es sich um unerfahrene und geschäftsungewandte Personen handelt[113]. Erhält z. B. ein Anwaltsnotar aus Mandatsverhältnissen von einer ernsthaften wirtschaftlichen Gefährdung eines von ihm zu betreuenden Beteiligten Kenntnis[114], so hat er als Notar zu belehren und sich evtl. über seine anwaltliche Verschwiegenheitspflicht

---

[109] DNotZ 1973, 494/496 (Nr. 80); vgl. die Haftpflichturteile Stettin, DNotV 1926, 528 u. Celle, DNotV 1926, 531.
[110] DNotZ 1973, 174/179.
[111] DNotZ 1978, 373 (Nr. 93).
[112] Hier liegen Unterschiede zum nur seinem Mandanten zur Verschwiegenheit verpflichteten Anwalt (vgl. Borgmann/Haug, § 24, 2).
[113] So BGH DNotZ 1967, 323/325 (Nr. 58) u. OLG Zweibrücken, DNotZ 1988, 391/392.
[114] Beispielsfälle: BGH DNotZ 1981, 311 (Nr. 101) u. 1982, 384 (Nr. 107).

hinwegzusetzen, denn auch in dieser Beziehung geht für ihn als Organ der Rechtspflege (§ 1 BRAO)[115] die Pflicht, Unredlichkeiten zu verhüten, vor.

Im Falle der Pflichtenkollision hat die Preisgabe des an sich dem Verschwiegenheitsgebot unterliegenden Wissens in möglichster **Schonung der Belange** des betroffenen Beteiligten zu erfolgen. Die Grenzen der erforderlichen Belehrung sind eher eng zu ziehen. Unstatthaft wäre es z. B., auf die dem Notar bekannte Vorstrafe eines Anwalts, der als Treuhänder eingeschaltet wird[116], hinzuweisen. So mißtrauisch der Notar manchmal zu sein hat, so soll er, wenn es sich vermeiden läßt, kein Mißtrauen säen. Besteht kein Grund zur Ablehnung der Amtsausübung (§ 15 Abs. 1 oder § 16 Abs. 2 BNotO), so sollte die Belehrung rein sachbezogen, aber doch so eindringlich sein, daß der gefährdete Beteiligte das Risiko erkennt. Ob er es dann eingeht oder in Kauf nimmt, ist seine Sache. Ist er unschlüssig, so muß er sich über die Zuverlässigkeit des Vertragspartners und die Zweckmäßigkeit des Geschäfts anderweitig – z. B. durch einen Rechtsanwalt – beraten lassen[117]. In der oben gebrachten BGH-Haftpflichtsache[118], in der ein Betrug an der kreditgebenden Bank zu verhüten gewesen wäre, hätte zur Belehrung und Pflichterfüllung schon der Hinweis des Notars genügt, daß angesichts zwischenzeitlicher Vorgänge eine Überprüfung der Beleihungsfähigkeit des Grundstücks anheimgestellt werde. **442**

Wie viele Haftpflichtfälle zeigen, handelt es sich oft um **nachträgliche Belehrungspflichten,** die aufgrund neuer Erkenntnisse entstehen. Bestätigt z. B. ein Notar einem Dritten, daß er an ihn weisungsgemäß den verbleibenden Rest der Verwahrungssumme auszahlen werde und erfährt er später, daß die Summe schon nicht für die anderen Tilgungen ausreicht, so kann ihm nicht als Geheimnisverletzung zur Last gelegt werden, wenn er dies in geeigneter Weise dem Dritten zu verstehen gibt. Es gilt der auch für das Anhalten der Vollzugstätigkeit ausgesprochene Grundsatz[119], daß der Notar erkennbar irrige Annahmen von Beteiligten berichtigen und Schädigungen vermeiden muß. **443**

Bestehen im Einzelfall Zweifel über die Pflicht zu schweigen, so hat der Notar auch[120] die Möglichkeit, die **Entscheidung der Aufsichtsbehörde** herbeizuführen (§ 18 Abs. 2 S. 1 BNotO). Der zuständige Landgerichtspräsident kann diese Entscheidung gegen den ausdrücklichen Willen des betroffenen Beteiligten treffen[121]. Diesen Weg wird der Notar in eiligen Fällen nicht beschreiten können und im Sinne einer eigenständigen Amtsausübung auch nur ausnahmsweise beschreiten wollen. Es ist jedoch zu bedenken, daß die Verneinung der Pflicht durch den Landgerichtspräsidenten für den Notar bei einer Offenbarung einen Haftungsausschluß darstellt. Bejaht die Aufsichtsbehörde die Schweigepflicht, so muß die Befolgung die gleiche haftungsausschließende Wirkung haben. **444**

Die **Anerkennung der nichtehelichen Vaterschaft** kann nach den Beschlüssen der OLGe Frankfurt[122] und Hamm[123] nicht mehr vom Notar gegenüber dem Standesamt geheimgehalten werden. Ob bei einem solchen Verlangen schon die Pflicht zur Ablehnung der Beurkundung besteht[124], ist jedenfalls dann fraglich, **445**

---

[115] Borgmann/Haug, § 3.
[116] BGH DNotZ 1967, 323/324 (Nr. 58); RG DNotZ 1936, 387; OLG Zweibrücken, DNotZ 1988, 391.
[117] Vgl. Keidel/Kuntze/Winkler, § 17 Rz. 17.
[118] S. Fn. II 111.
[119] BGH DNotZ 1978, 373/374 (Nr. 93); WM 1986, 583 (Nr. 136); OLG Hamm, DNotZ 1983, 702.
[120] Wenn er nicht die Erlaubnis des von der Offenbarung Betroffenen erhält (s. Rz. 435).
[121] Seybold/Hornig, § 18 Rz. 59.
[122] FamRZ 1972, 657.
[123] FamRZ 1985, 1078.
[124] So OLG Frankfurt, s. Fn. II 122.

wenn der Notar eine andere Überzeugung[125] hat. Er hat aber nach § 17 Abs. 2 S. 2 BeurkG zu belehren und dies in der Urkunde zu vermerken[126]. Aus dem Belehrungsvermerk ergibt sich gleichermaßen schlüssig, daß die Vaterschafts-Anerkennung unbedingt bleibt. Auf den Wegfall des Zeugnisverweigerungsrechts bei Erhebung von Haftpflichtansprüchen wird im Kapitel über den Haftpflichtprozeß eingegangen (Rz. 817 ff).

e) Belehrungsbedürftigkeit

446   Die Belehrungspflicht des Notars besteht unter der **Voraussetzung der konkreten Erforderlichkeit.** Das soll heißen: hat der Beteiligte die erforderliche Kenntnis, so besteht kein Belehrungsbedürfnis; es ist ihm nicht Bekanntes nochmals bekanntzugeben. Dies entspricht der herrschenden Meinung in der Rechtsprechung[130] und der überwiegenden in der Literatur[131]. Unterschiede zwischen der Belehrungspflicht aus Urkundstätigkeit und derjenigen aus Betreuungsverpflichtung sind nur insoweit angebracht, als bei der erstgenannten natürlich stets die Willensrichtung festzustellen und das Gewollte klar in der Niederschrift zu formulieren ist, während Belehrungen im Wortsinn – z. B. auch über die rechtliche Tragweite des Geschäfts (§ 17 Abs. 1 S. 1 BNotO) – dem Wissenden gegenüber eines vernünftigen und praktischen Sinns entbehren[132]. Die Belehrungspflicht aus Betreuung entsteht ohnehin erst unter bestimmten Voraussetzungen. Überdies wäre es für den praktizierenden Notar unmöglich, die rechtliche Tragweite *aller* in der Niederschrift enthaltenen Klauseln zu erörtern, wie Reithmann[133] zutreffend anführt: „Er muß sich aber durch Vorlesen (und durch Durchsehen des nicht vorlesungspflichtigen Teils) davon überzeugen, welche Bestimmungen der Urkunde ernstliche Gefahren in sich bergen."

447   Die hier vertretene Auffassung muß nicht im Gegensatz zu der von Winkler[134] und Huhn/v. Schuckmann[135] herausgestellten **Unverzichtbarkeit** der Belehrungspflicht gesehen werden. Sie ist nicht verzichtbar von seiten des belehrungsbedürftigen Beteiligten; d. h. der Notar hat auch dann seiner Belehrungspflicht nachzukommen, wenn belehrungsbedürftig erscheinende Beteiligte darauf keinen Wert legen oder ausdrücklich verzichten. Der Notar darf nicht zulassen, daß sich Beteiligte blind, d. h. unbelehrt, in eine Gefahr begeben. Ist ihnen freilich die Gefahr bekannt, so bedürfen sie keiner Belehrung. Die – wohl nur scheinbare – Meinungsverschiedenheit mit den eingangs genannten Autoren ist offenbar von der Auseinandersetzung über die Zulässigkeit von Beurkundungen im Ausland von deutschem Recht unterstehenden Gesellschaftsbeschlüssen belastet[136]. Wurde

---

[125] diese wäre vertretbar; s z. B. die Urt.- Anm. v. Bosch, FamRZ 1972, 659.
[126] s. Rz. 492 f. u. 590 ff.
[130] RG JW 1930, 3306; DNotZ 1933, 61; JW 1933, 1057 u. 1715; DNotZ 1934, 115 u. 349; JW 1934, 2841; DNotZ 1939, 194; 1940, 81; BGH DNotZ 1954, 329 (Nr. 3); VersR 1956, 448 (Nr. 11) u. 1959, 28 (Nr. 22); WM 1963, 754 (Nr. 46); VersR 1971, 740 (Nr. 75); NJW 1975, 2016 (Nr. 86); DNotZ 1982, 505 (Nr. 109); WM 1984, 700 (Nr. 121).
[131] Grunau, DNotZ 1937, 462; Mecke, § 17 Rz. 13 a. E.; Seybold/Hornig, § 19 Rz. 23; Arndt, § 17 BeurkG Anm. 3.4.2; ders. NJW 1972, 1980; Daimer/Reithmann, 4. Aufl., Rz. 115; Reithmann, 5. Aufl., Rz. 153; Jansen, § 17 Rz. 7 u. 13; Keidel/Kuntze/Winkler, § 17 Rz. 12; Rinsche, II 24; Haug, DNotZ 1972, 400.
[132] Reithmann (5. Aufl., Rz. 153): „Die Belehrung ist überflüssig, wenn die Beteiligten die rechtliche Tragweite ohnehin kennen".
[133] DNotZ 1982, 88 f.
[134] DNotZ 1976, 124.
[135] § 17 Rz. 6 u. 7.
[136] Vgl. Winkler, Beurkundungen im Ausland bei Geltung deutschen Rechts, NJW 1972, 981; Bokelmann, Beurkundung durch ausländische Notare, NJW 1972, 1729 u. 1975, 1625; s. auch Keidel/Kuntze/Winkler, § 17 Rz. 1 u. BGH DNotZ 1981, 451/453 = BGHZ 80, 76, 79.

nicht belehrt – sei es pflichtwidrig oder rechtmäßig, weil keine Veranlassung bestand –, so bleibt die Beurkundung wirksam, auch wenn die Belehrung zwar nicht die „oberste"[137], aber eine sehr wichtige Notarpflicht ist. Sie ist keine Formvorschrift, von deren Einhaltung die Wirksamkeit des Rechtsgeschäfts abhängen würde, was im übrigen bei den sich dann den Beteiligten zusätzlich eröffnenden Streitmöglichkeiten rechtlich unerträglich wäre.

Die Frage, wann der Notar davon ausgehen kann, daß ein Beteiligter nicht **448** belehrungsbedürftig ist, wird von der Rechtsprechung in den Leitsätzen eng, in den konkreten Fällen recht unterschiedlich beantwortet. Das ist verständlich, weil sich die Beurteilung jeweils nach Umständen des konkreten Urkundsgeschäfts in tatsächlicher und rechtlicher Hinsicht, sowie nach der allgemeinen Intelligenz und wirtschaftlichen Erfahrung der Beteiligten richtet. Sie ist damit ebenso wieder von der subjektiven Einstellung der ex post wertenden Personen, der Richter, abhängig. Da aber für die praktische Arbeit des Notars und für den Fall einer haftpflichtrechtlichen Verantwortung ein möglichst zuverlässiger Beurteilungsmaßstab angelegt werden muß, sollte nicht zu allgemein, sondern nach folgenden Fallgruppen vorgegangen werden:
- Belehrungspflicht aus Urkundstätigkeit über die rechtliche Bedeutung und Tragweite (s. Rz. 450).
- Belehrungspflicht aus Betreuung über wirtschaftliche Risiken, die sich aus der rechtlichen Gestaltung des Geschäfts ergeben (s. Rz. 454).
- Der Bildungsgrad, der Beruf, die Erfahrenheit und Gewandtheit der Beteiligten in bezug auf die Erforderlichkeit und Intensität einer notariellen Belehrung, differenziert nach den vorgenannten Belehrungsbereichen.

Vor allem die genannten **subjektiven Eigenschaften** der Beteiligten sind **449** sorgfältig zu prüfen und im Haftpflichtprozeß durch intensive Beweisaufnahmen zu klären[138]. Dabei sollte nicht nur vom allgemeinen Ausbildungsgrad oder Titel ausgegangen werden. Man kann nicht mehr – wie das Reichsgericht[139] oder Grunau[140] in den dreißiger Jahren – ohne weiteres sagen, ein Akademiker müsse als geschäftskundig angesehen werden. Vielfach sind Geschäftsleute, Grundstücksbesitzer und erst recht Bankkaufleute[141], Vorstandsmitglieder, Makler oder Bürgermeister geschäftsgewandter als Akademiker, es sei denn, sie sind Juristen, Volks- oder Betriebswirte. Zudem kommt es wesentlich auf die Art des konkreten Rechtsgeschäfts an. So wissen z. B. Landwirte[142] über Geh- und Fahrrechte meist gut Bescheid und bedürfen in dieser Beziehung keiner umfassenden Belehrung.

Die regelmäßig vom Notar zu fordernde **Belehrung aus Urkundstätigkeit** **450** **über die rechtliche Tragweite** kann nur dann entfallen, wenn es sich um Rechtsfragen handelt, die dem Beteiligten nach seinen persönlichen Eigenschaften ohne weiteres bekannt sein müßten. Der Notar muß zu Zweifeln Anlaß haben, ob der Beteiligte die rechtliche Tragweite des zu beurkundenden Geschäfts erkennt[143]. Es kann nicht allein darauf ankommen, ob sie ihm tatsächlich bekannt war. Zur Anspruchsbegründung gegen den Notar gehört die Behauptung der Unkenntnis, und ob diese wirklich nicht vorhanden gewesen war, läßt sich als

---

[137] Damit kann die Belehrung nicht mit Formvorschriften gleichgesetzt werden (s. Winkler u. Huhn/v. Schuckmann in Fn. II, 134, 135.
[138] Gute Ausführungen darüber finden sich im RG-Urt. v. 2. 12. 1933, DNotZ 1934, 115/116.
[139] z. B. JW 1930, 3306.
[140] DNotZ 1937, 662.
[141] Zur Haftung von leitenden Angestellten der Bank im Zusammenhang mit Notargeschäften s. BGH DNotZ 1969, 507 (Nr. 70); WM 1970, 710; NJW 1970, 34; vgl. BAG BB 1971, 40; Grener, BWNotZ 1969, 241.
[142] Reithmann weist darauf hin (DNotZ, Sonderheft Deutscher Notartag 1965, S. 101).
[143] so Arndt, NJW 1972, 1980.

inneres Tatbestandsmerkmal nicht ergründen. Es ist deshalb vom Notar wie für den nachträglichen Beobachter zur Vermeidung von Fehlurteilen von dem sich zur Zeit des Amtsgeschäfts ergebenden Erscheinungsbild des Beteiligten im Verhältnis zur konkreten Rechtsfrage auszugehen. Dabei ist einmal der in ständiger Rechtsprechung[144] immer wieder aufgestellte Grundsatz, daß der Notar nicht der Vormund, Erzieher oder Wirtschaftsberater der Beteiligten zu sein hat, auch anzuwenden und zum anderen nicht praxisfremd davon auszugehen, daß der Notar *alle* Klauseln von sich aus erläutern müßte (s. Rz. 446).

451 Das Reichsgericht[145] geht, um **Beispiele aus der Rechtsprechung** zu bringen, in einem Haftpflichturteil mit Recht davon aus, daß ein Erwachsener von durchschnittlicher Begabung den Unterschied zwischen einem zustande gekommenen Vertrag und einem bloßen Vertragsangebot hätte erkennen müssen, ohne darüber intensiv belehrt werden zu müssen. Dagegen wäre dieser Beteiligte über die rechtliche Bedeutung eines Vorkaufsrechts zu belehren gewesen; nicht aber ein rechtskundiger Oberstadtdirektor, wie der BGH in zwei Haftpflichturteilen[146] zutreffend entschieden hat. Handelt es sich bei dem Urkundsgeschäft um nicht geläufige Probleme des Erb- oder Zwangsversteigerungsrechts, so darf eine ausführliche Belehrung durch den Notar auch dann nicht unterbleiben, wenn er nur allgemein eine anderweitige Rechtsberatung in dieser Hinsicht vermutet. Ebenso kann nicht ohne weiteres davon ausgegangen werden, daß ein Steuerberater die rechtliche Bedeutung des mittelbaren oder unmittelbaren Besitzes kennt[147]. In diesen Fällen hätte sich der Notar vergewissern müssen[148].

452 Zu eng sieht in einem anderen Haftpflichtfall der BGH[149] die Belehrungspflicht aus Urkundstätigkeit, die nicht „über die Klarlegung, Gestaltung und Fassung des aufzunehmenden Parteiwillens hinausgeht". Es wird die rechtliche Tragweite, nämlich daß die GmbH erst mit der Eintragung im Handelsregister entsteht und damit erst die Haftungsbeschränkung der Gesellschafter eintritt, nicht hinzugerechnet. Ob den Beteiligten die Rechtslage wirklich bewußt sein mußte, konnte kaum mit dem Hinweis auf eine allgemeine Geschäftsgewandtheit und Vorlage eines brauchbaren Vertragsentwurfs bejaht werden. Auch in dem 3 Jahre später ergangenen Urteil[150] des III. Zivilsenats bleibt der BGH noch dabei, daß die Belehrung der Gesellschafter, daß erst mit der Eintragung im Handelsregister die Gesellschaft entsteht, nicht zur Urkundstätigkeit gehöre. Er hält aber dann im Zusammenhang mit einer schuldhaften Verzögerung des Eintragungsantrags zu Recht eine Belehrungspflichtverletzung für gegeben. Es zeigt sich in diesem Falle die oft auftauchende Verzahnung zwischen der Beurkundungs- und Vollzugstätigkeit in bezug auf die Belehrungspflicht.

453 Nicht gefolgt werden kann der Ansicht des BGH im Urteil vom 20. 4. 1971[151], daß der Notar **erfahrene und einschlägig beratene Personen** nicht auf die Gesetzwidrigkeit einer Vertragsbestimmung hätte hinweisen müssen. Richtigerweise wäre mit dem Hinweis die Beurkundung abzulehnen gewesen (§ 14 Abs. 2 BNotO). Wird andererseits ein von Rechtsexperten auf dem zu beurkundenden

---

[144] RG JW 1930, 3306; 1932, 2855 m. Anm. v. Holzinger; JW 1935, 2043; DNotZ 1936, 192/193; RGZ 142, 424/425; 149, 286 u. 293; DNotZ 1941, 306; BGH DNotZ 1953, 452 m. Anm. v. Daimer (Nr. 1); DNotZ 1958, 23/24 m. Anm. v. Seybold (Nr. 15); 1958, 99 (Nr. 17); 1961, 430 (Nr. 39); 1965, 115 (Nr. 54); 1967, 323 (Nr. 58); VersR 1971, 740 (Nr. 75); WM 1975, 926 (Nr. 86); DNotZ 1979, 228/231 (Nr. 96); DNotZ 1985, 635 (Nr. 129).
[145] DNotZ 1939, 194/196.
[146] DNotZ 1982, 505 (Nr. 109) u. WM 1984, 700 (Nr. 121).
[147] BGH NJW 1987, 1266/1267 (Nr. 139).
[148] zum Erbrecht: BGH VersR 1959, 997 (Nr. 27).
[149] DNotZ 1954, 329 (Nr. 3); s. aber OLG Schleswig, Fn. II, 154.
[150] MDR 1957, 605 (Nr. 14).
[151] VersR 1971, 740 (Nr. 75).

Gebiet gefertigter rechtlich einwandfreier Entwurf vorgelegt, hat der Notar keinen Anlaß, über die Rechtslage zu belehren[152]. Auch Rechtsanwälte, die ausgesprochene Parteibetreuer sind, verletzen nach der BGH-Rechtsprechung[153] ihre Belehrungspflichten über die rechtliche Bedeutung einer Fristsetzung nicht, wenn der Mandant ohnehin diese Kenntnis besitzt. Das OLG Schleswig konnte in einem Urteil vom 30. 11. 1984[154] aufgrund einer gründlichen Aufklärung feststellen, daß der Haftpflichtkläger als geschäftsgewandter Kaufmann und jahrelang geschäftsführender Gesellschafter entgegen seiner Behauptung nicht über seine persönliche Haftung belehrungsbedürftig war, wenn er als Komplementär in eine KG eintrat und diese mit allen Aktiven und Passiven übernahm. Käme man in solchen Fällen zu einem anderen Ergebnis, wäre der Notar Bürge für das Geschäftsrisiko der Parteien. Ein Notar muß deshalb auch nach einem Urteil des OLG Düsseldorf[155] nicht damit rechnen, daß ein geschäftsgewandter Kaufmann und der ihn beratende Immobilienmakler davon ausgingen, daß trotz Aufhebung des Grundstückskaufvertrags die Rechte aus der den aufgehobenen Auflassungsanspruch sichernden Vormerkung noch bestehen bleiben.

454 Die Frage nach der **Belehrungsbedürftigkeit im Rahmen der Belehrungspflicht aus Betreuungsverpflichtung** ist nach anderen Kriterien zu beantworten. Die Pflicht wird hier nicht, wie bei der Urkundstätigkeit, ausgelöst, um eine dem Willen der Beteiligten entsprechende Niederschrift zu fertigen und auf die „rechtliche Tragweite" hinzuweisen, sondern um die Beteiligten auf nicht erkannte wirtschaftliche Risiken, die sich aus der Anlage des Rechtsgeschäfts ergeben, aufmerksam zu machen. Diese Belehrungspflicht setzt ein, wenn der Notar Anlaß zur Vermutung haben muß, daß einem Beteiligten wegen mangelnder Kenntnis der Rechtslage ein bestehendes Schadensrisiko nicht bewußt ist (vgl. Rz. 412). Der Notar kann demnach eine Belehrung unterlassen und darf u. U. wegen des Gebots der Unparteilichkeit nicht belehren, wenn der Beteiligte die wirtschaftliche Gefahr kennen müßte.

455 Es kann für die Notarhaftpflicht auch hier nicht darauf ankommen (vgl. Rz. 447 ff.), ob der Beteiligte die Gefahr wirklich kennt – die Unkenntnis muß bei der Anspruchserhebung behauptet werden –, sondern ob er sie tatsächlich hätte erkennen müssen. Der Anschein, der vom Notar gewonnene Eindruck, muß für sein pflichtgemäßes Vorgehen genügen. Er darf sich z. B. auf das sichere geschäftskundige Auftreten des Beteiligten verlassen[156]. „Besondere Umstände" müssen „vermuten lassen, einem Beteiligten drohe ein Schaden und der Beteiligte sei sich dessen namentlich mangelnder Kenntnis der Rechtslage nicht oder nicht voll bewußt"[157]. Die in einigen BGH-Entscheidungen[158] aufgestellte Forderung, daß die Belehrung unterlassen werden dürfe, wenn sich für den Notar mit Sicherheit ergebe, daß der Beteiligte die Gefahr voll erkannt habe, würde praktisch die an sich im Bereich der Betreuung nur ausnahmsweise verlangte Belehrungspflicht zur Regel machen. Denn eine solche Sicherheit wäre letztlich nur gewonnen, wenn der Notar den wirtschaftlichen Gründen und Absichten, die die Beteiligten bei den Vorverhandlungen zum Abschluß des Rechtsgeschäfts bestimmten, im einzelnen nachgeht und zunächst jeden Beteiligten als ungewandt und unerfahren einschätzt. Auch im Hinblick auf die bei mehreren Urkundsbeteiligten für den Notar ungünstige Beweissituation wäre es unangebracht, wenn derjenige, bei

---

[152] Vgl. Bokelmann, NJW 1975, 1627.
[153] NJW 1988, 706.
[154] 11 U 262/82.
[155] DNotZ 1973, 601.
[156] RG JW 1930, 3306 (zum Grundbuchstand).
[157] DNotZ 1954, 329/331 (Nr. 3); vgl. BGH NJW 1975, 2016 (Nr. 86) u. Rz. 539 u. 546.
[158] DNotZ 1954, 319 (Nr. 4); 1958, 23 (Nr. 15); VersR 1958, 124 (Nr. 19).

dem sich ein übernommenes Risiko realisiert, sich nachträglich ohne weiteres „dumm" und belehrungsbedürftig stellen könnte.

456 Die Erkenntnisfähigkeit und die damit zusammenhängende Belehrungsbedürftigkeit bezieht sich in der Haftpflicht-"Praxis" und -Rechtsprechung meist auf das **Risiko ungesicherter Vorleistungen.** Ist ein solches nicht durch komplizierte rechtliche Bestimmungen oder Gestaltungen kaschiert, so müßte es an sich jedem Geschäftsfähigen offen vor Augen liegen. Es ist vielleicht leichtsinnig, den Kaufpreis für ein Auto lange Zeit vor dem Lieferungstermin zu zahlen; das damit eingegangene Risiko müßte aber bekannt sein. Das Reichsgericht vertrat diese Ansicht auch bei Grundstücksgeschäften und war z. B. im Urteil vom 8. 6. 1939[159] der Auffassung, „daß die Gefahr, die die Kläger eingingen, wenn sie einen Teil des Kaufpreises anzahlten, ohne sich für den Fall des Scheiterns des Kaufgeschäfts irgendeine Sicherheit geben zu lassen, offen zutage lag. Um das Wagnis einer ungesicherten Anzahlung unter den hier obwaltenden Umständen in seiner ganzen Tragweite zu erfassen, bedurfte es keiner tiefgründigen Überlegung". Das wollte der BGH schon in seinem Urteil vom 26. 11. 1953[160] nicht wahrhaben und ausgerechnet in einem Fall, in dem ein Landwirt seinem Neffen, der durch seinen Großvater, den Vater des Verkäufers, vertreten war, ein Grundstück zum Preis von 1242 DM verkaufte.

457 Die BGH-Rechtsprechung zur Belehrungspflicht aus Betreuungsverpflichtung, auf die unten näher eingegangen wird, fordert – anders als das Reichsgericht – in solchen Fällen eine oft bevormundende Belehrung und Beratung durch den Notar. Dies war zwar insofern verständlich, als in den 60er Jahren eine Unzahl von Eigenheimkäufern aus einfachen Volksschichten nach dem Zusammenbruch vieler Bauträger empfindliche Verluste erlitten. Im Ergebnis wurde aber ungerechtfertigt, nämlich einseitig, die Verantwortung den Notaren zugeschoben. Es widerspricht der Lebenserfahrung, daß alle Käufer belehrungsbedürftig gewesen wären und alle bei einer Belehrung von dem beabsichtigten Kauf Abstand genommen hätten. Das behaupteten aber alle Anspruchsteller gleich welchen Bildungsgrads, und der Notar hatte letztlich das von den Käufern eingegangene Risiko zu tragen.

458 Demgegenüber sollte bei der Frage der Belehrungsbedürftigkeit wieder der **Eigenverantwortlichkeit der Beteiligten** mehr Gewicht gegeben werden. Es hat bei den notariellen Betreuungspflichten darauf anzukommen, inwieweit die Beteiligten nach ihren subjektiven Eigenschaften die sich aus dem konkreten Rechtsgeschäft ergebenden wirtschaftlichen Risiken erkennen können. Dabei muß sich der Beurkunder, wie schon zu Rz. 455 ausgeführt, allerdings auf den Eindruck verlassen, den die Beteiligten selbst erwecken[161]. Offensichtlich geschäftlich unerfahrene Beteiligte sind besonders zu betreuen. Hat es gar den Anschein, daß Beteiligte unredlich übervorteilt oder betrogen werden sollen, so ergibt sich die über die normale Betreuung hinausgehende außerordentliche Belehrungspflicht (vgl. Rz. 19, 415 u. 580 ff.).

459 An **Rechtsprechungsbeispielen** sind anzuführen: BGH-Urteil vom 24. 6. 1975[162]: In diesem bereits zur Frage der Unparteilichkeit zu Rz. 429 gebrachten Fall ist in bezug auf die Belehrungsbedürftigkeit hervorzuheben, daß die Bürgin, die auf Vorschlag des Notars zu einer Bürgschaftserteilung herangezogen worden war, ebenfalls behauptete, sie sei nicht darüber aufgeklärt worden, was eine Bürgschaft bedeute. In der Berufungsinstanz gab ihr sogar das OLG Zweibrücken

---

[159] DNotZ 1940, 81/83; vgl. RG DNotV 1929, 670; DNotZ 1933, 796; 1935, 40.
[160] DNotZ 1954, 319 (Nr. 4).
[161] so Reithmann, DNotZ, Sonderheft Deutscher Notartag 1965, S. 100; vgl. BGH VersR 1971, 740 (Nr. 75); OLG Celle, DNotZ 1965, 571/574; OLG Saarbrücken, DNotZ 1972, 186.
[162] WM 1975, 926 (Nr. 86).

Recht. Der BGH hob auf, da sie in der Lage gewesen wäre, die Rechtsfolgen einer selbstschuldnerischen Bürgschaft zu überblicken und die wirtschaftlichen Gefahren zu erkennen. Nach einem weiteren Haftpflichturteil des BGH vom 2. 12. 1980[163] entfällt eine Belehrungspflicht wegen dem Notar bekannter wirtschaftlicher Schwierigkeiten des Bauträgers dann, wenn diese dem gefährdeten Beteiligten ebenso bekannt sind. Dies gilt nach dem BGH-Urteil vom 5. 3. 1956[164] auch für aus dem Grundbuch nicht ersichtliche Belastungen (Lastenausgleich), über die der Beteiligte anderweitig beraten wurde.

460 Entgegen einem Urteil des OLG Celle[165] muß ein Notar davon ausgehen können, daß der Beteiligte, der den Beurkundungstermin verschieben läßt, um sich anhand des Entwurfs von einem Anwalt beraten zu lassen, sich auch tatsächlich beraten ließ. Mit der im Haftpflichtprozeß erhobenen Behauptung, er habe sich aber entgegen seiner Absicht nicht beraten lassen, hätte er nicht gehört werden dürfen. Bringt eine Ehefrau als Urkundsbeteiligte ihren geschäftsgewandten Ehemann zu den Beurkundungsverhandlungen mit, so ist ebenfalls nicht einzusehen[166], daß es für die notarielle Belehrungspflicht nicht darauf ankäme, ob der erfahrene Mann seine Frau über die wirtschaftliche Gefahr des Geschäfts belehrt habe. Der BGH rechnete im Urteil vom 25. 6. 1959[167] verständlicherweise die Kenntnis des Ehemanns der Käuferin – eines Diplom-Ingenieurs – bezüglich des Risikos einer Kaufpreisanzahlung an.

461 Das OLG Schleswig[168] entschied, daß ein Bauträger, der selbst mit der Gemeinde Erschließungsverträge abschließt, vom Notar nicht darüber zu belehren ist, ob und wie Erschließungskosten auf die Grundstückskäufer abgewälzt werden können. Das OLG Hamburg[169] verneinte ein Belehrungsbedürfnis bei gewerbsmäßigen Werkunternehmern zu der klar formulierten Bestimmung im Bauvertrag, wonach die Werklohnforderung zunächst ungesichert war. Auch das Risiko einer 6 Wochen vor der Kaufpreiszahlung dem Käufer kostenfrei überlassenen Nutzung am Grundstück konnte laut Urteil des OLG Frankfurt vom 18. 3. 1987[170] dem Verkäufer nicht verborgen sein: „Die getroffene Vereinbarung traf einen Lebenssachverhalt, der jedem – auch dem Unerfahrenen – einsichtig sein mußte." Ebenso muß eine Diplom-Kauffrau, ohne daß sie eigens vom Notar darüber belehrt wird, erkennen, daß eine erst nach Kaufvertragsabschluß vom Vertragspartner zu stellende Kostensicherheit ein Risiko für die zuvor schon entstehenden Kosten beläßt[171].

462 Von Bedeutung für die Belehrungsfrage kann weiter sein, ob zur Beurkundung ein brauchbarer **Vertragsentwurf** mitgebracht wird. Daraus läßt sich schließen, daß sich die Beteiligten bereits vor dem Termin mit den zu beurkundenden Vereinbarungen beschäftigt haben[172]. Bei geschäftsgewandten, einschlägig beratenen Vertragsparteien darf sich der Notar darauf verlassen, der ihm „zur Beurkundung vorgelegte Vertragsentwurf entspreche dem nach eingehenden Verhandlungen festgelegten Willen der Beteiligten"[173]. Dies kann andererseits dann nicht gelten, wenn der Entwurf nur von *einer* Vertragspartei, z. B. einem Bauträger oder

---

[163] VI ZR 56/79 (Nr. 104).
[164] VersR 1956, 448/449 (Nr. 11).
[165] v. 30. 6. 1976 – 3 U 61/75.
[166] so aber RG DNotV 1929, 670/672 in dem ansonsten zutreffenden Urteil.
[167] VersR 1959, 743/744 (Nr. 26).
[168] U. v. 12. 7. 1985 (11 U 281/83).
[169] DNotZ 1972, 557.
[170] 21 U 344/85; ebenso in einem gleichgelagerten Fall: OLG Bremen U. v. 6. 7. 1988 – 1 U 123/88.
[171] OLG Düsseldorf, AnwBl. 1988, 481.
[172] BGH DNotZ 1954, 329/331 (Nr. 3).
[173] BGH VersR 1971, 740/41 (Nr. 75).

Makler stammt und einseitig begünstigende Vertragsbedingungen zu erwarten sind[174]. Gerade in solchen Fällen kann gegenüber geschäftsunerfahrenen Beteiligten eine intensive Belehrung geboten sein. Der Notar sollte sich nicht auf eine richterliche Inhaltskontrolle nach dem AGB-Gesetz verlassen.

f) Belehrungspflicht aus Urkundstätigkeit

465   Die Belehrungspflicht aus Urkundstätigkeit, die regelmäßig, also nicht wie diejenige aus Betreuung nur ausnahmsweise, ausgeübt werden muß, bedeutet nach dem schon oben angeführten **Grundsatz** (Rz. 410), daß der Notar die Beteiligten insoweit zu befragen und zu belehren hat, als es notwendig ist, um eine ihrem Willen entsprechende, rechtswirksame Urkunde zu errichten. In diesem Rahmen sind die Beteiligten über die rechtliche Bedeutung ihrer Erklärungen und die unmittelbaren rechtlichen Bedingungen für den Eintritt des beabsichtigten Rechtserfolgs aufzuklären. Diese Definition entspricht im wesentlichen der BGH-Rechtsprechung[180] und bezieht sich auf die eigentliche primäre Beurkundungsaufgabe des Notars. Sie ist bei den in diesem Rahmen bestehenden Belehrungserfordernissen im Verhältnis zur besonderen Betreuung auch nicht zu eng[181]. Sie steht unter dem Gebot der Unparteilichkeit des Notars (Rz. 419–433), im Verhältnis zur notariellen Verschwiegenheitspflicht (Rz. 434–445) und der Erforderlichkeit (Rz. 446–462). Sie kann auf der Grundlage des § 17 Abs. 1 BeurkG und entsprechend dem BGH-Urteil vom 11. 2. 1988[182] für eine systematische Darstellung eingeteilt werden in die Pflichten zur
- Willens- und Sachverhaltsaufklärung,
- klaren Formulierung und rechtswirksamen Beurkundung nach dem wahren Willen der Beteiligten und
- Belehrung über die rechtliche Tragweite, insbesondere über die Voraussetzungen für den Eintritt des beabsichtigten Rechtserfolgs.

Diese Funktionen gehen freilich untrennbar ineinander über, so daß z. B. eine Belehrungspflichtverletzung ihre Grundlage in einer mangelnden Willensaufklärung haben kann.

466   Die **Willenserforschung** hat das Ziel, die wahren Absichten der Beteiligten zu ergründen, um sie zum Inhalt einer rechtswirksamen Urkunde zu gestalten. Dabei darf sich der Notar nicht ohne weiteres mit äußerlich unbedenklichen Erklärungen der Beteiligten begnügen; er hat vielmehr bei Zweifeln nachzufragen und über die rechtliche Bedeutung des Erklärten aufzuklären[183]. So kann eine Verletzung der Aufklärungspflicht darin gesehen werden, daß die Beteiligten entgegen der in der Urkunde niedergeschriebenen Erklärung statt eines Pachtvertrags in Wirklichkeit ein Mietverhältnis begründen wollten[184]. Ebenso hat der Notar ggf. den Rechtsbegriff „Besitz" zu erläutern, um zu erkennen, ob die Beteiligten ihn z. B. in der Unterscheidung vom tatsächlichen Besitz nicht mißverstehen und deshalb auch nicht die rechtliche Tragweite des Geschäfts überblicken. Solche Kenntnisse aus dem Sachenrecht können auch bei einem Steuerberater nicht ohne weiteres vorausgesetzt werden[185].

467   Auch die **Ergründung der Motive** ist erforderlich, wenn damit erst der

---

[174] Vgl. BGH DNotZ 1956, 204 (Nr. 7); RG DNotZ 1936, 190.
[180] S. die Fundstellen in Fn. II, 20.
[181] Dies meinte Reithmann in DNotZ 1969, 73.
[182] DNotZ 1989, 45 (Nr. 147).
[183] BGH DNotZ 1954, 329/330 (Nr. 3); 1963, 308/309 (Nr. 43); 1987, 157 (Nr. 137) u. 450 (Nr. 139); WM 1988, 337/339 (Nr. 143).
[184] RG DNotZ 1933, 367.
[185] BGH NJW 1987, 1266/1267 (Nr. 139).

Geschäftswille, z. B. die Geschäftsgrundlage (Bebauungszweck) klargestellt wird, um etwa bei der Vertragsgestaltung ein Rücktrittsrecht einzuräumen[186]. Ebenso ist das von den Beteiligten verfolgte Vertragsziel bei der Gestaltung und Formulierung zu beachten. Hält der Notar das Ziel nicht für erreichbar, so hat er die Beteiligten darüber zu belehren[187]. Im Haftpflichturteil vom 27. 6. 1972[188] geht der BGH mit den Anforderungen zur Erforschung des wahren Willens von zwei Tierärzten, die einen Sozietätsvertrag abschließen wollten, sehr weit. Im Entwurf des Vertrags, der privatschriftlich abgeschlossen wurde, war für den Todesfall des älteren wie für den des jüngeren Sozius gleichermaßen eine Versorgungspflicht des Überlebenden für die Witwe des anderen bestimmt. Als wider Erwarten der jüngere Sozius verstarb, klagte der versorgungspflichtige Ältere gegen den Notar auf Schadensersatz und bekam vom BGH Recht. Der Notar hätte diese Frage eingehend erörtern müssen.

Neben der Willensermittlung ist für die Errichtung einer rechtswirksamen Urkunde eine sorgfältige **Sachverhaltsaufklärung** unerläßlich. Wenn sich der Notar auch im Grundsatz auf Angaben tatsächlicher Art, die ihm die Beteiligten erteilen, verlassen darf, so gilt dies nicht ohne weiteres für Äußerungen von Laien über rechtliche Verhältnisse. Es wurde bereits der Haftpflichtfall aufgrund ungenügender Aufklärung über den rechtlichen Besitzbegriff gebracht (Rz. 466). Ebenso ist bei der Angabe „unsere Kinder" daran zu denken, daß sie evtl. nicht die ehelichen Kinder der zur Testamentserrichtung erschienenen Eheleute sind. Das OLG Celle führt hierzu in einem Haftpflichturteil vom 31. 7. 1980[189] zutreffend aus: „Der Beklagte (Notar) mußte in Rechnung stellen, daß das Ehepaar als einfache Leute rechtlich erhebliche Begriffe nicht in juristisch eindeutiger Form gebrauchen". Hier zeigt sich auch die Bedeutung des § 17 Abs. 1 S. 2 BeurkG, daß nämlich unerfahrene und ungewandte Beteiligte des besonderen Schutzes bedürfen. **468**

Besteht die Möglichkeit, sich zuverlässig anhand von **Schriftstücken** über die Ausgangsrechtslage zu überzeugen, so sollte um Vorlage gebeten werden. Dies gilt z. B., wenn bei Beurkundung letztwilliger Verfügungen ein früher errichtetes gemeinschaftliches Testament oder ein Erbvertrag entgegenstehen könnte und evtl. auf einen Widerruf hinzuwirken wäre[190]. Zur Sachaufklärung gehört die Grundbucheinsicht auf die unten zu § 21 BeurkG näher eingegangen wird (Rz. 513 ff.). Aber auch wenn keine Grundbucheinsicht erforderlich erscheint, empfiehlt es sich nicht, sich mit der Behauptung des Beteiligten zu begnügen, er habe ein Grundpfandrecht erworben, denn dies kann rechtlich verfehlt sein, wenn er nicht den Brief besitzt[191]. Liegt ein Irrtum nahe, daß z. B. aus zeitlichen Gründen kaum die Frist zur Ausübung eines Vorkaufsrechts abgelaufen sein kann, darf selbst der entsprechenden Mitteilung eines anderen Notars nicht blindlings getraut werden[192]. **469**

Ansonsten darf der Notar sich darauf verlassen, daß die **Angaben und Erklärungen der Beteiligten richtig** sind. Wird ihm z. B. erklärt, daß dem entworfenen Schuldversprechen ein Lohnanspruch zugrunde liegt, so muß er nicht der **470**

---

[186] BGH DNotZ 1981, 515 (Nr. 103).
[187] Z. B. zur Sicherstellung der einheitlichen Bebauung eines parzellierten Grundstücks durch Kaufverträge: BGH DNotZ 1963, 308 (Nr. 43).
[188] VersR 1972, 1049 (Nr. 79).
[189] 16 U 149/79.
[190] Vgl. RG DNotZ 1940, 152; OLG Köln, DNotZ 1936, 630; KG JW 1937, 476; BGH DNotZ 1960, 260 (Nr. 31) m. Anm. v. Jansen in NJW 1960, 475; OLG Stuttgart, BWNotZ 1960, 147 = MDR 1960, 496.
[191] BGH NJW 1961, 601 (Anwalts-Haftpflichtfall).
[192] OLG Celle, U. v. 26. 10. 1978 – 16 U 22/78 (Anwalts-Haftpflichtfall).

Frage nachgehen, ob etwa das Schuldanerkenntnis schenkungshalber erteilt wird und deshalb zu beurkunden ist[193]. Erhält der Notar – so ein vom BGH entschiedener Haftpflichtfall[194] – auf seine die Rechtsverhältnisse klärenden Fragen eindeutige Antworten, so besteht für ihn kein Anlaß, an der Richtigkeit und Vollständigkeit der Angaben zu zweifeln. Es steht ihm in solchen Fällen sogar nicht an, den Beteiligten zu mißtrauen[195]. Das gilt z. B. auch für ein Bebauungsrecht, wenn Verkäufer und Käufer dem Notar übereinstimmend erklären, das Grundstück liege laut Auskunft der Gemeinde im Innenbereich. Nur wenn der Notar aufgrund eigener Kenntnis Zweifel haben mußte, hätte er sich erkundigen müssen[196].

471 In einem vom OLG München entschiedenen Haftpflichtfall[197] war dem beklagten Notar kein Vorwurf daraus zu machen, daß er hinsichtlich einer zu übernehmenden Reallast nicht danach fragte, ob gesondert eine schuldrechtliche Wertsicherungsklausel bestand. Die Beteiligten hatten nämlich der in seiner Urkunde getroffenen Feststellung, daß den Beteiligten der Inhalt der Reallast genau bekannt ist, nicht widersprochen und es lag ohne Anhaltspunkte nicht nahe, daß eine solche Wertsicherungsklausel rechtlich vereinbart worden war. Die Beteiligten, die am besten die eigenen Verhältnisse kennen, dürfen ihre Offenbarungspflicht nicht vernachlässigen:

„Bei Verhandlungen über den Abschluß eines Vertrags hat jeder Verhandlungspartner den anderen über solche Umstände aufzuklären, die den Vertragszweck vereiteln können und daher für die Entschließung des anderen von wesentlicher Bedeutung sein können. Die Offenbarungspflicht setzt voraus, daß der Vertragsgegner die Mitteilung der betreffenden Tatsachen nach der Verkehrsauffassung erwarten durfte"[198].

472 Soweit für die Errichtung einer rechtswirksamen Urkunde – z. B. eines Testaments – oder zur Vermeidung einer naheliegenden, dem Notar erkennbaren Gefahr – z. B. im Hinblick auf § 419 BGB[199] – die **Klärung bestimmter Voraussetzungen tatsächlicher Art** erforderlich ist, sind natürlich Fragen zu stellen, die je nach dem persönlichen Eindruck[200], den die Beteiligten machen, mehr oder weniger eindringlich zu sein haben. Ein Beispiel dafür gibt das Haftpflichturteil des OLG Hamm vom 12. 2. 1972[201]:

Beim Verkauf eines Hauses ließ sich eine alte Frau ein lebenslängliches Wohnrecht über mehrere Zimmer einräumen und dinglich sichern. Zwölf Jahre darauf wurde das Grundstück zwangsversteigert, und der Ersteher beantragte mit Erfolg die Löschung des Wohnrechts wegen unzureichender Bestimmbarkeit. Der Notar wurde verurteilt, weil er sich auf die unpräzisen Angaben über die Lage der Räume verlassen hatte. „Die mangelnde Sachaufklärung... und die teils unrichtigen, teils mehrdeutigen Formulierungen bargen für jeden Notar, der die verkehrserforderliche Sorgfalt beachtet, die naheliegende Gefahr in sich, daß das Wohnrecht der Klägerin nicht wirksam zur Entstehung komme..."

473 Neben der Willensfeststellung und Sachverhaltsaufklärung hat bei der Urkundstätigkeit die Belehrung über die **rechtliche Tragweite** eine große Bedeutung. In seinem Urteil vom 29. 10. 1953[202] zog der BGH für die Belehrung aus Urkundstätigkeit noch die sehr enge Grenze dahin, daß sie sich nur auf das Zustandekommen einer rechtswirksamen Urkunde beziehe. Er schloß damit regelmäßig eine Beleh-

---

[193] RG DNotZ 1940, 85.
[194] BGH DNotZ 1958, 99 (Nr. 17).
[195] RG DNotZ 1940, 85; JW 1934, 2841/2842; OLG Stuttgart, BWNotZ 1960, 147 = MDR 1960, 496.
[196] So BGH DNotZ 1981, 515/517f (Nr. 103).
[197] U. v. 27. 2. 1986 – 1 U 5511/85 (Revision wurde nicht angenommen).
[198] BGH WM 1971, 1096/1097 = MittBayNot 1971, 312.
[199] S. Rz. 482.
[200] S. Rz. 449 ff.
[201] 11 U 11/72.
[202] DNotZ 1954, 329/331 (Nr. 3).

rung darüber, daß erst mit der Eintragung im Handelsregister die GmbH entsteht, aus. Inzwischen, nicht zuletzt mit Inkrafttreten des Beurkundungsgesetzes, wird die Belehrung über die rechtliche Tragweite im Sinne von § 17 Abs. 1 S. 1 BeurkG auf die rechtliche Bedeutung des Erklärten und die unmittelbaren rechtlichen Bedingungen für den Eintritt des beabsichtigten Erfolgs erstreckt. Diese erweiterte Auffassung entspricht der ständigen BGH-Rechtsprechung[203] und wird ganz überwiegend in der Literatur[204] vertreten.

Der IX. Zivilsenat[205] bringt dem Wortlaut nach allerdings wieder eine enge **474** Definition: Die Rechtsbelehrung „geht nur so weit , als eine Belehrung für das Zustandekommen einer formgültigen Urkunde erforderlich ist, die den wahren Willen der Beteiligten vollständig und unzweideutig in der für das beabsichtigte Rechtsgeschäft richtigen Form rechtswirksam enthält. ... Dabei soll der Notar darauf achten, daß unerfahrene und ungewandte Beteiligte nicht benachteiligt werden." Der „wahre Wille" kann nur mit der Aufklärung über die rechtliche Bedeutung des Erklärten festgestellt werden, und für das „beabsichtigte" Rechtsgeschäft sind die Eintrittsvoraussetzungen zu nennen.

Eine klare **Abgrenzung der Belehrungspflicht über die rechtliche Trag- 475 weite zu der** unter besonderen Voraussetzungen entstehenden **Betreuungspflicht** ist als Richtlinie für den praktizierenden Notar, aber auch für die Haftpflichtrechtsprechung geboten. Die Tragweite einer Willenserklärung, auch wenn sie nur die rechtliche Seite umfassen soll, kann sich je nach Eintritt künftiger Ereignisse von Schwelle zu Schwelle auf neue, kaum übersehbare Rechtsverhältnisse erstrecken. Bei Beurkundung eines Testaments hätte sich etwa die Belehrung auf die mit der letztwilligen Verfügung in Bewegung gesetzte Kette von weiteren erbrechtlichen Folgen zu erstrecken.[206]. Daß dies nicht sein kann und soll, ist anerkannt. Ebenso erstreckt sich die Belehrung nicht auf die wirtschaftliche Tragweite oder auf steuerliche[207] oder Kostenfolgen[208].

Das **Steuerrecht** kann jedoch dann zur unmittelbaren rechtlichen Tragweite **476** werden, wenn es direkt die rechtsgeschäftliche Erklärung berührt. Wird z. B. im Vertrag über den Kauf eines Handelsgeschäftes vereinbart, daß eine Haftung für bisher entstandene Verbindlichkeiten ausgeschlossen wird, so gehört der Hinweis auf §§ 75 AO zur Erläuterung der unmittelbaren rechtlichen Tragweite der Vereinbarung[209].

Für die Grenzziehung zwischen den beiden Belehrungspflichten aus Urkundstä- **477** tigkeit und allgemeiner Betreuung gibt die **GmbH-Gründung** ein gutes Beispiel: zur Urkundstätigkeit gehört der Hinweis, daß die GmbH erst mit der Eintragung im Handelsregister entsteht (Voraussetzung des beabsichtigten Rechtserfolgs); zur Betreuung, daß die Gesellschafter bei einer vorherigen Geschäftsaufnahme persönlich haften (wirtschaftliche Gefahren)[210].

An Beispielen für die Belehrung über die rechtliche Tragweite in bezug auf die **478** unmittelbare rechtliche Bedeutung des Erklärten sind zu nennen: Übernimmt der Gesellschafter aufgrund einer Umwandlung das Vermögen einer

---

[203] S. die Entscheidungen in Fn. II, 20.
[204] Reithmann, DNotZ 1969, 73; 1982, 88; Huhn/v. Schuckmann, § 17 Rz. 29 f.; Keidel/Kuntze/Winkler, § 17 Rz. 15; Jansen, § 17 Rz. 8; Mecke, § 17 Rz. 12 f.; unscharf in der Grenzziehung: Arndt, § 17 BeurkG II 3.4.2 u. Rinsche, Rz. II 23–25.
[205] AnwBl. 1988, 585 (Nr. 149); DNotZ 1988, 383 (Nr. 143), DNotZ 1987, 157 (Nr. 137).
[206] S. aber Rz. 480.
[207] S. Rz. 559 ff.
[208] S. Rz. 570 ff.
[209] Da trotz eines Haftungsausschlusses nach § 25 HGB die Haftung nach § 75 AO bestehen bleibt, nennt sie Ickenroth eine „steuerrechtliche Falle", s. MittRhNotK 1979, 99.
[210] So auch Mecke, § 17 Rz. 13; der III. Zivilsenat des BGH ordnete beide Belehrungspunkte der Betreuung zu: DNotZ 1954, 329 (Nr. 3) u. MDR 1957, 605 (Nr. 14).

GmbH, die persönlich haftende Gesellschafterin einer KG ist, so muß er auf die damit eintretende Rechtswirkung der Haftung für sämtliche Verbindlichkeiten der KG hingewiesen werden[211].

479 Keine unmittelbare Rechtswirkung des Geschäfts ist, daß Sicherheiten, die der Gesellschafter einer GmbH für ein der Gesellschaft gewährtes Darlehen erhält, nach § 32a KO hinfällig werden können. Liegen dem Notar aber konkrete Anhaltspunkte für einen Konkursfall oder für einen **Anfechtungstatbestand**[212] des Rechtsgeschäfts vor, so ist dies als rechtliche Tragweite bei der Belehrung zu berücksichtigen. Zur unmittelbaren rechtlichen Tragweite gehört ebenso, daß die dingliche Übertragung einer Last noch keine Freistellung von der persönlichen Schuld bedeutet. Weiterhin ist bei Beurkundung eines Kreditsicherungsvertrags auf die Tragweite nach § 609a BGB hinzuweisen[213]. Dasselbe gilt grundsätzlich zum Widerrufsrecht nach § 1b Abzahlungsgesetz.

480 Bei Beurkundung des Verkaufs von Erbanteilen hat der Notar auf das **Vorkaufsrecht** der Miterben hinzuweisen. Eine weitere Aufklärung über die Ausübung gehört nicht mehr zur Urkundstätigkeit[214]. Das gleiche gilt für Belehrungen über Vorkaufsrechte an Grundstücken[215]. Der BGH[216] ließ offen, ob bei Beurkundung eines Adoptionsvertrages in der Zeit vor der Volladoption (BGBl. 1976, 1249) die Belehrung über das bestehenbleibende Erbrecht der leiblichen Eltern noch zur rechtlichen Tragweite gehört. Dies wird dann zu bejahen sein, wenn sich die Aufklärung des „wahren Willens" darauf bezieht. Aus den gleichen Erwägungen heraus ist mit OLG Düsseldorf[217] zur rechtlichen Tragweite zu rechnen, daß der Unterhaltspflichtige bei Vorausleistungen nach § 1614 Abs. 2 BGB nur beschränkt befreit wird. Er hatte den Notar ersucht, die zur Sicherung von Unterhaltsansprüchen eingetragene Hypothek abzulösen und die erlöste Summe auf das Konto des Unterhaltsberechtigten zu zahlen. Bei solchen juristischen Fällen[218] würde jedenfalls auch eine Hinweispflicht aus Betreuungsverpflichtung bestehen.

481 Zur Frage der Rechtswirksamkeit gehört die Belehrung über **§ 1365 BGB**. Der Notar hat, sofern eine Anwendung dieser Vorschrift nach Familien- oder Güterstand oder den ihm zuverlässig bekannten Vermögensverhältnissen des Veräußerers nicht von vornherein ausscheidet, die Vertragsparteien über die Rechtslage zu informieren. Das diese Belehrung fordernde BGH-Haftpflichturteil vom 22. 4. 1975[219] instruiert überdies gut über die Grenzen der notariellen Belehrungspflicht im Verhältnis zu den Obliegenheiten der Beteiligten. Es nimmt weiterhin klar zur Frage Stellung, ob der Notar durch solche Belehrungen einen „gutgläubigen" Vertragspartner „bösgläubig" machen darf[220]:

„Keiner der Beteiligten hat ein schutzwürdiges Interesse daran, Umstände, die der Wirksamkeit der beurkundeten rechtsgeschäftlichen Erklärung entgegenstehen, vor dem Vertragspartner geheimzuhalten. Auch die Rechtsgrundsätze zum Schutze des gutgläubigen Verkehrs (BGHZ 43, 174) dienen nicht dazu. Sie sollen den Betroffenen lediglich vor den Nachteilen seines Irrtums

---

[211] OLG Karlsruhe, VersR 1982, 197; vgl. auch OLG Schleswig, Fn. II, 154.
[212] S. Röll, Die notarielle Pflicht zur Beurkundung und Belehrung im Hinblick auf Konkurs, Vergleich und Anfechtungsgesetz, DNotZ 1976, 453/458.
[213] BGH VersR 1959, 451 (Nr. 23), noch zu 247 BGB.
[214] BGH MDR 1968, 1002 (Nr. 64); vgl. Haegele, Rechtsfragen zu Erbschaftskauf und Erbteilsübertragung, BWNotZ 1972, 4.
[215] BGH WM 1984, 700 (Nr. 121).
[216] DNotZ 1973, 240 (Nr. 77).
[217] DNotZ 1984, 521.
[218] S. Rz. 554.
[219] DNotZ 1975, 628 (Nr. 85).
[220] Vgl. Tiedau, MDR 1958, 377/379; Haegele, Rpfl. 1965, 109.

schützen; hierauf kann sich deshalb nicht berufen, wer durch die Aufklärung des Notars gerade vor den Folgen solchen Irrtums geschützt werden soll."

Dies hat auch für die notarielle Belehrungspflicht zu **§ 419 BGB** zu gelten. Die rechtliche Tragweite eines Übernahmevertrags wird durch diese Vorschrift unmittelbar betroffen. Der Notar muß freilich in dieser Richtung nur belehren, wenn er konkrete Anhaltspunkte hat. Er darf nicht von vornherein einen Beteiligten verdächtigen, überschuldet zu sein. Hat er jedoch ausreichende Kenntnis, so muß er belehren[221]. Demgegenüber könnte einem ohne Tatbestand und sehr gekürzt in der MDR 1971, 46 veröffentlichten Beschluß des OLG Hamm, nach dem die vom Notar verursachte „Zerstörung" des gutgläubigen Erwerbs diesen haftpflichtig mache, nur dann zugestimmt werden, wenn er sich nicht auf eine Belehrung, sondern etwa auf eine erhebliche Verzögerung bei der Vollzugstätigkeit beziehen würde, denn für die Gutgläubigkeit gilt der Zeitpunkt des dinglichen Erwerbs[222]. 482

Zur rechtlichen Tragweite gehört auch die Belehrung über **Zweifel an der Wirksamkeit** der rechtsgeschäftlichen Erklärungen; hier aktuell vor allem auch im Hinblick auf die richterliche Inhaltskontrolle nach dem AGB-Gesetz. Deshalb ist in dieser Hinsicht für den Notar besonders belastend die laufende Verfolgung der Rechtsprechung und Literatur[223]. Als Beispiel aus der Unzahl von Entscheidungen zum AGB-Gesetz mit Haftpflichtfällen für den Notar sei nur das BGH-Urteil vom 29. 1. 1982[224] mit zu weit gehenden Zweckerklärungen der Banken genannt. Wird eine Grundschuld mit Unterwerfung unter die Zwangsvollstreckung beurkundet, so hat der Notar die volle Belehrungspflicht bei Bedenken über die Wirksamkeit und rechtliche Tragweite der Zweckerklärung[225]. Zum Verhalten bei Zweifeln an der Wirksamkeit des Geschäfts wird nachfolgend zu § 17 Abs. 2 BeurkG näher Stellung genommen (Rz. 490 f). 483

Die **rechtlichen Bedingungen für den Eintritt des beabsichtigten Rechtserfolgs** sind einfacher als der Umfang der rechtlichen Bedeutung des Geschäfts festzustellen. Haftpflichtfälle treten hier nicht nur wegen mangelnder Belehrung, sondern oft wegen Fehlern bei der Vollzugstätigkeit auf (s. Rz. 615 ff.). Der Notar hat aufgrund seiner Urkundstätigkeit z. B. darauf hinzuweisen, daß das Eigentum am Grundstück oder an einer Wohnung erst mit der Eintragung im Grundbuch übergeht[226], die GmbH erst mit der Eintragung im Handelsregister entsteht (Rz. 477), die einseitig beurkundete Abtretung eines GmbH-Geschäftsanteils der in notarieller Form zu erklärenden Annahme bedarf (§ 15 Abs. 3 GmbHG), zur Abtretung eines Briefrechts die Briefübergabe erforderlich ist (§ 1154 BGB), eine Forderungsverpfändung erst mit der Anzeige beim Schuldner wirksam wird und die Erklärung der Erbschaftsausschlagung in öffentlich beglaubigter Form dem Nachlaßgericht sowie der Widerruf eines gemeinschaftlichen Testaments dem Vertragspartner notariell beurkundet als Ausfertigung oder in Urschrift zugehen muß[227]. 484

---

[221] So OLG Hamm. U. v. 1. 12 1972 – 11 U 89/72; RG JW 1934, 2841 = DNotZ 1934, 939/940. Die Vorschläge zum Schutze des Käufers von Linden (Die neue Rechtsprechung des V. Zivilsenats des BGH zum Immobiliarrecht u. MittBayNot 1981, 1690/175 f.) sind in der Praxis nicht durchführbar, da die Beteiligten und die Gläubiger (welche?) kaum zusammenwirken werden.

[222] Vgl. Palandt/Heinrichs, § 419 Anm. 2c.

[223] S. Rz. 71 ff.

[224] DNotZ 1982, 314.

[225] Vgl. Reithmann, Die Zweckerklärung bei der Grundschuld, WM 1985, 441 u. Rastätter, Grenzen der banküblichen Sicherung durch Grundpfandrechte, DNotZ 1987, 459; s. weiter Fn. II 542.

[226] Nicht zur rechtlichen Tragweite, sondern zu den wirtschaftlichen Gefahren gehört die Belehrung, daß das Eigentum auch ohne Kaufpreiszahlung übergeht (vgl. Reithmann, Urt.-Anm. DNotZ 1971, 595).

[227] S. Reithmann, DNotZ 1957, 529.

485 **BGH-Haftpflichturteile zur Belehrung über Wirksamkeitsvoraussetzungen** sind in folgenden Fällen ergangen: Urteil vom 3. 11. 1955[228]: Der Notar hat bei Beurkundung eines Rechtsgeschäfts – Eintragung und Abtretung einer Eigentümergrundschuld –, zu dem die Genehmigung des Vormundschaftsgerichts erforderlich ist, auch darüber zu belehren, daß diese Genehmigung erst wirksam wird, wenn sie vom Vormund (Pfleger) dem Vertragsgegner mitgeteilt worden ist. Dagegen besteht nicht generell – allenfalls aufgrund einer Betreuungsverpflichtung – die Pflicht, auf die Möglichkeit hinzuweisen, daß der Vormund (Pfleger) den Notar bevollmächtigen kann, in seinem Namen die Mitteilung vorzunehmen[229]. Im BGH-Urteil vom 11. 6. 1959[230] wird gefordert, daß der Notar über die Genehmigungsbedürftigkeit einer Wertsicherungsklausel zu belehren und dabei eindeutig klarzustellen hat, ob die Genehmigung von den Beteiligten oder von ihm selbst beschafft werden soll. Auf die Belehrung über das etwaige Zustimmungserfordernis des Ehegatten nach § 1365 BGB und das hierzu ergangene Urteil vom 22. 4. 1975 wurde bereits eingegangen (Rz. 481).

Weitere Belehrungspflichten über die rechtliche Tragweite werden im folgenden Abschnitt zu den §§ 17–21 BeurkG angeführt.

g) §§ 17–21 BeurkG

§ 17 Abs. 1 BeurkG

488 Die Bestimmung in diesem Absatz zeigt die Belehrungspflicht aus Urkundstätigkeit auf, die in ihren Grundsätzen bereits in Abschn. b (Rz. 410 f.) und konkret an Beispielen in Abschn. f (Rz. 465–485) dargestellt wurde. Satz 2, nach dem „unerfahrene und ungewandte Beteiligte" geschützt werden sollen, hat neben der notariellen Pflicht zur Unparteilichkeit (Abschn. c. Rz. 419–433) und der Betreuungspflicht eine darüber hinausgehende Bedeutung. Sie steht im Zusammenhang mit der allgemeinen Notarpflicht nach § 14 BNotO und § 4 BeurkG. Diese Betreuungspflichten werden in Abschn. h (Rz. 533 ff.) behandelt.

§ 17 Abs. 2 BeurkG

489 Hier finden sich Regeln bei Zweifeln an der Wirksamkeit der rechtsgeschäftlichen Erklärung. Die Bestimmung läßt sich in **drei Stufen** beschreiben:
– Bestehen Zweifel, hält der Notar aber selbst die zu beurkundenden Erklärungen für wirksam, so hat er die Bedenken mit den Beteiligten lediglich zu erörtern. Ein Belehrungsvermerk ist nicht vorgeschrieben (s. Rz. 490).
– Zweifelt der Notar an der Wirksamkeit, so hat er die Bedenken zu erörtern und darf nur beurkunden, wenn die Beteiligten darauf bestehen. Darüber ist ein Belehrungsvermerk in die Urkunde aufzunehmen (s. Rz. 491 ff.).
– Hält der Notar das beabsichtigte Rechtsgeschäft für unwirksam, so darf er nicht beurkunden, auch wenn die Beteiligten darauf bestehen (s. Rz. 494).

490 **Die erste Stufe** hinsichtlich der Zweifel an der Wirksamkeit betrifft nicht solche, die der Notar selbst hegt. Er ist vielmehr von der Wirksamkeit überzeugt. Es bestehen nur allgemeine Zweifel, z. B. ob die Erklärung auch „dem wahren Willen der Beteiligten" entspricht oder weil die Rechtsfrage von den Instanzgerichten und in der Literatur bereits unterschiedlich behandelt wurde und keine höchstrichterliche Entscheidung vorliegt. Nach § 17 Abs. 2 S. 1 BeurkG hat der

---

[228] DNotZ 1956, 319 (Nr. 9); zum Erfordernis einer Pflegerbestellung und der vormundschaftlichen Genehmigung bei Übertragung von Gesellschaftsanteilen zwischen Vater und minderjährigen Kindern s. BGH VersR 1956, 93 (Nr. 10).
[229] Der BGH befaßte sich nach der Zurückverweisung an das OLG in der 5. Instanz nochmals mit dieser Frage: VersR 1958, 124 (Nr. 19).
[230] WM 1959, 1112 (Nr. 25).

Notar solche Zweifel mit den Beteiligten zu erörtern. Kommen anfangs nur ihm, nicht den Beteiligten solche Zweifel, so kann er eine Erörterung unterlassen, wenn die Voraussetzungen gegeben sind, die im Leitsatz des Reichsgerichtsurteils vom 8. 12. 1938[235] wie folgt wiedergegeben sind: „Braucht der Notar nach reiflicher Überlegung keine Zweifel an der Gültigkeit eines von ihm beurkundeten Geschäfts zu hegen, so ist er zu einer Erörterung seiner etwaigen ursprünglichen Bedenken mit den Beteiligten nicht verpflichtet." Es entfällt deshalb auch ein Zweifelsvermerk, wie er in Satz 2 des § 17 Abs. 2 BeurkG vorgeschrieben ist[236]. Ein vom OLG Hamm[237] entschiedener Haftpflichtfall ist ein Beispiel für diese Lage. Es konnten zur Zeit der Beurkundung – ca. 9 Monate nach Inkrafttreten des AGB-Gesetzes – evtl. Zweifel bestehen, ob in den folgenden Jahren die nur teilweise vereinbarte Anwendung der VOB/B höchstrichterlich gebilligt würde. Der Notar hatte offenbar mit der ganz überwiegenden Meinung in der Literatur keine Zweifel. Er mußte deshalb auch nicht „warnen" und hatte keinen Erörterungsvermerk anzubringen. Daß er wegen Verletzung des Grundsatzes des „sichersten Wegs" verurteilt wurde, überzeugt mit der offensichtlichen „ex-post"-Betrachtung nicht[238].

Die **zweite Stufe** der Zweifel an der Wirksamkeit tritt ein, wenn der Notar **491** selbst Bedenken hat, die Beteiligten dennoch die Beurkundung wünschen (§ 17 Abs. 2 S. 2 BeurkG). Die Bedenken dürfen freilich nicht so stark sein, daß er von der Unwirksamkeit überzeugt ist[239]. Dann muß er ablehnen (s. Rz. 494). Ein Beispiel bildet das Haftpflichturteil des BGH vom 21. 1. 1988[240]. Es ging um die Frage der Wirksamkeit der Vertretungsmacht eines Urkundsbeteiligten. Soweit der Notar Bedenken in dieser Hinsicht hatte, mußte er diese mit den Beteiligten erörtern und falls trotzdem die Beurkundung gewünscht wurde, die Erklärung der Beteiligten zu den geäußerten Bedenken in der Niederschrift vermerken. Stand dagegen nach Auffassung des Notars der Mangel der Vertretungsmacht fest und erschien eine Genehmigung durch den Vertretenen ausgeschlossen, so war die Beurkundung abzulehnen. Diese Grundsätze gelten gleichermaßen, wenn dem Notar Tatsachen bekannt sind, die die Anfechtbarkeit des Geschäfts begründen könnten[241].

Der Weg für eine **Beurkundung mit Zweifelsvermerk** nach § 17 Abs. 1 S. 2 **492** BeurkG ist schmal und in der Praxis schwerlich begehbar. Zunächst wird der Notar überhaupt vermeiden, in ihrer Wirksamkeit zweifelhafte Rechtsgeschäfte zu beurkunden. Ist er dazu auch im Hinblick auf § 15 Abs. 1 S. 1 BNotO gleichwohl bereit, wird er auf dem Vermerk der Belehrung in der Niederschrift bestehen, und zwar – schon aus Beweisgründen – einmal bezüglich der erfolgten Belehrung und zum anderen über die daraufhin erfolgte Einlassung der Beteiligten. Dies wird meist zur Folge haben, daß sich die Beteiligten entweder zu einer unbedenklichen Vertragsgestaltung entschließen oder an einen anderen Notar mit weniger strengen Auffassungen wenden.

Zur Frage, ob nicht ein Belehrungsprotokoll außerhalb der Urkundsnieder- **493** schrift den Anforderungen des § 17 Abs. 2 S. 2 BeurkG genügt, wird in Abschn. j eingegangen (Rz. 590 f.). Hier sei nur vermerkt, daß bei starken Zweifeln an der

---

[235] DNotZ 1939, 193, so auch Jansen, § 17 Rz. 17.
[236] S. Rz. 491 f.
[237] DNotZ 1987, 696 = NJW RR 1987, 1234.
[238] So auch Kanzleiter, DNotZ 1987, 698; vgl. zur Übersteigerung der Anforderungen auf der Beurteilungsbasis des „sichersten Wegs" Rz. 83 ff.
[239] Z. B. bei geforderten Abweichungen von der Makler- und Bauträger-VO (s. Halbe, NJW 1977, 1437 – wohl zu Recht – gegen Hepp, NJW 1977, 617 u. 638).
[240] DNotZ 1989, 43 (Nr. 146).
[241] Jansen, § 17 Rz. 16; s. Rz. 479.

Wirksamkeit der Notar schon aufgrund der von Reithmann[242] genannten Distanzierungspflicht seine Haltung dokumentieren sollte, denn „er wirft... das Vertrauen, das ihm und seinem Amt entgegengebracht wird, auf die Waagschale". Das immense Haftpflichtrisiko liegt zudem auf der Hand, wie z. B. das oben gebrachte Haftpflichturteil des OLG Hamm[243] zeigt.

494 Die **dritte Stufe** der Zweifelhaftigkeit ist erreicht, wenn der Notar – evtl. entgegen der Meinung und den Wünschen der Beteiligten – von der Unwirksamkeit oder Unwahrheit der zu beurkundenden Erklärungen überzeugt ist. Dies bringt § 17 Abs. 2 BeurkG zwar nicht eigens zum Ausdruck, ergibt sich aber als Folgerung aus Satz 1 und Satz 2 und direkt aus § 4 BeurkG sowie § 14 Abs. 2 BNotO. Die Ablehnung der Amtstätigkeit ist in solchen Fällen einer Beurkundung mit Belehrungsvermerk gem. § 17 Abs. 2 S. 2 BeurkG vorzuziehen. Es sollten die Beteiligten aber – möglichst nachweisbar – auf das Beschwerderecht nach § 15 Abs. 1 S. 2 BNotO[244] hingewiesen werden, um nach § 19 Abs. 1 S. 3 BNotO i. V. m. § 839 Abs. 3 BGB[245] eine Abwehrmöglichkeit im Hinblick auf schwer berechenbare Gerichtsentscheidungen zu haben. Unvorstellbar hätte z. B. sein können, daß der BGH[246] – hier jedoch zugunsten des beklagten Notars – die Ansicht vertreten würde, es sei bedenklich, „vom Notar zu fordern, er müsse mit den Beteiligten auch eine Vertragsklausel erörtern, die vom Gesetz in dieser Form verboten ist und über deren unheilbare Unwirksamkeit sich die Beteiligten klar sind".

495 § 17 Abs. 2 BeurkG stellt zur Wahrung der Amtspflichten im besonderen Maße auf die **Überzeugung des Notars** ab. Davon haben die Richter im Haftpflichtprozeß auszugehen; sie können zur Feststellung einer schuldhaften Pflichtverletzung nicht schlechthin mit ihrer Überzeugung diejenige des Notars als „falsch" ersetzen. Rechtsauffassungen sind persönliche Überzeugungen und nach § 17 Abs. 2 BeurkG kommt es auf diejenige des Notars an. „Niemand" – auch nicht der Notar, lt. BGH-Urteil vom 19. 5. 1958[247] – „kann gleichzeitig zu derselben Frage verschiedene Überzeugungen haben, mag es oft auch schwierig sein, in Zweifelsfällen sich zu einer bestimmten Überzeugung durchzuringen". Natürlich muß dies sorgfältig und sachlich geschehen. Der Notar hat sich insbesondere nach der herrschenden Meinung und Rechtsprechung zu richten, auch wenn sie ihn nicht überzeugt[248]. Wenn aber, wie im vom OLG Hamm[249] entschiedenen Haftpflichtfall, die Überzeugung des Notars mit derjenigen des Bundesjustizministeriums, zweier angesehener Notare und mit zwei bekannten Kommentatoren in Einklang steht, so ist dies nicht schuldhaft pflichtwidrig.

§ 17 Abs. 3 BeurkG

496 Kommt **ausländisches Recht** zur Anwendung oder bestehen darüber Zweifel, so hat der Notar gem. § 17 Abs. 3 S. 1 BeurkG die Beteiligten darauf hinzuweisen und dies in der Niederschrift zu vermerken. Diese Pflicht setzt nach dem Urteil des BGH vom 12. 2. 1963[250] ein, wenn objektiv ein Anlaß gegeben ist, an die Möglichkeit einer Berührung des Geschäfts mit Auslandsrecht zu denken. Dem ist zuzustimmen. Konkret sollte das Urteil aber nicht als Maßstab dienen. Der Notar

---

[242] 5. Aufl., Rz. 19.
[243] S. Fn. II, 237.
[244] S. Rz. 219.
[245] S. Rz. 217.
[246] VersR 1971, 740/741 (Nr. 75).
[247] DNotZ 1958, 554/556 (Nr. 20).
[248] S. Rz. 81.
[249] S. Fn. II, 237.
[250] DNotZ 1963, 315 (Nr. 45).

hatte ein nach italienischem Recht nichtiges gemeinschaftliches Testament eines Ehepaars mit italienischem Familiennamen und italienischer Staatsangehörigkeit beurkundet; er dürfte doch Anlaß gehabt haben, der Frage einer Anwendung ausländischen Rechts nachzugehen. Anhaltspunkte können sein: das im Ausland gelegene Objekt des Rechtsgeschäfts, Paß, Familienname, Wohnort, Aufenthalt und bei Farbigen auch das Aussehen. Ohne solche Merkmale muß der Notar nicht nach einer Auslandsbeziehung forschen[251].

Die Pflicht beschränkt sich auf den Hinweis und den Vermerk in der Niederschrift. Darüber hinaus ist der Notar nach § 17 Abs. 3 S. 2 BeurkG nicht zur **Belehrung über den Inhalt ausländischer Rechtsordnungen** verpflichtet. Die Bestimmung stellt keine Haftungsbeschränkung[252], sondern die Möglichkeit einer Einschränkung der Amtspflicht dar. Belehrt der Notar bei der Beurkundung oder in eigenständiger Beratung (§ 24 BNotO) über Auslandsrecht, so haftet er für falsche Angaben[253]. Strikt sollte vermieden werden, einerseits zu erklären, nicht zu einer Belehrung verpflichtet zu sein und andererseits „unverbindlich" Auskünfte zu erteilen. Dazu gibt § 17 Abs. 3 S. 2 BeurkG keinen Freibrief. Aber auch der bloße Hinweis mit dem Vermerk, daß unbekanntes oder ungeprüftes Auslandsrecht bedeutsam sein könnte, gibt nicht ohne weiteres das Recht, sozusagen „blind" Rechtsgeschäfte mit Auslandsberührung zu beurkunden. Nach der allgemeinen Amts- und Betreuungspflicht des Notars hat er auf das Risiko der Wirkungslosigkeit der Beurkundung hinzuweisen und Wege aufzuzeigen, wie Klarheit über das anzuwendende Recht geschaffen werden könnte[254]. Dieser Rat wird in der Regel auf Einholung eines Rechtsgutachtens gehen. 497

Lehnen die Beteiligten Maßnahmen zur objektiven Klärung der Rechtslage ab und bestehen sie auf einer Beurkundung, so hat der Notar nach der Verpflichtung in § 15 Abs. 1 S. 1 BNotO das Amt auszuüben. Diese Pflicht besteht auch gegenüber Ausländern[255]. Sollte der Notar nach seinen, wenn auch nicht ganz sicheren Kenntnissen, die Unwirksamkeit der gewollten Rechtsgestaltung vermuten, so müßte ihm ein Amtsverweigerungsrecht zustehen, wenn die Beteiligten sich einer Klärung sperren. Eine Ausnahme besteht in Notsituationen z. B. bei einer Testamentserrichtung am Sterbebett. Es sind auch Fälle denkbar, in denen der Satz gilt: eine mangelhafte Urkunde ist besser als gar keine[256]. 498

Wird von sachverständiger Seite ein **Gutachten** erstellt oder eine **Rechtsauskunft** über das anzuwendende Recht erteilt, so kann der Urkundsnotar grundsätzlich von der Richtigkeit ausgehen. Der BGH entschied in einem Anwaltshaftpflichtfall[257], der Beklagte hätte davon ausgehen können, daß der eingeschaltete portugiesische Rechtsanwalt sein Heimatrecht kennt. Dies hat gleichermaßen für den Notar zu gelten, zumal er nicht verpflichtet ist, über ausländisches Recht zu beraten. Erst recht wäre nicht eine Verantwortlichkeit des Urkundsnotars einzusehen, wenn der sachverständige Gutachter „ohne Gewähr" Stellung nimmt[258]. Eine 499

---

[251] Böhringer, BWNotZ 1987, 17 u. 1988, 49; Lichtenberger, MittBayNot 1986, 111.
[252] S. Rz. 285.
[253] Reithmann/Martiny, Rz. 373; Hegmanns, Probleme mit Kaufverträgen über im Ausland gelegene Grundstücke, MittRhNotK 1987, 1/9; Reithmann/Röll/Geßele, Rz. 161.
[254] So auch Wolfsteiner, Bewilligungsprinzip, Beweislast und Beweisführung in Grundbuchsachen, DNotZ 1987, 67/84; Winkler, DNotZ 1979, 190/191; Sturm, S. 430.
[255] Sturm, S. 418; Schloetensack, Der Notar und das internationale Urkundsverfahrensrecht, DNotZ 1952, 265/267; Seybold/Hornig, § 15 Rz. 43 m. w. Nachw.
[256] So Sturm (Fn. II, 255).
[257] NJW 1972, 1044.
[258] Für eine – private – Gutachtertätigkeit des Notars besteht im Rahmen der Berufs-Haftpflichtversicherung keine Deckung. Sie kann jedoch zusätzlich versichert werden. Zur „Auslandsdeckung" s. im übrigen Rz. 303.

Schlüssigkeitsprüfung insbesondere in der Richtung, ob alle Fragen beantwortet wurden, ist allerdings zu fordern[259].

500 **Kein ausländisches Recht** und deshalb grundsätzlich nicht von § 17 Abs. 3 BeurkG erfaßt sind das deutsche IPR, das EG-Recht und die die Bundesrepublik bindenden Staatsverträge. Da der Notar das ausländische Kollisionsrecht nicht zu kennen braucht, kann von ihm freilich auch nicht verlangt werden, daß er die Anwendbarkeit deutscher Kollisionsnormen überblickt, was ohne die Kenntnis des Auslandsrechts nicht möglich ist[260]. Er darf deshalb, wie Ferid[261] in einem Beispiel aus der Praxis zeigt, auch nicht einfach dahingehend belehren, es finde ausländisches Recht Anwendung, ohne etwas über die Möglichkeit einer beachtlichen Rückverweisung auf deutsches Recht zu bemerken. Im konkreten Fall unterblieb wegen der unvollständigen und deshalb falschen Auskunft eine Erbeinsetzung.

501 Der **vorgeschriebene Belehrungsvermerk** sollte deshalb nicht nur den Hinweis auf die Anwendung ausländischen Rechts, sondern auch auf die dem Notar unbekannte Möglichkeit einer Rückverweisung enthalten[262]. Zu den Rechtswahlmöglichkeiten des neuen EGBGB hat an sich ebenfalls der Vermerk in der Niederschrift über die Möglichkeit ausländischen, dem Notar unbekannten Rechts zu genügen. Lichtenberger[263] schlägt eine umfassende Formulierung vor, die in der weitgehenden Art nicht als verpflichtend angesehen werden darf. Es versteht sich von selbst, daß die Rechtswahl von den Beteiligten auszugehen hat und – wo keine Verpflichtung besteht, besteht auch keine Haftung (s. Rz. 283 ff.).

§ 18 BeurkG

502 Diese Bestimmung schreibt die Belehrung über erforderliche **gerichtliche oder behördliche Genehmigungen oder Bestätigungen** vor. Es handelt sich in der Regel um Wirksamkeitsvoraussetzungen, also um Belehrungen aus der Urkundstätigkeit. Es kann deshalb weitgehend auf Abschn. f verwiesen werden (Rz. 465–485). Zur formellen Seite ist zu beachten, daß vom Notar diese Belehrung in der Niederschrift zu vermerken ist. Er hat dabei jede einzelne Genehmigung oder Bestätigung, die für die Wirksamkeit der Durchführung des Rechtsgeschäfts erforderlich ist, aufzuführen. Diese nach einhelliger Auffassung[264] bestehende Pflicht wird in der Praxis nicht immer strikt eingehalten. Das Unterlassen führt nicht selten zu haftpflichtrechtlichen Auseinandersetzungen darüber, ob überhaupt belehrt wurde und wer die Genehmigungen einzuholen hatte[265]. Zur Vorbeugung sollte deshalb sorgsam die Aufzählung vorgenommen werden.

503 Der Notar hat natürlich nur auf solche Genehmigungserfordernisse aufmerksam zu machen, mit denen er grundsätzlich oder nach den besonderen Umständen des Einzelfalles rechnen muß. Insbesondere hat er dazu die Grundbucheintragungen zu beachten. Befindet sich dort z. B. ein Reichsheimstättenvermerk, so hat er über die sich daraus ergebenden Genehmigungserfordernisse zu belehren[266]. Weiterhin muß von ihm erwartet werden, daß er z. B. an Teilungsgenehmigungen

---

[259] Vgl. Sturm, S. 432; Winkler, DNotZ 1979, 190/191.
[260] S. Sturm, S. 427 ff.
[261] MittBayNot 1974, 191.
[262] Keidel/Kuntze/Winkler, § 17 Rz. 23; Seybold/Hornig, § 15 Anm. 67; Krzywon, Die Rechtswahl im Erbrecht, BWNotZ 1987, 4/5.
[263] DNotZ 1986, 676.
[264] Jansen, § 18 Rz. 1; Keidel/Kuntze/Winkler, § 18 Rz. 18; Mecke, § 18 Rz. 1; Riedel/Feil, § 18 Rz. 4; Huhn/v. Schuckmann, § 18 Rz. 1.
[265] S. als Beispiel BGH VersR 1984, 866 (Nr. 124); vgl. auch die Ausführungen über unterlassene Belehrungsvermerke (Rz. 590).
[266] Vgl. Reithmann/Röll/Geßele, Rz. 382; Keidel/Kuntze/Winkler, § 18 Rz. 8.

nach § 19 BBauG oder an aufsichtsrechtliche Genehmigungen bei Grundstücksgeschäften von Versicherungsgesellschaften (§§ 54–54 c VAG) oder von Körperschaften des öffentlichen Rechts denkt[267].

Ohne Vorliegen von Anhaltspunkten kann vom Notar nicht erwartet werden, z. B. die Frage des **Denkmal-** oder **Landschaftsschutzes** im Hinblick auf erforderliche Genehmigungen anzuschneiden. Es besteht überhaupt, abgesehen von der Grundbucheinsicht, keine Amtsermittlungspflicht[268]. Vielmehr gehört zur Aufklärungspflicht der Parteien – z. B. des Verkäufers –, auf Erfordernisse oder Hindernisse hinzuweisen (s. Rz. 470 f). Eigens geregelt ist jedoch in § 20 BeurkG die notarielle Pflicht, auf nicht aus dem Grundbuch ersichtliche, gesetzliche Vorkaufsrechte hinzuweisen. Soweit es sich um behördliche Rechte handelt, gilt wegen des Negativattestes ebenfalls § 18 BeurkG. Bestehen Zweifel über eine Genehmigungsbedürftigkeit, so hat der Notar, wie § 18 BeurkG vorschreibt, ebenfalls darauf aufmerksam zu machen. Es empfiehlt sich weiterhin zu raten, daß Zweifelsfragen möglichst schon vor der Beurkundung durch Anfragen bei den zuständigen Stellen geklärt werden. 504

Über den Hinweis auf das konkrete Genehmigungserfordernis hinaus besteht grundsätzlich keine Pflicht des Notars, über die **Genehmigungsvoraussetzungen, das -verfahren** oder etwaige mit der Genehmigung verbundene Auflagen zu belehren[269]. Das OLG Celle führt im Haftpflichturteil vom 1. 7. 1987[270] hinsichtlich der erfolgten Belehrung über die notwendige Genehmigung des Vormundschaftsgerichts zutreffend aus: 505

„Die aus § 18 BeurkG folgende Pflicht des Notars, ‚auf die erforderlichen gerichtlichen oder behördlichen Genehmigungen oder Bestätigungen oder etwa darüber bestehende Zweifel' hinzuweisen und dies in der Niederschrift zu vermerken, erstreckt sich zum einen nur auf das Genehmigungserfordernis als solches, nicht aber auf die Voraussetzung, unter denen die Genehmigung erteilt wird, auch nicht auf das Genehmigungsverfahren und ferner nicht auf die Möglichkeiten einer Genehmigung unter Auflagen. . . . Lediglich dann, wenn der Notar insoweit mit konkreten Fragen der Vertragsbeteiligten konfrontiert wird, hat er darüber Auskünfte zu geben."

Zweckmäßig wird es freilich sein, wenn vom Notar die Genehmigung eingeholt und etwaige Zweifel geklärt werden. Dies entspricht meist auch der Erwartungshaltung der Beteiligten. Der Notar sollte das Ansuchen und die Ermächtigung aber in der Niederschrift aufnehmen. Manche Haftpflichtfälle beruhen darauf, daß nicht nachweisbar zu klären war, *wer* die Genehmigung beantragen und die Einholung überwachen sollte[271]. Kostengründe dürften gerade im Interesse aller Beteiligten der Ermächtigung des Notars nicht entgegenstehen[272].

§ 19 BeurkG

Die Hinweispflicht dieser Vorschrift, daß nach dem Grunderwerbs- oder Kapitalverkehrssteuerrecht eine Eintragung im Grundbuch oder Handelsregister erst vorgenommen werden darf, wenn die **Unbedenklichkeitsbescheinigung** des Finanzamts vorliegt, beschränkt sich auf diesen Hinweis[273]. Er gehört in den Bereich der Belehrung aus Urkundstätigkeit und ist in der Niederschrift zu vermerken. Darüber hinaus hat der Notar keine steuerrechtlichen Belehrungs- 506

---

[267] Keidel/Kuntze/Winkler, § 18 Rz. 15.
[268] Reithmann/Röll/Geßele, Rz. 382.
[269] Reithmann/Röll/Geßele, Rz. 382.
[270] 3 U 243/86.
[271] S. zur Vollzugstätigkeit Rz. 615.
[272] S. Rz. 570 ff.
[273] Einhellige Meinung; vgl. BGH DNotZ 1979, 228/232 (Nr. 96). Dasselbe gilt für den Hinweis bei Schenkungen (s. Rinsche II, 51).

pflichten. Gibt er aber auf Ansuchen oder von sich aus Auskünfte, so ist er für die Richtigkeit verantwortlich.

507 Eine erweiterte Belehrungspflicht kann dann eintreten, wenn er z. B. bei Beurkundung von **Schenkungen** bemerkt, daß die Höhe der Steuer für die Beteiligten von maßgebender Bedeutung ist. Er wird dann über die reine Hinweispflicht nach § 13 Abs. 1 ErbStDV hinaus entweder selbst die Klärung vorzunehmen haben oder den Beteiligten empfehlen müssen, sich anderweitig über die Steuerfrage beraten zu lassen. Das OLG Frankfurt[274] geht darauf in einem Kostenverfahren ausführlich ein. Auf die Frage, ob den Notar bei Verletzung seiner Anzeigepflicht gegenüber dem Staat eine Verantwortung trifft, wurde in Rz. 53 eingegangen. Im übrigen wird zur Belehrung über Steuerfragen auf die Ausführungen im Rahmen der notariellen Betreuungstätigkeit verwiesen (Rz. 559 ff.)

§ 20 BeurkG

508 Die Pflicht, auf eventuelle **gesetzliche Vorkaufsrechte** hinzuweisen, beschränkt sich auf diesen Hinweis. Eine weitergehende Belehrung über die Voraussetzungen, die Bedeutung und das Verfahren kann vom Notar nicht verlangt werden[275], zumal schon die Frage, ob überhaupt „ein gesetzliches Vorkaufsrecht in Betracht kommen könnte" erst aufgrund weiterer Ermittlungen möglich wäre.

509 Den Beteiligten ist zu empfehlen, den Notar mit der Einholung des Negativattestes zu beauftragen. Dies kann für die Durchführung des Kaufvertrages nur im Interesse *aller* Beteiligten liegen. Weiterhin wird der Veranwortungsbereich klar abgesteckt. Haftpflichtansprüche gegen den Notar, weil ein fehlerhaftes Vorgehen der Beteiligten zur Erlangung der behördlichen Bestätigung auf einer unzureichenden Belehrung über Bedeutung und Modalität des gesetzlichen Vorkaufsrechts beruhen würden, wären schon aufgrund des nach § 20 BeurkG begrenzten Pflichtenumfangs unberechtigt. Auch aus diesem Grund ist mit Appel[276] und Bühler[277] in den Anmerkungen zum Beschluß des OLG Stuttgart vom 16. 5. 1983[278] abzulehnen, daß der Notar auf die Entstehung von Kosten für diese sachlich dringend zu empfehlende Notartätigkeit aufmerksam machen müßte[279].

510 Der Hinweis auf die in Betracht kommenden aus dem Grundbuch nicht ersichtlichen, gesetzlichen Vorkaufsrechte ist in der **Niederschrift zu vermerken.** Alle diese Rechte sind aufzuführen. Ein fehlender Vermerk berührt zwar nicht die Wirksamkeit des Rechtsgeschäfts, kann aber im Haftpflichtprozeß die Beweislage für den Notar verschlechtern (Rz. 835). Soweit sich der Hinweis auf „behördliche" Genehmigungserfordernisse im Sinne von § 18 BeurkG[280] bezieht, bleibt es jedoch bei der einschränkenden Bestimmung des § 20 BeurkG, wonach nicht über die gesamte rechtliche Tragweite des Vorkaufsrechts zu belehren ist[281].

511 Von den verschiedenen gesetzlichen Vorkaufsrechten seien hier nur genannt diejenigen der Gemeinden nach §§ 24 ff. BBauG, des Städtebauförderungsgesetzes (§§ 17, 57 Abs. 1 Nr. 4), des Reichsheimstättengesetzes (§ 11) sowie der Natur- und Denkmalschutzgesetze der Länder[282]. Nicht unter § 20 BeurkG fällt das

---

[274] DNotZ 1951, 460.
[275] Keidel/Kuntze/Winkler, § 20 Rz. 1 u. 15 f; Jansen § 20 Rz. 16; Huhn/v. Schuckmann, § 20 Rz. 20; OLG Braunschweig, DNotZ 1977, 438.
[276] DNotZ 1983, 644.
[277] BWNotZ 1983, 151.
[278] DNotZ 1983, 642.
[279] Zur Belehrungspflicht über Kosten s. Rz. 570 ff.
[280] S. Rz. 502.
[281] Amann, Die Neuregelung der Vorkaufsrechte nach dem Bundesbaugesetz, MittBayNot 1976, 153/155 u. im Nachdruck MittRhNotK 1976, 519/521; Huhn/v. Schuckmann, § 21 Rz. 20; OLG Braunschweig, DNotZ 1977, 438.
[282] S. ausführlich Huhn/v. Schuckmann, § 20 Rz. 1 u. 2; Keidel/Kuntze/Winkler, § 20 Rz. 3 ff.

Vorkaufsrecht der Miterben, da es sich auf den Erbanteil und nicht auf Grundstücke bezieht[283]. Zur Belehrung aus Urkundstätigkeit genügt der Hinweis, daß die Miterben ein Vorkaufsrecht auf käufliche Übertragungen der Erbteile haben[284]. Über im Grundbuch eingetragene vertragliche Vorkaufsrechte ist dagegen im Rahmen von § 17 BeurkG zu belehren.

Wollen die Beteiligten das Vorkaufsrecht – etwa mit einer auflösenden Bedingung – verhindern, so ist hinsichtlich der rechtlichen Tragweite über die gesetzliche Bestimmung in **§ 506 BGB** zu belehren. Bei gehöriger Erfüllung der Hinweispflicht nach § 20 BeurkG ist kein Raum für die im bedenklichen BGH-Urteil vom 25. 9. 1986[285] gegebene Möglichkeit, einen Irrtum über das Bestehen des Rechts als Wegfall der Geschäftsgrundlage dem Vorkaufsberechtigten entgegenzuhalten. Der Notar handelt pflichtwidrig mit erhöhter Haftpflichtgefahr, wenn er etwa aus einem solchen Grund das Vorkaufsrecht nicht erwähnt und nicht in der Niederschrift vermerkt[286]. Vorausleistungen des Käufers sind bei bestehenden Vorkaufsrechten grundsätzlich risikohaft, so daß der Notar in der Regel auf diese wirtschaftliche Gefahr im Rahmen seiner Belehrungspflicht aus Betreuungsverpflichtung[287] hinzuweisen hat. 512

§ 21 Abs. 1 BeurkG

Der Notar hat sich bei allen Geschäften, die im Grundbuch einzutragende Rechte zum Gegenstand haben, über den **Grundbuchstand** zu unterrichten. Das „Soll" in dieser Bestimmung mindert nicht die Pflicht, sondern bedeutet, daß bei einer Pflichtverletzung die Wirksamkeit des Rechtsgeschäfts bestehen bleibt. Die Grundbucheinsicht gehört zur Sachaufklärung als Grundlage für erforderliche Belehrungen und stellt eine Ausnahme von dem Grundsatz dar, daß der Notar nicht gehalten ist, selbständig Auskünfte bei anderen Stellen einzuholen. § 21 Abs. 1 BeurkG ist deshalb auch nicht entsprechend auf eine Einsicht in andere Register anzuwenden[288]. 513

Schon aus diesem Grund ist der Notar nicht verpflichtet, von sich aus das **Baulastenverzeichnis** einzusehen. Solche Verzeichnisse werden in den Bundesländern Baden-Württemberg, Berlin, Hamburg, Hessen, Nordrhein-Westfalen und Schleswig-Holstein geführt[289]. Die Baulast dient als Sicherungsmittel für die öffentlich-rechtliche Verpflichtung des Grundstückseigentümers zu einem auf sein Grundstück bezogenem Tun oder Unterlassen. Sie kann deshalb einen Käufer in seinen Nutzungsrechten empfindlich beeinträchtigen, zumal ein gutgläubiger lastenfreier Erwerb nicht möglich ist. Es erscheint deshalb trotz des Grundsatzes, daß der Notar über nicht im Grundbuch eingetragene öffentlich-rechtliche Belastungen keine Belehrungspflicht hat[290], angebracht, daß er bei in den vorgenannten Ländern gelegenen Grundstücken zur Niederschrift allgemein auf das Bestehen etwaiger Baulasten hinweist und den Berechtigten anheimstellt, das Baulastenverzeichnis einzusehen[291]. Unberührt davon bleibt die Auskunftspflicht und Haftung des Veräußerers[292]. 514

---

[283] Huhn/v. Schuckmann, § 20 Rz. 3; Keidel/Kuntze/Winkler, § 20 Rz. 13.
[284] BGH MDR 1968, 1002 (Nr. 64).
[285] NJW 1987, 890; abl. Anm. v. Tiedke, NJW 1987, 874.
[286] Vgl. die Ausführungen über den Gutglaubensschutz zur Rz. 481 f.
[287] Vgl. Amann (Fn. II 281) S. 159.
[288] Mecke, § 21 Rz. 2; Huhn/v. Schuckmann, § 21 Rz. 29 ff; Wilhelmi, Die Baulast im Grundstücksverkehr, DB 1985, 151.
[289] S. Sachse, Das Spannungsverhältnis zwischen Baulastenverzeichnis und Grundbuch, NJW 1979, 195; Harst, Probleme der Baulast in der notariellen Praxis, MittRhNotK 1984, 229; Huhn/v. Schuckmann, § 21 Rz. 32 ff.; Reithmann, DNotZ 1985, 540.
[290] Jansen, § 21 Rz. 3; Arndt, § 21 Rz. 5; BGH DNotZ 1953, 492/494 (Nr. 1).
[291] So auch Reithmann/Röll/Geßele, Rz. 357.
[292] Sachse (Fn. II 289) S. 198.

515 **Geschäfte, die** eingetragene oder einzutragende **Grundbuchrechte zum Gegenstand** haben, können z. B. sein: Übertragung von Eigentum, Erbbaurechten, Bestellung oder Übertragung von Dienstbarkeiten, Nießbrauch, Dauerwohnrechten, Grundpfandrechten, Eintragung von Vorkaufsrechten oder einer Vormerkung. Das Geschäft muß unmittelbar ein im Grundbuch eingetragenes oder einzutragendes Recht zum Gegenstand haben. Die Beurkundung von Vollmachten an Makler oder Bautreuhänder haben nicht diesen Gegenstand, auch wenn z. B. zum Grundstückskauf oder zur Bestellung von Grundschulden bevollmächtigt wird. Die Einsichtspflicht besteht erst für den Notar, der aufgrund der Vollmacht den Kaufvertrag oder die Grundschuldbestellung beurkundet. § 21 BeurkG gilt weiter nicht für bloße Unterschriftsbeglaubigungen[293]. Anders ist die Lage, wenn der Notar die Urkunde entworfen hat[294]. In diesem Falle bestehen die Belehrungspflichten[295]. Außer einer Grundbucheinsicht für die von den Beteiligten bezeichneten Grundstücke besteht entgegen OLG Saarbrücken[296] keine selbständige Pflicht des Notars, sämtliche Grundstücke eines Veräußerers – etwa anhand des Eigentümerverzeichnisses – zu ermitteln[297].

516 Die Grundbucheinsicht hat sich auf **alle Abteilungen** des Grundbuchs zu erstrecken. Eintragungen in Abteilung II können für die Beteiligten größere Nachteile mit sich bringen als etwa eine hypothekarische Belastung. So ist für Darlehensgeber darauf zu achten, daß Dienstbarkeiten und Reallasten in der Zwangsversteigerung beträchtliches Deckungskapital beanspruchen (§§ 92, 121 ZVG). Haftpflichtgefahren bestehen insbesondere, wenn unvollständige Angaben über den Grundbuchstand gegeben werden. Ein Beispiel dafür gibt das Haftpflichturteil des BGH vom 25. 2 1969[298]. Weil der Notar nicht auf den eingetragenen Nacherbenvermerk hingewiesen hatte, erlitt die Finanzierungsbank einen erheblichen Schaden. Auch wenn ein Grundstück lastenfrei übertragen werden soll, ist der Käufer über den aktuellen Grundbuchstand zu belehren, denn der Belastungsstand kann seine Entschließung über Abschluß und Gestaltung des Vertrags beeinflussen[299]. Es genügt allerdings eine mündliche Aufklärung. In der Niederschrift müssen nicht alle Belastungen aufgeführt werden[300]. Für die Praxis dürfte sich aber ein solches Verfahren empfehlen[301], damit u. a. beim Vollzug nichts übersehen wird.

517 Einzusehen ist das **aktuelle Grundbuchblatt.** Die Pflicht erstreckt sich ohne besonderen Anlaß nicht etwa auf den Inhalt von Grundbuchblättern, von denen früher das Grundstück übertragen wurde[302]. Sie hat sich „auf die Tatsache zu erstrecken, deren Kenntnis zur Erfüllung des Zwecks des § 21 für das jeweilige Geschäft von Bedeutung ist"[303].

518 Uneinheitlich ist die Meinung darüber, ob die Einsicht in das **Handblatt** genügt. Dies ist jedoch mit Jansen[304], Huhn/v. Schuckmann[305] und Güthe/Trie-

---

[293] Huhn/v. Schuckmann, § 21 Rz. 5; Riedel/Feil, § 21 Rz. 7; Mecke, § 21 Rz. 9; Keidel/Kuntze/Winkler, § 21 Rz. 1; Jansen, § 21 Rz. 13.
[294] S. Fn. II, 293.
[295] S. Rz. 416.
[296] DNotZ 1977, 495.
[297] Maurer, DNotZ 1977, 497; Haegele/Schöner/Stöber, Rz. 534.
[298] DNotZ 1969, 507 (Nr. 70).
[299] So BGH DNotZ 1969, 173/174 (Nr. 65).
[300] BGH DNotZ 1969, 313 (Nr. 68); Keidel/Kuntze/Winkler, § 21 Rz. 3; Reithmann/Brych/Manhard, Rz. 484.
[301] BGH DNotZ 1969, 173 (Nr. 65).
[302] OLG Köln, MittRhNotK 1985, 23.
[303] BGH DNotZ 1985, 635/637 (Nr. 129).
[304] § 21 Rz. 6.
[305] § 21 Rz. 14.

bel[306] zu bejahen, da von der Übereinstimmung von Grundbuch und Handblatt ausgegangen werden kann (§ 24 Abs. 4 S. 2 GBVfg). Dies gilt insbesondere dann, wenn die Eintragungen im Durchschreibeverfahren erfolgen. Im Haftpflichtfall wird sich deshalb meist herausstellen, daß die Eintragungen in Grundbuch und Handblatt identisch sind. Aufgrund der Gegenmeinung, vor allem von Böttcher[307] kann freilich nicht vorausgesehen werden, wie die Gerichte haftpflichtrechtlich entscheiden werden. Ein erhebliches Mitverschulden des Grundbuchbeamten wird in der Regel gegeben sein, besonders wenn von ihm das Handblatt zur Einsicht vorgelegt wird[308].

Eine Pflicht des Notars, die **Grundakten** einzusehen, besteht grundsätzlich nur, wenn das Grundbuch selbst auf die Eintragungsbewilligung verweist (§ 874 BGB) und dies für das zu beurkundende Geschäft von Bedeutung ist[309]. Die in Bezug genommene Urkunde gehört deshalb zum „Grundbuchinhalt" (§ 21 Abs. 1 BeurkG) wie die Grundbucheintragung selbst[310]. Wird z. B. auf ein vom Käufer zu übernehmendes Wohnrecht Bezug genommen, so darf sich der Notar nicht allein auf die Angaben des Verkäufers über den Umfang des Rechts verlassen; er hat vielmehr die Grundakten hinsichtlich der Eintragungsbewilligung einzusehen. Kein begründeter Anlaß für eine Grundakteneinsicht zur Eruierung einer etwaigen Bierbezugsverpflichtung liegt lt. OLG Celle[311] allein darin, daß das Kaufgrundstück, auf dem eine Gastwirtschaft betrieben wurde, mit der Grundschuld einer Brauerei belastet war. Ebenso kann nach einem sehr sorgfältig begründeten Urteil des OLG Düsseldorf[312] die aus Abteilung III des Grundbuchs ersichtliche Belastung zugunsten einer öffentlichen Wohnungsbauförderungsanstalt den Notar nicht verpflichten, ungefragt auf die Bedeutung und Rechtsfolge einer Wohnungsbindung hinzuweisen[313]. 519

Wegen **unerledigter Eintragungsanträge** sind die Grundakten nur dann einzusehen, wenn mit einer dem einzutragenden Recht schädlichen Voreintragung gerechnet werden muß und die entsprechend belehrten Beteiligten den Notar um eine solche erweiterte Einsicht ersuchen[314]. Dies fordert der BGH im Haftpflichturteil vom 21. 1. 1969[315] in einem besonders gelagerten Einzelfall, in dem bei einem nur durch Zwischenfinanzierung durchgeführten Großbauvorhaben der Verkäuferin die dem Notar ersichtliche Gefahr von Zwischeneintragungen nahelag. In einem anderen BGH-Haftpflichturteil[316] wird nur beiläufig ausgeführt, daß der Notar die Grundakten einzusehen habe, wenn aus ihnen „möglicherweise Vorgänge zu ermitteln wären, die . . . zu einer Grundbucheintragung in einer für das zu beurkundende Geschäft maßgeblichen Weise führen könnten". Dem könnte nur gefolgt werden, wenn bestimmte Anhaltspunkte ersichtlich sind[317]. 520

Ein Ausnahmefall für eine Grundakteneinsicht kann auch vorliegen, wenn sich z. B. aus einem Bleistiftvermerk im Grundbuch ein Anhaltspunkt für unerledigte 521

---

[306] Grundbuchordnung, 6. Aufl. 1936, zu § 46 GBVerfG; vgl. Haug, Haftpflichtecke DNotZ 1972, 423 f.
[307] Meikel/Böttcher, § 12 Rz. 59.
[308] So auch Böttcher, s. Fn. II, 307.
[309] Keidel/Kuntze/Winkler, § 21 Rz. 14 f; Huhn/v. Schuckmann, § 21 Rz. 15; Haug, Haftpflichtecke DNotZ 1972, 424; Haegele/Schöner/Stöber, Rz. 534; OLG Köln, MittRhNotK 1985, 23.
[310] BGHZ 35, 381.
[311] DNotZ 1965, 571/573.
[312] DNotZ 1985, 185; a. A. Derleder, JZ 1984, 447 u. DNotZ 1984, 617.
[313] Keidel/Kuntze/Winkler, § 17 Rz. 17; Reithmann/Röll/Geßele, Rz. 360 f; so auch LG Essen, U. v. 9. 11. 1984 – 3 O 467/84 unter Hinweis auf OLG Düsseldorf, Fn. II, 312; vgl. OLG Köln, DNotZ 1987, 695.
[314] Reithmann/Röll/Geßele, Rz. 295.
[315] DNotZ 1969, 496 (Nr. 67).
[316] DNotZ 1953, 492 (Nr. 1).
[317] S. Haug, Haftpflichtecke DNotZ 1972, 424 f.

Eintragungsanträge ergibt³¹⁸. Eine Nachforschungspflicht, ob etwa noch außerhalb der Grundakten unerledigte Eintragungsanträge vorliegen, ist angesichts der Schwierigkeiten einer solchen Feststellung und der damit verbundenen Haftpflichtgefahren abzulehnen³¹⁹. Der Notar kann und darf nicht gewährleisten, daß eine rangrichtige Eintragung erfolgen wird (§ 14 Abs. 4 S. 1 BNotO)³²⁰. Auch bereits zurückgewiesene Anträge können bei Aufhebung in der Rechtsmittelinstanz wieder den alten Rang beanspruchen (BGHZ 45, 186/191). Weiß der Notar – z. B. aufgrund eigener Amtshandlungen –, daß unerledigte Anträge das nunmehr zu beurkundende Geschäft beeinträchtigen könnten, so ist er unter Zurückhaltung des Verschwiegenheitsgebots zur Aufklärung verpflichtet³²¹.

522 "**Wie sich der Notar über den Grundbuchinhalt unterrichtet,** bleibt ihm überlassen; er kann sich aller ihm zuverlässig erscheinenden Hilfsmittel bedienen"³²². Als unzuverlässig sind generell telefonische Auskünfte anzusehen. Entsteht Streit über den Inhalt der erteilten Information, so wird wegen der Haftungszuweisung erfahrungsgemäß kaum mehr zu klären sein, wer was genau gesagt hat. In Ausnahmefällen kann es aber zulässig und besser als ohne jede Information sein, telefonische Auskünfe einzuholen³²³. Hier sollte jedenfalls festgehalten werden, wer die Auskunft erteilt hat. Weiterhin wäre vorsorglich eine Motivangabe und Belehrung der Beteiligten entweder in der Niederschrift oder gesondert in den Nebenakten zu fertigen. Als hinreichend zuverlässig ist die Einsicht in eine **Grundbuchblattabschrift** anzusehen³²⁴. Dieses Hilfsmittel wird bei auswärtigen Grundbuchämtern zweckmäßig benutzt. Voraussetzung für eine Zugrundelegung sollte aber entsprechend § 36 Abs. 1 S. 2 BNotO a. F. sein, daß die Abschrift beglaubigt ist, aus jüngster Zeit stammt³²⁵ und nach den Umständen des Falles zwischenzeitlich Änderungen unwahrscheinlich sind³²⁶.

523 Unbestritten kann sich der Notar bei der Grundbucheinsicht auch zuverlässiger und sachkundiger **Hilfskräfte** bedienen³²⁷. Es kommen hier z. B. geschulte Notariatsangestellte oder etwa auch ein eingewiesener Anwaltssozius in Betracht. Außer der Zuverlässigkeit und Sachkunde ist eine Überwachung durch den Notar zu fordern. Dieser haftet nämlich bei einer Pflichtverletzung der Hilfspersonen nur bei eigenem Verschulden bei Auswahl und Kontrolle³²⁸. Das entspricht dem Gesetz und der herrschenden Auffassung³²⁹. Die Gegenmeinung von Riedel/Feil³³⁰ und von Huhn/v. Schuckmann³³¹ stützt sich auf den mit dem Beurkundungsgesetz aufgehobenen § 36 Abs. 1 S. 2 BNotO, wonach der Notar zwar zuverlässige und sachkundige Hilfskräfte einsetzen konnte, seine eigene Verantwortung dadurch aber „nicht gemindert" werden sollte. Eine aufgehobene Norm kann aber nicht als eine Sonderhaftungsgrundlage fortgelten³³². Indem der Notar nur zuverlässige,

---

[318] So LG München, MittBayNot 1978, 237.
[319] Kuntze/Ertl/Herrmann/Eickmann, § 12 Rz. 7; Ertl, DNotZ 1969, 650/658; Meikel/Böttcher, § 12 Rz. 58.
[320] S. das Schreiben der Bundesnotarkammer an die Spitzenverbände der Banken und Versicherungen vom 6. 8. 1974, DNotZ 1974, 643 u. Rz. 672f.
[321] S. Rz. 439.
[322] So die Gesetzesmotive: BT-Drucksache V 3382, 32.
[323] So auch Keidel/Kuntze/Winkler, § 21 Rz. 11; Mecke, § 21 Rz. 4.
[324] Reithmann/Röll/Geßele, Rz. 203; Keidel/Kuntze/Winkler, § 21 Rz. 11.
[325] s. Rz. 525.
[326] s. Rz. 520.
[327] BayObLG DNotZ 1980, 187; Haug, Haftpflichtecke DNotZ 1972, 423.
[328] S. Rz. 127 ff.
[329] Mecke, § 21 Rz. 4, Fn. 8; Arndt, § 21 BeurkG Anm. II, 3; Reithmann/Röll/Geßele, Rz. 203; Keidel/Kuntze/Winkler, § 21 Rz. 10, Fn. 8; Wolfsteiner, DNotZ 1972, 60.
[330] § 21 Rz. 5.
[331] § 21 Rz. 10.
[332] Vgl. Haug, Haftpflichtecke DNotZ 1972, 426.

geschulte und kontrollierte Personen einsetzen darf, würde dies eine „Garantiehaftung" bedeuten. Die gebliebene Zulässigkeit des Einsatzes von Hilfskräften ist auch nicht, wie Huhn/v. Schuckmann[333] meint, ein „A", dem das „B" der Garantiehaftung folgen müßte. Haftungsgrundlage ist § 19 BNotO. Abgesehen davon wäre eine Haftung des Notars ohne Pflichtwidrigkeit und Verschulden systemwidrig. Da ohnehin hohe Anforderungen an die Auswahl und Überwachung gestellt werden, ist das Regulativ für Umfang und Grenzen der Amtspflicht und Schadenersatzpflicht angemessen abgegrenzt.

524

Folgende Urteile zeigen, welche hohen Anforderungen an den Notar und die Hilfskräfte gestellt werden. Das OLG Celle[334] ließ den Notar mangels einer ausreichenden Schulung des Bürovorstehers haften, weil dieser allein aufgrund einer Rötung des eingetragenen Vorkaufsrechts von dessen Löschung ausging. Er hatte nicht beachtet, daß die Löschung berichtigt und darauf mit einem schwarzen senkrechten Strich bei der Eintragung hingewiesen worden war. Das LG Augsburg[335] wies eine gegen den Staat gerichtete Haftpflichtklage wegen der unrichtigen Rötung einer Grundstücksbelastung ab, da diesem buchungstechnischen Hilfsmittel keine rechtliche Wirkung zukommt. Das hätte bei der Grundbucheinsicht nach § 21 BeurkG beachtet werden müssen. In einem Urteil des OLG Frankfurt[336] wurde der Notar nicht für die unzureichende Grundbucheinsicht durch eine Rechtsanwältin entschuldigt. Dieser hätte nach Ansicht des Senats auffallen müssen, daß eine das bezeichnete Kaufgrundstück belastende Grundschuld auch für ein anderes Flurstück eingetragen war und deshalb eine Einheit zwischen den beiden Flurstücken bestehen könnte. Dies hätte bei einem aufmerksamen Lesen des Grundbuchauszugs der Notar ebenfalls sehen können.

525

Wie weit darf zeitlich die Grundbucheinsicht zurückliegen? Der mit dem Beurkundungsgesetz aufgehobene § 36 Abs. 1 BNotO gab die Richtlinie: Sie muß aus jüngster Zeit stammen und es muß den Umständen nach unwahrscheinlich sein, daß in der Zwischenzeit Änderungen vorgenommen worden sind. Im „Normalfall", also wenn keine besonderen Umstände dagegensprechen, wird eine bis 4 Wochen alte Grundbucheinsicht ausreichen. Dies entspricht auch der Rechtsprechung.

Das LG München II hat in einem sorgfältig begründeten Urteil vom 25. 5. 1977[337] entschieden, daß es jedenfalls ausreicht, wenn der Notar sich innerhalb eines Zeitraums von 14 Tagen vor Beurkundung über den Grundbuchinhalt unterrichtet. Ob ein noch weiterer Zeitraum – etwa bis 6 Wochen[338] – gebilligt werden kann, ließ die Kammer offen. In den Entscheidungsgründen werden auch das schutzwürdige Interesse des Notars an einem rationell gestalteten Geschäftsbetrieb und die Rechtstatsache, daß die Gefahr einer rangmäßig vorgehenden Sicherungshypothek ohnehin nur unvollkommen ausgeschlossen werden kann, berücksichtigt. Das OLG Frankfurt entschied 1984[339], daß der Notar nicht verpflichtet ist, unmittelbar vor der Beurkundung eine 6 Wochen vorher erfolgte Grundbucheinsicht zu überprüfen, wenn keine Umstände vorliegen, die eine Änderung des Grundbuchstandes möglich erscheinen lassen.

526

---

[333] Dem Vorschlag in Rz. 11, die Notarhaftung dadurch einzuschränken, daß den Beteiligten die Grundbucheinsicht durch Hilfskräfte bekannt gegeben wird, kann auch aus allgemeinen Rechtsgründen nicht gefolgt werden (s. Rz. 280 ff.).
[334] U. v. 25. 11. 1981 – 3 U 102/81.
[335] U. v. 26. 2. 1982 – 1 O 2857/81.
[336] V. 21. 12. 1973 – 3 U 62/73.
[337] MittBayNot 1978, 237 (Der Kläger nahm in der Berufungsinstanz auf Anraten des Senats das Rechtsmittel zurück).
[338] So damals Seybold/Hornig, 4. Aufl. 1962, § 36 BNotO, Rz. 5; Daimer/Reithmann, 4. Aufl., Rz. 147.
[339] DNotZ 1985, 244.

527 In der Literatur[340] wird für den Normalfall ebenfalls ein Zeitraum von weit mehr als 2 Wochen als genügend angesehen. Nur Huhn/v. Schuckmann meinen, daß ein Zeitraum von 2 Wochen „gerade noch" genüge, ein für die praktische Notararbeit zu enger Standpunkt. Bei beglaubigten Grundbuchauszügen ist auf den Zeitpunkt der Fertigung, der „Einsicht" zu achten; durch das Datum der Beglaubigung darf man sich nicht irreführen lassen[341].

528 Sind **besondere Umstände** ersichtlich, die eine das zu beurkundende Grundstücksgeschäft beeinträchtigende Änderung der bekannten Eintragungen möglich erscheinen lassen, so wird der vorgenannte Zeitraum erheblich zu reduzieren sein. Bei bekannten Liquiditätsschwierigkeiten kann er mit dem Zeitpunkt der Einreichung verschmelzen. Ein Haftpflichtbeispiel gibt das BGH-Urteil vom 21. 1. 1969[342]. In einem anderen Fall sah das OLG Hamm[343] einen 5 Wochen alten beglaubigten Grundbuchauszug zu Recht als zu alt an. Die späteren Haftpflichtkläger hatten auf Drängen des Maklers ein schon hoch belastetes Grundstück mit einem noch nicht fertiggestellten Wohnhaus gekauft.

529 Ein **Vermerk in der Niederschrift** über die erfolgte Grundbucheinsicht ist in § 21 BeurkG nicht mehr wie im früheren § 36 Abs. 2 BNotO vorgeschrieben. Das ist verständlich, denn bei Beurkundungen, die Grundstücksgeschäfte zum Gegenstand haben, ist für den Notar die Grundbucheinsicht eine Selbstverständlichkeit. Empfehlenswert ist aber, daß der Zeitpunkt der Einsicht notiert wird. Ohne Unterrichtung über den Grundbuchinhalt darf der Notar nur beurkunden, wenn *alle* Beteiligten „trotz Belehrung über die damit verbundenen Gefahren auf einer sofortigen Beurkundung bestehen". Dieses „Bestehen" ist wie ein „Beharren" zu verstehen, d. h. der Notar hat an sich von der Beurkundung unter Belehrung über die Risiken abzuraten und darf nur bei einem ausdrücklichen Begehren der Beteiligten von einer vorläufigen Amtsverweigerung absehen[344].

530 Er muß jedoch nicht auf alle Gefährdungsmöglichkeiten eingehen. Es genügt, wenn er z. B. darauf hinweist, daß gegenüber Voreintragungen eine Auflassungsvormerkung ohne Wirkung ist. „Wollte man anders entscheiden, so bliebe für die gesetzliche Möglichkeit nach § 21 Abs. 1 S. 2 BeurkG, wonach nach eingehender Belehrung von der Einsichtnahme in das Grundbuch abgesehen werden kann, wenn die Beteiligten gleichwohl auf sofortiger Beurkundung bestehen, kein Raum mehr"[345]. Im eigenen Interesse des Notars ist es wichtig, daß er den vorgeschriebenen Vermerk vollständig in die Niederschrift aufnimmt: nicht nur die Belehrung über die ohne Grundbucheinsicht bestehenden Risiken, sondern auch den Willen der Beteiligten, trotzdem zu beurkunden[346].

531 Eine **nachträgliche Grundbucheinsicht** hat der Notar nur dann vorzunehmen, wenn dazu ein Anlaß besteht. Das kann sein, wenn er mit dem Vollzug beauftragt oder eine Anderkontentätigkeit im Zusammenhang mit dem ohne Grundbucheinsicht beurkundeten Geschäft übernommen hat. Erkundigt sich z. B. der Käufer später danach, ob die Auflassungsvormerkung eingetragen ist, so muß der Notar die Frage dahin verstehen, ob die Vormerkung auch die vorgesehene lastenfreie Umschreibung sichert. Er hat deshalb nachträglich das Grundbuch einzusehen[347]. Ebenso hat er sich natürlich, wenn er ohne Grundbucheinsicht

---

[340] Vgl. Weingärtner/Schöttler, Rz. 536; Seybold/Hornig, § 21 Rz. 14 (zur Registereinsicht); Lindner, MittBayNot 1988, 163; Haegele/Schöner/Stöber, Rz. 534.
[341] OLG Koblenz, DNotZ 1974, 764.
[342] DNotZ 1969, 496 (Nr. 67), s. Rz. 520.
[343] VersR 1979, 676 = MittBayNot 1979, 85.
[344] Keidel/Kuntze/Winkler, § 12 Rz. 16.
[345] So OLG Hamm, VersR 1978, 829.
[346] Vgl. das für den Notar günstige Haftpflichturteil des BGH, DNotZ 1981, 773 (Nr. 106).
[347] So OLG Oldenburg, U. v. 22. 4. 1983 – 6 U 176/82.

beurkundet hatte, vor der Auszahlung vom Notaranderkonto nachträglich darüber zu vergewissern, ob die Voraussetzungen nach dem Vertrag und der Hinterlegungsvereinbarung eingetreten sind. Besteht allerdings für den Notar kein Anlaß mehr, nach der Beurkundung für die Beteiligten tätig zu werden, so kann folgend der Reichsgerichts-Rechtsprechung[348] nicht von ihm erwartet werden, daß er von sich aus darauf hinweist, daß die Einsicht, auf die die Beteiligten keinen Wert gelegt hatten, noch nachgeholt werden könne.

h) Belehrung aus Betreuungsverpflichtung

Die über die regelmäßige Belehrungspflicht aus Urkundstätigkeit (s. Rz. 465 ff.) **533** hinausgehende **erweiterte Belehrungspflicht aus Betreuungsverpflichtung** wurde schon in der Darstellung der Grundsätze genannt (s. Rz. 412). Sie basiert auf der Vertrauensstellung des Notars als unabhängiger und unparteiischer Betreuer der Beteiligten im Sinne der §§ 1 u. 14 BNotO und bezieht sich somit nur auf die Urkundstätigkeit. Es gelten aber auch die Grundsätze des § 17 BeurkG mit der besonderen Pflicht, darauf zu achten, daß „unerfahrene und ungewandte Beteiligte nicht benachteiligt werden". In diesem Wirkungsbereich erfüllt sich die dem Notar übertragene soziale Funktion.

Die Betreuungspflicht setzt erst bei **Vorliegen besonderer Umstände** ein, **534** wenn nämlich der Notar Anlaß zu der Vermutung haben muß, einem Beteiligten drohe ein Schaden, weil er sich wegen mangelnder Kenntnis der Rechtslage der Gefahr nicht bewußt ist[352]. Da sie sich somit auch auf wirtschaftliche Gefahren erstreckt, die sich aus der Gestaltung des Rechtsgeschäfts, an dem der Notar mitwirkt, ergeben, steht sie oft in Konflikt mit den ebenfalls zu beachtenden Pflichten zur Unparteilichkeit (s. Rz. 419 ff.) und Verschwiegenheit (s. Rz. 434 ff.). Die Betreuungspflicht darf in Wahrung der Vertragsfreiheit demnach nicht so weit gehen, daß gegen die erkennbaren Interessen, den Geschäftswillen eines Beteiligten, mit unaufgeforderten Ratschlägen verstoßen wird. Es handelt sich um die bereits dargestellten Stufen von der hinweisenden Belehrung, zur Warnung und darüber hinaus zur Beratung (Rz. 422–428). Eine Warnung und aufgedrängte Beratung könnte nur dann als eine Verpflichtung angesehen werden, wenn ein anderes Verhalten die Vertrauensstellung des Notars erschüttern und die Beteiligten offensichtlich schädigen würde (s. die dritte Kategorie der Belehrungspflicht, Rz. 580 ff.).

Die vor allem vom III. und VI. BGH-Senat[353] immer wieder gebrachte Anfor- **535** derung, der Notar dürfe die Belehrung nur dann unterlassen, wenn sich für ihn mit Sicherheit ergebe, daß der Beteiligte die Gefahr voll erkannt hat, steht nicht im Einklang mit den Voraussetzungen und Grenzen der nur unter besonderen Umständen eintretenden Belehrungspflicht. Diese Sicherheit könnte letztlich nur gewonnen werden, wenn der Notar in jedem Fall die wirtschaftlichen Gründe und Intentionen für das Geschäft erforschen und jeden Beteiligten, gleich welcher Ausbildung, welchen Berufs, als einfältig und unerfahren einschätzen würde. Die Ausnahme würde zur Regel, und bei Eintritt eines Risikos stände bei der für den Notar meist ungünstigen Beweissituation zugleich fest, daß er sich eben nicht die erforderliche Sicherheit verschafft hat. Eine solche Anforderung würde weiterhin die in Haftpflichtprozessen anzutreffende Mentalität der Anspruchsteller verstärken, die ein Prozeßbevollmächtigter wie folgt beschrieb: „Aus der Bekundung des Klägers ergab sich eine gewisse einfältige Gläubigkeit an die Allwissenheit eines

---

[348] DNotZ 1933, 172 u. 503.
[352] So zuletzt BGH DNotZ 1987, 157 (Nr. 137) u. WM 1988, 722 (Nr. 145); s. auch BGH MDR 1968, 1002/1003 u. die Rspr. in Fn. II, 20.
[353] S. zur Belehrungsbedürftigkeit Rz. 448 ff.

Notars". Demgegenüber ist anzuführen, daß schon nach dem Bericht des Rechtsausschusses[354] zu den Belehrungsgrundsätzen nach § 17 BeurkG eine Erweiterung auf die wirtschaftliche Seite abgelehnt wurde. Damit sollte u. a. vermieden werden, daß der Notar einer sachlich nicht gerechtfertigten Haftpflichtgefahr ausgesetzt wird.

536 Zu den Voraussetzungen für die Belehrungspflicht aus Betreuung werden nachfolgend Beispiele aus der Rechtsprechung aufgeführt. Für den Notar muß zunächst die **Vermutung naheliegen,** daß ein Beteiligter ein von ihm nicht erkanntes Risiko eingeht. Diese Vermutung müßte in der Regel aufkommen, wenn ein geschäftsungewandter und anderweitig unberatener Beteiligter höhere Vorleistungen ohne Sicherheiten erbringt. Das gilt vor allem bei Grundstücksgeschäften. So ist zu belehren, wenn der Verkäufer noch nicht im Grundbuch eingetragen ist[355] oder Kaufpreisvorauszahlungen vor Umschreibung des Eigentums auf den Käufer[356] oder vor Eintragung einer rangrichtigen Auflassungsvormerkung[357] erfolgen. Bei einer Verpflichtung des Verkäufers, das Grundstück lastenfrei zu übertragen, ist der Käufer darauf aufmerksam zu machen, daß Vorleistungen vor Löschung der Belastungen gefährlich sind[358].

537 Auch der **Grundstücksverkäufer** ist unter Umständen bei Vorleistungen zu betreuen. Soll ein Teil des Kaufpreises erst nach Eigentumsübergang fällig werden, so kann die Hinweispflicht bestehen, eine Unterwerfungsklausel unter die sofortige Zwangsvollstreckung in die Urkunde aufzunehmen[359]. Ist der auf Anderkonto hinterlegte Kaufpreis zurückzuzahlen, wenn der Käufer von dem eingeräumten Rücktrittsrecht Gebrauch macht, so hat der Notar daran zu denken, daß im Vertrag die Rückzahlung von der Bewilligung der Löschung der vereinbarten Auflassungsvormerkung abhängig gemacht wird[360]. Bei Eintragung einer Auflassungsvormerkung vor Sicherstellung des Kaufpreises ist dann eine Risikobelehrung des Verkäufers empfehlenswert, wenn Anlaß zur Vermutung besteht, daß der Käufer seinen Pflichten nicht nachkommt[361]. Leistet der Käufer keine Sicherheit, so kann dem Verkäufer grundsätzlich nicht die Bewilligung einer Auflassungsvormerkung angesonnen werden[362].

538 Aber selbst bei ungesicherten Kaufpreisvorauszahlungen oder Vorleistungen des Verkäufers darf von einer Belehrung abgesehen werden, wenn der Käufer bzw. Verkäufer die damit verbundene wirtschaftliche Gefahr offensichtlich kennt[363].

---

[354] S. bei Haegele, BeurkG, S. 91.

[355] RG DNotV 1929, 248; 1932, 127; DNotZ 1933, 796; vgl. BGH VersR 1965, 611 (Nr. 55), das Urteil überzeugt nicht, weil der Käufer über die Auflassungsvormerkung zugunsten der Ehefrau des Verkäufers belehrt war.

[356] RG DNotZ 1933, 665; 1936, 154; JW 1922, 805; BGH DNotZ 1954, 319 (Nr. 4): Bei geschäftsungewandten Personen genügt Hinweis, daß das Eigentum erst mit der Umschreibung übergeht nicht; BGH VersR 1959, 743 (Nr. 26); VersR 1961, 349/452 (Nr. 39); OLG Hamm, MittBayNot 1971, 99.

[357] RG JW 1928, 1862 = DNotV 1928, 623; DNotZ 1933, 796 = JW 1933, 1055; BGH DNotZ 1969, 173 (Nr. 64); WM 1988, 1752 (Nr. 152); vgl. Ganter, Die Belehrungspflicht des Notars über die Erforderlichkeit einer Auflassungsvormerkung, NJW 1986, 1017.

[358] RG DNotZ 1936, 194; BGH DNotZ 1954, 319 (Nr. 4); 1967, 446 (Nr. 61); 1969, 173 (Nr. 65); 1976, 629 (Nr. 88) u. U. v. 21. 3. 1989 (Nr. 154).

[359] So OLG Düsseldorf in einem besonders gelagerten Fall: VersR 1977, 1108 = MittBayNot 1977, 250.

[360] BGH WM 1988, 337 (Nr. 143).

[361] LG Lüneburg, DNotZ 1986, 247 (im entschiedenen Fall bestand kein Anlaß für eine solche Vermutung); vgl. weiter RG DNotV 1929, 670; JW 1934, 2865; Greiner, Zur Erfüllung eines Grundstückskaufvertrags, BWNotZ 1969, 241; Burkhardt, Auflassungsvormerkung eine ungesicherte Vorleistung?, BWNotZ 1985, 1986; B. macht Lösungsvorschläge. Die treuhänderische Übergabe einer Löschungsbewilligung an den Notar kann ebenfalls ein Mittel sein.

[362] So OLG Schleswig, NJW 1972, 2001 u. 1973, 334 = DNotZ 1973, 438; Wenzel, NJW 1973, 307; Haug, DNotZ 1973, 441; abl. Arndt, NJW 1972, 1980; differenzierend Ganter, NJW 1986, 1017.

[363] RG DNotZ 1940, 81; OLG Schleswig, VersR 1972, 179; vgl. KG DNotZ 1987, 55.

Anderenfalls besteht für den Notar die Gefahr der Verletzung seiner Neutralitätspflicht[364]. Diese Ansicht vertrat das OLG Bremen[365] zu Frage, ob der Notar von sich aus die Zahlung einer Nutzungsentschädigung hätte vorschlagen müssen, weil dem Käufer das Grundstück schon vor dem Termin für die Kaufpreiszahlung übergeben wurde.

Der Notar hat auf § 32 a GmbHG i. V. m. § 32 a KO dann hinzuweisen, wenn **539** er Anhaltspunkte dafür hat, daß die Sicherheiten, die der Gesellschafter für ein der GmbH gewährtes Darlehen erhalten soll, im Konkursfall nicht in Anspruch genommen werden können. Zur Frage der Belehrungspflicht über die Gefahr der persönlichen Haftung der Gesellschafter bei Geschäftsbeginn vor der Eintragung der GmbH im Handelsregister sind die Ausführungen im BGH-Urteil vom 29. 10. 1953[366] richtungsweisend. Der Senat wägt sorgfältig die Eintrittsvoraussetzungen für die erweiterte Belehrungspflicht ab. Diese bestehen nach den Entscheidungsgründen nicht schon dann, „wenn eine Frage, dem Notar erkennbar, für die Beteiligten von besonderer Bedeutung ist. Sie setzt vielmehr voraus, daß besondere Umstände vermuten lassen, einem Beteiligten drohe ein Schaden und der Beteiligte sei sich dessen namentlich wegen mangelnder Kenntnis der Rechtslage nicht oder nicht voll bewußt". Das Fehlen dieser Voraussetzung sah der BGH darin, daß die Beteiligten zum Kreis der Gebildeten gehörten und der Notar erwarten konnte, daß sie sich mit der Rechtslage im gebotenen Maße vertraut gemacht hatten. Es folgt der Hinweis, daß es, wie der Notar sich sagen durfte, Sache der Beteiligten gewesen wäre, ihn um weitere Aufklärung zu bitten, wenn sie die Bedeutung der Auskunft, die Gesellschaft könne erst nach Zahlung der Kapitalertragssteuer in das Handelsregister eingetragen werden, nicht erfaßt hätten. „Unterließen sie dies, so bestärkten sie in ihm (dem Notar) nur den Eindruck, daß sie nicht belehrungsbedürftig seien." Dem weiteren BGH-Urteil vom 19. 11. 1956[367] über die Belehrungspflicht nach §§ 11 Abs. 2, 13 GmbHG ist nur im Ergebnis zuzustimmen, da der Notar trotz Erinnerungen die Eintragung im Handelsregister schuldhaft verzögert hatte. Ein nicht seltener Fall der Verknüpfung von Belehrungspflichten mit der Vollzugstätigkeit.

Keine Vermutung, daß eine Vorausleistung risikoreich ist, mußte entgegen **546** BGH[368] der Notar haben, als der von seinem Großvater vertretene minderjährige Käufer von seinem Onkel gegen Barzahlung ein kleines Grundstück kaufte. Ebenso hatte der Notar – diesmal mit BGH[369] – nicht damit zu rechnen, daß der Pächter eines Transportunternehmens die Notwendigkeit einer eigenen Güterfernverkehrskonzession nicht erkannte. Auch bei einer Bürgschaftsübernahme muß der Notar nicht vermuten, daß der nicht gänzlich unerfahrene Bürge die Gefahr einer Inanspruchnahme aus der Bürgschaft verkenne. Es würden die

„Anforderungen an einen Notar überspannt, wollte man ... davon ausgehen, er sei zu Hinweisen und Warnungen gegenüber dem Bürgen bereits dann verpflichtet, wenn er sich nicht ganz sicher darüber ist, ob der Bürge die mit seinem Entschluß zur Übernahme der Bürgschaft verbundenen wirtschaftlichen Risiken in ihrer vollen Tragweite erkannt hat und nach umfassender Kenntnis und Unterrichtung bereit ist, sich für den oder die Schuldner zu verbürgen"[370].

Weiterhin kann der Notar gemäß dem BGH-Urteil vom 3. 11. 1955[371] grundsätzlich davon ausgehen, daß der von den Beteiligten zur Durchführung des

---

[364] BGH DNotZ 1987, 157 (Nr. 137); WM 1988, 722 (Nr. 147).
[365] U. v. 6. 12. 1988 – 1 U 123/88 (c).
[366] DNotZ 1954, 329 (Nr. 3).
[367] MDR 1957, 605 (Nr. 14).
[368] DNotZ 1954, 319 (Nr. 4).
[369] VersR 1960, 33 (Nr. 29).
[370] BGH WM 1975, 926/927 (Nr. 86).
[371] DNotZ 1956, 204/206 (Nr. 7).

Rechtsgeschäfts bestellte Treuhänder nicht untreu sein wird. Derselbe Grundsatz gilt mit OLG Celle[372] zur Frage, ob der Notar davon ausgehen kann, daß der Vertreter im Sinne des Vertretenen handelt[373].

547 Zur betreuenden Belehrungspflicht über vermutbare **drohende wirtschaftliche Gefahren** wird auf folgende Haftpflichtbeispiele aufmerksam gemacht. Die wirtschaftliche Gefahr muß grundsäzlich aus der rechtlichen Anlage des Vertragswerks oder der vorgesehenen Art der Durchführung erwachsen, denn im allgemeinen darf nach ständiger Rechtsprechung dem Notar nicht die Rolle eines Wirtschaftsberaters[374] zugewiesen werden. Der BGH drückt dies im Urteil vom 25. 6. 1959[375] wie folgt aus;

> „Der Notar braucht z. B. nicht seine Ansicht über die Angemessenheit oder Unangemessenheit des vereinbarten Kaufpreises für ein Grundstück oder allgemein über den wirtschaftlichen Nutzen eines Geschäfts für die eine oder die andere Partei darzulegen... Er ist auch nicht verpflichtet, eine Partei vor den nach seiner Ansicht wirtschaftlich ungünstigen Folgen des Rechtsgeschäfts zu warnen und dadurch den evtl. beabsichtigten Vertragsabschluß zum Scheitern zu bringen. Der Notar hat auch nicht die Amtspflicht, die Zuverlässigkeit und Zahlungsfähigkeit einer Partei zur Debatte zu stellen und etwa von sich aus in Zweifel zu ziehen, selbst wenn er aus irgendwelchen ihm dienstlich oder außerdienstlich bekannten Umständen zu Zweifeln Anlaß hätte"[376].

548 Die Betreuungspflicht bei **ungesicherten Vorausleistungen** (s. schon Rz. 536) hat so auch regelmäßig ihre Grundlage in der Vertragsgestaltung. Weiß der Notar z. B., daß der vorgesehene Kredit schon vor der vormundschaftlichen Genehmigung der Sicherheit gegeben werden soll, so hat er darauf hinzuweisen, wenn es dem Kreditgeber offenbar auf die Sicherung ankommt[377]. Soll in Anrechnung auf den Grundstückskaufpreis auf dem den Verkäufern verbliebenen Restgrundstück diesen ein Wohnhaus erstellt werden, so hat der mit der Abwicklung beauftragte Notar darauf hinzuwirken, daß die zur Sicherung vorgesehene Bankbürgschaft rechtzeitig hinterlegt wird[378]. Gestattet der Verkäufer die Belastung seines Grundstücks vor der Umschreibung, so hat der Notar nach dem BGH-Urteil vom 21. 3. 1989 (IX ZR 155/88, Nr. 154) darauf hinzuwirken, daß die Gegenleistung sicher gestellt wird.

549 Gibt aber die Verkäuferin eines Grundstücks später durch privatrechtliche Erklärung eine zunächst gesicherte Rechtsposition auf, so gehört es nicht zu den Amtspflichten des Notars, sie davon abzuhalten. Auch über das Risiko einer schon vor der Einschaltung des Notars erbrachten Vorleistung muß diese nicht belehren. Sollen dann aber im zu beurkundenden Vertrag erneut unsichere Leistungen erbracht werden, so kommt bei Vorliegen der weiteren Voraussetzungen – naheliegende Gefährdung, Belehrungsbedürftigkeit – die Betreuungspflicht zum Zuge[379].

550 Über die wirtschaftliche Gefahr, daß ein Hausbau steckenbleibt **(Bauruine)**, muß der Notar jedenfalls dann nicht belehren, wenn die Kaufpreisratenzahlung vertragsgemäß nach Baufortschritt entsprechend der Makler- und Bauträger-VO (BGBl. 1975, I, 1351) vorzunehmen ist[380]. Über Risiken für den Fall des Scheiterns

---

[372] DNotZ 1973, 503.
[373] Vgl. die Kritik am BGH-Urteil, DNotZ 1971, 591 (Nr. 74) in Rz. 18.
[374] BGH DNotZ 1967, 446 (Nr. 61), 1976, 629 (Nr. 88) u. die Rspr. bei Haug, DNotZ 1972, 415 u. 465; viel weiter geht der Pflichtenkreis des Anwalts, s. Borgmann/Haug, § 16 u. § 20.
[375] VersR 1959, 743 (Nr. 26)
[376] Der Aussage im letzten Halbsatz kann nicht in dieser Allgemeinheit gefolgt werden (vgl. Rz. 429 f., 441).
[377] BGH VersR 1958, 124 (Nr. 19).
[378] OLG Oldenburg, U. v. 2. 7. 1975 – 2 U 227/74.
[379] OLG Frankfurt, VersR 1978, 570.
[380] Es kommt nicht darauf an, daß die Verordnung direkt zur Anwendung kommt: BGH DNotZ 1978, 373 (Nr. 93); vgl. OLG Düsseldorf, DNotZ 1978, 174 = VersR 1978, 60; Haug, DNotZ 1972, 418.

und der Rückabwicklung des Vertrags hätte der Notar nur dann eine Belehrungspflicht, wenn er eigens befragt wird oder an der Rückabwicklung mitwirken soll (vgl. Rz. 552). Seine Belehrungspflicht richtet sich auf die Vertragsgestaltung zur Verwirklichung des von den Beteiligten gewollten Erfolges und nicht auf ein Scheitern[381].

Voraussetzung für eine betreuende Belehrungspflicht ist weiterhin, daß der Beteiligte sich wegen **mangelnder Kenntnis der Rechtslage** nicht der Gefahr bewußt wird[382]. Es muß sich also um für Laien nicht ohne weiteres erkennbare Rechtsfolgen handeln, deren Nachteile bei Kenntnis nicht hingenommen worden wären. Soweit sie zur unmittelbaren rechtlichen Tragweite gehören sollten, würde schon die regelmäßige Pflicht zu Belehrung aus Urkundstätigkeit bestehen (Rz. 465). Eine Belehrung aus Betreuungspflicht ist z. B. vorzunehmen, wenn der Notar die Umwandlung einer GmbH, die persönlich haftende Gesellschafterin einer KG ist, beurkundet. Er hat dann den Gesellschafter, der das Vermögen der GmbH übernimmt, darüber zu belehren, daß er ab Eintragung des Umwandlungsbeschlusses im Handelsregister persönlich für sämtliche Verbindlichkeiten der GmbH einzustehen hat[383]. Eine für Nichtjuristen ebenfalls versteckte Gefahr kann darin liegen, daß durch Verzögerungen der Eintragung des Ausscheidens eines Kommanditisten im Handelsregister dessen Haftung für neue Schulden der Gesellschaft weiterbesteht. Sind dem Notar solche Hindernisse für die Eintragung – z. B. Fehlen eines Erbscheins – bekannt, so hat er den Kommanditisten auf die Möglichkeit hinzuweisen, durch Anzeige seines Ausscheidens an die Gläubiger der KG die Haftung auszuschließen[384]. 551

Juristischen Laien ist in der Regel unbekannt, daß die **Aufhebung eines Kaufvertrags** als Rücktritt das Verlangen von Schadenersatz wegen Nichterfüllung ausschließt. Hat der Notar Anhaltspunkte dafür, daß der unberatenen Vertragspartei wegen Verzugs der Gegenpartei Schadensersatzansprüche zustehen könnten, so hat er aus Betreuungsverpflichtung über die unmittelbare rechtliche Tragweite der Aufhebung hinaus auf den damit verbundenen Ausschluß von Schadenersatz hinzuweisen[385]. Weiterhin darf der Notar bei Beurkundung eines Aufhebungsvertrags mit der Bestimmung, daß die Auflassungsvormerkung erst bei vollständiger Rückzahlung des Kaufpreises gelöscht werden soll, nicht übersehen, daß die akzessorische Vormerkung mit der Aufhebung schon erlischt[386]. Tritt ein Vertreter ohne Vollmacht auf, so ist er im Hinblick auf die Haftung nach § 179 Abs. 1 BGB zu befragen, ob er als „vollmachtloser Vertreter" auftritt oder eine bestehende Vollmacht nachträglich vorlegen wird[387]. 552

Eine von den Beteiligten gewünschte **außergewöhnliche Vertragsgestaltung** kann u. U. zur Vermutung Anlaß geben, daß eine Partei unredlich benachteiligt wird[388]. So in einem vom OLG Köln[389] entschiedenen Haftpflichtfall. Es wurde ein Grundstück verkauft und ein bereits vom Verkäufer mit einem Dritten 553

---

[381] OLG Hamm, U. v. 22. 9. 1983 – 28 U 19/83; vgl. Haug, DNotZ 1978, 520 f.
[382] S. dazu ergänzend die Ausführungen zur Belehrungsbedürftigkeit, Rz. 454 ff.
[383] OLG Karlsruhe, VersR 1982, 157, ein Urteil gegen das Land Baden-Württemberg, das für einen badischen Notar haftete (Revision wurde nicht angenommen).
[384] So OLG Hamm, MDR 1982, 317 = VersR 1982, 780; vgl. Rz. 651.
[385] OLG Bremen, DNotZ 1985, 769; Rinsche unterstellt in seiner abl. Anm. (a. a. O., S. 772), daß der Notar klar genug über die unmittelbare rechtliche Tragweite belehrt habe und nicht zu erkennen gewesen wäre, daß die Verkäuferin evtl. Schadenersatz verlangen wollte. Da der Rücktritt in solchen Fällen meist ungünstiger als Schadenersatz ist (Palandt/Heinrichs, § 325 Anm. 3 c u. 5 b) und selbst Anwälte das „Entweder/Oder" der §§ 325 f. BGB immer wieder verkennen, besteht für den Notar gegenüber einem Laien meist die Pflicht, den wahren Willen aufzuklären.
[386] BGH NJW 1981, 447/448; B. d. BayObLG v. 15. 7. 1988 – 2 Z 59/88.
[387] Vgl. OLG Celle, DNotZ 1977, 33; OLG Karlsruhe, BWNotZ 1987, 19; Haug, DNotZ 1978, 517.
[388] Vgl. Rz. 440.
[389] U. v. 18. 9. 1980 – 7 U 21/78.

abgeschlossener Baubetreuungsvertrag abgetreten. Der Grundstückskaufpreis war weit überhöht, der Werklohnpreis aus dem Baubetreuungsvertrag war dagegen für den Käufer außerordentlich günstig und nach Baufortschritt zu zahlen. Die Gesamtaufwendungen schienen wirtschaftlich angemessen. Das teuer erworbene Grundstück wurde aber nicht von dem illiquiden Dritten bebaut. Der Senat war der Auffassung, der Notar hätte über die Risiken dieser Vertragsaufspaltung belehren müssen.

554 Eine **Gesetzesfalle** stellt der Rangrücktritt des Eigentümers mit seiner Erbbauzinslast hinter eine Finanzierungsgrundschuld dar, weil er im Falle der Zwangsversteigerung des Erbbaurechts bis zum Ablauf keinen Erbbauzins erhält. Hier hat der Notar zu belehren, wenn auch nicht bei eindeutigem Geschäftszweck abzuraten[390]. Nicht überzeugend ist in diesem Zusammenhang das BGH-Urteil vom 11. 2. 1988[391], wenn man es so verstehen sollte, daß eine allgemeine gesetzliche Regelung in seiner „Neutralität" grundsätzlich keinen Anlaß für Belehrungen gebe. Bei der im entschiedenen Fall vorgenommenen Vertragsgestaltung – Restkaufpreisstundung mit Sicherung durch eine nachrangige Grundschuld ohne Abtretung der Rückgewähransprüche des Käufers aus der erstrangigen Kaufpreisfinanzierungsgrundschuld – lag aufgrund der wenig gesicherten Vorleistung des Verkäufers eine diesem verborgene Benachteiligung nicht fern. Geimer führt so auch im Fazit seiner an sich zustimmenden Urteilsanmerkung[392] aus, daß die sehr feinen Differenzierungen zwar hochinteressant, aber für die tägliche Praxis schwer abgrenzbar seien.

555 Der vorgenannte BGH-Fall bestätigt, wie sehr es gerade bei den Betreuungspflichten auf viele Umstände objektiver und subjektiver Art ankommt. In einer Parallelsache verurteilte das OLG Frankfurt[393] den Notar, weil er dem erst an dritter Rangstelle gesicherten Darlehensgeber nicht riet, sich die Rückgewähransprüche des Schuldners abtreten zu lassen. In der Zwangsversteigerung fiel er aus, während eine spätere Gläubigerin durch Pfändung der Rückgewähransprüche Befriedigung erlangte[394]. Der Notar hatte bei der Beurkundung davon Kenntnis, daß der – private – Darlehnsgeber eine bestmögliche Sicherheit wünschte[395].

556 Handelt es sich um **wirtschaftliche Gefahren**, so genügt bei nicht weiterer Befragung ein ausreichender Hinweis auf die Rechtslage, aus der sich das Risiko ergibt[396]. Wie schon zur Belehrungsbedürftigkeit (Rz. 448 ff.) teilweise ausgeführt wurde, kommt es für das Aufkommen einer Vermutung weiter darauf an, ob der Beteiligte die konkreten Rechtskenntnisse nicht ohnehin haben mußte, z. B. der Pächter eines Speditionsunternehmens über die Notwendigkeit einer eigenen Güterfernverkehrskonzession[397], der Zedent von Geschäftsanteilen einer GmbH die Bedeutung der Fälligkeit des Kaufpreises[398], ein Oberkreisdirektor die Gefahr von nutzlosen Aufwendungen vor Ablauf der Frist für die Ausübung eines ihm bekannten Vorkaufsrechts[399], die Käuferin das sich aus der Vertragsgestaltung

---

[390] Winkler, DNotZ 1976, 126; Langenfeld, NJW 1988, 1133; vgl. Rz. 157.
[391] DNotZ 1989, 45 (Nr. 147).
[392] EWiR, § 17 BeurkG, 1/88, S. 539; promt fordert der BGH im U. v. 21. 3. 1989 (Nr. 154) wieder eine gestalterische Beratung, obwohl eine Risikobelehrung hätte ausreichen müssen.
[393] U. v. 22. 8. 1984 – 9 U 124/83.
[394] Zur Rechtslage BGH NJW 1975, 980.
[395] Reithmann hält eine Belehrung bei Grundschuldbestellungen für inländische Kreditinstitute zu Recht für entbehrlich (s. „Grundpfandrechte heute", DNotZ 1982, 89 u. in Reithmann/Röll/Geßele, Rz. 496 f.).
[396] Z. B. auf die Haftung des Erwerbers einer Eigentumswohnung für Nachforderungen aus Abrechnungen früherer Jahre, BGH MittBayNot 1988, 178, vgl. DNotZ 1987, 157 (Nr. 137); vgl. BGH MDR 1968, 1002 (Nr. 64).
[397] BGH VersR 1960, 33 (Nr. 29).
[398] KG DNotZ 1987, 55.
[399] BGH DNotZ 1982, 504 (Nr. 109).

ergebende Risiko einer Vorleistung, wenn sie selbst wirtschaftlich erfahren und von einem Wirtschaftsberater betreut ist[400] und ein Rechtsanwalt als Käufer die Bindung an den Grundstückskaufvertrag, wenn die künftige Bebaubarkeit nicht zur Geschäftsgrundlage gemacht wird (Spekulationsgeschäft)[401].

Unabhängig von der stets auf den konkreten Fall abzustellenden Frage, ob einer betreuenden Belehrungspflicht nachzukommen ist, wird in der Notariatspraxis bei bestimmten Vertragstypen ein **allgemeiner Regelungsbedarf** als zweckmäßig angesehen. Es wird nicht von Belehrungspflichten oder einer Belehrungsbedürftigkeit ausgegangen, sondern von dem Grundsatz der notariellen „Gestaltung ausgeglichener und interessengerechter Rechtsgeschäfte"[402]. Dafür gibt es Erfahrungen und die darauf aufbauenden Formularbücher. Ist in einem Vertrag eine Regelung nicht getroffen, die als üblich anzusehen ist, so wird im Haftpflichtfall zunächst zu prüfen sein, ob dies dem Geschäftswillen entsprach. Sind dazu keine Feststellungen zu treffen, so liegt es grundsätzlich nicht fern, daß etwas vergessen wurde: entweder die ausgeglichene Gestaltung oder die Belehrung. 557

Ein Beispiel sind die **Erschließungskosten**. Es entspricht inzwischen der herrschenden Meinung[403], daß zur Streitverminderung bei Aufbauverträgen die Übernahme der Erschließungskosten zu regeln ist. Es wird praktisch nicht mehr die Belehrungsfrage geprüft[404]. Ähnlich zu sehen ist die im Urteil vom 29.10. 1987[405] vom BGH ausgesprochene Verpflichtung des Notars, auf eine ausgewogene Vertragsrücktrittsgestaltung hinzuwirken. Soll bei dem vorbehaltenen Rücktritt des Käufers der auf Anderkonto hinterlegte Kaufpreis zurückgezahlt werden, so ist zur gegenseitigen Sicherstellung vorzusehen, daß die Rückzahlung erst bei Vorliegen der Löschungsbewilligung für die Auflassungsvormerkung erfolgen darf. Verpflichtet sich der Grundstückskäufer – so entschieden vom OLG Oldenburg[406] in einer anderen Haftpflichtsache – zur Abgeltung des Kaufpreises ein Haus zu errichten und gibt er zur Sicherung des Verkäufers eine Bankbürgschaft, so ist im Vertrag dafür zu sorgen, daß eine Abhängigkeit zwischen der Bürgschaftshinterlegung und der Auflassung hergestellt wird. 558

Über **Steuerfragen** trifft den Notar grundsätzlich **keine Belehrungspflicht**. Diese Auffassung wird von der Rechtsprechung[407] einhellig und in der Literatur[408] fast ausnahmslos vertreten. Hier liegt zugrunde, daß die Steuerpflicht im allgemeinen keine wirtschaftliche Gefahr oder „Schädigung" darstellt, sondern eine nach der Steuergesetzgebung auferlegte Last, die nicht mit notariellen Belehrungspflichten zum Gegenstand von Spekulationen gemacht werden soll[409]. Die steuer- 559

---

[400] BGH VersR 1958, 47 (Nr. 16).
[401] OLG München, U. v. 29.1. 1987 – 1 U 5625/86.
[402] Brambring/Schippel, Vertragsmuster des Notars und Allgemeine Geschäftsbedingungen, NJW 1979, 1802/1806 u. AGB-Gesetz u. notariell beurkundete Formularverträge, DNotZ 1977, 131; vgl. Reithmann/Röll/Geßele, Rz. 20 ff.
[403] Reithmann/Röll/Geßele, Rz. 29; Becker, BWNotZ 1979, 61; Matloch, MittBayNot 1979, 104; Tanz, BWNotZ 1984, 144; Dickhuth-Harrach, MittRhNotK, 1986, 241; Mayer, Zur Haftung des Notars wegen Verletzung von Prüf- und Belehrungspflichten bei öffentlichen Lasten nach BauGB und dem KAG-NW, VersR 1989, 14; OLG Köln, BB 1978, 2409 = MittRhNotK 1979, 15.
[404] So noch Mecke, § 21 Rz. 7; OLG Schleswig, U. v. 12.7. 1985 – 11 U 281/83.
[405] BGH WM 1988, 337 (Nr. 143).
[406] U. v. 2.7. 1975 – 2 U 227/74.
[407] BGH VersR 1971, 740 (Nr. 75); DNotZ 1979, 228 (Nr. 96), 1980, 563 (Nr. 100); WM 1981, 942 (Nr. 105), 1983, 123 (Nr. 117); DNotZ 1985, 635 (Nr. 129); OLG München, DNotZ 1973, 181. Zur damit übereinstimmenden Rspr. des Reichsgerichts s. Knur, DNotZ 1966, 711.
[408] Knur, DNotZ 1966, 707; Haug, DNotZ 1972, 478; die in der Haftpflichtecke, DNotZ 1978, 585 angegebene Literatur sowie Boruttau/Egly/Sigloch, Grunderwerbsteuer, 12. Aufl., § 18 Rz. 23; Rohs, S. 260; Arndt, S. 306; Huhn/v. Schuckmann, § 18 Rz. 169 f.; Spiegelberger, DNotZ 1988, 210 f.
[409] Weber, DNotZ 1955, 628; Knur, DNotZ 1966, 711; Röll, Grundstückskauf und Einkommensteuer, DNotZ 1963, 108. Der Notar muß deshalb auch nicht von sich aus auf Änderungen der Steuergesetze (GrEStG) hinweisen: LG Aachen, VersR 1989, 50.

lichen Vorstellungen, die die Parteien bei Vertragsabschluß hegen, gehören deshalb grundsätzlich nicht zur Geschäftsgrundlage[410]. Kapp versuchte zwar in drei Aufsätzen, dem Notar eine Belehrungspflicht nach den Grundsätzen der Betreuungsverpflichtung aufzuerlegen, kann aber damit nach wie vor nicht überzeugen[411]. Abgesehen davon, daß es aus den angeführten Gründen nicht die Aufgabe des Notars ist, die Willensbildung der Beteiligten aus steuerrechtlichen Erwägungen heraus zu beeinflussen, kann bei der Kompliziertheit unseres Steuerrechts vom Notar nicht allgemein verlangt werden, daß er es beherrscht[412]. Dies wäre aber *eine* Voraussetzung für die Anforderung von Kapp, der Rechtsanwalt und Steuerberater ist.

560 Ist ein **Anwaltsnotar zugleich Fachanwalt für Steuerrecht** oder Steuerberater, so kann für die Notarpflichten nichts anderes gelten[413]. Diese Pflichten haben einheitlich nach den besonderen Grundsätzen der Amtstätigkeit zu gelten. Die jeweilige Fachausbildung des Anwalts darf nicht das eigenständige Berufsbild des Notars bestimmen; eine solche Differenzierung würde sich im Grunde schädlich für die Ausübung beider Berufe auswirken. Das schließt, wie die unten dargestellten Ausnahmen von dem Grundsatz zeigen, nicht aus, daß der Notar unter besonderen Umständen auf das Steuerrecht hinweisen muß und im übrigen auch beraten kann. Kann er dies auch fachlich zutreffend, so ist dies zwar eine überobligatorische, aber wertvolle Leistung. Nicht zu verwechseln ist die grundsätzliche Befreiung des Notars von einer Steuerberatung mit der ihm obliegenden Betreuungspflicht, nach der er z. B. auf die Haftung für Steuerschulden des früheren Betriebsinhabers hinzuweisen hat (s. Rz. 476).

561 Aus dem genannten Grundsatz folgt, daß der Notar auch **keine Nachforschungspflicht** in bezug auf steuerrechtliche Tatbestände hat. So entschied der BGH[414], daß der Notar, wenn er einen Antrag auf Befreiung von Grunderwerbsteuer protokolliert, nicht verpflichtet ist, die tatsächlichen und rechtlichen Voraussetzungen für einen Antrag zu prüfen oder in dieser Hinsicht Ermittlungen bei der Grundbucheinsicht anzustellen[415]. Der BGH vertritt im Urteil vom 5. 2. 1985[416] zur Versteuerung eines Spekulationsgewinns die Auffassung, daß der Notar keine Tatsachen ermitteln muß, die für das eventuelle Eingreifen von Steuertatbeständen von Bedeutung sein können. Der weitere Hinweis, eine solche Ermittlungstätigkeit könnte auch mit dem Neutralitätsgebot nicht vereinbar sein, ist je nach Lage des Falles nicht von der Hand zu weisen. Der BGH setzt sich im Urteil vom 10. 11. 1988[417] über diese Grundsätze hinweg, indem er auf dem Umweg über die Personalüberwachung wieder eine Prüfungspflicht bezüglich des Ablaufs der Zweijahresfrist zur Vermeidung der Spekulationssteuer einführt. Ohne weitere Prüfung der Frage der Neutralitätspflicht soll er den Ankaufsvertrag des Verkäufers in bezug auf das Datum des Vertragsabschlusses überprüfen, obwohl dessen Ermittlung für den Beurkundungsakt entbehrlich war.

562 An weiteren **Haftpflichturteilen** zum Grundsatz, daß der Notar nicht zur Steuerberatung verpflichtet ist, werden angeführt: OLG Braunschweig[418] mit der

---

[410] OLG Hamburg, MDR 1955, 226.
[411] DB 1971, 1394; 1974, 113 u. 1980, 1815.
[412] Rohs, S. 260; Huhn/v. Schuckmann, § 17 Rz. 170 m. w. Nachw.
[413] Haftpflichtecke DNotZ 1978, 586; Hummel, DNotZ 1982, 195; OLG Stuttgart, Der Steuerberater, 1984, 357; OLG Karlsruhe, U. v. 16. 3. 1978 – 12 U 214/77; LG Osnabrück, U. v. 23. 2. 1977 – 7 O 298/76; a. A. Haver, Betrieb 1974, 1897; Mümmler, Büro, 1980, 1154; Huhn/v. Schuckmann, § 17 Rz. 170.
[414] DNotZ 1980, 563/564 f. (Nr. 100).
[415] Ebenso OLG München, DNotZ 1973, 181/182; OLG Düsseldorf, MDR 1976, 1029 u. OLG Bremen, DNotZ 1984, 638.
[416] DNotZ 1985, 635 (Nr. 129); gleichermaßen OLG Köln, U. v. 30. 5. 1988 – 7 U 190/87.
[417] WM 1988, 1853 (Nr. 153); s. die abl. Urt.-Anm. v. Brambring, EWiR 1989, 355.
[418] DNotZ 1977, 491.

Entscheidung über den Vorwurf, der Notar hätte bei der Beurkundung einer Erbbaurechtsübertragung darauf hinweisen müssen, daß durch die Zuerkennung der Eigenschaft als Reichsheimstätte Grunderwerbssteuer gespart werden könne. Da selbst bei einer beiläufigen steuerlichen Beratung ein solcher Gedanke fernlag, wurde die Klage abgewiesen. Vor dem OLG Düsseldorf[419] hatte die Berufung des Klägers keinen Erfolg, weil der bekl. Notar ohne besonderen Auftrag nicht klären mußte, ob den Verkäufern die Bauherreneigenschaft im Hinblick auf § 7b EStG zukommt. Auch darauf, daß bei einer verzögerten Finanzierung Zinsen nicht mehr als Werbungskosten anerkannt werden, muß der Notar nach einem anderen Urteil des OLG Düsseldorf[420] nicht achten. Das OLG Karlsruhe[421] lehnte eine Verpflichtung des Notars ab, darüber zu belehren, daß der Nießbrauch am Hausgrundstück erbschaftssteuerrechtlich nur bei Eintragung in das Grundbuch anerkannt wird. Ebensowenig muß nach Auffassung des OLG Oldenburg[422] der Notar bei der Vereinbarung einer Gütergemeinschaft aus steuerrechtlichen Gründen berücksichtigen, daß die Ehefrau des Metzgermeisters möglicherweise gegen Gehalt im Geschäft mitarbeitet. Im gleichen Sinne entschied das OLG Frankfurt[423] über einen ähnlichen Sachverhalt.

563

Weiß ein Anwaltsnotar aufgrund seiner steuerrechtlichen Beratungstätigkeit gegenüber dem Mandanten, der später Beteiligter eines von ihm beurkundeten Rechtsgeschäfts wird, von steuerrechtlich nachteiligen Tatsachen, so kann er sich freilich nicht darauf berufen, in seiner Eigenschaft als Notar könne er dies ignorieren[424].

564

Die Notarpflicht nach **§ 19 BeurkG,** darauf hinzuweisen, daß nach dem Grunderwerbs- und Kapitalverkehrssteuergesetz eine Eintragung im Grundbuch oder Handelsregister erst vorgenommen werden darf, wenn die Unbedenklichkeitsbescheinigung des Finanzamts vorliegt, beschränkt sich auf diesen Hinweis und bedeutet nicht, daß über den möglichen Anfall, die Höhe solcher Steuer oder über steuersparende Gestaltungen zu belehren wäre. Ähnliches gilt für den dem Notar nach § 13 ErbStDV auferlegten Hinweis auf eine etwaige Steuerpflicht bei Beurkundung von Schenkungen und Zweckzuwendungen unter Lebenden. Es wird hierzu auf die Ausführungen zu Rz. 506 f. verwiesen.

565

Eine **Ausnahme vom Grundsatz,** daß sich der Notar nicht um die steuerrechtliche Seite des Rechtsgeschäfts kümmern müsse, besteht dann, wenn für ihn erkennbar ist, daß ein Beteiligter auf eine Klärung der Steuerfrage oder eine bestimmte Steuerfolge Wert legt. Im Leitsatz des Urteils des OLG Oldenburg vom 9. 7. 1969[425] wird zutreffend ausgeführt:

„Ein Notar, der die Beurkundung eines Kaufvertrags übernimmt, ist nicht ohne weiteres verpflichtet, die Parteien über steuerrechtliche Folgen des beurkundeten Rechtsgeschäfts zu beraten. Nur wenn die Frage nach der Steuerpflicht und Höhe der Steuer von den Beteiligten selbst erhoben wird oder für den Notar erkennbar ist, daß die Steuerfrage von maßgebendem Einfluß auf die Entscheidung der Parteien sein kann, besteht für ihn die Pflicht, die Parteien entweder selbst zu belehren oder ihnen die Befragung der Steuerbehörde oder eines Steuerberaters zu empfehlen. Eine Hinweispflicht dieser Art kann sich ergeben, wenn dem Notar im Zeitpunkt der Beurkundung eines Grundstücks bekannt ist, daß der Veräußerer das zum Verkauf angegebene Grundstück vor weniger als 2 Jahren für einen wesentlich geringeren Preis erworben hatte."

---

[419] VersR 1981, 83; zur steuerrechtlichen Beratung bei Bauherrenmodellen, s. Wolfsteiner, DNotZ 1979, 583 m. w. Hinw.
[420] U. v. 4. 7. 1977 – 18 U 269/76.
[421] U. v. 16. 3. 1978 – 12 U 214/77.
[422] U. v. 11. 7. 1980 – 6 U 36/80.
[423] U. v. 21. 2. 1986 – 24 U 83/85.
[424] OLG Hamm, U. v. 24. 10. 1985 – 28 U 114/85.
[425] VersR 1971, 380; vgl. Haftpflichtecke DNotZ 1978, 592.

In diesem zur „**Spekulationssteuer**" (§§ 22, 23 EStG) ergangenen Urteil ist Voraussetzung für die notarielle Hinweispflicht, daß dem Notar zur Zeit der Beurkundung der maßgebende Sachverhalt bekannt ist. Er muß in dieser Richtung keine Nachforschungen anstellen (s. Rz. 561).

566 In den zahlreichen Haftpflichturteilen, die zur Versäumung der Fünfjahresfrist als Voraussetzung für die **Grunderwerbsteuerbefreiung** im sozialen Wohnungsbau ergingen[426], waren die Gerichte fast einhellig der Auffassung, daß allein der in der Niederschrift enthaltene Antrag keinen Anlaß für eine Belehrung oder Überwachung der Frist durch den Notar gibt[427]. Wird aber durch eine falsche oder mißverständliche Protokollierung der Erklärung die Steuerbelastung mitverursacht, so ist der Notar haftbar: „Er mußte, auch wenn er nicht die Aufgabe eines Steuerberaters hatte, als Notar wissen, daß diese Angaben für die Beurteilung der Frage der Steuerbefreiung bedeutsam sein konnten"[428].

567 Ebenso sind unklare Regelungen darüber zu vermeiden, **wer** von den Vertragsparteien **die anfallende Steuer zu tragen** hat. Entstehen hier Streitigkeiten, so können unabhängig von der Steuerbelastung die Kosten dem Notar haftpflichtrechtlich zu Last fallen. Das OLG Düsseldorf[429] entschied zu einer nicht ganz eindeutigen Vertragsformulierung, „sämtliche Kosten und Steuern, die mit diesem Vertrag und seiner Ausführung verbunden sind, hat der Käufer zu übernehmen", daß damit nicht die auf den Veräußerungsgewinn entfallende Einkommensteuer gemeint sei[430]. Zu einem Vertrag, in dem nicht geregelt war, wer die Grunderwerbsteuer zu tragen hat, entschied das OLG Bremen[431], daß im Innenverhältnis abweichend von § 426 BGB die Zahlungspflicht regelmäßig den Erwerber treffe.

568 Hat der Notar unter den vorgenannten Voraussetzungen die Steuerfrage zu beachten, so kann er die Beteiligten **zur Klärung an einen Anwalt oder Steuerberater verweisen**. Er selbst ist zur Steuerberatung nicht verpflichtet (s. Rz. 559). Er kann aber und wird bei entsprechenden Kenntnissen auf dem betreffenden Steuerrechtsgebiet selbst beraten. Für die Richtigkeit trifft ihn dann jedoch die volle Haftung. Von einer „unverbindlichen" Beratung sollte unbedingt abgesehen werden, da ein solches Verhalten mit der notariellen Amtsausübung nicht im Einklang steht (Rz. 282 ff.) und der Geschädigte bei Eintritt des Steuernachteils eine solche Einschränkung erfahrungsgemäß nicht mehr wahr haben will. Die Beratung darf auch nicht im Hinblick auf den – durchbrochenen – Grundsatz, daß der Notar kein Steuerberater sei, oberflächlich sein[432]. Sie hat z. B. einschlägige finanzgerichtliche Urteile zu beachten, wie der BGH[433] in der Haftpflichtsache über eine vom Notar falsch beantwortete Frage des Einkommensteuerrechts entschied. Berät der Notar über Möglichkeiten einer Steuerersparnis, so muß er beachten, ob nicht der Tatbestand eines Umgehungsgeschäfts nach § 42 AO gegeben sein könnte[434].

569 Einer im Kostenverfahren vom OLG Hamm[435] vertretenen Auffassung kann

---

[426] § 92 des 2. WoBauG i. V. m. Art. 1 Nr. 4 des Gesetzes über die Grunderwerbsteuerbefreiung.
[427] S. die Besprechung der zum Teil nicht veröffentlichten Urteile in der Haftpflichtecke, DNotZ 1978, 586–592. Die dort kritisierte Entscheidung des OLG Düsseldorf (MDR 1976, 1029) wird auch vom BGH als zu weitgehend bezeichnet (DNotZ 1980, 563/565, Nr. 100).
[428] BGH DNotZ 1980, 563/565 (Nr. 100).
[429] Betrieb, 1975, 2172 = MittRhNotK 1975, 739.
[430] Vgl. BGH DNotZ 1970, 538 u. Haver, BB 1971, 460.
[431] DNotZ 1975, 95.
[432] OLG Hamm, VersR 1981, 360 (unrichtige Bemerkung zum Anfall von Spekulationssteuer).
[433] WM 1983, 123 (Nr. 117).
[434] OLG Frankfurt, DNotZ 1978, 748. Bedenklich erscheint das BGH-Urt. zur Belehrungspflicht über die Nichtigkeit einer Umsatzsteuervereinbarung: VersR 1971, 740 (Nr. 75); s. Rz. 494.
[435] DNotZ 1963, 188.

nicht gefolgt werden, daß der Notar nur „ausnahmsweise" haften würde, wenn seine Belehrung „offensichtlich unrichtig" sei. Die Berechtigung zu einem Unterlassen sollte nicht Halbheiten bei einem Tun entschuldigen. Haftpflichtrechtlich Glück hatte ein Notar in der Revisionsinstanz[436], der bei der Beurkundung sich zur Frage des Anfalls von Spekulationssteuer mit der unpräzisen Bezeichnung „Altbesitz" begnügt hatte, statt präzis auf die Frist hinzuweisen. In Wirklichkeit war der Besitz noch nicht 2 Jahre alt. Im übrigen werden vom Notar steuerrechtliche Hinweise in der Regel unselbständig bei der Urkundstätigkeit und nicht aufgrund eines besonderen Ansuchens nach § 24 BNotO gegeben (vgl. Rz. 177). Dies hat zwar für die Beurteilung der schuldhaften Pflichtwidrigkeit wenig, aber für eine eventuelle primäre Haftung des Steuerberaters entscheidende Bedeutung[437].

Der Notar hat über die durch seine Tätigkeit **entstehenden Kosten** grundsätzlich nicht zu belehren. Die Beteiligen können nicht damit rechnen, daß der Notar und die in diesem Zusammenhang eingeschalteten Gerichte – Grundbuchamt, Register-, Nachlaß-, Vormundschaftsgericht – kostenlos tätig werden[438]. Dies entspricht der einhelligen Auffassung[439]. Anfragen über die entstehenden Kosten hat der Notar natürlich richtig zu beantworten. Gibt er über die Höhe versehentlich eine falsche Auskunft, so kann er die Kosten gleichwohl erheben, wenn auch bei einer richtigen Auskunft das Geschäft vorgenommen worden wäre[440].   570

Die Entstehung **unnötiger Kosten** hat der Notar zu vermeiden. Das bedeutet aber nur, daß er von mehreren gleichgeeigneten Wegen nicht den teureren wählen und ohne Anlaß keine kostenpflichtige Amtstätigkeit vornehmen darf[441]. Er verletzt z. B. seine Amtspflicht, wenn er einen „Aufhebungsvertrag" über ein Erbbaurecht protokolliert, obwohl die einseitige Erklärung des Berechtigten genügt hätte[442] oder wenn er ohne triftigen Grund über die Auflassung und die Bewilligung der Löschung der Auflassungsvormerkungen 2 Urkunden fertigt[443] oder wenn er die Einigung über die Entstehung eines Wohnrechts ohne eine Belehrung über die zusätzlichen Kosten beurkundet, obwohl die Einigung keiner Form bedarf[444] oder wenn er Pacht- und Betriebsüberlassungsverträge, die nicht beurkundungsbedürftig sind, ohne Hinweis auf die Kostenmehrbelastung in Urkundsform protokolliert[445]. Wünschen die belehrten Beteiligten aber eine an sich nicht erforderliche Beurkundung, so ist die Kostenfrage kein Ablehnungsgrund.   571

Kosten, die dadurch entstehen, daß der Notar den „**sichereren**" oder „**richtigeren Weg**" geht oder vorschlägt, sind nicht unnütz und begründen keine Belehrungspflicht. Der Notar hat die Pflicht, den „sichereren" Weg zu weisen, auch wenn er mit Mehrkosten verbunden ist[446]. Das bedeutet, daß der höhere   572

---

[436] BGH WM 1981, 942 (Nr. 105).
[437] BGH WM 1985, 666/667 (Nr. 130).
[438] Arndt, S. 295; das BayObLG (MittBayNot 1988, 247/248) rechtfertigt dies auch mit der Erwägung, daß der Notar die anfallenden Gebühren erheben muß (§ 140 KostO).
[439] S. nur Keidel/Kuntze/Winkler, § 17 Rz. 22 u. Reithmann/Röll/Geßele, Rz. 225 f., jeweils mit vielen weiteren Fundstellen.
[440] LG München, DNotZ 1974, 100. Zum Fall, daß bei einer richtigen Belehrung vom Geschäft Abstand genommen wäre s. OLG Frankfurt, DNotZ 1978, 748 u. OLG Celle, DNotZ 1969, 60.
[441] Weber, DNotZ 1969, 498; Huhn/v. Schuckmann, § 17 Rz. 166.
[442] OLG Frankfurt, DNotZ 1978, 117.
[443] OLG Celle, DNotZ 1972, 374.
[444] OLG Frankfurt, JurBüro 1987, 743.
[445] KG MDR 1979, 682 = MittRhNot 1979, 181.
[446] BGH LM § 19 BNotO Nr. 1 (Nr. 41); das bedeutet auf der anderen Seite nicht, daß der Notar die Beteiligten, die bewußt eine Unsicherheit aus Gründen der Kostenersparnis in Kauf nehmen wollen, davon abhalten muß (OLG Hamm, DNotZ 1979, 236/239); vgl. Rz. 82 ff.

Aufwand an Kosten immer dann gerechtfertigt ist, wenn eine zuverlässige Betreuung, die Sicherheit oder Schnelligkeit für einen anderen als den billigeren Weg sprechen[447].

573 Sicherer und zuverlässiger ist, wenn der Notar den Vollzug übernimmt[448], das sogen. Negativattest nach dem Bundesbaugesetz[449] oder eine preisrechtliche Genehmigung[450] einholt oder im Sicherungsinteresse eine Verwahrung nach § 23 BNotO vornimmt[451] oder einen Grundbuchberichtigungsantrag stellt[452]. Der Auftrag kann auch stillschweigend erteilt werden, wenn die Beteiligten es dem Notar überlassen, die zur Verwirklichung des mit der Urkunde erstrebten Erfolgs notwendigen Handlungen vorzunehmen[453]. Der beauftragte Notar hat deshalb keine Pflicht, auf die zusätzlich entstehenden Kosten hinzuweisen.

574 Das gilt auch für die Einholung der Erklärung über die Ausübung des **Vorkaufsrechts**[454]. Das OLG Stuttgart hat demgegenüber mit Beschluß vom 10. 5. 1983[455] unter Aufgabe seiner bisherigen Rechtsprechung[456] verlangt, daß der Notar über die Kosten und deren Vermeidbarkeit durch eigenes Tätigwerden zu belehren habe. Überzeugend wurde dieser Einzelmeinung in den Urteilsanmerkungen von Appel[457] und Böhler[458] widersprochen. Hinzuzufügen ist, daß ein selbständiges Vorgehen der Beteiligten unter Beachtung der §§ 504–514 BGB nicht nur für diese ein Risiko, sondern auch für den Notar eine haftpflichtrechtliche Gefahr darstellt. Wird etwas übersehen, so wird dies allzu leicht auf eine mangelnde notarielle Belehrung zurückgeführt, die jedoch ohne besonderen Auftrag (§ 24 BNotO) sich grundsätzlich nicht auf die Erfordernisse und Modalitäten für die Einholung der Erklärung des Berechtigten erstreckt[459]. Sollte entgegen der herrschenden Meinung eine Belehrungspflicht bestehen, so müßte sie zusätzlich dahin gehen, daß der „sicherere Weg" die Beauftragung des Notars sei. Ein mit zusätzlichen Kosten verbundenes Vorgehen, das von vornherein einem Schadenseintritt vorbeugt, ist einem Verfahren vorzuziehen, bei dem „ein Schadenfall denkbar ist, der nur durch Eingreifen von § 19 Abs. 1 BNotO wieder auszugleichen ist"[460].

575 Die **Kostenmithaftung** (§§ 2 ff. KostO) ist in der Regel nicht als naheliegende Gefahr anzusehen, über die der Notar den im Innenverhältnis von den Kosten freizustellenden Beteiligten zu belehren hätte[461]. Zudem kann der Notar grundsätzlich davon ausgehen, daß über die Kostenentstehung mit gesamtschuldnerischer Haftung keine Unkenntnis besteht[462]. Gerade eine vertragliche Kostenregelung zwischen Gesamtschuldnern weist darauf hin. Da der Abschluß und die Vollziehung des Rechtsgeschäfts meist auch im Interesse desjenigen stehen, der vertragsmäßig keine Kosten übernehmen will, ist die gesetzliche Regelung auch

---

[447] Vgl. KG MDR 1979, 682 = MittRhNotK 1979, 181; OLG Frankfurt, DNotZ 1978, 748; OLG Celle, DNotZ 1972, 374.
[448] S. Weber, DNotZ 1983, 645 m. w. Hinw.; s. Rz. 619 f.
[449] BayObLG DNotZ 1986, 107.
[450] OLG Karlsruhe, Rechtspfleger 1960, 310.
[451] LG Darmstadt, MittBayNot 1976, 109.
[452] OLG Frankfurt, DNotZ 1978, 118; LG Köln, MittRhNotK 1978, 122.
[453] OLG Frankfurt, DNotZ 1952, 51 u. Rz. 619 f.
[454] LG München, MittBayNot 1976, 235.
[455] DNotZ 1983, 642.
[456] Die Justiz, 1968, 308.
[457] DNotZ 1983, 644.
[458] BWNotZ 1983, 151.
[459] Vgl. BGH MDR 1968, 1002 (Nr. 64) u. WM 1984, 700 (Nr. 121).
[460] KG Rechtspfleger 1976, 29/30.
[461] Keidel/Kuntze/Winkler, § 17 Rz. 22; BayObLG, MittBayNot 1988, 247; OLG Zweibrücken, DNotZ 1988, 391.
[462] KG DNotZ 1969, 245/246.

nicht unbillig⁴⁶³. Dies gilt besonders dann, wenn der Notar zur Sicherheit des Gläubigers vor einer einseitigen Antragsrücknahme durch den Schuldner darauf hinwirkt, daß auch der Gläubiger den Antrag stellt⁴⁶⁴. Es gilt der Grundsatz: „Wichtiger als eine etwaige Kostenersparnis ist die sichere Erreichung des gewollten Erfolges in der angemessenen Form"⁴⁶⁵.

Soweit keine Belehrungspflicht besteht, muß der Notar auch nicht Vorsorge dafür treffen, daß der Schuldner die **Kostensicherstellung** vornimmt⁴⁶⁶. Aus den genannten Gründen ist er auch nicht verpflichtet, zugunsten eines Gesamtschuldners bei dem anderen, der sich zur Übernahme im Innenverhältnis verpflichtet hat, einen Kostenvorschuß anzufordern. Die Soll-Vorschrift des § 8 Abs. 2 KostO dient nicht dessen Interessen. Ausnahmen von den angeführten Grundsätzen sind natürlich im Rahmen der notariellen Betreuungspflicht möglich⁴⁶⁷, z. B. wenn die finanzielle Lage dessen, der die Kosten übernommen hat, offensichtlich hoffnungslos ist⁴⁶⁸. Auf die Möglichkeit einer Gebührenbefreiung kann sich, soweit es sich nicht um die eigenen Gebühren handelt, die Belehrungspflicht ebenfalls nicht erstrecken⁴⁶⁹.

576

Der **Anwaltsnotar** hat im Hinblick auf § 24 Abs. 2 BNotO⁴⁷⁰ in bezug auf den Gebühren- bzw. Kostenansatz besondere Pflichten. Ist das Ansuchen in den notariellen Tätigkeitsbereich einzuordnen, so ist nach der KostO und nicht nach der BRAGO abzurechnen⁴⁷¹. Wendet sich der Beteiligte an eine Sozietät, so hat z. B. der zunächst angegangene Nur-Anwalt an den Notarsozius zu verweisen, wenn eine Notartätigkeit im Sinne von § 24 Abs. 2 BNotO ausgeübt werden soll. „Sonst wäre es dem Zufall überlassen, welche Gebühren der die Praxis Aufsuchende zu zahlen hat"⁴⁷². Soweit bei dem Ansuchen sowohl eine Anwalts- als auch eine Notartätigkeit möglich sein könnte, hat nach Ansicht des OLG Hamm⁴⁷³ der Anwaltsnotar, der ursprünglich in seiner Eigenschaft als Notar tätig war und nunmehr im anschließenden FGG-Verfahren als Anwalt auftreten will, den Beteiligten über das entsprechend höhere Anwaltshonorar aufzuklären.

577

Ein Gebührenanspruch des Notars entfällt schon bei einer objektiv **unrichtigen Sachbehandlung** (§ 16 Abs. 1 KostO)⁴⁷⁴. Anders als bei einer positiven Vertragsverletzung des Rechtsanwalts⁴⁷⁵ kommt es auf die Verschuldens-, Kausal- und Schadensfrage nicht an. Bei schuldhaften Amtspflichtverletzungen kann der Geschädigte aber Ansprüche gem. § 19 Abs. 1 BNotO, im Kostenverfahren nach § 156 KostO bis zur Höhe der Kostenrechnung geltend machen, auch wenn die Kosten nicht direkt von dem Anspruch erfaßt sind. Auf diese Besonderheit wird in Kapitel III, Haftpflichtprozeß, näher eingegangen (Rz. 805 f).

578

i) Fälle außerordentlicher Belehrungspflicht

Diese Pflicht wurde bereits im Grundsatz zu Rz. 415 dargestellt; sie könnte auch eine verschärfte Betreuungsverpflichtung genannt werden, die verhüten soll, daß die Vertrauensstellung des Notars zur Schädigung von Urkundsbeteiligten oder

580

---

⁴⁶³ OLG Frankfurt, DNotZ 1978, 748/749.
⁴⁶⁴ OLG Stuttgart, U. v. 16. 3. 1983 – 13 U 238/82; KG s. Fn. II, 462 u. Rz. 636 f.
⁴⁶⁵ BayObLG, DNotZ 1976, 60.
⁴⁶⁶ OLG Hamm, U. v. 12. 4. 1988 – 28 U 240/77.
⁴⁶⁷ BayObLG (MittBayNot 1988, 247): Wenn der Notar aufgrund besonderer Umstände Anlaß zur Besorgnis haben muß, einem Beteiligten drohe Schaden.
⁴⁶⁸ KG DNotV 1932, 130.
⁴⁶⁹ LG Wuppertal, MittRhNotK 1982, 67.
⁴⁷⁰ S. Rz. 349 ff.
⁴⁷¹ OLG Hamm, MittRhNotK 1979, 181/184.
⁴⁷² LG Duisburg, U. v. 15. 6. 1973 – 9 O 111/73.
⁴⁷³ DNotZ 1985, 182.
⁴⁷⁴ OLG Hamm, MittRhNotK 1979, 181/182.
⁴⁷⁵ Borgmann/Haug, § 31.

anderen Personen mißbraucht wird. Die Verletzung dieser Pflicht wird oft an der Grenze zum Vorsatz liegen, in einem Bereich, in dem ein seriöser Notar im Hinblick auf § 4 BeurkG und § 14 Abs. 2 BNotO[480] daran denken würde, seine Mitwirkung zu versagen, selbst wenn kein Mitwirkungsverbot im Sinne des § 3 BeurkG bestehen sollte[481]. Lehnt er nicht ab, so wäre er jedenfalls gehalten, durch eine das Schweigegebot möglichst geringfügig verletzende Aufklärung (s. Rz. 442) eine Schädigung zu verhindern.

581 In der **Haftpflichtrechtsprechung** wurde die Verurteilung in solchen Fällen auf die Verletzung der allgemeinen Betreuungspflicht gestützt, die damit über ihre Grenzen ausgeweitet und als Regel untauglich wurde. Dies zeigen die beiden vom BGH am 23. 9. 1980[482] und 29. 9. 1981[483] entschiedenen Haftpflichtfälle, in denen einseitig erklärte Schuldanerkenntnisse beurkundet wurden, die zur Gewährung hoher Darlehenssummen führten. Die Darlehensgeber waren in beiden Fällen nur so oberflächlich mit den Notaren in Verbindung getreten, daß diese normalerweise ohne Verletzung des Gebots zur Unparteilichkeit und Verschwiegenheit keine warnende Belehrung hätten vornehmen dürfen. Sie wurden gleichwohl nach den Regeln für die Belehrungspflicht aus Betreuungsverpflichtung verurteilt. Statt diesen Grundsatz überzustrapazieren hätte der eigentliche Haftungsgrund herausgestellt werden müssen: Beide Notare kannten aus ihrer Berufsausübung als Anwälte die völlig zerrütteten Vermögensverhältnisse der Darlehensnehmer und ließen – sozusagen sehenden Auges – zu, daß die mit den notariellen Urkunden ausgestatteten Kreditgeber geschädigt wurden. Die Notare hätten die Urkundstätigkeit nur unter der Bedingung vornehmen dürfen, daß die erschienenen Darlehensgeber über das finanzielle Risiko belehrt würden.

582 Nach den Grundsätzen der Belehrungspflicht aus Betreuungsverpflichtung hat der Notar dann zu belehren, wenn sich eine **wirtschaftliche Gefahr aus der Vertragsgestaltung** ergibt. Über den Wert des Vertragsgegenstandes oder die Angemessenheit eines Kaufpreises hat er sich nicht auszulassen (s. Rz. 547). Aber auch in diesem Bereich kann die außerordentliche Belehrungs- oder Aufklärungspflicht entstehen. Weiß z. B. der Notar, wie in dem vom OLG Köln mit Urteil vom 18. 9. 1980[484] entschiedenen Fall, daß der Verkäufer das Grundstück zu einem Preis weiterverkauft, der viermal so hoch ist wie der kurze Zeit zuvor beurkundete Ankaufspreis und wird in diesem Zusammenhang vom Verkäufer die Verpflichtung eines Dritten, auf dem Grundstück ein Haus zu einem äußerst geringen Werklohn zu errichten, auf den Käufer übertragen, so muß der Notar stutzig werden und zur Verhütung eines Schadens aufklären[485]. Eine über die Betreuungsverpflichtung hinausgehende Hinweispflicht gegenüber dem Grundpfandrechtsgläubiger hatte lt. einer Entscheidung des LG Frankfurt[486] auch der Notar, der aus seiner Anwaltstätigkeit für den Schuldner wußte, daß die auf dem Pfandgrundstück stehenden Gebäude so sanierungsbedürftig waren, daß der Gesamtwert die Darlehensvaluta bei weitem nicht abdeckte.

583 Der Grundsatz, daß der Notar nicht auf Fragen des wirtschaftlichen Werts zu achten habe, wird auch dann durchbrochen, wenn er sich selbst in der Sache wirtschaftlich engagiert. Dies gilt nicht nur bei einer Übertretung des Vermittlungs- und Gewährleistungsverbots (§ 14 Abs. 4 S. 1 BNotO), sondern auch in

---

[480] Diese Bestimmung umfaßt auch Handlungen, deren Zweck gegen Treu und Glauben verstößt, Handlungen, die in der Nähe der Sittenwidrigkeit anzusiedeln sind: OLG Köln, DNotZ 1989, 52.
[481] S. als Beispiel dafür OLG Frankfurt, DNotZ 1986, 426.
[482] DNotZ 1981, 311 (101).
[483] DNotZ 1982, 384 (Nr. 107).
[484] 7 U 21/78.
[485] Der Aufbauvertrag wurde in diesem Fall wie auch in parallel laufenden Geschäften nicht erfüllt.
[486] B. v. 27. 1. 1988 – 2/9 T 1244, 1254/85.

solchen Fällen, in denen davon ausgegangen werden kann, daß sich der Notar um den Wert gekümmert hat. Das kann besonders im Zusammenhang mit Verwahrungsgeschäften oder notariellen Bestätigungen der Fall sein. Ein Beispiel gibt ein Urteil des OLG Köln[487]. Der Notar verwahrte für eine Bank Grundschuldbriefe, die er an den Schuldner herausgeben durfte, wenn dieser neue gleichwertige Sicherheiten verschaffte. Als ihm der Schuldner zwei andere Grundschuldbriefe als Sicherheit vorlegte, informierte er kurz die Bank, die ohne weitere Prüfung die Zustimmung zum Austausch erteilte. Nach Ansicht des Senats ist der Notar in einem solchen Sonderfall, der einem Vermittlungsgeschäft nahesteht, zur „äußersten Sorgfalt" verpflichtet. Er hätte zumindest betonen müssen, daß ihm der Wert der Sicherheit unbekannt sei.

In einem Grenzfall entschied der BGH mit Urteil vom 22. 11. 1966[488] zugunsten **584** des Notars. Verkäufer war ein wegen Betrugs mehrfach vorbestrafter Architekt. Die Käufer fochten den Vertrag wegen arglistiger Täuschung an und warfen dem Notar vor, sie nicht über die Unzuverlässigkeit des Verkäufers belehrt zu haben. Der BGH führt zutreffend an, daß sich eine solche Pflicht nur in Ausnahmefällen begründen läßt, „so, wenn nach den Umständen naheliegt, daß eine unerfahrene oder eine geschäftsungewandte Person von einem Betrüger geprellt wird". Des weiteren wird auf die BGH-Urteile vom 22. 2. 1973[489] und 22. 11. 1977[490] verwiesen, nach denen Notare Hinweispflichten verletzt hatten, weil ihnen aus anderen Amtsgeschäften Umstände bekannt geworden waren, die eine unredliche, evtl. sogar betrügerische Geschäftsabsicht vermuten ließen. Darauf wurde zu Rz. 439 im Zusammenhang mit der notariellen Verschwiegenheitspflicht näher eingegangen.

Die Vertrauensstellung des Notars, seine Pflicht zur Unabhängigkeit und **585** Unparteilichkeit, können auch dann eine außerordentliche Belehrungspflicht, eine besondere Sorgfalt gebieten, wenn er mit einer Vertragspartei besonders verbunden ist. Das kann nicht nur, wie in den oben geführten Beispielen, auf Anwaltsmandatsbeziehungen beruhen und es muß nicht direkt die Mitwirkungsverbote des § 3 BeurkG betreffen, die zum Teil bei einer Belehrung und Zustimmung der Beteiligten aufgehoben werden können (s. Rz. 361 ff). In dem vom BGH mit Urteil vom 23. 3. 1971[491] entschiedenen Fall war die Käuferin die Ehefrau des Bürovorstehers, der den Vertrag einseitig zu deren Gunsten entworfen hatte. Diese besonderen im Notariat gelegenen Umstände konnten ausnahmsweise eine Einbeziehung der Vertreter der Verkäuferin als „Dritte" im Sinne von § 19 Abs. 1 BNotO rechtfertigen. Ansonsten hat der Notar nicht zu prüfen, ob ein Vertreter im Sinne des Vertretenen handelt[492] (s. Rz. 18 f.).

j) Belehrungsvermerke

Schriftliche Belehrungsvermerke sind nach dem Beurkundungsgesetz in **588** folgenden Fällen vorzunehmen: nach § 17 Abs. 2 S. 2 bei Zweifeln an der Wirksamkeit des Gesetzes (s. Rz. 491 ff.), nach § 17 Abs. 3 bei Anwendung ausländischen Rechts (s. Rz. 496 f.), nach § 18 bei Erforderlichkeit gerichtlicher oder behördlicher Genehmigungen oder Bestätigungen (s. Rz. 502 ff.), nach § 19, wenn Eintragungen erst nach Vorlage von Unbedenklichkeitsbescheinigungen vorge-

---

[487] MittBayNot 1977, 76.
[488] DNotZ 1967, 323; vollst. wiedergegeben VersR 1967, 254 (Nr. 58).
[489] DNotZ 1973, 494 (Nr. 80).
[490] DNotZ 1978, 373 (Nr. 93).
[491] DNotZ 1971, 591 (Nr. 74).
[492] Eine rechtliche Parallele bildet der Fall, daß eine Bank dann einen Kunden warnen muß, wenn sie erfährt, daß über das Privatkonto ihres Angestellten für den Kunden Effektengeschäfte getätigt werden (BGH WM 1988, 895).

nommen werden (s. Rz. 506 f.), nach § 20 bei gesetzlichen Vorkaufsrechten (s. Rz. 508 ff.), nach § 21 Abs. 1 bei Beurkundung ohne Grundbucheinsicht (s. Rz. 513 f.) und nach § 21 Abs. 2 bei Abtretung oder Belastung eines Briefpfandrechtes über die Vorlage des Briefes.

589 Wenn nach dem Gesetz die Belehrungen schriftlich vermerkt werden *sollen,* so bedeutet dies nach einhelliger Meinung[500] nur, daß ein Unterlassen nicht die Wirksamkeit des Rechtsgeschäfts berührt. Damit wird jedoch nicht die Pflicht des Notars zur schriftlichen Niederlegung eingeschränkt. Das Fehlen anderer vorgeschriebener Hinweise kann allerdings zur Nichtigkeit der Urkunde führen, so wenn nach § 14 Abs. 3 BeurkG der Verzicht der Beteiligten auf Verlesung in der Niederschrift nicht festgestellt ist[501], oder nach § 13a BeurkG der Verzicht auf Verlesung oder Beifügung einer anderen notariellen Niederschrift in der Urkunde nicht vermerkt wird *und* der Notar den von den Beteiligten bestrittenen Verzicht nicht beweisen kann (s. Rz. 835).

590 In den §§ 17–21 BeurkG wird vorgeschrieben, daß die Belehrungen **in der Niederschrift** zu vermerken sind. Nach BGH-Urteil vom 13. 11. 1973[502] und der ganz überwiegenden Auffassung im Schrifttum[503] liegt diesen Vorschriften keine Schutzfunktion zugunsten Dritter im Sinne von § 19 Abs. 1 BNotO zugrunde. Sie sollen lediglich den Notar verstärkt anhalten, diesen wichtigen Belehrungspflichten aus Urkundstätigkeit gegenüber den unmittelbaren Beteiligten nachzukommen. Bei einem Fehlen des Vermerks tritt zuungunsten des Notars eine Beweislastumkehr ein (s. Rz. 835). Hat z. B. der Notar vergessen, in die Niederschrift den Belehrungsvermerk über die Erforderlichkeit einer behördlichen Genehmigung aufzunehmen, so kann er mit anderen Mitteln beweisen, daß er gleichwohl darüber belehrt hat[504].

591 Jansen[505] ist der Ansicht, daß der gesetzlich vorgeschriebene Belehrungsvermerk in die Niederschrift gehört. Das Fehlen könnte eine Amtspflichtverletzung gegenüber Dritten sein, die im Vertrauen auf die Unbedenklichkeit des beurkundeten Rechtsgeschäfts handeln. Er sieht darin auch keine Verletzung der Verschwiegenheitspflicht, die in solchen Fällen hinter die Offenbarung zurückzutreten habe. Daß diese abweichende Meinung etwas für sich hat, ergibt sich nicht nur aus dem Gesetzeswortlaut, sondern auch exemplarisch aus einem vom OLG Frankfurt[506] entschiedenen Fall. Es gelang hier einer Ehefrau, ohne die nach § 1365 BGB erforderliche Zustimmung des Ehemannes ein Grundstück zu verschenken, weil der Notar den Vermerk nach § 17 Abs. 2 S. 2 BeurkG nicht in die Niederschrift aufgenommen hatte. Er hatte zwar über die Zweifel belehrt, wollte aber „keine schlafenden Hunde wecken". Damit wurde von ihm zumindest grob fahrlässig verkannt, daß gerade dies seine Aufgabe gewesen wäre (s. Rz. 481).

592 In solchen Fällen, in denen in grober Verkennung der Pflichten die zu vermutende Schädigung eines Dritten nicht verhindert wird, ist ebenso wie bei den Voraussetzungen für eine außerordentliche Belehrungspflicht (s. Rz. 580) der Schutzgedanke des in die Niederschrift aufzunehmenden Vermerks zu bejahen. Es

---

[500] BGH DNotZ 1974, 296/301 (Nr. 81); Keidel/Kuntze/Winkler, § 17 Rz. 26; Arndt, S. 296; Huhn/v. Schuckmann, § 17 Rz. 209 ff.
[501] Keidel/Kuntze/Winkler, § 14 Rz. 14.
[502] DNotZ 1974, 296/301 m. Anm. v. Haug (Nr. 81); vgl. BGH WM 1968, 1042/1044 (Nr. 64); RG DNotZ 1934, 115; 1935, 575/578.
[503] Seybold/Hornig, § 15 Rz. 67; Keidel/Kuntze/Winkler, § 17 Rz. 25; Arndt, S. 296; Huhn/v. Schuckmann, § 17 Rz. 210; Haug, DNotZ 1972, 483 u. 1974, 301; Stauch, Der Belehrungsvermerk in notariellen Urkunden, BWNotZ 1984, 97.
[504] Dies gelang dem Notar im vom OLG Oldenburg entschiedenen Fall (U. v. 25. 5. 1984 – 6 U 250/83). Ebenso im Fall des BGH-Urt. v. 13. 11. 1973 DNotZ 1974, 296 (Nr. 81).
[505] § 17 Rz. 18.
[506] NJW 1985, 1229 = DNotZ 1986, 244.

besteht ohnehin ein schmaler Raum für die Erforderlichkeit eines solchen Vermerks (s. Rz. 492), nämlich nur dann, wenn *der Notar* an der Wirksamkeit zweifelt (§ 17 Abs. 2 S. 2 BeurkG). Hat er solche Zweifel, wird er auf eine andere Rechtsgestaltung hinwirken. Wenn er bei einem Beharren der Beteiligten pflichtgemäß auf dem Vermerk in der Niederschrift besteht, werden diese gut überlegen, ob sie eine solche Urkunde wollen. Der BGH ist in zwei Haftpflichturteilen[507] ungenau, indem er hinsichtlich der Notwendigkeit eines Zweifelsvermerks nicht die verschiedenen Tatbestände des S. 1 und S. 2 des § 17 Abs. 2 BeurkG unterscheidet. Es kam in diesen Urteilen allerdings nicht entscheidend darauf an.

Das Fehlen eines gesetzlich nicht vorgeschriebenen Belehrungsvermerks 593 darf kein Indiz[508] dafür sein, daß der Notar seine Belehrungspflicht nicht erfüllt hat. Es ist vielmehr nach ganz h. M.[509] von der Pflichterfüllung auszugehen, so wie die Vermutung für eine Grundbucheinsicht spricht, wenn kein anderslautender Vermerk vorhanden ist (s. Rz. 529). Gleichermaßen ist auch ohne einen Vermerk, daß in der Niederschrift alle Vereinbarungen enthalten und keine Nebenabreden getroffen sind, von der vollen Erfüllung der notariellen Aufklärungs- und Belehrungspflichten auszugehen[510].

Gleichwohl kommt man bei der für den Notar oft ungünstigen Beweissituation 594 nicht umhin zu empfehlen, erfolgte Belehrungen über besondere Risiken z. B. bei ungesicherten Vorleistungen, unausgewogenen Eheverträgen[511], juristischen „Fallen" (s. Rz. 552, 554) schriftlich festzuhalten. Dies sollte in der Regel außerhalb der Urkunde mit Bestätigungsschreiben oder Aktenvermerken oder Beiziehung von Zeugen geschehen. Denn einmal soll, wie schon Grunau[512] zu Recht sagte, „Die Urkunde ... ihrem eigenen Zweck nicht entfremdet und nicht zu einem Instrument der Rechtsbelehrung gemacht werden" und zum anderen ist die Neigung mißtrauischer Gerichte nicht noch zu unterstützen, aufgrund zwar nicht vorgeschriebener aber „üblicher" Belehrungsvermerke zu schließen, daß bei einem Fehlen keine Belehrung erfolgt sei[513].

In Haftpflichturteilen der OLGe München und Düsseldorf wurden Vermerke 595 wie daß „dinglich ungesicherte Kaufpreisvorauszahlungen Vertrauenssache" seien[514] oder der Käufer in einem solchen Fall mit dem „finanziellen Schicksal des Verkäufers verbunden ist"[515] oder daß „zwischen den Parteien für den Fall, daß wider Erwarten das Vorkaufsrecht ausgeübt wird, bei einer vorweggenommenen Zahlung des Kaufpreises ein gegenseitiges Rückgewährverhältnis besteht"[516] als nichtssagend bezeichnet. Dabei bestätigen sie gerade, daß anläßlich der Beurkundung mit den Beteiligten über diese Risiken gesprochen wurde. Es wäre ein unzumutbares Verlangen, den Dialog mit den Beteiligten in der Art aufzunehmen,

---

[507] DNotZ 1974, 296/301 (Nr. 81) u. 1989, 43 (Nr. 146).
[508] In dieser Beziehung sehr bedenklich: BGH WM 1984, 700/701 (Nr. 121).
[509] BGH WM 1968, 1042/1044 (Nr. 64) bzgl. vertragl. Vorkaufsrecht; DNotZ 1974, 296 (Nr. 81) m. Anm. Haug; OLG Hamm, VersR 1980, 683 u. U. v. 19. 5. 1981 – 28 U 142/80; OLG Frankfurt, DNotZ 1951, 460/463 u. U. v. 13. 5. 1980 – 14 U 70/78; Huhn/v. Schuckmann, § 17 Rz. 211; Reithmann/Röll/Geßele, Rz. 163; Keidel/Kuntze/Winkler, § 17 Rz. 25.
[510] Lichtenberger, Zum Umfang des Formzwangs und zur Belehrungspflicht, DNotZ 1988, 531.
[511] Vgl. OLG Stuttgart, DNotZ 1983, 693; Langenfeld, Vereinbarungen über den Versorgungsausgleich in der Praxis, NJW 1978, 1503/1507.
[512] DNotZ 1937, 377; so auch andere Autoren s. Fn. II, 509.
[513] S. Haug, Haftpflichturteile zur Frage des Nachweises der Erfüllung notarieller Belehrungspflichten, DNotZ 1972, 719; OLG Stuttgart, DNotZ 1983, 693 m. abl. Anm. von Kanzleiter; Reithmann, DNotZ, Sonderheft Deutscher Notartag, 1965, 124.
[514] OLG München (U. v. 26. 5. 1970 – 9 U 2504/69) meinte dazu: „Solche Worte sagen dem juristischen Laien überhaupt nichts".
[515] OLG Düsseldorf (U. v. 24. 6. 1976 – 18 U 102/75) hält dies für unzureichend.
[516] Dieser Vermerk war nach dem Urteil des OLG Düsseldorf v. 23.12. 1981 (18 U 144/81) „inhaltsleer".

daß auf ein Anerkenntnis, alles verstanden zu haben, geschlossen werden könnte[517]. Vorformulierte, abstrakte Belehrungsvermerke sind allerdings zu vermeiden, soweit es z. B. auf bestimmte Risiken oder auf die Motive, aus denen sie in Kauf genommen werden, ankommt[518].

---

[517] So auch Grunau, DNotZ 1937, 455.
[518] Stauch, Der Belehrungsvermerk in notariellen Urkunden, BWNotZ 1984, 97/98.

2. Urkundstätigkeit

a) Formelle Beurkundungsfehler

Die Urkundstätigkeit als Hauptaufgabe des Notars[525] zeigt sich aus haftpflichtrechtlicher Sicht nicht als die risikoreichste. Das formelle Urkundsrecht ist relativ klar geregelt. Verstöße haben eindeutige Folgen, nämlich die Nichtigkeit des Urkundsgeschäfts, und beruhen meist auf einfachen Versehen, wie vergessene Unterschriftsleistung[526] durch den Notar und sonstige Urkundsbeteiligte oder auf Leichtsinn, wie das Abspielen eines Tonbandes anstelle des Vorlesens[527] oder auf wissentlicher Pflichtverletzung in der falschen Hoffnung, es werde sich schon niemand darauf berufen, wie z. B. bei Fernbeglaubigungen[528]. Über die Wirksamkeit des Urkundsgeschäfts wird in der Regel im Verfahren zwischen den Parteien entschieden. Im Haftpflichtprozeß, soweit in solchen Fällen für den Notar überhaupt eine Chance besteht, geht es nur noch um Verschuldens-, Kausal- und Schadensfragen[529]. 600

Eine Änderung der Rechtsauffassung oder „Neuentdeckungen" im Urkundsrecht durch höchstrichterliche Rechtsprechung können zu **Serien von Haftpflichtfällen** führen. Im letzten Jahrzehnt kam es zu zwei solchen Einbrüchen. Der V. Senat entschied anfangs 1979 in 3 Urteilen[530], daß **Teilungserklärungen, Baubeschreibungen und Baupläne** gem. § 9 Abs. 1 S. 2 BeurkG zum Bestandteil des beurkundeten Grundstückskaufvertrags gemacht werden müßten. Das Gericht revidierte damit seine Auffassung aus dem Jahre 1974[531], auf die sich trotz vereinzelter Kritik im Schrifttum[532] die Mehrzahl der Notare verlassen hatte. Aufgrund der neuen Rechtsprechung waren tausende von noch nicht vollzogenen Grundstückskaufverträgen als nichtig anzusehen. Der Gesetzgeber schritt ein und ließ mit dem Beurkundungs-Änderungsgesetz vom 20. 2. 1980 (BGBl. I, S. 157) eine „Heilung" der meisten Verträge eintreten[533]. Bis dahin waren jedoch schon viele Verträge durch neue ersetzt worden. Soweit die eine oder andere Partei für die Wiederherstellung der früheren Rechtslage Einbußen erlitt, wurden Haftpflichtansprüche erhoben. Falls derjenige Vertragspartner, der sich auf die Nichtigkeit berufen hatte, letztlich geschädigt wurde, konnten die Ansprüche unter Hinweis auf einen vom BGH mit Urteil vom 21. 2. 1978[534] entschiedenen gleichgelagerten Fall als unberechtigt abgelehnt werden. Ein Notar erreichte es, daß der BGH[535] die Haftpflichtklage mangels einer zur Zeit der Beurkundung im Jahre 1975 schuldhaften Pflichtwidrigkeit zurückwies. 601

---

[525] Römer, S. 12. So unerläßlich die Belehrungs- und Betreuungspflichten im Zusammenhang mit Beurkundungen sind, sollten sie nicht als die wichtigste Aufgabe des Notars herausgestellt werden (s. Rz. 427).
[526] BGH NJW 1955, 788 (Nr. 5). Zur Möglichkeit der Nachholung der Unterschrift s. umfassend Keidel/Kuntze/Winkler, § 13 Rz. 52–55.
[527] OLG Hamm, MittBayNot 1977, 253.
[528] BGHSt 22, 32; OLG Frankfurt, DNotZ 1986, 421.
[529] S. BGH NJW 1955, 788 (Nr. 5); LM § 19 BNotO Nr. 1 (Nr. 41); DNotZ 1978, 503 (Nr. 94); WM 1983, 343 (Nr. 118); OLG Düsseldorf, VersR 1987, 1096.
[530] DNotZ 1979, 406, 476 u. 479.
[531] BGH NJW 1975, 536 = DNotZ 1975, 358.
[532] Regler, MittBayNot 1975, 149; Volhard, NJW 1975, 1682; damals a. A. Röll, NJW 1976, 167.
[533] Vgl. Winkler, Änderung und Ergänzung beurkundungsrechtlicher Vorschriften, Rechtspfleger 1980, 169. Das Bundesverfassungsgericht erklärte die rückwirkende Heilung durch das Beurkundungs-Änderungsgesetz für verfassungsgemäß (NJW 1986, 2817).
[534] DNotZ 1978, 503 (Nr. 94).
[535] WM 1983, 343 (Nr. 118).

602 Den zweiten Serien-Haftpflichtfall brachte das BGH-Urteil vom 8. 11. 1984[536] mit der Feststellung, daß **Baubetreuungsverträge** mit der Ankaufsverpflichtung des Bauherrn nach § 313 BGB der Beurkundung bedürfen. Diese zutreffende Ansicht[537] führte zu Haftpflichtansprüchen gegen eine Vielzahl von Notaren, die in den 70er Jahren Vollmachten der Bauherren für den Baubetreuer beurkundet hatten. Für diese hätte, wie der BGH in der vorgenannten Entscheidung ausführt, Anlaß bestanden, „die Wirksamkeit der Grundvereinbarung zu überprüfen und wenn die Gefahr bestand, daß ein Formmangel auch zur Unwirksamkeit der Vollmacht führte, die Beurkundung der isolierten Vollmacht abzulehnen".

603 Aufgrund eines extensiv zugunsten der Finanzierungsbanken ausgedehnten Vertrauensschutzes[538] wurden die Bauherren zu Anspruchstellern. Allein in einem finanziell gescheiterten Aufbauprojekt machten über 100 Bauherren die Vollmachtsnotare haftpflichtig, weil sie den Hinweis auf die Unwirksamkeit des Baubetreuungsvertrags unterlassen hatten. Mit einer nach der Lebenserfahrung nicht nachvollziehbaren Begründung, daß sie bei einem solchen Hinweis sogleich oder später bei einer Warnung des den Baubetreuungsvertrag beurkundenden Notars von dem – allein aus steuerlichen Gründen beabsichtigten – Ankauf abgesehen hätten, forderten sie Ersatz der vergeblichen Aufwendungen. Einer Klage wurde vom OLG Düsseldorf[539] stattgegeben. Der Fall und das Urteil zeigt, wie neue Erkenntnisse auf dem Gebiet des formellen Beurkundungsrechts – keiner der Vollmachtsnotare hatte an eine Beurkundungsbedürftigkeit der Baubetreuungsverträge gedacht! – zu schweren Haftpflichtrisiken führen können.

b) Materiell-rechtliche Beurkundungsfehler

604 Im Bereich der materiell-rechtlichen Beurkundungsfehler wächst die Haftpflichtgefahr durch die **richterliche Inhaltskontrolle,** sei es nach dem AGB-Gesetz oder nach § 242 BGB. Dies betrifft vor allem die Gebiete des Gewährleistungsrechts[540], der Scheidungs- oder Versorgungsausgleichs-Vereinbarungen[541] und der Kreditsicherung der Banken[542]. Auf die ständige Rechtsprechung, daß notarielle Vertragsbestimmungen als vorformulierte Standard-Klauseln wie Allgemeine Geschäftsbedingungen richterlich überprüft werden können, hat sich der Notar bei der Beurkundung einzustellen. Girisch formulierte als Vorsitzender des VII. Zivilsenats in der Interpretation des grundlegenden Urteils vom 5. 4. 1979[543] wie folgt[544]: „Die Kläger haben sich gleichsam mittelbar des vom Notar benutzten Formblattes bedient, so als hätten sie sich ein von einem Dritten ... ausgearbeitetes Vertragsmuster beschafft ..."

---

[536] NJW 1985, 730.
[537] S. auch BGH NJW 1988, 132; OLG Stuttgart, WM 1987, 305; Faber, Vollmachten auf Treuhänder im Rahmen von Bauherrenmodellen, BWNotZ 1985, 7; Reithmann, Zur Beurkundung der Treuhändervollmacht im Rahmen von Bauherrenmodellen, MittBayNot 1986, 229.
[538] Diese – nicht überzeugende – Rechtsprechung wird fortgesetzt mit BGH DNotZ 1988, 551 mit abl. Anm. v. Bohrer.
[539] Leitsätze: VersR 1987, 1096.
[540] Aus der umfangreichen Literatur s. Kanzleiter, Die Sachmängelgewährleistung beim Kauf von Häusern und Eigentumswohnungen, DNotZ 1987, 651.
[541] S. z. B. Langenfeld, Notarielle Scheidungsvereinbarungen über den Versorgungsausgleich, DNotZ 1983, 139; Zimmermann u. Becker, Versorgungsausgleichs-Verträge in der neuen Rechtsprechung – eine Bestandsaufnahme, FamRZ 1983, 1; Rau, Unterhaltsvereinbarungen, MittRhNotK 1988, 187.
[542] Reithmann, Grundpfandrechte heute, DNotZ 1982, 67. ders. Die Zweckerklärung bei der Grundschuld, WM 1985, 441; ders. Anm. zu BGH-Urt. ZIP 1986, 1540; Rainer, Die Auswirkungen des AGB-Gesetzes auf die formularmäßige Sicherungszweckerklärung für Grundschulden und die dingliche und persönliche Zwangsvollstreckungsunterwerfung, WM 1988, 1657.
[543] NJW 1979, 1406; s. die zu Recht abl. Kritik v. Medicus S. 7 ff.
[544] Urt. Anm. in LM. § 633 BGB Nr. 34, Bl. 558.

Die haftpflichtrechtlichen Folgen zeigt deutlich das schon zur Verschuldensfrage **605**
(Rz. 80) und zu § 17 Abs. 2 BeurkG (Rz. 490) gebrachte Urteil des OLG Hamm[545].
Das Urteil weist zugleich den Grund auf, warum nur wenige solche Regreßfälle zu
gerichtlichen Entscheidungen führen. Die Einschätzung des Prozeßrisikos läßt es
angezeigt sein, solche Fälle außergerichtlich zu regulieren. Andererseits darf
natürlich die Regreßgefahr nicht Richtschnur für das Ausmaß der richterlichen
Kontrolle sein. Es kann sich nicht die Frage „Inhaltskontrolle oder Notarregreß"
stellen[546]. Es darf jedoch ebensowenig aus dem Resultat der Inhaltskontrolle ohne
weiteres auf eine notarielle Pflichtverletzung geschlossen werden.

Positiv ist zu werten, daß der Notar aufgrund der schon ergangenen Entschei- **606**
dungen und der künftigen richterlichen Kontrolltätigkeit das Instrument der
Belehrung über Zweifel an der Wirksamkeit einer Vereinbarung für die Gestaltung
ausgewogener Verträge besser einsetzen kann[547]. Die Lösung der gesellschaftspoli-
tischen Frage, inwieweit das Prinzip der Vertragsfreiheit strapaziert werden
darf[548], sollte jedoch nicht in der Beurkundungspraxis gefunden werden.

Einseitig begünstigende Bestimmungen werden von der Rechtsprechung dann **607**
als **Individualvereinbarung** anerkannt, wenn die Bedeutung, die „rechtliche
Tragweite" (§ 17 Abs. 1 BeurkG), der Regelung vor oder bei der Beurkundung
ausführlich erörtert und die Rechtsfolge von allen Beteiligten akzeptiert wurde[549].
Weiterhin ist bei der Formulierung der Vereinbarung darauf zu achten, daß sie
konkret auf den Geschäftsgegenstand paßt. Ein Haftpflichturteil des OLG Celle[550]
und ein im Vorprozeß ergangenes Urteil des OLG München[551] geben Beispiele
dafür, wie allgemein vorformulierte Vertragsmuster und weit ausgedehnte, möglichst viele Gegenstände umfassende Bestimmungen – „Gummiklauseln" – direkt
die Meinungsbildung provozieren, daß die betreffende Vereinbarung losgelöst
vom konkreten Objekt und ohne Erörterung beurkundet wurde. Gerade im vom
OLG München entschiedenen Fall wäre aber ein berechtigter Grund für den
Gewährleistungsausschluß gegeben gewesen, nämlich der entsprechend reduzierte
Kaufpreis.

Der **Erörterungsvermerk** und evtl. noch die ausdrückliche Zustimmung der **608**
in ihren Rechten beschränkten Partei wird zweckmäßig in die Niederschrift
aufzunehmen sein[552]. Dies muß allerdings nicht sein. Der Vermerk dient in erster
Linie Beweiszwecken, und zwar für eventuelle Auseinandersetzungen zwischen
den Vertragsparteien, wie auch zum Nachweis erfüllter Notarpflichten. Um
späteren Beweisschwierigkeiten zu entgehen, sollte er jedoch schriftlich abgefaßt,
von den Beteiligten unterschrieben und jedenfalls vom Notar gut verwahrt
werden[553]. Insbesondere die Angabe der Motive, die die vereinbarte Einschränkung von Rechten einleuchtend erscheinen läßt, wird man nicht in die Urkunde
aufnehmen wollen, wenn sie Dritte nichts angeht.

---

[545] NJW-RR 1987, 1234 = DNotZ 1987, 696 m. abl. Anm. v. Kanzleiter.
[546] So Bunte, Inhaltskontrolle notariell beurkundeter Verträge, ZIP 1984, 1314 u. Medicus S. 32.
[547] Vgl. Köbl, Inhaltskontrolle notarieller Massenformularverträge, DNotZ 1973, 389/405; Stürner, JZ 1979, 758; Garrn, Zur richterlichen Inhaltskontrolle notarieller Verträge, NJW 1980, 2782/83.
[548] „Die Vertragsfreiheit muß heute in ihrem funktionellen Zusammenhang mit der Wettbewerbsfrei-
heit gesehen werden. Sie schließt die Möglichkeit eines Mißbrauchs durch wirtschaftliche Macht oder
intellektuelle Überlegenheit in sich. Daher gewinnt ihr gegenüber die soziale Schutzfunktion des Rechts
erhöhte Bedeutung", so Fischer, Vertragsfreiheit und Sozialbindung, DRiZ 1974, 209/213.
[549] So Girisch (Fn. II, 544).
[550] VersR 1978, 427.
[551] NJW 1981, 2472.
[552] So Kanzleiter (Fn. II, 540) DNotZ 1987, 665; vgl. Brambring, NJW 1978, 778 1. Sp.
[553] Auf diese Weise könnte dem Mißtrauen der kontrollierenden Richter (s. z. B. BGH DNotZ 1986, 611) und dem Pessimismus von Brambring in der Urt. Anm. DNotZ 1986, 613. begegnet werden.

609 Materiell-rechtliche Beurkundungsschwierigkeiten ergeben sich auch bei sukzessiver Beurkundung von **Angebot und Annahme**[554]. So kann z. B. eine im Vertragsangebot enthaltene vorformulierte Vollmachtserklärung des Annehmenden durch die beurkundete Annahme nicht wirksam werden. Die Vollmacht wird nicht durch Vertrag erteilt, sie muß vom Annehmenden eigens in der Annahmeurkunde erklärt werden[555].

610 Die gleiche Rechtslage ist bei der Beurkundung der **Zwangsvollstreckungsunterwerfung** zu beachten. Geht das Angebot vom Verkäufer aus, so ist dort die Unterwerfungsklausel deplaciert. Sie muß in der Annahmeurkunde vom Käufer erklärt und vom Notar vorgelesen werden[556]. Steht sie lediglich in der Angebotsurkunde, so kann dies sogar nach § 139 BGB zur Nichtigkeit des Vertrags führen, wenn es dem Gläubiger auf den vollstreckbaren Titel gerade ankam[557]. Hohe Schadenfälle hat es in dieser Beziehung gegeben.

611 Ähnlich wie bei einer verfehlten Vollmachtserteilung oder Unterwerfungserklärung in der Angebotsurkunde desjenigen, der sie nicht erklären, sondern vom Vertragspartner will, wurde vom Notar in dem dem BGH-Urteil vom 19. 9. 1985[558] zugrundeliegenden Haftpflichtfall nicht beachtet, daß die Verpflichtung, eine Entschädigung zu zahlen, wenn ein Verkaufsangebot über ein Grundstück nicht fristgerecht angenommen wird, als Vereinbarung notariell zu beurkunden ist. Im einseitigen Optionsangebot des Verkäufers kann die Verpflichtung des Angebotsadressaten nicht wirksam erklärt werden.

612 Die Beurkundung von **Generalvollmachten**, die von **GmbH-Geschäftsführern** an Dritte erteilt werden, führt immer wieder zu hohen Haftpflichtansprüchen. Solche Vollmachten sind nach der BGH-Rechtsprechung[559] und der herrschenden Meinung in der Literatur[560] nichtig. Alle ein- oder mehrseitigen Rechtsgeschäfte, die solche Vertreter abschließen, sind unwirksam. Sowohl der Notar, der die Vollmacht beurkundet, als auch derjenige, der sie als ausreichende Vertretungsmacht für Geschäfte der GmbH gelten läßt, haften dem Geschädigten. Dagegen kann der vertretungsberechtigte Gesellschafter einer Personen-Handelsgesellschaft eine Generalvollmacht wirksam erteilen. Er überträgt damit keine organschaftliche Vertretungsbefugnis. Der Generalbevollmächtigte erhält lediglich das Recht, den Gesellschafter bei Erledigung seiner Geschäfte zu vertreten[561]. Der grundlegende Unterschied bei der rechtlichen Beurteilung der Zulässigkeit einer Generalvollmacht, ob sie von einem GmbH-Geschäftsführer oder einem Gesellschafter einer Personen-Handelsgesellschaft erteilt wird, liegt im Wesen der Fremdorganschaft bei Kapitalgesellschaften und der Selbstorganschaft bei Personalgesellschaften.

---

[554] Weber, Materiell- und beurkundungsrechtliche Probleme bei sukzessiver Beurkundung von Angebot und Annahme, MittRhNotK 1987, 37; Rudisch, Angebot und Annahme in der notariellen Urkunde, BWNotZ 1984, 159; Winkler, Einseitige Erklärungen des Käufers in der Angebotsurkunde des Verkäufers, DNotZ 1971, 354 u. 715.
[555] LG Freiburg, BWNotZ 1984, 41; Weber (Fn. II, 554) S. 43.
[556] Jansen, § 52 Rz. 14; Keidel/Kuntze/Winkler, § 52 Rz. 20; vgl. Wolfsteiner zu LG Duisburg, MittRhNotK 1984, 109 u. OLG Düsseldorf, MittRhNotK 1984, 175 m. Anm. Grauel, MittRhNotK 1985, 113.
[557] So Winkler (Fn. II, 554) S. 360.
[558] NJW 1986, 246 (Nr. 132).
[559] BGHZ 34, 27/30 f.; DNotZ 1977, 119; WM 1978, 1047.
[560] Scholz, GmbHG, 6. Aufl., § 35 Rz. 13 m. w. Hinw.
[561] BGHZ 36, 292/295; Fischer in HGB-Großkommentar, 3. Aufl., § 114 Rz. 9; Baumbach-Duden, HGB 25. Aufl. § 114 Anm. 2a.

3. Einreichungs- und Vollzugstätigkeit

a) Übernahme

Haftpflichtrisiken bei der Einreichungs- und Vollzugstätigkeit entstehen vor allem dadurch, daß nicht klargestellt wird, **wer, was, wann** einreicht. § 53 BeurkG verpflichtet den Notar, die beurkundete Willenserklärung, die zur Eintragung für das Grundbuchamt und Registergericht bestimmt ist, einzureichen. Es handelt sich zwar dem Wortlaut nach um eine Soll-Vorschrift, die aber dem Notar – bis auf Ausnahmefälle (s. Rz. 624) – kein Ermessen einräumt. Nach der BGH-Haftpflichtrechtsprechung[570] ist die Einreichungstätigkeit grundsätzlich Teil des Urkundsgeschäfts und keine sonstige Betreuung der Beteiligten i. S. v. § 24 BNotO. Die Pflicht nach § 53 BeurkG besteht bei Unterschriftsbeglaubigungen dann, wenn der Notar die Erklärung entworfen hat[571]. 615

Die Einreichungspflicht nach § 53 BeurkG setzt voraus, daß die Eintragung auch beantragt ist. Das war z. B. in einer vom OLG Schleswig[572] entschiedenen Haftpflichtsache nicht der Fall. Ein Landwirt hatte sich im Zuge einer Hofübergabe verpflichtet, seiner Schwester auf Verlangen ein bestimmtes Grundstück zu übereignen, wenn die Pfandfreigabe zu erreichen war. Es konnte hier nicht festgestellt werden, daß die Schwester (Klägerin) den Notar um die Pfandbefreiung und die Umschreibung des Grundstücks ersucht hatte. Ähnlich gelagert war ein vom OLG Düsseldorf[573] entschiedener Haftpflichtfall. Der Käufer hatte sich im Grundstückskaufvertrag zur Eintragung einer Kaufpreissicherungshypothek verpflichtet, falls die öffentliche Hand auf die vom Käufer übernommene Umstellungsgrundschuld verzichten würde. Die Hypothekenabgabe wurde zwar später erlassen; es kam aber nicht zur Eintragung. Der Verkäufer konnte bei dem Käufer keine Befriedigung erlangen. Er konnte gleichwohl den Notar nicht schadensersatzpflichtig machen, weil wegen der in der Urkunde enthaltenen Bedingung kein Einreichungsauftrag gegeben worden und es überdies zweifelhaft war, ob die Eintragung der Hypothek für die zur Zeit des Vertragsabschlusses noch ungewisse Forderung des Verkäufers gleichzeitig mit der Eigentumsumschreibung gewollt war. 616

Hat der Beteiligte aber den Eintragungsantrag gestellt und soll mit der Einreichung bis zum Eintritt einer bestimmten vom Notar nicht herbeizuführenden Bedingung gewartet werden, so bleibt die Pflicht nach § 53 BeurkG bestehen. In einem vom OLG Hamm[574] entschiedenen Haftpflichtprozeß sollte der Notar die Umschreibungsunterlagen einreichen, wenn die Verkäuferin (!), eine Wohnbau-GmbH, die Kaufpreiszahlung anzeigt. Diese unterließ die Bestätigung. Als sie später in Konkurs fiel, mußte der Käufer nochmals an den Konkursverwalter zahlen, um Eigentümer des bereits seit 5 Jahren bewohnten Hauses zu werden. Der Notar wurde wegen der unzureichenden Vertragsgestaltung zur Sicherstellung der Umschreibung und des Fehlens einer **Wiedervorlagefrist** verurteilt. Dem Käufer, einem Dachdeckermeister, wurde zugebilligt, daß er glauben konnte, daß der Notar für die Umschreibung gesorgt hatte. Wiedervorlagefristen bei noch nicht vollzugsreifen Eintragungsanträgen hat nach einem Urteil des OLG 617

---

[570] DNotZ 1978, 177/180 (Nr. 91); VersR 1962, 1177/1181 (Nr. 42); DNotZ 1958, 557/559 (Nr. 21).
[571] RGZ 149, 292; BGH VersR 1956, 45 (Nr. 8); DNotZ 1958, 101 (Nr. 18); 1983, 450 (Nr. 115); BayObLG Betrieb 1986, 1666; a. A. LG Hamburg, DNotZ 1952, 438/440.
[572] U. v. 6. 7. 1970 – 10 U 377/70 (ausführlicher: Haug, DNotZ 1976, 481 f.).
[573] U. v. 15. 1. 1970 – 18 U 84/69.
[574] U. v. 20. 1. 1983 – 28 U 95/82.

Celle⁵⁷⁵ der Notar selbst zu verfügen; er darf dies nicht seinem Bürovorsteher überlassen.

618 Für eine **über die Einreichungspflicht** nach § 53 BeurkG **hinausgehende Vollzugstätigkeit** bedarf es eines besonderen Ansuchens der Beteiligten i. S. v. § 24 Abs. 1 BNotO. Der Notar wird im Interesse der Beteiligten regelmäßig den Vollzug laut der Niederschrift übernehmen. Dieser sicherere Weg ist erfahrungsgemäß besser als ein billigerer Weg (s. Rz. 574). Liegt kein ausdrückliches Ansuchen vor, so wird in der Regel gleichwohl davon ausgegangen, daß der Notar von sich aus alle Voraussetzungen zur Einreichung der beantragten Eintragung schaffen wird⁵⁷⁶. Soll oder will der Notar diese erweiterte Vollzugstätigkeit nicht übernehmen, so ist dies klarzustellen⁵⁷⁷. Treten wegen Vollzugsschwierigkeiten Schäden ein, liegt es für den Betroffenen nahe, den Notar wegen einer Untätigkeit oder mangelnden Belehrung verantwortlich zu machen.

619 Die BGH-Haftpflichtrechtsprechung neigt dazu, einen **stillschweigenden Vollzugsauftrag** anzunehmen; sie drängt zumindest dem Notar auf, ein solches Ansuchen herbeizuführen. Im Urteil vom 3. 11. 1955⁵⁷⁸ heißt es:

> „Das Berufungsgericht verkennt, daß die Tätigkeit des Beklagten und damit seine Amtspflicht sich nicht darin erschöpften, die Erklärungen der Frau W. zu beglaubigen und die vormundschaftsgerichtliche Genehmigung einzuholen, sondern daß der Beklagte es übernommen hatte, die Anträge beim Grundbuchamt einzureichen. Dazu gehört aber auch die Pflicht zu prüfen, ob der Eintragung noch Hindernisse entgegenstehen und bejahendenfalls die zur Beseitigung derselben notwendigen Schritte zu unternehmen oder die Beteiligten zu veranlassen, diese Hindernisse zu beseitigen."

Zur Beschaffung der erforderlichen Genehmigung einer vereinbarten Wertsicherungsklausel führt der BGH im Urteil vom 11. 6. 1959⁵⁷⁹ aus, daß sich eine „eingehende Belehrung" darüber erübrigt hätte, „wenn der Notar im stillschweigenden Einverständnis der Beteiligten diese Genehmigung zugleich eingeholt hätte". In diesem Sinne lauten auch die Entscheidungsgründe des Urteils vom 3. 2. 1976⁵⁸⁰:

> „Der Beklagte hatte, wenn nicht ausdrücklich im Kaufvertrag, so doch stillschweigend bei der Beurkundung dieses über einen normalen Kaufvertrag hinausgehenden Vertrages, zusätzlich zu seinen aus §§ 20, 26 BNotO folgenden Beurkundungspflichten und den damit in engem Zusammenhang stehenden allgemeinen Belehrungs- und Betreuungspflichten ... von der Klägerin zumindest einen Betreuungs- (Treuhand-)Auftrag (§ 24 BNotO) dahin erhalten und übernommen, für die Löschung der bisher auf dem Wohnungseigentum lastenden Grundschulden insoweit Sorge zu tragen, als die Kläger bisher Kaufpreiszahlungen auf sein Anderkonto geleistet hatten."

620 Nicht nur der BGH geht – jedenfalls bei einem Schadeneintritt – davon aus, daß die Beteiligten grundsätzlich vom Notar erwarten, daß er von sich aus zur **Einholung von Genehmigungen oder Löschungsbewilligungen** tätig wird. Das OLG Frankfurt⁵⁸¹ vertritt zur Beschaffung der Negativbescheinigung der Gemeinde die Auffassung, daß es üblich ist, daß diese vom Notar eingeholt wird. Will er dies den Beteiligten überlassen, so muß er das eindeutig klarstellen. Das OLG Köln⁵⁸² verweist zu Recht auf den engen Zusammenhang mit den Belehrungspflichten und folgert, daß aus der fehlenden Belehrung über die für die Lastenfreistellung erforderlichen Maßnahmen hervorgehe, daß der Notar sich

---

⁵⁷⁵ U. v. 3. 8. 1978 – 16 U 192/77.
⁵⁷⁶ Vgl. Luther, DNotZ 1952, 87.
⁵⁷⁷ Jansen, § 18 Rz. 50.
⁵⁷⁸ DNotZ 1956, 319/322 (Nr. 9).
⁵⁷⁹ WM 1959, 1112 (Nr. 25).
⁵⁸⁰ DNotZ 1976, 506/509 (Nr. 87).
⁵⁸¹ U. v. 13. 3. 1984 – 14 U 8/83.
⁵⁸² U. v. 17. 2. 1983 – 7 U 232/82.

selbst dazu verpflichtet habe. Das LG Bremen[583] geht ebenfalls von einem umfassenden Vollzugsauftrag aus. Im gegebenen Fall konnte sich der Notar aber mit Erfolg auf eine Ausnahme von diesem Grundsatz berufen. Er durfte nämlich annehmen, daß die als Erwerberin beteiligte bundesweit tätige Siedlungsgesellschaft die erforderliche Löschungsbewilligung von sich aus beschaffen und einreichen werde, wie sie es auch in anderen vom Notar beurkundeten Fällen getan hatte.

b) Vollzugsreife

Nach § 53 BeurkG soll der Notar die Einreichung von beurkundeten Willenserklärungen zum Grundbuchamt oder Registergericht veranlassen, sobald die Urkunde eingereicht werden kann. Von diesem Zeitpunkt an können bei mehreren Urkundsbeteiligten nur alle gemeinsam etwas anderes verlangen. Der Eintritt der Vollzugsreife setzt nicht nur voraus, daß formell der Eintragung im Grundbuch keine Hindernisse entgegenstehen; sie muß auch dem vertraglichen Willen der Beteiligten entsprechen[584]. Haben diese z. B. vereinbart, daß die Vorlage erst bei Zahlung des Kaufpreises erfolgen soll, so hat der Notar diesen Nachweis abzuwarten. 621

Besteht zwischen den Parteien z. B. über die vollständige Zahlung des Kaufpreises Streit, so darf der Notar die **Einreichung zurückstellen,** wenn er von sich aus nicht ohne weiteres zuverlässige Feststellungen über das Vorliegen dieser Voraussetzung treffen kann[585]. Entscheidend wird es oft auf die Formulierung im Kaufvertrag ankommen. Das Landgericht Wuppertal war in einem nach § 15 Abs. 1 BNotO ergangenen Beschluß[586] der Auffassung, daß der Notar einzureichen habe, weil in der Urkunde als Bedingung nur die Zahlung des reinen Kaufpreises ohne Zinsen genannt war. Der Gegenanweisung des Veräußerers, der Zinsen forderte, durfte der Notar demnach nicht folgen. Der Beschluß erscheint bedenklich, weil nicht auf die Anrechnungsfrage nach § 367 BGB eingegangen wurde. 622

Beruft sich ein Beteiligter auf eine die Eintragung hemmende Abrede, so muß diese wirksam vereinbart worden sein. Eine **einseitige Bedingung,** die nicht Vertragsgrundlage ist, kann nicht genügen. Insofern ist dem Haftpflichturteil des OLG Hamm[587] zuzustimmen, daß der Notar nach § 53 BeurkG nicht berechtigt war, die erklärte Auflassung ohne Zustimmung des Erwerbers zurückzuhalten, weil der Veräußerer als Voraussetzung für die Umschreibung zusätzlich den Abschluß eines Antennen-Nutzungsvertrages forderte. 623

Auf der anderen Seite muß der Notar selbst bei Vollzugsreife der **einseitigen Gegenanweisung** eines Beteiligten folgen, wenn dieser substantiiert darlegt, daß er bei einer Eintragung im Grundbuch oder Register einen kaum wieder gutzumachenden Schaden erleiden würde. Die Nichtbefolgung müßte die Gefahr in sich bergen, daß der Notar praktisch bei einem unredlichen Vorgehen des Vertragsgegners mitwirkt (§ 14 Abs. 2 BNotO)[588]. Das gilt insbesondere, wenn Anfechtungsgründe glaubhaft vorgetragen werden oder in hohem Maße damit zu rechnen ist, daß das Grundbuch unrichtig wird[589]. 624

Zu einer **Einreichung vor Vollzugsreife** ist der Notar grundsätzlich nicht verpflichtet. Dies entspricht § 53 BeurkG. Anderenfalls würden die Gerichte mit 625

---

[583] U. v. 6. 7. 1970 – 10 O 377/70.
[584] Keidel/Kuntze/Winkler, § 53 Rz. 17 f.
[585] OLG Köln, MittBayNot 1986, 269.
[586] v. 17. 11. 1987 – 6 T 833/87.
[587] DNotZ 1987, 166.
[588] Vgl. BGH DNotZ 1978, 373 (Nr. 93); OLG Hamm, DNotZ 1983, 702.
[589] Jansen, § 53 Rz. 18.

zunächst unvollziehbaren Anträgen überschwemmt[590]. Von diesem Grundsatz gibt es aber Ausnahmen, deren Nichtbeachtung unversehens zur Haftpflicht führen kann[591]. Der BGH forderte im Urteil vom 26. 10. 1982[592], daß der Notar auch nicht vollzugsreife Anträge einzureichen habe, wenn die Beteiligten ihn zur Schadenverhütung dazu anweisen. Hätte der Notar die Anmeldung einer GmbH & Co. KG, obwohl deren Komplementärin noch nicht rechtsfähig war, noch vor Jahresende zur Eintragung im Handelsregister eingereicht, so wäre der Anfall von Gesellschaftssteuern nach dem Umwandlungssteuergesetz vermieden worden. Die Gesellschafter hatten ihn um die Fristeinhaltung gebeten. Das Urteil erscheint insofern bedenklich, als die Weisungsabhängigkeit des Notars überbetont wird, obwohl er als unabhängiger Amtsträger Ansuchen zwar stets zu berücksichtigen, aber nicht wie ein Auftragnehmer zu befolgen hat (vgl. Rz. 3). Im Ergebnis ist der Entscheidung aber zuzustimmen[593]. Verstößt eine vorzeitige Antragstellung nicht gegen Schutzvorschriften und wird sie von den Beteiligten zur Verhütung von Nachteilen gewünscht, so hat der Notar von Amts wegen zu helfen. Diese an sich nicht ohne weiteres einsehbare Pflicht hat den für die Notartätigkeit eigentümlichen Grund, daß der Notar nicht nur strikt hoheitlich, sondern zugleich betreuend und bewahrend den Beteiligten gegenübersteht.

626   Die Pflicht zur Einreichung zunächst **noch nicht vollzugsfähiger Eintragungsanträge** kann sich auch **in Grundbuchsachen** ergeben. Sie sollte aber nur ausnahmsweise eintreten, unter der Voraussetzung, wie sie Jansen[594] beschreibt:

„Nur unter besonderen Umständen, etwa wenn den Beteiligten wegen zu erwartender weiterer Anträge daran gelegen sein muß, sich die rangwahrende Wirkung der Zwischenverfügung (§ 18 Abs. 2 GBO) zu sichern, kann sich eine Pflicht des Notars, die Beteiligten über diese Möglichkeit aufzuklären und sich den Auftrag zur vorzeitigen Antragstellung bei Behebbarkeit des Mangels erteilen zu lassen, unter der betreuenden Belehrungspflicht... ergeben."

Als wesentlich ist hervorzuheben: einmal die ersichtliche Gefahr von Nachteilen und zum anderen ein Ansuchen der belehrten Beteiligten. Auf eigenes Risiko sollte der Notar nur in Notfällen vorgehen.

627   Ein Beispiel gibt das Urteil des OLG Celle[595]. Der Notar hatte die Eintragung von Grundschulden zu beantragen. Es fehlte aber noch an der Vollzugsreife, weil das betreffende Grundstück wegen Fehlens der Unbedenklichkeitsbescheinigung noch nicht auf den Schuldner umgeschrieben worden war. Gleichwohl hätte der Notar die Einreichung vornehmen müssen, weil weitere Anträge mit Grundstücksbelastungen zu erwarten waren und das Grundbuchamt den Antrag zur Rangwahrung entgegengenommen und nicht kurzerhand zurückgewiesen hätte. Diese Ansicht des Senats fand ihre Bestätigung darin, daß das Grundbuchamt ebenfalls noch nicht vollzugsreife Eintragungsanträge anderer Gläubiger rangwahrend angenommen hatte.

628   Hat der Notar keinen Anlaß und keine Pflicht, etwaigen Risiken des Beteiligten nachzugehen, so kommt für ihn von vornherein nicht in Betracht, vorsorglich noch nicht vollzugsfähige Anträge einzureichen. Das OLG München[596] verneinte deshalb eine Haftpflicht des Notars, der nicht zur Wahrung eines Steuervorteils den Umschreibungsantrag vorzeitig eingereicht hatte. Da der Notar ohne besondere Gründe nicht zur Belehrung oder Beratung über steuerliche Fragen verpflich-

---

[590] Becker-Berke, DNotZ 1983, 453; Keidel/Kuntze/Winkler, § 53 Rz. 15.
[591] Vgl. Jansen, § 53, Rz. 8.
[592] DNotZ 1983, 450 (Nr. 115).
[593] So auch Becker-Berke, DNotZ 1983, 453.
[594] § 53 Rz. 8; vgl. Mecke, § 53 Rz. 4.
[595] V. 28. 10. 1987 – 3 U 126/86.
[596] DNotZ 1973, 181.

tet ist, kann von ihm nach Ansicht des Senats auch nicht verlangt werden, daß er von sich aus solchen Fragen nachgeht und entgegen § 53 BeurkG nicht vollzugsreife Anträge stellt. Das OLG entgeht damit dem Widerspruch im BGH-Urteil vom 10. 11. 1988[597], mit dem durch Ermittlungspflichten, die durch das konkrete Geschäft nicht veranlaßt waren, dem Notar doch eine Steuerberatung auferlegt wurde (s. Rz. 561).

Bei **Anmeldungen zum Registergericht** bestehen unterschiedliche Meinungen darüber, ob § 53 BeurkG Anwendung findet, wenn nach Vollzugsreife nicht alle Antragsteller den Notar ersuchen, die Einreichung zu unterlassen. Nach der Rechtslage vor dem Beurkundungsgesetz konnte der BGH[598] ohne Bedenken entscheiden, daß der Notar auch bei „Vollzugsreife" die von mehreren Beteiligten beantragte Registeranmeldung – Auflösung einer OHG – nicht einreichen dürfe, wenn nur *ein* Beteiligter widerspricht. Diese Meinung wurde auch nach Inkrafttreten des Beurkundungsgesetzes im Schrifttum aufrecht erhalten[599]. Becker-Berke[600] weist jedoch, wie schon vor ihm Jansen[601], zutreffend darauf hin, daß § 53 BeurkG auch hinsichtlich der Erforderlichkeit einer gemeinsamen Gegenanweisung bei einer von mehreren Parteien unterschriebenen Registeranmeldung zu gelten habe. Es ist die verfahrensrechtliche Seite der Anmeldung von der materiell-rechtlichen des Widerrufs zu unterscheiden. Der Notar soll aber trotz der Pflicht zur Einreichung den Widersprechenden und das Registergericht darüber aufklären[602]. **629**

c) Durchführung und Überwachung

Leitet der Notar Eintragungsanträge der Beteiligten gem. § 53 BeurkG **schlicht als Bote** weiter, so ist damit das Beurkundungsgeschäft abgeschlossen und er hat keine weiteren Überwachungspflichten. Dies entspricht der BGH-Rechtsprechung[610] und der herrschenden Meinung im Schrifttum[611]. Die abseitige Ansicht von Huhn/v. Schuckmann[612] überzeugt nicht: Wenn die Grundbuchämter ohne Verpflichtung im eigenen Interesse Eintragungsnachrichten den Notaren zusenden, so kann dies für den Notar keine zusätzliche Amtspflicht gegenüber den Beteiligten begründen. **632**

Hat der Notar aber **die Einreichung übernommen** bzw. macht er von der **Ermächtigung nach § 15 GBO** Gebrauch, so hat er auch die erfolgte Eintragung anhand der ihm vom Grundbuchamt übersandten Nachrichten zu überprüfen und überhaupt den ihm übertragenen Vollzug zu überwachen. Er hat dann z. B. durch Wiedervorlagetermine dafür zu sorgen, daß beantragte behördliche Genehmigungen erteilt[613] oder Fristverlängerungen zur Erfüllung von Auflagen in Zwischenverfügungen des Grundbuchamts gewährt werden. In einem vom OLG Schleswig[614] entschiedenen Prozeß wurde der Notar verurteilt, weil er die vom Grundbuchamt gesetzte Frist zur Aufhebung einer einstweiligen Verfügung, mit der die **633**

---

[597] WM 1988, 1853 (Nr. 153).
[598] DNotZ 1958, 101 (Nr. 18); vgl. BGH NJW 1963, 36 (Nr. 42).
[599] Mecke, § 53 Rz. 10; Keidel/Kuntze/Winkler, § 53 Rz. 21.
[600] DNotZ 1983, 455 f.
[601] § 53 Rz. 17.
[602] Ein auch zur Haftpflichtprophylaxe wichtiger Rat von Becker-Berke und Jansen (s. Fn. II, 600 und 601).
[610] DNotZ 1958, 557/560 (Nr. 21); WM 1959, 743 (Nr. 24); DNotZ 1969, 173/176 (Nr. 65).
[611] Keidel/Kuntze/Winkler, § 53 Rz. 29; Reithmann/Röll/Geßele, Rz. 456; Jansen, § 53 Rz. 12; Mecke, § 53 Rz. 9; Seybold/Hornig, § 35 Rz. 34; Ertl, DNotZ 1969, 650/655; Reithmann, DNotZ 1975, 332; Bernhard, DNotZ 1988, 376.
[612] § 53 Rz. 38.
[613] OLG Koblenz, DNotZ 1955, 612 = MittBayNot 1955, 111.
[614] U. v. 26. 9. 1980 – 11 U 170/79.

Eintragung des Käufers untersagt worden war, bei der langen Dauer des Prozesses nicht verlängern ließ. Als der Käufer im Berufungsverfahren Erfolg hatte, war das Grundstück schon an einen anderen Interessenten veräußert worden. Zur Herbeiführung des beabsichtigten Rechtserfolgs ist der mit dem Vollzug beauftragte Notar auch verpflichtet, etwa versäumte Maßnahmen möglichst umgehend nachzuholen[615].

634 Der BGH hält den Notar sogar für verpflichtet, den Beteiligten zu empfehlen, ihn zum Vollzug zu ermächtigen, wenn damit die vorgesehene Abwicklung besser gesichert wird. Im Urteil vom 12. 7. 1968[616] wird als eine Pflichtverletzung angesehen, daß der Notar lediglich als Bote Löschungsanträge beim Grundbuchamt einreiche, die wegen Nichtzahlung der Kosten schließlich zurückgewiesen wurden. Der Notar hätte zum Schutze des Käufers nach § 15 GBO die Anträge stellen sollen. Er wäre dann von der Zwischenverfügung mit der Zahlungsaufforderung unterrichtet worden. Ebenso wird im Urteil vom 31. 1. 1969[617] dem Notar zum Vorwurf gemacht, daß er nur als Bote einen lediglich vom Schuldner gestellten Antrag an das Grundbuchamt weitergeleitet hatte, so daß ihn dieser unter Verlust der vorgesehenen Rangstelle wieder zurücknehmen konnte (s. Rz 638).

635 Steht mit dem Urkundsvollzug ein Treuhandauftrag mit **Anderkontenführung** im Zusammenhang, so entstehen besondere Koordinierungs- und Überwachungspflichten. Der Notar darf wie in dem Beispielfall des BGH-Urteils vom 3. 2. 1976[618] nicht schon die Eigentumsumschreibung veranlassen, wenn er nicht gemäß den Vertragsbestimmungen durch Zahlung vom Anderkonto die Löschung der dinglichen Lasten herbeigeführt hat. Der Zweck und Sinn solcher Treuhand- und Überwachungsaufträge schließt nach Ansicht des BGH im Urteil vom 31. 3. 1960[619] in der Regel sogar ein Mitverschulden des Geschädigten bei der Prüfung zugehender Eintragungsnachrichten aus. In der Haftpflichtsache hatte sowohl der Notar als der Geschädigte übersehen, daß das Grundbuchamt nicht an der richtigen Rangstelle eingetragen hatte (vgl. Rz. 234).

636 Die **unberechtigte Rücknahme** von Eintragungsanträgen führt nicht selten zu Verlusten von Kreditgebern. Der Haftpflicht liegt meist zugrunde, daß der Notar nicht daran gedacht hat, daß auch bei einer Antragstellung nach § 15 GBO der Eigentümer und Schuldner nicht entmachtet ist und – unredlich – den nur in seinem Namen gestellten Antrag einseitig zurücknehmen kann. Er kann dies ohne Angabe von Gründen, solange die Eintragung im Grundbuch noch nicht vollzogen, d. h. noch nicht unterzeichnet ist[620]. Auch wenn für den Eigentümer eine materiell-rechtliche Bindung, die einen einseitigen Widerruf ausschließen würde, bestehen sollte, ist ihm die Antragsrücknahme nicht verwehrt. Der Eintragungsantrag ist eine reine Verfahrenshandlung. Ein Verzicht auf Rücknahme ist nach herrschender Meinung für das Grundbuchamt unbeachtlich[621]. Der Notar wird sich nicht auf die abweichende rechtlich zweifelhafte Ansicht des OLG Hamm[622] verlassen können, wonach der Verzicht der Beteiligten auf ein eigenes Antragsrecht möglich sein könnte, indem dem Notar eine „verdrängende Vollmacht" erteilt werde.

---

[615] BGH DNotZ 1968, 318 (Nr. 63).
[616] DNotZ 1969, 173/176 (Nr. 65).
[617] DNotZ 1969, 499/501 (Nr. 69).
[618] DNotZ 1976, 506/509 (Nr. 87).
[619] DNotZ 1960, 663/667 (Nr. 33).
[620] Haegele, Zurücknahme eines Eintragungsantrags und Bindung der Beteiligten in Grundbuchsachen, BWNotZ 1975, 101.
[621] Haegele (Fn. II, 620) S. 102f. m. w. Hinw.; BGH WM 1970, 710.
[622] DNotZ 1975, 686 m. abl. Anm. v. Ertl, DNotZ 1975, 644 u. MittBayNot 1975, 172 m. krit. Anm. v. Herrmann.

Eine vermeintliche Sicherheit für die finanzierende Bank bot z. B. die notarielle **637**
Bescheinigung, die Gegenstand des BGH-Urteils vom 16. 3. 1970[623] war. Es
wurde bestätigt, daß eine Ausfertigung der Grundschuldbestellung über
100 000 DM zugunsten der Bank beim Grundbuchamt eingereicht worden sei, die
Eintragungskosten bezahlt seien, eine Abtretungserklärung vorliege, die der Bank
übersandt werde und das Grundbuchamt durch die Gläubigerin unwiderruflich
angewiesen sei, den Grundschuldbrief der Bank auszuhändigen. Die Bank zahlte;
es kam aber nicht zur Eintragung der Grundschuld, weil die Grundstückseigentümerin den nur durch sie gestellten Antrag wieder zurückgenommen hatte.

Den notwendigen Schutz bietet, daß der Antrag nicht nur vom Eigentümer, **638**
sondern auch vom Kreditgeber gestellt wird (§ 13 Abs. 2 GBO). Dies kann und
wird der Notar, der zugleich die Überwachung übernehmen soll, auch im
Rahmen der Ermächtigung nach § 15 GBO tun. Stellt er für mehrere Beteiligte
den Antrag[624], so können ohne ihn nur *alle* Beteiligten den Antrag bis zur
Eintragung wieder zurücknehmen. Haben neben dem Notar, der nach § 15 GBO
den Antrag stellt, die Beteiligten schon in der vorgelegten Urkunde die Antragstellung erklärt, so kann der Notar nur aufgrund einer besonderen Ermächtigung
der Beteiligten von sich aus den Antrag wieder zurücknehmen. Nach Ansicht des
BayObLG[625] erstreckt sich nämlich § 15 GBO nur auf den nach § 24 Abs. 3 S. 1
BNotO vom Notar selbst gestellten Antrag.

Über die **Kostenmithaftung** (§ 2f KostO) der zu sichernden Beteiligten muß **639**
der Notar grundsätzlich nicht belehren (s. Rz. 575). Auch wenn der Vollzugsantrag des Notars nicht zweifelsfrei erkennen läßt, für wen er gestellt sein soll, so ist
dieser im Zweifel als im Namen aller Antragsberechtigten gestellt anzusehen (§ 13
Abs. 2 GBO). Auch die Klausel „Kosten übernehmen wir nicht" in der Freigabeerklärung nach § 875 BGB sieht das BayObLG[626] nicht unbedingt als Ausschluß
von der Antragstellung und damit von der Kostenschuld an.

Die Antragstellung nach § 15 GBO zugleich für den Begünstigten ist nicht nur **640**
zur Verhinderung einer unbefugten Rücknahme wichtig. Der Notar kann bei
etwaigen Eintragungshindernissen dafür sorgen, daß der Gläubiger die grundbuchmäßige Sicherheit erlangt. Nach einem Urteil des OLG Oldenburg vom
7. 11. 1980[627] kann er verpflichtet sein, den bei der Bestellung anwesenden
Grundstücksgläubiger bei Eingang einer Zwischenverfügung des Grundbuchamts
davon zu unterrichten, daß der Schuldner den Kostenvorschuß nicht eingezahlt
hat. Er hätte damit dem Gläubiger ermöglichen können, von sich aus die Kosten
zu zahlen, um die Eintragung herbeizuführen. Der Notar hat aber nur diese
Überwachungs- und Hinweispflichten; nicht zur Betreuung gehört, daß er persönlich die Kosten vorlegt.

Beim Vollzug entstehen Haftpflichtrisiken nicht selten daraus, daß **empfangs-** **641**
bedürftige Willenserklärungen, die der notariellen Form bedürfen, nur in
beglaubigter Abschrift statt im Original oder üblicherweise als Ausfertigung
zugestellt werden. Solche Willenserklärungen werden nur wirksam, wenn sie dem
Empfänger in der Form zugehen, die für das Rechtsgeschäft selbst vorgeschrieben
ist[628]. Dies gilt z. B. bei Widerruf eines gemeinschaftlichen Testaments oder

---

[623] WM 1970, 710; s. auch OLG Celle, DNotZ 1989, 56/58.
[624] Dies kann schon nach § 15 GBO mit der Antragstellung „namens der Beteiligten" geschehen:
BayObLG MittRhNotK 1985, 205.
[625] MittBayNot 1988, 233; vgl. auch die eingeschränkte Rücknahmeermächtigung des Notars bei
einer Bestimmung der Beteiligten, daß mehrere Eintragungsanträge einheitlich erledigt werden sollen:
BayObLG Rechtspfleger 1975, 94.
[626] DNotZ 1987, 217.
[627] 6 U 106/80.
[628] BGH DNotZ 1960, 260 (Nr. 31); NJW 1962, 1389; BGHZ 36, 201; BayObLG DNotZ 1979, 348;
OLG Hamm, NJW 1982, 1002.

Erbvertrags (§§ 2271, 2296 BGB), für die Einwilligungserklärungen nach dem Adoptionsrecht (§ 1750 BGB), aber auch für den Zugang des Angebots auf Abschluß eines Grundstückskaufvertrags. Bei dem zuletzt genannten Rechtsgeschäft kommt der Vertrag schon mit der Beurkundung der Annahme zustande (§§ 128, 152 BGB). Gleichwohl wird der Notar dem Anbietenden die Annahmeerklärung formlos oder in beglaubigter Abschrift mitteilen. § 152 BGB ist dispositiv. Wurde das Vertragsangebot dem Annehmenden nicht formgerecht zugestellt, so bietet auch eine etwa eingetragene Auflassungsvormerkung keinen Schutz[629].

642   Der BGH urteilt in seiner Haftpflichtentscheidung vom 28. 9. 1959[630] streng, eher zu streng über die Überwachungspflicht des Notars, ob der **Gerichtsvollzieher** entsprechend dem erteilten Auftrag wirklich eine Ausfertigung des Widerrufs zugestellt hat. Selbst die Überwachung durch den Bürovorsteher genügt dem BGH nicht. Nach der Fallgestaltung lag die auftragswidrige Zustellung in der Verantwortung des Gerichtsvollziehers und es kam allein die Staatshaftung in Frage, ohne daß man es zu einer Gesamtschuldnerschaft mit einem internen Splitting nach § 426 BGB hätte kommen lassen müssen. Auch wenn Gerichtsvollzieher nicht stets zuverlässig sein sollten, in Zustellungssachen mit einem bestimmten Auftrag müßte sich der Notar auf diesen Spezialisten verlassen können. Auf eine nach § 185 ZPO verbotene und deshalb unwirksame Ersatzzustellung müßte der Notar aber – z. B. bei Widerruf eines gemeinschaftlichen Ehegattentestaments – den Gerichtsvollzieher aufmerksam machen.

d) Zeitspannen zur Erledigung

643   Bei der Bestimmung der Zeitspanne, die dem Notar zur Erledigung zuzubilligen ist, kommt es auf die Art des Amtsgeschäfts und darauf an, ob eine erkennbare Eilbedürftigkeit besteht[631]. Feste Zeitabschnitte können nicht genannt werden und werden auch im Gesetz oder in der Rechtsprechung nicht fixiert. Geht man von der Einreichungstätigkeit aus, so wird der Notar ab Vollzugsreife (s. Rz. 621 ff.) **„unverzüglich"** einzureichen haben. Dieses Adverb wurde nicht in § 53 BeurkG aus dem zuvor geltenden § 37 BNotO übernommen. Schärfere Anforderungen als ein unverzügliches Vorgehen – nach der Legaldefinition in § 121 BGB ein Vorgehen „ohne schuldhaftes Zögern" – wird man aber nach wie vor nicht stellen.

644   Ohne schuldhaftes Zögern wird im Normalfall des beruflichen Alltags unter Berücksichtigung der Verhältnisse in einem durchschnittlich gut organisierten Notariat ein Zeitraum von etwa 4 Arbeitstagen ab Vollzugsreife sein (s. Rz. 646). Das Kammergericht[632] billigte einem Notar in einer nicht dringlich erscheinenden Sache sogar einen Kurzurlaub von 3 Arbeitstagen zu, zumal für Anfertigung der Ausfertigungen und Abschriften der Kaufvertragsurkunde ohnehin wenigstens 1 Tag notwendig war. Das KG vertritt die verständige Ansicht: „Die Verzögerung der Einreichung um ein bis zwei Tage kann dem Beklagten nicht zum Vorwurf gemacht werden, denn dies würde zu einer Überspannung der ihm obliegenden Sorgfaltspflichten führen."

645   Aus der weiteren Rechtsprechung, auf die es in Haftpflichtsachen letztlich ankommt, gibt für den Normalfall aus der Notariatspraxis das OLG München im

---

[629] Palandt, § 883 Anm. 2e, bb; Haegele, zur Vormerkung nach § 883 BGB, namentlich in Sonderfällen, BWNotZ 1971, 1/8.
[630] DNotZ 1960, 260 (Nr. 31).
[631] S. Haug in Haftpflichtecke, DNotZ 1976, 479 u. 1979, 725.
[632] U. v. 16. 2. 1968 – 7 U 316/67; so auch Mecke (§ 53 Rz. 6), Jansen (§ 53 Rz. 10) u. Keidel/Kuntze/Winkler (§ 53 Rz. 15).

Haftpflichturteil vom 17. 5. 1966[633] einen guten Beurteilungsmaßstab. Es ging darum, daß dem Antrag auf Eintragung einer Auflassungsvormerkung ein anderer aufgrund eines Arrestbefehls gestellter Antrag auf Eintragung einer Höchstbetrags-Sicherungshypothek vorging. Der Kaufvertrag mit der bewilligten Auflassungsvormerkung war am 23. 1. 1961, einem Montag, beurkundet worden, der Notar reichte den Antrag am 1. 2. 1961 ein; aber schon am 27. 1. lag dem Grundbuchamt der Antrag auf Eintragung der Sicherungshypothek vor. Das OLG verneint in Übereinstimmung mit den erstinstanzlichen Richtern eine besondere Eilbedürftigkeit:

„Die Tatsache, daß in dem Vertrag für den Kläger eine Auflassungsvormerkung bewilligt und deren Eintragung im Grundbuch beantragt worden war, gab der Urkunde hinsichtlich ihrer weiteren kanzleitechnischen Bearbeitung zwar den Vorrang vor anderen weniger dringlichen Sachen. Andererseits war der Beklagte (Notar) allein mit Rücksicht auf diese Tatsache noch nicht verpflichtet, die Urkunde aus dem für gleichdringliche Sachen üblichen Geschäftsgang herauszunehmen und sie unter Zurückstellung aller übrigen Angelegenheiten einer bevorzugten Sachbehandlung zuzuführen. Denn der Beklagte weist mit Recht darauf hin, daß heutzutage nahezu in jedem auf die Übertragung von Grundstückseigentum gerichteten Vertrag eine Auflassungsvormerkung aufgenommen werde. Das hat zur Folge, daß im Notariat des Beklagten ständig eine Vielzahl von Urkunden vorliegt, die ihrer Natur nach zwar einer beschleunigten Sachbehandlung bedürfen, unter sich aber hinsichtlich ihrer Dringlichkeit gleichrangig sind."

Einen ähnlichen Dringlichkeitsgrad stellt das OLG für Hypothekenbestellungen auf. Es verweist hierzu auf eine alte RG-Entscheidung[634] und vertritt die Auffassung:

„Wenn das Reichsgericht damals schon dem Notar in einem Fall gleicher Dringlichkeit eine Bearbeitungszeit von 4 Tagen zugebilligt hat, dann muß dem Beklagten unter Berücksichtigung der jetzigen Zeitverhältnisse eine mindestens gleichlange Bearbeitungszeit zugestanden werden. Zwar hat sich seitdem auch der Betrieb einer Notariatskanzlei in vieler Hinsicht technisieren und rationalisieren lassen. Dafür haben sich aber die Geschäftslast und die Personalschwierigkeiten um ein Vielfaches erhöht."

Bei der Einreichungstätigkeit (§ 53 BeurkG) ist insbesondere der Zeitraum zu berücksichtigen, der innerhalb des Notariats zur **Schaffung der Vollzugsreife** erforderlich ist. Es gehören dazu – stichwortartig angegeben – die Eintragung der Urkunde in die Urkundenrolle und andere Register, die Fertigung von Abschriften, das Anbringen von Beglaubigungs- oder Ausfertigungsvermerken, das Heften und Siegeln, die Kostenbewertung und -rechnung, etwaige Begleitschreiben, die Unterschriftsleistung, Eintragung im Postausgangsbuch und meist noch andere Arbeitsgänge. Einschließlich dieser bürointernen Tätigkeiten ist es in Übereinstimmung mit Kanzleiter[635], Schippel[636] und Huhn/v. Schuckmann[637] angemessen und noch als pflichtgemäß anzusehen, wenn innerhalb von 8 bis 10 Arbeitstagen eingereicht wird. Die Haftpflichtrechtsprechung müßte auch konzedieren, daß nicht dringliche Antragssachen gesammelt und zwei- oder dreimal in der Woche zum Grundbuchamt oder Registergericht gebracht werden[638]. Es ist nicht einzusehen, daß ein schuldhaftes Zögern, „z. B. durch eigenmächtiges Aufsammeln vereinzelter Urkunden und schubweises Vorlegen"[639], gegeben sei, wenn nicht eilbedürftige Anträge von 2 Beurkundungstagen gesammelt eingereicht werden.

646

---

[633] 9 U 1656/64.
[634] Recht 1911, Nr. 3896.
[635] DNotZ 1979, 314.
[636] MittBayNot 1979, 35.
[637] § 53 Rz. 31.
[638] So auch Huhn/v. Schuckmann, § 53 Rz. 29.
[639] OLG München, JW 1916, 688, ohne daß diese Frage für die Entscheidung erheblich gewesen wäre.

647 Eine Übersicht über die weitere Rechtsprechung zur „Unverzüglichkeit" der Einreichung zeigt, daß danach schwerlich ein einheitlicher Maßstab zu gewinnen ist. Das OLG München[640] erklärte in einem älteren, aber immer wieder herangezogenen Urteil 3 Tage zwischen Beurkundung und Einreichung für noch ausreichend, eine recht enge Betrachtungsweise. Laut OLG Saarbrücken[641] soll der Antrag spätestens „nach einigen Tagen" beim Grundbuchamt sein. Als nicht mehr unverzüglich wurde vom BGH[642] der Zeitraum von 10 Tagen für die Einreichung des Eintragungsantrags für eine Vormerkung angesehen.

648 In ersichtlichen **Eilfällen** muß der Notar unter Zurückstellung weniger dringlicher Sachen im Rahmen der büromäßigen Möglichkeiten schnell vorgehen[643], ohne jedoch die Sorgfältigkeit und Rechtssicherheit zugunsten der Geschwindigkeit zu vernachlässigen[644]. In solchen Fällen kann der Notar auf Ansuchen der Parteien sogar verpflichtet sein, vor der Vollzugsreife den Antrag einzureichen, wenn nur mit einer Zwischenverfügung zu rechnen ist (s. Rz. 625 f.). Auch in dem auf den ersten Blick unbillig erscheinenden Haftpflichturteil des OLG München vom 13. 5. 1959[645], das scheinbar nur eine Bearbeitungszeit von 2 bis 3 Tagen verlangt, war Eilbedürftigkeit gegeben, weil Vollzugsreife schon 10 Tage vor dem schadenbringenden Antrag eines Dritten mit der Eintragung einer Sicherungshypothek gegeben war *und* der Geschädigte den Notar auf „sofortige" Einreichung gedrängt hatte. Die Verzögerung lag in der Unentschlossenheit und mangelnden Aufklärungsarbeit des Notars. Solche Nachlässigkeiten können auch dann zur Haftung führen, wenn der Anlaß für den Schadeneintritt zeitlich überwiegend in einer nicht vom Notar zu vertretenden Verzögerung liegt. Kennt der Notar den bevorstehenden Fristablauf, so hat er sich, wie das OLG Koblenz[646] entschieden hat, dafür einzusetzen, daß die Frist – z. B. aufgrund einer Anfrage – doch noch gewahrt werden kann.

649 Ein Urteil des LG München vom 20. 2. 1980[647] stimmt nachdenklich darüber, welche Bearbeitungszeiträume bei anderen ebenfalls zur sorgfältigen Betreuung verpflichteten Institutionen im Vergleich zu den Anforderungen der Rechtsprechung an den Notar hingenommen werden. Der im Haftpflichtprozeß belangte Notar hätte nach dem Vorbringen des Klägers die Bank, deren Grundschuld abgelöst werden sollte, an die Anzeige der Gutschrift erinnern sollen, damit die Löschungsbewilligung früher eingereicht werden konnte. 3 Wochen nach dem Überweisungsauftrag des Notars erhielt er erst die Gutschriftbestätigung. Die Klage wurde abgewiesen, weil die „im heutigen Geschäftsverkehr bei Banken als notwendig vorauszusetzenden Bearbeitungszeiten... bei Anwendung eines objektiven Maßstabes weder als ungewöhnlich lang noch als auffallend kurz zu bewerten" seien (!).

650 Dagegen meinte der BGH im Urteil vom 7. 11. 1978[648] zur Stellung des Antrags auf Eintragung einer Sicherungshypothek, daß der Antrag vom Notar „entweder noch am Beurkundungstag, wenigstens aber an dem darauffolgenden Tag zeitig dem Grundbuchamt einzureichen" gewesen wäre. Hier wird in Verkennung der „Vollzugsreife", der notwendigen Bearbeitungszeiten in der Notariatspraxis und

---

[640] JW 1916, 688.
[641] DNotZ 1973, 442.
[642] VersR 1964, 282 (Nr. 50).
[643] Kanzleiter, DNotZ 1979, 318.
[644] Schippel, MittBayNot 1979, 36.
[645] VersR 1959, 1054.
[646] WM 1984, 926. Die dort gestellten Anforderungen an die Aufmerksamkeit und Schnelligkeit des Notars gehen aber etwas zu weit.
[647] MittBayNot 1980, 87.
[648] DNotZ 1979, 311 (Nr. 95).

des Begriffes „ohne schuldhaftes Zögern" Unmögliches verlangt. Die im Haftpflichtfall eingetretene Schädigung der Klägerin durch einen unredlichen Geschäftspartner hätte auf andere Weise verhindert werden können, ohne unerfüllbare Anforderungen an die Arbeitsgeschwindigkeit im Notariat zu stellen. Es wird auf die Urteilsanmerkungen von Schippel[649], Kanzleiter[650] und des Verfassers[651] verwiesen.

Bei der **Einreichung zum Handelsregister** entstehen besondere Regreßgefahren, wenn Haftungsausschlüsse nach den §§ 25 Abs. 2 u. 28 Abs. 2 HGB oder Haftungsbeschränkungen des GmbH-Gesellschafters (§ 11 Abs. 2 GmbHG) oder Kommanditisten (§ 176 Abs. 2 HGB) nicht rechtzeitig zur Eintragung kommen. Im Anschluß an die Rechtsprechung des Reichsgerichts[652] entschied der BGH[653] zu § 25 HGB, es sei nicht notwendig, daß der Haftungsausschluß vor oder gleichzeitig mit der Geschäftsübernahme eingetragen und bekannt gemacht wird. Es reiche vielmehr aus, wenn er unverzüglich nach der Geschäftsübernahme angemeldet wird und die Eintragung sowie Bekanntmachung sodann in angemessenem Zeitabstand folgen. Wieder kommt es auf die **unverzügliche** Anmeldung an. **651**

Das OLG Hamburg hatte im Urteil vom 25. 4. 1977[654] darüber zu entscheiden, ob der Notar die Anmeldung eines **Haftungsausschlusses gem. § 25 Abs. 2 HGB** noch rechtzeitig, d. h. unverzüglich beim Registergericht eingereicht hatte. Die Beurkundung der Firmenübernahme mit dem Haftungsausschluß erfolgte am 1. 3. 1973. Das Anschreiben des Notars mit dem Antrag traf am 7. 3. 1973 beim Handelsregister ein und die Eintragung wurde am 15. 3. 1973 bekannt gemacht. Das OLG hält im Prozeß eines Alt-Gläubigers gegen den Firmenübernehmer die Voraussetzungen für eine unverzügliche Anmeldung und Bekanntmachung für erfüllt und vertritt zur Einreichungstätigkeit des Notars folgende Auffassung: **652**

„Das Anschreiben, mit dem der Notar die von ihm beglaubigte Anmeldung bei dem Registergericht eingereicht hat, ist am Tage nach der Erklärung am 2. 3. 1973 gefertigt worden. Daß diese Urkunden nicht sogleich an demselben Tage, einem Freitag, oder jedenfalls am nächsten Arbeitstag, dem 5. 3. 1973, bei dem Registergericht eingereicht worden sind, spricht nicht für eine einem ordnungsgemäßen Bürobetrieb entgegenstehende schuldhaft verzögerliche Handhabung, wenn in Betracht gezogen wird, daß vom Diktat eines Schreibens über die Übertragung auf der Schreibmaschine, die Vorlage des Schriftstücks zur Unterschrift und die Unterzeichnung durch den Notar bis zur Übermittlung an das Gericht durchaus eine gewisse Zeit verstreichen kann. Ein Bedürfnis nach besonderer über das bei solchen Vorgängen, die eine Unterbrechung der Bearbeitung nicht dulden, angebrachte Maß hinausgehende Beschleunigung bestand nicht." Es „spielt nach Ansicht des Senats für die Frage, ob der Notar schuldhaft handelt, wenn er die Vorlage der Anmeldung beim Handelsregister zwar nicht verzögert, aber auch nicht besonders beschleunigt, sondern sie im normalen Arbeitsablauf wie andere keinen Aufschub duldende Angelegenheiten betreibt, eine Rolle, ob er aus der Sicht eines gewissenhaften Notars damit rechnen mußte, in der Zwischenzeit könnten sich Gläubiger des ausscheidenden Geschäftsinhabers darauf einstellen, der Übernehmer hafte nach der Regel des § 25 Abs. 1 HGB für die Altschulden, und deshalb auf Maßnahmen gegen den früheren Inhaber zunächst verzichten. Das kann hier nicht angenommen werden. Für den Eintritt oder die Vermeidung dieser Folgen konnte es nach Lage der Dinge keine ausschlaggebende Bedeutung haben, ob die Eintragung und die Bekanntgabe des Haftungsausschlusses 2 oder 3 Tage früher in die Wege geleitet werden würden."

---

[649] MittBayNot 1979, 35.
[650] DNotZ 1979, 314.
[651] DNotZ 1979, 725; im gleichen Sinne: Keidel/Kuntze/Winkler, § 53 Rz. 15; Huhn/v. Schuckmann, § 53 Rz. 30.
[652] RGZ 75, 139.
[653] DNotZ 1959, 136.
[654] 10 U 92/76.

653 Wird nicht unverzüglich der Haftungsausschluß zur Eintragung im Handelsregister angemeldet und nicht alsbald dort kundgemacht, so versagt der Haftungsausschluß. Trotz des zeitlich formell unbegrenzten Antragsrechts kann das Registergericht die Eintragung als verspätet ablehnen, ohne daß es auf die Frage des Verschuldens des Notars oder Registergerichts ankommt[655]. Das Risiko der verzögerten Eintragung und Bekanntmachung trifft den Übernehmer des Handelsgeschäfts. Ihm haftet wiederum der Notar, wenn er für die Verzögerung verantwortlich ist. Derartige Haftpflichtfälle nehmen wegen der Höhe der schwierig zu klärenden Haftungssummen oft beträchtliche Ausmaße an. Da die fünfjährige Verjährungsfrist des § 159 HGB für Ansprüche gegen einen Gesellschafter nach dessen Ausscheiden oder nach der Auflösung der Gesellschaft erst mit der Eintragung im Handelsregister zu laufen beginnt, erhöht sich bei einer verzögerten Anmeldung zusätzlich das Haftungsrisiko.

---

[655] OLG Frankfurt, Betrieb, 1977, 1889; BayObLG Rechtspfleger 1984, 469.

4. Bescheinigungen und Bestätigungen

a) Risiken

Die Haftpflichtrisiken aus notariellen Bescheinigungen, Bestätigungen oder Mitteilungen tatsächlicher oder gutachtlicher Art sind hoch, weil die Gerichte zum Schutz der Öffentlichkeit höchste Ansprüche an die Exaktheit und Unmißverständlichkeit der Äußerungen stellen und der Personenkreis, der sich auf solche Angaben verläßt und damit zu „Dritten" i. S. v. § 19 Abs. 1 S. 1 BNotO werden kann (vgl. Rz. 47), oft kaum überschaubar ist. Zur Verminderung des Risikos ist deshalb allgemein zu empfehlen, stets die einfachste Schriftform zu wählen, die rechtlich möglich bzw. erforderlich ist: z. B. statt der Tatsachenbeurkundung über vorgelegte Schriftstücke (§ 20 Abs. 1 S. 2 BNotO i. V. m. § 39 BeurkG) eine Abschriftsbeglaubigung und statt einer allgemeinen Notarbestätigung mit Unterschrift und Siegel eine schlichte briefliche Mitteilung an den namentlich zu bezeichnenden Interessenten[660]. Bei der Abschriftsbeglaubigung wird der Text haftpflichtrechtlich nicht gewertet; es gilt nicht die Beweisvermutung der §§ 415, 418 ZPO. Bei der Notarbestätigung gegenüber einem bestimmten Adressaten wird sich nicht ohne weiteres jeder andere Dritte auf den Inhalt berufen können. 655

Bei der Abfassung von Bescheinigungen und Bestätigungen muß sich der Notar bewußt sein, daß er als **Person des öffentlichen Vertrauens** mit seiner Tätigkeit den bescheinigten „Tatsachen" oder der bestätigten Rechtsfolge erst den „amtlichen" Wert gibt, den die Beteiligten ohne seine Einschaltung nicht in der Weise eingeschätzt hätten. Nach der BGH-Rechtsprechung[661], auf die nachfolgend konkreter eingegangen wird, muß der Notar genau und vollständig bescheinigen und vor allem muß er vermeiden, daß ein falscher Anschein im Verständnis der Personen, denen das Schriftstück vorgelegt wird, erweckt werden könnte. Gerade auf diesem Tätigkeitsgebiet unterschätzt die Rechtsprechung eher die Geschäftsfähigkeit der Beteiligten und überschätzt den Notar in seiner Sensibilität, überall Einfältigkeit oder Unredlichkeiten zu wittern. Stellt der Notar Bescheinigungen über von ihm nicht selbst getroffene Wahrnehmungen aus, so wurde dies vom BGH[662] schon dahin gewertet, daß „er vorsätzlich das Entstehen eines falschen Anscheins in Kauf nahm". 656

b) Tatsachenbeurkundungen

Der Notar ist befugt und nach § 15 Abs. 1 S. 1 BNotO grundsätzlich verpflichtet, auf Ansuchen die persönliche Wahrnehmung von Tatsachen zu beurkunden[663]. Seine Zuständigkeit ist nach **§ 20 Abs. 1 S. 2 BNotO** nicht beschränkt. Bei solchen Beurkundungen besteht nach den Erfahrungen aus meist betragsgemäß hohen Haftpflichtfällen die Gefahr, daß einmal sich nicht strikt an die objektive Wiedergabe des Gesehenen oder Gehörten gehalten, also nicht jede Wertung ausgeschlossen wird, und zum anderen unbedacht bleibt, zu welchen Zwecken die Urkunde gebraucht oder mißbraucht werden könnte. Zur erstgenannten Gefahr ist beispielhaft zu nennen, daß der Notar zwar die Vorlage einer bestimmten Vollmachtsurkunde, aber nicht als Wahrnehmung bezeugen kann, daß jemand 657

---

[660] Also keine Bestätigung „für den es angeht", s. BGH DNotZ 1984, 427/429.
[661] S. insbes. die Urteile Nr. 70, 78, 122 u. 123.
[662] DNotZ 1984, 427/430.
[663] Vgl. insbes. auch zur nicht ganz einheitlichen Terminologie: Seybold/Hornig, § 20 Rz. 38–40; Reithmann, Allgemeines Urkundenrecht, S. 61 ff.; Keidel/Kuntze/Winkler, § 39 Rz. 9 ff.

Bevollmächtigter ist⁶⁶⁴. Das zuletzt genannte Risiko liegt nicht nur in den Grenzen des persönlichen Beurteilungsvermögens, sondern auch im Bereich der Frage nach einem ausreichenden Ablehnungsgrund (§ 15 Abs. 1 S. 1 BNotO).

658 Geschäftsleute suchen oft um Bescheinigungen von Tatsachen in Urkundsform nach, um Interessenten von **Geldgeschäften** den Eindruck der „Sicherheit" und „Solidität" zu vermitteln. Der in einem Spiegel-Artikel⁶⁶⁵ geschilderte Fall zeigt, wie es einem Frankfurter Notar gelang, eine Tatsachenbescheinigung über die Lagerung von Goldbarren im Safe einer Großbank so abzufassen, daß in keiner Weise bestätigt wurde, echtes Gold gesehen zu haben. Es waren auch nur vergoldete Bleibarren. Die betrogenen Geldgeber konnten sich nicht mit Erfolg auf das notarielle Zeugnis berufen. Gleichwohl wäre eine Ablehnung der Beurkundung mit einem geringeren Risiko verbunden gewesen.

659 Im Zusammenhang mit Warenoptionsgeschäften hielt sich ein Notar in seiner „Tatsachenbestätigung" mit Unterschrift und Amtssiegel nicht an das Erfordernis eigener Wahrnehmungen und wurde vom OLG Frankfurt⁶⁶⁶ verurteilt. Er konnte nicht bezeugen, daß mit dem eingezahlten Geld tatsächlich Warentermingeschäfte getätigt wurden. Er hätte die Amtstätigkeit ablehnen müssen.

660 Ein **Lehrbeispiel** für die vom Notar anzuwendende Vorsicht bei der Ausstellung von Tatsachenbescheinigungen stellt das BGH-Urteil vom 30. 5. 1972⁶⁶⁷ dar. Der Notar bezeugte den Inhalt einer Versicherungspolice, mit der Verluste von Anteilszeichnern an einer Autowaschanlagen-Gesellschaft m. b. H. wegen Zahlungsunfähigkeit dieser Firma gedeckt werden sollten. Der Versicherungsvertrag war richtig, aber ausdrücklich insoweit nur auszugsweise wiedergegeben, als der Name der Versicherung mit Sitz in Belgien nicht genannt wurde. Als die Autowaschanlagen-Gesellschaft illiquid wurde, fiel auch der belgische Versicherer in Konkurs. Die geschädigten Anleger erhoben gegen den Notar Haftpflichtklage, weil sie durch die Tatsachenbescheinigungen ohne den Namen der belgischen Versicherung irregeführt worden seien. Es ging um die Frage, ob der Notar die Beurkundung hätte ablehnen müssen. Der BGH vertrat in den Entscheidungsgründen dazu folgende Auffassung:

– Nach § 14 Abs. 2 BNotO ist der Notar für die Rechtmäßigkeit der erkennbaren Zwecke verantwortlich, welche die Beteiligten mit der Amtshandlung erreichen wollen.

– Der Notar darf keinen falschen Anschein erwecken, durch den Beteiligte oder geschützte Dritte in die Gefahr eines Irrtums geraten.

– Der Notar muß mit in Betracht ziehen, ob die Interessenten nicht ein anderes Verständnis bei dem Lesen der Urkunde haben könnten.

Auch wenn der bekl. Notar letztlich damit entlastet wurde, daß es sich bei den Geldgebern um geschäftlich nicht unerfahrene Personen gehandelt hatte, erscheinen die Anforderungen streng, im konkreten Fall zu streng. Sie müßten aber andererseits für einen Ablehnungsgrund nach § 15 Abs. 1 S. 1 BNotO ausreichen.

661 Wegen der **Mißbrauchsgefahr** bei der Verwendung notarieller Bescheinigungen sind u. U. **klarstellende Vermerke** oder Formulierungen angebracht. Soll z. B. die Vorlage bestimmter Papiere mit Textwiedergabe bezeugt werden, so kann der Notar nicht feststellen, ob die Schriftstücke tatsächlich vom genannten Aussteller stammen. Bescheinigt er, daß ihm „im Original" Unterlagen vorgelegt wurden, könnte der Eindruck der „Echtheit" entstehen, die der Notar meist nicht oder nur durch Rückfragen bei dem genannten Aussteller feststellen kann. In der

---

⁶⁶⁴ Seybold/Hornig, § 20 Rz. 40.
⁶⁶⁵ 1973, Heft 19, S. 83.
⁶⁶⁶ U. v. 8. 5. 1985 – 9 U 85/84; vgl. Rz. 859.
⁶⁶⁷ DNotZ 1973, 245 (Nr. 78).

Bescheinigung sollte deshalb vermerkt werden, daß mit der Wahrnehmung und Wiedergabe der Schriftstücke nicht eine Überprüfung der Echtheit verbunden ist oder daß die Schriftstücke von den Beteiligten „als Originalunterlagen bezeichnet wurden".

Im **Zusammenhang mit Verwahrungsgeschäften (§ 23 BNotO)** wurde schon versucht, durch notarielle Hinterlegungsbescheinigungen oder Quittungen den verwahrten Objekten den Anschein der Echtheit zu geben. Es handelt sich hier zwar nicht um Tatsachenbeurkundungen, die vom Notar ausgestellten Bestätigungen wirken sich aber praktisch in dieser Weise aus. Der Erhalt von angeblichen Smaragden müßte deshalb entsprechend der Wahrnehmung bestätigt werden: „65 bläulich schimmernde Steine, die vom Hinterleger N. N. als Smaragde bezeichnet wurden, empfangen zu haben." Auch auf die Echtheit gleichzeitig mitvorgelegter Expertisen kann sich der Notar nicht verlassen. Die Haftpflicht konnte in einem vom OLG Frankfurt[668] entschiedenen Fall nur abgewendet werden, weil der Notar in seiner Bestätigung ausdrücklich vermerkt hatte, daß er „die Expertise für die hinterlegten Edelsteine mangels Sachverstand nicht überprüfen" könne. 662

Die Überprüfung der Echtheit von **Wertpapieren** kann schon eher in den Kenntnisbereich des Notars fallen. Die Kontrollpflicht ist aber mehr oder weniger auf das äußere Erscheinungsbild, auf Formalien zu beschränken. Fälschungen muß der Notar nicht ohne besondere Anhaltspunkte erkennen. Zweckmäßig wird er auch hier nur bescheinigen, daß von ihm die vom Hinterleger „wie folgt bezeichneten Papiere" oder „die als Original bezeichneten Zertifikate" verwahrt werden. Das Reichsgericht[669] hatte in einem Haftpflichtprozeß darüber zu entscheiden, ob der Notar die Fälschung von bei ihm verwahrten Aktien hätte erkennen müssen. Das Gericht verlangt zwar, daß die Empfangsbescheinigung erst nach einer äußerlichen Überprüfung erteilt werden durfte. Da aber keine Verdachtsmerkmale ersichtlich waren und die hinterlegende Firma „gut empfohlen" war, mußte er keine besondere Untersuchung vornehmen. 663

Bei Tatsachenbeurkundungen und Hinterlegungsbescheinigungen ist eine dieser Amtstätigkeit angepaßte höhere Sorgfalt zu fordern als bei der **Überprüfung alltäglich eingehender Schriftstücke.** Das OLG Düsseldorf[670] verneinte zu Recht eine Pflichtverletzung des bekl. Notars, weil er die Fälschung einer notariellen Unterschriftsbeglaubigung nicht bemerkt hatte. Der Notar muß Schriftstücke, die äußerlich als öffentlich beglaubigte Urkunden erscheinen, ohne konkrete Anhaltspunkte nicht auf ihre Echtheit überprüfen: keine Untersuchung „mit Lupe und Zentimetermaß". 664

c) Notarbestätigungen

Unter Notarbestätigungen werden im Unterschied zu Zeugnisurkunden über Tatsachen einfache, meist in Briefform abgefaßte notarielle Mitteilungen verstanden, in denen sowohl amtliche Wahrnehmungen als in der Regel auch voraussichtlich eintretende Rechtsfolgen bestätigt werden. Folgend dem Beschluß des BayObLG vom 16. 12. 1970[671] und der allgemeinen Auffassung[672] stellen solche Bestätigungen **gutachtliche Äußerungen** dar, auch wenn neben den dargelegten 665

---

[668] U. v. 5. 12. 1984 – 9 U 33/84.
[669] RGZ 114, 295.
[670] DNotZ 1985, 240.
[671] DNotZ 1971, 249.
[672] Ertl, Kreditsicherung durch Notarbestätigungen, DNotZ 1969, 650; Reithmann, Allgemeines Urkundenrecht, S. 63; Seybold/Hornig, § 24 Rz. 18–20; Promberger, Notarielle Bescheinigungen über Registereintragungen, Rechtspfleger 1977, 355 = MittBayNot 1977, 225.

II. Pflichten und Risiken in den Haupttätigkeitsbereichen

Rechtsfolgen Tatsachen mitgeteilt werden. Sie fallen nicht in den Bereich der Tatsachenbescheinigungen, auch wenn das Dienstsiegel auf der Bestätigung angebracht worden sein sollte[673] und haben nicht die Wirkung des öffentlichen Glaubens[674].

666 Sie gehören vielmehr zur **betreuenden Amtstätigkeit des § 24 Abs. 1 S. 1 BNotO**[675]. Diese Mitteilungen haben gleichermaßen in der Notariatspraxis als auch im Haftpflichtbereich ihre Hauptbedeutung in den von Kreditinstituten gewünschten „Notarbestätigungen" über den Grundbuchstand und das Fehlen von Hindernissen für die rangrichtige Eintragung von Grundpfandrechten. Von ihnen hängt damit die Kreditauszahlung und die Erwartung der zeitlich späteren Eintragung der Sicherungsrechte ab. Für die „Wahrheit" und „Unmißverständlichkeit" dieser Bestätigungen gilt dasselbe wie bei den Tatsachenbeurkundungen (s. Rz. 657 ff.). Hinzu kommt aber, daß der Notar mit den von ihm zu bestätigenden Rechtsfolgen vorsichtig an nicht übersehbare „Hindernisse" zu denken hat und keine Gewährleistung aussprechen darf (§ 14 Abs. 4 S. 1 BNotO).

667 An Beispielen aus der Haftpflicht-Rechtsprechung zu **unvollständigen oder irreführenden Notarbestätigungen** ist zu nennen.

OLG Frankfurt, U. v. 11. 3. 1971[676]: Für die Gewährung eines Zwischenkredits ließ sich der Darlehensgeber vom Notar bestätigen, daß die Hauptkreditsumme eines Bankinstituts auf das Anderkonto eingezahlt und aus ihr die Schuld aus dem Zwischenkredit getilgt werde. Darauf verließ sich der Kläger (Kreditgeber) und machte, als wider Erwarten der Hauptkredit nicht gezahlt wurde, den Notar mit Erfolg haftbar. Dieser hatte nämlich in der Bestätigung nicht klargestellt, daß noch keine verbindliche, vorbehaltlose Zusage für den Hauptkredit vorlag.

668 BGH, U. v. 4. 5. 1984[677]: Der Notar erteilte eine Kaufpreisfälligkeitserklärung, ohne daran zu denken, daß sich der Käufer in der für seinen Vertreter nachgereichten Vollmacht vorbehalten hatte, innerhalb einer noch nicht abgelaufenen Frist vom Kaufvertrag zurückzutreten. Da der beurkundete Kaufvertrag diesen Vorbehalt nicht enthielt, war er noch schwebend unwirksam.

669 OLG Hamm, U. v. 26. 6. 1983[678]: Der Notar bestätigte gegenüber der Klägerin, einer Bank, die dem Käufer einen im Grundbuch erstrangig gesicherten Kredit gewähren sollte, daß die einzeln aufgeführten Voraussetzungen für die Auszahlung gegeben seien. Der Senat sah diese Mitteilung als irreführend an, da aus ihr nicht hervorging, daß weitere Voraussetzung für die Umschreibung noch die Kaufpreiszahlung war. Die Eigenverantwortung der Klägerin wurde mit 50 % gewertet.

670 OLG Hamm, U. v. 30. 4. 1985[679]: Der Notar gab der Klägerin, einer Bank, die ein Wohnungseigentumsobjekt erstrangig gesichert kreditieren sollte, die Vorrangeinräumung einer Bausparkasse bekannt, ohne zu berücksichtigen, daß diese Vorrangeinräumung nicht die Gesamthypothek an 2 Wohnungseigentumsobjekten abdeckte, sondern den Vorrang auf beide Grundbücher aufteilte.

671 Bei der Abgabe von Notarbestätigungen wird dem Notar nach der BGH-Rechtsprechung **kein Ermessen** eingeräumt, wenn der Eintritt bestimmter Bedingungen zur Voraussetzung gemacht wurde. Geht z. B. bei **Kaufpreisfälligkeitsmitteilungen** der Notar nicht ganz exakt vor, so können, ohne daß die

---

[673] OLG Zweibrücken, DNotZ 1970, 183. Da die Notarbestätigung keine öffentliche Urkunde ist, bedarf sie nicht der Beifügung des Siegels (s. DNotZ 1987, 3).
[674] S. Fn. II, 671, S. 252.
[675] BGH DNotZ 1985, 48/50 (Nr. 122); OLG Hamm, DNotZ 1987, 54 = VersR 1986, 1001.
[676] 9 U 54/70.
[677] DNotZ 1985, 48 (Nr. 122).
[678] 28 U 172/82.
[679] DNotZ 1987, 54.

Vertragsabwicklung gefährdet wäre, bei einer zu frühzeitigen Bestätigung vom Käufer und einer verspäteten vom Verkäufer Zinsschäden gegen ihn geltend gemacht werden. Der BGH hält es zwar nach seinem Urteil vom 14. 5. 1985[680] für gangbar, daß die Vertragsbeteiligten die Fälligkeit allein an die Bestätigung durch den Notar knüpfen. Dieser muß dann nach Sinn und Zweck der Regelung pflichtgemäß handeln. Meist hängt jedoch die Fälligkeit allein vom Eintritt der im Vertrag oder Treuhandauftrag genannten Voraussetzungen ab, deren Eintritt der Notar den Beteiligten zur Kenntnis gibt oder als weitere Voraussetzung konstitutiv bestätigt. Zu eng sah dies der BGH im Urteil vom 24. 10. 1985[681]. Eine formelle Voraussetzung für die Fälligkeitsmitteilung lag bei der Abgabe nicht vor. Der Notar wäre aber *allen* Beteiligten gegenüber verpflichtet und auch in der Lage gewesen, die Voraussetzung – mit zusätzlichen Kosten – herbeizuführen. Ein Risiko wurde durch die Mitteilung nicht begründet. Gleichwohl räumte der BGH dem Notar kein Ermessen ein und nahm bewußt in Kauf, daß die Klägerin praktisch um Zinsbeträge bereichert wurde, die ihr nach dem Vertragskonzept nicht zustanden. Den letztlich dafür ins Feld geführte Vertrauensschutz der Beteiligten[682] in die zuverlässige Amtsausübung ließ sich die Klägerin bezahlen (vgl. Rz. 849).

Die Kreditinstitute verlangen vielfach in ihren vorformulierten „Notarbestätigungen" Amtstätigkeiten mit **Zusicherungen** oder **Gewährleistungen**, die der Notar nicht geben darf. Abgesehen davon, daß eine solche Gewährleistung oft schon objektiv unmöglich ist, würde sie gegen das ausdrückliche Verbot in § 14 Abs. 4 BNotO verstoßen. Solche Bestätigungen können zudem bei unerfahrenen Beteiligten einen falschen Anschein erwecken, denn Hindernisse verschiedenster Art sind unvorhersehbar, wie z. B. ein Widerruf, eine Verfügungsbeschränkung oder die Pfändung des Auflassungsanspruchs. 672

Der Notar kann auch bei der **Grundbuch- und Grundakteneinsicht** unmöglich zuverlässig feststellen, daß keine vorgehenden Anträge vorhanden sind oder die Konkurseröffnung angezeigt ist. Ertl[683] hat ausführlich dieses Thema behandelt und die Bundesnotarkammer hat in ihren Schreiben vom 6. 8. 1974[684] an die Spitzenverbände der Banken, Bausparkassen und Versicherungen sowie vom 5. 11. 1986[685] an alle Notarkammern die Verhältnisse dargestellt und mit Mustern angeführt, was der Notar bestätigen und was er nicht bestätigen kann. 673

Der Notar darf somit nicht objektiv bestätigen, daß „dem Grundbuchamt keine vorausgehenden Anträge vorliegen", „keine Hindernisse entgegenstehen", „die rangerste Eintragung sichergestellt ist" oder ohne Rücksicht auf etwaige Haftungseinschränkungen (§ 839 Abs. 3 BGB, § 254 BGB, § 19 Abs. 1 S. 2 BNotO) erklären, daß „für die Richtigkeit die Haftung übernommen wird". Er kann nur subjektiv bestätigen, daß ihm nach Einsicht des Grundbuchs und der Grundakten an einem bestimmten Tag keine Vollzugshindernisse bekannt geworden sind. Auf die entsprechenden Formulierungsvorschläge der Bundes-Notarkammer wird verwiesen (Rz. 673). 674

Hat der Notar ein vom Finanzierungsinstitut „aufgedrängtes" Bestätigungsformular mit Zusicherung unterschrieben, so werden sich die Verwender gleichwohl nicht auf eine Garantiehaftung berufen können. Ohne das AGB-Gesetz heranziehen zu müssen, sind solche Formulierungen, wie schon vom BGH[686] entschieden, 675

---

[680] WM 1985, 1109/111 (Nr. 131).
[681] DNotZ 1986, 406 (Nr. 133) m. abl. Anm. v. Hanau.
[682] S. Fn. II, 681, S. 412.
[683] S. Fn. II, 672; s. auch Beckhoff, DNotZ 1974, 700/701.
[684] DNotZ 1974, 643.
[685] DNotZ 1987, 1.
[686] VersR 1983, 81/82 (Nr. 116).

grundsätzlich nicht im exakten juristischen Sinne, sondern als eine besondere Bekräftigung der Erfüllung übernommener Pflichten zu verstehen. Bei den Kreditinstituten kann zudem aufgrund der zahlreichen mit den Notarkammern geführten Gespräche kaum ein Zweifel darüber bestehen, wo die Grenzen der notariellen Bestätigungsmöglichkeiten liegen.

676 Sind notarielle Mitteilungen unbestimmt oder unklar, so haben die Banken in Wahrung ihrer eigenen Pflichten vor der Kreditgewährung rückzufragen. Die bloße Mitteilung des Notars bei Übersendung der Ausfertigung einer Grundschuldbestellungsurkunde, „Die Eintragung ist veranlaßt", kann nicht für eine Darlehensauszahlung genügen. Das OLG Schleswig[687] entschied dazu:

> „Es widerspricht der von einer Sparkasse zu fordernden Sorgfalt in hohem Maße, wenn sie einem Kunden einen Personalkredit nicht gewähren will, einen Sachkredit von gut 200 000 DM eröffnet, der durch ein Grundpfandrecht abgesichert werden soll und diesen Betrag zur Verfügung stellt, bevor der Kreditnehmer den Nachweis der Eintragung der Grundschuld oder Hypothek an rangbereiter Stelle erbracht oder jedenfalls den Nachweis geführt hat, daß der Eintragung keine weiteren Umstände entgegenstehen. Selbst wenn man aber dem Beklagten aus seinem Verhalten einen Vorwurf machen wollte, so fällt das den Notar treffende Verschulden gegenüber dem Verschulden der Klägerin nicht ins Gewicht. Dieses wiegt vielmehr so schwer, daß daneben eine eventuelle Haftung des Beklagten nicht in Betracht kommt."

677 Für die **Übersendung der Notarbestätigungen** genügt ein einfacher Brief. Auch wenn es bei bedeutsamen Schreiben empfehlenswert sein kann, sie per Einschreiben abzusenden, so kann dies nicht als eine Amtspflicht angesehen werden. Diese Ansicht vertrat schon das Reichsgericht[688]. Zu dem bestrittenen Zugang einer notariellen Kaufpreisfälligkeitsmitteilung entschied das OLG Düsseldorf im Prozeßkostenhilfeverfahren mit Beschluß vom 5. 7. 1985[689]:

> „Ebenso wie der Abgang eines Briefes kein Beweis für dessen Zugang erbringt, ... so bietet ein fehlender Zugang keinen Beweis für die unterlassene Absendung... Daran ändert auch nichts, daß nach der Behauptung der Antragstellerin zwei Briefe an unterschiedliche Adressen nicht zugegangen sind. Auch hier ist die Möglichkeit des Verlustes der zusammen abgesandten Briefe – deren Abgang unterstellt – nicht von der Hand zu weisen."

---

[687] U. v. 28. 1. 1988 – 11 U 235/85 (Revision wurde nicht angenommen).
[688] JW 1933, 1766.
[689] 18 W 37/85; ebenso LG Köln, U. v. 5. 7. 1983 – 5 O 360/82.

5. Verwahrungstätigkeit

a) Haftungsgrundlagen

Die notariellen Pflichten bei der Verwahrungstätigkeit[700] nach § 23 BNotO sind **680** ausschließlich **Amtspflichten**[701] und die Haftung ist ausschließlich Amtshaftung (s. Rz. 1). Es sollten deshalb auch in diesem Tätigkeitsbereich Begriffe aus dem Auftragsrecht vermieden werden[702] ungeachtet dessen, daß in der unbedachten Übernahme des Ausdrucks „Auftraggeber" in § 19 Abs. 1 S. 2 BNotO i. V. m. § 23 BNotO längst überholte Rechtsansichten ihren Nachhall haben (s. Rz. 3 u. 201).

Auch die **Einschränkung der subsidiären Haftung** bei Tätigkeiten nach **681** §§ 23, 24 BNotO steht noch auf diesem Hintergrund. Dazu wird auf die Ausführungen zu den Rz. 200–203 verwiesen. Wiederholt wird nur, daß es in einer Hinterlegungssache mehrere Ansuchende – oder „Auftraggeber" – geben kann, aber ebenso „Dritte" im Sinne von § 19 Abs. 1 S. 1 BNotO, die keine Ansuchenden sind und denen gegenüber der Notar subsidiär haftet[703].

Die Amtstätigkeit der Verwahrung hat der **Notar persönlich** auszuüben. Dies **682** findet in den seit 1985 verschärften Bestimmungen der §§ 11–13 DONot besonderen Ausdruck und ist angesichts der relativ oft verwirklichten Haftpflichtrisiken ebenso wie bei der Erfüllung von Belehrungspflichten[704] zu fordern. Insbesondere darf nach § 12 Abs. 2 DONot „nur der Notar persönlich oder sein amtlich bestellter Vertreter" über Anderkonten verfügen. Dies ergibt sich schon aus dem Grundsatz, daß höchstpersönliche Amtspflichten nicht auf Privatpersonen, seien es auch Kanzleiangestellte oder Anwaltssozien, delegiert werden können[705]. Die für Notare geltenden Anderkontenbedingungen der Banken, nach deren Ziff. 11 dem Kontoinhaber darüber hinausgehende Vollmachtserteilungen ermöglicht werden, sind ungeeignet, Notarpflichten zu ändern. Eine wissentliche Verletzung dieser Pflichten ist weiterhin darin zu sehen, wenn für Zeiten der Abwesenheit des Notars blanco unterschriebene Überweisungsträger bereitgestellt werden.

b) Übernahme oder Ablehnung

Dem Notar steht es frei, ob er eine Verwahrungstätigkeit übernehmen will oder **683** nicht. § 15 Abs. 1 S. 1 BNotO bezieht sich nur auf die Urkundstätigkeit. Er kann z. B. bestimmte Bedingungen – etwa zur Gestaltung der Hinterlegungsvereinbarung – als Voraussetzung für eine Übernahme stellen und damit zwar nicht seine Haftpflicht, aber deren Risiken einschränken (s. Rz. 285). Die betragsgemäß schwersten Haftpflichtfälle beruhten darauf, daß Ansuchen auf Übernahme einer Verwahrungstätigkeit nicht von vornherein abgelehnt wurden. Es blieben in der Regel die nachfolgend aufgeführten Grundsätze unbeachtet.

Zur Ausschaltung eines **Mißbrauchs der amtlichen Verwahrungstätigkeit** **684** zu rein wirtschaftlichen Zwecken der Ansuchenden hat der Notar zunächst zu

---

[700] S. den dreiteiligen Aufsatz des Verfassers, Treuhandtätigkeit nach § 23 BNotO, Risiken – Haftpflichturteile – Grundsätze, DNotZ 1982, 475 ff., 539 ff., 592 ff.

[701] Unberührt bleibt davon, daß der Notar mit der Bank einen privatrechtlichen Anderkontenvertrag schließt (s. Rz. 4).

[702] So auch Peter, S. 90.

[703] Vgl. Rz. 205 u. BGH VersR 1964, 320/321 (Nr. 51); in dieser Hinsicht zumindest mißverständlich: Louis, Schadensersatzansprüche gegen den Notar aus einem Betreuungsgeschäft nach § 23 BNotO bei mehreren Auftraggebern, VersR 1979, 988/989.

[704] S. Rz. 418.

[705] Dieser Auffassung war schon 1981 der Landesgerichtspräsident von Berlin (s. DNotZ 1981, 466).

prüfen, ob die Verwahrung mit seiner Stellung als unabhängiger Amtsträger (§ 1 BNotO) in Übereinstimmung zu bringen ist, ob sie seine Pflicht zur Unparteilichkeit (§ 14 Abs. 1 BNotO) beeinträchtigt oder ob evtl. unredliche Absichten verfolgt werden könnten (§ 14 Abs. 2 BNotO). Der BGH stellt hier, wie besonders das Haftpflichturteil vom 30. 5. 1972 zeigt (s. Rz. 660), strengste Anforderungen an die Prüfung und Aufmerksamkeit des Notars. Abgesehen vom Verbot der Vermittlung von Geschäften oder der Übernahme einer Gewährleistung (§ 14 Abs. 4 BNotO) ist darauf zu achten, daß die Amtstätigkeit nicht den Anschein einer nicht zu konstatierenden Seriosität oder Sicherheit der zugrundeliegenden Geschäfte geben darf. § 10 Abs. 2 der Allgemeinen Richtlinien für die Berufsausübung der Notare[706] bringt das in der Weise zum Ausdruck:

> „Der Notar darf Geld, Wertpapiere und Kostbarkeiten nicht zur Aufbewahrung oder Ablieferung an Dritte (§ 23 BNotO) übernehmen, wenn die Möglichkeit besteht, daß Sicherheiten vorgetäuscht werden, die durch die Hinterlegung nicht gewährt werden."

685 Positiv werden die **Voraussetzungen für die Übernahme** eines Verwahrungsgeschäfts in § 11 Abs. 1 DONot genannt. Eine konkrete Geschäftsabwicklung muß möglich und ein vom Notar zu wahrendes Sicherheitsinteresse muß gegeben sein. In Zweifelsfällen hat der Notar den Sinn und Zweck der Geschäfte aufzuklären und erforderlichenfalls bei Übernahme einer ungewöhnlichen Verwahrung alle Beteiligten darüber zu belehren, was er prüfen und überwachen und was er *nicht* prüfen und sicherstellen kann.

686 Aufgrund der Erfahrungen aus der „Haftpflichtpraxis" werden als **Beispiele für eine Ablehnung** der Amtstätigkeit genannt:

– Das Notarkonto soll als **Sammelbecken** für Einzahlungen von Kommanditistenanteilen dienen. Erst bei Erreichung einer bestimmten Summe soll der Notar an einen Dritten auszahlen. In solchen rein wirtschaftlichen Anlagegeschäften wird durch die Einschaltung des Notars bei den Beteiligten allzu leicht der Anschein einer Sicherheit erweckt, ohne daß konkrete Prüfungs- oder Belehrungsmöglichkeiten bestehen. Auch die dienstrechtliche Behandlung gem. §§ 11–14 DONot kann kaum gewährleistet werden. Das OLG Frankfurt verurteilte in einem solchen Fall den Notar (s. Rz. 203).

– Die Zahlungen für **Warentermingeschäfte** sollen über Notaranderkonto mit entsprechenden Notarbestätigungen laufen. Eine wesentliche Sicherungsaufgabe kann hier nicht erfüllt werden. Ein Kriterium für die Überlegung, ob eine Amtsübernahme zulässig sein kann, ist die Frage: Könnte eine Bank nicht ebenso den Auftrag ausführen? (vgl. Rz. 659 u. 859).

– Angebliche **Kostbarkeiten** sollen im Zusammenhang mit Bestätigungen oder Quittungen, die einen falschen Eindruck hervorrufen könnten, verwahrt werden (s. Rz. 662 f.).

– Eine Verwahrung als Treuhänder in einem **Bauherrenmodell** verträgt sich nicht mit den Grundsätzen der §§ 1, 14 Abs. 1 u. 4 BNotO. Auch die Mitverwahrung mit einem Steuerberater ist unzulässig, da die Verwahrungstätigkeit nach der DONot ausschließlich vom Notar auf seinem Anderkonto durchzuführen ist.

– Der im Kaufangebot genannte Kaufpreis soll von Kaufinteressenten laut einseitigem Treuhandauftrag auf Notaranderkonto hinterlegt werden. Dies würde wegen der Widerruflichkeit **keine Sicherheit** für den Verkäufer darstellen; dieser müßte in die Hinterlegungsvereinbarung mit einbezogen und belehrt werden.

---

[706] DNotZ 1981, 721. Die Frage nach der Legitimation für die Aufstellung solcher Richtlinien ändert nichts daran, daß die genannte Amtspflicht besteht.

5. Verwahrungstätigkeit

– Hinterlegungen, die keiner rechtsgeschäftlichen Abwicklung, sondern vermutlich einer **Gesetzesumgehung** (Außenwirtschaftsgesetze) oder **Verschleierung** (Finanzamt) dienen sollen.

c) Hinterlegungsanweisung

Die Bestimmungen zum Inhalt und der Form der Hinterlegungsvereinbarung bzw. Hinterlegungsanweisung sind mit der DONot von 1985 erweitert und verschärft worden. Der Beweggrund dafür lag nicht zuletzt in der Haftpflicht. Mit der Einführung neuer Amtspflichten wird das Pendant der Haftpflicht aber nicht geringer. Nach § 11 Abs. 2 DONot bedarf die Hinterlegungsvereinbarung der **Schriftform**. Der Notar hat die Annahme schriftlich zu vermerken und ist damit zur persönlichen Überprüfung verpflichtet. Wird die Schriftform nicht in allen vorgeschriebenen Punkten gewahrt, so ist im Haftpflichtprozeß mit einer Beweislastumkehr[707], wenn nicht sogar mit dem Vorwurf einer Beweisvereitelung[708] zu rechnen. Es ist deshalb darauf zu achten, daß der in § 11 Abs. 1 DONot vorgeschriebene Inhalt schriftlich festgelegt und auch eine nachträgliche Änderung vermerkt wird. 687

In der Hinterlegungsvereinbarung ist zunächst der **Hinterleger** und der **Anweisende**, wenn er nicht mit dem Hinterleger identisch ist, zu nennen. Damit ist zugleich der Kreis der zu betreuenden und ggf. zu belehrenden Personen angesprochen. Wenn derjenige, der um eine Verwahrung, der Eröffnung eines Notaranderkontos ersucht, nicht selbst hinterlegt bzw. einzahlt, die Hinterlegung oder Einzahlung vielmehr von dem Notar persönlich unbekannten Personen erfolgt, darf nicht übersehen werden, daß gerade diesen gegenüber der Notar ebenfalls „Treuhänder" ist. Das OLG Frankfurt führt in einem nicht veröffentlichten Urteil[709] dazu aus: 688

„Die Kläger haben als Einzahler auf das Anderkonto den Beklagten mit der Verwahrung ihrer Gelder betraut. Auch wenn der Beklagte den Auftrag zur Errichtung des Notar-Anderkontos von einem Dritten, der Firma L., erhalten hat, so bestand die Besonderheit dieses Auftrags doch darin, daß von dieser Auftraggeberin keine Zahlungen erfolgten, vielmehr diese Firma letztlich Empfängerin der von dritter Seite erfolgten Zahlungen auf das Notar-Anderkonto sein sollte. Eigentliche Treugeber waren die jeweiligen Einzahler. Sie erteilten mit ihren Einzahlungen verbunden mit der Vorlage der Zeichnungsscheine dem Beklagten den Auftrag zur ordnungsgemäßen Verwahrung ihrer Gelder. Durch die Annahme und Verwahrung der Gelder nahm der Beklagte diesen Treuhandauftrag den Einzahlern gegenüber an mit der Folge, daß dadurch eine amtliche Tätigkeit des Beklagten den Klägern gegenüber begründet wurde. Bei dieser amtlichen Tätigkeit handelt es sich... um ein Rechtsbetreuungsgeschäft. Dieses Verwahrungsgeschäft erzeugte Rechtsbeziehungen zwischen den Parteien aufgrund derer der Beklagte verpflichtet war, die Belange der Kläger, deren Geld ihm anvertraut war, bei seiner Tätigkeit zu wahren."

Die Betreuungspflicht kann sich, wie in dem vom BGH mit Urteil vom 23. 5. 1960[710] entschiedenen Fall, z. B. auf eine Belehrung über die bei der Art und den Bedingungen der Hinterlegung bestehenden wirtschaftlichen Gefahren und die Sicherungsmöglichkeiten beziehen. Sind für den Notar solche Risiken ersichtlich, so hat er von sich aus mit den Hinterlegern Verbindung aufzunehmen. Das wurde bereits vom Reichsgericht[711] im Verhältnis zu einer Darlehensnehmerin bejaht, die auf Notaranderkonten Geld hinterlegte. 689

Weiterhin ist, soweit bereits möglich, der **Geldbetrag** oder der **Hinterlegungsgegenstand** zu nennen. Er muß zutreffend, also nicht in einer Weise 690

---

[707] Vgl. BGH DNotZ 1985, 234 m. Anm. v. Haug (Nr. 127) u. Rz. 835 ff.
[708] S. z. B. zur Anwaltshaftpflicht: OLG Köln MDR 1968, 674 u. VersR 1980, 362.
[709] V. 27. 2. 1980 – 19 U 98/79.
[710] WM 1960, 980 (Nr. 36).

gekennzeichnet werden, die einen falschen Anschein erwecken könnte. Es wird hierzu auf die Ausführungen zum Inhalt von Notarbestätigungen verwiesen (Rz. 662f., 667 u. 669f.). Bei Geldbeträgen ist anzugeben, in welcher Form sie hinterlegt sind bzw. Sicherheit leisten sollen, z. B. als Wechsel, Scheck, Bürgschaft oder bei einer Bankgarantie von welcher Bank[712].

691 Die Voraussetzungen für die **Fälligkeit der Einzahlung** sind exakt zu formulieren und vor der Fälligkeitsmitteilung zu überprüfen. Der BGH[713] billigt in dieser Beziehung dem Notar keinen Ermessensspielraum zu, sei es, daß er zu früh oder verspätet die Mitteilung gibt. Grundsätzlich wird mit der Fälligkeitsmitteilung der Schuldner nicht in Verzug gesetzt, da der zur Unparteilichkeit verpflichtete Notar nicht als Vertreter einer Partei mahnt[714]. Hängt die Fälligkeit von Voraussetzungen ab, deren Eintritt der Notar nicht ohne weiteres überblicken kann, so empfiehlt es sich klarzustellen, wer den Eintritt – z. B. Rechtskraft des Bebauungsplanes – zu überwachen und mitzuteilen hat. Wird die Auflassungsvormerkung erst nach Einzahlung auf Anderkonto eingetragen, so kann eine Vorleistung des Verkäufers vermieden werden[715]. Das weitere Risiko des Verkäufers, sein Eigentum zu verlieren, kann dadurch vermieden werden, daß eine Ausfertigung oder beglaubigte Abschrift der Urkunde mit Auflassung erst dann erteilt oder die Auflassung überhaupt erst dann erklärt wird, wenn der Kaufpreis voll auf Anderkonto eingezahlt ist[716].

692 Mit der Einzahlung auf Anderkonto tritt noch **keine Erfüllung** ein[717]. Fällt z. B. die Hinterlegungsbank in Konkurs, so ist die Kaufpreiszahlung noch nicht erbracht. Der zufällige Untergang des Anderkontos trifft den Käufer als wirtschaftlich Berechtigten und nicht den Notar als Treuhänder[718]. Gleichwohl empfiehlt es sich grundsätzlich nicht, eine abweichende Parteivereinbarung herbeizuführen[719]. Zahlt ein Kreditinstitut ein, so erfolgt die Darlehenshingabe erst mit der Auszahlung durch den Notar[720].

693 In der Regel sind die Geldleistungen auf einem **Girokonto** zu verwahren, da die Beträge dem Notar für die Abwicklung des Geschäfts zur Verfügung stehen müssen. Eine Anlage auf Festgeldkonto müßten die Beteiligten besonders vereinbaren (§ 11 Abs. 1 DONot). Über die **Verzinsung** kommt es besonders in Hochzinszeiten nicht selten zum Streit[721], der schließlich auf dem Rücken des Notars ausgetragen wird. In den Haftpflichturteilen des OLG Schleswig vom 2. 4. 1976[722] und LG Braunschweig vom 24. 6. 1981[723] wird der Grundsatz bestätigt, daß die jederzeitige Verfügbarkeit des Geldes den Vorrang vor dem Zinsertrag haben muß. Von sich aus soll der Notar nicht die Festgeldkontoanlage bestimmen. Bei einer mehrseitigen Treuhand müssen grundsätzlich alle Beteiligten ein übereinstimmendes Ansuchen stellen[724].

694 Vereinbaren die Beteiligten aufgrund ersichtlicher Verzögerungen der Abwicklung eine bestimmte **zinsgünstigere Geldanlage**, so erwächst daraus für den

---

[711] DNotV 1932, 253.
[712] Vgl. BGH WM 1982, 452 (Nr. 110) u. 1985, 204 (Nr. 126).
[713] DNotZ 1985, 48 (Nr. 122), 1986, 406 (Nr. 133) m. abl. Anm. v. Hanau.
[714] Vgl. Rz. 421 ff.
[715] S. Rz. 537 u. Haug, DNotZ 1982, 539.
[716] S. Peter, S. 89.
[717] BGH NJW 1983, 1605; WM 1988, 1425 (Nr. 151).
[718] LG Hamburg, DNotZ 1950, 130; vgl. Tätigkeitsbericht der Bundes-Notarkammer, DNotZ 1975, 261.
[719] So auch Peter, S. 88; vgl. weiter LG Köln, DNotZ 1974, 436 u. Zimmermann, DNotZ 1980, 459.
[720] BGH DNotZ 1985, 637 m. Anm. Zimmermann; NJW 1986, 2947; DNotZ 1987, 560 (Nr. 140).
[721] S. Haftpflichtecke, DNotZ 1973, 406.
[722] DNotZ 1978, 183.
[723] 5 O 166/81.
[724] OLG Schleswig, DNotZ 1978, 183.

5. Verwahrungstätigkeit

Notar keine wirtschaftliche Beratungs- oder Überprüfungspflicht. Das OLG Schleswig führt in einem Haftpflichturteil vom 21. 5. 1976[725] aus, daß für den Notar keine Pflicht besteht, „von sich aus Erkundigungen nach der Höhe der Zinsvergünstigung anzustellen und auf eine eventuelle noch günstigere Anlage auf einem Festgeldkonto hinzuweisen. Der Notar ist auch in seiner Eigenschaft als Verwahrer in erster Linie Amtsperson und nicht Wirtschaftsberater." Ergeben sich erst während der Abwicklung Hindernisse, die die vorgesehene Auszahlung für längere Zeit verzögern, so wird für den Notar dann eine belehrende Hinweispflicht bestehen, wenn die Beteiligten aus mangelnder Kenntnis von den Vorgängen oder aus persönlicher Unerfahrenheit die Zinsnachteile nicht erkennen. Das OLG Celle fordert im Urteil vom 26. 3. 1981[726]:

„Denn wenn für den Beklagten (Notar)... später erkennbar war, daß die Verwahrung des Geldes durch ihn noch längere Zeit andauern werde und die Beteiligten den ihnen bei Fortbestand der bisherigen Anlageweise drohenden Zinsverlust nicht bemerkt hatten, mußte sich ihm – zumal angesichts der Höhe des Betrags – die Erkenntnis aufdrängen, daß es geboten sei, die Beteiligten über die Nachteile der bisherigen Verwahrungsweise, d. h. der Anlage auf einem normalen Anderkonto statt auf einem Festgeldkonto, aufzuklären."

Die Haftpflichtkläger hatten aber aus Mitverschulden den Schaden zur Hälfte zu tragen, weil sie wußten, daß das Geld auf Giro-Konto lag. Weiterhin waren sie vom Notar darauf aufmerksam gemacht worden, daß wegen der anhaltenden Verzögerung ihre Vertragspartnerin, die Verkäuferin, wahrscheinlich Verzugszinsen fordern würde. Sind die Beteiligten anwaltlich vertreten, so kann der Notar die Wahrung der wirtschaftlichen Interessen dem Anwalt überlassen[727].

Die **Zahlungsempfänger** sind aufzuführen. Ihnen sind möglichst die zustehenden (Ablösungs-)Beträge zuzuordnen. Bei Eheleuten, Kindern, Gesellschaftern sollte von vornherein die Empfangsberechtigung aufgrund von Vollmachten oder nach Anteilen angegeben werden (vgl. Rz. 700). **695**

Die **Auszahlungsvoraussetzungen** bzw. der **Zeitpunkt** sind so zu bestimmen, daß Vorleistungen vermieden werden und die gegenseitigen Sicherheiten gegeben sind. Vor allem ist hier die Hinterlegungsanweisung mit den Vertragsvereinbarungen in Übereinstimmung zu bringen, z. B. die Auszahlungsbedingungen in der einseitigen Hinterlegungsanweisung des Kreditinstituts mit denjenigen im Kaufvertrag. Es steht den Beteiligten natürlich auch hier frei, vertragliche Risiken einzugehen; der Notar hat nur die Amtspflicht, auf die Gefahren vorzeitiger Auszahlungen hinzuweisen[728], wenn er nicht davon ausgehen kann, daß der betreffende Beteiligte sie bewußt in Kauf nimmt[729]. **696**

Die **Auswahl der Hinterlegungsbank** steht nach Maßgabe des § 12 Abs. 2 DONot dem Notar zu, soweit die Beteiligten keine besonderen Wünsche äußern. Sie wird damit keine Erfüllungsgehilfin des Notars im Sinne von § 278 BGB[730]. Eine notarielle Pflicht, die Banksicherheit zu prüfen, besteht nicht; dafür gibt es die Bankenaufsicht[731]. Nur ausnahmsweise hat der Notar von einer bestimmten Empfehlung abzusehen und unter Umständen sogar eine andere Verwahrungsstelle vorzuschlagen, wenn ihm Vorkommnisse bekannt werden, die ernsthafte Zweifel an der Solidität der Bank aufkommen lassen. **697**

Sehr streng erscheinende Anforderungen an Vorsichtsmaßnahmen stellte das **698**

---

[725] 3 U 185/75; in diesem Sinne auch Custodis, MittRhNotK 1972, 127.
[726] 16 U 197/80.
[727] OLG Oldenburg, B. v. 8. 9. 1981 – 1 T 92/80.
[728] Vgl. Rz. 548 f.
[729] BGH WM 1960, 980/981 (Nr. 36).
[730] BGH DNotZ 1976, 506/508 (Nr. 87); Bank haftet grundsätzlich nicht bei Fehlverfügungen des Notars (LG Berlin, WM 1988, 1309).
[731] Seybold/Hornig, § 23 Rz. 23; Höfer/Huhn, § 38, 4; Haftpflichtecke, DNotZ 1973, 406/410.

OLG Köln[732] in einem Haftpflichtfall. Der Notar hatte ein halbes Jahr vor Errichtung des Anderkontos andeutungsweise eine ungünstige Information über die Situation erhalten und 6 Wochen vor der Errichtung einen Vertrag beurkundet, mit dem ein Inhaberwechsel bei der Bank eintrat und die ausscheidenden Gesellschafter mit bedeutenden Vermögenswerten abgefunden wurden. Dies und noch andere nicht so wesentliche Umstände genügten dem Senat für folgende Würdigung:

> „Bei der Anwendung der von einem Notar zu fordernden besonderen Gewissenhaftigkeit und Sorgfalt mußte dies alles jedenfalls Anlaß sein, die Entwicklung des Bankhauses in den neuen Händen einige Zeit zu beobachten und mit der Einlage von Fremdgeldern zu warten, um das vermeidbare Risiko für die von der Amtstätigkeit betroffenen Personen auszuschließen."

Dagegen war nach Ansicht des Gerichts „ohne Bedeutung, daß der Landgerichtspräsident nicht die Errichtung von Anderkonten bei dieser Bank beanstandet hat und wenn andere Notare... ebenfalls Konten bei diesem Bankhaus unterhalten haben." In der ersten Instanz war die Haftpflicht-Klage abgewiesen worden.

d) Auszahlungsfehler

699 Die Art der Auszahlungsfehler ist so vielfältig, daß eine Aufzählung kaum möglich und auch wenig nützlich wäre, weil die Pflichtverletzung meist in banalen Versehen[733] liegt und rechtlich uninteressant ist. Die haftpflichtrechtlichen Folgen sind in der Regel aber schwerwiegend und unabwendbar, da meist keine subsidiäre Haftung besteht (s. Rz. 200–203 u. 681) und eine Rückforderung aus tatsächlichen oder rechtlichen Gründen oft schwierig ist (s. Rz. 727f). Dagegen hilft praktisch nur höchste Genauigkeit bei der Prüfung der Auszahlungsvoraussetzungen. Die Gerichte billigen dem Notar kein Ermessen[734] und keine bankenüblichen Bearbeitungsspannen zu[735]. Der Berufs-Haftpflichtversicherer kann zudem die Deckung ablehnen[736], wenn sich der Notar bewußt – evtl. gar noch aus „Gutmütigkeit" gegenüber dem drängelnden Empfänger – über Auszahlungsbedingungen hinweggesetzt.

700 Eine häufige Fehlerquelle liegt in einer unterbliebenen oder unzureichenden **Überprüfung von Vollmachten** oder der **Empfangsberechtigung**. Ist an Eheleute auszuzahlen, so kann der Notar nicht ohne weiteres davon ausgehen, daß der Mann oder die Frau allein empfangsberechtigt ist. Auch die Vollmacht des Weisungsgebers ist zu prüfen, selbst wenn er dem Anschein nach im Auftrag des Berechtigten auftritt. „Der Notar darf in seinem Vertrauen auf den Eindruck, den die Beteiligten hervorrufen, nicht so weit gehen, wie das sonst im Verkehr etwa unter den Gesichtspunkten der Anscheins- und Duldungsvollmacht statthaft sein mag" heißt es im Leitsatz des BGH-Urteils vom 29.11.1966[737]. Enthält die schriftliche Zahlungsanweisung der Käufer einen Randzusatz, so kann der Notar nach einem Urteil des OLG Koblenz[738] zur Prüfung Anlaß haben, ob die Ergänzung von den Unterschriften gedeckt ist (vgl. § 419 ZPO).

701 Das OLG Hamm[739] billigte folgerichtig dem Notar ein überaus vorsichtiges Verhalten zu, das dem Haftpflichtkläger als schikanös, jedenfalls aber als überflüs-

---

[732] U. v. 26.5.1977 – 7 U 199/76.
[733] S. z. B. BGH VersR 1959, 743/744 (Nr. 26); OLG Düsseldorf, VersR 1988, 1034.
[734] S. BGH WM 1985, 1109 (Nr. 131); DNotZ 1986, 406 m. Anm. v. Hanau (Nr. 133); OLG Celle, DNotZ 1989, 56.
[735] S. Rz. 649.
[736] S. z. B. zur verfrühten Auszahlung vom Treuhandkonto OLG Celle, DNotZ 1989, 56.
[737] BGH VersR 1967, 162 (Nr. 60).
[738] DNotZ 1977, 46.
[739] DNotZ 1963, 635.

sig erschien. Der Notar hatte verlangt, daß die **Echtheit der Unterschrift** auf der für einen Rechtsanwalt ausgestellten Vollmacht für die Zeit der Auszahlung öffentlich beglaubigt wird. Auch daß der Notar sich nicht mit der Versicherung des Anwalts begnügt hatte, wurde vom Senat gutgeheißen, denn „die Beglaubigungsvorschriften gelten für jedermann, nicht nur für Leute, bei denen man Anlaß hat zu mißtrauen".

Die „**Sicherstellung der Eintragung**" im Grundbuch als Auszahlungsvoraussetzung liegt nach dem BGH-Urteil vom 19. 3. 1987[740] erst vor, wenn zur bedingungsgemäßen „Eintragung des Rechtes nur noch das pflichtgemäße Handeln des... Notars und des zuständigen Grundbuchbeamten erforderlich" ist. Diese „Sicherstellung" oder „Gewährleistung" darf aber nicht zu einer Garantiestellung des Notars führen, wie im Zusammenhang mit Notarbestätigungen ausgeführt ist (s. Rz. 672 f.). Das Restrisiko bis zum Vollzug der Eintragung hat derjenige zu tragen, der schon zuvor eine Auszahlung wünscht. In einem vom Kammergericht[741] entschiedenen Fall wurde das Zuwarten des Notars, bis die „Sicherheit" mit der erfolgten Eintragung eintrat, nicht als pflichtwidrig angesehen. 702

Bei **Umschuldungen** durch den Notar über Anderkonten kommt es zu Haftpflichtfällen, wenn schon Teilablösungen vorgenommen werden, bevor zuverlässig feststeht, ob die Hinterlegungssumme ausreicht und alle Treuhandbedingungen erfüllt werden können[742]. Dabei ist auch die Frage der Kostensicherung vorweg zu klären. 703

Zur **Schadensverhütung** ist **in Ausnahmefällen** der Notar trotz Eintritts der Bedingungen verpflichtet, die Auszahlung zurückzustellen, wenn, wie der BGH im Urteil vom 22. 11. 1977[743] zum Ausdruck bringt, „für ihn erkennbar wird, daß die Partei, die das Geld bei ihm hinterlegt bzw. auf ein Anderkonto eingezahlt hat, möglicherweise aus einem erst jetzt ersichtlich gewordenen Umstand durch eine Auszahlung geschädigt werden kann". Der Grund für eine Zurückstellung der Auszahlung kann auch, wie das OLG Celle[744] entschied, darin liegen, daß der Notar im Kaufvertrag einen Fälligkeitszeitpunkt aufgenommen hatte, der zu einer risikohaften Vorleistung führen mußte. Da der Notar bei der Beurkundung nicht über diese Gefahr belehrt hatte, hätte er dies nachholen und vor der Klärung eine Auszahlung unterlassen müssen. Die Schadensverhütungspflicht geht andererseits nicht so weit, daß er vor einer Zahlung ihm ordnungsgemäß zugeleitete Abrechnungen[745] überprüfen oder sich vergewissern müßte, ob der Treugeber Einwendungen gegen den Schuldner haben könnte, die nicht Gegenstand der Hinterlegungsvereinbarung sind[746]. 704

Zu den **Schutzpflichten der Bank** sei noch erwähnt, daß die Fakultativklausel[747] auf dem Überweisungsvordruck nicht mehr die Gutschrift auf ein anderes als das vom Notar angegebene Konto erlaubt und eine Bank, die einen Auftrag zur Errichtung eines Anderkontos entgegennimmt, Schutzpflichten auch gegenüber dem vorgesehenen Zahlungsempfänger haben kann, selbst wenn dieser kein Kunde ist[748]. 705

---

[740] DNotZ 1987, 560 (Nr. 140).
[741] DNotZ 1987, 576.
[742] S. als Haftpflichtbeispiele BGH DNotZ 1969, 499 (Nr. 69) u. 1987, 560 (Nr. 140).
[743] DNotZ 1978, 373/374 (Nr. 93); in demselben Sinne: OLG Hamm, DNotZ 1983, 702.
[744] U. v. 23. 9. 1976 – 16 U 31/76.
[745] LG Köln, MittRhNotK 1986, 173 (Erschließungskosten).
[746] LG Nürnberg-Fürth, DNotZ 1967, 648 (Zahlung einer Versicherungsprämie).
[747] So BGH NJW 1986, 2428.
[748] OLG Düsseldorf, DNotZ 1986, 431.

e) Widerruf der Auszahlungsanweisung

706   Die Frage, wie sich der Notar zu verhalten hat, wenn ein Beteiligter an einer mehrseitigen Hinterlegungsvereinbarung sich später nicht mehr an die Abmachung halten will und der Auszahlung vom Anderkonto einseitig widerspricht, ist höchstrichterlich nicht geklärt. Sie beinhaltet ein bei der Verwahrungstätigkeit praktisch immer wieder auftauchendes Haftpflichtrisiko, wie zahlreiche – im Ergebnis nicht immer einheitliche – Entscheidungen zeigen. Zimmermann[749] hat sich mit diesen Rechtsproblemen eingehend auseinandergesetzt und der Verfasser ist ihm in der „Haftpflichtecke"[750] über die Treuhandtätigkeit weitgehend gefolgt.

707   Bei einem Widerruf hat sich die erste Prüfung darauf zu erstrecken, ob der Widerrufende überhaupt an eine mehrseitige, gemeinsame Hinterlegungsanweisung gebunden ist. Handelt es sich um ein **einseitiges Verwahrungsersuchen** oder liegen bei einer **vorgeschalteten Treuhand** die Voraussetzungen für die Bindung noch nicht vor, kann der Treugeber ohne weiteres seine Anweisung widerrufen oder ändern. Gibt z. B. eine Bank den Treuhandauftrag, die von ihr auf das Anderkonto überwiesene Summe – das vorgesehene Kaufpreisdarlehen – erst auszuzahlen, wenn u. a. eine erstrangige Grundschuld eingetragen ist, so ist bis zu diesem Zeitpunkt einem Widerruf zu folgen, auch wenn die Kaufvertragsparteien eine frühere Fälligkeit vereinbart haben sollten. Die Nichtbeachtung kann zu Haftpflichtschäden führen, wie ein in der vorgenannten „Haftpflichtecke" wiedergegebenes Urteil des OLG Hamm[751] zeigt.

708   Ebenso darf nicht übersehen werden, daß bei **befristeten Verwahrungsanweisungen** der Forderung auf Rückzahlung bei Ablauf der Frist auch dann zu entsprechen ist, wenn inzwischen – d. h. nach Fristablauf – die Voraussetzungen für die Bindung eingetreten sein sollten. Zahlt, wie in einem vom OLG Hamm[752] entschiedenen Fall, der Käufer den Kaufpreis mit Anweisungen ein, die von den vertraglichen Vereinbarungen der Parteien abweichen, so liegt ein neues, insoweit einseitiges Hinterlegungsansuchen vor, das der Notar ablehnen kann. Tut er dies nicht, so hat er sich an die neuen Weisungen zu halten, auch wenn der Käufer damit gegen seine Vertragspflichten verstößt. Die Auseinandersetzung darüber hat dieser mit dem Verkäufer auszutragen.

709   **Besteht** im Zeitpunkt des einseitigen Widerrufs **die Bindung,** z. B. bei einer mehrseitigen Hinterlegungsvereinbarung oder bei einer vorgeschalteten Treuhand durch Eintritt der dort vorgesehenen Fälligkeit, so hat der Notar nach der überwiegenden Auffassung in der Rechtsprechung und Literatur zu prüfen, ob der Widerruf aufgrund von Einwendungen hinsichtlich der schuldrechtlichen Abwicklung des Grundgeschäfts erfolgt oder ob die Unwirksamkeit des Grundgeschäfts geltend gemacht wird. Bei dem erstgenannten Grund hat der Notar dem Widerruf keine Folge zu leisten (s. Rz. 712). Bei dem letztgenannten Grund ist der Widerruf zu beachten (s. Rz. 713). Die Mindermeinung vertritt die Ansicht, daß jeder einseitige Widerruf, gleich welcher causa, den Notar verpflichtet, mit der Abwicklung anzuhalten (s. Rz. 714).

710   Die grundsätzlich **unwiderrufliche Bindung** kann vorwiegend verfahrensrechtlich gesehen werden, indem neben der privatrechtlichen Hinterlegungsvereinbarung zwischen den Parteien das gemeinsame Hinterlegungsansuchen als verfahrensrechtlicher Vorgang den Notar als Amtsträger verpflichtet, auf dieser Grundlage abzuwickeln, solange das Kausalgeschäft wirksam ist und ein schutz-

---

[749] Weisungen der Beteiligten bei Verwahrungsgeschäften nach § 23 BNotO, DNotZ 1980, 451.
[750] S. Fn. II, 700.
[751] V. 2. 4. 1981 – 28 U 103/80 (DNotZ 1982, 599).
[752] VersR 1984, 896.

würdiges Interesse der Hinterlegungsbeteiligten besteht[753]. Als hinreichender Grund für die Unwiderruflichkeit müßte aber schon allein die privatrechtliche Hinterlegungsvereinbarung genügen, an die sich die Beteiligten im gegenseitigen Interesse gebunden haben und die eine einseitige Gegenanweisung an den Notar unbeachtlich sein läßt. Die Rechtslage ist gleichermaßen wie bei der Frage der Unwiderruflichkeit der Vollmacht zu beurteilen. Dient diese nicht allein dem Interesse des Vollmachtgebers, sondern auch demjenigen eines Dritten, so rechtfertigt dies die Unwiderruflichkeit[754]. Natürlich handelt der Notar als Amtsträger und nicht als Bevollmächtigter; er hat aber gleichermaßen die rechtlichen Interessen aller zu wahren, zu deren Sicherheit die gemeinsame Hinterlegungsanweisung gegeben wurde.

Eine weitere Aufgabe der Notartätigkeit liegt gerade darin, für eine **verzahnte gegenseitige Sicherheit** zu sorgen, d. h. risikohaften Vorleistungen einer Vertragspartei möglichst vorzubeugen. Dies würde scheitern, wenn ein einseitiger Widerruf uneingeschränkt zu beachten wäre. Es hätte z. B. der Verkäufer mit der Bewilligung der Auflassungsvormerkung oder der Eintragung einer Kaufpreisgrundschuld oder der wirtschaftlichen Überlassung des Grundstücks bis zur Eigentumsumschreibung vorgeleistet, ohne die Sicherheit zu haben, zur vertraglich vereinbarten Fälligkeit den Kaufpreis zu erhalten. Eine Weiterverwahrung auf dem Anderkonto bei einem Auszahlungswiderspruch ist keine Sicherung gegen die wirtschaftlichen Schäden, die bis zur rechtskräftigen gerichtlichen Durchsetzung des Anspruchs eintreten. 711

Zur Wahrung des gegenseitigen Schutzinteresses wird auch in der Rechtsprechung überwiegend die Auffassung vertreten, daß eine einseitige Gegenanweisung für den Notar dann unbeachtlich zu sein hat, wenn sie – ohne die Unwirksamkeit des Grundgeschäfts geltend zu machen – auf **schuldrechtlichen Einwendungen** beruht, wie z. B. auf einem Zurückbehaltungsrecht oder einer Aufrechnung. Aus der Fülle der Rechtsprechung[755] werden vor allem folgende Entscheidungen genannt: Urteil des OLG Frankfurt vom 28. 2. 1969[756], die Beschlüsse des Kammergerichts vom 23. 3. 1984[757] und 19. 12. 1986[758] sowie des OLG Düsseldorf vom 1. 10. 1987[759]. 712

Wird von dem Widerrufenden die **Unwirksamkeit des Kausalgeschäfts** – z. B. des Grundstückskaufvertrags oder der Hinterlegungsvereinbarung – geltend gemacht, so hat der Notar dies nach der vorstehend wiedergegebenen Ansicht zu beachten und mit der Abwicklung anzuhalten. Die vorgebrachte Nichtigkeit kann z. B. in Formfehlern, der Geschäftsunfähigkeit[760], Sittenwidrigkeit oder in Anfechtungstatbeständen liegen. Die Aufklärungsmöglichkeiten des Notars über die Richtigkeit des Vorbringens sind freilich beschränkt und eine besondere Ermittlungspflicht kann ihm nicht angesonnen werden. Bei einem einseitigen Widerspruch muß für ihn als Grund für einen Aufschub genügen, wenn der Beteiligte, um es mit den Worten von Jansen[761] auszudrücken, „einen ausreichend substantiierten und glaubhaft erscheinenden Anfechtungs- oder Unwirksamkeitsgrund 713

---

[753] So Zimmermann, DNotZ 1980, 453 ff.
[754] BGH DNotZ 1972, 229; WM 1988, 714; DNotZ 1989, 84; Görgens, Die unwiderrufliche Vollmacht – Rechtsnatur und Formprobleme, MittRhNotK 1982, 53.
[755] S. z. B. LG Hannover, U. v. 19. 11. 1970 – 3 O 217/70; OLG Köln, DNotZ 1971, 599; LG Berlin, DNotZ 1981, 318 u. B. v. 17. 9. 1984 – 84 AR 40/84; OLG Hamm, DNotZ 1983, 702 u. 1985, 56; LG Braunschweig, DNotZ 1983, 778; s. Haug, DNotZ 1982, 596 ff.
[756] DNotZ 1969, 513/515.
[757] DNotZ 1985, 51.
[758] DNotZ 1987, 577.
[759] MittRhNotK 1988, 48.
[760] Vgl. OLG Köln, DNotZ 1980, 503.
[761] § 53 Rz. 18.

vorbringt, dem der andere Beteiligte nicht oder nur mit fadenscheinigen Behauptungen zu begegnen versucht". Wollen beide Beteiligten nicht mehr die Vertragserfüllung sondern eine Rückabwicklung, so ist beim Fehlen einer für diesen Fall getroffenen Abrede wieder das Ansuchen des Treugebers, der eingezahlt hatte, allein verbindlich[762].

714 Die **Mindermeinung**[763] geht dahin, daß der Notar schlechthin jedem einseitigen Widerruf zu folgen habe. Sie vernachlässigt damit den ursprünglich übereinstimmend gewollten Schutz gegen ungesicherte Vorleistungen und bringt den Notar in eine volle Abhängigkeit von Weisungen der Beteiligten, die im Grundsatz nicht seiner Amtsstellung gerecht wird (s. Rz. 2f.). Praktisch ist diese Auffassung aber in der Beziehung, daß sich der Notar leichter jeder Verantwortung und Haftpflicht entziehen und die Parteien ihrem Schicksal überlassen kann. Er müßte dann eigentlich bei Übernahme von mehrseitigen Treuhandansuchen mit Bindungswirkung die Beteiligten darüber aufklären, daß für ihn bei einseitigem Widerruf die Fälligkeits- und Auszahlungsbestimmungen hinfällig werden.

715 Die Berufung der Mindermeinung auf das BGH-Urteil vom 21. 12. 1959[764] überzeugt nicht. Dort war im Ergebnis darüber zu entscheiden, ob der Notar bei Streit der Beteiligten über den Anderkontenbetrag diesen beim Amtsgericht hinterlegen durfte. Dies wurde bejaht – was inzwischen als Amtspflichtverletzung gewertet werden könnte (s. Rz. 719) – mit dem von der Mindermeinung ohne Einschränkung vertretenen Grundsatz. Der BGH läßt aber ausdrücklich offen, ob es bei übereinstimmenden Hinterlegungsanweisungen der Beteiligten nicht Fälle geben könne, „in denen die Beteiligten das einseitige Widerrufsrecht beschränken und dem Notar eine Rechtsmacht erteilen wollen, die eine Abwicklung gemäß der beurkundeten Einigung der Beteiligten unabhängig von späteren Widersprüchen ermöglichen soll".

716 In **Sonderfällen** sollte sich der Notar unabhängig von der Rechtsnatur der Einwendungen des Widerrufenden auch dann zu einem Anhalten der Abwicklung entschließen, wenn die Auszahlung dem Treugeber offensichtlich einen kaum wieder gut zu machenden Schaden bringen würde[765]. Im Grundsatz haben dafür dieselben Kriterien zu gelten, die den Notar auch ohne Gegenanweisung verpflichten, trotz Eintritts der formellen Bedingungen von einer Auszahlung abzusehen (s. Rz. 704).

717 Bei einem einseitigen Widerruf empfiehlt sich schon in Anbetracht der höchstrichterlich nicht geklärten Rechtslage folgendes **Vorgehen in der Praxis:**
– Alle an der Hinterlegungsvereinbarung Beteiligten sind vom Widerruf zu informieren und über das vom Notar beabsichtige Vorgehen zu belehren, sei es bei einer Befolgung der Gegenanweisung oder sei es bei einer Nichtbefolgung. Im letzteren Fall wird zweckmäßig eine gewisse Aufschubfrist genannt (s. Rz. 718).

718 – Die Beteiligten sind zugleich auf die **Beschwerdemöglichkeit zum LG** (§ 15 Abs. 1 S. 2 BNotO) hinzuweisen, die auch bei Amtstätigkeiten gem. §§ 23, 24 BNotO eröffnet ist[766]. Auch eine einstweilige Verfügung kann die Beschwerde-

---

[762] So OLG Hamm, DNotZ 1987, 574 = BB 1987, 1702 = EWiR 1987, 739, § 23 BNotO m. Anm. Haug.
[763] OLG Hamm, DNotZ 1961, 230 (jedoch nur mittelbar einschlägig); KG DNotZ 1973, 498 (Kostenverfahren); OLG Schleswig, DNotZ 1975, 371; OLG Celle, U. v. 31. 10. 1984 – 3 U 344/83 u. v. 26. 6. 1986 – 3 U 128/85. Volhard (DNotZ 1987, 523/530) will die „Unwiderruflichkeit" von einer Prüfung des Notars nach § 242 BGB abhängig machen – ein äußerst schwankender Boden.
[764] DNotZ 1960, 265 (Nr. 32); Peter (S. 92) wertet das Urteil nicht voll aus.
[765] § 14 Abs. 2 BNotO; vgl. BGH DNotZ 1978, 373/374 (Nr. 93); OLG Hamm, DNotZ 1983, 702.
[766] BGH DNotZ 1980, 496 (Nr. 98); OLG Hamm, DNotZ 85, 56; OLG Köln, DNotZ 1978, 751; OLG Celle, DNotZ 1976, 691 m. abl. Anm. v. Custodis. Der Notar ist im FGG-Verfahren nicht

kammer erlassen. Eine Amtsverweigerung i. S. v. § 15 Abs. 1 BNotO liegt nicht nur dann vor, wenn der Notar die Gegenanweisung nicht beachten will; auch wenn er beabsichtigt, ihr zu folgen, kann der widersprechende Mitbeteiligte zum Beschwerdeführer werden.

– Die **Hinterlegungssumme** ist **auf dem Notaranderkonto weiter zu verwahren.** Als Amtsträger ist der Notar selbst zur Hinterlegung autorisiert. Eine Überweisung an die Hinterlegungsstelle des Amtsgerichts ist deshalb nicht erforderlich und könnte sich zudem bei einem Verzicht auf Rücknahme schädlich auswirken[767]. Der Widersprechende müßte sich nicht an die hinterlegte Summe halten, sondern könnte seinen Anspruch nach § 19 BNotO gegen den Notar geltend machen[768]. Die an dem Verwahrungsgeschäft Beteiligten sollten sich je nach der voraussichtlichen Dauer der Auseinandersetzung überlegen, ob sie nicht gemeinsam um Anlage auf einem Festgeldkonto ersuchen sollen (s. Rz. 694). 719

Rufen die Beteiligten nicht die Beschwerdekammer des LG an und sind sie auch nicht übereinstimmend mit der Weiterverwahrung bis zur Klärung (s. Rz. 718) einverstanden, so hat der Notar nach pflichtgemäßem Ermessen zu handeln. Im Hinblick auf die nicht einheitlich beurteilte Rechtslage und das Fehlen einer höchstrichterlichen Entscheidung ist dem Notar ein persönliches Ermessen bei der gewissenhaften Entschliessung einzuräumen (vgl. Rz. 433). Dem Haftpflichtanspruch eines Beteiligten[769], der die Entschließung des Notars als fehlerhaft ansehen sollte, stände der Einwand nach § 19 Abs. 1 S. 3 BNotO i. V. m. § 839 Abs. 3 BGB entgegen, denn er hätte den Rechtsweg nach § 15 Abs. 1 BNotO gehen können (s. Rz. 219 u. 718). 720

Statt einer Beschwerde nach § 15 Abs. 1 BNotO können die Beteiligten ihre **Auseinandersetzung im Zivilprozeß** austragen. In einem vom OLG Düsseldorf[770] entschiedenen Fall konnten sich drei Beteiligte über die Auszahlung vom Notaranderkonto nicht einigen. Auf die Klage eines Beteiligten gegen die beiden anderen auf Einwilligung in eine bestimmte Auszahlungsweise wurden diese verurteilt, entsprechende Erklärungen gegenüber dem Notar abzugeben. Eine Herausgabeklage gegen den Notar oder ein Antrag auf Erlaß einer einstweiligen Verfügung ist unzulässig[771], weil diese Maßnahmen auf die Vornahme einer Amtshandlung gerichtet wären. Allein im Beschwerdeverfahren nach § 15 Abs. 1 BNotO können die Instanzgerichte eine den Notar bindende andere Entscheidung treffen. 721

f) Pfändung, Zession

Die Rechtsfrage, ob eine **Pfändung** des Anspruchs auf Auskehrung eines auf Notaranderkonto verwahrten Betrags zulässig und bejahendenfalls wie eine solche Pfändung rechtlich einzuordnen ist, wird unterschiedlich beurteilt. So steht es in den Entscheidungsgründen des BGH-Urteils vom 30. 6. 1988[772]. Außer der dazu 722

Beteiligter; er ist die erste Instanz, gegen deren Entscheidung die Beschwerde eingelegt wird. Die Beteiligten können ihren Streit auch untereinander im Zivilprozeß austragen (s. Rz. 721).
[767] Vgl. OLG Köln, DNotZ 1971, 599 u. 1980, 503; OLG Hamm, DNotZ 1983, 61/63.
[768] Dies und die nachteiligen Folgen zeigt das im Aufsatz des Verfassers (DNotZ 1982, 598 f.) wiedergegebene U. des OLG Hamm vom 2. 4. 1981 – 28 U 103/80. Vgl. weiter BGH VersR 1963, 339; unvollst. in DNotZ 1963, 574 (Nr. 44) u. OLG Frankfurt, DNotZ 1969, 513/514.
[769] Als verfehlt ist die Rechtsprechung des OLG Düsseldorf anzusehen, daß auch bei einer bereits erfolgten Auszahlung die Beschwerdekammer den Notar anhalten könnte, nochmals – aus seinem Vermögen – zu zahlen. Der Ausgang der anhängigen Revision ist abzuwarten (s. Rz. 10).
[770] U. v. 12. 12. 1980 – 14 U 161/80.
[771] S. Rz. 3.
[772] WM 1988, 1425 (Nr. 151).

vom IX. Zivilsenat angeführten Literatur und Rechtsprechung[773] sei noch auf weitere ebenfalls unterschiedliche Entscheidungen oder Äußerungen verwiesen. Das KG[774] hielt eine Zession in bezug auf Anderkontenbeträge für unzulässig, was aus den gleichen Rechtsgründen auch für eine Pfändung gelten müßte. Die gleiche Auffassung vertrat das LG Frankfurt[775], während das OLG Köln[776] und das LG Duisburg[777] die Pfändung der Rechtsposition des Schuldners als anderes Vermögensrecht (§§ 857, 835 ZPO) für möglich ansahen. Stöber[778] hält die Pfändung nach § 851 Abs. 2 ZPO für möglich und vertritt die Ansicht, der Notar sei Vollstreckungsschuldner, und nach Schneider[779] scheidet der Notar als Drittschuldner aus.

723   Der BGH enthält sich im vorgenannten Urteil vom 30. 6. 1988 einer rechtlichen Würdigung der Pfändungsmöglichkeit, bejaht sie aber offenbar, indem er für den „vorliegend zu beurteilenden Sachverhalt" entscheidet, daß der Anspruch des Verkäufers auf Auszahlung gegen den Notar dann nicht wirksam gepfändet ist, wenn nicht zugleich dessen Forderung gegen den Käufer auf Zahlung des Kaufpreises gepfändet wird. Dies wird der Notar bei Pfändungen und Drittschuldnererklärungen zu beachten haben, auch wenn Grunsky[780] mit beachtlichen Gründen der Auffassung des BGH entgegentritt. In der Notariatspraxis ist jedenfalls davon auszugehen, daß nach der ganz überwiegenden Meinung die Zulässigkeit der Pfändung bejaht wird. Es sollte deshalb die Drittschuldnererklärung abgegeben werden. Anderenfalls wäre das Notaranderkonto ein zugriffsfreier Hort.

724   Es ist aber strikt zu beachten, daß nach der BGH-Rechtsprechung[781] die **Rechte des Pfandgläubigers** nicht weitergehen als diejenigen des Schuldners; er tritt lediglich in dessen Stellung ein. Die sachliche Unabhängigkeit des Notars bei der Amtsführung bleibt gewahrt. Gleichwohl hat die Pfändung zur Folge, daß dem Pfandgläubiger gegenüber Amtspflichten bestehen, dieser nach § 15 Abs. 1 BNotO vorgehen und bei einer Pflichtverletzung Haftpflichtansprüche nach § 19 BNotO erheben könnte. Dem entspricht eine Entscheidung des OLG Hamm[782]. Eine Pflichtverletzung war im konkreten Fall aber zu verneinen, weil für den Notar im Zeitpunkt der Pfändung erhebliche Verdachtsgründe bestanden, daß der Vertrag seitens des Verkäufers wegen dessen Illiquidität nicht ordnungsgemäß erfüllt würde. Der Notar handelte deshalb nicht pflichtwidrig, wenn er ausnahmsweise auf den einseitigen Widerspruch des Käufers hin die Auszahlung vom Treuhandkonto unterließ (vgl. Rz. 704 u. 716).

725   Der Notar hat zu einer ihm angezeigten **Zession** Stellung zu nehmen, und sei es, daß er die Pflicht, sie zu beachten, ablehnt (vgl. Rz. 31, 205 u. 683). Eine Ablehnung ohne sachlichen Grund wird in der Regel nicht opportun sein. Es erweitert sich jedoch das Haftpflichtrisiko, da sich der Zessionar evtl. als mitzubetreuender Beteiligter ansieht. Voraussetzung wäre aber eine Kontaktaufnahme (vgl. Rz. 31 u. 443). Besteht zwischen dem Notar und dem Zessionar keinerlei Verbindung und wurde auch keine zur Vorlage bei ihm geeignete Notarbestätigung abgegeben (s. Rz. 665 ff.), so scheiden Amtspflichten ihm gegenüber aus, zumal der Treugeber bei der einseitigen Treuhand jederzeit sein Ansuchen ändern

---

[773] Rupp/Fleischmann, Pfändbare Ansprüche bei notarieller Kaufpreishinterlegung, NJW 1983, 2368; OLG Celle, DNotZ 1984, 256 m. abl. Anm. v. Göbel; OLG Hamm, DNotZ 1983, 61.
[774] DNotZ 1978, 182/183.
[775] 24. 11. 1972 – 2 O 462/72.
[776] MittRhNotK 1987, 31.
[777] MittRhNotK 1984, 26.
[778] Forderungspfändung, 8. Aufl. Bielefeld 1987.
[779] Die Zwangsvollstreckung in den beim Notar hinterlegten Kaufpreis, Jur. Büro 1964, 779.
[780] EWiR 1988, 827.
[781] WM 1985, 238; DNotZ 1985, 633 (Nr. 126).
[782] DNotZ 1983, 702.

kann. Nur wenn der Notar den begründeten Verdacht hat, daß der Zessionar vom Zedenten getäuscht werden könnte, ist als Schutzmaßnahme eine nach § 14 Abs. 2 BNotO zu rechtfertigende Verbindungsaufnahme mit dem Dritten zu empfehlen.

Hat der Notar die Zession in einer Art bestätigt, daß der Zessionar auf die Beachtung vertrauen kann, dann entstehen ihm gegenüber Amtspflichten, wie es gegenüber einem Pfändungsgläubiger sein kann (vgl. Rz. 724). Der Zessionar kann dann auch Beschwerdeführer nach § 15 Abs. 1 S. 2 BNotO sein. Eine vom OLG Frankfurt ergangene Entscheidung[783], nach der eine solche Beschwerde *unzulässig* sei, überzeugt nicht. Der Notar wollte wegen Zweifeln an der Wirksamkeit der Abtretung zu Recht nicht auszahlen. Deshalb war die Beschwerde des Zessionars als *unbegründet* zurückzuweisen. Der Prätendentenstreit wäre vor dem Zivilgericht auszutragen gewesen. Insoweit ist dem OLG zuzustimmen. Hätte der Notar jedoch nach der Sach- und Rechtslage den Zessionar als Empfangsberechtigten feststellen können, so wäre er im Beschwerdeverfahren zur Auszahlung anzuweisen gewesen. **726**

g) Rückforderungsrechte

Zahlt der Notar vom Anderkonto zu viel oder an eine nicht berechtigte Person aus, so kommt als Anspruchsgrundlage für Rückforderungen das Bereicherungsrecht in Betracht. Vertragliche oder öffentlich-rechtliche Beziehungen zwischen dem Notar und dem Zahlungsempfänger scheiden regelmäßig aus. Fehlt für die Zahlung im Deckungsverhältnis zwischen dem Anweisenden (Treugeber) und dem Notar eine wirksame Anweisung, so hat der Notar nach der BGH-Rechtsprechung[784] einen Durchgriffs-Kondiktionsanspruch gegen den Zahlungsempfänger jedenfalls dann, wenn der Empfänger das Fehlen der Anweisung kennt oder kennen müßte. Der Notar hat dafür allerdings die Beweislast[785]. Soweit dieser Beweis nicht gelingt, gewährt der BGH nur in Ausnahmefällen unter analoger Anwendung von § 822 BGB[786] oder nach § 242 BGB[787] einen Durchgriffsanspruch. Die OLGe Hamburg[788] und München[789] haben dagegen schon eine Durchgriffskondiktion allein auf Grund einer objektiv fehlenden Anweisung gewährt, also ohne daß der Empfänger diesen Umstand kennen müßte. Mit dem bleibenden Entreicherungseinwand des § 813 Abs. 3 BGB sei das Vertrauen des Empfängers genügend geschützt. **727**

Voraussetzung für die Möglichkeit einer Direktkondiktion im Sinne der vorstehend genannten Judikatur ist aber einmal das Fehlen einer wirksamen Anweisung im Hinterlegungsverhältnis zum Notar und zum anderen die Identität des Zahlungsempfängers und Kondiktionsschuldners. An der letztgenannten Voraussetzung fehlte es in einem vom OLG Koblenz[790] entschiedenen Fall, in dem gleichwohl der vom Notar erhobenen Bereicherungsklage stattgegeben wurde. Auf die dazu in der Urt.-Anm. von Lieb[791] gebrachten Ausführungen zum Kondiktionsrecht wird verwiesen. **728**

---

[783] MittRhNotK 1987, 82.
[784] U. v. 22. 9. 1983, NJW 1984, 483 m. weiteren Hinw.
[785] BGHZ 87, 393.
[786] BGH NJW 1984, 483.
[787] BGH NJW 1987, 185 (kein Notarfall).
[788] WM 1982, 249; schon zuvor im Ansatz: OLG Düsseldorf, WM 1975, 875, u. OLG Bremen, Berufungsinstanz zum BGH-Urt. v. 22. 9. 1983 (Fn. II 784).
[789] NJW-RR 1988, 1391.
[790] DNotZ 1988, 653.
[791] DNotZ 1988, 655.

III. Haftpflichtprozeß

1. Die Prozeßsituation

Seit 1953 ergingen über **150 BGH-Haftpflichturteile** gegen Notare. Sie sind 800
in der Anlage chronologisch mit Leitsätzen zusammengestellt; es dürfte die
gesamte BGH-Rechtsprechung zur Notarhaftpflicht sein. Die Revisionen führten
zu relativ häufiger Aufhebung der Berufungsurteile: zu ca. 30% hob der BGH
zuungunsten und zu 25% zugunsten des Notars auf. Zu ca. 20% wurde die
Verurteilung und zu 25% die Klageabweisung bestätigt.

Schon die Anzahl der BGH-Urteile zeigt, daß häufig und hartnäckig um die 801
Notar-Haftpflicht prozessiert wird – an und für sich zu häufig. Fast 1 000 Notar-
Haftpflichtprozesse sind wohl jährlich anhängig, deren Gesamtstreitwert auf 70
bis 80 Mio. DM geschätzt werden kann. Auch wenn diese Prozesse überwiegend
zugunsten der Notare ausgehen, ist das Risiko hoch und besonders im Bereich der
Belehrungspflicht schwer kalkulierbar. Der kluge Versicherer, der auch hinsichtlich der Prozeßführung weisungsberechtigt ist (§ 5 Nr. 3 der Allgemeinen Versicherungsbedingungen), wird die Prozeßchancen sehr sorgfältig abwägen. Er hat
nicht nur die Kosten zu tragen (§ 3 II Nr. 7 AVB); jedes ungünstige Haftpflichturteil gibt dem ohnehin starken Anspruchsbegehren neuen Auftrieb.

Zur Rechtsprechung selbst wäre allgemein zu wünschen, daß sich der Richter 802
intensiv mit den Eigenarten der notariellen Amtstätigkeit vertraut macht und bei
Streitigkeiten über die Erfüllung von Belehrungspflichten, die etwa ein Drittel der
Haftpflichtprozesse ausmachen, in Beweisaufnahmen gründlich der so schwer zu
ermittelnden Frage nachgeht, wie es denn wirklich – in Notar-Haftpflichtsachen
meist viele Jahre zuvor – gewesen war. Soweit es sich um spezifische Notarpflichten handelt, sollte mehr von der Möglichkeit Gebrauch gemacht werden, von den
Notarkammern (§ 67 Abs. 4 BNotO) oder von der Bundesnotarkammer (§ 78
Nr. 4 BNotO) Gutachten anzufordern. Ein „Volljurist" könnte dazu neigen, sich
ein sicheres Urteil über die juristische Tätigkeit in einem ihm an sich doch fremden
Beruf zu erlauben.

2. Zuständiges Gericht

Der Notar haftet persönlich (s. Rz. 7). Eine Haftung des Staates anstelle des 803
Notars besteht nicht (§ 19 Abs. 1 S. 4 BNotO; s. Rz. 6). Eine Ausnahme bilden die
Amtsnotare in Baden-Württemberg; dort ist die Haftpflichtklage gegen das Land
zu richten (s. Rz. 374 ff.). Für Haftpflichtklagen[1] aus Verletzung notarieller Amtspflichten ist ausschließlich das Landgericht zuständig (§ 19 Abs. 3 BNotO; s.
Rz. 12). Dies gilt nicht für Nebentätigkeiten des Notars, die keine Amtsausübung
beinhalten (s. Rz. 4). Auch für Klagen aus Amtspflichtverletzungen gegen Notar-
vertreter (§ 39 Abs. 4 i. V. m. § 19 Abs. 3 BNotO), den Assessor, soweit er
persönlich verklagt werden kann (s. Rz. 144 ff.) und Notariatsverweser (s.
Rz. 160 f.) ist das Landgericht ausschließlich zuständig. Das gilt auch, wenn als
Gesamtschuldner der Notar und sein Vertreter (Rz. 140) oder der Notar und sein
Assessor (Rz. 144 ff.) oder die Notarkammer und der Notariatsverweser (Rz. 160)

---

[1] Bei Einwendungen gegen Kosten (§ 156 KostO) s. Rz. 805.

verklagt werden sollten. Weiterhin ist für Rückgriffsansprüche zwischen dem Notar und dem Notarvertreter (§ 42 BNotO; s. Rz. 141) sowie zwischen der Notarkammer und dem Notariatsverweser (§ 62 BNotO; s. Rz. 161) die Zuständigkeit des Landgerichts bestimmt.

804 Der Notar und sein Vertreter können nur nach § 19 Abs. 1 BNotO verantwortlich gemacht werden. **Klagen auf Vornahme von Amtshandlungen** sind unzulässig (s. Rz. 3). Allein mit der Beschwerde nach § 15 Abs. 1 S. 2 BNotO zur Zivilkammer des Landgerichts könnte der Notar bei einer Amtsverweigerung im Wege der freiwilligen Gerichtsbarkeit zu einer Amtshandlung angehalten werden (s. Rz. 219, 494, 718). Auch im Bereich der notariellen Verwahrungstätigkeit ist es bei einer fehlsamen Auszahlung vom Anderkonto nicht möglich, nach § 700 BGB den Notar zur – nochmaligen – Zahlung aus seinem Privatvermögen zu verpflichten[2].

805 Soweit **Einwendungen gegen die Kostenrechnung** oder gegen eine Zahlungspflicht, sei es auch im Wege der Aufrechnung mit behaupteten Amtshaftungsansprüchen, erhoben werden, ist nach einhelliger Rechtsprechung[3] allein das Beschwerdeverfahren gem. **§ 156 KostO** vor dem Landgericht, in dessen Bereich der Amtssitz des Notars liegt, zulässig. Einer Haftpflichtklage und negativen Feststellungsklage des Notars[4] ist insoweit der Boden entzogen. Das Beschwerdegericht entscheidet damit bei einer Aufrechnung mit Schadenersatzansprüchen über die Amtshaftung.

806 Die Gegenansprüche müssen sich auf Amtspflichtverletzungen beziehen, auch wenn diese nicht unmittelbar Gegenstand der angegriffenen Kostenrechnung waren. Das Verfahren nach § 156 KO ist unzulässig, soweit es sich um eine Forderung des Notars aus privater Tätigkeit handelt[5]. Dazu zählen auch Nebentätigkeiten nach § 8 BNotO (s. Rz. 4). Der BGH hat im Urteil vom 22. 10. 1987[6] eine Ausnahme im Grenzfall zugelassen, wenn sich die Einwendungen gegen die Kostenrechnung nicht nur auf eine Amtspflichtverletzung, sondern *gleichzeitig* auf eine positive Vertragsverletzung des Notars in seiner Eigenschaft als Rechtsanwalt und Steuerberater stützen.

807 Es ist einerseits unbefriedigend, daß im **summarischen Verfahren** des § 156 KostO über die so diffizile und persönlich berührende Frage der Haftung entschieden und dabei in Kauf genommen wird[7], daß im Haftpflichtprozeß etwa ein divergierendes Urteil ergeht, denn das Beschwerdeverfahren ist nur bis zur Höhe der Kostenforderung zulässig. Andererseits besteht kein dringender Grund, in dieser Beziehung etwas zu ändern[8]. Zunächst ist die Entscheidungsbefugnis der Gerichte im Kostenverfahren auf die Kostenhöhe begrenzt und entfaltet nur insoweit Rechtskraftwirkung[9]. Zum anderen wird das Kostenverfahren auszusetzen sein, wenn ein Haftpflichtprozeß über den weitergehenden Anspruch anhängig ist. Dies ist nach der h. M. gem. § 148 ZPO möglich und gerechtfertigt[10], weil im Kostenverfahren eine gründliche Prüfung der Haftungsfragen nicht gewährlei-

---

[2] zur a. A. des OLG Düsseldorf s. Rz. 10.
[3] BGH DNotZ 1961, 430 (Nr. 39), 1967, 323 (Nr. 58), 1988, 379 (Nr. 142); weitere Rspr. s. Korintenberg/Bengel, § 156 Rz. 25.
[4] BGH DNotZ 1988, 379 (Nr. 142).
[5] Korintenberg/Bengel, § 156 Rz. 26 m. Rspr.-Hinweisen.
[6] DNotZ 1988, 379 (Nr. 142).
[7] KG DNotZ 1940, 29.
[8] Ansatzpunkt wäre, daß die notarielle Schadensersatzpflicht in das Deliktsrecht gehört und privatrechtlicher Natur ist (s. Rz. 5f.).
[9] Korintenberg/Bengel, § 56 Rz. 100.
[10] OLG Düsseldorf, Rechtspfleger 1975, 411; Rohs, Die Notarkosten-Beschwerde, Rechtspfleger 1967, 195; a. A. Schneider, Die Notarkosten-Beschwerde, Köln, 1966.

stet werden kann und im übrigen eine Entscheidung über die Kostenbeträge kaum eilbedürftig sein wird.

Der Notar kann seinerseits im Haftpflichtprozeß mit unbeglichenen oder zuvor noch nicht geltend gemachten **Kosten gegen die Haftpflichtforderung aufrechnen.** Soweit die Kostenrechnung als solche bestritten wird, ist wieder das Verfahren nach § 156 KostO einzuhalten. Weiterhin ist eine Aufrechnung nicht möglich, wenn die Kosten wegen unrichtiger Sachbehandlung nicht erhoben werden dürfen (§ 16 KostO). Dies setzt keine schuldhafte Fehlleistung voraus; es genügt vielmehr eine objektive unrichtige Sachbehandlung[11]. Insofern ist die Rechtslage im Vergleich zum grundsätzlich bestehenbleibenden Gebührenanspruch des Anwalts bei Schlechterfüllung verschieden[12]. Nur wenn die Notarkosten – je nach Schadensart und Berechnung – nicht erspart geblieben wären, sind sie zu berücksichtigen[13]. 808

3. Haftpflichtklage/Subsidiäre Haftung

Die Haftpflichtklage gegen den Notar geht, wie bei Schadenersatzansprüchen nach § 839 BGB, nicht auf Naturalleistung, sondern auf **Geldersatz**[16]. Ein Antrag oder eine Verurteilung auf **Zahlung Zug um Zug** gegen Abtretung einer Forderung gegen einen Dritten ist nur insoweit möglich, als die abzutretende Forderung nicht zum Einwand der subsidiären Haftung berechtigt (s. Rz. 170ff.). Abzutretende Forderungen werden deshalb meist – jedenfalls zur Zeit – nicht realisierbar sein. Im vom BGH mit Urteil vom 19. 3. 1987[17] entschiedenen Fall war bei einer Auszahlung des Anderkontenbetrags ohne die geforderte dingliche Sicherung der klagenden Bank zwar Schadenersatz zu leisten, aber nur gegen Abtretung der Darlehensansprüche der Bank gegen den Darlehensnehmer. Ob dieser selbst Ansprüche nach § 19 BNotO hatte, war nicht zu entscheiden. Die Frage der umstrittenen Drittschadensliquidation konnte ebenfalls offen gelassen werden[18]. Eine **Klage auf Freistellung** von einer Schuld – z. B. auf Ablösung einer durch Notarversehen nicht gelöschten Hypothek – ist als Geldersatz, nämlich durch Zahlung an den Grundpfandgläubiger anzusehen[19]. 810

Eine **Feststellungsklage** auf Schadenersatz in Geld ist nach den allgemeinen prozeßrechtlichen Voraussetzungen auch gegen den Notar zulässig, jedoch mit der zusätzlichen Bedingung, daß der Einwand der subsidiären Haftung nicht erhoben werden kann (s. Rz. 173). Das Fehlen einer anderen Ersatzmöglichkeit ist Voraussetzung für das Bestehen eines Haftpflichtanspruchs gegen den Notar (Rz. 206) und gehört auch bei einer Feststellungsklage zur Schlüssigkeit. Es kann im einzelnen auf die Ausführungen zu Rz. 212f. verwiesen werden. 811

Der vorstehend gebrachte Grundsatz ist modifiziert durch das BGH-Urteil vom 26. 11. 1987[20]. Danach muß die anderweitige Ersatzmöglichkeit nicht völlig ausgeräumt sein. Eine Klage auf Feststellung der Notarhaftung kann vielmehr schon dann erhoben werden, wenn der Geschädigte weiß und zur Schlüssigkeit darlegen kann, daß die andere Ersatzmöglichkeit den Schaden mindestens teilweise nicht 812

---

[11] OLG Hamm, DNotZ 1979, 57 u. MittRhNotK 1979, 181/182.
[12] s. Borgmann/Haug, § 31.
[13] vgl. Rinsche II, 181 ff.
[16] Palandt, § 839 Anm. 10b; Arndt, § 19 Anm. II 2.6.2.
[17] DNotZ 1987, 560 (Nr. 140).
[18] s. Rz. 48f. u. Fn. I 100.
[19] Rinsche II, 115.
[20] DNotZ 1988, 388 (Nr. 144).

III. Haftpflichtprozeß

813 Das Fehlen einer anderen Ersatzmöglichkeit hat, solange der Haftpflichtprozeß anhängig ist, objektiv festzustehen; d. h. das Vorliegen dieser Klagevoraussetzung steht den Parteien nicht zur Disposition (s. Rz. 212 f.). Gleichwohl kann es sinnvoll erscheinen, wenn sich der Geschädigte bei zweifelhaften Ersatzmöglichkeiten mit dem Notar oder dem in dieser Hinsicht zu dessen Vertretung befugten[21] Berufs-Haftpflichtversicherer abstimmt[22]. Der Notar und sein Versicherer werden sich aber zurückhalten, wenn sie nicht substantiiert über die Möglichkeit anderer Ersatzmöglichkeiten aufgeklärt werden. Es ist primär Sache des Anspruchstellers und seines Anwalts, eigenverantwortlich zu prüfen, ob eine anderweitige Ersatzmöglichkeit besteht und deren Wahrnehmung zumutbar ist (s. Rz. 184). Der Anspruchsteller kann z. B. dem Notar mit einer Streitverkündung nicht aufdrängen, ein aussichtsvolles Rechtsmittel im Prozeß gegen den primär Haftenden einzulegen (s. Rz. 185). Nimmt er den Rechtsbehelf nicht wahr, so ist dem Notar der Einwand der schuldhaft versäumten Ersatzmöglichkeit grundsätzlich nicht genommen[23].

Deckt. Soweit betragsgemäß der Teilausfall schon feststeht, ist Leistungsklage zu erheben. Zum Zusammenhang mit der Unterbrechung der Verjährungsfrist wird auf die Ausführungen zu Rz. 209 f. und 268 ff. verwiesen.

814 Bei einer **Teilklage** gegen den Notar ist diesem ebensowenig wie einem Rechtsanwalt[24] benommen, eine negative Feststellungsklage bezüglich der zwar behaupteten, aber nicht eingeklagten Regreßforderung zu erheben. Es ist kein Rechtsmißbrauch, wenn unberechtigten Vorwürfen dieser Art aktiv entgegengetreten wird. Soweit freilich die Frage der subsidiären Haftung offen ist und der Anspruchsteller nicht die primäre Regreßpflicht des Notars behauptet, wird die negative Feststellungsklage aus den gleichen Gründen wie eine Regreßklage unschlüssig sein.

4. Verschwiegenheitspflicht/Streitverkündung/ Rechtskrafterstreckung

817 Im Rahmen der **Verteidigung gegen Regreßansprüche** entfällt für den Notar nach *einhelliger* Meinung[28] die Verschwiegenheitspflicht. Es bedarf keiner besonderen Befreiung nach § 18 BNotO, wenn auch in Grenzfragen, ob z. B. die Preisgabe für die Wahrung der eigenen Rechte noch erforderlich ist, die Einholung der Befreiung zweckmäßig sein kann. Erst recht ist der Notar befugt, in Straf- oder Disziplinarverfahren seine Rechte uneingeschränkt vom Schweigegebot wahrzunehmen. Der BGH[29] entschied zur Befugnis eines Anwalts, anvertraute Privatgeheimnisse zu offenbaren:

„Diese Befugnis kann sich namentlich aus den Grundsätzen über die Abwägung widerstreitender Pflichten oder Interessen ergeben. Sie ist z. B. für den Fall anzuerkennen, daß der Anwalt ohne Offenbarung anvertrauter Tatsachen nicht in der Lage wäre, seine Honorarforderung ... geltend

---

[21] s. § 5 Nr. 3 c AVB (HV 31).
[22] so Rinsche II, 147; s. auch o. Rz. 214.
[23] gleichwohl empfiehlt sich eine Streitverkündung an den subsidiär haftenden Notar (vgl. Rinsche II, 151).
[24] BGH VersR 1985, 39.
[28] Brenig, Niederschriften über Fachversammlungen der Rhein.-Notarkammer 1960, 303; Saage, § 18 Anm. 5; Rohs, S. 170 Anm. 1; Arndt, § 18 II 5; das gleiche Recht hat der Anwalt: Borgmann/Haug, § 24, 4 c.
[29] NJW 1952, 151 = BGHSt. 1, 366; eigenartigerweise hält Arndt (§ 18 II 5) dieses Urteil für bedenklich.

4. Verschwiegenheitspflicht/Streitverkündung/Rechtskrafterstreckung

zu machen... Ebenso ist sie grundsätzlich gegeben, wenn sich der Anwalt in einem gegen ihn gerichteten Strafverfahren ohne die Offenbarung nicht sachgemäß verteidigen könnte.«

Es ist ebenfalls anerkannt, daß der im Verfahren des **§ 156 KostO**[30] beteiligte Notar insoweit keine Verschwiegenheitspflicht hat, als er ohne Offenbarung der ihm anvertrauten Tatsachen seinen Gebührenanspruch nicht durchsetzen könnte. Die Befreiung kann sich in solchen Fällen auch auf die Notariats-Angestellten beziehen[31]. 818

In Haftpflichtsachen entfällt zur Erfüllung der versicherungsvertraglichen Obliegenheiten und **Gewährleistung des Versicherungsschutzes** (§§ 5, 6 AVB) gleichermaßen die Schweigepflicht gegenüber dem Berufs-Haftpflichtversicherer[32]. Konsequenterweise ist diesem im gleichen Umfange wie dem Notar eine Diskretionspflicht bzw. das Recht zur Verschwiegenheit zuzusprechen[33]. Dem entspricht, daß der Kläger im Haftpflichtprozeß nicht zu Beweiszwecken die Vorlage der Korrespondenz des versicherten Notars mit dem Berufs-Haftpflichtversicherer verlangen kann[34]. 819

Die Frage, ob der Notar, dem im Vorprozeß für den Fall der Haftbarmachung der **Streit verkündet** wurde, ohne Entbindung von dem Schweigegebot aussagen darf, ist gerichtlich noch nicht entschieden. Hält man eine Befreiung für erforderlich, besteht für den Notar im anschließenden Haftpflichtprozeß keine Bindung, da er gehindert war auszusagen (§§ 74 Abs. 3, 68 ZPO)[35]. Aus den Gründen, die eine Offenbarung bei Erhebung von Haftpflichtansprüchen erlauben, erscheint es jedoch gerechtfertigt, daß gegenüber der Partei, die zur Verfolgung von Regreßforderungen den Streit verkündet, die Schweigepflicht entfällt. Soweit keine weiteren Beteiligten einen Anspruch auf Geheimniswahrung haben, oder den Notar davon entbinden, müßte er voll befreit sein. Diese Auffassung dient zugleich der Wahrheitsfindung im Vorprozeß. Sie verhindert divergierende Urteile, denn im Haftpflichtprozeß, in dem der bekl. Notar keine Verschwiegenheitspflicht hat, könnte sich herausstellen, daß der ohne den Streitbeitritt des Notars geführte Vorprozeß aus Beweisgründen falsch entschieden wurde. 820

Die Nichtbefreiung eines im Vorprozeß zur Aussage bereiten Notars kann für die Partei, die sich der Vernehmung widersetzt, Nachteile bei der Beweiswürdigung bringen. Das OLG München führte dazu im Urteil vom 14. 10. 1986[36] aus: 821

„In Anlehnung an den allgemeinen Rechtsgedanken des § 444 ZPO, nach dem in allen denjenigen Fällen, in denen der Gegner der beweisbelasteten Partei die Beweisführung vereitelt, der Beweis als erbracht angesehen werden kann, ist auch vorliegend zu prüfen, ob der Beklagten beachtenswerte Gründe für die Versagung der Befreiung von der Verschwiegenheitspflicht zur Seite stehen."

Da im konkreten Fall Spannungen wegen einer strittigen Honorarforderung bestanden, enthielt sich der Senat einer Wertung. Das LG Aachen[37] sah die Verweigerung der Befreiung vom Schweigegebot als Beweisvereitelung an:

„Die Beklagte hat somit die Vernehmung des einzigen benannten neutralen Zeugen verhindert. Insoweit ist in einem solchen Fall von einer Umkehr der Beweislast auszugehen (BGH NJW 1976, 1316; VersR 1978, 282; NJW 1980, 888 m. w. H.; vgl. auch OLG Frankfurt, NJW 1980, 2758),

---

[30] OLG Düsseldorf, DNotZ 1972, 443.
[31] OLG Frankfurt, DNotZ 1961, 612 (Bürovorsteher).
[32] Rohs u. Brenig (s. Fn. III 28).
[33] s. Borgmann/Haug, § 24, 4c m. Fn. 439.
[34] OLG Düsseldorf, VersR 1980, 270.
[35] Thomas/Putzo, § 68 Anm. 4; zur Frage, ob sich das Notargeheimnis auch auf den Inhalt der vom Notar bei der Amtstätigkeit erteilten Belehrung erstreckt, s. Rz. 438.
[36] 18 U 5270/85.
[37] U. v. 27. 11. 1985 – 11 O 149/85.

wie aus den in § 444 ZPO enthaltenen allgemeinen Rechtsgedanken hervorgeht, so daß im Rahmen der hier anzuwendenden Beweiswürdigung... die Richtigkeit des Vorbringens der Klägerin festzustellen ist."

822 Eine **Streitverkündung im Haftpflichtprozeß** seitens des beklagten Notars gegenüber seinem **Berufs-Haftpflichtversicherer** ist überflüssig, da ein solches Vorgehen in § 5 Nr. 3 b der Allgemeinen Versicherungsbedingungen für nicht erforderlich erklärt wird. Die rechtskräftige Entscheidung im Haftpflichtprozeß ist ohnehin deckungsrechtlich bindend[38]. Im Bereich der Pflichtversicherung besteht aber eine Ausnahme, wenn der Versicherer nicht über den Haftpflichtprozeß unterrichtet wird. Der Anspruchsteller hat deshalb dem Erfordernis der Anzeige gem. § 158 e Versicherungs-Vertragsgesetz nachzukommen (s. Rz. 314).

823 Eine **Streitverkündung** seitens des Haftpflichtklägers **gegenüber einem Dritten,** der im Verhältnis zum Notar **primär haftet** (s. Rz. 170 ff.) wäre unzulässig, wie das OLG Hamm[39] entschied. Im Ergebnis kann dem Urteil insoweit gefolgt werden, als Klagevoraussetzung das Fehlen einer anderweitigen Ersatzmöglichkeit ist und bei Bestehen einer solchen Möglichkeit die Klage als zur Zeit unbegründet abgewiesen werden muß (s. Rz. 212 u. 810 ff.). Da insoweit dem Urteil keine Nebeninterventionswirkung zukäme – denn ob tatsächlich der Dritte ersatzpflichtig ist, wird erst festzustellen sein – fehlt es am rechtlichen Interesse im Sinne von § 72 ZPO. Der BGH läßt diese Frage im Urteil vom 28. 10. 1988[40] ausdrücklich offen.

5. Beweisfragen

a) Pflichtwidrigkeit

825 Nach der **allgemeinen Beweislastregel** und einhelliger Meinung hat der Kläger im Haftpflichtprozeß gegen den Notar das Vorliegen einer Amtspflichtverletzung zu beweisen[45]. Wenn damit manchmal zum Ausdruck gebracht wird, für den Notar streite die Vermutung der Pflichterfüllung, so ist dies mit BGH-Urteil vom 12. 12. 1957[46] insoweit richtig, „daß derjenige, der einen Notar wegen Amtspflichtverletzung in Anspruch nimmt, den zum Schadenersatz verpflichtenden Sachverhalt einschließlich eines Notarverschuldens beweisen muß". Der Anspruchstellende hat nicht etwa „einen Gegenbeweis gegen die Vermutung einer Schuldlosigkeit zu führen".

826 Ebenso ist eine Vermutung für die Verletzung einer notariellen Pflicht abzulehnen[47]. Es geht rein um die Beweislastfrage. Insoweit hat der Notar sich nicht für ein Handeln oder Unterlassen „zu rechtfertigen", wie es der BGH im Urteil vom 15. 11. 1984[48] forderte. Der bekl. Notar hatte vorgebracht, weisungsgemäß, nämlich aufgrund eines von den Beteiligten später geänderten Ansuchens, gehandelt zu haben. Der BGH geht dessen ungeachtet vom Weiterbestehen des früheren „Auftrags" aus, ohne zu bedenken, daß nach den allgemeinen Beweislastregeln die

---

[38] s. Rz. 314 m. Fn. I 703.
[39] MDR 1985, 588.
[40] NJW 1989, 521.
[45] BGH VersR 1958, 124/126 (Nr. 19); WM 1968, 1042/1044 (Nr. 64); DNotZ 1973, 494/498 (Nr. 80); MDR 1974, 747 (Nr. 83); WM 1984, 700/701 (Nr. 121); WM 1988, 1639/1642 (Nr. 149); DNotZ 1989, 48 (Nr. 150); OLG Hamm, DNotZ 1981, 777/778; Rosenberg, § 28 I 1; s. zusammenfassend Haftpflichtecke (Riederer von Paar) DNotZ 1985, 25 ff.
[46] VersR 1958, 124/126 (Nr. 19).
[47] Seybold/Hornig, § 19 Rz. 106; Riederer von Paar, DNotZ 1985, 25 ff.
[48] DNotZ 1985, 234/236 (Nr. 127).

5. Beweisfragen

Partei nicht nur das Entstehen ihres Rechts, sondern auch das Bestehen in einem bestimmten, nämlich dem für die behauptete Pflichtverletzung maßgebenden Zeitpunkt zu beweisen hat[49]. Dementsprechend korrigierte in einem Anwalts-Haftpflichtfall das Kammergericht[50] die Vorentscheidung, nach der der Anwalt sich für den Abschluß eines angeblich weisungswidrig abgeschlossenen Vergleichs rechtfertigen müsse. Das Berufungsgericht stellt richtig, daß auch bei Behauptung eines weisungswidrigen Vergleichsabschlusses der Kläger die Beweislast für ein vom Auftrag nicht gedecktes Vorgehen hat.

Das **Bestreiten** des klägerischen Vorbringens mit „**Nichtwissen**" darf generell die Beweislastsituation und auch eine Beweiswürdigung nicht zuungunsten des Notars ändern. Es muß wohl ebenso glaubwürdig sein, wenn sich der in Anspruch genommene Notar an lange Zeit zurückliegende Vorgänge – z. B. Belehrungen, Gespräche – nicht mehr erinnert, als wenn er gleichwohl noch genau das Geschehen im Gedächtnis hat[51]. Der in einer Anwalts-Haftpflichtsache vom BGH[52] vertretenen Ansicht, daß der Anwalt wenigstens „den Gang der Besprechung im einzelnen schildern" müsse, könnte nur gefolgt werden, wenn eine solche konkrete Erinnerung billigerweise verlangt werden kann. 827

Für den **Beweis von Negativen** gilt dieselbe Beweislastregel[53]. In dem zu Rz. 826 gebrachten Haftpflichtfall hätte der Kläger dafür, daß die vom Beklagten vorgenommene Einreichung von Anträgen zum Grundbuchamt nicht seinem Ansuchen zur Zeit der Handlung entsprochen habe, mit Tatsachen, Umständen und nachvollziehbaren Gründen darlegen und beweisen müssen, so wie es in den Vorinstanzen gefordert wurde. Das OLG Hamm erklärte im Urteil vom 12. 1. 1984[54] zur Beweislast in einem Fall, in dem der Notar ebenfalls entgegen der bestehenden Weisung einen Löschungsantrag eingereicht haben sollte: 828

> „Der Kläger hat den ihm obliegenden Beweis, daß der Beklagte unter Verstoß gegen seine Pflichten aus § 24 BNotO den ihm auch zugunsten des Klägers aus dem Treuhandvertrag erteilten Weisungen zuwider von der Löschungsbewilligung Gebrauch gemacht und den auf seinem Anderkonto eingegangenen Kauferlös zur Unzeit ausgezahlt hat, nicht geführt. Aus der Auszahlung des Kaufpreises ohne Berücksichtigung des Klägers kann nämlich in keiner Weise auf eine Pflichtwidrigkeit geschlossen werden, selbst wenn bei nachträglicher Beurteilung das Vorgehen des Beklagten für den Kläger im Ergebnis ungünstig erscheint, da es insoweit entscheidend darauf ankommt, welchen Weisungen die am Treuhandauftrag Beteiligten... gegeben hatten... Begründet also der Kläger die Pflichtwidrigkeit des Beklagten damit, daß von ihm keine rechtfertigende Weisung erteilt worden sei, so muß er auch dafür die Tatsachen, Umstände und Gründe darlegen und beweisen."

Im Notarhaftpflicht-Urteil vom 2. 7. 1968[55] führt der BGH zum Beweis von Negativen aus: 829

> „Daran ändert es nichts, daß die Amtspflichtverletzung, die der Kläger dem Beklagten zum Vorwurf macht, in einem Unterlassen bestanden haben soll. Auch eine Negative, die Voraussetzung einer Rechtswirkung ist, muß von dem bewiesen werden, der die Rechtswirkung für sich geltend macht... Schwierigkeiten der Beweisführung können nicht dazu führen, diesem Beweislastgrundsatz seine Geltung zu versagen."

Im entschiedenen Fall war vom Kläger behauptet worden, daß der Notar anläßlich der Beurkundung eines Erb-Auseinandersetzungsvertrags nicht auf das

---

[49] Rosenberg, S. 153 u. 331; s. die Urt.-Anm. des Verf., DNotZ 1985, 237.
[50] MDR 1973, 233.
[51] so auch OLG Hamm, DNotZ 1981, 777/778 u. Rinsche II, 197.
[52] NJW 1987, 1322/1323.
[53] Rosenberg, § 12 II u. § 25; Baumgärtel, § 675 Rz. 3.
[54] 28 U 129/83.
[55] WM 1968, 1042/1044 (Nr. 64).

Vorkaufsrecht von Miterben hingewiesen habe. Ein Belehrungsvermerk ist für solche Vorkaufsrechte nicht vorgeschrieben (vgl. Rz. 511 u. 834).

830 Gerade **im Bereich der notariellen Belehrungspflichten** werden oft unterlassene oder unzureichende Belehrungen zur Begründung der Haftpflichtklage behauptet. Dies kann an der Beweislastverteilung nichts ändern, zumal es ein fast unmögliches Unterfangen wäre, alle anläßlich einer Beurkundung erfolgten aufklärenden, belehrenden oder beratenden Hinweise schriftlich festzuhalten. Der Sinn und Zweck der Urkunde würde damit nur verfälscht; aus einer „Unvollständigkeit"[56] kann nicht etwa ein Umkehrschluß mit Anlaß zu weiteren Querelen gezogen werden.

831 Nach der h. M.[57] tritt deshalb **keine Beweislastumkehr** ein, wenn eine unterlassene Belehrung, deren Erfüllung gesetzlich nicht in der Niederschrift zu vermerken ist (s. Rz. 588 ff.) behauptet wird. Der BGH führt dazu im Urteil vom 2. 7. 1968[58] aus:

„Eine Umkehr der Beweislast läßt sich... nicht daraus herleiten, daß sich in den vom Beklagten aufgenommenen Urkunden über den Verkauf der Erbanteile kein Vermerk über einen Hinweis des Beklagten auf das Vorkaufsrecht der Miterben befindet. Wie das Berufungsgericht zutreffend ausgeführt hat, war die Beurkundung eines derartigen Hinweises nicht vorgeschrieben. Daß der Beklagte sich gleichwohl hätte veranlaßt sehen sollen, einen von ihm ausgesprochenen Hinweis auf das Vorkaufsrecht in den Urkunden zu vermerken, hat das Berufungsgericht verneint; mit rechtsirrtumsfreien Erwägungen hat es die Aufnahme eines solchen Vermerks für entbehrlich gehalten."

Der BGH lehnt anschließend auch eine analoge Anwendung von § 282 BGB ab, da sich diese Vorschrift auf die Verschuldensfrage, aber nicht auf das Vorliegen einer objektiven Pflichtverletzung bezieht. Ob diese für vertragliche Rechtsbeziehungen geschaffene Bestimmung überhaupt bei deliktischen Anspruchsgrundlagen angewendet werden kann, läßt der BGH dahingestellt.

832 Zu den vom Haftpflichtkläger zu beweisenden Anspruchsvoraussetzungen gehört bei behaupteten Belehrungspflichtverletzungen auch die **Belehrungsbedürftigkeit.** Erst wenn diese besteht, setzt die Belehrungspflicht ein (s. Rz. 446 ff.). In diesem Sinne entschied der BGH im Urteil vom 16. 6. 1988[59] mit dem Leitsatz:

„Wer Schadenersatzansprüche daraus herleitet, daß ihn ein Notar bei der Beurkundung der Bestätigung eines Rechtsgeschäfts nicht über dessen ursprüngliche Nichtigkeit belehrt hat, muß auch dartun und beweisen, daß er keine Zweifel an der Gültigkeit jenes Rechtsgeschäfts hatte."

833 An Oberlandesgerichts-Entscheidungen sind anzuführen:
OLG Frankfurt, Urteil vom 13. 5. 1980[60] zur behaupteten Unterlassung, über rechtliche Zweifel an der Entstehung einer Maklergebühr belehrt zu haben:

„Auch aus der Tatsache, daß der Beklagte in den notariellen Urkunden nichts über rechtliche Bedenken vermerkt hat, kann nicht geschlossen werden, daß er... nicht auf solche Bedenken hingewiesen hätte. Derartige Vermerke über eine rechtliche Belehrung der Parteien sind weder gesetzlich vorgeschrieben noch allgemein üblich, weil sonst notarielle Urkunden mit zahlreichen Rechtsbelehrungen gefüllt und ihrem eigentlichen Belehrungszweck entfremdet würden."

Die Leitsätze eines Urteils des OLG Hamm vom 15. 5. 1979[61] lauten:

---

[56] Das OLG Frankfurt (DNotZ 1951, 460) vertritt zutreffend die Auffassung, daß aus einem Belehrungsvermerk über *einen* Punkt in der Niederschrift nicht darauf geschlossen werden kann, daß eine Belehrung über einen anderen Punkt nicht stattgefunden habe.
[57] s. die Fundstellen in Fn. II 509.
[58] WM 1968, 1042 (Nr. 64).
[59] WM 1988, 1454 (Nr. 150).
[60] 14 U 70/78.
[61] VersR 1980, 683.

5. Beweisfragen

„a) Im Notar-Haftpflichtprozeß trifft den Kläger grundsätzlich die Beweislast dafür, daß der bekl. Notar seine etwa bestehende Belehrungspflicht verletzt hat.

b) Ein Notar ist nicht verpflichtet, eine Belehrung über die fehlende Sicherung einer Kaufpreisforderung in die Niederschrift über die notarielle Verhandlung zu vermerken."

In einem weiteren Urteil des OLG Hamm[62] zur Behauptung, der Notar habe nicht über ungesicherte Vorleistungen belehrt, heißt es:

„Aus dem Fehlen eines Belehrungsvermerks in der notariellen Urkunde kann das Unterbleiben einer Belehrung nicht geschlossen werden, zumal es sich hier um einen vom Beurkundungsgesetz vorgeschriebenen Vermerk handelt. Angesichts des fehlenden Beweisantritts für eine Pflichtverletzung des Erblassers der Beklagten kann es auf sich beruhen, ob gegen den Erblasser der Beklagten ein letztlich zurechenbarer und ebenfalls zum haftungsbegründenden Tatbestand gehörender Schuldvorwurf deshalb nicht zu erheben ist, weil der seinerzeit beurkundete Vertrag den anerkannten Regeln der damaligen Praxis entsprach."

In einem anderen Fall wurde ebenfalls behauptet, daß der Notar nicht oder jedenfalls nicht verständlich genug über das Risiko einer Kaufpreisvorauszahlung belehrt habe. Das OLG Frankfurt ließ nach durchgeführter Beweisaufnahme mit Urteil vom 2.3.1983[63] den Anspruch daran scheitern, daß die Kläger mit ihrer Behauptung beweisfällig blieben. Zur behaupteten Unverständlichkeit der Belehrung folgte das Gericht der Aussage des Notars bei der Parteieinvernahme:

„Der Beklagte hatte allerdings, wie er ausgesagt hat, den Eindruck, daß seine Hinweise an den Klägern förmlich abgeprallt seien, daß man seine Belehrungen immer mit dem Bemerken wegwische, es solle alles so bleiben, wie es abgesprochen worden sei... Er hatte somit aber nicht den Eindruck, den Klägern seien seine Darlegungen intellektuell nicht verständlich."

Dem entspricht das BGH-Urteil vom 5.2.1987[64] zur anwaltlichen Belehrungspflicht. Danach bleibt einmal die Beweislast auch in bezug auf negative Tatsachen beim Kläger und zum anderen kann eine besondere Nachdrücklichkeit oder Eindringlichkeit der Belehrung grundsätzlich nicht gefordert werden.

Bedenklich erscheinen Ansätze in der Rechtsprechung, nach denen unterlassene Belehrungsvermerke, die gesetzlich nicht vorgeschrieben sind, gleichwohl im Wege der Beweiswürdigung als eine **„Indiztatsache"** für eine Pflichtverletzung dienen könnten. Das kommt in den Urteilen des BGH vom 2.7.68[65] zum Vorkaufsrecht von Miterben und vom 3.2.1984[66] zu einem vertraglichen Vorkaufsrecht deutlich zum Ausdruck. Über solche Vorkaufsrechte hat der Notar nach § 17 Abs. 1 BeurkG zu belehren (s. Rz. 480). Die Belehrung ist aber – wie unzählige andere im Rahmen des § 17 Abs. 1 BeurkG – nicht schriftlich zu vermerken (vgl. Rz. 511). Schließt man gleichwohl aus dem Fehlen eines Vermerks, sei es auch nur bei der Beweiswürdigung, auf eine Amtspflichtverletzung, belastet man contra legem haftpflichtrechtlich den Notar. Vergleichsweise wäre es ebenso fehlsam, wenn ohne einen Vermerk über die Grundbucheinsicht der Notar im Verdacht stehen würde, keine Einsicht genommen zu haben (vgl. Rz. 529). Konsequenterweise sollte deshalb die Beweislast für eine Amtspflichtverletzung nicht wegen eines Umstandes gemindert werden, dem kein Verstoß zugrunde liegt.

834

Eine **Umkehr der Beweislast zu Lasten des Notars** tritt ein, wenn er entgegen gesetzlicher Vorschrift die Einhaltung wesentlicher Amtspflichten nicht schriftlich niedergelegt hat. Das trifft in erster Linie für gesetzlich vorgeschriebene

835

---

[62] DNotZ 1981, 777.
[63] 17 U 151/82.
[64] NJW 1987, 1322.
[65] WM 1968, 1042/1044 (Nr. 64).
[66] WM 1984, 700/701 (Nr. 121).

Belehrungsvermerke zu (s. Rz. 588). Fehlt ein solcher Vermerk, so ist von einer Amtspflichtverletzung – unterbliebener Belehrung – auszugehen. Der Notar hat freilich die Möglichkeit, den Gegenbeweis für eine dennoch erfolgte Belehrung zu führen. In Ausnahmefällen ist dies auch schon gelungen: im vom BGH[67] entschiedenen Haftpflichtprozeß zu der nach § 17 Abs. 2 BeurkG erforderlichen Belehrung über Zweifel an der Wirksamkeit eines von ihm errichteten Testaments und in einem dem Urteil des OLG Oldenburg vom 25. 5. 1984[68] zugrundeliegenden Haftpflichtfall. Obwohl der Notar den Vermerk nach § 18 BeurkG vergessen hatte, konnte er beweisen, daß er den Kläger über die erforderliche Genehmigung seitens der Landwirtschaftsbehörde belehrt hatte.

836 Kommt es darauf an, daß der Notar über ein **bedingtes Mitwirkungsverbot** nicht belehrt hat, so muß er sich beim Fehlen eines entsprechenden Vermerks (§ 3 Abs. 2 S. 2 BeurkG) ebenfalls entlasten (vgl. Rz. 368). Das OLG Frankfurt[69] hatte entschieden, daß bei Verletzung von Mitwirkungsverboten eine korrekte Amtsführung nicht mehr unterstellt werden könnte (vgl. Rz. 361).

837 Besondere Aufmerksamkeit ist bei **Verwahrungsgeschäften** nach § 23 BNotO der Einhaltung der in § 11 Abs. 2 DONot vorgeschriebenen Schriftform zu widmen (s. Rz. 687). Behauptet der Anspruchsteller die Nichteinhaltung einer Amtspflicht, die schriftlich festzuhalten gewesen wäre, so kann der Notar in Beweisnot geraten. Bei nur mündlichen Änderungen der Hinterlegungsvereinbarung wird die Beweislage eintreten, die der BGH im Urteil vom 15. 11. 1984 (s. Rz. 826) angenommen hatte[70].

b) Verschulden

840 „Bei Ansprüchen aus unerlaubter Handlung gehört das Verschulden (Vorsatz oder Fahrlässigkeit) zum Tatbestand der rechtsbegründenden Norm (§§ 823, 824, 825, 839 BGB) und steht daher unbestritten zur Beweislast des Klägers." Diese Auffassung von Rosenberg[75] entspricht zur deliktischen Amtshaftung des Notars auch der ständigen BGH-Rechtsprechung, daß nämlich »derjenige, der einen Notar in Anspruch nimmt, den zum Schadenersatz verpflichtenden Sachverhalt einschließlich eines Notarverschuldens beweisen muß"[76]. Rinsche[77] ist zwar der Meinung, der Notar müsse sich bei Vorliegen einer Pflichtwidrigkeit stets vom Schuldvorwurf entlasten; er setzt dabei aber die Amtspflichtverletzung einer positiven Vertragsverletzung des Rechtsanwalts gleich, was die Unterschiede nach Anspruchsgrundlage und Art der Amtspflicht nicht erlauben (vgl. Rz. 2 u. 66).

841 Kommt es für die Beantwortung der Verschuldensfrage auf sog. **„innere Tatsachen"** an, so sind diese ebenfalls vom Kläger zu beweisen. Es tritt keine Umkehr der Beweislast ein. Der BGH hat dazu im Urteil vom 22. 3. 1973[78] Stellung genommen. Der Notar berief sich darauf, daß er sich bei einer etwaigen Belehrungspflichtverletzung in einem entschuldbaren Irrtum über das Verhältnis des Verschwiegenheitsgebots zur Belehrungspflicht befunden habe. Im Urteil heißt es,

---

[67] DNotZ 1974, 296 (Nr. 81) m. Anm. Haug.
[68] 6 U 250/83.
[69] B. v. 31. 10. 1985 – 20 W 244/84.
[70] im konkreten Fall jedoch fälschlich, denn es war damals keine Schriftform für das Treuhandgeschäft vorgeschrieben.
[75] § 28 I 1.
[76] VersR 1958, 124/126 (Nr. 19); s. weiter BGH WM 1968, 1042/1043 f. (Nr. 64); DNotZ 1975, 367 (Nr. 83); WM 1988, 1639/1642 (Nr. 149).
[77] Rz. II, 200.
[78] DNotZ 1973, 494/498 (Nr. 80).

„daß zwar die Schwierigkeiten eines Nachweises solcher „inneren" Tatsachen allein eine Umkehr der Beweislast nicht rechtfertigen können. Jedoch sind die besonderen Schwierigkeiten der Beweisführung, denen sich in solchen Fällen der „Außenstehende" gegenübersieht, bei der Beweiswürdigung zu berücksichtigen. Daher wird der Tatrichter besonders in diesem Bereich zu beachten haben, daß er die Anforderungen an die Darlegungs- und Beweislast der Klägerin nicht überspannt und das hierzu wesentliche Verhalten des Beklagten ganz besonders auf ihre Vereinbarkeit mit den besonderen Umständen des zu beurteilenden Handelns würdigt."

In der ganz überwiegenden Zahl der Haftpflichtfälle fällt angesichts der hohen Anforderungen, die an die Sorgfaltspflicht des Notars gestellt werden, praktisch die Feststellung einer Pflichtwidrigkeit mit derjenigen eines Verschuldens zusammen. Vornehmlich in den Abschnitten über die Rechtsprechungs-Kenntnisse und -Prognosen (s. Rz. 71 ff.) und den „sichereren Weg", den der BGH zum „sichersten" erhoben hat (s. Rz. 83 ff. u. 490), sowie die grundsätzliche Nichtanerkennung der entschuldigenden Wirkung von Kollegialgerichtsentscheidungen (Rz. 91–97) wurde auf die zum Teil sehr strenge Haftpflichtrechtsprechung zur Verschuldensfrage aufmerksam gemacht. **842**

Exkulpieren muß sich allerdings der Notar, wenn aufgrund der nachgewiesenen Tatsachen und Umstände von einem Verschulden auszugehen ist. Er hat dann die – in der Regel außerordentlichen – subjektiven Gründe darzutun, die gleichwohl ein Verschulden ausschließen (vgl. Rz. 88–90). In dieser Weise ist das BGH-Urteil vom 16. 6. 1988[79] zu verstehen. Der Vertreter des bekl. Notars hatte Willenserklärungen der Beteiligten so unklar niedergeschrieben, daß bei den späteren Streitigkeiten unterschiedliche Rechtsmeinungen vertreten werden konnten. Ein schuldhafter Verstoß gegen die Aufklärungs- und Formulierungspflicht nach § 17 Abs. 1 BeurkG erschien offensichtlich. Bei dieser Situation hielt der BGH den Beklagten für schadenersatzpflichtig, wenn er nicht „dartun und ggf. beweisen würde, daß sein Vertreter zumindest davon ausgehen durfte, daß die von ihm gewählten Formulierungen den Willen der Vertragsparteien richtig wiedergaben...". **843**

c) Kausalität

Der Geschädigte hat im Haftpflichtprozeß zu beweisen, daß der ihm entstandene Schaden in ursächlichem Zusammenhang mit der Amtspflichtverletzung steht. Die Bedeutung für die Beweislast tritt aber im Vergleich zu dem nach § 286 ZPO zu beweisenden Haftungsgrund zurück, denn die Schadensentstehung gehört zur **haftungsausfüllenden Kausalität,** die das Gericht nach **§ 287 ZPO,** d. h. nach seiner freien Überzeugungsbildung aufgrund der ermittelten Tatsachen festzustellen hat. Es sind an die Substantiierungs- und Nachweispflicht des Beweisführers keine hohen Anforderungen zu stellen. Stehen eine Amtspflichtverletzung und eine zeitlich nachfolgende Schädigung, die durch die Pflichtverletzung verursacht worden sein kann, tatsächlich fest, so braucht nach dem BGH-Urteil vom 5. 11. 1962[83] der Kläger grundsätzlich den ursächlichen Zusammenhang nicht weiter nachzuweisen. Es müßte dann der Notar nachweisen, daß der Schaden auch ohne die Amtspflichtverletzung eingetreten wäre. Es genügt z. B. im Zusammenhang mit fehlerhaften Eintragungen im Grundbuch, daß die Amtspflichtverletzung des Notars den „Eintritt des Schadens wesentlich erleichtert"[84] bzw. das den Schaden verursachende Verhalten des Grundbuchbeamten ermöglicht hat. **845**

Der Kausalzusammenhang hat aber **im Rahmen des objektiv Vorstellbaren** **846**

---
[79] WM 1988, 1639/1642 (Nr. 149).
[83] DNotZ 1963, 308/311 (Nr. 43).
[84] BGH DNotZ 1969, 499/502 (Nr. 69).

zu liegen. Das wurde noch im vom BGH mit Urteil vom 25. 6. 1963[85] entschiedenen Fall angenommen, in dem der Rechtspfleger eine Grunddienstbarkeit nur auf dem herrschenden Grundstück eintrug. Dieser an sich grobe Fehler war aber durch eine unvollständige Ausfertigung der Bewilligungsurkunde hervorgerufen worden. In der Urschrift der Bewilligung hieß es, daß die Grunddienstbarkeit „auch" auf dem herrschenden Grundstück einzutragen sei. In der Ausfertigung war das „auch" versehentlich nicht übernommen worden. Ist der Richter jedoch nicht mehr von einem bestimmten Schadensverlauf überzeugt, so hat der Kläger den erforderlichen Beweis zu führen. „§ 287 ZPO ändert nichts daran, daß der Schadensnachweis grundsätzlich dem obliegt, der Schadenersatz fordert. Der Gegner kann sich darauf beschränken, den Schaden zu bestreiten". In diesem BGH-Haftpflichturteil[86] ging es um die Beweisfrage, ob bei einer wirksamen Beurkundung der Verpflichtung zur Zahlung einer Optionsentschädigung der Anspruch gegen den Schuldner realisierbar gewesen wäre.

847 Der BGH zeigt die Tendenz, den Ursachenzusammenhang, die Schadenszurechnung aufgrund der **besonderen Berufsstellung des Notars** auszudehnen. Dies ergibt sich zunächst aus dem Urteil vom 8. 12. 1981[87]. Im Vorprozeß hatte das OLG Hamm die vertraglichen Gewährleistungsansprüche des Käufers einer Eigentumswohnung gegen den Verkäufer abgewiesen, weil der Kaufvertrag unwirksam beurkundet worden sei. Der Senat hatte bei der rechtlichen Beurteilung verkannt, daß die Unwirksamkeit durch die Umschreibung im Grundbuch geheilt worden war. Diese falsche Entscheidung rechnete der BGH dem Notar zu, jedoch nicht auf dem Boden der adäquaten Kausalität, denn der Notar habe für die falsche OLG-Entscheidung selbst dann einzustehen, wenn sie „auch für einen optimalen Beobachter nicht ohne weiteres voraussehbar gewesen sein sollte". Der Grund für die Schadenszurechnung wird vielmehr im „Amt des Notars", der „den Rechtsfrieden zu sichern und für Klarheit der Rechtsverhältnisse zu sorgen" habe, gesehen. Der Notar habe zu haften, „wenn er durch Nachlässigkeit die Rechtslage nicht so gestaltet, daß in Zukunft alle, auch letztlich unberechtigte Zweifel, verhindert werden".

848 Hanau kritisiert in seiner Urteilsanmerkung[88] zu Recht, daß diese auf den **Schutzzweck der Norm** bezogenen Kausalitäts- und Zurechnungskriterien zu schwer kalkulierbaren und rechtlich nicht einsehbaren Ergebnissen (ver-)führen. Für die Anwaltshaftpflicht gilt für den ebenfalls zuständigen IX. Senat offenbar eine andere Schutznorm. Der Leitsatz seines Urteils vom 5. 11. 1987[89] lautet:

„Ein Rechtsanwalt, dem vorprozessual ein Fehler unterlaufen ist, verantwortet nicht den Schaden, der auf falscher Entscheidung des anschließenden gerichtlichen Verfahrens beruht, wenn das Gericht den ihm richtig unterbreiteten Sachverhalt unrichtig beurteilt hat und bei richtiger Beurteilung der Fehler des Rechtsanwalts folgenlos geblieben wäre."

849 Der die Adäquanztheorie ersetzende **Schutzzweckgedanke** hat in der Notar-Haftpflichtrechtsprechung zu weiteren kaum voraussehbaren Entscheidungen geführt. Nach dem BGH-Urteil vom 24. 10. 1985[90] werden dem bekl. Notar „die Folgen seines pflichtwidrigen Verhaltens bei wertender Betrachtungsweise billigerweise zugerechnet", obwohl bei einem richtigen Verhalten dieselbe Lage entsprechend der ursprünglichen Willensrichtung der Beteiligten eingetreten wäre. Durch die pflichtwidrige Kaufpreisfälligkeitsmitteilung – es lag für sie eine

---

[85] DNotZ 1964, 434 (Nr. 47).
[86] WM 1985, 1425/1426 (Nr. 132).
[87] DNotZ 1982, 498 (Nr. 108).
[88] DNotZ 1982, 500.
[89] NJW 1988, 486; vgl. Borgmann, Haftpflichtfragen, AnwBl. 1988, 167/168.
[90] DNotZ 1986, 406 (Nr. 133).

formelle Voraussetzung nicht vor – war zwar kein wirtschaftliches Risiko entstanden und wurden zudem erhebliche Kosten erspart, sie genügt aber dem BGH, um nach dem Schutzzweck der verletzten Amtspflicht – zu sehen in der „Zuverlässigkeit und Unparteilichkeit des Notars" – der Klägerin schadenersatzrechtlich hohe Zinsbeträge zuzusprechen, die sie bei der an sich vorgesehenen Vertragsabwicklung nicht eingespart hätte. Hanau[91] spricht mit Esser/Schmidt[92] von der Umfunktionierung des Schadenersatzrechtes von einer Ausgleichsregelung zu einer Disziplinarordnung für verfahrenswidriges Verhalten ohne Schadensrelevanz.

Die Negierung eines rechtmäßigen Alternativverhaltens des Notars bei Betrachtung des Kausalverlaufs widerspricht im übrigen der vom IX. Senat in den beiden Haftpflichturteilen vom 16. 6. 1988 und vom 21. 3. 1989[93] aufrecht erhaltenen Formel, daß zur Feststellung des Schadens zu prüfen ist, welchen Verlauf die Dinge bei *pflichtgemäßem* Verhalten des Notars genommen hätten und wie die Vermögenslage des Betroffenen sein würde, wenn er die Pflichtverletzung nicht begangen, *sondern* pflichtgemäß gehandelt hätte. **850**

Der in den beiden BGH-Urteilen (Rz. 847 u. 849) entscheidungsbestimmende Schutzzweckgedanke kann – muß jedoch keineswegs stets – in seiner individualisierenden Billigkeitsbetrachtung zu einem kaum berechenbaren Prozeßrisiko und bei einer wirtschaftlichen Betrachtungsweise zu unsinnigen Ergebnissen führen[94]. Vielfach kommt die Adäquanztheorie zu den gleichen Resultaten wie z. B. im Haftpflichturteil des BGH vom 14. 3. 1985[95]. Nach beiden Lehren wurde der Ursachenzusammenhang zwischen einer unrichtigen steuerrechtlichen Beratung des Notars und der nachteiligen Folge der Besteuerung des Veräußerungsgewinns für Entnahmen aus dem Betriebsvermögen nicht dadurch unterbrochen, daß der Beratene später den Betrieb aufgab. Nach der Schutzzwecktheorie lehnte das OLG Schleswig[96] allerdings eine Ersatzpflicht des Notars für den »Schaden« ab, den der Kläger wegen der entgangenen Wertsteigerung des bei einer richtigen Beratung nicht verkauften Grundstücks geltend machte. **851**

„Grundsätzlich kann nur ein durch die amtswidrige Handlung geradezu herausgeforderter fehlerhafter Willensentschluß als Grundlage der Schadensberechnung angesehen werden, nicht aber ein weitergehender Schaden, der insbesondere auf einer wirtschaftlichen Fehldisposition eines Vertragsbeteiligten beruht."

Im gleichen Sinne entschied das OLG Düsseldorf[97] bezüglich der schadenersatzrechtlichen Erstattung eines den Wert des nicht erlangten Grundstücks erheblich übersteigenden Kaufpreises. Die Schadensbemessung wird mit diesen OLG-Urteilen entgegen den von der BGH-Rechtsprechung an sich nicht aufgegebenen Grundsätzen korrigiert (s. Rz. 873).

An weiteren zur Kausalität in Notarhaftpflichtsachen ergangenen Entscheidungen werden noch kurz angeführt: **852**

BGH-Urteil vom 11. 6. 1959[98]: Der adäquate Zusammenhang eines Mitverschuldens des Klägers – Schwarzkauf – ist dann nicht mehr gegeben, wenn dessen Verhalten nur unter ganz unwahrscheinlichen, nach dem regelmäßigen Verlauf der

---

[91] Urt.-Anm. DNotZ 1986, 412ff.
[92] Schuldrecht I, 6. Aufl., S. 540.
[93] WM 1988, 1639 (Nr. 149), DNotZ 1989, 48 (Nr. 150) u. Az. IX ZR 155/88 (Nr. 154). In der unter Nr. 150 aufgeführten Entscheidung erläutert der BGH, inwieweit der sehr umstrittene Ausschluß eines „rechtmäßigen Alternativ-Verhaltens" bei der Kausalbetrachtung außer acht gelassen werden kann.
[94] s. Walter, Kaufpreisfälligkeit u. Amtshaftung des Notars, JurBüro 1987, 169/175.
[95] WM 1985, 666 (Nr. 130).
[96] U. v. 8. 7. 1983 – 11 U 11/82.
[97] DNotZ 1988, 393.
[98] WM 1959, 1112 (Nr. 25).

Dinge außer Betracht zu lassenden Umständen zur Herbeiführung des Schadens geeignet war.

BGH-Urteil vom 24. 9. 1968[99]: Die Amtspflichtverletzung des Notars, der bei einer Grundstücksübertragung nur einen Teil der ihm genannten Gegenleistungen beurkundet, ist nicht ursächlich für den dem Erwerber entstandenen Schaden, wenn auch noch andere dem Notar verschwiegene Gegenleistungen unbeurkundet geblieben sind.

BGH-Urteil vom 2. 12. 1980[100]: Behauptet der Kläger, einen wirtschaftlich ungünstigen Kaufvertrag nicht abgeschlossen zu haben, wenn er über die finanzielle Beziehung des Notars zum Bauträger aufgeklärt worden wäre – Verstoß gegen § 14 BNotO –, so ist diese Pflichtverletzung für den behaupteten Schaden nicht ursächlich, wenn nicht widerlegt werden kann, daß der Kläger den Vertrag mit gleichem Inhalt auch von einem anderen Notar hätte beurkunden lassen.

853   **Kein Kausalzusammenhang** liegt weiterhin vor, wenn der Kläger durch seinen eigenen Willensentschluß die Ursache für den Schaden gesetzt hat, d. h. die Möglichkeit gehabt hätte, das durch die notarielle Amtspflichtverletzung entstandene Schadensrisiko zu vermeiden. Dies trifft in Notarhaftpflichtsachen zu, wenn z. B. Beurkundungsfehler von einem Vertragspartner ausgenützt werden, um finanzielle Vorteile zu erlangen, dies aber letztlich mißlingt. Im Zusammenhang mit der neuen BGH-Rechtsprechung über die Nichtigkeit von Grundstückskaufverträgen, in denen die Baubeschreibung nicht mitbeurkundet wurde (s. Rz. 601), beriefen sich manche Verkäufer auf die Unwirksamkeit, um höhere Kaufpreise zu erlangen. Statt dessen hätten sie die Verträge wirksam neu abschließen oder durch Umschreibung im Grundbuch die Heilung herbeiführen können. Das Verhalten eines solchen Haftpflichtklägers hat damit erst die Schadensursache gesetzt; der Kausalzusammenhang mit der Amtspflichtverletzung wurde durch sein eigenes Verhalten unterbrochen[101]. Wurde ein solcher Vertrag durch das Beurkundungs-Änderungsgesetz (BGBl. I 1980, 157) geheilt, so war von diesem Zeitpunkt an der Verkäufer und nicht der Notar für die zur Realisierung des Vertrags vom Käufer aufgewandten Kosten haftbar[102].

854   Einen weiteren Beispielsfall bietet das Urteil des OLG Frankfurt[103]. Die Klägerin hatte ein großes zur Bebauung vorgesehenes Areal gekauft. Der Kaufvertrag war formnichtig. Er wurde nicht durch Auflassung und Eintragung im Grundbuch geheilt, weil die Klägerin unter Berufung auf die Nichtigkeit keine Kaufpreisraten zahlte. Dafür waren aber nicht die Amtspflichtverletzung, sondern Schwierigkeiten bei der Realisierung des Bauprojekts ausschlaggebend. Dem Notar konnte deshalb weder nach der Theorie der psychisch vermittelten Kausalität noch nach derjenigen über den Schutzzweck der Norm die entstandenen Schäden zugerechnet werden.

855   Das selbstschädigende Verhalten unterbricht jedoch den Kausalzusammenhang dann nicht, wenn es durch die Amtspflichtverletzung herausgefordert bzw. provoziert wurde. Es handelt sich um den auch in der BGH-Rechtsprechung anerkannten Bereich der sogen. **psychisch vermittelten Kausalität**. Diese soll dann gegeben sein, wenn der Anspruchsteller nicht aus freiem Willen, sondern „durch eine widerrechtlich gesetzte Zwangsmotivation... ein neues, nur von ihm selbst zu verantwortendes Risiko einging". Der BGH verneinte dies in dem zitierten Urteil vom 21. 2. 1978[104] gegenüber dem Kläger, der sich als Verkäufer

---

[99] WM 1968, 1372 (Nr. 66).
[100] VI ZR 56/79 (Nr. 104).
[101] vgl. die Beispiele zur Anwaltshaftpflicht bei Borgmann/Haug, § 28, 6a.
[102] OLG München MittBayNot 1981, 149.
[103] v. 22. 9. 1983 – 28 U 19/83.
[104] DNotZ 1978, 503 (Nr. 94).

5. Beweisfragen

bei der Erhebung von Baumängelansprüchen auf die Nichtigkeit der Kaufverträge berufen hatte und mit seinen Feststellungsklagen unterlag[105]. Dagegen wurde vom BGH im Notarhaftpflicht-Urteil vom 7. 1. 1988[106] der adäquate Ursachenzusammenhang zwischen Amtspflichtverletzung und der zum Schaden führenden eigenständigen Handlung der Klägerin bejaht, weil „für die Zweithandlung des Geschädigten ein rechtfertigender Anlaß bestand" und sie „durch das haftungsbegründende Ereignis herausgefordert wurde und eine nicht ungewöhnliche Reaktion auf dieses Ereignis darstellt." Die Anrechnung eines Mitverschuldens bleibt davon unberührt (s. Rz. 857).

Meist geht es bei der Frage der psychisch vermittelten Kausalität um die **Aufwendungen von Prozeßkosten** für Rechtsstreitigkeiten aufgrund nichtiger oder unklar beurkundeter Verträge. Da der Betroffene wohl stets Zeit zur Prüfung und Überlegung hat, ob er deshalb einen Prozeß führen oder aufnehmen soll, und von einem eigenverantwortlich beratenden Anwalt, dessen Verschulden nach § 278 BGB anzurechnen ist[107], vertreten wird, kann in der Regel nicht von einer „psychisch vermittelten Kausalität" oder in der Amtspflichtverletzung liegenden „Herausforderung" zum Entschluß zur Prozeßführung ausgegangen werden. In dem Fall des vorgenannten BGH-Urteils vom 7. 1. 1988[108] bestanden trotz der fehlerhaften Gestaltung des Kaufvertrags für die Klägerin durchaus Chancen für ihre gegen den Verkäufer erhobene Klage. Auch in einer vom BGH mit Urteil vom 24. 2. 1976[109] entschiedenen Haftpflichtsache wäre der Haftpflichtklage schon deshalb stattzugeben gewesen, weil der Anwaltsnotar, dem als Beklagtem die notarielle Pflichtverletzung vorzuwerfen war, selbst als anwaltlicher Vertreter des Geschädigten den wenig aussichtsreichen „Rettungsprozeß", dessen Kosten gegen ihn geltend gemacht wurden, geführt hatte. 856

Die Anerkennung einer psychisch vermittelten Kausalität schließt nicht den **Einwand des Mitverschuldens** aus. Hat der Kläger die Kosten des Vorprozesses leichtfertig mitverursacht, so ist dies lt. BGH-Urteil vom 5. 11. 1962[110] im Rahmen der Abwägung nach § 254 BGB zu berücksichtigen. In dieser Entscheidung wurde allerdings nicht von vornherein eine Unterbrechung des Kausalzusammenhangs verneint. Es wurde vermißt, daß das Berufungsgericht zur primären Kausalfrage keine Feststellungen getroffen hatte. Auch in dem am 7. 1. 1988[111] entschiedenen Fall, in dem der BGH die Prozeßführung der Haftpflichtklägerin grundsätzlich billigte, führt der Senat bei der Zurückverweisung aus: „Ob dieser Schadenersatzanspruch (der Kl.) sich durch ein mitwirkendes Verschulden i. S. des § 254 Abs. 2 BGB mindert, etwa durch objektiv nicht gerechtfertigte Anträge in den Vorprozessen, müßten die Beklagten darlegen und im Falle des Bestreitens beweisen." 857

Im **Belehrungsbereich** wirkt sich der Grundsatz, daß die Beteiligten dem – unterlassenen – „**guten Rat**" oder der – unterbliebenen – **Warnung** des Notars gefolgt und dann nicht geschädigt worden wären, haftpflichtrechtlich belastend aus. Der BGH vertritt dazu im Urteil vom 23. 5. 1960[112] folgende Auffassung: 858

> „Dabei können allerdings dem Geschädigten die Regeln über den Beweis des ersten Anscheins zugute kommen, wenn es sich um einen Tatbestand handelt, der nach der Regel des Lebens auf eine bestimmte Ursache hindeutet und typisch in einer bestimmten Richtung zu verlaufen pflegt.

---

[105] vgl. BGH DNotZ 1975, 358 u. OLG Frankfurt, Rz. 854.
[106] DNotZ 1989, 41 (Nr. 145).
[107] s. Rz. 236.
[108] s. Fn. III, 106.
[109] DNotZ 1976, 629 (Nr. 88).
[110] DNotZ 1963, 308 (Nr. 43).
[111] s. Fn. III, 106.
[112] DNotZ 1961, 162/163 (Nr. 37).

Wenn der Notar eine gebotene Warnung unterlassen hat, so obliegt es ihm, zur Verneinung des ursächlichen Zusammenhangs besondere Umstände dafür darzulegen, daß der Kläger die Warnung nicht beachtet haben würde, weil die Erfahrung dafür spricht, daß der von einem Notar Gewarnte in der Regel die Warnung beherzigen wird."

Diese Rechtsprechung wird fortgesetzt mit dem BGH-Urteil vom 12. 7. 1968[113]. Der bekl. Notar blieb hier beweisfällig, daß der Kläger dem – unterlassenen – Rat, ihn mit dem Vollzug zu beauftragen, keine Folge geleistet hätte.

859 Gleichermaßen entschied der BGH[114] in einem Fall, in dem Vermittler von Optionsgeschäften und ein eingeschalteter Notar nicht darüber aufgeklärt hatten, daß bei der Höhe der Unkosten und Provisionen ein Gewinn von vornherein nicht zu erzielen war: „Jedenfalls hat bei dieser Sachlage derjenige, der für die unterbliebene Aufklärung mitverantwortlich war, zu beweisen, daß der Erwerber diese Optionsgeschäfte trotz der entsprechenden Aufklärung abgeschlossen hätte." Zur Haftung des Rechtsanwalts wie Steuerberaters werden vom BGH dieselben Beweisregeln vertreten[115].

860 Die vorgenannten Grundsätze über den **Anscheinsbeweis** zugunsten des Klägers erscheinen auf den ersten Blick einleuchtend, denn ein vernünftig handelnder Beteiligter wird eine Warnung nicht in den Wind schlagen. Die Lebenswirklichkeit hat aber gezeigt, daß Beteiligte durchaus gewillt sind, auch risikohafte Geschäfte einzugehen und trotz Warnung „unvernünftig" an ihren Absichten festhalten. Das hat sich vor allem auf dem Gebiet des Kaufs von Eigenheimen gezeigt. Motiviert durch den Verkäufer, Makler oder Bauträger, weitgehend festgelegt auf das ausgewählte Objekt, dürfte keineswegs im Grundsatz davon auszugehen sein, daß die Käufer vom Notar wegen gewisser Vorleistungen von ihrem Plan abgehalten worden wären. Tritt das Risiko jedoch später ein, wird bei einer Anwendung der Beweisregeln allzu leicht der Notar zum Bürgen des mißglückten Geschäfts gemacht (vgl. Rz. 455 f.).

861 Die Rechtsprechung hat sich dementsprechend mit der Umkehr der Beweislast bei Belehrungspflichtverletzungen oft vorsichtig gezeigt. Auszugehen ist mit der ständigen BGH-Judikatur[116] von der Vermutung, daß der Anscheinsbeweis im allgemeinen versagt, wenn festgestellt werden muß, wie sich ein Mensch auf eine aufklärende Information hin verhalten hätte. Dies gilt zunächst bei **wertneutralen Hinweisen und Belehrungen.** Eine Umkehr der Beweislast ist mit Baumgärtel[117] z. B. „nicht gerechtfertigt, wenn die Aufklärung bzw. Beratung nur der Information zur freien Entscheidung dient . . . In derartigen Fällen erschöpft sich die Leistungspflicht des Schuldners . . . in der gehörigen Belehrung."

862 Die Unaufklärbarkeit des Ursachenzusammenhangs zwischen einer unterlassenen Belehrung und dem entstandenen Schaden soll nach dem Urteil des BGH vom 5. 3. 1974[118] jedenfalls überall da nicht zur Beweislastumkehr führen, „wo weder eine tatsächliche Vermutung noch eine tatsächliche Wahrscheinlichkeit für einen erfahrungsgemäßen Ablauf besteht". Deshalb blieb der Kläger dafür beweispflichtig, daß die vom Notar unterlassene Aufklärung über eine Verminderung der Sicherheit für ein Darlehen den Schaden verhindert hätte. In einem weiteren

---

[113] DNotZ 1969, 173/177 (Nr. 65).
[114] WM 1984, 961/962.
[115] ZIP 1981, 1213/1215; VersR 1985, 83/85 u. 265/266; vgl. Borgmann/Haug, § 45, 3b.
[116] NJW 1975, 824; s. weiter die neuere BGH-Rechtsprechung zur Anwaltshaftpflicht: NJW-RR 1987, 898 u. NJW 1988, 200.
[117] Urt.-Anm. VersR 1983, 450/451.
[118] DNotZ 1975, 367 (Nr. 83).

5. Beweisfragen

Fall der ungesicherten Darlehenshingabe lehnt der BGH[119] eine Beweislastumkehr mit folgenden Worten ab:

„Im Streitfall, in dem der Beklagte nur eine einfache Belehrung über bestimmte mit der Darlehenshingabe verbundene Gefahren unterlassen hatte, ist jedenfalls derzeit noch nicht einmal ein genügender Anhalt für einen für die Kläger streitenden Anscheinsbeweis ersichtlich; denn insoweit besteht weder eine tatsächliche Vermutung noch eine tatsächliche Wahrscheinlichkeit für einen erfahrungsgemäßen Ablauf."

Der BGH[120] hat dem oben zitierten Grundsatz (Rz. 858) über den Anscheinsbeweis der Befolgung eines „guten Rats" hinzugefügt: **863**

„Wo jedoch dem Kläger eine solche Lebenserfahrung nicht zur Seite steht, weder eine tatsächliche Vermutung noch eine tatsächliche Wahrscheinlichkeit für einen erfahrungsgemäßen Ablauf besteht, muß der Kläger beweisen, daß sein Schaden durch die Amtspflichtverletzung verursacht worden ist, und die Nichtfeststellbarkeit geht zu seinen Lasten."

Da im konkreten Fall zur Vermeidung des Schadenseintritts noch die bestimmte **Entschließung eines Dritten** erforderlich gewesen wäre, ließ es der BGH bei der allgemeinen Beweislastregel. Dem entspricht das BGH-Urteil vom 1. 10. 1987[121] zur Anwaltshaftpflicht. Die Rechtsprechung ist insoweit als gefestigt anzusehen[122].

Die **Rechtsprechung der Oberlandesgerichte** geht von denselben Beweisregeln aus. Behauptet z. B. der Kläger, er hätte bei einer hinreichenden Belehrung über das Risiko von Vorleistungen den Grundstückskaufvertrag zu anderen Bedingungen abgeschlossen, so muß er lt. OLG Hamm[123] beweisen, daß er andere Vertragsbedingungen erreicht hätte. Ebenso entschied das OLG Hamm[124] zum Vorwurf, der Notar hätte nicht über die Auswirkungen des Rangrücktritts belehrt. In einem weiteren unveröffentlichten Urteil des OLG Hamm vom 10. 1. 1984[125] ging es darum, ob die offensichtlich falsche Belehrung über die Grunderwerbssteuerpflicht einen – vermeidbaren – Schaden gebracht hat. Der Senat verlangt vom Kläger den Beweis, daß er ohne den Vertragsabschluß besser gestanden hätte: **864**

„Die Ursächlichkeit zwischen der Amtspflichtverletzung und dem Steuerschaden kann auch nicht mit der Begründung bejaht werden, die Verträge hätten bei richtiger steuerrechtlicher Beratung zu anderen Bedingungen und so abgeschlossen werden können, daß keine Grunderwerbsteuer angefallen wäre. Der Kläger muß hierzu im einzelnen darlegen und beweisen, welche anderen Bedingungen er erreicht hätte."

Für die Zulassung der Beweislastumkehr kann weiterhin die Frage nach der **Belehrungsbedürftigkeit** (s. Rz. 446 ff.), den **persönlichen Verhältnissen** der Beteiligten zueinander und der **wirtschaftlichen Bedeutung** des Geschäfts maßgebend sein. In einem Urteil des OLG Stuttgart[126] ging es darum, ob die Kläger auch dann das Darlehen gewährt hätten, wenn sie vom Notar darüber belehrt worden wären, daß die zur Sicherung übereigneten Maschinen als Zubehör zunächst der Hypothekenhaftung unterliegen. Da die Kläger erfahrene Kaufleute waren und selbst Erkundigungen über den Schuldner eingeholt hatten, ließ der Senat für die Ungewißheit des Kausalverlaufs den Anscheinsbeweis nicht zu. Im **865**

---
[119] DNotZ 1982, 384/387 (Nr. 107).
[120] s. Fn. II, 112.
[121] NJW 1988, 200.
[122] s. Borgmann (Haftpflichtfragen), Kausalität und Beweislast im Regreßprozeß, AnwBl. 1988, 167.
[123] DNotZ 1981, 777/779; ebenso OLG Koblenz, U. v. 27. 12. 1982 – 1 U 460/82, s. Haftpflichtecke, DNotZ 1985, 31.
[124] VersR 1984, 449.
[125] 28 U 125/83.
[126] DNotZ 1977, 48.

Urteil vom 26. 11. 1953[127] sah der BGH zwar in bedenklicher Weise einen Anlaß zur Belehrung von in engem Verwandtschaftsverhältnis stehenden Kaufvertragsparteien über wirtschaftliche Gefahren (vgl. Rz. 456). Der Senat gab aber anläßlich der Zurückverweisung zu bedenken, daß sich die Familienmitglieder bei einer mangelnden Belehrung evtl. anders verhalten hätten, „als ein Fremder, nur auf die Wahrung seiner eigenen Interessen bedachter Käufer".

866 In einem vom OLG Hamm mit Urteil vom 22. 11. 1987[128] entschiedenen Fall ging es um die Beweisfrage, ob der Behauptung der Kläger gefolgt werden kann, sie hätten ihr Grundstück bei Übernahme der Reallast für eine Rente durch den Käufer nicht verkauft, wenn sie vom bekl. Notar darüber belehrt worden wären, daß zu der persönlich schuldbefreienden Übernahme der Rentenverpflichtung die Zustimmung der Berechtigten erforderlich ist. Aufgrund der Beweisaufnahme stellt der Senat fest, daß keine hinreichenden Anhaltspunkte dafür gegeben seien, wie sich die Kläger damals verhalten hätten.

„Im Nachhinein ist es auch für sie selbst nicht mit hinreichender Sicherheit möglich, diese Entscheidung nachträglich nachzuvollziehen, weil bei der Rekonstruktion zwangsläufig ihr Wissen um den tatsächlichen Geschehensablauf mit einfließt, so daß nicht auszuschließen ist, daß ihnen in der Rückschau das – zwischenzeitlich realisierte – Risiko eines Vertragsschlusses ohne endgültige Befreiung von der Rentenverpflichtung ungleich höher erscheint als dies bei Vertragsabschluß selbst der Fall gewesen wäre... Unter Berücksichtigung aller dieser Umstände war das Risiko eines Vertragsabschlusses ohne endgültige Befreiung von der Rentenzahlung aus damaliger Sicht nicht so groß, daß ein vernünftiger und wirtschaftlich denkender Mensch zwangsläufig vom Vertragsschluß abgesehen hätte."

867 Die vorstehende Entscheidung zeigt zugleich, wie sehr in Fragen des ungewissen oder vermutlichen Verhaltens von Beteiligten bei einer als erforderlich angesehenen notariellen Belehrung eine **gründliche Beweisaufnahme** und Beweiswürdigung angebracht ist[129]. Nach den Erfahrungen aus vielen Haftpflichtprozessen kann dann zutage kommen, daß die Beteiligten zur maßgebenden Beurkundungszeit doch andere Absichten und Vorstellungen hatten, als sie nach Eintritt eines Schadenrisikos zur Anspruchsbegründung vorbringen.

868 Die in Anwalts-Haftpflichtsachen immer wieder auftauchende Kausalfrage[130], wie bei einem pflichtgemäßen Vorgehen der **hypothetische Verlauf des Vorprozesses** gewesen wäre, wird in Notarregreßfällen gleichermaßen beantwortet. Maßgebend ist, wie das Gericht im Vorprozeß nach Auffassung des nunmehr über den Haftpflichtanspruch erkennenden Gerichts *richtig* hätte entscheiden müssen. Aus diesem Grund verwies der BGH mit Urteil vom 3. 11. 1955[131] die Sache an das Berufungsgericht zurück, da dieses davon ausgegangen war, wie das zuständige LG im Vorprozeß bei einem pflichtgemäßen Vorgehen des Notars entschieden hätte. Die Frage der Notar-Haftpflicht hing vielmehr davon ab, wie das LG nach Auffassung des Regreßgerichts „richtigerweise" hätte entscheiden müssen. Aus dem gleichen Grund kam es im Urteil vom 5. 11. 1962[132] zur Zurückverweisung. Es war festzustellen, ob den Haftpflichtkläger ein mitwirkendes Verschulden traf, weil er sich auf 14 Vorprozesse eingelassen hatte, mit denen er auf Auflassung von Grundstücken verklagt worden war (vgl. Rz. 855). Den Klagen war vom LG und OLG stattgegeben worden. Der BGH vermißt im Haftpflichtprozeß die eigenständige Prüfung des Berufungsgerichts, ob nach dessen Auffassung die Gerichte im Vorprozeß „richtig" entschieden hatten.

---

[127] DNotZ 1954, 319 (Nr. 4).
[128] 28 U 116/86 (Revision wurde nicht angenommen).
[129] vgl. Daimer, DNotZ 1954, 324 u. Kanzleiter, DNotZ 1987, 701.
[130] s. Borgmann/Haug, § 29, 4.
[131] DNotZ 1956, 94 (Nr. 8).
[132] DNotZ 1963, 308 (Nr. 43).

d) Schaden

Die Schadensentstehung und Schadensbemessung kann das Gericht ebenfalls im Rahmen der **haftungsausfüllenden Kausalität nach § 287 ZPO** feststellen. Stoll[135] und Rosenberg[136] warnen jedoch davor, § 287 ZPO zum „Allheilmittel" für Beweisschwierigkeiten des Haftpflichtklägers werden zu lassen. Die Lebenserfahrung oder der Anscheinsbeweis ist für eine Schadenberechnung meist wenig tauglich. In diesem Sinne entschied der BGH im Notar-Haftpflichturteil vom 19. 9. 1985[137]:

870

„§ 287 ZPO ändert nichts daran, daß der Schadensnachweis grundsätzlich dem obliegt, der Schadenersatz fordert. Der Gegner kann sich darauf beschränken, den Schaden zu bestreiten. Nicht der Beklagte muß darum in allen Einzelheiten den Nachweis führen, daß die Schuldnerin der Optionsentschädigung zahlungsunfähig gewesen wäre."

Oder wie der BGH in einem anderen Notar-Haftpflichturteil vom 13. 4. 1961[138] ausführt:

„,Ins Blaue hinein' aber darf der Richter nicht schätzen. Kommt das Gericht bei pflichtgemäßer Prüfung zu dem Ergebnis, es fehle zur freien Bildung einer festen Überzeugung in der einen oder anderen Richtung an hinreichenden Anhaltspunkten, so muß die Nichtfeststellbarkeit des ursächlichen Zusammenhangs zu Lasten des beweispflichtigen Klägers gehen. Denn die Regeln der Beweislast bleiben auch im Falle des § 287 ZPO von Bedeutung, wenn mangels greifbarer Anhaltspunkte eine Grundlage für das Urteil nicht zu gewinnen wäre und das richterliche Ermessen vollends in der Luft schweben würde."

Bei der vorstehend zitierten Entscheidung handelt es sich um das zweite Revisionsurteil zur Beweisfrage, inwieweit der Behauptung des Klägers gefolgt werden kann, er hätte bei richtiger Belehrung des Notars sein Geld damals in bestimmten Aktien angelegt, deren Wert sich inzwischen vervielfacht hatte. Den nicht gezogenen Gewinn forderte er als Schadenersatz, denn als Zeitpunkt für die Schadensbemessung ist grundsätzlich die letzte mündliche Verhandlung in der Tatsacheninstanz maßgebend[139]. Dieser kausalen Schadensberechnung wollte der BGH aber schon im ersten Revisionsurteil vom 23. 2. 1959[140] nicht ohne weiteres folgen. Es verlangte den Beweis, daß der Kläger „das Kapital wirklich zur Erreichung bestimmter, später im Kurs gestiegener Aktien verwendet und die Papiere nicht vorzeitig abgestoßen, sondern so lange behalten hätte, bis ihre Börsenkurse in einem zur Erfüllung der Klagesumme notwendigen Ausmaße gestiegen waren". Hier blieb der Kläger beweisfällig. Ein anderer jedoch konnte im Prozeß gegen seinen Schuldner den Beweis führen; er hatte schon bei den Mahnungen während des Schuldnerverzugs mitgeteilt, welche Geldanlage er beabsichtigen würde[141].

871

Die Entscheidungen stehen im Einklang mit der vom BGH im Urteil vom 8. 11. 1973[142] für die **Schadensberechnung bei Entgang einer Kapitalnutzung** aufgestellten Regel. Der Anspruchserhebende kann seinen Schaden entweder „abstrakt" berechnen und nachweisen, wie man die entgangene Kapitalsumme normalerweise hätte nutzen können, oder konkret, wie aufgrund einer individuellen Entschließung das Geld angelegt worden wäre.

872

---

[135] Haftungsverlagerung durch beweisrechtliche Mittel, AcP 176, 145.
[136] § 6 V.
[137] NJW 1986, 246 (Nr. 132).
[138] VersR 1961, 610/611 (Nr. 40).
[139] s. BGH U. v. 21. 3. 1989 – IX ZR 155/88 (Nr. 154) u. Palandt/Heinrichs, vor § 249 Anm. 9.
[140] VersR 1959, 451/453 (Nr. 23).
[141] BGH NJW 1983, 758.
[142] DB 1974, 529.

873　Die Beantwortung der für die Schadensbemessung maßgeblichen Kausalfrage setzt, wie der BGH in den zwei Haftpflichturteilen vom 16. 6. 1988 und vom 21. 3. 1989[143] entschied, stets die Prüfung voraus, welchen Verlauf die Dinge bei pflichtgemäßem Verhalten des Notars genommen hätten und wie die Vermögenslage des Betroffenen sein würde, wenn der Notar die Pflichtverletzung nicht begangen, sondern pflichtgemäß gehandelt hätte. Konkretisiert auf Grundstücksgeschäfte heißt dies nach einem Urteil des OLG Hamm[144]:

„Behauptet ein Urkundsbeteiligter, daß er ohne Amtspflichtverletzung des Notars einen von diesem beurkundeten Kaufvertrag nicht geschlossen hätte, so besteht der Schaden in der Schlechterstellung, die sich aus dem Abschluß des Kaufvertrags im Vergleich zu der Vermögenslage ergibt, die ohne den Vertragsschluß vorläge."

Dementsprechend entschied der BGH mit Urteil vom 21. 3. 1989 – IX ZR 155/88 (Nr. 154) in einem Fall des wirtschaftlich mißglückten Grundstückstausches mit Freistellungsverpflichtung. Zur Berechnung des Schadenumfangs fordert er eine Gegenüberstellung des realen Vermögensstandes des Klägers im Zeitpunkt der letzten mündlichen Verhandlung des Tatrichters, wie er sich auf Grund der Amtspflichtverletzung ergab und wie er sich ohne die Pflichtverletzung ergeben hätte.

874　Behauptet der Haftpflichtkläger, daß er bei dem Kauf eines anderen Grundstücks im Ergebnis wirtschaftlich besser gestanden hätte, so hat er dies nach einem Urteil des OLG Hamburg vom 1. 12. 1972[145] nicht nur nachzuweisen, sondern er muß sich auch eine inzwischen eingetretene Wertsteigerung des erhaltenen Grundstücks anrechnen lassen. Dagegen darf nach der Schutzzwecktheorie laut dem zur Rz. 851 gebrachten Urteil des OLG Schleswig ein Verkäufer die entgangene Wertsteigerung des bei einem pflichtgemäßen Verhalten des Notars nicht veräußerten Grundstücks nicht verlangen, und nach dem dort weiterhin angeführten Urteil des OLG Düsseldorf soll ein Käufer nicht den im Verhältnis zum Grundstückswert überhöhten Teil des Kaufpreises in die Schadensberechnung einbeziehen können. Ein „corriger la fortune" des nun glücklosen Haftpflichtklägers; die Diskrepanz zu der vom BGH in den vorgenannten Urteilen gebrachten Formel für die Schadensberechnung ist offensichtlich (s. Rz. 873).

875　Eine **Vorteilsausgleichung** und damit Minderung des Schadens hat nach dem BGH-Urteil vom 5. 4. 1965[146] der Notar hinsichtlich seiner Einwendung, daß der Kläger aus dem Grundstück Nutzen gezogen habe, zu beweisen. Der zugeflossene Vorteil soll nach einem weiteren BGH-Urteil vom 13. 12. 1966[147] aber in einem gewissen zeitlichen Zusammenhang zum schädigenden Ereignis stehen. Später eintretende, unvorhersehbare Änderungen der Verhältnisse sollen für eine Anrechnung außer Betracht bleiben. Dies bezog sich im konkreten Fall darauf, daß der Kläger knapp 3 Jahre nach der schädigenden Amtspflichtverletzung Grundstücksparzellen, die er ursprünglich hatte kaufen wollen, günstig ersteigert hatte. Unter Berufung auf RGZ 100, 255 machte der BGH hier eine Ausnahme vom Grundsatz, daß für die Schadensberechnung der Zeitpunkt der letzten mündlichen Verhandlung maßgebend ist.

876　Rechtliche Schwierigkeiten bereitet die Frage nach Möglichkeiten einer Ausgleichung der durch die Haftpflicht eintretenden Vermögensvermehrung, soweit sie grob unbillig erscheint. Kegel[148] hat dies in bezug auf die „**lachenden Doppel-**

---

[143] WM 1988, 1639 (Nr. 149), DNotZ 1989, 48 (Nr. 150) u. Az. IX ZR 155/88 (Nr. 154).
[144] DNotZ 1981, 777/778.
[145] 11 U 89/72.
[146] VersR 1965, 611/612 (Nr. 55).
[147] DNotZ 1967, 446 (Nr. 61).
[148] Festschrift für Flume, 1978, S. 545. Kegel will nach Treu und Glauben das materielle Recht

erben" – dem nicht zum Zuge kommenden Testamentserben und dem gesetzlichen Erben – bei formnichtigen letztwilligen Verfügungen aufgezeigt. An sich wird, wenn eine Sache nicht untergeht oder beschädigt wird, bei Zahlung aufgrund von Pflichtverletzungen der rechtsberatenden Berufe grundsätzlich das Vermögen vermehrt. Dritte erhalten oder behalten zum Nachteil des Haftpflichtgeschädigten Vermögenswerte, die ihnen ohne die Pflichtverletzung nicht zustehen würden. Unbillig erscheint dies besonders, wenn die Vermögensvermehrung zwischen engen Verwandten eintritt. Darauf ging der BGH in einem Haftpflichturteil vom 12. 6. 1979[149] ein. Der Leitsatz lautet:

> „Besteht der zum Ersatz verpflichtende Schaden darin, daß ein Vermögensgegenstand nicht dem Geschädigten, sondern dessen minderjährigen ehelichen Kindern zugeflossen ist, dann entspricht es regelmäßig der Billigkeit, den Schadenersatzanspruch nicht auf den vollen Wert des entgangenen Vermögensgegenstandes zu bemessen."

Der Leitsatz entspricht nicht dem Ergebnis der Entscheidung, die dem Notar keine Minderung der Haftpflichtleistung brachte. Für Extremfälle deutet das Urteil aber Möglichkeiten an, wie solche „Vorteile" angerechnet werden könnten.

Erhebt ein Darlehensgeber (Finanzierungsinstitut) Amtshaftungsansprüche, 877 weil das Darlehen durch Auszahlung vom Anderkonto gewährt wurde (s. Rz. 692), obwohl es nicht bedingungsgemäß durch eine erstrangige Grundschuld gesichert worden war, so stellt die **fehlende Sicherheit** nach dem BGH-Urteil vom 19. 3. 1987[150] einen einklagbaren Schaden dar. Auf ihn ist aber anzurechnen, was der Darlehensgeber noch an weiteren Sicherheiten für das Darlehen besitzt und was der Darlehensnehmer auf die Darlehensschuld zurückbezahlt hat. Weiterhin ist der Notar nur Zug um Zug gegen Abtretung der Darlehensansprüche und der Rechte aus der Grundschuld zur Zahlung verpflichtet.

e) Auslegung von Urkunden

Sind Urkunden auslegungsbedürftig, so hat der Kläger darzutun und zu beweisen, daß die Urkunde den von ihm behaupteten Inhalt hat[153]. Wenn auch bei der Auslegung zunächst vom Wortlaut der Klausel und dem entsprechenden Gesamtzusammenhang des Vertrages auszugehen ist[154], können gleichwohl außerhalb der Urkunde liegende Umstände herangezogen und berücksichtigt werden, sofern sie zu beweisen sind[155]. In diesem Falle kann dem übereinstimmenden Willen der Parteien selbst dem Vertragswortlaut gegenüber der Vorrang eingeräumt werden[156]. Die Übereinstimmung ist jedoch zu beweisen. Beruft sich eine Partei darauf, die in der Urkunde enthaltene eindeutige Erklärung nicht abgegeben und bei der Verlesung überhört zu haben, so muß sie sich nach dem BGH-Urteil vom 28. 4. 1978[157] an der beurkundeten Erklärung festhalten lassen, es sei denn, sie kann durch eine erfolgreiche Anfechtung nach § 119 BGB die Unwirksamkeit der Erklärung herbeiführen. 880

Der Notar kann zur Auslegung der von ihm errichteten Urkunde **als Zeuge** 881

---

gegenüber dem formellen zum Zuge kommen lassen, was die Gründe für die Beurkundungspflicht praktisch beeinträchtigen würde (vgl. BGH NJW 1981, 1900/1901).

[149] NJW 1979, 2033 (Nr. 97).
[150] DNotZ 1987, 560 (Nr. 140).
[153] BGH WM 1988, 1639/1642 (Nr. 149).
[154] BGH NJW 1957, 873.
[155] BGHZ 20, 109; BGH WM 1975, 158. OLG München, U. v. 16. 9. 1987 – 15 U 5458/86; die Vollständigkeitsvermutung erstreckt sich nur auf die getroffene Vereinbarung, schließt die Berücksichtigung von Umständen außerhalb der Urkunde aber nicht aus: BGH DNotZ 1986, 78 m. Anm. Reithmann.
[156] BGH WM 1964, 906; OLG Düsseldorf, U. v. 20. 12. 1985 – 7 U 187/84.
[157] NJW 1978, 1480 in Änderung der früheren Rechtsprechung.

gehört werden. Alle Urkundsbeteiligten haben ihn aber von seiner Schweigepflicht zu entbinden (§ 18 BNotO). Die Verweigerung der Befreiung durch eine Partei kann für diese bei der Beweiswürdigung u. U. nachteilig sein (s. Rz. 821). Wurde dem Notar wegen angekündigter Haftpflichtansprüche der Streit verkündet und hat seine Aussage für die Beurteilung der Haftpflichtfrage Bedeutung, so sollte in Wahrung der berechtigten eigenen Interessen und für die Wahrheitsfindung schon im Vorprozeß seine Schweigepflicht entfallen (s. Rz. 820). Allgemein gesehen ist eine Zeugenaussage des Notars zur Urkundenauslegung nicht unproblematisch. Es geht primär um den rechtsgeschäftlichen Willen der Urkundsbeteiligten und nicht um seine Meinung. Weiterhin legt seine Neutralitätspflicht ihm meist eine gewisse Zurückhaltung auf, insbesondere wenn er sich bei weit zurückliegenden Vorgängen nicht mehr zuverlässig erinnern kann.

f) Anderweitige Ersatzmöglichkeit

883   Auf die materiell- und prozeßrechtliche Lage der Notarhaftung im Hinblick auf die negative Anspruchsvoraussetzung des Fehlens einer anderweitigen Ersatzmöglichkeit wurde bereits eingegangen (Rz. 170–214 u. 810–813). Ergänzend ist zur Beweislastlage anzuführen, daß der Haftpflichtkläger den Nachweis zu erbringen hat, daß keine andere Ersatzmöglichkeit besteht und eine früher vorhanden gewesene nicht schuldhaft versäumt wurde[160]. Es ist freilich nicht zu fordern, daß der Kläger das Fehlen aller etwa denkbaren Möglichkeiten anderweitiger Ersatzerlangung vorbringen müßte. Als negative Anspruchsvoraussetzungen kommen zunächst nur solche aus demselben Sachverhalt entsprungene Ersatzmöglichkeiten in Betracht, die rechtlich und tatsächlich Aussichten auf eine baldige Befriedigung bieten[161]. Weist der bekl. Notar auf eine seiner Ansicht nach noch bestehende Möglichkeit der anderweitigen Ersatzerlangung hin, so hat wiederum der Kläger dies auszuräumen[162]. Die Verfolgung der Möglichkeit muß jedoch zumutbar sein (s. Rz. 184 ff.). Gänzlich ungewisse Maßnahmen sind mit BGH-Urteil vom 21. 1. 1969[163] als nicht widerlegungsbedürftig anzusehen.

---

[160] BGH WM 1960, 1012 (Nr. 35) u. 1983, 964 (Nr. 120); DNotZ 1985, 231 (Nr. 123).
[161] BGH VersR 1959, 997/998 (Nr. 27); DNotZ 1967, 774/775 (Nr. 62) u. 1969, 507/510 (Nr. 70).
[162] DNotZ 1969, 507/510 (Nr. 70).
[163] DNotZ 1969, 496/498 (Nr. 67).

Anhang

Notar-Haftpflichturteile des Bundesgerichtshofes in chronologischer Folge mit Leitsätzen und Fundstellen-Konkordanz

(Die amtlichen Leitsätze sind kursiv gedruckt)

1 26. 3. 1953 III ZR 14/52 Köln	*a) Die Vorschriften der DOfNot, die dem Notar hinsichtlich der Grunderwerb-, Kapitalverkehrs-, Urkunden- u. Wertzuwachssteuer bestimmte Hinweispflichten auferlegen, sind auf die Abgeltungslast für die Gebäudeentschuldungssteuer nicht entsprechend anwendbar.* *b) Die Grundbucheinsicht begründet für den Notar keine Pflicht auf aus dem Grundbuch nicht ersichtliche Belastungen hinzuweisen.* *c) Der Notar ist nur dann zur Einsicht in die Grundakten verpflichtet, wenn damit Vorgänge zu ermitteln wären, die eine vorhandene Eintragung näher bezeichnen oder die zu einer Eintragung in einer für das zu beurkundende Geschäft maßgeblichen Weise führen könnten.* DNotZ 1953, 492 (m. Anm. Daimer) = LM § 38 DOfNot.
2 23. 4. 1953 III ZR 103/52 Hamm	*Die in § 21 RNotO ausgesprochene Haftungsbeschränkung des Staates wird durch Art. 34 GG nicht berührt.* DNotZ 1953, 498 = LM Art. 34 GG Nr. 12 (m. Anm. Pagendarm).
3 29. 10. 1953 III ZR 270/52 Frankfurt	*a) Der Notar, der einen Vertrag über die Gründung einer Gesellschaft mit beschränkter Haftung beurkundet, ist aufgrund seiner Urkundstätigkeit in keinem Falle, aufgrund der ihm obliegenden allgemeinen Pflicht zur Betreuung der Beteiligten nur unter besonderen Umständen zu einer Belehrung der Gesellschafter dahin verpflichtet, daß erst mit der Eintragung der Gesellschaft in das Handelsregister die Gesellschaft mit beschränkter Haftung als solche entsteht und die Beschränkung der Haftung eintritt.* *b) Zur Belehrungsbedürftigkeit der Beteiligten als Voraussetzung für die erweiterte Belehrungspflicht aus Betreuungsverpflichtung.* DNotZ 1954, 329 = BB 1954, 143 = LM § 21 RNotO Nr. 2.
4 26. 11. 1953 III ZR 98/52 Koblenz	*a) Der Notar ist verpflichtet, bei der Beurkundung eines Rechtsgeschäfts die Beteiligten auch über die wirtschaftlichen Gefahren ihres Vorgehens zu belehren, wenn es auf Grund besonderer Umstände naheliegt, daß für sie eine Schädigung eintreten kann und der Notar nicht mit Sicherheit annehmen kann, daß sich der Gefährdete dieser Lage bewußt ist oder daß er das Risiko auch bei einer Belehrung auf sich nehmen würde.* *b) Zur Ursächlichkeit einer unterlassenen Belehrung.* DNotZ 1954, 319 (m. Anm. Daimer) = BB 1954, 142 = LM NotORhl-Pf. Nr. 1.
5 21. 3. 1955 III ZR 115/53 Hamm	*Zum Umfang der Sorgfaltspflicht des Notars bei der Beurkundung eines Testaments (Hier Unterlassung der Unterschrift infolge eines „Erinnerungsfehlers").* NJW 1955, 788 = BGHZ 17, 69 = LM § 21 RNotO Nr. 3 (m. Anm. Pagendarm)

229

Anhang

6 21. 3. 1955 III ZR 183/53	Zur Prüfungspflicht des Notars, der es übernimmt, eine von ihm zu beglaubigende Vertragsurkunde zu entwerfen. DNotZ 1955, 396.
7 3. 11. 1955 III ZR 51/54 Hamburg	*Der Notar darf bei der Beurkundung eines Rechtsgeschäfts – sofern im Einzelfall nicht besondere Anhaltspunkte für die gegenteilige Annahme ersichtlich sind – grundsätzlich davon ausgehen, daß der von den Beteiligten zur Durchführung des Rechtsgeschäfts bestellte Treuhänder auftragsgemäß verfahren wird.* DNotZ 1956, 204 = WM 1956, 66 = BB 1956, 16 = VersR 1956, 93 = LM § 839 (Ff) BGB Nr. 2.
8 3. 11. 1955 III ZR 62/54 Hamburg	*a) Wird ein Notar auf Schadenersatz verklagt, weil er bei seiner Urkundstätigkeit seine Amtspflichten verletzt habe und als Folge davon der Kläger in einem gerichtlichen Verfahren unterlegen sei, so ist im Schadenersatzstreit bei der Prüfung der Ursächlichkeit nicht darauf abzustellen, wie in jenem Verfahren das Gericht im Falle einer ordnungsmäßigen Amtsausübung des Notars entschieden haben würde, sondern darauf, wie es richtig hätte entscheiden müssen.* *b) Übernimmt ein Notar nicht nur die Unterschriftsbeglaubigung, sondern auch die Anfertigung eines Urkundenentwurfs, so handelt es sich um eine einheitliche Urkundstätigkeit. Die daraus resultierende Haftung kann nur einheitlich nach § 21 Abs. 1 S. 2 RNotO beurteilt werden. § 839 Abs. 1 S. 2 BGB ist auch insoweit zu beachten, als die Amtspflichtverletzung bei Entwurf der Urkunde begangen wurde.* DNotZ 1956, 94 = VersR 1956, 45 = LM § 21 RNotO Nr. 5.
9 3. 11. 1955 III ZR 119/54 Celle	*a) Über die Pflicht des Notars, die Beteiligten bei einem von ihm beurkundeten Rechtsgeschäft, zu dem die Genehmigung des Vormundschaftsgerichts erforderlich ist, darüber zu belehren, daß diese Genehmigung erst wirksam wird, wenn sie von dem Vormund (Pfleger) dem Vertragsgegner mitgeteilt worden ist, und daß der Vormund (Pfleger) den Notar bevollmächtigen kann, diese Mitteilung für ihn vorzunehmen.* *b) Zum Kreis derjenigen, denen gegenüber eine Belehrungspflicht besteht.* DNotZ 1956, 319 (m. Anm. Weber, S. 285); = NJW 1956, 259 = WM 1956, 68 = BGHZ 19, 5 = LM § 839 (Ff) BGB Nr. 5.
10 3. 11. 1955 III ZR 155/54 Frankfurt	a) Zur Haftpflicht des Notars wegen verletzung der Belehrungspflicht bei Beurkundung eines Gesellschaftsvertrages, an dem Minderjährige neben ihrem Vater als Gesellschafter beteiligt sind. b) Zur Ursächlichkeit einer unterlassenen Belehrung. c) Die Aufhebung eines Vertrags hat als eine rechtsvernichtende Tatsache der zu beweisen, der sich auf sie beruft. VersR 1956, 93 (vgl. Nr. 19, die 5. Instanz).
11 5. 3. 1956 III ZR 18/55 Hamm	a) Die wirtschaftlichen Auswirkungen eines zu beurkundenden Vertrages zu überprüfen, ist der Notar in der Regel nicht verpflichtet. Diese Pflicht entsteht ausnahmsweise, wenn besondere Umstände des Einzelfalles die Vermutung nahelegen, daß ein Beteiligter Schaden erleiden wird, ohne die Gefahr zu erkennen. b) Die Unterlassung einer notariellen Belehrung ist nicht ursächlich, wenn die maßgeblichen Fragen von den Vertragsparteien schon selbst erörtert wurden. VersR 1956, 448.
12 20. 3. 1956 III ZR 11/55 Celle	*Der Notar hat zur zweifelsfreien Feststellung der vor ihm erschienenen Personen die äußerste Sorgfalt zu verwenden. Wenn der Erschienene dem Notar nicht persönlich bekannt ist oder von zuverlässigen Personen vorgestellt wird, muß sich der Notar in der Regel einen amtlichen, mit Lichtbild versehenen Ausweis vorlegen lassen; gibt es vorübergehend derartige Ausweise nicht, dann muß sich der Notar andere Urkunden*

vorlegen lassen, die nach ihrem Inhalt oder ihrer Natur regelmäßig sorgfältig aufbewahrt werden.

DNotZ 1956, 502 = MDR 1956, 541 = BB 1956, 414; LM § 36 DofNot Nr. 1.

13

4. 10. 1956
III ZR 41/55
Koblenz

a) Wird ein Notarvertreter mit Wirkung von einem bestimmten Anfangstermin an bestellt, so haftet der Notar für ihn als seinen Vertreter nur insoweit, als Handlungen in Frage stehen, die in die für die Vertretung bestimmte Zeit fallen.

b) Es bedeutet keine Verletzung der einem gewissenhaften Notar obliegenden Sorgfaltspflichten, wenn er sich für kurze Zeit von seinem Amtssitz ohne einen Vertreter entfernt, hierbei aber davon ausgehen kann, daß bei einer eilbedürftigen Sache andere Beurkundungsbeamte zur Verfügung stehen würden.

c) Der Notar haftet nicht für Hilfspersonen gem. § 278 BGB.

DNotZ 1958, 33 = NJW 1957, 62 = LM § 35 RNotO Nr. 1.

14

19. 11. 1956
III ZR 95/55
Nürnberg

Zur Belehrungspflicht des Notars im Hinblick darauf, daß die Eintragung einer Gesellschaft mit beschränkter Haftung in das Handelsregister die Anmeldung beim Registergericht voraussetzt (s.o. Nr. 3).

MDR 1957, 605 (m. Anm. Pohle) = LM § 21 RNotO Nr. 8.

15

11. 7. 1957
III ZR 28/56
Hamm

Schon vor Erlaß des Lastenausgleichsgesetzes konnte u. U. für einen Notar, der den Vertrag über die Veräußerung eines Geschäfts beurkundete, die Verpflichtung bestehen, die Beteiligten über die Rechtslage bezüglich der Soforthilfelasten und der zu erwartenden Lastenausgleichsabgabe zu belehren und für eine Erörterung der Frage zu sorgen, ob eine Vereinbarung darüber getroffen werden soll, wer diese Abgaben endgültig zu tragen hat.

DNotZ 1958, 23 (m. Anm. Seybold) = NJW 1957, 154 = BB 1957, 838 = LM § 21 RNotO Nr. 9.

16

7. 11. 1957
III ZR 113/56
Koblenz

a) Der Notar hat bei einer Vertragsbeurkundung unparteiisch die Interessen beider Vertragspartner wahrzunehmen. Die allgemeine wirtschaftliche Lage und Leistungsfähigkeit der Parteien zu erforschen und zu prüfen, ob daraus für einen der Beteiligten Gefahren entstehen könnten, steht ihm jedenfalls der Regel nach nicht zu.

b) Zur anderweitigen Ersatzmöglichkeit in Bezug auf § 419 BGB.

VersR 1958, 47.

17

7. 11. 1957
III ZR 131/56
Hamm

Ein Notar kann bei seiner Beurkundungstätigkeit in der Regel davon ausgehen, daß die von allen Beteiligten abgegebenen, übereinstimmenden Erklärungen rein tatsächlicher Art, die den rechtlich zu beurteilenden Sachverhalt bilden, richtig sind.

DNotZ 1958, 99 = LM § 839 (Ff) BGB Nr. 7.

18

18. 11. 1957
III ZR 106/56

a) Hat ein Notar die Unterschriften unter einer von ihm selbst entworfenen Urkunde beglaubigt und ihre Einreichung beim Registergericht übernommen, so erstreckt sich seine Prüfungs- und Belehrungspflicht auch auf den Inhalt der Urkunde selbst und ihre Einreichung beim Registergericht.

b) Haben zunächst alle Beteiligten dem Notar einen Antrag auf Löschung einer aufgelösten OHG zur Weiterleitung an das Registergericht übergeben, hat dann aber nachträglich einer der Beteiligten dem Notar erklärt, der Antrag solle noch nicht beim Gericht eingereicht werden, so ist der Notar grundsätzlich gehindert, den Antrag weiterzureichen. Es ist nicht seine Sache, die Wirksamkeit eines solchen Widerrufs zu prüfen. Er muß aber allen Beteiligten die veränderte Sachlage mitteilen und sie darüber belehren, daß die übrigen Beteiligten durch eine weitere Verzögerung der Löschung im Handelsregister

Gefahr laufen, weiterhin wegen Gesellschaftsschulden in Anspruch genommen zu werden.

c) Der anderweitige Schadenersatzanspruch i.S.v. § 839 Abs. 1 S. 2 BGB, den ein durch eine Amtspflichtverletzung Geschädigter gegen einen Dritten hat, ist kein Ausgleichsanspruch im Sinne von § 82 Abs. 2 S. 2 VerglO.

d) Zur Frage der schuldhaften Unterlassung einer Erinnerung an die Einreichung (§ 839 Abs. 3 BGB).

DNotZ 1958, 101 = WM 1958, 258.

19

12. 12. 1957
III ZR 147/56
Celle

a) Ein Notar hat bei der Erfüllung seiner Aufgaben den sichersten Weg zu wählen, auf dem er dem Willen der Beteiligten Geltung verschaffen kann.

b) Ein Notar hat bei seiner Beurkundungstätigkeit rechtlich einwandfreie Urkunden zu fertigen und ihnen den Inhalt zu geben, der dem Willen der Beteiligten und dem Zweck der Urkundenerrichtung entspricht. Wenn nach den besonderen Umständen des Falles die Vermutung naheliegt, ein Beteiligter werde aus seiner Erklärung Schaden erleiden, sich aber nicht mit Sicherheit ergibt, daß er diese Gefahr erkennt, ist der Notar auch zur Aufklärung über die wirtschaftliche Seite der Erklärung verpflichtet.

c) Die Pflicht des Notars findet ihre inhaltliche Begrenzung grundsätzlich nach der Richtung, daß die Belehrung für das Zustandekommen einer Urkunde erforderlich ist. Sie erstreckt sich im allgemeinen nicht auf außerhalb der Beurkundung liegende Rechtsverhältnisse und Rechtsbedürfnisse.

d) Wer einen Notar wegen Amtspflichtverletzung in Anspruch nimmt, hat den zum Schadenersatz verpflichtenden Sachverhalt einschließlich eines Notarverschuldens zu beweisen. Er braucht aber keinen Gegenbeweis gegen die Vermutung einer Schuldlosigkeit zu führen.

(5. Instanz; 3. Instanz = Nr. 10).

VersR 1958, 124.

20

19. 5. 1958
III ZR 21/57
Köln

a) Zur Sorgfaltspflicht des Notars bei der Beurkundung einer letztwilligen Verfügung.

b) Der Rechtssatz, daß der Notar den sichereren Weg zu wählen hat, ist nur dann anwendbar, wenn ihm unter gleichen Voraussetzungen zur Erreichung derselben Rechtserfolge nebeneinander mehrere Wege zur Verfügung stehen.

DNotZ 1958, 554 = NJW 1958, 1398 = MDR 1958, 664 = BGHZ 27, 274 = LM § 2247 BGB Nr. 1 (m. Anm. Pagendarm)

21

9. 7. 1958
V ZR 5/57
Frankfurt

a) Hat der Notar die Überwachung des Vollzugs einer von ihm aufgenommenen Urkunde im Grundbuch nicht übernommen und hat er auch nicht von der Ermächtigung des § 15 GBO Gebrauch gemacht, sondern den in der Urkunde bereits enthaltenen Eintragungsantrag lediglich an das Grundbuchamt weitergeleitet, so ist er zur Überwachung des Vollzugs des Eintragungsantrags nur beim Vorliegen besonderer Umstände verpflichtet.

b) Zu den Rechtsmitteln i.S.d. § 839 Abs. 3 BGB gehören auch die Aufsichtsbeschwerde in Grundbuchsachen und die Erinnerung beim GBA. Die Unterlassung dieser Rechtsmittel ist jedoch nur dann fahrlässig, wenn die Annahme einer Amtspflichtverletzung des GBA dringend nahegelegen hat.

DNotZ 1958, 557 = NJW 1958, 1532 = WM 1958, 1050 = MDR 1958, 759/912 (m. Anm. Thieme) = BGHZ 28, 104.

22

22. 9. 1958
III ZR 136/57
Frankfurt

a) Zum Umfang der Belehrungspflicht des Notars.

b) Eine Belehrung über Gefahren, die bei einem Grundstücksvertrag durch verheimlichte Nebenabreden bestehen, ist nur dann nötig, wenn dem Notar dringende Verdachtsgründe für derartige Nebenabreden oder offensichtliche Verschleierungsversuche erkennbar werden. Denn der Notar braucht mit einem unlauteren und verbotswidrigen Verhalten der Vertragsteile nicht ohne weiteres zu rechnen.

c) Ein Notar darf sich regelmäßig auf die Richtigkeit der tatsächlichen Angaben der Beteiligten verlassen.

VersR 1959, 28.

23

23. 2. 1959
III ZR 235/57
Stuttgart

a) Zu den Amtspflichten des Notars bei der Beurkundung eines Kreditsicherungsvertrages gehört es, die Vertragsparteien bei gegebenem Anlaß über die Bedeutung des § 247 BGB (besonderes Kündigungsrecht bei hohen Zinsen – nunmehr § 609a BGB –) und des § 3 WährG (Genehmigungspflicht von Wertsicherungsklauseln) zu unterrichten.

b) Die subsidiäre Notarhaftung gilt auch für Versehen bei der Entwurfstätigkeit, wenn damit eine Beurkundung (Beglaubigung) vorbereitet wurde. Es handelt sich dann um keine selbständige Beratungs-, sondern um eine einheitliche Urkundstätigkeit.

c) Zum Schadensnachweis, wenn behauptet wird, daß bei einer pflichtgemäßen Belehrung eine andere Geldanlage in Form von Aktienkauf vorgenommen worden wäre.

VersR 1959, 451 (vgl. die 5. Instanz Nr. 40).

24

2. 4. 1959
III ZR 22/58
München

a) Zur Frage, ob ein Notar, der es übernimmt, eine auch vom bisherigen Geschäftsführer einer Gesellschaft mit beschränkter Haftung unterzeichnete Anmeldung über den Wechsel in der Geschäftsführung dem Registergericht einzureichen, den bisherigen Geschäftsführer davon unterrichten muß, wenn er die eingereichte Anmeldung später auf Veranlassung des neuen Geschäftsführers wieder zurücknimmt.

b) Wenn mehrere Ratsuchende einen Notar in einer bestimmten Angelegenheit um Rat fragen und diese Beratung dazu führt, daß nur die Erklärung einer einzigen Person beurkundet wird, dann bestehen gleichwohl Amtspflichten gegenüber den übrigen Personen.

c) Zur adäquaten Verursachung genügt es, daß die Pflichtverletzung im allgemeinen zur Herbeiführung des Erfolgs geeignet war.

d) Der Rechtssatz, daß einem Amtsträger kein Schuldvorwurf gemacht werden kann, wenn ein Kollegialgericht sein Vorgehen rechtmäßig gebilligt hat, kann dann nicht gelten, wenn das Kollegialgericht den Sachverhalt nicht voll in tatsächlicher und rechtlicher Hinsicht ausgewertet hat.

DNotZ 1959, 555 = WM 1959, 743 = MDR 1959, 556 = BB 1959, 538 = LM RNotO § 21 Nr. 13.

25

11. 6. 1959
III ZR 46/58

a) Der beurkundende Notar hat die Beteiligten über die Genehmigungsbedürftigkeit einer vereinbarten Wertsicherungsklausel zu belehren und eindeutig klarzustellen, daß die Beteiligten diese Genehmigung selbst zu beschaffen haben, wenn sie ihn nicht damit beauftragen.

b) § 4 der Grundstückspreis-VO v. 7. 7. 1942, wonach bei einem Schwarzkauf das beurkundete Entgelt als vereinbart gilt, hat materiell-rechtliche, vertragsändernde Wirkung, so daß sich keine Partei darauf berufen kann, daß das vereinbarte Entgelt nicht beurkundet und das beurkundete Entgelt nicht gewollt gewesen sei. Die Vertragsurkunde schiebt in diesem Fall die formlosen Nebenabreden vollständig beiseite.

c) Ein Geschädigter hat auch im Rahmen des § 254 BGB nur ein Verhalten zu verantworten, das in adäquatem Zusammenhang zum schädigenden Erfolg steht.

d) Der Notar hat nur für die Kosten des Geschädigten im Vorprozeß Ersatz zu leisten, die zur zweckentsprechenden Rechtsverfolgung notwendig waren.

WM 1959, 1112 = BB 1959, 1079.

26 25. 6. 1959 III ZR 69/58 Hamm	a) Der Notar ist bei der Beurkundung eines Grundstückskaufvertrages grundsätzlich nicht verpflichtet, seine Auffassung über die Angemessenheit des vereinbarten Kaufpreises oder allgemein über den wirtschaftlichen Nutzen eines Geschäfts darzulegen oder gar eine Partei vor den nach seiner Ansicht wirtschaftlich ungünstigen Folgen des Rechtsgeschäfts zu warnen. Zu den Amtspflichten des Notars gehört es regelmäßig auch nicht, die Zuverlässigkeit und Zahlungsfähigkeit einer Partei zur Debatte zu stellen. b) Übernimmt der Notar nach Vertragsbeurkundung eine Anzahlung des Grundstückskäufers zu treuen Händen mit einer bestimmten Auszahlungsanweisung, so haftet er bei schuldhaft vorzeitiger Auszahlung nicht nur für den Vollzug der Eigentumsübertragung, sondern für jeden Schaden, der adäquat durch die Pflichtverletzung verursacht ist. Ein solcher Schaden kann auch darin bestehen, daß dem Käufer Möglichkeiten zur Vertragsauflösung genommen werden. VersR 1959, 743.
27 25. 6. 1959 III ZR 72/58 Kammergericht	a) Eine Belehrungspflicht des Notars – hier über die Tragweite einer Erbausschlagungserklärung – besteht grundsätzlich auch dann, wenn der Beteiligte vorher von einem Rechtsanwalt beraten worden ist. b) Bei der ihm obliegenden Belehrung hat der Notar stets darauf bedacht zu sein, das Risiko für die Beteiligten möglichst gering zu halten. c) Für den Geschädigten besteht bereits dann im Rechtssinn keine Möglichkeit, auf andere Weise Ersatz zu erlangen, wenn die Klage gegen einen anderen angeblich Ersatzpflichtigen wegen Beweisschwierigkeiten keine Erfolgsaussichten verspricht. VersR 1959, 997.
28 13. 7. 1959 III ZR 27/58 Hamm	*Zur Frage des Verjährungsbeginns bei zweifelhaften Rechtsfragen.* NJW 1959, 1819 = MDR 1959, 919 = VersR 1959, 835 = BB 1959, 1228 = LM § 209 BGB Nr. 8.
29 28. 9. 1959 III ZR 89/58 Hamburg	Die sich aus der Betreuungsverpflichtung des Notars ergebende Belehrungspflicht – hier über die Notwendigkeit einer eigenen Güterfernverkehrskonzession – setzt besondere Umstände voraus, die vermuten lassen, einem Beteiligten drohe ein Schaden und der Beteiligte sei sich dessen namentlich wegen mangelnder Kenntnis der Rechtslage nicht oder nicht voll bewußt. Eine Belehrungspflicht entfällt daher, wenn der Notar mit Sicherheit annehmen kann, daß die Beteiligten die sich für sie ergebenden Gefahren erkennen. VersR 1960, 33.
30 28. 9. 1959 III ZR 92/58	a) Wann obliegt dem Notar eine einem „Dritten" gegenüber bestehende Amtspflicht? b) Bei notarieller Verwahrung eines Schecks ist der Aussteller nicht ohne weiteres „Dritter". DNotZ 1960, 157.
31 28. 9. 1959 III ZR 112/58 Koblenz	a) *Zum Widerruf wechselbezüglicher Verfügungen eines gemeinschaftlichen Testaments durch einen Ehegatten ist erforderlich, daß dem abwesenden anderen Ehegatten eine Ausfertigung – nicht Abschrift oder vom Gerichtsvollzieher beglaubigter Abschrift – der Widerrufsverhandlung übermittelt wird.* b) Übernimmt es der Notar in einem solchen Fall, dem anderen Ehegatten eine Ausfertigung der Widerrufsverhandlung durch den Gerichtsvollzieher zustellen zu lassen, so wird die hierzu erforderliche Tätigkeit – Auftrag an den Gerichtsvollzieher, Prüfung der Zustellung – Teil seines Amtsgeschäftes, das er persönlich zu erledigen hat und nicht ohne nähere Weisung und Überwachung dem Büropersonal überlassen darf.

c) Für ein Versehen bei der Ausführung haftet der Notar als „Dritten" denjenigen, die bei einem Erbfall als gesetzliche Erben oder testamentarisch Bedachte Erbrechte oder erbrechtliche Ansprüche geltend machen könnten, falls der Widerruf rechtswirksam wäre.

d) Der Notar haftet nicht subsidiär, sondern gesamtschuldnerisch, wenn die anderweitige Ersatzmöglichkeit Staatshaftung ist.

DNotZ 1960, 260 = NJW 1960, 33/475 (m. Anm. Jansen) = MDR 1960, 33 = BB 1959, 1186 = BGHZ 31, 5 = LM § 839 (Ff) BGB Nr. 10 u. § 2271 BGB Nr. 10 (jeweils mit Anm. Pagendarm).

32

21. 12. 1959
III ZR 180/58
Nürnberg

a) Ein Notar, dem die Beteiligten eines Grundstückskaufvertrages den Kaufpreis übergeben haben, damit er über ihn nach Maßgabe des Vertrages verfügt, kann u. U. zur Hinterlegung des Geldes berechtigt sein, wenn zwischen den Beteiligten Streit über die Ausführung des Vertrages entsteht.

b) Die ordentlichen Gerichte sind nicht befugt, Beamte oder Amtsträger zur Vornahme einer Amtshandlung zu verurteilen.

c) Zur Frage, ob der einseitige Widerruf einer von mehreren Beteiligten vereinbarten Hinterlegungsanweisung vom Notar stets zu befolgen ist.

(s. 5. Instanz = Nr. 44)

DNotZ 1960, 265 = MDR 1960, 382 = VersR 1960, 231 = LM § 21 RNotO Nr. 14.

33

31. 3. 1960
III ZR 41/59
Hamm

Haben Amtspflichtverletzungen mehrerer Beamter einen Schaden verursacht, nimmt der Geschädigte aber nur einen auf Ersatz in Anspruch, so muß zur Anwendung des § 839 Abs. 3 BGB das vom Verletzten einzulegende Rechtsmittel sich gegen die schädigende Amtshandlung des in Anspruch genommenen Beamten richten. Das Unterlassen eines möglichen, zur Abwendung des Schadens geeigneten Rechtsmittels gegen die Amtspflichtverletzung eines anderen Beamten kann dem Nichtgebrauch eines Rechtsbehelfs gegen die schädigende Amtshandlung des in Anspruch genommenen Beamten grundsätzlich nicht gleichgestellt werden; insoweit bestehen mehrere selbständige, nebeneinander herlaufende Rechtsbeziehungen; aus ihnen ergeben sich verschiedenartige Möglichkeiten von „Rechtsmittelverfahren", mit denen der ordnungsgemäße Erfüllung jener Rechtsbeziehungen durchzusetzen ist. (Hier: Übersehen eines Antrages auf Vorrangseinräumung durch Grundbuchamt und Unterlassen der Prüfung der den Vorrang nicht enthaltenden Eintragungsnachricht durch einen mit der Nachprüfung beauftragten Notar.)

DNotZ 1960, 663 = NJW 1960, 1718 = MDR 1960, 911 = BB 1960, 1181 = JZ 1960, 636 = LM § 839 (H) BGB Nr. 5.

34

11. 4. 1960
III ZR 76/59
Hamm

a) Der Notar ist verpflichtet, die Beteiligten auf die etwaige Genehmigungsbedürftigkeit einer von ihm beurkundeten Wertsicherungsklausel hinzuweisen.

b) Die Verjährung des Schadenersatzanspruchs gegen den Notar beginnt mit der Kenntnis des Geschädigten von der Ablehnung der Genehmigung der Wertsicherungsklausel durch die zuständige Stelle.

c) Für den Beginn der Verjährung ist es unerheblich, ob der Geschädigte gegen seinen Vertragspartner einen durchsetzbaren Rechtsanspruch auf Abänderung der vereinbarten Wertsicherungsklausel in eine genehmigungsfreie oder wenigstens genehmigungsfähige hatte.

WM 1960, 883 = VersR 1960, 638 = BB 1960, 882.

35

23. 5. 1960
III ZR 66/59

a) Zur Frage, ob ein Notar, der einen Grundstückskaufvertrag beurkundet hat, dem Käufer schadenersatzpflichtig ist, wenn dieser die Bedeutung einer Vertragsbestimmung über die Verrechnung der von ihm übernommenen Hypothekengewinnabgabe mit den Kaufpreiszahlungen falsch verstanden hat.

b) Die Unmöglichkeit, anderweitig Ersatz zu erlangen, bildet eine zur Klagebegründung gehörende Anspruchsvoraussetzung, deren Vorliegen der

Geschädigte zu beweisen hat. Der Nachweis hat sich auch darauf zu erstrecken, daß eine früher vorhanden gewesene Ersatzmöglichkeit nicht schuldhaft versäumt worden ist.

c) Der Kreis der anderweitigen Ersatzmöglichkeiten ist weit zu ziehen (hier: Anfechtung von Willenserklärungen).

WM 1960, 1012 = BB 1960, 919.

36

23. 5. 1960
III ZR 86/59
Nürnberg

Soll ein Kredit gegeben werden, bevor das ihn sichernde Grundpfandrecht eingetragen oder seine Eintragung mit der vereinbarten Rangstelle gesichert ist, so hat der Notar, bei dem die Valuta hinterlegt wird, die Amtspflicht, den Kreditgeber auf die hiermit verbundenen Gefahren einer wirtschaftlichen Schädigung hinzuweisen und klarzustellen, ob er gleichwohl das Geschäft so vornehmen will.

WM 1960, 980 = VersR 1960, 665 = BB 1960, 918.

37

23. 5. 1960
III ZR 110/59
Oldenburg

a) Wer einen Notar wegen einer Amtspflichtverletzung in Anspruch nimmt, muß den zum Schadenersatz verpflichtenden Sachverhalt beweisen. Dabei können dem Geschädigten die Regeln über den Beweis des ersten Anscheins zugute kommen.

b) Der Notar darf sich bei der Beurkundung nicht immer mit den Erklärungen der Beteiligten begnügen, er muß vielmehr ihren wirklichen Willen erforschen. Die tatsächlichen Angaben der Beteiligten darf er aber ohne eigene Sachprüfung als richtig zugrunde legen.

DNotZ 1961, 162 = WM 1960, 1150 = VersR 1960, 905 = DB 1960, 1183.

38

9. 1. 1961
III ZR 174/59
München

a) Übernimmt es ein Notar, auf Wunsch der Beteiligten, von sich aus die Abgabe von Willenserklärungen herbeizuführen, so kann den Beteiligten nicht ohne besonderen Grund ein Vorwurf deshalb gemacht werden, weil sie sich darauf verlassen haben, daß der Notar die Angelegenheit nach Wunsch erledigt und weil sie nicht neben ihm noch selbständig tätig werden.

b) Aus einer Unterlassung kann der Vorwurf schuldhafter Mitverursachung eines Schadens nur dann hergeleitet werden, wenn für den Geschädigten nach Lage der Sache ein Handeln geboten war, um sich selbst vor Schaden zu bewahren und wenn die Untätigkeit für die Entstehung des Schadens ursächlich geworden ist.

c) Die Einreichung einer Urkunde zum Grundbuchamt ist im Verhältnis zur Beurkundung kein selbständiges Amtsgeschäft und versagt bei einer diesbezüglichen Pflichtverletzung nicht den Einwand der subsidiären Haftung.

d) Der Erwerb eines Grundstücks in der Zwangsversteigerung unter dem Schätzwert stellt nicht in jedem Falle einen Vorteil dar, durch den ein durch den Ausfall eines Grundpfandrechts entstandener Schaden ausgeglichen würde.

VersR 1961, 368.

39

30. 1. 1961
III ZR 215/59
Celle

Für die Entscheidung über einen Anspruch auf Rückzahlung von Notariatskosten mit der Begründung, der Notar habe unter Verletzung seiner Amtspflicht einen formungültigen Vertrag beurkundet und dürfe dafür keine Gebühren erheben, ist nicht das Prozeßgericht zuständig; insoweit ist nur das Beschwerdeverfahren nach der Kostenordnung gegeben.

DNotZ 1961, 430 = WM 1961, 535 = MDR 1961, 395 = VersR 1961, 349 = BB 1961, 495 = LM § 21 RNotO Nr. 16.

40

13. 4. 1961
III ZR 28/60
Stuttgart

Steht einerseits eine Amtspflichtverletzung fest und andererseits ein Schaden, der durch die Verletzung der dem Geschädigten gegenüber bestehenden Amtspflicht verursacht sein kann, so kann regelmäßig davon ausgegangen werden, daß der Geschädigte nicht den ursächlichen Zusammenhang zwischen Amtspflichtverletzung und Schadeneintritt nachzuweisen braucht, sondern daß dem Schädiger der Beweis für die Nichtursächlichkeit der Amtspflichtverletzung überlassen werden kann. Auf diesen Grundsatz kann der Geschädigte sich

jedoch nicht berufen, wenn er zur Begründung seines Schadens geltend macht, daß er bei pflichtgemäßem Verhalten der Amtsperson (hier: Warnung vor einem risikobehafteten Geschäft durch den beurkundenden Notar) einen bestimmten Willensentschluß (hier: Verwendung des frei gewordenen Kapitals zum Ankauf von Aktien) gefaßt hätte. In einem solchen Fall bedarf der Kausalzusammenhang des vom Geschädigten zu führenden, nach § 287 ZPO zu beurteilenden Beweises. (5. Instanz; 3. Instanz = Nr. 23)
VersR 1961, 610.

41

15. 1. 1962
III ZR 177/60
Braunschweig

Wenn ein Notar bei der – regelmäßig gebotenen – gewissenhaften Prüfung der Rechtsprechung Zweifel an der rechtlichen Wirksamkeit dessen haben muß, was er beurkunden soll oder den Beteiligten zur Beurkundung vorschlagen zu können glaubt, gebietet ihm seine Amtspflicht, den Beteiligten seine Bedenken zu unterbreiten und ihnen zumindest den nach der Rechtsprechung sicheren Weg zu weisen, auch wenn dieser nach seiner Auffassung mit Mehrkosten verbunden ist (Bestätigung und Ausgestaltung von RGZ 148, 321/325).
LM § 19 BNotO Nr. 1.

42

27. 9. 1962
III ZR 83/61
Hamm

a) Die aufgrund einer Vereinbarung gem. § 5 ErbbauVO erforderliche Zustimmung des Grundstückseigentümers zur Hypothekenbestellung ist bis zur Vornahme der Eintragung im Grundbuch gem. § 183 BGB frei widerruflich.

b) Ist jedoch die Einigung des Erbbauberechtigten und des Hypothekengläubigers mit der Zustimmung des Grundstückseigentümers gem. § 873 Abs. 2 BGB bindend geworden und der Eintragungsantrag beim Grundbuchamt eingegangen, so bleibt bei Widerruf der Zustimmung der (Wieder-) Eintritt der Verfügungsbeschränkung des Erbbauberechtigten auf die Einigung gem. § 878 BGB ohne Einfluß.

c) Die Einreichung eines Eintragungsantrags durch einen Notar ist dann ein Teil eines Urkundsgeschäfts, wenn sie mit der Urkundstätigkeit im Zusammenhang steht.

d) Eine hierbei erfolgte Amtspflichtverletzung schließt dann die Verweisung auf andere Ersatzmöglichkeiten i.S. des § 21 Abs. 1 S. 3 RNotO nicht aus.
NJW 1963, 36 = MDR 1963, 32 = VersR 1962, 1177 = BB 1962, 1353 = LM § 5 ErbbauVO Nr. 2.

43

5. 11. 1962
III ZR 91/61
Hamburg

a) Es ist Amtspflicht des Notars, bei der Beurkundungstätigkeit den ihm bekannten Vertragswillen in eine rechtlich einwandfreie Form zu bringen, also einen gangbaren Weg zu suchen und, falls er das Ziel für nicht erreichbar hält, die Parteien hierüber zu belehren (hier: Sicherstellung der Einheitlichkeit der Bebauung eines parzellierten Gebäudes durch Kaufverträge).

b) Bei der Entscheidung, ob Kosten eines verlorenen Vorprozesses einem Beurkundungsfehler des Notars oder einem Mitverschulden des Geschädigten zuzurechnen sind, ist darauf abzustellen, wie das Gericht des Vorprozesses vom Standpunkt der jetzt erkennenden Gerichte aus richtig hätte entscheiden müssen.
DNotZ 1963, 308 = WM 1963, 60 = VersR 1963, 60 = BB 1963, 111.

44

20. 12. 1962
III ZR 205/61
Nürnberg

a) Die uneingeschränkte Haftung des Notars auch bei Fahrlässigkeit unter Wegfall der Subsidiaritätsklausel gilt nur bei selbständigen Geschäften der in den §§ 25, 26 RNotO bezeichneten Art.

b) Zum Vorsatz einer Amtspflichtverletzung gehört nicht nur die Kenntnis derjenigen Tatsachen, die Pflichtverletzungen objektiv ergeben, sondern auch das Bewußtsein der Pflichtwidrigkeit.

c) Ein Notar, der aus rechtlichen Erwägungen glaubt, sich über bestimmte Wünsche einer Vertragspartei hinwegsetzen zu dürfen, und von der Richtigkeit und Rechtmäßigkeit seines Vorgehens überzeugt ist, handelt nicht vorsätzlich pflichtwidrig.

d) Auch der Irrtum über eine Zustimmung, Einwilligung und ähnliche, sonst als Rechtfertigungsgründe behandelte Umstände kann der Annahme eines Vorsatzes entgegenstehen.

e) Gelder, um deren Erlangung erst längere und schwierige Prozesse geführt werden müssen, sind keine Ersatzmöglichkeit, auf die sich ein durch Amtspflichtverletzung Geschädigter verweisen lassen muß.
(5. Instanz; 3. Instanz = Nr. 32)
DNotZ 1963, 574 = VersR 1963, 339.

45

12. 2. 1963
VI ZR 295/62

Der Notar braucht bei einer Testamentserrichtung die Staatsangehörigkeit des Erblassers nur festzustellen, wenn die Umstände des Falles Anlaß geben, an die Möglichkeit von Auslandsbeziehungen zu denken.
DNotZ 1963, 315.

46

14. 3. 1963
III ZR 178/61
Hamburg

a) Der Notar darf seinem bewährten Bürovorsteher die Vorbereitung von Urkunden überlassen, wenn er sich überzeugt hat, daß es sich um einfache und übliche Geschäfte handelt, oder er dem Bürovorsteher die erforderlichen Weisungen für die Behandlung der Sache erteilt hat.

b) Die Belehrungspflicht des Notars entfällt trotz Unterstützung der Beteiligten durch andere Rechtsberater nicht. Der Notar ist nur dann ausnahmsweise zur Belehrung nicht verpflichtet, wenn er erkennt, daß die Beteiligten die erforderlichen ausreichenden Kenntnisse und Einsichten bereits voll und sicher besitzen.

c) Der Notar hat auch bei dem eigenen Entwurf einer Urkunde, wenn er anschließend nur die Unterschriften beglaubigt, die volle Prüfungs- und Belehrungspflicht. Anders ist die Rechtslage dann, wenn der Notar die Unterschrift unter einer Urkunde beglaubigt, die er nicht selbst entworfen hatte, weil er hier nur eine beschränkte Prüfungspflicht hat.

d) Die Entwurfs- und Beratungstätigkeit des Notars stellt kein selbständiges Geschäft dar, wenn sie zu einer Beurkundung führt. Fehler bei diesen Nebengeschäften schließen deshalb nicht die Verweisung auf eine andere Ersatzmöglichkeit aus.
WM 1963, 754 = VersR 1963, 671.

47

25. 6. 1963
VI ZR 309/62
Saarbrücken

a) Die Beglaubigung einer Ausfertigung gehört zu den vom Notar persönlich vorzunehmenden Amtsgeschäften.

b) Ist der Rechtspfleger des Grundbuchamts durch den unvollständigen Wortlaut der Ausfertigung einer notariellen Urkunde über die Einräumung einer Grunddienstbarkeit darauf hingelenkt worden, die Grunddienstbarkeit nur auf dem Grundbuchblatt des herrschenden und nicht auch auf dem des belasteten Grundstücks einzutragen, so hat dieser Fehler nicht jenseits aller Voraussehbarkeit gelegen. Die eingetretene Schadensfolge ist deshalb dem Verhalten des Notars zuzurechnen.
DNotZ 1964, 434 = VersR 1963, 1143.

48

9. 7. 1963
VI ZR 304/62

a) Solange für den durch Amtspflichtverletzung verursachten Schaden möglicherweise ein anderer haftet, ist der Notar, der fahrlässig gehandelt hat, nicht schadenersatzpflichtig und weder die Leistungs- noch Feststellungsklage gegen ihn gerechtfertigt. Das gilt auch hinsichtlich der Finanzierung des Rechtsstreits gegen den möglicherweise ersatzpflichtigen Dritten.

b) Wird die Klage gegen den Notar aus diesem Grunde abgewiesen, so kann der Geschädigte, wenn sein Versuch, anderweit Ersatz zu erlangen, mißlingt, eine zweite Amtshaftungsklage gegen den Notar erheben.

c) Die subsidiäre Haftung des Notars bedingt, daß die Verjährungsfrist erst zu laufen beginnt, wenn der Geschädigte von der Erfolglosigkeit der Inanspruchnahme des primär Haftenden Kenntnis erhält.
DNotZ 1964, 61.

49 9. 7. 1963 VI ZR 306/62	Die Prüfungs- und Belehrungspflicht des Notars besteht auch gegenüber denjenigen Personen, die den Notar in Anspruch nehmen, damit dieser ihre Interessen bei der Beurkundung eines Rechtsgeschäfts wahre, an dem sie urkundlich nicht beteiligt sind (Bestätigung von RGZ 153, 153). DNotZ 1964, 178 = VersR 1963, 1130.
50 29. 10. 1963 VI ZR 311/62 Hamm	*a) Die Verjährungsfrist des § 852 BGB beginnt im Falle des § 839 Abs. 1 BGB erst mit der Kenntnis des Geschädigten vom Fehlen einer Möglichkeit anderweiten Ersatzes.* *b) Der Geschädigte kann sich jedoch zur Begründung eines späteren Verjährungsbeginns nicht auf Umstände berufen, die ihn an der Erhebung der Schadenersatzklage aus § 839 BGB in keiner Weise gehindert haben.* c) Die Verletzung der Pflicht eines Notars zur Beseitigung des durch seine Amtspflichtverletzung verursachten Schadens ist nicht eine neue Amtspflichtverletzung. DNotZ 1964, 505 = MDR 1964, 224 = VersR 1964, 282 = LM § 852 BGB Nr. 20.
51 6. 12. 1963 VI ZR 292/62 Hamm	Die Verweisung auf eine andere Ersatzmöglichkeit ist dem Notar bei einer Verwahrungstätigkeit nur im Verhältnis zu seinem Auftraggeber, nicht aber zu sonstigen Beteiligten verwehrt. WM 1964, 226 = VersR 1964, 320.
52 28. 4. 1964 VI ZR 291/62 Bamberg	*Die für den Beginn der Verjährung von Amtshaftungsansprüchen erforderliche Kenntnis des Verletzten vom Fehlen anderweitiger Ersatzmöglichkeiten braucht nicht weiterzugehen, als es den Erfordernissen entspricht, die hinsichtlich des Fehlens anderweiter Ersatzmöglichkeiten bei der Geltendmachung der Amtshaftungsansprüche erfüllt sein müssen.* MDR 1964, 671 = VersR 1964, 751 = BB 1964, 1064 = LM § 839 (E) BGB Nr. 14.
53 23. 6. 1964 VI ZR 85/63	Suchen die Beteiligten, die zum Abschluß eines nicht formbedürftigen Rechtsgeschäfts entschlossen sind, den Notar lediglich in der Absicht auf, sich über die rechtliche Gestaltung beraten zu lassen, entschließen sie sich aber dann doch zu einem Beurkundungsauftrag an den Notar, so steht eine dem Notar bei der Beratung unterlaufene Verletzung der Belehrungs- und Aufklärungspflicht in so engem Zusammenhang mit der Beurkundungstätigkeit, daß sie als Ausfluß einer selbständigen Rechtsbetreuung i.S.v. § 26 Abs. 1 RNotO (= § 24 Abs. 1 BNotO) aufgefaßt werden kann. DNotZ 1964, 699 = BB 1964, 1064.
54 2. 10. 1964 VI ZR 138/63 Neustadt	Die Belehrungspflicht des Notars erstreckt sich nicht auf die wirtschaftlichen Folgen des zu beurkundenden Rechtsgeschäfts. DNotZ 1965, 115 = MDR 1965, 121 = VersR 1964, 1204 = BB 1964, 1322.
55 5. 4. 1965 III ZR 9/64 Hamburg	a) Zur Haftung des beurkundenden Notars wegen unzureichender Belehrung über das Bestehen von Rechten dritter Personen. b) Zur Beweislast für einen Vorteilsausgleich. VersR 1965, 611.
56 26. 10. 1965	*Zu den Amtspflichten, die dem Notar bei der Beurkundung eines Angebots auf Abschluß eines Darlehensvertrages gegenüber dem präsumtiven Darlehensgeber obliegen.*

VI ZR 119/64 Oldenburg	DNotZ 1966, 183 = NJW 1966, 157 = BB 1965, 1373 = DB 1966, 1562 = LM RNotO § 21 Nr. 17.

57

7. 1. 1966
VI ZR 174/64
Koblenz

a) Wird in einem notariellen Angebot zum Verkauf eines Grundstücks der Käufer zur Eintragung einer Restkaufgeldhypothek verpflichtet und für den Fall der Annahme des Angebots vom Verkäufer bevollmächtigt, die Auflassung auf sich vorzunehmen, so hat der beurkundende Notar auf eine Formulierung hinzuwirken, in der deutlich zum Ausdruck kommt, daß die Auflassungsvollmacht nur für den Fall gleichzeitiger Hypothekenbestellung gilt.

b) Die für die Entgegennahme einer Auflassung zuständige Amtsperson braucht sich grundsätzlich nicht um die Erfüllung der schuldrechtlichen Pflichten aus dem Kaufvertrag zu kümmern.

c) Der Notar haftet nicht subsidiär, wenn die anderweitige Ersatzmöglichkeit für den Geschädigten keine Aussicht auf alsbaldige Befriedigung gibt.

VersR 1966, 361.

58

22. 11. 1966
VI ZR 39/65
Hamm

a) Der Notar ist in der Regel nicht verpflichtet, einen Beteiligten über Bedenken aufzuklären, die gegen die Zuverlässigkeit des gewählten Vertragspartners bestehen können (hier: Aufklärung über die Betrugsvorstrafe eines Architekten).

b) Sind einem Notar im Zusammenhang mit einem beurkundeten Vertrag Geldbeträge zu treuen Händen übergeben worden und behält der Notar bei der Abrechnung hiervon den seiner Kostenrechnung entsprechenden Betrag ein, so ist, wenn die Berechtigung der Kostenrechnung bestritten wird, über die Forderung auf Auszahlung des einbehaltenen Betrags im Verfahren nach § 156 ff. KostO zu entscheiden. Eine Klage im Zivilprozeß ist unzulässig.

DNotZ 1967, 323 = NJW 1967, 931 = VersR 1967, 254 = BB 1967, 59.

59

22. 11. 1966
VI ZR 49/65
Schleswig

a) Verletzt der Notar bei der Beurkundung eines Rechtsgeschäfts zur Sicherung eines aus Mitteln des Ausgleichsfonds gewährten Aufbaudarlehens für die gewerbliche Wirtschaft seine Amtspflichten gegenüber dem treuhänderisch eingeschalteten Kreditinstitut, so kann dieses den Schaden, der hieraus für den Ausgleichsfonds erwächst, im Wege der Schadensliquidation im Drittinteresse gegen den Notar geltend machen.

b) Für den Beginn der Verjährung des Schadenersatzanspruchs ist maßgebend, wann das Kreditinstitut die Kenntis von dem Schaden der Person des Schädigers erlangt hat.

NJW 1967, 930 = WM 1966, 1329 = BB 1967, 11 = LM § 21 RNotO Nr. 18.

60

29. 11. 1966
VI ZR 38/65
Bremen

a) Der Notar ist verpflichtet, bei Geldabhebungen die Berechtigung des Verfügenden genau zu prüfen. Er darf in seinem Vertrauen auf den Eindruck, den die Beteiligten hervorrufen, nicht so weit gehen, wie dies sonst im Verkehr unter den Gesichtspunkten der Anscheins- und Duldungsvollmacht statthaft sein mag.

b) Die Übernahme des Kaufpreises zur Aufbewahrung und späteren Ablieferung nach den Bestimmungen des beurkundeten Vertrags ist ein typisches Geschäft der in § 25 RNotO (= § 23 BNotO) bezeichneten Art. Der Geschädigte braucht sich deshalb vom Notar nicht auf anderweite Ersatzmöglichkeiten verweisen zu lassen.

c) Der Berechtigte, der die Klageforderung während des Rechtsstreits an den Kläger abtritt, kann nicht dessen Prozeßführung mit Rückwirkung hinsichtlich der Verjährung genehmigen. Dagegen wird die Verjährung mit der Klagezustellung unterbrochen, wenn der Kläger aufgrund einer zulässig gewillkürten Prozeßstandschaft klagt.

VersR 1967, 162.

61

a) Die Prüfungs- und Belehrungspflicht des Notars kann sich auf wirtschaftliche Gefahren für einen Beteiligten erstrecken, wenn diese gerade aus

13.12.1966 der rechtlichen Anlage des beurkundeten Vertrages erwachsen. Diese erweiterte Prüfungs- und Belehrungspflicht besteht gegenüber einem Grundstücks-
VI ZR 59/66 käufer, der den vollen Kaufpreis vorauszahlen soll.
Hamm

b) Bei der Vorteilsausgleichung muß ein gewisser zeitlicher Zusammenhang zwischen dem schädigenden und vorteilhaften Ereignis gewahrt bleiben, wenn bei einem einheitlichen Ursprung Vorteile zugerechnet werden sollen. Eine spätere unvorhergesehene Änderung der Verhältnisse muß hierbei außer Betracht bleiben.

DNotZ 1967, 446 = WM 1967, 215 = VersR 1967, 187.

62

Das vermeintliche Vorhandensein einer anderweitigen Ersatzmöglichkeit hindert nicht die Verjährung des Schadensersatzanspruches wegen fahrlässiger Amtspflichtverletzung, wenn die Schadensersatzklage auch angesichts der für das Bestehen einer anderweitigen Ersatzmöglichkeit sprechenden Umstände so viel Erfolgsaussicht bietet, daß dem Verletzten die Erhebung der Klage zuzumuten ist.

11.4.1967
VI ZR 186/65
Nürnberg

DNotZ 1967, 774 = MDR 1967, 753 = LM § 852 BGB Nr. 30a.

63

Ist durch versäumte Antragstellung des beurkundenden Notars die Restkaufpreisforderung für ein Grundstück im Grundbuch erst nach einem später bestellten Grundpfandrecht eingetragen worden, so ist zwar die Schadensersatzpflicht des Notars gegenüber dem durch die Rangverschlechterung benachteiligten Grundstücksverkäufer keine Amtspflicht, doch kann der Notar aufgrund eines bei der Beurkundung des Grundstücksgeschäfts übernommenen Vollzugsauftrags verpflichtet sein, in notarischer Betreuung des Grundstücksverkäufers den Rangrücktritt des hierzu bereiten Grundpfandgläubigers herbeizuführen.

14.11.1967
VI ZR 45/66
Nürnberg

DNotZ 1968, 318 = NJW 1968, 501 = MDR 1968, 227 = BB 1968, 105 = LM § 21 RNotO Nr. 19.

64

Bei der Beurkundung eines Erbanteilkaufs muß der Notar auf das Vorkaufsrecht der Miterben hinweisen. Zum Umfang seiner Belehrungspflicht hierüber.

2.7.1968
VI ZR 168/66
Hamm

WM 1968, 1042 = MDR 1968, 1002 = VersR 1968, 1059 = BB 1968, 1016 = LM § 30 DOfNot Nr. 2a.

65

a) Über gebotene Vorsorgemaßnahmen des Notars bei der Enthaftung eines Grundstücks, dessen lastenfreien Verkauf er beurkundet hat.

12.7.1968
VI ZR 91/66
München

b) Hat der Notar eine gebotene Warnung unterlassen, so obliegt es ihm, zur Verneinung des ursächlichen Zusammenhangs besondere Umstände dafür darzulegen, daß der Kläger die Warnung nicht beachtet haben würde.

DNotZ 1969, 173 = WM 1968, 1149 = MDR 1968, 1003 = VersR 1968, 1139 = LM § 26 RNotO Nr. 2.

66

a) Dem Notar fällt eine Amtspflichtverletzung zur Last, wenn er bei einer Grundstücksübertragung nur einen Teil der Gegenleistung, die nach dem erklärten Willen der Vertragsparteien durch die Veräußerung abgegolten werden soll, beurkundet.

24.9.1968
VI ZR 201/67

b) Diese Amtspflichtverletzung ist aber für den dem Erwerber entstehenden Schaden nicht ursächlich, wenn auch noch andere Gegenleistungen des Erwerbers, die nach dem Willen der Vertragsparteien durch die Veräußerung ebenfalls mit ausgeglichen werden sollten, die aber dem Notar nicht bekannt geworden sind, unbeurkundet geblieben sind.

WM 1968, 1372.

67

a) Zur Belehrungspflicht des Notars, falls es den Umständen nach naheliegt, daß die beantragte Auflassungsvormerkung den lastenfreien Erwerb des – nach Grundbucheinsicht unbelasteten – Grundstücks nicht sichert, weil beim Grundbuchamt bereits Anträge für dingliche Belastungen vorliegen könnten.

21.1.1969
VI ZR 150/67

b) Ungewisse anderweitige Ersatzmöglichkeiten stehen der Inanspruchnahme des Notars aus fahrlässiger Amtspflichtverletzung nicht entgegen.
DNotZ 1969, 496 = BB 1969, 736.

68

21. 1. 1969
VI ZR 155/67
Braunschweig

Zu der Frage, ob ein Notar, der einen Grundstückskaufvertrag beurkundet, gegenüber Personen, die an dem Vertrag nicht beteiligt sind, verpflichtet ist, die den Vertragsparteien bekannten Belastungen des Grundstücks in die Urkunde aufzunehmen.
DNotZ 1969, 317 = MDR 1969, 383 = BB 1969, 294 = LM § 19 BNotO Nr. 1 a.

69

31. 1. 1969
VI ZR 170/67
Celle

a) Über gebotene Maßnahmen des Notars bei von ihm übernommener Durchführung der Enthaftung eines Grundstücks (Treuhandauftrag).
b) Zur Pflicht des Notars, die Rechtsprechung zu kennen.
DNotZ 1969, 499 = LM § 21 RNotO Nr. 19 b.

70

25. 2. 1969
VI ZR 225/67
Schleswig

a) Zu den Amtspflichten des Notars gegenüber dem Kreditgeber bei Auskünften über ein Grundstück, das zur Sicherung eines Kredits belastet werden soll.
b) Zur anderweitigen Ersatzmöglichkeit bei Regreßansprüchen gegen Sachbearbeiter und geschäftsführende Gesellschafter der Geschädigten.
DNotZ 1969, 507 = VersR 1969, 474.

71

1. 7. 1969
VI ZR 31/68

Zu den Amtspflichten des Notars gegenüber Dritten, für die durch von dem Notar zu beurkundende Erklärungen Rechte begründet werden.
DNotZ 1969, 769 = BB 1969, 1245.

72

24. 2. 1970
VI ZR 117/68
Frankfurt

Lehnt es der Notar gegenüber dem Abtretenden ab, bei der Herstellung einer Urkunde über die Abtretung einer Grundschuld mitzuwirken, so ist er in der Regel nicht gehalten, dem als Abtretungsempfänger Vorgesehenen, der mit ihm nicht in Verbindung getreten ist, hiervon Kenntnis zu geben.
DNotZ 1970, 444 = MDR 1970, 1003 = VersR 1970, 438 = BB 1970, 423 = LM § 26 RNotO Nr. 2.

73

14. 7. 1970
V ZR 192/67
Karlsruhe

Es stellte keine Amtspflichtverletzung dar, wenn ein Notar im Februar 1959 nach dem damaligen Stand von Rechtsprechung und Schrifttum rechtliche Bedenken dagegen geäußert hat, daß der Verzicht auf Bergschädenersatz für sich allein Gegenstand einer beschränkten persönlichen Dienstbarkeit sein kann.
WM 1970, 1256 = MDR 1970, 998 = VersR 1970, 932 = LM § 839 (Ff) BGB Nr. 14.

74

23. 3. 1971
VI ZR 177/69
Braunschweig

Verletzt ein Notar gegenüber einer juristischen Person bei Beurkundung eines von ihr abgeschlossenen Vertrages fahrlässig seine Amtspflicht und greift wegen des ihr hieraus entstandenen Schadens die Vorschrift des § 839 Abs. 1 S. 2 BGB nur deshalb ein, weil die juristische Person von dem für sie bei der Beurkundung handelnden Organ Ersatz ihres Schadens erlangt hat, so haftet der Notar gem. § 21 RNotO gegenüber dem Organ, soweit dieses den Schaden der juristischen Person zu ersetzen hatte.
DNotZ 1971, 591 (m. Anm. Reithmann) = NJW 1971, 1363 = WM 1971, 802 = MDR 1971, 659 = VersR 1971, 669 = BB 1971, 725 = BGHZ 56, 26 = LM § 21 RNotO Nr. 20 (m. Anm. Pehle).

75

20. 4. 1971
VI ZR 225/69
Saarbrücken

Die Belehrungspflicht des Notars, der ein Vertragsangebot beurkundet, erstreckt sich jedenfalls dann nicht auf die umsatzsteuerrechtlichen Folgen des auf der Grundlage des Angebots zustandekommenden Vertrags, wenn es sich bei den Partnern um geschäftsgewandte und einschlägig beratene Personen handelt.
VersR 1971, 740 = BB 1971, 724.

76 18. 4. 1972 VI ZR 87/70 Düsseldorf	a) Eine über die Tragweite einer Vereinbarung verabsäumte notarielle Belehrung ist dann nicht schadensursächlich, wenn der Kläger auch anderenfalls keine Beurkundung zu den von ihm gewünschten Bedingungen erreicht hätte. b) Zur Auslegung einer beurkundeten Vertragsbestimmung (Wertsicherungsklausel). WM 1972, 700 = DB 1972, 1526 = MittBayNot 1972, 180 = MittRhNotK 1972, 582.
77 2. 5. 1972 VI ZR 193/70 München	a) Ein Notar, der einen Kindesannahmevertrag beurkundet, ist, falls nicht das Erbrecht des Kindes ausgeschlossen wird, zur Belehrung darüber verpflichtet, daß die Kindesannahme das gesetzliche Erbrecht der Verwandten des Kindes nicht berührt; er muß dabei die Möglichkeit erörtern, wie der Annehmende durch eine letztwillige Verfügung den Heimfall seines Vermögens an seine Familie sicherstellen kann. b) Zum Kreis der Dritten (Erben), denen gegenüber Amtspflichten bestehen. DNotZ 1973, 240 = NJW 1972, 1422 = WM 1972, 1165 = FamRZ 1972, 449 = MDR 1972, 770 = JR 1972, 381 = VersR 1972, 882 = BGHZ 58, 343 = LM § 19 BNotO Nr. 3.
78 30. 5. 1972 VI ZR 11/71 München	a) Zur Haftung des Notars bei der Ausstellung einer Bescheinigung. b) Zur Frage des bei Ausstellung einer Bescheinigung geschützten Personenkreises (Amtspflicht gegenüber Dritten). c) Bei Ausstellung einer Bescheinigung hat der Notar wahr zu bezeugen. Das schließt seine Amtspflicht ein, einen falschen Anschein (durch Unvollständigkeit o. ä.) zu vermeiden. Er muß auch ein unrichtiges, nicht fernliegendes Verständnis durch den geschützten Personenkreis in Rechnung stellen. DNotZ 1973, 245 = MDR 1972, 859 = VersR 1972, 956 = LM § 14 BNotO Nr. 2.
79 27. 6. 1972 VI ZR 66/71 Flensburg (Sprung- revision)	Zum Umfang der Aufklärungs- und Belehrungspflicht des Notars bei Entwurf eines Sozietätsvertrages. VersR 1972, 1049.
80 22. 2. 1973 VI ZR 2/72 Koblenz	a) Zur Frage, wann eine vorsätzliche Amtspflichtverletzung des Notars vorliegt. b) Zum Verhältnis der Amtspflichten des Notars zur Verschwiegenheit und zur Mitteilung. DNotZ 1973, 494 = MDR 1973, 488 = VersR 1973, 443 = LM § 18 BNotO Nr. 2.
81 13. 11. 1973 VI ZR 145/71 Schleswig	a) Soll zur Niederschrift des Notars ein Testament errichtet werden, dem die Berufung eines Schlußerben in einem früher errichteten gemeinschaftlichen Testament entgegensteht, so kann dem Notar auch dem Schlußerben gegenüber die Amtspflicht obliegen, den Erblasser über Bedenken gegen die Wirksamkeit des Testaments aufzuklären und zu belehren. b) Hat der Notar den Vermerk, daß er den Erblasser über Zweifel an der rechtlichen Wirksamkeit eines von ihm errichteten Testaments belehrt hat, unterlassen, so liegt darin noch keine Verletzung einer ihm einem Dritten gegenüber obliegenden Amtspflicht. c) Zur Frage, ob und wie ein Erblasser, der an einer Handelsgesellschaft beteiligt ist, das Eintrittsrecht seiner Erben in die Gesellschaft regeln kann. DNotZ 1974, 296 (m. Anm. Haug) = MDR 1974, 218 = BB 1974, 106 = Rpfl. 1974, 59 = BWNotZ 1974, 13 = LM § 19 BNotO Nr. 6.

82 5. 2. 1974 VI ZR 71/72 Hamm	*Zur Auslegung des Begriffs „Rechtsmittel" im Sinne des § 839 Abs. 3 BGB, wenn eine Amtspflichtverletzung eines Notars in Frage steht.* DNotZ 1974, 374 = NJW 1974, 639 = WM 1974, 1076 = MDR 1974, 479 = VersR 1974, 666 = DVBl. 1974, 589 = BB 1974, 392 = LM § 839 (H) BGB Nr. 8.
83 5. 3. 1974 VI ZR 222/72 Düsseldorf	*Zur Beweislast für den Ursachenzusammenhang zwischen Amtspflichtverletzung und Schaden.* DNotZ 1975, 367 = MDR 1974, 747 = DVBl. 1974, 591 = DB 1974, 915 = LM 282 ZPO Nr. 27.
84 25. 6. 1974 VI ZR 151/72 Koblenz	*a) Der Notar hat notarielle Bestätigungen so abzufassen, daß Mißverständnisse über erwartete Sicherheiten vermieden werden.* *b) Bei Verletzung der notariellen Aufklärungspflicht ist eine überdurchschnittliche Geschäftserfahrung des Geschädigten als Mitverschulden zu berücksichtigen.* *c) Der Rechtsprechungsgrundsatz der entschuldigenden Wirkung von Kollegialgerichtsentscheidungen, die die Rechtsauffassung des Notars teilen, greift nicht ein, wenn diese Entscheidungen auf einer ungenügenden Erfassung des Streitstoffes beruhen.* Fundstellen unbekannt.
85 22. 4. 1975 VI ZR 90/74 Köln	*Der eine Grundstücksveräußerung beurkundende Notar muß die Beteiligten über Bestehen und Rechtswirkungen der Vorschrift des § 1365 BGB aufklären, sofern nicht eine Anwendung der Vorschrift nach Familien- und Güterstand oder den ihm zuverlässig bekannten Vermögensverhältnissen des Veräußerers von vornherein ausscheidet. Nachforschungen darüber, ob das veräußerte Grundstück das („nahezu") ganze Vermögen des Veräußerers darstellt, muß er von sich aus nur anstellen, wenn ein konkreter Anhalt für solchen Sachverhalt besteht.* DNotZ 1975, 628 (m. Anm. Reithmann) = NJW 1975, 1270 = WM 1975, 617 = MDR 1975, 834 = VersR 1975, 833 = JZ 1975, 577 = BGHZ 64, 246 = LM § 1365 BGB Nr. 6 (m. Anm. Steffen).
86 24. 6. 1975 VI ZR 204/73 Zweibrücken	*Zum Umfang der Belehrungspflicht eines Notars bei Beurkundung eines Bürgschaftsversprechens.* NJW 1975, 2016 = MDR 1975, 1013 = WM 1975, 926 = VersR 1975, 951 = BB 1975, 1279 = LM § 26 BNotO Nr. 3.
87 3. 2. 1976 VI ZR 86/74 Frankfurt	*a) Soweit es um die Erfüllung einer Amtspflicht des Notars geht, haftet er für fremdes Verschulden nicht nach § 278 BGB.* *b) Zu den Pflichten eines Notars, der aus Anlaß der von ihm beurkundeten Veräußerung von Wohnungseigentum von den Klägern auf Notaranderkonto Zahlungen annimmt, die zugleich zur Tilgung der vom Bauträger den Finanzierungsinstituten bestellten Globalhypotheken dienen.* DNotZ 1976, 506 = NJW 1976, 847 = MDR 1976, 569 = WM 1976, 450 = DB 1976, 624 = MittBayNot 1976, 80 = LM § 24 BNotO Nr. 5.
88 24. 2. 1976 VI ZR 118/74 Celle	*Zum Umfang der Belehrungspflichten eines Notars bei Beurkundung eines Kaufvertrages über ein Teilgrundstück, das mit einer Globalhypothek belastet ist.* DNotZ 1976, 629 = MDR 1976, 655 = WM 1976, 433 = VersR 1976, 730 = MittBayNot 1976, 77 = LM § 26 BNotO Nr. 4.
89	*Bei Ansprüchen aus § 839 Abs. 1 S. 2 BGB u. § 19 Abs. 1 S. 2 BNotO beginnt die Verjährungsfrist erst dann zu laufen, wenn der Ausfall, für den der Beklagte aufzukom-*

21. 9. 1976 VI ZR 69/74 Celle	men hat, auch seiner Höhe nach feststeht und diese Höhe dem Geschädigten insoweit bekannt ist, daß er Leistungsklage erheben kann; ob er schon eine Feststellungsklage erheben kann, ist eine für den Beginn der Verjährung nicht ausschlaggebende Frage. NJW 1977, 198 = MDR 1977, 305 = WM 1977, 292 = VersR 1977, 249 = MittBayNot 1977, 28 = LM § 852 BGB Nr. 55.
90 28. 6. 1977 VI ZR 74/76 Hamm	Erteilt ein Anwaltsnotar eine schriftliche Rechtsauskunft, der das Notarsiegel beigesetzt ist, so muß davon ausgegangen werden, daß er als Notar handelt. DNotZ 1978, 312 = WM 1977, 1141 = VersR 1977, 862.
91 12. 7. 1977 VI ZR 61/76 Braunschweig	a) Zu den Amtspflichten eines Notars im Zusammenhang mit der in einem Grundstückskaufvertrag vorgesehenen Enthaftung des verkauften Grundstücks. b) Fehler bei der Stellung von Eintragungsanträgen in Erfüllung bestehender Amtspflichten aus Beurkundungstätigkeit schließen als unselbständige Pflichten nicht die Haftungssubsidiarität des Notars aus. DNotZ 1978, 177 = MDR 1978, 130 = WM 1977, 1259 = VersR 1977, 1005 = LM § 19 BNotO Nr. 11.
92 20. 9. 1977 VI ZR 180/76 Hamm	Zu den Belehrungspflichten eines Notars gegenüber dem Käufer eines vom Verkäufer zu bebauenden Grundstücks hinsichtlich ungesicherter Vorleistungen auf den Kaufpreis und der Übernahme einer teilvalutierten Bauhypothek. DNotZ 1978, 174 = NJW 1978, 219 = WM 1978, 14 = MDR 1978, 303 = VersR 1978, 60 = LM § 19 BNotO Nr. 12.
93 22. 11. 1977 VI ZR 176/76 Düsseldorf	a) Zur Frage, wann ein Notar bei Treuhandgeschäften ausnahmsweise den Treugeber warnen muß, obwohl die formalen Voraussetzungen für die Abwicklung des Treuhandgeschäfts vorliegen. b) Zum Verhältnis der notariellen Verschwiegenheitspflicht zur Belehrungspflicht. DNotZ 1978, 373 = MDR 1978, 654 = VersR 1978, 247 = LM § 23 BNotO Nr. 2.
94 21. 2. 1978 VI ZR 8/77 Celle	Zur Frage, inwiefern einem Notar, der durch seine Beurkundung eine unsichere Rechtslage geschaffen hat, Schäden eines Beteiligten zugerechnet werden können, die darauf beruhen, daß dieser versucht, die Unwirksamkeit des beurkundeten Geschäfts geltend zu machen. DNotZ 1978, 503 = NJW 1978, 1005 = MDR 1978, 830 = VersR 1978, 181 = BB 1978, 1336 = JR 1978, 461 = DB 1978, 1974 = MittBayNot 1987, 72 = BGHZ 70, 374 = LM § 249 (Bb) BGB Nr. 25 (m. Anm. Dunz).
95 7. 11. 1978 VI ZR 171/77 Celle	Zur Pflicht des Notars, von ihm beurkundete Hypothekenbewilligungen „unverzüglich" dem Grundbuchamt einzureichen. DNotZ 1979, 311 (m. Anm. Kanzleiter) = MDR 1979, 302 = VersR 1979, 181 = MittBayNot 1979, 33 (m. Anm. Schippel) = LM § 37 BNotO Nr. 1.
96 21. 11. 1978 VI ZR 227/77 Braunschweig	Zur Frage, ob ein Notar auf die Möglichkeit der Entstehung einer Grunderwerbssteuerpflicht hinweisen muß. DNotZ 1979, 228 = MDR 1979, 301 = WM 1979, 202 = VersR 1979, 185 = DB 1979, 445 = MittBayNot 1979, 24 = LM BeurkG Nr. 8.
97	Besteht der zum Ersatz verpflichtende Schaden darin, daß ein Vermögensgegenstand nicht dem Geschädigten, sondern dessen minderjährigen ehelichen Kindern zugeflossen

12. 6. 1979 VI ZR 212/77 Celle	ist, dann entspricht es regelmäßig der Billigkeit, den Schadensersatzanspruch nicht auf den vollen Wert des entgangenen Vermögensgegenstandes zu bemessen. NJW 1979, 2033 = MDR 1980, 48 = LM § 242 BGB (Cd) Nr. 218.
98 20. 11. 1979 VI ZR 248/77 Braunschweig	Auch das Verlangen auf Vornahme von Amtshandlungen eines Notars, der eine Tätigkeit nach den §§ 23, 24 BNotO übernommen hat, kann im Wege der Beschwerde nach § 15 I 2 BNotO verfolgt werden. DNotZ 1980, 496 = NJW 1980, 1106 = MDR 1980, 482 = BGHZ 76, 9 = LM § 15 BNotO Nr. 1.
99 11. 3. 1980 VI ZR 91/79 Celle	a) Zur Frage der haftpflichtrechtlichen Zurechnung von Schadenfolgen einer notariellen Amtspflichtverletzung. b) Zur Frage der Primärhaftung des anwaltlichen Beraters und des Maklers. c) Zum Mitverschulden des Geschädigten, wenn er es unterläßt, den Notar auf die Gefahr eines Schadenseintritts hinzuweisen (§ 254 Abs. 2 BGB). VersR 1980, 649.
100 22. 4. 1980 VI ZR 96/79 Celle	a) Zur Frage, ob und unter welchen Umständen ein Notar verpflichtet sein kann, Hinweise über die Voraussetzungen einer Grunderwerbsteuerbefreiung zu geben. b) Zur entschuldigenden Wirkung von Kollegialgerichtsentscheidungen. DNotZ 1980, 563 = NJW 1980, 2472 = WM 1980, 935 = VersR 1980, 742 = MDR 1980, 926 = DB 1980, 1936 = MittBayNot 1980, 176 = BWNotZ 1980, 164 = LM BeurkG Nr. 13.
101 23. 9. 1980 VI ZR 116/79 Frankfurt	Zur Entstehung und zum Umfang notarieller Belehrungspflichten gegenüber Personen, die nicht unmittelbar an einem notariellen Amtsgeschäft beteiligt sind. DNotZ 1981, 311 = MDR 1981, 131 = JZ 1981, 67 = MittBayNot 1981, 41 = LM § 19 BNotO Nr. 14.
102 7. 10. 1980 VI ZR 177/79 München	a) Zur Frage, ob ein Anscheinsbeweis dafür besteht, daß ein Notar vom Inhalt eines Schreibens Kenntnis genommen hat, das er eigenhändig unterzeichnet hat. b) Zur Schuldabwägung bei fahrlässigem Verstoß eines Notars gegen § 14 Abs. 2 BNotO und vorsätzlicher Ausnutzung der notariellen Tätigkeit durch den Geschädigten. MittRhNotK 1981, 48.
103 21. 10. 1980 VI ZR 230/79 Frankfurt	Zum Umfang der Aufklärungs- und Formulierungspflichten eines Notars bei Beurkundung eines Kaufvertrages über ein Grundstück, dessen Auflassung nach § 19 Abs. 2 S. 1 BBauG genehmigungsbedürftig sein konnte. DNotZ 1981, 515 = NJW 1981, 451 = MDR 1981, 398 = WM 1981, 11 = VersR 1981, 155 = LM § 19 BBauG Nr. 6.
104 2. 12. 1980 VI ZR 56/79 Hamm	a) Die unterlassene Pflicht zur Ablehnung einer Beurkundung aus persönlichen Gründen ist nicht schadensursächlich, wenn ggf. der Vertrag mit gleichem Inhalt bei einem anderen Notar beurkundet worden wäre. b) Der Notar kann zur Abwendung von Schäden verpflichtet sein, die Umschreibung des Grundstücks auch dann zu veranlassen, wenn entgegen dem Vertragsinhalt das Grundstück nicht lastenfrei ist, die Belastung jedoch vom Grundpfandrechtsgläubiger gelöscht werden muß. c) Zu den Anforderungen, die an eine „Erinnerung" i. S. v. § 839 Abs. 3 BGB zu stellen sind. Veröffentlichung unbekannt.

105 2. 6. 1981 VI ZR 148/79 Frankfurt	a) Auf die Gefahr der Besteuerung eines „Spekulationsgewinns" muß der Notar nur dann hinweisen, wenn er vor oder während der Beurkundung eines Kaufvertrages erfährt, daß der Verkäufer des Grundstück vor weniger als 2 Jahren erworben hat und wenn für ihn zugleich erkennbar ist, daß die steuerlichen Auswirkungen des Geschäfts für den Verkäufer von Bedeutung sind. b) Ein Mitverschulden von Hilfspersonen wird dem Verletzten entsprechend § 278 BGB auch im Rahmen einer vertragsähnlichen öffentlich-rechtlichen Beziehung angerechnet. c) Zur Frage der anderweitigen Ersatzmöglichkeit gegenüber dem Steuerberater. WM 1981, 942 = VersR 1981, 1029 = BB 1981, 1545.
106 30. 6. 1981 VI ZR 197/79 Bremen	*Beurkundet ein Notar nur ein Angebot zum Abschluß eines Grundstückskaufvertrages, so ist er grundsätzlich nicht verpflichtet, den Adressaten des Angebots über Risiken der Vertragsgestaltung zu belehren. Diese Pflichten obliegen dem Notar, der die Annahme beurkundet.* DNotZ 1981, 773 = NJW 1981, 2705 = MDR 1982, 132 = BB 1982, 73 = MittBayNot 1981, 204 = LM § 19 BNotO Nr. 15.
107 29. 9. 1981 VI ZR 2/80 Celle	a) Ein Notar muß im Rahmen der allgemeinen Betreuungspflicht auch einen als Darlehensgeber mittelbar Beteiligten bei der Beurkundung einer Vollstreckungsklausel vor erkennbaren Irrtümern über den Wert der Sicherheiten und etwaigen rechtlichen Schwierigkeiten bei deren Realisierung schützen. b) Zur Frage der Beweislast und des Kausalverlaufs bei unterlassener notarieller Belehrung. DNotZ 1982, 384 = VersR 1982, 158 = BB 1982, 334 = MittBayNot 1982, 42.
108 8. 12. 1981 VI ZR 164/80 Hamm	*Hat ein Notar einen Grundstückskaufvertrag fehlerhaft beurkundet, dann haftet er auch für den Schaden, der einem Beteiligten daraus erwächst, daß in einem später zwischen den Kaufvertragsparteien geführten Rechtsstreit ein OLG die inzwischen durch Auflassung und Eintragung eingetretene Heilung des Kaufvertrags rechtsirrig verkennt.* DNotZ 1982, 498 (m. Anm. Hanau) = NJW 1982, 572 = MDR 1982, 477 = VersR 1982, 296 = BB 1982, 334 = JZ 1982, 198 = MittRhNotK 1982, 1979 (m. Anm. Mädrich) = LM § 249 (Bb) Nr. 35.
109 19. 1. 1982 VI ZR 182/80 Oldenburg	Zum Umfang der Belehrungspflicht bei rechtskundigen Beteiligten. (vgl. 5. Instanz = Nr. 119) DNotZ 1982, 504 = VersR 1982, 244.
110 2. 2. 1982 VI ZR 41/80 Frankfurt	a) Belehrungs- und Formulierungspflichten des Notars hinsichtlich der Sicherung der Kaufpreisforderung durch Scheckhinterlegung. b) Zur Kenntnis des Schadens i. S. v. § 852 Abs. 1 BGB. (vgl. 5. Instanz = Nr. 124) WM 1982, 452 = VersR 1982, 439.
111 26. 3. 1982 V ZR 12/81 Hamm	a) Begünstigter Dritter i. S. v. § 19 Abs. 1 BNotO ist bei unwirksam beurkundetem Widerruf eines Erbvertrags auch derjenige, dem der Widerruf zugute kommen sollte. b) Es widerspricht nicht der Lebenserfahrung, daß ein Beurkundungsfehler zu einer gerichtlichen Fehlentscheidung führen kann. c) Zum Verjährungsbeginn. WM 1982, 615 = VersR 1982, 653.

112 18. 5. 1982 VI ZR 196/80 Hamm	Zum Umfang der Belehrungspflicht gegenüber einem Grundstückskäufer bezüglich der Kaufpreiszahlung an Dritte. DNotZ 1983, 53 = VersR 1982, 950.
113 4. 6. 1982 V ZR 172/81 Frankfurt	Zur Frage, ob die Pflicht, beurkundete Kaufverträge dem Finanzamt anzuzeigen, eine Amtspflicht i. S. v. § 19 BNotO darstellt. WM 1982, 851.
114 22. 6. 1982 VI ZR 268/80 Hamm	*Zur Auslegung des Begriffes „Rechtsmittel" i. S. des § 839 Abs. 3 BGB gegenüber einem Notar.* DNotZ 1983, 129 = MDR 1983, 44 = LM § 19 BNotO Nr. 17.
115 26. 10. 1982 VI ZR 229/80 Celle	*Zur Pflicht eines Notars, Weisungen seines Auftraggebers (hier solche, die steuerrechtlich motiviert und begründet worden waren) zu befolgen.* DNotZ 1983, 450 (m. Anm. Becker-Berke) = NJW 1983, 1801 = WM 1982, 1437 = MDR 1983, 301 = BB 1983, 216 = LM § 19 BNotO Nr. 18.
116 26. 10. 1982 VI ZR 318/80 Frankfurt	a) Nimmt ein Anwaltsnotar treuhänderisch Grundschuldbriefe und Pfandfreigabeerklärungen mit der Weisung an, diese Urkunden nur auftragsgemäß zu verwerten, so obliegen ihm dem Auftraggeber gegenüber notarielle Betreuungspflichten i. S. des § 24 Abs. 1 BNotO, deren Verletzung grundsätzlich zur Amtshaftung führt. b) Über den Beginn der Verjährung von Schadenersatzansprüchen aus § 19 BNotO, wenn keine subsidiäre Haftung besteht. VersR 1983, 81.
117 5. 11. 1982 V ZR 217/81 Celle	a) Zu den Voraussetzungen für eine notarielle Belehrungspflicht über steuerrechtliche Folgen. b) Zur Pflicht des Geschädigten, den Anfall von Steuern durch Rückabwicklung des Geschäfts abzuwenden. c) Zur anderweitigen Ersatzmöglichkeit in Bezug auf den Steuerberater. (vgl. die 5. Instanz in dieser Sache Nr. 128). WM 1983, 123 = VersR 1983, 181 = JurBüro 1983, 546.
118 4. 2. 1983 V ZR 308/81 Frankfurt	a) Der Notar verletzt seine Amtspflicht, wenn er bei Beurkundung einer Verpflichtung zur Übertragung einer Eigentumswohnung nicht die Baubeschreibung gem. § 9 Abs. 1 Nr. 2 BeurkG der Niederschrift beifügt. b) Ein Verschulden des Notars ist in der Regel zu verneinen, wenn ein Kollegialgericht das beanstandete Verhalten als pflichtgemäß und objektiv rechtmäßig bewertet hat. WM 1983, 343 = VersR 1983, 399.
119 11. 2. 1983 V ZR 300/81 Celle	*Der einem Notar vom Grundschuldgläubiger erteilte Treuhandauftrag, von der Löschungsbewilligung nur Gebrauch zu machen, wenn die Ablösung der Grundschuldforderung sichergestellt wird, begründet für diesen Notar keine Amtspflicht gegenüber dem persönlich schuldenden Eigentümer, der sein Grundstück zur Urkunde eines anderen Notars verkauft und diesen angewiesen hatte, die Eigentumsumschreibung erst nach vollständiger Kaufpreiszahlung zu veranlassen.*

DNotZ 1983, 509 (m. Anm. Reithmann) = MDR 1983, 740 = WM 1983, 416 = LM § 19 BNotO Nr. 19.

120 10. 6. 1983 V ZR 4/82 Frankfurt	*a) Zur Frage des Beginns der Verjährungsfrist bei vorsätzlicher Amtspflichtverletzung des Notars.* *b) Gibt der Notar aus Anlaß und im Zusammenhang mit einem Beurkundungsgeschäft eine Auskunft, so handelt es sich im Zweifel nur um eine Nebentätigkeit der Beurkundung.* MDR 1984, 139 = WM 1983, 964 = DB 1983, 1976 = LM § 19 BNotO Nr. 20.
121 3. 2. 1984 V ZR 190/82 Oldenburg	*a) Zur Belehrungspflicht des einen Grundstückskaufvertrag beurkundenden Notars über ein eingetragenes Vorkaufsrecht.* *b) Ist es in der notariellen Praxis üblich, dingliche Belastungen – hier ein vertragliches Vorkaufsrecht – in der Kaufvertragsurkunde aufzunehmen, so kann ein Unterbleiben als Indiztatsache für die Beweiswürdigung von Bedeutung sein.* (vgl. das in der Sache ergangene 1. Revisionsurt. Nr. 107) WM 1984, 700 = VersR 1984, 537.
122 4. 5. 1984 V ZR 255/82 Frankfurt	*a) Zur Amtspflicht des Notars, bei der Bestätigung des Eintritts der für die Kaufpreiszahlung vereinbarten Fälligkeitsbedingungen den falschen Anschein zu vermeiden, der bisher schwebend unwirksame Grundstückskaufvertrag sei wirksam geworden.* *b) Bestätigt der Notar im Rahmen des übernommenen Treuhandauftrages zur Verwahrung des Grundstückskaufpreises den Beteiligten, daß die vereinbarten Voraussetzungen für die Zahlung auf sein Anderkonto erfüllt seien, so ist bei einer fahrlässigen pflichtwidrigen Ausführung dieses Amtsgeschäfts die Verweisung auf eine anderweitige Ersatzmöglichkeit ausgeschlossen.* DNotZ 1985, 48 = MDR 1985, 131 = WM 1984, 1230 = VersR 1984, 779 = LM § 19 BNotO Nr. 23.
123 25. 5. 1984 V ZR 13/83 Oldenburg	*a) Ein Anwaltsnotar (hier: Notarvertreter) darf gem. § 3 Abs. 1 BeurkG an der Beurkundung eines Grundstückskaufvertrages nicht mitwirken, wenn er als Anwalt vom Verkäufer mit der Vermittlung des Geschäfts beauftragt worden ist und für den Fall, daß der Kaufpreis eine bestimmte Höhe übersteigt, an dem Mehrerlös beteiligt sein soll.* b) Die Bestimmungen in § 3 BeurkG begründen zwingende Amtspflichten. c) Zur subsidiären Notarhaftung im Verhältnis zu dem bei der Vertragsprüfung eingeschalteten Rechtsanwalt. DNotZ 1985, 231 = NJW 1985, 2027 = MDR 1985, 132 = WM 1984, 1167 = BB 1984, 1647 = LM BeurkG Nr. 19.
124 19. 6. 1984 IX ZR 121/83 Schleswig	*a) Zur Frage der Amtshaftung des Notars für das Fehlschlagen der vorgesehenen Finanzierung eines Grundstückskaufvertrags und dadurch entstehende Zwischenfinanzierungskosten.* *b) Zur Auslegung des Begriffes „aller erforderlichen Genehmigungen" in bezug auf die Ausübung eines Vorkaufsrechts.* VersR 1984, 866.
125 12. 7. 1984 IX ZR 127/83 Kammergericht	*a) Der notariellen Beurkundung bedürfen auch Verträge, mit denen über die Vereinbarung eines empfindlichen Nachteils (hier: Vertragsstrafe) ein indirekter Zwang zum Abschluß eines Grundstückskaufvertrags ausgeübt werden soll.* *b) Zur Belehrungspflicht des beglaubigenden Notars im Hinblick auf die*

Formbedürftigkeit von Vereinbarungen, die in seiner Anwesenheit unterschrieben werden.
VersR 1984, 946.

126 8. 11. 1984 IX ZR 132/83 Frankfurt	a) Zur Kausalfrage des Verhaltens eines Beteiligten bei einer ordnungsgemäßen Unterrichtung durch den Notar. b) Zur Beweislast bei Auslegung von Formulierungen, die der Notar gewählt hat. (vgl. das Revisionsurteil der Vorinstanz Nr. 108). WM 1985, 204 = VersR 1985, 144.
127 15. 11. 1984 IX ZR 31/84 Hamm	*Der Geschädigte hat nicht zu beweisen, daß dem Notar keine Rechtfertigung für eine Handlung zur Seite steht, die an sich den Tatbestand der schadensverursachenden Amtspflichtverletzung erfüllt.* DNotZ 1985, 234 (m. Anm. Haug) = NJW 1985, 2028 = MDR 1985, 493 = WM 1985, 231 = BB 1985, 153 = LM § 19 BNotO Nr. 24.
128 31. 1. 1985 IX ZR 48/84 Frankfurt	Die Pfändung des Anspruchs des Verkäufers auf Zahlung aus dem Notar-Anderkonto kann dem Pfändungsgläubiger nicht mehr Rechte verschaffen als dem Verkäufer zustanden. DNotZ 1985, 633 = WM 1985, 832 = VersR 1985, 543.
129 5. 2. 1985 IX ZR 83/84 Bremen	*a) Ein Notar muß bei der Beurkundung eines Grundstückskaufvertrages nicht Tatsachen ermitteln, die für das eventuelle Eingreifen von Steuertatbeständen (hier: §§ 22 Nr. 2, 23 Abs. 1 Nr. 1a EStG) von Bedeutung sein können.* *b) § 17 BeurkG begründet keine generelle Verpflichtung des Notars, auf eine möglicherweise bestehende besondere Steuerpflicht hinzuweisen.* DNotZ 1985, 635 = NJW 1985, 1225 = MDR 1985, 577 = WM 1985, 523 = LM § 19 BNotO Nr. 25.
130 14. 3. 1985 IX ZR 26/84 Celle	*a) Der adäquate Zurechnungszusammenhang einer unrichtigen, steuerrechtlich nachteiligen Beratung durch einen Notar, als deren Folge ein Veräußerungsgewinn für Entnahme aus einem Betriebsvermögen angefallen ist, wird nicht dadurch unterbrochen, daß der Beratene später den Betrieb aufgibt.* b) Zur anderweitigen Ersatzmöglichkeit in Bezug auf die Rückgängigmachung einer steuerpflichtigen Grundstücksübertragung. (vgl. das 1. Revisionsurteil Nr. 115). NJW 1986, 1329 = MDR 1985, 577 = WM 1985, 666 = LM 249 (Bb) BGB Nr. 42.
131 14. 5. 1985 IX ZR 64/84 Hamm	a) Zur Bedeutung einer notariellen Fälligkeitsbestätigung und den Amtspflichten des Notars bei ihrer Erteilung. b) Zur entschuldigenden Wirkung einer Kollegialgerichtsentscheidung. MDR 1986, 231 = WM 1985, 1109 = VersR 1985, 883 = BWNotZ 1985, 147 = LM § 19 BNotO Nr. 27.
132 19. 9. 1985 IX ZR 138/84 Frankfurt	*a) Wird eine Kaufoption über ein Grundstück in der Weise vereinbart, daß der Eigentümer ein befristetes Verkaufsangebot abgibt gegen das Versprechen des Geschäftspartners, bei Nichtannahme des Angebots dem Eigentümer eine Entschädigung zu zahlen, so bedarf neben dem Verkaufsangebot auch die Entschädigungsvereinbarung notarieller Beurkundung. Es genügt nicht, die Entschädigungsregelung als Bestandteil der einseitigen Angebotserklärung des Eigentümers notariell beurkunden zu lassen.* *b) Der Vortrag des auf Schadenersatz verklagten Urkundsnotars, der (mangels ausreichender Beurkundung nicht entstandene) Entschädigungsanspruch wäre bei ordnungsgemäßer Beurkundung wegen Zahlungsunfähigkeit des Verpflichteten auf Dauer*

uneinbringlich, ist nicht als Einwand des rechtsmäßigen Altervativerhaltens, sondern als Bestreiten eines in Geld zu ersetzenden Schadens zu werten. Zur Darlegungs- und Beweislast für dieses Vorbringen.

NJW 1986, 246 = MDR 1986, 230 = WM 1985, 1425 = LM § 249 (A) BGB Nr. 76.

133

24. 10. 1985
IX ZR 91/84
München

a) Haben die Beteiligten in einem notariellen Vertrag die Fälligkeit des Kaufpreises von bestimmten Voraussetzungen abhängig gemacht und den Notar beauftragt, deren Vorliegen zu bestätigen, darf der Notar die Fälligkeitsbestätigung nur ausstellen, wenn die vereinbarten Voraussetzungen erfüllt sind. Er darf nicht nach eigenem Ermessen über die Fälligkeit entscheiden, wenn ihm die Beteiligten keinen Ermessensspielraum eingeräumt haben.

b) Der Einwand des rechtmäßigen Alternativverhaltens betrifft bei der Notarhaftung nicht die Ursächlichkeit der Amtspflichtverletzung für den Schaden. Bei ihm geht es vielmehr um die der Bejahung des natürlichen Ursachenzusammenhangs nachfolgende Frage, inwieweit einem Schadensverursacher die Folgen seines pflichtwidrigen Verhaltens bei wertender Betrachtung billigerweise zugerechnet werden können. Der Schutzzweck der jeweils verletzten Norm entscheidet darüber, ob und inwieweit der Einwand im Einzelfall erheblich ist.

c) Hat ein Beteiligter aufgrund einer unrichtigen notariellen Fälligkeitsbestätigung zu früh geleistet und dazu vorzeitig Kredit aufnehmen müssen, kann der Notar gegen dessen Schadensersatzanspruch nicht einwenden, er hätte bei pflichtgemäßem Verhalten den Kaufpreis zum selben Zeitpunkt fällig stellen müssen, weil er die Fälligkeitsvoraussetzungen bis dahin selbst hätte herbeiführen können und müssen.

DNotZ 1986, 406 (m. Anm. Hanau) = NJW 1986, 576 = WM 1986, 46 = VersR 1986, 444 = MDR 1986, 231 = BGHZ 96, 157 = LM § 19 BNotO Nr. 29.

134

31. 10. 1985
IX ZR 13/85
Düsseldorf

Hängt die Schadenersatzpflicht des Notars davon ab, daß der Geschädigte keinen anderweitigen Ersatz erlangen kann, setzt der Beginn der Verjährung die Kenntnis voraus, daß die anderweitige Ersatzmöglichkeit den Schaden mindestens teilweise nicht deckt.

DNotZ 1986, 416 = NJW 1986, 1866 = WM 1986, 134 = MDR 1986, 316 = VersR 1986, 298 = LM § 839 (Ff) BGB Nr. 16.

135

19. 11. 1985
IX ZR 60/85
Frankfurt

a) Beurkundet der Notar in einer späteren Urkunde Erklärungen, die mit dem Inhalt früherer in der Urkundensammlung des Notars befindlicher Urkunden nicht gem. § 19 Abs. 2, 3 DONot korrespondieren, sondern nur im Zusammenhang mit dem früher beurkundeten Rechtsgeschäft stehen, so kann der Notar mit diesen Urkunden nicht in entsprechender Anwendung des § 19 Abs. 2 bis 5 DONot verfahren.

b) Die allgemeine Betreuungspflicht des Notars beinhaltet Belehrungs- und Hinweispflichten, verlangt von ihm aber keine Maßnahmen zur Überwachung der Einhaltung der Vertragspflichten durch den Beteiligten.

DNotZ 1986, 418 = WM 1986, 197 = MDR 1986, 492 = LM § 19 BNotO Nr. 31.

136

17. 2. 1986
II ZR 238/84
Frankfurt

Der Notar hat zwar im allgemeinen zu treuen Händen empfangene Geldbeträge dann auszuzahlen, wenn die dafür festgelegten sachgemäßen Bedingungen erfüllt sind; im Einzelfall muß er jedoch von der Auszahlung absehen, wenn für ihn erkennbar wird, daß die Partei, die bei ihm Geld auf Anderkonto eingezahlt hat, durch die Auszahlung geschädigt wird.

NJW-RR 1986, 968 = WM 1986, 583 = VersR 1986, 699.

137

3. 7. 1986
IX ZR 51/85
Köln

Die betreuende Belehrungspflicht des Notars kann die Notwendigkeit eines Hinweises auf Risiken bei einer Vertragsabwicklung umfassen. Der Notar darf dabei aber wegen seiner Pflicht zur Unparteilichkeit nicht zugunsten eines Beteiligten Sicherungen vorschlagen, die im Widerspruch zum erkennbaren Willen eines anderen Beteiligten stehen.

DNotZ 1987, 157 = NJW-RR 1987, 84 = MDR 1987, 53 = WM 1986, 1283 = ZIP 1986, 1328 = LM § 14 BNortO Nr. 5.

138

30. 10. 1986
IX ZR 126/85
Frankfurt

Verletzt der Notar bei der Beurkundung eines Rechtsgeschäfts, das sich auf einen Nachlaß bezieht, fahrlässig die ihm gegenüber den Miterben obliegende Amtspflicht, gehört deren Anspruch gegen ihn auf Ersatz des daraus entstehenden Schadens, wenn sie nicht auf andere Weise Ersatz zu erlangen vermögen, ebenfalls zum Nachlaß.

DNotZ 1987, 429 = NJW 1987, 434 = MDR 1987, 316 = VersR 1987, 405 = Rechtspfleger 1987, 68 = DB 1987, 686 = LM § 2039 BGB Nr. 14.

139

6. 11. 1986
IX ZR 125/85
Düsseldorf

a) *Der Notar kann den Willen der Beteiligten nur dann richtig erfassen und in die passende rechtliche Form kleiden, wenn er die Tatsachen des zu beurkundenden Geschäfts aufklärt. Es gehört nicht zu seiner Amtspflicht, den Beteiligten einen rechtlichen Hinweis darauf zu geben, wie sie die bessere Berechtigung eines Dritten beseitigen können.*

b) *Zur Frage der Haftung des Notars für die Kosten eines Vorprozesses.*

DNotZ 1987, 450 = NJW 1987, 1266 = MDR 1987, 318 = VersR 1987, 461 = LM BeurkG Nr. 21.

140

19. 3. 1987
IX ZR 166/86
Schleswig

a) *Wenn ein Notar unter Verletzung eines ihm von einer Bank erteilten Treuhandauftrags ein Darlehen auszahlt, obwohl die Bedingungen dafür (hier: Sicherstellung einer erstrangigen Grundschuld) noch nicht erfüllt sind, besteht der Schaden der Bank darin, daß sie nur eine ungesicherte und damit in ihrem Wert zweifelhafte Darlehensforderung erhält.*

b) *Überweist die Finanzierungsbank die Darlehensvaluta auf Notaranderkonto, so wird erst mit der Verfügung des Notars über den Anderkontenbetrag das Darlehen gewährt.*

c) *Die im Treuhandauftrag geforderte „Sicherstellung" der ersten Rangstelle als Voraussetzung für die Auszahlung vom Anderkonto ist erst gegeben, wenn zur Eintragung des Rechts nur noch das pflichtgemäße Handeln des Notars und des zuständigen Grundbuchbeamten erforderlich ist.*

DNotZ 1987, 560 = NJW 1987, 3201 = WM 1987, 589 = BB 1987, 1632 = MDR 1987, 755 = VersR 1987, 817 = ZIP 1987, 772 = LM § 19 BNotO Nr. 34.

141

11. 6. 1987
IX ZR 87/86
Bremen

a) *Beantragt der Vorerbe zur Niederschrift des Notars, ihm einen Erbschein zu dessen Händen zu erteilen, so obliegt die Amtspflicht, den erteilten Erbschein zu prüfen, ob er dem Beantragten entspricht, dem Notar auch gegenüber den bei dem Beurkundungsgeschäft nicht beteiligten Nacherben. Einen für ihn erkennbar unrichtig erteilten Erbschein darf er dem Vorerben nicht aushändigen.*

b) *Der Grundsatz, daß ein Verschulden des Notars regelmäßig ausscheidet, wenn ein Kollegialgericht sein Verhalten als rechtmäßig gebilligt hat, ist unanwendbar, wenn das Kollegialgericht in entscheidenden Punkten von einem unrichtigen Sachverhalt ausgegangen ist oder ihn nicht erschöpfend gewürdigt hat.*

DNotZ 1988, 372 (m. Anm. Bernhard) = NJW 1988, 63 = WM 1987, 1205 = MDR 1987, 1022 = FamRZ 1987, 1024 = MittRhNotK 1987, 286 = LM § 14 BNotO Nr. 7.

142

22. 10. 1987
IX ZR 175/86
Kammergericht

a) *Rät ein Anwaltsnotar, der als Rechtsanwalt die steuerliche Beratung eines Mandanten übernommen hat, diesem aus steuerlichen Gründen zum Erwerb einer bestimmten Eigentumswohnung und beurkundet dann, nachdem der Mandant sich zum Kauf entschlossen hat, als Notar den Kaufvertrag, so gehört die dem Kaufentschluß vorangegangene Beratung zur anwaltlichen Tätigkeit.*

b) *Einwendungen gegen die Pflicht zur Zahlung von Notarkosten sind auch dann im Wege der Beschwerde nach § 156 KostO geltend zu machen, wenn sie aus einer behaupteten Verletzung anwaltlicher und notarieller Beratungs- oder*

Belehrungspflichten des (Anwalts-) Notars hergeleitet werden. Eine negative Feststellungsklage ist unzulässig.

c) Auch eine früher bestehende, aber vom Geschädigten versäumte anderweitige Ersatzmöglichkeit schließt die Notarhaftung aus.

DNotZ 1988, 379 = NJW 1988, 563 = WM 1987, 1516 = AnwBl. 1988, 115.

143

29. 10. 1987
IX ZR 181/86
Köln

a) Wird dem Grundstückskäufer die Eintragung einer Auflassungsvormerkung und ein Rücktrittsrecht eingeräumt, so hat der Notar durch Rechtsbelehrung darauf hinzuwirken, daß der Käufer für den Fall der Ausübung des Rücktrittsrechts die Löschung der Auflassungsvormerkung bewilligt und bis dahin der von ihm auf Notaranderkonto gezahlte Kaufpreis nicht zurückgezahlt werden darf.

b) Der Verkäufer kann nicht Schadenersatz gegen den Notar wegen der Verhinderung eines anderweitigen Verkaufs des Grundstücks aufgrund der vom Notar nicht ermöglichten Löschung der für einen anderen Käufer eingetragenen Auflassungsvormerkung geltend machen, solange er selbst auf Vertragserfüllung gegenüber diesem Käufer besteht.

c) Der Einwand der subsidiären Haftung ist ausgeschlossen, wenn eine Vollstreckung gegen den Primärschuldner im Ausland kaum aussichtsreich erscheint.

d) Der Grundsatz der entschuldigenden Wirkung einer Kollegialgerichtsentscheidung greift als allgemeine Richtlinie nicht ein, wenn das Kollegialgericht in entscheidenden Punkten von einem unrichtigen Sachverhalt ausgegangen ist oder diesen nicht erschöpfend gewürdigt hat.

DNotZ 1988, 383 = NJW 1988, 1143 = WM 1988, 337.

144

26. 11. 1987
IX ZR 162/86
Celle

Bei Schadenersatzansprüchen aus § 839 Abs. 1 S. 2 BGB und § 19 Abs. 1 S. 2 BNotO beginnt die Verjährungsfrist bereits dann zu laufen, wenn der Geschädigte weiß, daß die anderweitige Ersatzmöglichkeit den Schaden mindestens teilweise nicht deckt und ihm daher die Erhebung einer Feststellungsklage zuzumuten ist (gegen BGH U. v. 21. 9. 1976 Nr. 88).

DNotZ 1988, 388 = NJW 1988, 1146 = MDR 1988, 405 = WM 1988, 420 = VersR 1988, 514 = JZ 1988, 523 = BGHZ 102, 246 = LM § 19 BNotO Nr. 37.

145

7. 1. 1988
IX ZR 7/87
Frankfurt

a) Zum Ursachenzusammenhang zwischen der Amtspflichtverletzung eines Notars und einem eingetretenen Schaden.

b) Der adäquate Ursachenzusammenhang kann fehlen, wenn die Klägerin in ungewöhnlicher und unsachgemäßer Weise in den Geschehensablauf eingegriffen und eine weitere Ursache gesetzt hat, die den Schaden erst endgültig herbeigeführt hat.

DNotZ 1989, 41 = NJW 1988, 1262 = MDR 1988, 492 = VersR 1988, 607 = BWNotZ 1988, 124 = LM § 19 BNotO Nr. 38.

146

21. 1. 1988
IX ZR 252/86
Koblenz

Der Notar, der Erklärungen eines Vertreters beurkunden soll, hat gem. § 17 BeurkG die Vertretungsmacht zu prüfen. Beruft sich der Vertreter auf eine Vollmacht, hat der Notar sich grundsätzlich die Vollmachtsurkunde in Urschrift oder – wenn die Vollmacht notariell beurkundet ist – in Ausfertigung vorlegen zu lassen. Bedenken gegen die Vertretungsmacht hat er mit den Beteiligten zu erörtern, und wenn die Beteiligten gleichwohl auf der Beurkundung bestehen, einen Vorbehalt in der Urkunde kenntlich zu machen. Steht der Mangel der Vertretungsmacht fest, und erscheint eine Genehmigung durch den Vertretenen ausgeschlossen, hat der Notar die Beurkundung abzulehnen.

DNotZ 1989, 43 = WM 1988, 545 = DB 1988, 1160 = MittRhNotK 1988, 156.

147

Der Notar braucht einen Beteiligten, dessen Ansprüche durch eine nachrangige Grundschuld gesichert werden sollen, in der Regel nicht darauf hinzuweisen, daß dem

11. 2. 1988 IX ZR 77/87 Schleswig	*Grundstückseigentümer ein im voraus abtretbarer Anspruch auf Rückgewähr der vorrangigen Sicherungsgrundschuld zustehen kann. Das gilt auch dann, wenn die nachrangige Grundschuld den Restkaufpreisanspruch des Grundstücksverkäufers sichert, während die vorrangige Sicherungsgrundschuld vereinbarungsgemäß der Finanzierung der Kaufpreiszahlung dienen soll.* DNotZ 1989, 45 = NJW 1988, 2538 = NJW-RR 1988, 972 = WM 1988, 722 = ZIP 1988, 696 = EWiR § 17 BeurkG 1/88 m. Anm. Geimer.
148 11. 5. 1988 IV a ZR 325/86 Hamm	Die Notarhaftpflicht ist nicht gegeben, wenn der von ihm beurkundete Erbschaftsvertrag entgegen der von den Vorinstanzen gebilligten Auffassung der Klägerin nicht unwirksam ist. NJW 1988, 2726 = LM Nr. 6 zu § 312 BGB = BGHZ 104, 279 = BB 1989, 525 = MDR 1988, 844 = WM 1988, 1132.
149 16. 6. 1988 IX ZR 34/87 Köln	a) Die Entscheidung darüber, ob der beurkundende Notar (oder sein Vertreter) die ihm gesetzlich auferlegte Aufklärungs- oder Belehrungspflicht vor einer Vertragsbeurkundung schuldhaft verletzt hat, erfordert zunächst die Feststellung, welchen Inhalt die Vertragsurkunde nach dem Willen der Vertragsparteien haben sollte. b))Für die Auslegung von Urkunden über formbedürftige Rechtsgeschäfte ist das Verhalten der Erklärenden einschließlich aller Nebenumstände, etwaiger Vorbesprechungen sowie des Zwecks der Erklärungen zu berücksichtigen. c) Der Kläger ist für den den Beklagten (Notar) zum Schadenersatz verpflichtenden Sachverhalt darlegungs- und beweispflichtig. d) Für die Kausalfrage, ob eine Amtspflichtverletzung den behaupteten Schaden verursacht hat, ist zu prüfen, welchen Verlauf die Dinge bei pflichtgemäßem Verhalten des Notars genommen hätten und wie die Vermögenslage der Betroffenen sein würde, wenn der Notar die Amtspflichtverletzung nicht begangen, sondern pflichtgemäß gehandelt hätte. e) Der Grundsatz der entschuldigenden Wirkung einer Kollegialgerichtsentscheidung ist nicht anwendbar, wenn das Kollegialgericht in entscheidenen Punkten von einem unrichtigen Sachverhalt ausgegangen ist oder diesen nicht erschöpfend gewürdigt hat. WM 1988, 1639.
150 16. 6. 1988 IX ZR 69/87 Hamm	*a) Die für die Feststellung der Kausalität notwendige Prüfung, wie die Vermögenslage des Betroffenen sein würde, wenn der Notar bestimmte Amtpflichtverletzungen nicht begangen hätte, hat nichts mit dem Einwand rechtmäßigen Alternativverhaltens zu tun.* *b) Wer Schadensersatzansprüche daraus herleitet, daß ihn ein Notar bei der Beurkundung der Bestätigung eines Rechtsgeschäfts nicht über dessen ursprüngliche Nichtigkeit belehrt habe, muß auch dartun und beweisen, daß er keine Zweifel an der Gültigkeit jenes Rechtsgeschäfts hatte.* DNotZ 1989, 48 = NJW-RR 1988, 1367 = WM 1988, 1454 = BWNotZ 1989, 18 = AnwBl. 1988, 585 = LM § 19 BNotO Nr. 39.
151 30. 6. 1988 IX ZR 66/87 Bremen	Führt die vertraglich vorgesehene „Hinterlegung" des Kaufpreises beim Notar noch nicht zum Erlöschen des Kaufpreisanspruchs, so kann der Gläubiger des Verkäufers dessen Anspruch gegen den Notar auf Auszahlung des Kaufpreises nicht wirksam pfänden, wenn er davon absieht, auch dessen Kaufpreisforderung gegen den Käufer zu pfänden. WM 1988, 1425 = BB 1988, 1628 = ZIP 1988, 998 = MittBayNot 1988, 244.
152	Bei der Beurkundung eines Grundstückskaufvertrags ist eine Belehrung des Notars über die Sicherung des Eigentumserwerbs durch Auflassungsvormer-

6. 10. 1988 IX ZR 142/87 Bremen	kung notwendig, es sei denn, die Auflassung ist erklärt und der Antrag auf Eigentumsumschreibung wird sofort beim Grundbuchamt gestellt. WM 1988, 1752 = BWNotZ 1989, 17.
153 10. 11. 1988 IX ZR 31/88 Koblenz	*a) Ein Notar, der vor oder während der Beurkundung eines Grundstückskaufvertrages davon Kenntnis erhält, daß der Verkäufer das Grundstück vor weniger als zwei Jahren erworben hat und die Anschaffungskosten unter dem Verkaufspreis liegen, hat den Verkäufer grundsätzlich auf die Gefahr der Versteuerung eines Spekulationsgewins hinzuweisen.* *b) Ein Notar muß die von den Beteiligten eingereichten Unterlagen persönlich zur Kenntnis nehmen, sich über ihren Inhalt unterrichten und diesen – soweit erforderlich – bei der Einrichtung der erbetenen Urkunde berücksichtigen.* *c) Ein Notar darf es nicht dem Büropersonal überlassen zu entscheiden, welche Unterlagen für eine Beurkundung von Bedeutung sein können und welche nicht. Diese Entscheidung muß er sich selbst vorbehalten.* NJW 1989, 586 = WM 1988, 1853.
154 21. 3. 1989 IX ZR 155/88 Koblenz	*a) Soll eine ungesicherte Vorleistung, die als solche nicht ohne weiteres erkennbar ist, vereinbart werden, so muß der Notar über die Folgen belehren, die im Falle der Leistungsunfähigkeit des durch die Vorleistung Begünstigten eintreten werden, und Wege aufzeigen, wie dieses Risiko vermieden werden kann.* b) Die Schadenskausalität ergibt sich aus der Beantwortung der Frage, wie sich das Vermögen des Betroffenen im Vergleich zum tatsächlichen Ablauf entwickelt hätte, wenn der Notar zutreffend belehrt und auf die Möglichkeiten, die in der Vorleistung liegende Gefahr zu vermeiden, hingewiesen hätte. Dabei ist die Schadenentwicklung bis zum prozessual spätest möglichen Zeitpunkt in die Schadenberechnung einzubeziehen. c) Eine positive Kenntnis im Sinne von § 852 BGB liegt nicht vor, solange der Geschädigte, wenn auch in fehlsamer Beurteilung der Rechtslage, annehmen kann, daß eine anderweitige Ersatzmöglichkeit besteht (§ 19 Abs. 1 S. 2 BNotO). Zum Abdruck in der NJW vorgesehen.

Sachverzeichnis

(Die Zahlen verweisen auf die Randziffern)

Ablehnung der Amtstätigkeit s. Amtsverweigerung
Abschreibungsgesellschaft, 9
Abwesenheit, 133
Adoptionsrecht, 50, 641
AGB-Gesetz, 80, 84, 462, 483, 490, **604ff**
Alternativverhalten, rechtmäßiges, 850
Amtseid, 60
Amtshaftung, 1ff
- Amtsmißbrauch, 41, **415,** 580ff
- Anspruchsgrundlage, 6
- Auslandsrecht, 69, 496ff
- Bescheinigungen, 45f, 655ff
- Bürovorsteher, 19, **127ff,** 617
- Fahrlässigkeit, 67ff, 98ff
- Ferngespräch, 28, 31
- Garantie, 8, 583, 672ff, 702
- Gesamtschuldnerschaft, 8, 108ff
- Hilfspersonen, 127ff, 154ff
- Kreis Dritter, 13ff
- Nebentätigkeiten, 4, 301, 803
- Notarassessor, 123ff, 144ff
- Notarbestätigungen, 45f
- Notariatsverweser, **160ff**
- Notarvertreter, 111ff, **140ff**
- persönliche, 7
- Pfändungsgläubiger, 724
- Pflichtwidrigkeit, 60ff
- Prospekthaftung, 9
- Schutzzweckgedanke, 533, 585, 656, **847ff**
- Sozietät, 108, 110
- Staat, 53
- Staatshaftung, 6f, 182, 376, 524, 803
- Tatsachenbeurkundungen, 45f
- Verschulden, 65ff
- Verwahrungstätigkeit, 10, 680
- Vollzugsbevollmächtigte, 158
- Vorsatz, 101, 181, 409, 440, 682, 699
- Zessionar, 54, 725f
Amtsmißbrauch, 41f, 415, **580ff**
Amtsnotar, 6, 99, **374ff,** 803
Amtspflichten, 1ff
- Abwesenheit, 133
- Auftragserteilung, 3
- Ausländer, 498
- Ermessen, 63, 431, **433,** 671, 691
- Gesetzeskenntnis, 70
- Grundpflichten, 41
- Kenntnis der Rechtsprechung, 63, 71ff
- Kommentare, 79
- Lehrmeinungen, 78

- Notarassessor, 123ff, 144ff
- obiter dictum, 73
- Organisation, 126ff
- persönliche, 116, 418, 682
- Pfändungsgläubiger, 724
- Pflichtmißbrauch, 41f, 580
- Rechtskenntnisse, 69ff
- Rechtsprechungsprognose, 73, 81, 490
- Schadenersatzpflicht, 5
- Schutzzweckgedanke, 847ff
- „Sichererer" Weg, 61, **83ff,** 572, 618
- Steuerfragen, s. dort
- Unabhängigkeit, 2, 7, 57, 60, 340
- Unparteilichkeit, 2, 57, 60, 403, **419ff**
- Überwachung, 126ff
- Verschwiegenheit, 7, 34, 60, 430, **434ff, 817ff,** 881
- Weisung, 3
- Zessionar, 31, 34, 54, 437, 725f
Amtsverweigerung, 31, 34, 41, 60, 219, 286, 494, 529, 718
- Auslandsrecht, 498
- Tatsachenbeurkundung, 657
- Verwahrungstätigkeit, 31, 683, 686, 718
Anderkonto s. Notaranderkonto
anderweitige Ersatzmöglichkeit s. subsidiäre Haftung
Angebot u. Annahme, 609ff
Angebotsnotar, 54
Angestellte s. Hilfspersonen
Anmeldung zum Registergericht, 100, 539, 629, 651f
Anscheinsbeweis, 860
Anscheinsvollmacht, 700
Anschlußversicherung, 321f
Antragsrücknahme, 636ff
Anwaltshaftung, 71, 94, 108, 218, 261, 273, 276, 499, 806, 848, 859
Anwaltsnotar, 2, 104, **344ff,** 374, 560, 563, 577, 585
Anwaltsnotariat, 344f
- Erbengemeinschaft, 359
- Erbscheinverfahren, 354
- Gebühren, 350
- Gegnerregister, 369
- Mitwirkungsverbote, 276, 348, **361ff,** 580
- nachträgliche Pflichten, 372
- Neutralitätspflicht, 371
- Planprüfungstermin, 356
- Schuldenregulierung, 360
- Sozietät, 365f

257

- Steuerberatung, 360
- Zuweisung nach § 24 Abs. 2 BNotO, **349 ff**

Anzeigepflicht nach GrEStG, 53
Arbeitsbelastung, 76
Assessor s. Notarassessor
Aufklärungspflicht s. Belehrungspflicht
Auflassungsbevollmächtigte, 156 ff
Auflassungsvormerkung, 16, 70, 531, 536 f, 552, 641, 691, 711
Aufsichtsbehörde, 444, 698
Auftragserteilung, 3
Ausbildung von Notarassessoren, 148
Auslandsrecht, 69, 283, **496 ff**
- Amtsverweigerung, 498
- Anhaltspunkte, 496
- EG-Recht, 500
- Gutachten, 499
- Haftungsbeschränkung, 497 f
- IPR, 500
- Kollisionsrecht, 500, 501
- Notsituation, 498
- Rückverweisung, 501
- Staatsverträge, 500
- Versicherung, 303

Auslegung von Urkunden, 880 f
Auszahlungsfehler, 699 ff

Baden-Württemberg, 6, 99, 342, 345, **374 ff**, 803
- Haftungsbestimmungen, 379 ff
- Landesgesetz über die freiwillige Gerichtsbarkeit, 375 ff
- Staatshaftung, 376

Badischer Amtsnotar, 100, 374 ff
Bank
- Hinterlegungsbank, 697
- Schutzpflichten, 705

Bankangestellte, 28, 198
Bankbürgschaft, 548, 558
Baubeschreibung, 74, 96, 601, 853
Baubetreuungsverträge, 44, 515, 602
Baufortschritt, 550, 553
Bauherrenmodell, 34, 686
Baulastenverzeichnis, 514
Bauträger, 459, 461, 462, 852, 860
Bautreuhänder, 515, 602
Bayerische Notarkasse, 295
Bayern, 342
Bearbeitungszeit, 62, **643 ff**
Bebauungszweck, 74, 556
Befangenheit, 363, 430
Beglaubigung, 46, 129, **416**
- Abschriftsbeglaubigung, 655
- Beweisvermutung, 46, 655
- Fernbeglaubigung, 600

Belehrung aus Betreuungsverpflichtung, 412 f, 454 f, **533 ff**
- Aufhebungsvertrag, 552

- Auflassungsvormerkung, 16, 531, 536 f, 552
- außerordentliche, 415, 580 ff
- Bankbürgschaft, 548
- Baufortschritt, 550, 553
- Belehrungsvermerke, 588 ff
- Bürgschaftsübernahme, 546
- Erschließungskosten, 558
- Geschäftswille, 534, 557
- Gesetzesfalle, 554
- GmbH-Verbindlichkeiten, 551
- Grunderwerbsteuer, 506, 561, 566
- Kaufpreis, 582
- Konkursfall, 539
- Kosten, 509, 570 ff
- Rückgewähransprüche, 554 f
- Rücktrittsgestaltung, 558
- Steuerfragen, 97, **559 ff**
- Unkenntnis der Rechtslage, **551 ff**
- Unparteilichkeit, 403, **419 ff,** 533 ff
- Vertragsgestaltung, 548 ff
- Vertrauensstellung des Notars, 533 ff, 585
- Voraussetzungen, **534 ff**
- Vorkaufsrecht, 508 ff
- Vorstrafe, 584
- Warnung, 403, **426 f,** 534
- wirtschaftliche Gefahren, 534 ff, 582 f
- Zahlungsfähigkeit, 547

Belehrungsbedürftigkeit, 446 ff
- Belehrung aus Urkundstätigkeit, 450 ff
- Belehrungspflicht aus Betreuungsverpflichtung, 454 f
- beratende Personen, 193, 453, 460 f
- Beweislast, 832, 865
- Eigenverantwortlichkeit, 458
- Entwurf, 453, 462
- Geschäftsgewandtheit, 449 ff
- „Unverzichtbarkeit", 447
- Vorleistungen, ungesicherte, 456 ff

Belehrungspflicht, 33, **401 ff**
(s. auch oben Belehrung aus Betreuungsverpflichtung u. unten Belehrungspflicht aus Urkundstätigkeit)
- Auslandsrecht, 496 ff
- außerordentliche, 409, 415, 580 ff
- Baulastenverzeichnis, 514
- Beglaubigung, 46, 129, 416
- Belehrungsbedürftigkeit, 446 ff
- Belehrungsvermerke, 492, **588 ff**
- Beratung, 129 ff, 423, **425 ff**
- Bergschadenersatz, 78
- Betreuungsverpflichtung, 412, **533 ff**
- Beweislast, 830 f, 841, 858 ff
- Büropersonal, 418
- Bürovorsteher, 129 ff
- Distanzierungspflicht, 422, 426
- Entwicklung, 401 ff
- Entwurf, 22, 179, 351, 417, 515

- Ermessensspielraum, 431, 433
- „Gerechtigkeit", 421, 423
- Geschäftswille, 534, 557
- gesetzliche Grundlagen, 405
- Grunderwerbsteuer, 506, 561 f, 566
- Grundsätze, **407 ff**
- Kapitalverkehrsteuer, 506
- Kausalfragen, 858 ff
- Kosten, 509, 570 ff
- mittelbare Beteiligte, 24 ff
- Nachforschungspflicht, 21, 561
- nachträgliche, 23, 372, 443
- persönliche Erfüllung, 418
- Pflichtenkonflikt, 403, 429, 442
- Schutzfunktion, 404
- Soziale Marktwirtschaft, 404
- Steuerfragen, 97, **559 ff**
- Unbedenklichkeitsbescheinigung, 506
- Unparteilichkeit, 403, **419 ff**, 533 ff
- unselbständige, 176 ff
- Verjährung der Haftpflichtansprüche, 273 f
- Verschwiegenheitspflicht, 434 ff
- Vertragsangebot, 33
- Vertreter, 17, 20 f
- Warnung, 403, **426 f**, 534
- Willensbeeinflussung, 424

Belehrungspflicht aus Urkundstätigkeit, 410 f
- AGB-Gesetz, 462
- Anfechtbarkeit, 491
- Angaben der Beteiligten, 470
- Auslandsrecht, 496 ff
- Baulastenverzeichnis, 514
- Beglaubigung, 46, 129, 416
- Belehrungsvermerk, 489 ff, 588 ff
- gesamtes Vermögen (§§ 419 u. 1365 BGB), 481 ff
- GmbH-Gründung, 473, 477 f, 539
- Grundbucheinsicht, 469, **513 ff**
- Gutglaubensschutz, 481 f
- Motive, 467
- Offenbarungspflicht, 471
- rechtliche Tragweite, 450, 452
- Sachverhaltsaufklärung, 468 ff
- Steuerrecht, 476
- Testamentserrichtung, 469, 498
- Überzeugung des Notars, 495
- Vorkaufsrecht, 480, 504, **508 ff**
- Willenserforschung, 466
- Wirksamkeit, 485, 489 ff, 502, 606
- Wohnrecht, 472
- Zweckerklärung, 483
- Zweifel an der Wirksamkeit, 483 f, **490 ff**, 592
- Zweifelsvermerk, 492 f, 592

Belehrungsvermerk, 588 ff
- Aktenvermerk, 594, 608
- Art der Niederschrift, 590 ff

- Auslandsrecht, 497, 501
- Beweissituation, 590, 594, 608
- Genehmigungen, 502
- Grundbucheinsicht, 529 f
- nicht vorgeschriebener, 593
- Schutzfunktion, 590 f
- Unbedenklichkeitsbescheinigung, 506
- vorgeschriebener, 588
- Vorkaufsrecht, 510
- Wirksamkeit des Rechtsgeschäfts, 589
- Zweifelsvermerk, 492 ff, 592

Beratung, 423, 425 ff
- Bürovorsteher, 129 ff
- unselbständige Nebenpflicht, 177

Bereicherungsansprüche (Anderkonto), 727 f

Bergschadenersatz, 78

Berlin, 345

Berufshaftpflichtversicherung, 7, 68, **290 ff**
- Angehörigenklausel, 306
- Anschlußversicherung, 321 f
- Anzeigepflichten, 308 f
- Auflassungsbevollmächtigte, 158
- Auslandstätigkeit, 303
- Baden-Württemberg, 378
- Basisversicherung, 292
- Bayerische Notarkasse, 295
- Beendigung, 308
- Besondere Versicherungsbedingungen, 296, 298 ff
- Beteiligung an juristischen Personen, 306
- Beweislast, 314
- Deckung u. Pflichtversicherung, **310 ff**
- Deckungsausschlüsse, 311 ff
- Einzelobjekt-Versicherung, 323
- Gebühreneinwurf, 304
- Gruppenanschlußversicherung, 292, 305, 309
- Haftpflichtprozeß, 314, 801, 813
- Maximierung, 294
- Mindestversicherungssumme, 290
- Nebentätigkeiten, 301
- Notaranderkonto, 699
- Notarassessor, 124, 148
- Notariatsverweser, 161, 300
- Notarvertreter, 121, 142
- objektive Risikobeschränkung, 311
- Pflichtversicherung, 281, **290 ff**
- Rückwärtsversicherung, 324
- Sachschäden, 302
- Selbstbehalt, 305
- Serienklausel, 297
- Sozietätsklausel, 307, 322
- Streitverkündung, 822
- subsidiäre Haftung, 214
- Vergleich, 315
- Versäumnisurteil, 314
- Verschwiegenheitspflicht, 819

259

- Versicherungsfall, 296 f
- Versicherungssumme, 323
- Verstoßprinzip, 296 f, **324**
- Vertrauensschadenfonds, 316, 320
- Vertauensschadenversicherung, 293, **316 ff**
- Vertreter, 299
- Vollzugsbevollmächtigte, 158

Bescheinigung, 45 f, **655 ff**
- Mißbrauch, 657, 661

Beschwerde gem. § 15 Abs. 1 S. 2 BNotO, 219, 494, 718, 804

Beschwerde gem. § 156 KostO, 805 ff

Bestätigung des Notars, 45 f, **655 ff**
- Ermessen, 671
- Ferngespräch, 28
- Garantie, 702
- Garantiehaftung, 675
- Gewährleistung, 672 ff
- Grundbuch- u. Grundakteneinsicht, 673
- gutachtliche Äußerung, 665
- irreführende, 667 ff
- Unselbständige, 180
- unvollständige, 667
- Übersendungsform, 677
- Vollzugshindernisse, 666, 674
- Zusicherung, 672 ff

Bestätigung, gerichtliche o. behördliche s. Genehmigungen

Beteiligte (s. auch Kreis Dritter), 3, **15 ff**
- Belehrungspflichten, 24 ff
- Ferngespräch, 28
- mittelbare, 24 ff
- unmittelbare, 16 ff
- Vertragsangebot, 33

Betreuung, 22, 57, **351 ff**, 402 ff
  (s. auch Belehrungspflicht u. Belehrung aus Betreuungsverpflichtung)
- Amtsverweigerung, 219
- Bestätigungen, 666
- Erbscheinsantrag, 52
- Mitwirkungsverbote, 363
- Notarassessor, 148
- rechtliche Tragweite, 475
- subsidiäre Haftung, **200 ff**
- unselbständige Betreuungspflichten, 176 ff
- vorzeitige Einreichung, 625 f

Beurkundung s. auch Urkundstätigkeit
- AGB-Gesetz, 604
- Amtsverweigerung, 494
- Assessor, 125
- Baubeschreibung, 74, 96, 601
- Bebauungszweck, 74, 556
- Beglaubigung, 46, 129, 416, 655
- Falschbeurkundung, 42, 106, 600
- in einer Hand, 35
- Sammelbeurkundung, 297
- Scheinbeurkundungen, 143
- Schwarzkaufpreis, 245
- „Sicherer Weg", 83 ff
- Vertragsangebot, 48, 609 f
- Vollmacht, 44, 515, 612
- Vorbereitung durch Personal, 135
- Wertsicherungsklausel, 245
- Wettbewerbsbeschränkung, 245
- Zweifel an Wirksamkeit, 483 ff, 489 ff

Beurkundungs-Änderungsgesetz, 96, 601

Bevollmächtigte, 17, 20 f, 44, 491, 552, 602, 612, 695

Beweisfragen
- Aktiengewinn, 871
- Alternativverhalten, rechtmäßiges, 850
- anderweitige Ersatzmöglichkeit, 213, 883
- Anscheinsbeweis, 860
- Auslegung von Urkunden, 880 f
- Belehrungsbedürftigkeit, 832, 835
- Belehrungspflicht, 830 ff, 841, 858 ff
- Belehrungsvermerk, 590, 831, 835
- Bestreiten mit „Nichtwissen", 827
- Beweislastumkehr, 104, 831, **835 ff**, 860 ff
- Beweisvereitelung, 821
- Beweisvermutung, 46
- Büroorganisation, 136
- Erörterungsvermerk, 608
- Exkulpierung, 843
- Gedächtnis, 90, 827
- Gutachten, 802
- „guter Rat", 858
- „Indiztatsache", 834
- „innere Tatsachen", 841
- Kapitalnutzung, 871
- Kausalzusammenhang, **845 ff**, 870 ff
- Kosten von Vorprozessen, 856 f
- Mitwirkungsverbot, 836
- negativa, 828 f
- Notar als Zeuge, 881
- Pflichtwidrigkeit, 825 ff
- psychisch vermittelte Kausalität, 855 f
- Schadenberechnung, 851, **870 ff**
- Schutzzweckgedanke, 847 ff
- Schwarzkauf, 852
- Steuerschaden, 864
- Unterbrechung d. Kausalzusammenhangs, 852 ff
- Vermutung der Pflichterfüllung, 825 f
- Verschulden, 840 ff
- Verwahrungsgeschäfte, 837
- Vorleistungen, 863 ff
- Vorprozeß, hypothetischer Verlauf, 868
- Vorteilsausgleichung, 875
- Warenoptionsgeschäfte, 859
- Wertsteigerung, 851 f

Beweislast s. auch Beweisfragen

Beweislastumkehr, 104, 831, **835 ff**, 841, 860 ff
Beweisvereitelung, 821
Bezeugungstheorie, 15, 38
Bezirksnotar, 99, 374 ff
Bezirksnotariat, 345, **374 ff**
Bierbezugsverpflichtung, 519
Bremen, 345
Bundesbaugesetz, 503, 511, 573
Bürgschaftsübernahme, 546, 548
Büro s. Hilfspersonen
Büroordnung, 128, 136
Bürovorsteher, 19, 114, **129 ff**, 585, 617

Denkmalschutz, 504, 511
Dienstaufsichtsbehörde, 3, 444, 498
Dienstordnung für Notare, 11, **343**, 347, 405, 686
Diskretionspflicht s. Verschwiegenheitspflicht
Distanzierungspflicht, 422, 426
Dritte s. Kreis Dritter
Drittschuldnererklärung, 723
Durchschnittsnotar, 67, 75, 79, 142

Echtheit der Unterschrift, 701
„Echtheit", 661 ff, 700 f
EDV-Dokumentation, 72
EG-Recht, 500
Eilbedürftigkeit, 62, 643 ff
Einrichtungstätigkeit (s. auch Vollzugstätigkeit), 62, **615 ff**
– Bote, 632 ff
– Ermächtigung, 3, 638
– Kostenvorschuß, 640
– Nebenpflicht, 176 ff, 615
– Registergericht, 93, 100, 625, 629, 651 f
– Steuerfragen, 625, 628
– Unbedenklichkeitsbescheinigung, 627
– unselbständige, 176 ff, 615
– unterlassenes Rechtsmittel, 226 ff
– „unverzüglich", 643 ff
– Überwachungspflichten, 632 ff
– „verdrängende Vollmacht", 636
– Vollzugsreife, 617, **621 ff**
– vorzeitige, 625 ff
– Zeitspannen, 643 ff
empfangsbedürftige Willenserklärungen, 641 f
Entwurfstätigkeit, 22, 179, 351, 417, 515
Erbbaurecht, 554
Erbeinsetzung, 48, 82 f
Erbrecht, 451
Erbschein, 52
Erfüllungsgehilfe, der Notar als, 55 f
Erkrankungen, 89
Ermächtigung, 3, 638
Ermessensspielraum, 63, 431, **433**, 671, 691

Ermüdungserscheinungen, 89
Erörterungsvermerk, 608
Erschließungskosten, 558

Fachanwalt für Steuerrecht, 560
Fachzeitschrift, 71, 76 f
Fahrlässigkeit, **67 ff**, **98 f**
– grobe, 99 f
Falschbeurkundung, 42, 106
Fernbeglaubigung, 600
Ferngespräch, 28, 31
Festgeldkonto, 693 f
Feststellungsklage, 188, 201 f, 811 f
Feststellungsklage des Notars, 805, 814
Funktionstheorie, 39 f

Garantie, 8, 583, 672 ff, 702
Gedächtnis, 90, 827
Gegenanweisung bei Hinterlegung, 706 ff
Gegenanweisung bei Vollzug, 621, **624**, 629
Gegnerregister, 369
Geldanlagegeschäfte, 658, 871
Genehmigung, gerichtliche o. behördliche, 502 ff
– Bundesbaugesetz, 503
– Denkmalschutz, 504
– Genehmigungsverfahren, 505
– Negativattest, 504
– Reichsheimstättenvermerk, 503
– Vorkaufsrecht, 504
– Vormundschaftsgericht, 505
– Wirksamkeitsvoraussetzungen, 502
Generalvollmacht, 612
Gerechtigkeit, 421, 423
Gerichtsvollzieher, 84, 642
gesamtschuldn. Haftung, 8, 108 ff
– Ausgleichsleistung gem. § 426 BGB, 120 f, 141, 183
– Haftpflichtprozeß, 803
– Kausalzusammenhang, 183
– Notarassessor, 123, 145
– Notarkammer/Notariatsverweser, 160 f
– Notarvertreter, 111 ff, 140 ff
– subsidiäre Haftung, 110
Geschäftswille, 534, 557
Geschützte Personen s. Kreis Dritter
Gesetzesfalle, 554
Gesetzeskenntnis, 70
Gesetzesumgehung, 686
Gewährleistung, 8, 583, 627 ff, 702
Gewährleistungsrecht, 604 ff
Gewährleistungsverbot, 8, 583, 672 ff, 702
Girokonto, 693 f
GmbH-Gründung, 23, 38, 42 f, 473, 477 f, 539
Grundakten, 519 ff

261

Sachverzeichnis

Grundbuchbeamter, 182, 183, 221, 225, 227, 518, 524, 846
Grundbucheinsicht, 32, 62, 469, 503, 513 ff, 673
- Abteilungen, 516
- aktuelles Grundbuchblatt, 46, 517
- Amtsverweigerung, 529
- Baulastenverzeichnis, 514
- Beglaubigung, 515
- Belehrungsvermerk, 529 f
- Bierbezugsverpflichtung, 519
- Eintragungsanträge, unerledigte, 520
- Entwurfstätigkeit, 515
- Grundakten, 519 ff
- Grundbuchblattabschrift, 46, 522
- Handblatt, 518
- Hilfspersonen, 522 ff
- nachträgliche, 531
- Wohnrecht, 519
- Wohnungsbindung, 519
- Zeitpunkt, 46, 525, 529

Grunderwerbsteuer, 86, 93, 506, 561 f, 566, 864
Gründung von GmbH oder AG, 23, 38, 42 f, 473, 477 f, 539
Gruppenanschlußversicherung, 292, 305, 309
„Gummi-Klausel", 607
gutachtliche Äußerung, 665
Gutglaubensschutz, 481 f

Haftpflichtklage s. Haftpflichtprozeß
Haftpflichtprozeß, 800 ff
- Aufrechnung mit Kosten, 80
- Auslegung von Urkunden, 880 f
- Belehrungspflichten, 858 ff
- Beschwerde gem. § 156 KostO, 805 ff, 818
- Beweisaufnahme, 449, 802, 867
- Beweisfragen s. dort
- Einwendungen gegen Kosten, 805 ff, 818
- ex-post-Betrachtung, 490
- Feststellungsklage, 188, 209 ff, 811 f
- Geldersatz, 810
- Gesamtschuldner, 803
- Kapitalnutzung, 872
- Kausalzusammenhang, 845 ff, 870 ff
- Klage auf Freistellung, 810
- Kollegialgerichtsentscheidungen, 91 ff
- „lachende Doppelerben", 876
- Nebentätigkeiten d. Notars, 803, 806
- negative Anspruchsvoraussetzungen, 810 ff, 883
- negative Feststellungsklage des Notars, 805, 814
- Notar als Zeuge, 881
- Notaranderkonto, Schadenberechnung, 877
- Notarvertreter, 111 ff, 140, 803
- Pflichtversicherung, 310 ff
- Pflichtwidrigkeit, 825 ff
- psychisch vermittelte Kausalität, 855 f
- Rückgriffsansprüche, 120 f, 803
- Rückgriffsklage gegen Notarvertreter, 122
- Schadenberechnung, 851, **870 ff**
- Schlüssigkeit der Haftpflichtklage, 209, 270, 810 ff, 883
- Streitverkündung, 813, 820 ff
- subsidiäre Haftung, 209 ff, 810 ff, 883
- Teilklage, 814
- Unterbrechung der Verjährungsfrist, 209 f, 258 ff, 812
- Vergleich, 315
- Versäumnisurteil, 314
- Verschulden, 65 ff, 840 ff
- Versicherungsschutz, 313, 819, 822
- Verwahrungstätigkeit, 804
- Vorprozeß, hypothetischer Verlauf, 868
- Vorteilsausgleichung, 875
- Zahlung Zug um Zug, 810
- zuständiges Gericht, 803 ff

Haftungsausschluß gem. § 839 Abs. 3 BGB, 217, 720
Haftungsausschluß bei subs. Haftung, 236
Haftungsbeschränkung, 280 ff
- Auslandsrecht, 283, 497
- dispositiver Tätigkeitsbereich, 283 ff
- Gebührenhöhe, 287
- Kreis Dritter, 288
- Steuerfragen, 283

Hamburg, 342
Handblatt (Grundbuch), 518
Handelsregister, 100, 539, 629, 651 f
Hessen, 345
Hilfspersonen, 127 ff, 154 ff
- Anwaltssozius, 130, 134
- Auflassungs- o. Vollzugsbevollmächtigte, 156 ff
- Auswahl, 128
- Belehrungen, 418
- Beweislast, 136
- Büroordnung, 128
- Delegation, 129
- Grundbucheinsicht, 523 f
- Haftung, 154 f
- Organisation, 128, 136
- Rechtsauskünfte, 130 ff
- Rückgriffshaftung, 155
- Überwachung, 128, 136
- Versicherungsschutz, 155, 158, 302
- Veruntreuung u. Versicherung, 302
- Vorbereitungstätigkeit, 135

Hinterlegungsanweisung, 23, 683, **687 ff**

Individualvereinbarung, 607
IPR, 500

JURIS, 72

Kapitalertragsteuer, 539
Kapitalverkehrsteuer, 506
Kaufpreisfälligkeit, 691, 704
– Mitteilung, 668, **671, 677,** 849
Kaufpreisherabsetzung, 29, 440
Kausalzusammenhang, 845 ff, 870 ff
– bei Mitverschulden, 233 ff, **241 ff**
– Schwarzkaufpreis, 245
– Wettbewerbsbeschränkung, 245
Kollegialgerichtsentscheidungen, 91 ff
Kommentare, 79
Konkurs, 539, 692
Kontaktpersonen, 26
Kosten (s. auch Prozeßkosten), **570 ff**
– Belehrung, 509, 570 ff
– Mithaftung, 575, 639 f
– § 156 KostO, 805 ff, 818
– „sicherer Weg", 572 ff, 618
– Sicherstellung, 576, 702
– Sozietät, 577
– unrichtige Sachbehandlung, 578
– Vorkaufsrecht, 509, 574
– Vorprozeß, 856 f
– Vorschuß, 576, 640
Krankheit, 69
Kreis Dritter, 13 ff, 36 ff
– Angebots-Notar, 54
– Bezeugungstheorie, 15
– Darlehensnehmer, 54
– Erben, 48 ff
– Erbscheinsantrag, 52
– Gläubiger einer AG, 37
– Haftungsbeschränkung, 288
– Kontaktpersonen, 26
– Kreditgeber, 54
– Makler, 20, 54
– mittelb. Beteiligte, 24 ff
– Pfändungsgläubiger, 724
– Scheckaussteller, 54 m. Fn. I 121
– subsidiäre Haftung, 18
– unmittelbare Beteiligte, 16 ff
– Urkundsbeteiligte, 16 ff
– Vertragsangebot, 33
– Vertrauenstheorie, 15
– Vertreter, 18, 20
– Vollmachten, 44
– Vorstandsmitglieder, 18
– Zessionar, 54, 725 f
– Zwecktheorie, 14

„**lachende Doppelerben",** 876
Landgerichtspräsident, 115, 444, 698
Landschaftsschutz, 504
Lehrmeinungen, 78
Löschungsbewilligungen, 620
Löschungsvormerkung, 27, 554

Makler, 20, 54, 172, 195 f, 462, 515, 860
Mandant, 3
Mindestversicherungssumme, 290
Mitverschulden, 233 ff, 694
– bei unterlassenem Rechtsmittel, 218
– der Banken, 249
Mitverschulden der Beteiligten, 233 ff
– Anderkonto, 694
– Banken, 46, 198, 249
– Berater, 236 ff
– Kausalzusammenhang, 245
– Prozeßkosten, 250, 856 f
– Quotelung, 233, 237, **241 ff**
– Subsidiaritätseinwand, 233
– unterlassenes Rechtsmittel, 218, 224 ff, 234 ff
– Vorsatz, 105, 242 ff
Mitwirkungsverbot, 276, 348, **361 ff,** 430, 585
– bedingtes, 368 f
– Beweisfragen, 836
– Notarvertreter, 140

Nacherbenvermerk, 516
Nachforschungspflicht, 21, 470, 561
Nebentätigkeiten (vgl. unselbst. Betreuungspflichten), 21, 470, 561
Negativattest, 504, 509, 573, 620
Neutralitätspflicht s. Unparteilichkeit
Niedersachsen, 345
Nordrhein-Westfalen, 342, 345
Notar
– Abwesenheit, 133
– Amtshaftung s. dort
– Amtsnotar, 6, 99
– Amtspflichten s. dort
– Angebotsnotar, 54
– Anwaltsnotariat (s. auch Anwaltsnotar), 344 ff
– Assessor s. Notarassessor
– Baden-Württemberg, 6, 99, 342, 345, **374 ff**
– Badischer Amtsnotar, 100, 374 ff
– Bayern, 295, 342
– Berlin, 345
– Bezirksnotar, 99, 374 ff
– Bremen, 345
– Durchschnittsnotar, 67, 75, 79, 142
– Erfüllungsgehilfe, 55 ff
– Hamburg, 342
– Hessen, 345
– Konkurseröffnung, 10, 692
– Nebentätigkeit s. dort
– Niedersachsen, 345
– Nordrhein-Westfalen, 342, 345
– Notare im Landesdienst, 374
– Notarvertreter s. dort
– Nur-Notariat, 340 ff
– „Organ der Rechtspflege", 430

- Rheinland-Pfalz, 342
- Saarland, 342
- Schleswig-Holstein, 345
- „Supernotar", 85
- Unabhängigkeit, 2, 7, 57, 60, 340
- Unparteilichkeit, 2, 57, 60, 171, 340, **419ff,** 488
- Überzeugung, 495
- Vertrauensschutz, 656, 847ff
- Zeuge, 881

Notaranderkonto (s. auch Verwahrungstätigkeit), 680ff
- Ablehnung der Übernahme, 31, 683, 686, 708, 718
- Abrechnungsüberprüfung, 704
- Abschreibungsgesellschaft, 9
- Amtshaftungsklage, 10, 804
- Amtspflichten, 680
- Anscheinsvollmacht, 700
- Anwaltssozien, 682
- Anweisende, 202ff, 688f
- Auflassungsvormerkung, 691
- „Auftraggeber", **201ff,** 688
- Auszahlungsfehler, 699ff
- Auszahlungsvoraussetzungen, 696
- Bank-Anderkontobedingungen, 10, 682
- Bankrechtsverhältnis, 4
- Bauherrenmodell, 686
- Bereicherungsansprüche, 727f
- Beschwerde gem. § 15 Abs. 1 S. 2 BNotO, 718
- Beweislastumkehr, 687, 837
- Bindung der Anweisung, 709f
- Darlehenshingabe, 692
- depositum irregulare, 10
- Drittschuldnererklärung, 723
- Einzahler, 202, 688ff
- Empfangsberechtigung, 695, 700
- Erfüllungswirkung, 692
- Ermessensspielraum, 671, 691
- Festgeldkonto, 693f
- Gesetzesumgehung, 686
- Girokonto, 693f
- Haftungsbeschränkung, 285
- Hilfspersonen, 682
- Hinterlegungsbank, 697f
- Konkurs der Hinterlegungsbank, 10, 692
- Kostensicherung, 703
- Mißbrauch, 684
- persönliche Amtsausübung, 682
- Pfändung, 722ff
- Pfändungsgläubiger, 724
- Prätendentenstreit, 721, 726
- Prospekthaftung, 9
- Rechtsmittel gem. § 839 Abs. 3 BGB, 720
- Richtlinien, 684
- Rückforderungsrechte, 727f
- Schadenberechnung, 877
- Schadenverhütungspflicht, 704, 716
- Schriftform, 687
- Schutzpflichten der Bank, 705
- Sicherheitsinteresse, 685f, 711f
- Sicherstellung der Eintragung, 702
- subsidiäre Haftung, **200ff,** 681
- Umschuldungen, 703
- Unwiderruflichkeit, **706f**
- Unwirksamkeit des Kausalgeschäfts, 713
- Verschwiegenheitspflicht, 29, 440
- Versicherung, 302
- Verzinsung, 693f
- Verzug, 691
- Vollmacht, 695, 700
- Vollzugstätigkeit, 635
- Warentermingeschäft, 686
- Widerruf, 706ff
- wissentliche Pflichtverletzung, 682
- Zahlungsaufforderung, 180
- Zahlungsempfänger, 695, 700
- Zession, 725f

Notarassessor, 123ff, 140ff
- Amtspflichten, 124, 144
- Ausbildung, 148
- Betreuungsgeschäfte, 148, 150
- Dienstverhältnis, 147
- gesamtschuldn. Haftung, 123, 144
- Haftpflichtversicherung, 124, 148f
- Haftung, 144ff
- Notariatsverweser, 153
- Notarvertreter, 124, 153
- Rückgriff, 148f, 152
- Verschulden, 146
- Versicherungsschutz, 148f

Notarbescheinigungen s. Bescheinigungen

Notarbestätigungen s. Bestätigung

Notare im Landesdienst, 374

Notariatsverweser, 160ff
- Fortführung von Amtsgeschäften, 162
- Gesamtschuldner mit Kammer, 8, 160
- neue Amtsgeschäfte, 163
- Versicherung, 161, 300, 318

Notarkammer, 8, 110, 149, 151, 160f, 164, 292ff, 309, 316, 318f, 320, 802f

Notarvertreter 111ff, 140ff
- Ausgleichsanspruch, 120f, 141
- Bestellung, 112f, 143
- Ende der Amtsbefugnis, 116f
- Gesamtschuldner, 111
- Mitwirkungsverbot, 140
- persönliche Haftung, 140ff
- ständiger, 118
- Versicherungsschutz, 121, 142, 318

Nur-Notariat, 340ff

obiter dictum, 73
Organisationspflicht, 126ff
„Original"-Unterlagen, 661, 664

Sachverzeichnis

Personal s. Hilfspersonen, Organisations- u. Überwachungspflicht
Pfändung, 10, 722 ff
Pflichtversicherung, 281, 290 ff, 310 ff
Pflichtwidrigkeit, 60 ff, 852 ff
positive Vertragsverletzung, 2, 156
Prätendentenstreit, 721, 726
Prospekthaftung, 9
Provision, 20
Prozeßkosten, 250, 856 f
Prüfungspflichten s. Belehrungspflichten
psychisch vermittelte Kausalität, 855 f

rechtliche Tragweite, 450, 452, 454, **473 ff,** 510, 512, 607
Rechtsgutachten, 499, 802
Rechtskenntnisse, 69 ff
Rechtsmittel gem. § 839 Abs. 3 BGB, 217 ff
– Art des Rechtsmittels, 219 ff, 720
– Erkundigungspflicht, 227 f
– Haftungsausschluß, 217, 720
– Kausalität, 223
– Verschulden, 224 f
Rechtsprechung
– einheitliche, 78
– höchstrichterliche, 74
– Kenntnis, 63, 71
– Kollegialgerichtsentscheidungen, 91 ff
– neueste, 76
Rechtsprechungsprognose, 73, 80 f
Rechtswidrigkeit s. Pflichtwidrigkeit
Registeranmeldung, 93, 100, 625, 629, **651 f**
Reichsheimstätte, 508, 511, 562
Rheinland-Pfalz, 342
richterliche Inhaltskontrolle (s. auch AGB-Gesetz), 604 f
Richternotariat, 374
Rückforderungsrechte (Anderkonto), 727 f
Rücknahme von Anträgen, 636 ff
Rückwärtsversicherung, 324

Saarland, 342
Sachverhaltsaufklärung, 468 ff, 513 ff
Sammelbeurkundung, 297
Schadenberechnung, 851, **870 ff**
Schadenseinheit, 263, 297
Schadensliquidation im Drittinteresse, 261
Scheinbeurkundungen, 143
Schenkung, 507
Schleswig-Holstein, 345
Schuldenregulierung, 360
Schuldvorwurf s. Verschulden
Schutzzweckgedanke, 533, 585, 656, **847 ff**
Schwarzkauf, 852

Schweigegebot s. Verschwiegenheitspflicht
Serienklausel, 297
„sichererer Weg", 61, **83 ff,** 572
– Vollzugstätigkeit, 618
Sicherstellung der Eintragung, 702
Sorgfaltspflicht s. Verschulden
soziale Funktion, 533
Soziale Marktwirtschaft, 404
Sozietät, 108, 130, 134, 349, 365, 577
Spätschäden, 256
Spekulationssteuer, 131, 561, 565, 569
Spruchrichterprivileg, 183
Staatshaftung, 6 f, 182, 376, 524, 803
Staatshaftungsgesetz, 7, 291
Staatsverträge, 500
Städtebauförderungsgesetz, 511
Steuerberater, 172, 194, 273, 451, 560, 566, 686
Steuerfragen, 559 ff
– Anwaltsnotar, 560, 563
– Anzeigepflicht nach GrEStG, 53, 93, 506
– Bauherreneigenschaft, 562
– Einreichungstätigkeit, 628
– Fachanwalt für Steuerrecht, 560
– Gesellschaftssteuer, 625
– Nachforschungspflicht, 561
– Schaden, 559, 864
– Schenkung, 507
– Spekulationssteuer, 131, 561, 565, 569
– Umgehungsgeschäft, 568
– „unverbindliche" Beratung, 568
Streitverkündung, 813, 820 ff
– subsidiäre Haftung, 185, 823
subsidiäre Haftung, 170 ff
– Arten und Möglichkeiten, 189 ff
– „Auftraggeber", 201 ff
– Bankangestellte, 198
– Berater, 172, **193 f**
– Berufshaftpflichtversicherung, 214, 813
– Betreuung, 200 ff
– Bevollmächtigte, 197
– Beweisfragen, 213, 883
– Feststellungsklage, 188, **209 ff**
– gegenseitige Verweisung, 182
– Haftpflichtprozeß, 270, 810 ff, 883
– juristische Person, 18
– Mitverschulden der Beteiligten, 233, 236 ff
– Prozeßaussichten, 185
– Rechtfertigung, 170
– Rechtsfolgen, 206 ff
– Staatshaftung, 182
– Streitverkündung, 185, 823
– Treu und Glauben, 187
– unselbständige Betreuungspflichten, 176 ff
– Verjährung, 209, **268 ff**
– versäumte Ersatzmöglichkeiten, 207 f

265

- Versicherungsleistung, 199
- Vertreter, 197
- Verwahrungstätigkeit, 200f, 681
- Voraussetzungen, 173 ff
- vorsätzliche Pflichtverletzung, 102, 181
- Vorstandsmitglieder, 18, 197
- Zumutbarkeit, 184 ff

Tatsachenbeurkundung, 655 ff
- Abschriftsbeglaubigung, 655
- Autowaschanlage, 45, 660
- Dritte, 45
- „Echtheit", 661, 664
- Geldanlagegeschäfte, 658
- klarstellender Vermerk, 661
- „Original"-Unterlagen, 661, 664
- persönliche Wahrnehmung, 657

Teilungserklärungen, 601
Telefonat, 28, 31
Testamentserrichtung, 48, 82, 83, 88, 96, 469, 472, 498
Tonband, 600
Treuhänder, 546

Umschuldungen, 703
Unabhängigkeit, 2, 7, 57, 60, 340
Unbedenklichkeitsbescheinigung, 506, 627
Unparteilichkeit, 2, 57, 60, 340, 403, **419 ff,** 488
- subsidiäre Haftung, 171

unselbständige Betreuungspflichten, 176 ff
- Antragstellung (Einreichung), 176, 178
- Belehrungen, 177
- Bestätigungen, 180
- Entwurfsarbeiten, 179
- steuerliche Beratung, 177
- Zahlungsaufforderung, 18

Unterwerfungsklausel, 427, 483, 537, 610

Urkunde
- Beweisvermutung, 46

Urkundsbeteiligte, 16 ff
Urkundstätigkeit (s. auch Beurkundung), 437, 600 ff
- AGB-Gesetz, 604 ff
- Angebot u. Annahme, 48, 609 ff
- Baubeschreibungen, 74, 96, 601
- Baubetreuungsverträge, 602
- Bebaubarkeit, 74, 556
- Beglaubigung, 46, 129, 416, 655
- Erörterungsvermerk, 608
- Generalvollmacht, 612
- Gewährleistungsrecht, 604 ff
- Individualvereinbarung, 607
- richterliche Inhaltskontrolle, 604
- Scheinbeurkundung, 143
- Serienfälle, 601 f

- „sicherer Weg", 83 ff
- Steuerfragen, 567 f
- Teilungserklärungen, 601
- Unterwerfungsklausel, 610
- Versorgungsausgleich, 604
- Vertragsgestaltung aus Betreuungspflicht, 548 ff
- Vollmacht, 44, 515
- Vorbereitung d. Personals, 135

Überarbeitung, 89
Übersendungsform, 677
Überwachungspflicht, 126 ff
- Assessor, 126
- Gerichtsvollzieher, 642
- Grundbucheinsicht, 523 f
- Hilfspersonal, 127 ff, 642
- Vollzugstätigkeit, 632 ff

Vaterschaftsanerkennung, 445
Verbot nach § 3 BeurkG, 360 ff
Verbot nach § 45 Nr. 4 BRAO, 370 f
Verjährung, 255 ff
- anderweitige Ersatzmöglichkeiten, 209, **268 ff**
- Arglisteinwand, 274 f
- Ausgang des Vorprozesses, 259, 261
- gefährdete Rechtsposition, 265
- Hemmung, 271 f
- Kenntniserlangung, 259 ff
- Schadenseinheit, 263
- Schadensentstehung, 262
- Schadensliquidation im Drittinteresse, 261
- Spätschäden, 256
- subsidiäre Haftung, 209, 268 ff
- unzulässige Rechtsausübung, **273 ff**
- Verjährungsbeginn, 255, 259 ff
- Wissensvertreter, 261

Verschulden, 65 ff, 840 ff
- AGB-Gesetz, 80, 84, 462, 483, 490, 605
- Alter, 89
- Arbeitsbelastung, 76, 89
- Ausgleichshaftung n. § 426 BGB, 183
- eigene Rechtsauffassung, 81, 495
- Erkrankungen, 89
- Ermüdungserscheinungen, 89
- ex-post-Betrachtung, 80
- Gedächtnis, 90
- Gesetzeskenntnis, 70
- Kenntnis der Rechtsprechung, 71 f
- Kollegialgericht, 91 ff
- Krankheit, 69, 89
- Rechtskenntnisse, 69 ff
- Rechtsprechungsprognose, 73, 81
- „sicherer Weg", 83 ff
- subjektive Zumutbarkeitskriterien, 88 f
- Überarbeitung, 89
- Verschulden der Beteiligten, 233 ff
- Vorsatz, 101, 181, 409, 440, 682

Verschulden der Beteiligten, 233 ff
- Erkundigungspflicht, 227 f
- unterlassenes Rechtsmittel, 224 f

Verschwiegenheitspflicht, 7, 34, 60, 430, 434 ff
- Befreiung, 435, 820 f
- Belehrungspflichten, 434 ff
- Haftpflichtprozeß, 817 ff, 881
- Herkunft der Kenntnis, 441
- nachträgliche Belehrung, 372, 443
- Pflichtenkollision, 442
- versicherungsvertr. Obliegenheit, 819
- Vorstrafe, 442
- Zessionar, 34

Versicherungsfall, 296 f
Versicherungssumme, 323
Versorgungsausgleichs-Vereinbarungen, 604
Verstoßprinzip, 296 f, 324
Vertragsangebot, 33, 48
Vertragshaftung, 1 ff
Vertrauensschadenfonds, 316, 320
Vertrauensschadenversicherung, 293, 316 ff
Vertrauensstellung des Notars, 533, 585, 656, 847 ff
Vertrauenstheorie, 15, 37
Vertreter (Notarvertreter s. dort), 17, 20 f, 491, 552, 602
Verwahrungstätigkeit (s. auch Notaranderkonto), **680 ff**
- Ablehnung, 31, 683, 686, 708
- Aktien, 663
- Amtspflichten, 680
- Beschwerde gem. § 15 Abs. 1 S. 2 BNotO, 718
- Beweislastumkehr, 687, 837
- Hinterleger, 688 f
- Hinterlegungsbescheinigung, 662
- Hinterlegungsgegenstand, 690
- Kontrollpflicht, 663 f
- Kostbarkeiten, 686
- Mißbrauch, 684
- persönliche Ausübung, 682
- Quittung, 662
- Richtlinien, 684
- Schriftform, 687
- Sicherheitsinteresse, 685 f
- subsidiäre Haftung, 200 ff, 681
- Versicherung, 302
- Wertpapiere, 663

Verzinsung, 693 f
Vollmacht, 44, 491, 552, 602, 609, 612, 636, 695, 700
Vollmachtsnotar, 603
vollstreckbare Ausfertigung, 427, 483, 537, 610
Vollzugsauftrag, 619 ff
Vollzugsbevollmächtigte, 156 ff

Vollzugsreife, 617, **621 ff**
Vollzugstätigkeit (s. auch Einreichungstätigkeit), **615 ff**
- Anderkontenführung, 635
- Auftrag, 3, 619 ff
- Eilbedürftigkeit, 645 ff
- empfangsbedürftige Willenserklärungen, 641 f
- Gegenanweisung, 443, 622, 624, 629
- Genehmigungen, 620
- Gerichtsvollzieher, 642
- Hindernisse, 666, 674
- Kosten, 570 ff
- Kostenmithaftung, 575, 639 f
- Löschungsbewilligungen, 620
- „sichererer Weg", 572, 618
- Sicherstellung, 576, 702
- „unverzüglich", 643 ff
- Überwachungspflichten, 632 ff
- Wertsicherungsklausel, 485, 619
- Widerruf v. gemeinschaftl. Testament o. Erbvertrag, 641
- Wiedervorlagetermin, **617**, 633
- Zeitspannen, 643 ff
- Zwischenverfügungen des Grundbuchamts, 633 f, 640

Vorausleistungen, ungesicherte, 536 ff, 863 f
Vorkaufsrecht, 508 ff
- Belehrungsvermerk, 510
- Bundesbaugesetz, 511
- Denkmalschutz, 504, 511
- Einholung d. Negativattestes, 509
- gesetzliches, 504, 508 ff
- Kosten, 509, 574
- Miterben, 480
- Reichsheimstättengesetz, 511
- Städtebauförderungsgesetz, 511

Vorleistungen, ungesicherte, 456 ff, 863 ff
Vorlesen, 600
Vormundschaftsgericht, 485, 505, 619
Vorprozeß, hypothetischer Verlauf, 868
Vorsatz u. Mitverschulden, 242 ff
Vorsatz, 101, 181, 409, 440, 682, 699
- Vertrauensschadenversicherung, 316 ff

Vorteilsausgleichung, 875

Warenoptionsgeschäfte, 659, 686, 859
Warnung, 426, 534, 858
Weisung, 3
Wertsicherungsklausel, 265, 471, 485, 619
Widerruf bei Verwahrung, 706 ff
Widerruf v. gemeinschaftl. Testament o. Erbvertrag, 641
Wiedervorlagetermin, 617, 633
Willenserforschung, 465 ff
Wirksamkeit, 485, 489 ff, 502, 606

wirtschaftliche Gefahren, **534ff**, 863f
Wirtschaftsprüfer, 172
Wissensvertreter, 261
wissentliche Pflichtverletzung s. Vorsatz
Wohnungsbindung, 519

Zeitspannen zur Erledigung, 643ff
Zessionar, 31, 34, 54, 437, 725f
Zusicherung, 8, 583, 672ff, 702
Zwangsversteigerung, 516, 554, 555
Zweckerklärung, 433
Zwecktheorie, 14, **39f**
Zwischenverfügung des Grundbuchamts, 633f, 640

Buchanzeigen

von Oefele/Winkler
Handbuch des Erbbaurechts

Von Helmut Freiherr von Oefele, Notar, und Dr. Karl Winkler, Notar

1987. XVIII, 422 Seiten. In Leinen DM 98,–
ISBN 3-406-32125-9

Wegen hoher Grundstückspreise dient das Erbbaurecht heute nicht nur zur Schaffung preisgünstigen Wohnraums, sondern hat auch im Gewerbebereich sowie für die Schaffung von Wohnungseigentum immer größere Bedeutung gewonnen.

Die Rechtsbeziehungen zwischen Eigentümer und Erbbauberechtigtem sind in der Regel auf 99 Jahre angelegt. Diese langjährige Dauerrechtsbeziehung ist gesetzlich nur sehr unvollständig normiert. Deshalb kommt der Ausgestaltung des Erbbaurechtsvertrages entscheidende Bedeutung zu.

Dieses Werk ist eine umfassende systematische Darstellung des Erbbaurechts. Besondere Aufmerksamkeit ist den Fragen des Kostenrechts und Steuerrechts gewidmet. Das Buch behandelt eingehend besondere Gestaltungsformen des Erbbaurechts, nämlich das Eigentümer-, Gesamt-, Nachbar-, Unter-, Teil- und Wohnungserbbaurecht.

Das Handbuch geht ferner auf das Schicksal des Erbbaurechts während seiner Geltungsdauer ein (Übertragung, Belastung, Heimfall und Beendigung) und beschäftigt sich auch mit den wichtigen Problemen der Verwertung in der Zwangsversteigerung unter Berücksichtigung der neuen Rechtsprechung des BGH. Die Sicherungsmöglichkeiten des Erbbaurechtes (Stillhalteerklärung oder Nichtkapitalisierungserklärung) werden mit Formulierungsbeispielen dargestellt. Eine ausführliche Mustersammlung enthält zahlreiche Vertragsentwürfe für die Praxis.

Das Handbuch stellt somit eine wichtige Hilfe für die anwaltliche und notarielle Praxis, ebenso aber für die Kommunen, Bauträger- und Baubetreuungsgesellschaften sowie Grundstückseigentümer dar. Die Verfasser sind Notare, die sich seit vielen Jahren in Praxis und Wissenschaft mit den angesprochenen Fragen befaßt haben und durch zahlreiche Veröffentlichungen in der Fachwelt bekannt sind.

Das Werk berücksichtigt die wichtige Entscheidung des BGH vom 26. 2. 1987 (NJW 1987, 1942) zur Ersetzung der Zustimmung des Eigentümers, wenn die Zwangsversteigerung des Erbbaurechts aus einem der Erbbauzins-Reallast vorgehenden Grundpfandrecht betrieben wird.

Verlag C. H. Beck München

Seifart (Hrsg.)

Handbuch des Stiftungsrechts

Herausgegeben von Dr. Werner Seifart†, Rechtsanwalt. Bearbeitet von Prof. Dr. Axel Freiherr von Campenhausen, Hannover/Göttingen; Prof. Dr. Dr. h. c. mult. Helmut Coing, Frankfurt; Dr. Hagen Hof, Hannover; Dr. Manfred Orth, Rechtsanwalt und Steuerberater; Reinhard Pöllath, Rechtsanwalt; Dr. Werner Seifart†, Rechtsanwalt

1987. XXXII, 738 Seiten. In Leinen DM 187,–
ISBN 3-406-31438-4

Nach einführenden und rechtshistorischen Kapiteln setzt das Handbuch einen Schwerpunkt bei der Stiftung des bürgerlichen Rechts, dem Leitbild des Stiftungsrechts. Die praktischen Fragen der Errichtung und Verwaltung einer Stiftung sowie die Probleme der Rechnungslegung und Publizität werden ausführlich dargestellt. Das Werk behandelt auch Sonderformen wie die unternehmensbezogene Stiftung und die Familienstiftung. Daneben stellt es weitere Stiftungstypen dar, wie die Stiftung öffentlichen Rechts, die kirchliche Stiftung und die kommunale Stiftung. Auch die wichtigen Fragen der unselbständigen Stiftung werden beantwortet. Das Handbuch setzt sich außerdem eingehend mit den maßgeblichen Problemen des die Stiftung betreffenden Steuerrechts auseinander. Besondere Aufmerksamkeit widmet das Werk den verfassungsrechtlichen Grundlagen, insbesondere dem Schutz der Grundrechte von Stifter und Stiftung.

Weitere Stichwörter aus dem Inhalt:

Entstehung der Stiftung – Stiftungszweck – Stiftungsorgane – Stiftungsaufsicht – Stiftungsvermögen und -erträge – Auflösung der Stiftung – Verwendung des laufenden Stiftungseinkommens.

Im Anhang sind die Stiftungsgesetze der Länder, wichtige Stiftungsgesetze der Kirchen sowie die einschlägigen Bestimmungen des Steuerrechts abgedruckt.

Verlag C. H. Beck München